Kurt R. Eissler
Bleibende Relevanz

Kurt R. Eissler ist ein Klassiker der psychoanalytischen Literatur und ein bis heute aktueller kreativer Denker. Der Band enthält die wichtigsten, zum größten Teil erstmals auf Deutsch veröffentlichten, wegweisenden klinischen und handlungstechnischen Aufsätze aus fünf Jahrzehnten, von 1950 bis 1991.

Der Autor

Kurt R. Eissler, Dr. phil., Dr. med., geb. am 2. Juli 1908 in Wien, gestorben am 17. Februar 1999 in New York. Er war Kandidat der Wiener Psychoanalytischen Vereinigung und arbeitete bei August Aichhorn mit verwahrlosten Jugendlichen. 1938 floh er mit seiner Frau Ruth Selke-Eissler vor den Nazis in die USA, wo sie sich zunächst in Chicago niederließen. 1947 übersiedelte Eissler nach New York, wo er Mitglied der New Yorker Psychoanalytischen Gesellschaft, später Lehr- und Kontrollanalytiker, wurde. 1951 bis 1985 war er Sekretär des Sigmund Freud Archivs in New York. Ab 1949 begann seine Publikationstätigkeit mit zahlreichen Artikeln in internationalen Fachzeitschriften und in der *Psyche* sowie eine andauernde Zusammenarbeit mit dem *Jahrbuch für Psychoanalyse*. Zu seinen wichtigsten Buchpublikationen gehören: *Der sterbende Patient* (1978), *Todestrieb, Ambivalenz, Narzissmus* (1980), *Goethe – Eine psychoanalytische Studie*, 2 Bde. (1983/1985); *Leonardo da Vinci. Psychoanalytische Notizen zu einem Rätsel* (1988). Bei Brandes & Apsel: *»Diese liebende Verehrung ...« Essays zu Literatur, Kunst und Gesellschaft* (2013), hrsg. v. Konstanze Zinnecker-Mallmann.

Die Herausgeber

Konstanze Zinnecker-Mallmann, geb. 1947, Dipl.-Psych., Ausbildung zur Psychoanalytikerin am SFI. Seit 1984 niedergelassen in eigener Praxis in Frankfurt am Main. Publikationen zu Goethe, Kästner, Spielrein und klinische Fallstudien. Bei Brandes & Apsel: *»... und ihr Verbrechen war ein guter Wahn«. Psychoanalytische Überlegungen zu Liebe, Schuld und Trennung* (2014); Herausgeberin von Kurt R. Eissler: *»Diese liebende Verehrung ...« Essays zu Literatur, Kunst und Gesellschaft* (2013).

Thomas Aichhorn, Psychoanalytiker in eigener Praxis; Sozialpädagoge und Ehe- und Familienberater. Ordentliches Mitglied der Wiener und der Internationalen Psychoanalytischen Vereinigung; Mitglied der Société Européenne pour la Psychanalyse de l'Enfant et de l'Adolescent, Paris. Archivar der Wiener Psychoanalytischen Vereinigung und stellvertretender Vorsitzender des Vereins »Archiv zur Geschichte der Psychoanalyse«. Veröffentlichungen und Vorträge zu Theorie und Geschichte der Psychoanalyse, zur Adoleszenz und zu August Aichhorn. Bei Brandes & Apsel: *Die Psychoanalyse kann nur dort gedeihen, wo Freiheit des Gedankens herrscht* (2012).

Kurt R. Eissler

Bleibende Relevanz

Beiträge zu Theorie und Technik

Herausgegeben von Thomas Aichhorn
und Konstanze Zinnecker-Mallmann

Aus dem Amerikanischen übersetzt von
Dominic Angeloch, Mario Engelhardt,
Bernadette Grubner, Edda Hevers
und Michael Schröter

Brandes & Apsel

Auf Wunsch informieren wir Sie regelmäßig über *Neuerscheinungen* in dem Bereich Psychoanalyse/Psychotherapie.

Bitte senden Sie uns dafür eine E-Mail an *info@brandes-apsel.de* mit Ihrem entsprechenden Interessenschwerpunkt.

Gerne können Sie uns auch Ihre Postadresse übermitteln, wenn Sie die Zusendung des *Psychoanalyse-Katalogs* wünschen.

Außerdem finden Sie unser *Gesamtverzeichnis* mit aktuellen Informationen im Internet sowie unsere E-Books und E-Journals unter: www.brandes-apsel.de

Der Brandes & Apsel Verlag bedankt sich bei der Herausgeberin Konstanze Zinnecker-Mallmann für die finanzielle Unterstützung zur Realisierung dieses Projekts.

1. Auflage 2016
© Brandes & Apsel Verlag GmbH, Frankfurt a. M.
Alle Rechte vorbehalten, insbesondere das Recht der Vervielfältigung und Verbreitung sowie der Übersetzung, Mikroverfilmung, Einspeicherung und Verarbeitung in elektronischen oder optischen Systemen,
der öffentlichen Wiedergabe durch Hörfunk-, Fernsehsendungen und Multimedia sowie der Bereithaltung in einer Online-Datenbank oder im Internet zur Nutzung durch Dritte.
Korrektorat: Kristina Wiechmann, Frankfurt a. M.
Umschlag und DTP: Felicitas Alt, Brandes & Apsel Verlag, Frankfurt a. M.
Druck: STEGA TISAK, d. o. o., Printed in Croatia
Gedruckt auf einem nach den Richtlinien des Forest Stewardship Council (FSC) zertifizierten Papier.

Bibliografische Information der Deutschen Nationalbibliothek:
Die Deutsche Nationalbibliothek verzeichnet diese Publikation in der Deutschen Nationalbibliografie; detaillierte bibliografische Daten sind im Internet über www.dnb.de abrufbar.

ISBN 978-3-95558-180-0

Inhalt

Einleitung
Konstanze Zinnecker-Mallmann / Thomas Aichhorn   7

KURT R. EISSLER

Das Chicago Institute of Psychoanalysis
und die sechste Phase in der Entwicklung
der psychoanalytischen Technik   17

Bemerkungen zur Psychoanalyse der Schizophrenie   77

Ich-psychologische Implikationen
bei der psychoanalytischen Behandlung
von Verwahrlosten   111

Die Auswirkung der Ichstruktur
auf die psychoanalytische Technik   139

Anmerkungen zur Emotionalität
einer schizophrenen Patientin und ihrer Beziehung
zu Problemen der Technik   173

Anmerkungen zum psychoanalytischen Begriff
der Heilung   231

Bemerkungen zur Technik
der psychoanalytischen Behandlung Pubertierender
nebst einiger Überlegungen zum Problem
der Perversion   267

Trauma, Traum, Angst und Schizophrenie –
Eine Anmerkung   301

Zu einigen theoretischen und technischen Problemen
hinsichtlich der Bezahlung von Honoraren
für die psychoanalytische Behandlung   331

Über mögliche Wirkungen des Altersprozesses
auf die psychoanalytische Berufsausübung –
Ein Essay   381

Der verleumdete Therapeut –
Über ein ungelöstes Problem
der psychoanalytischen Technik   393

Die Ermordung von wie vielen seiner Kinder
muss ein Mensch symptomfrei ertragen können,
um eine normale Konstitution zu haben?   409

Gesamtbibliografie   459

Nachweise   475

Konstanze Zinnecker-Mallmann / Thomas Aichhorn

Einleitung

Die beiden dem Werk K. R. Eisslers gewidmeten Bände *»Diese liebende Verehrung ...«* Essays zu Literatur, Kunst und Gesellschaft (2013) und der jetzt erscheinende Band *Bleibende Relevanz. Beiträge zu Theorie und Technik* (2016) wurden zeitgleich geplant. Wenn sie auch thematisch voneinander verschieden sind, so tragen sie doch unverkennbar Eisslers Handschrift: Beide Bände sind von seiner Liebe und Wertschätzung der Psychoanalyse im Sinne Sigmund Freuds und von seinem Interesse an Philosophie, Kunst, Literatur, Geschichte und Politik gekennzeichnet.

Eissler war der Ansicht, eine »richtige« Anwendung der Psychoanalyse auf die Massenpsychologie, das Studium von Nationen und Gesellschaften, könne den Schlüssel für das Überleben der Menschheit in sich bergen, aber er blieb eher pessimistisch, ob sich dieses Versprechen je erfüllen werde. An August Aichhorn hatte er bereits im April 1946 geschrieben:

> Im großen + ganzen kannst Du nur betrübt werden wenn Du lesen wirst wie die Psychoanalytiker versuchen zu zerstören was Freud aufgebaut hat. Es tröstet mich zu bedenken dass indem sie so tun, sie Freud's Begriff des Menschen bestätigen. Ich glaube, daß, was Freud ursprünglich geglaubt hat, daß seine Lehre vergessen werden wird + später bei jemandem wiedergefunden werden wird sich als wahr erweisen wird. An + für sich wäre das nicht das Schlimmste. Die Welt ist nicht vorbereitet seine Lehre zu verstehen. Aber wenn ich bedenke in welcher Gefahr unsere Kultur ist + daß nur durch Verstehen unsere Zivilisation gerettet werden kann, dann fürchte ich, daß der Verrat der Analytiker ein großes Verbrechen ist. (Aichhorn, Th. & Schröter 2007, S. 28)

Es wurde oft behauptet, Eissler sei ein unkritischer und unterwürfiger Vasall Freuds gewesen. Tatsächlich aber ist sein Werk von kritischen Erweiterungen und Revisionen von Freuds psychoanalytischen Ideen bestimmt (vgl. Eissler 1974a oder auch Eissler 1993). Vor allem aber interessierte er sich für die Theorien Freuds, die zu heftigen Kontroversen unter den Psychoanalytikern geführt hatten. So setzte er sich eingehend mit Freuds Todestrieb auseinander (Eissler 1978, 1980 [1971]) und beschäftigte sich mit Freuds sogenannter »Verführungstheorie« (Eissler 1980 [1971], 2001). Auch der sogenannten »medizinischen Orthodoxie« in der Psychoanalyse stand er früher und entschiedener als andere äußerst kritisch gegenüber. Bereits 1965 hatte er zu dieser Problematik ein – leider nie auf Deutsch übersetztes – Buch mit dem

Titel *Medical Orthodoxy and the Future of Psychoanalysis* (Eissler 1965) veröffentlicht. Darin findet sich unter anderem auch eine leidenschaftliche Parteinahme zugunsten der damals in den USA äußerst umstrittenen »Laienanalyse«. Auch die im vorliegenden Band veröffentlichten Schriften zur Technik zeigen, mit welch scharfer Wahrnehmung er die Probleme darstellte, die bei der therapeutischen Anwendung der Psychoanalyse auftreten, und wie außerordentlich kreativ, gerade nicht orthodox, aber dennoch nicht revisionistisch er bei der Lösung dieser Probleme vorging. Dies führte er nicht zuletzt auf die mit Aichhorn in Wien verbrachten Jahre zurück (Garcia 2000, S. 10).

In Eisslers Überlegungen zur therapeutischen Wirkung der psychoanalytischen Kur spielen seine Ideen zur Psychologie des Ichs eine ausschlaggebende Rolle. Er nahm damit Überlegungen des späten Freud, aber auch die von Heinz Hartmanns, Ernst Kris' und Rudolph Loewensteins »Ich-Psychologie« auf, deren Denken er, wie man meinen könnte, übernommen habe. Bei näherer Betrachtung zeigt sich jedoch, dass er eine durchaus eigenständige Ich-Psychologie erarbeitete, für deren Entwicklung wahrscheinlich, auch wenn er das nicht explizit ausführte, neben dem Einfluss Aichhorns vor allem der Paul Federns (Federn 1978) von entscheidender Bedeutung war.

Mag Eissler auch einige Elemente des Denkens von Hartmann, Kris und Loewenstein übernommen haben; der von ihnen vertretenen Ideologie der »normalen« Anpassung an die Realität stand er überaus kritisch gegenüber. So schrieb er etwa in seinem leider bisher unveröffentlicht gebliebenen Buch zur Psyche des Soldaten:

> Was die Gesellschaft Normalität nennt, ist eine ausgewogene Mischung [...] [von Elementen] des Dranges, die eigene Allmacht um jeden Preis zu beweisen; es ist die Unterwerfung – mit inneren Kämpfen oder ohne – unter die Erfordernisse des Augenblicks oder der Zukunft, die durch das Auslöschen der Individualität erzwungen wird; und die Projektion einer Angst in einem Teilbereich der Realität, der zum Ziel eines aggressiven Impulses wird, ohne daß das Über-Ich Schuldgefühle mobilisiert. [...] Durch die Unterwerfung unter die Realität genießt das Ich masochistisches Vergnügen, und das Über-Ich wird durch die Unterwerfung unter die Mißliebigkeit der Realität beruhigt. Indem das Es einem Ausschnitt der Realität eine paranoide Projektion anheftet, wird ihm Aggression entzogen, und das Über-Ich wird durch die Rationalisierung besänftigt. (Eissler 1960; zit. nach Kurzweil 1989, S. 1065)

Wurden im ersten Band vor allem Eisslers Arbeiten zu Kunst und Literatur wieder und neu veröffentlicht, enthält der zweite Band einige seiner Arbeiten zur Technik der Psychoanalyse – zum größten Teil erstmals in deutscher Übersetzung. Die Auswahl der Schriften basiert auf der Empfehlung des langjährigen Mitarbeiters und schließlich Nachlassverwalters Eisslers, Emanuel E.

Garcia (vgl. Garcia 2007). In diesen Arbeiten zeigt sich, dass für Eissler – in der Nachfolge Aichhorns – die Beschäftigung mit den Problemen der Verwahrlosung bzw. Delinquenz zum Ausgangspunkt für seine theoretischen und praktischen Überlegungen geworden war.

Der nun vorliegende Band wird mit dem Artikel »Das Chicago Institute of Psychoanalysis und die sechste Periode der Entwicklung der psychoanalytischen Technik« eingeleitet. Eisslers Arbeit – sie beschäftigte ihn über mehrere Jahre, ist nicht zuletzt aus historischen Gründen, an die in aller gebotenen Kürze erinnert werden soll, höchst bemerkenswert. Die Arbeit ist nämlich ein Zeugnis dafür, wie erstaunt und befremdet viele der 1938 aus Wien geflohenen Analytiker über die Auffassung von Psychoanalyse waren, die sie an den Orten vorfanden, an denen sie sich endlich niederlassen konnten.

Das galt nicht nur für London, wo bekanntlich bereits in den frühen 1940er Jahren die Freud-Klein-Kontroversen stattgefunden hatten (vgl. King & Steiner 2000 [1991]), sondern auch für andere Orte, wie eben auch für Chicago (vgl. Kirsner 2000, Thompson 2012). Das ist dem Briefwechsel zwischen Ruth Eissler und Anna Freud aus dem Jahr 1946 zu entnehmen. Ruth Eissler hatte im Februar 1946 an Anna Freud geschrieben, dass Otto Fenichels Tod im Jänner 1946 für alle ein Schock gewesen sei, war er doch nicht nur ein persönlicher Freund, sondern auch ein aufrechter Kämpfer und Bewahrer der Grundprinzipien der Psychoanalyse gewesen. Obwohl er im fernen Kalifornien gelebt habe, sei er doch so etwas wie eine moralische Unterstützung bei den Auseinandersetzungen im Psychoanalytischen Institut in Chicago gewesen (vgl. Aichhorn, Th. & Schröter 2016). Wenn sich die kleine Gruppe, die den Grundprinzipien der Psychoanalyse treu geblieben sei, nicht bald dazu entschließen könne, ein zweites Ausbildungsinstitut in Chicago zu eröffnen, dann werde sie nur allzu bald in den Auseinandersetzungen unterliegen und untergehen.[1] Anna Freud antwortete Ruth Eissler, dass sie sich wohl kaum vorstellen könne, wie erschrocken und traurig auch sie über Fenichels Tod gewesen sei. Wenn sie an die Psychoanalyse und die psychoanalytische Bewegung und an all die Schwierigkeiten denke, dann werde deutlich, wie wichtig und unersetzlich gerade Menschen wie Fenichel mit seiner unerschöpflichen Kenntnis der Psychoanalyse und seiner unnachahmbaren Darstellungsfähigkeit gewesen seien. Sie setzte fort: »Was wird aus der Psychoanalyse werden, wenn diese Generation von Lehrern gestorben ist?« Was ihr Ruth Eissler über die Lage in Chicago geschrieben hatte, hätte sie sehr interessiert. Sie und ihre Freunde seien der Vereinigung in London gegenüber in einer durchaus vergleichbaren Situation. Mehrheitlich würden dort die Lehren Melanie Kleins vertreten, es

---

[1] R. Eissler an A. Freud, Brief vom 2. Februar 1946; Original: Anna Freud Papers im Archiv der Library of Congress, Washington.

sei aber gleich schwierig, mitzuarbeiten oder sich abzuspalten, und sie wisse nicht, was letztlich dabei herauskommen werde.[2]

Auch Eissler stand den Entwicklungen, die die Psychoanalyse in den USA erfahren hatte, überaus kritisch gegenüber. Man könnte durchaus davon ausgehen, dass er die Absicht hatte, mit seinen Schriften die Tradition Fenichels – durchaus streitbar – zu erhalten. Was er von der seiner Ansicht nach fatalen Entwicklung der Psychoanalyse in den USA hielt, schrieb er Aichhorn mehrmals (vgl. Aichhorn, Th. & Schröter 2007). So schrieb er Aichhorn etwa im April 1946:

> Nun was der Psychoanalyse geschehen ist. Es ist sehr traurig + kaum zu glauben. Karen Horney hat 3 Bücher geschrieben in denen sie vollkommen von Freud abgefallen ist. Franz Alexander (Chicago) ist vollkommen weg von Freud + gebraucht das Wort Psychoanalyse als Markennamen. Rado (N. Y.) ist weit weg von Freud. Jeder versucht zu beweisen, dass er besser als Freud ist + die Psychoanalyse hat eine gefährliche Verwässerung + Entstellung erhalten. Jeder versucht eine neue + kurze Behandlungsmethode zu erfinden + die Technik hat nichts mehr mit Psychoanalyse zu tun. Deswegen glaube ich Du solltest herkommen. Es ist viel zu kämpfen, zu überzeugen + zu werben. (Aichhorn, Th. & Schröter 2007, S. 27)

Über Alexander schrieb er zudem:

> Ich lese eben Alexander's letztes Buch über Psychoanalytische Behandlung[3] in dem Du sechsmal zitiert bist obwohl er nur wenige Analytiker bei Namen zitiert. Das Buch ist in meiner Ansicht ein endgültiger Bruch mit Freud. Ich möchte gerne wissen was Du darüber denkst, da ich sehr stark emotional darüber fühle, was mich skeptisch macht. Er umgeht Analyse bei Missbrauch der Übertragung. Oberflächlich sieht es aus, als ob manche technische Ratschläge von Dir verwendete; aber Du wolltest alles vorbereiten, um in die Tiefe zu stoßen + eine wirkliche Veränderung der Persönlichkeit erzielen. Er gebraucht es um an der Oberfläche zu bleiben. Ich würde es magische Behandlung nennen + schreibe einen Artikel gegen ihn. (Aichhorn, Th. & Schröter 2007, S. 29)

Bei dem angekündigten Artikel handelt es sich um eben die Arbeit, die erst 1950 mit dem Titel »The Chicago Institute of Psychoanalysis and the sixth Period of the Development of Psychoanalytic Therapy« in *The Journal of General Psychology* veröffentlicht wurde.

In den chronologisch geordneten Arbeiten sind wesentliche Grundideen Eisslers wiederzufinden: Drei Arbeiten – »Bemerkungen zur Psychoanalyse der Schizophrenie«, »Anmerkungen zur Emotionalität einer schizophrenen Patientin und ihrer Beziehung zu Problemen der Technik« und »Trauma, Traum, Angst und Schizophrenie – eine Anmerkung« – sind der Psychoanalyse

---

[2] A. Freud an R. Eissler, Brief vom 2. März 1946; Kopie: Anna Freud Papers im Archiv der Library of Congress, Washington.

[3] Alexander, F. & French, Th. (1946): *Psychoanalytic Therapy*. New York: The Roland Press Company.

mit Schizophrenen gewidmet, die Eissler besonders am Herzen lag. Bereits im Februar 1946 hatte er an Aichhorn geschrieben:

> Wahrscheinlich werde ich noch ein Jahr in der Armee bleiben. Ich will nicht in private Praxis zurückgehen. Ich erinnere mich sehr wohl, als Du mir sagtest, daß 10 Stunden analysieren nicht das richtige ist. Ich möchte in einer Anstalt arbeiten. Ich habe schöne Erfolge in der Behandlung von Schizophrenien gehabt + stimme Dir heute zu, daß Schizophrenien mit Analyse geheilt werden können. Die Technik muß geändert werden. Die Prinzipien der Verwahrlostenbehandlung können für die Schizophrenien in Anwendung gebracht werden. Die Schizophrenien sind auch ein Problem der Aggression wie Du es uns in Wien gelehrt hast. (Aichhorn, Th. & Schröter 2007, S. 23)

Auch an der Behandlung von Adoleszenten – Eissler bezeichnete die Adoleszenz bekanntlich als »Zweite Chance« – und an der von Verwahrlosten bzw. Delinquenten war Eissler weiterhin interessiert. Deshalb wurden die Arbeiten »Ich-psychologische Implikationen bei der psychoanalytischen Behandlung von Verwahrlosten« und »Bemerkungen zur Technik der psychoanalytischen Behandlung Pubertierender nebst einigen Überlegungen zum Problem der Perversion« in diesen Band aufgenommen. Er suchte nach Wegen, die Kreativität von Adoleszenten und Verwahrlosten zu fördern und das Schöpferische in ihnen vor Verkümmerung zu schützen.

In dem Artikel »Die Auswirkung der Ichstruktur auf die psychoanalytische Technik« behandelte Eissler die Problematik der Beziehung zwischen Technik und Theorie. Garcia erinnerte in diesem Zusammenhang an Eisslers viel diskutierte Einführung des Begriffs »Parameter« und hob seine »maximale therapeutische Flexibilität« innerhalb des analytischen Rahmens hervor (vgl. Garcia 2007).

Eissler befasste sich auch vielfach mit Fragestellungen, die selbstverständlich scheinen mögen, die aber in vielen Fällen erstmals von ihm ausführlich thematisiert worden waren. Den Begriff der Heilung etwa – »Anmerkungen zum psychoanalytischen Begriff der Heilung« – diskutierte er am Beispiel einer Analyse, die ihm erfolglos verlaufen zu sein schien. Nach acht Jahren bekam er aber von der Patientin einen Brief, in dem sie ihm schrieb, dass alle ihre Wünsche, derentwegen sie die Behandlung aufgesucht hatte, nun doch in Erfüllung gegangen seien.

Auch mit Fragen des Honorars beschäftigte sich Eissler in – »Über einige theoretische und praktische Probleme der Honorarzahlung für psychoanalytische Behandlung«. Er thematisierte die Frage, wann und unter welchen Umständen es angezeigt sei, auf ein Honorar gelegentlichen zu verzichten, und er war der Ansicht, dass das geforderte Honorar den Einkommensmöglichkeiten der Patienten angemessen sein sollte.

Eisslers Überlegungen zum Alter – »Über mögliche Wirkungen des Altersprozesses auf die psychoanalytische Behandlung« – berühren ein heikles Thema. Der Therapeut soll abstinent sein und redlich seine Motive überprüfen, um zu vermeiden, den Patienten etwa zu seiner eigenen Erbauung zu behandeln.

Von 1974 bis zu seinem Tod 1999 war Eissler Mitarbeiter des *Jahrbuch für Psychoanalyse*. Er war, was den Umfang seiner im *Jahrbuch* bzw. in den Beiheften 2 und 7 veröffentlichten zwölf Titel betrifft, dessen produktivster Autor. Es scheint, so schrieb Friedrich Wilhelm Eickhoff, ein imperatives Motiv gegeben zu haben, für die tiefe Verpflichtung gegenüber Sigmund Freud und der intellektuellen Geschichte der Psychoanalyse eine im deutschen Sprachraum historisch orientierte Publikationsmöglichkeit zu finden (vgl. Eickhoff 1999). Die im *Jahrbuch* veröffentlichte Arbeit »Der verleumdete Therapeut. Über ein ungelöstes Problem der psychoanalytischen Technik« berührt ein wichtiges Thema, nämlich die Wahrnehmungen des Analysanden über den Analytiker während der Analyse.

Abschließend wird im vorliegenden Band der von Eissler selbst auf Deutsch geschriebene Beitrag aus der *Psyche* »Die Ermordung von wie vielen seiner Kinder muss ein Mensch symptomfrei ertragen können, um eine normale Konstitution zu haben?« wieder veröffentlicht, der in den Jahren von Eisslers Gutachtertätigkeit entstanden war. Im ersten Band wurde bereits auf die zeitliche Nachbarschaft der Entstehungsgeschichte zu Eisslers Artikel »Mankind at its best« (»Das Beste an der Menschheit« 1964) hingewiesen. Aus dieser euphorisch geschriebenen Freud-Biografie bezog Eissler nach eigenen Angaben die Kraft, die »schwarzen Tage« der Gutachterpflicht zu überstehen und seinen Zorn zu lindern.

Edith Kurzweil hob hervor, dass sich Eissler entschieden gegen die ungerechte Behandlung wandte, die den Opfern der Naziverfolgung zuteil wurde (vgl. Kurzweil 1989). Er widersprach der damals üblichen Praxis, dass Personen, die in Konzentrationslagern gewesen waren und später Wiedergutmachungsansprüche wegen psychisch begründeter somatischer Symptome geltend machten, häufig abgewiesen worden waren. Es war behauptet worden, dass ihre Leiden eher genetisch bestimmt als durch Verfolgung ausgelöst worden seien. Solche Diagnosen bewogen die Richter zu der Entscheidung, dass ehemalige Lagerinsassen eher simulierten, als dass sie seelisch behindert seien. Eissler aber ging anhand seines Fallmaterials dem Zusammenhang von psychischen Mechanismen und Traumen detailliert nach und kam zu dem Schluss:

> Meine These, in der Störung des narzißtischen Libidohaushaltes den Grundfaktor des KZ-Syndroms zu suchen, stützt sich auf die Beobachtung, die ich in fast allen Fällen gemacht habe, daß die Patienten wohl imstande sind, die durchschnittlichen Ich-Funktionen zu aktivieren, daß aber das Erlebnismoment, das daran haftet, gestört ist. Ein solcher Patient wird zur Arbeit gehen, aber sie wird ihm gefühlsmäßig nicht viel bedeuten, er wird den Fernsehapparat andrehen, aber nach einiger Zeit, ohne

einen inneren Gewinn erlangt zu haben, wieder abdrehen. Er kann durch Aktivität keine innere Erfüllung erzielen. Das Leben ist essentiell ein freudloses geworden. Wenn wir solche Zustände Depressionen nennen, so tun wir es, weil wir über keinen besseren Terminus verfügen. Ich bin ziemlich sicher, daß dieses Syndrom nicht wirklich die Struktur der Depression zeigt. *Straus* hat eindrucksvoll gezeigt, daß bei der echten Depression die Zukunft ihre Repräsentanz verloren hat, während bei den von mir beobachteten Kranken die Zukunft zwar psychisch und im Weltbild volle Repräsentanz gefunden hat, aber die für eine lebensbejahende Haltung notwendige Färbung verloren hat. Die maßgebliche innere Einstellung besagt, daß man dies tun könne, aber auch jenes; daß es letzten Endes gleichgültig sei, was man tue; d. h. die Zukunft ist nicht mehr ein Feld möglicher Sinnhaftigkeit. (Eissler 1968, S. 456)

Eissler »diagnostizierte« die Vorurteile einiger seiner psychiatrischen Kollegen und widersprach auch Bruno Bettelheim, der der Ansicht war, dass die Opfer in den Konzentrationslagern dem Tod hätten entgehen können, wären sie nur rechtzeitig geflohen oder hätten sie sich der Opposition angeschlossen. Ihr Scheitern sei in ihrer Psychologie begründet (vgl. Eissler 1968). Eissler widerlegte dieses Argument, indem er den Blick auf den dauerhaften Schaden der Ichfunktionen von Lagerinsassen richtete, auf die völlige Unfähigkeit, auch nur einen Funken narzisstischer Befriedigung zu erlangen, auf den Einfluss der Hungerrationen und auf die Überlebensschuld. Die vielen jüngeren Dokumentationen und Untersuchungen verweisen natürlich auf die Tatsache, dass die Organisation des Genozids durch seine Opfer nicht hätte aufgehalten werden können. Aber Eissler bewies zuerst die Torheit von Bettelheims These und machte sich so den populären Bettelheim zum ewigen Feind (Kurzweil 1989, S. 1066).

Edith Kurzweil betonte, dass es Eissler gelungen sei, ein Grenzgänger zu bleiben, ein leidenschaftlicher Beobachter, der aber seine Leidenschaft unter Kontrolle hält. Ob er Zahlungsmodalitäten oder Delinquenz, Kriegsgefangene oder Soldaten, Opfer oder Täter, Dichter oder Patienten analysierte – Eissler habe stets auf die unbequemen Wahrheiten hingewiesen, mit denen zu leben unser aller Schicksal sei, und zugleich habe er sein Bestes getan, diese Wahrheiten zu transzendieren. So sei er auf seine eigene Weise Freud treu geblieben: er habe sich nicht angepasst, sondern Ambivalenzen hervorgehoben und formuliert und, ob wir ihm zustimmen oder nicht, er habe unser Denken angeregt und bereichert (a. a. O., S. 1069).

Schließen möchten wir mit einer Anekdote, die Emanuel E. Garcia berichtete. Sie soll dazu dienen, Eisslers engagiertes therapeutisches Verhalten zu charakterisieren:

[…] auf die dringende Bitte eines Kollegen schaffte er es irgendwie, einer Berühmtheit, die in New York zu Besuch war und sich mit der Drohung, sich umzubringen in einem Hotel eingeschlossen hatte, das Gewehr abzulocken. Offenbar gelang es ihm, das Gewehr unter seinem Mantel an den wachsamen Augen des Hotelpersonals vorbeizuschmuggeln. Es fand sich nach seinem Tod in einem Wandschrank. (Garcia 2007, S.105)

Dieser zweite Eissler-Band ist dem Andenken August Aichhorns, Eisslers Freund und Mentor, gewidmet.

Unser Dank gilt Edda Hevers für die Erstellung der Gesamtbibliografie.

Frankfurt, den 7. Juni 2016 / Wien, den 26. Juni 2016

Kurt R. Eissler

Das Chicago Institute of Psychoanalysis und die sechste Phase in der Entwicklung der psychoanalytischen Technik[1]

Einleitung

Der gegenwärtige Zustand der Psychoanalyse kann nicht anders denn als Krise beschrieben werden. Ob man diese Krise als Ergebnis einer ausufernden, doch gewinnbringenden Forschung in eine Vielzahl von Richtungen auffasst oder auf die zunehmende Verschlechterung wissenschaftlicher Standards zurückführt, hängt wohl vom Optimismus oder Pessimismus des Beobachters ab. Doch wie dem auch sei, wir empfinden es als notwendig, eine Auswertung der Situation zumindest für einen Aspekt der Psychoanalyse zu versuchen.

Es lag nahe, damit zu rechnen, dass angesichts der Fülle der für die Nachwelt hinterlassenen unvollendeten Forschungsarbeit auf den Tod Freuds eine lange Periode des »Durcharbeitens« seiner Erkenntnisse folgen würde. Doch gegenwärtig scheint es ganz im Gegenteil so, als ob der außerordentliche Fortschritt, den die Psychologie ihm verdankt, erst rückgängig gemacht werden muss, ehe er in Zukunft vielleicht dauerhaft integriert wird. Freud schrieb in seiner *Geschichte der psychoanalytischen Bewegung* (1914), er habe früher gedacht, dass die Wissenschaft keine Notiz von seinen Entdeckungen nehmen würde, bis Jahrzehnte später jemand auf »dieselben, jetzt nicht zeitgemäßen Dinge« stoßen würde (Freud 1914b, S. 60). Wenn man Alexanders und Frenchs Buch *Psychoanalytic Therapy* gelesen hat (vgl. Alexander & French 1946b), klingt der erste Teil von Freuds Vermutung wie eine Prophezeiung. Dieses Buch trägt die Krise, die bis jetzt in erster Linie das Gebiet der Theorie betroffen hat, in die psychoanalytische Praxis und stellt die Fundamente dessen in Frage, was bei allen sonstigen Uneinigkeiten unter Analytikern stets der gemeinsame Nenner ihrer therapeutischen Bemühungen gewesen ist.

Alexander teilt die Entwicklung der psychoanalytischen Therapie in fünf Phasen ein: die der kathartischen Hypnose, der Suggestion im Wachzustand,

---

[1] Am 8. Oktober 1948 in der Redaktion des *Journal of General Psychology* eingegangen. [Dort 1950 unter dem Titel »The Chicago Institute of Psychoanalysis and the sixth period of the development of psychoanalytic technique« zuerst veröffentlicht (*Journal of General Psychology*, 2, 1950, S. 103–157).]

der freien Assoziation, der Übertragungsneurose und der emotionalen Umerziehung. Alexander gesteht, dass er den enormen Fortschritt, den die psychoanalytische Theorie während dieser fünf Phasen im Wesentlichen unter der Anleitung von Freud gemacht hat, bewundert. Er ist jedoch sicher, dass die Umwandlung des anfänglichen »einaktigen Dramas«, wie es in der Katharsis stattfand, »in ein Verfahren, das auf dauerhafte Veränderungen in der funktionalen Leistung des Ichs durch eine langsam voranschreitende emotionale Ausbildung« (Alexander & French 1946b, S. 18), noch nicht abgeschlossen ist. Ihm zufolge trägt die gegenwärtige Technik immer noch den Makel der Verunreinigung durch frühere Entwicklungsphasen. Folglich: »Der wichtigste Zweck dieses Buches besteht darin, diese Umwandlung zu beschleunigen und dauerhaftere Formen von Psychotherapie zu entwickeln.« (Alexander & French 1946b, S. 18) Wenn aber die neue Technik, die Alexander und French in Zusammenarbeit mit den Mitgliedern des Chicago Institute for Psychoanalysis entwickelt haben, von den wichtigsten Zentren psychoanalytischer Forschung als gültig anerkannt wird, dann sind wir, glaube ich, gezwungen, den Beginn einer sechsten Phase in der Entwicklung der psychoanalytischen Theorie festzustellen. Ich bezweifle allerdings, dass der zukünftige Historiker der Psychoanalyse in der Lage wäre, in dieser sechsten Phase »die immanente Logik der Entwicklungsgesetze einer Wissenschaft« zu erkennen (Alexander 1925a, S. 114), die aufeinander folgende Phasen einer wissenschaftlichen Entwicklung gewöhnlich miteinander verbindet. Tatsächlich würde eine Neuorientierung der psychoanalytischen Technik im Sinne der in diesem Buch präsentierten Linien eine höchst unorganische Kehrtwendung bedeuten, die mit den vorhergehenden Phasen mehr oder weniger unverbunden wäre. Alexanders und Frenchs Buch ist eine Kampfansage an all diejenigen, die immer noch glauben, dass Freud mit seinen Theorien vom menschlichen Geist und seiner Technik der Erforschung und Therapie nicht nur die Fundamente für eine wissenschaftliche Psychologie legte, sondern auch ein Instrument schuf, mit dem das Individuum von den Fesseln seiner Vorfahren und seiner Gesellschaft befreit werden kann. Alexanders und Frenchs Buch entfernt sich so weit von den außerordentlichen Entwicklungsmöglichkeiten, die in Freuds Arbeit enthalten sind, dass es eine detaillierte Besprechung verdient. Freilich würde das eine Abhandlung erfordern, die länger als das Original wäre. Es ist der Fluch des Fehlers, dass selbst unter besten Bedingungen mindestens zwei Bemerkungen nötig sind, um den Irrtum einer einzigen aufzuzeigen.

Definition der Neurose

Es dürfte angemessen sein, mit einer genauen Untersuchung von Alexanders Neurosendefinition zu beginnen. Es gibt derer zwei, die nicht identisch sind. Ich beschränke mich auf die Kritik der folgenden: »Die Psychoneurose«, schreibt Alexander, »ist ein Versagen des Individuums, erfolgreich mit einer gegebenen Situation umzugehen, die Erfolglosigkeit, eine sozial akzeptierte Befriedigung für subjektive Bedürfnisse unter gegebenen Umständen zu erlangen« (Alexander & French 1946b, S. 8). Diese Definition betrifft im Wesentlichen die Beziehung eines Individuums zu Erfolg und Befriedigung. Wenn eine Person erfolgreich ist und sich befriedigt fühlt, schließt das das Vorhandensein einer Neurose aus; umgekehrt, wenn eine Person scheitert und unzufrieden ist, bestehen darin zwei signifikante Faktoren, die ein neurotisches Leiden anzeigen. Es ist einfach, Belegmaterial zu finden, das Alexanders Definition widerlegt. Man muss dazu nur den klinisch wohlbekannten Typ von Neurotiker anführen, der sich selbst durch Tagträume oder die Illusion zukünftiger Belohnung mit »sozial akzeptierter Befriedigung« versorgt, was seinem erfolgreichen Umgang mit der äußeren Wirklichkeit nicht hinderlich ist oder seine Bemühungen, Erfolg zu haben, sogar anspornen kann. Die große Gruppe von Neurotikern, denen ihre Symptome eine Anpassung an bestimmte soziale Verhaltensmuster ermöglichen – zum Beispiel bei Zwangsstörungen –, erbringt weiteres klinisches Material, das Alexanders Definition als unhaltbar herausstellt. Hinzu kommt, dass Misserfolg und Unbefriedigtheit keine Hinweise auf eine Neurose sind. Ein Philanthrop, der den Hunger, die Kinderarbeit oder die Todesstrafe abschaffen will, wird erfolglos und unfähig sein, eine »sozial akzeptierte Befriedigung« seiner Bedürfnisse zu erlangen, ohne dass er darum neurotisch wäre. Es ist hier nicht der Raum, die Beziehung zwischen Neurose, Misserfolg und subjektiver Frustration zu analysieren; es sei aber so viel gesagt, dass eine Neurose nur *eine* mögliche Reaktion auf einen Misserfolg oder eine Frustration ist. Wenn jemand seine Feindseligkeit nicht ausleben kann, sie aber beherrscht, ist er kein Neurotiker; wenn er sie jedoch verschiebt oder sie durch Angst abwehrt, dann könnte er an einem neurotischen Symptom leiden. Es gibt zwei bemerkenswerte Eigenschaften in Alexanders Definition. Die eine ist ihr exklusiv behavioristischer Blickwinkel. Zufriedenheit und Erfolg sind letztlich behavioristische Begriffe. Wie zu sehen sein wird, kann die neue Technik von Alexander und seinen Mitarbeitern nur auf der Basis eines falsch angewandten Behaviorismus akzeptiert werden. Die Neurose ist ein Begriff der Psychologie, der mit den Reaktionen des Ichs auf die Auswirkung eines Konflikts zu tun hat. Alexanders Definition kommt ohne die Vorstellung des Konflikts aus und gehört daher nicht in den Bereich der Psychologie – wenn Psychologie im Sinne von Freuds strukturellen und dynamischen Auffassungen verstanden wird.² Alexanders behavioristischer Ansatz wird noch deutlicher, wenn er seine Definition weiter ausführt. Er glaubt: »Wenn die Situation eine größere Fähigkeit zur Integration erfordert, als das Ich besitzt, entwickelt sich eine Neurose.« (Alexander & French 1946b, S. 8) So reduziert Alexander Freuds dynamisches Verständnis der Neurose auf den Ausgleich von bloß zwei Gruppen von Kräften (äußeren und inneren); dieser Ausgleich genügt aber kaum, um auch nur die Mechanismen der Flucht oder primitiver Aggression zu erklären. Es kann klinisch in keiner Weise gerechtfertigt werden, die Ätiologie der Neurose so stark zu verengen. Nur durch einen Bruch mit Freuds genetischer Sichtweise (ein Bruch, der in Theorie und Praxis des Autors deutlich wird) konnte Alexander zu der Schlussfolgerung gelangen, dass sich eine Neurose unabhängig von einer bestimmten Vergangenheit entwickeln kann und sich vom Ausgleich zwischen Kräften an einem Punkt im Leben des Patienten her bestimmen lässt. Seine Argumentation: »akute neurotische Zustände können bei Personen auftreten, deren Ich in der Vergangenheit stets gut funktioniert hat« (Alexander & French 1946b, S. 8), ist ohne extensive Fallgeschichten inakzeptabel. Und was soll außerdem mit einem Ich, das stets gut funktioniert hat, gemeint sein? Alexander legt dar, dass er bei jedem Patienten nach dem Moment in dessen Leben sucht, als dieser begann, das Erwachsenwerden zu verweigern. Das vom Patienten erbrachte regressive Material, das von einem früheren Zeitpunkt datiert, betrachtet Alexander als Widerstand und nicht als weiteres Vordringen zur Ursache der Neurose (Alexander & French 1946b, S. 29). Diese statische Vorstellung von der Neurose, die einen bestimmten Anfangsmoment annimmt, ist das Ergebnis einer Auffassung, die das »gut funktionierende Ich« nur im Sinne der äußeren Übereinstimmung mit realen Situationen begreift. Schon 1909 zeigte Freud das langsame Wachstum und die zahlreichen Vorboten einer manifesten Neurose (vgl. Freud 1909a); diese vorklinische Phase liegt deutlich vor dem Zeitpunkt, an dem die Störung des Ichs in Erscheinung tritt. Erst im Zuge einer umfassenden genetischen Untersuchung, zum Beispiel in einer langfristigen Psychoanalyse, kann ermittelt werden, wann und wo die Wurzeln einer Störung des Ichs liegen.

---

² Es ist interessant, Alexanders neue behavioristische Definition mit einer früheren zu vergleichen: »Jede Psychoneurose ist ein Versuch autoplastischer Triebbewältigung. […] Die versuchte *autoplastische* und *regressive* Triebbewältigung entlastet nur einen Teil des Systems und führt zu einer neuen Spannung in einem anderen Teil.« (Alexander 1925b, S. 160f.) Die interessante Frage, ob Alexander seine neue Technik einer neuen Theorie angepasst hat oder vice versa, kann nur Gegenstand von Mutmaßungen sein. Wenn sich der Leser mit der neuen Technik vertraut macht, wird er allerdings zustimmen, dass Alexander die Zukunft nicht korrekt vorhersagte, als er im selben Aufsatz schrieb: »Der Abbau des Über-Ichs ist und bleibt das Ziel jeder zukünftigen psychoanalytischen Therapie.« (Alexander 1925b, S. 176)

Alexanders behavioristischer Ansatz, der die Störung des Ichs als Ausgangspunkt der Neurose auffasst, und die genetische Sichtweise, die die Störung als Ergebnis einer gestörten Entwicklung sieht, scheinen unvereinbar.³ Es scheint, dass Alexander bestimmte methodische Grundsätze missachtet. Um mit Gewissheit schlussfolgern zu können, dass »eine große Zahl der in dieser Studie behandelten Fälle« keine typisch neurotische Geschichte (infantile Neurose) haben (Alexander & French 1946b, S. 10), sollte er die Verlässlichkeit seiner Untersuchungsinstrumente überprüfen. Die Erwartung, dass die An- oder Abwesenheit einer infantilen Neurose nach zwei Gesprächen mit einem 51-jährigen Wissenschaftler einwandfrei festgestellt werden kann (Alexander & French 1946b, S. 146), kann kaum als gesichert gelten; dasselbe gilt für 26 Gespräche im Zeitraum von zehn Wochen im Fall eines 42 Jahre alten Patienten. Falls Alexander keine neuen und wirklich revolutionierenden Methoden der psychologischen Untersuchung entwickelt hat, was er nicht behauptet, erscheint es zweifelhaft, dass er über die Voraussetzungen verfügt, um zu dieser Schlussfolgerung zu gelangen. Eine Person, die in der wissenschaftlichen Methodik ausgebildet ist, weiß, dass Aussagen über die An- oder Abwesenheit von etwas, das für die grobe Funktionsweise unserer Sinnesorgane nicht direkt zugänglich ist, Fallstricke sein können. Die Psychoanalyse hat die grundlegenden Untersuchungsregeln bereitgestellt, die befolgt werden sollten, um zu verlässlichen Ergebnissen zu kommen. Wenn ein Wissenschaftler diese Regeln missachtet, ohne sie durch andere, verlässlichere zu ersetzen, sind die Ergeb-

---

3   Der Aufsatz von Hartmann und Kris über die genetische Betrachtungsweise in der Psychoanalyse (vgl. Hartmann & Kris 1949) macht es unnötig, Alexanders Vernachlässigung des genetischen Zugangs im Detail zu untersuchen. Nur zwei Punkte in Alexanders Argumentation gegen die ätiologische Bedeutung der Kindheitsneurose sollen hier genannt werden. Der erste ist, dass »neurotische Tendenzen latent bei jeder Person vorhanden« sind, und der zweite, »dass der Patient nicht so sehr an seinen Erinnerungen leidet, als vielmehr an seiner Unfähigkeit, mit seinen in diesem Moment vorliegenden Problemen umzugehen« (Alexander & French 1946b, S. 22). Das erste Argument enthält nichts Neues und da Kindheitsneurosen in unserer Gesellschaft nahezu allgegenwärtig sind, bestärkt das eher Freuds ätiologische Auffassung, als sie zu widerlegen. Das zweite Argument ist nicht stringent. Ich habe den Eindruck, dass es nicht ausreichend zwischen Symptomen und Ursache unterscheidet. Es ist, als sagte jemand über einen Patienten, der an einer offenen Tuberkulose leidet, dass ihn nicht eine Infektion quält, die er sich vor Jahren zuzog, sondern dass er durch das gegenwärtige kalte Wetter beeinträchtigt ist. Wenn Alexander schreibt: »Die vergangenen Ereignisse haben natürlich ihren gegenwärtigen Schwierigkeiten den Weg bereitet, doch dann sind alle Reaktionen einer Person von den Verhaltensmustern abhängig, die in der Vergangenheit herausgebildet wurden« (Alexander & French 1946b, S. 22), dann unterstützt er damit meiner Meinung nach indirekt Freuds Theorie stärker als seine eigene.

nisse seiner Untersuchung bezweifelbar. Außerdem möchte ich darauf hinweisen, dass Alexanders Definition mit weithin verbreiteten Sichtweisen übereinstimmt. Unser Zeitalter behauptet, dass Glück und Erfolg die wesentlichen Bestandteile psychischer Gesundheit sind. Misserfolg und Frustration als Erscheinungsformen von Krankheit aufzufassen, bedeutet, dem tendenziösen Argument der allgemein verbreiteten Sichtweise zu folgen, die Glück und Erfolg an sich als wichtigste Ziele im Leben behauptet; diese Sicht leugnet die Realität der *Ananke*. Tatsächlich messen die Autoren die meisten ihrer therapeutischen Erfolge am Glück und Erfolg ihrer Patienten. Sie überprüfen nicht die psychologische Struktur, die diesen Zuständen zugrunde liegt. Indem er die These akzeptiert, der zufolge die Kindheit eines Menschen eine Phase des Glücks ist, vergleichbar dem Garten Eden (Alexander & French 1946b, S. 34), macht sich Alexander mit einer weiteren gängigen Sichtweise gemein. Er leugnet also die Kluft, die bis dahin zwischen den psychoanalytischen Entdeckungen und verbreiteten Meinungen über die menschliche Psyche bestand. Es ist aus Alexanders Publikationen nicht ersichtlich, auf welches klinische Material er seine Sichtweise in Bezug auf das Glück der Kindheit stützt – eine Zeit, die wir als eine des Konflikts, der seelischen Schmerzen und der Tragödie kennen. Es ist notwendig, diese These hier besonders herauszustreichen, damit der Leser nicht den Eindruck gewinnt, dass die Kritik einer Neurosendefinition nur eine akademische Frage ist. Ein Fehler in der Definition eines zentralen Begriffes ist nichts weniger als eine akademische Spitzfindigkeit, denn er zieht ein entsprechend großes Versagen in der klinischen Herangehensweise und im Verständnis vom Wesen des Menschen, von seiner Not und seinem Schicksal nach sich.

Übertragung und Übertragungsneurose

Selbst in seinen frühen Schriften über Hysterie sprach Freud von der wichtigen Bedeutung der Beziehung des Patienten zum Analytiker in der Therapie der Neurosen. Später wies er die äußerst wichtige und einzigartige Stellung nach, die die Übertragung in der Psychoanalyse und jeder Psychotherapie hat, als er die Fallstudie einer Patientin veröffentlichte, die er 1899 behandelt hatte (vgl. Freud 1905c). Die Übertragung wurde zum zentralen Problem der psychoanalytischen Therapie. Die Autoren, vorwiegend Alexander, French und Weiss, widmen einen erheblichen Teil ihrer theoretischen Beiträge der Diskussion der Übertragung. Ihre Schriften sind zum Teil mit einer Kritik des Umgangs mit der Übertragung bis heute und zum Teil mit der Entwicklung einer angeblich neuen Technik befasst. Ihrer Auffassung nach sind manche psychoanalytischen Behandlungen nur deshalb endlos oder in anderer Weise erfolglos, weil nicht adäquat mit der Übertragung umgegangen wird. Wenn die Herausbildung einer Übertragungsneurose[4] verhindert werden kann oder wenn sie gemeistert, geplant und auf einem Niveau adäquater Intensität gehalten wird, dann, behaupten die Autoren, könnten lange Verzögerungen verhindert werden, der Erfolg der Behandlung gehe tiefer und die emotionale Beteiligung des Patienten werde intensiver sein als in einer Standard-Psychoanalyse.[5] Wie die Autoren in der Praxis vorgehen, wird in dem Abschnitt diskutiert, der ihren Fallstudien gewidmet ist. Insofern ihre Schriften einige unvertretbare Behauptungen enthalten, ist es notwendig, sie relativ detailliert wiederzugeben. Speziell Weiss macht einige Äußerungen, die mir unhaltbar erscheinen; zum Beispiel behauptet er, dass der »Übertragungsneurose, in all ihren negativen und positiven Aspekten, Vorschub geleistet« worden sei (Alexander & French 1946b, S. 42). Weiss belegt diese Bemerkung nicht, ich weiß also nicht mit Sicherheit, ob ein solcher Rat nicht bei irgendeiner Gelegenheit von Analytikern gegeben worden ist. Doch ohne jeden Zweifel lehnte Freud eine solche Technik ab. Bereits 1915 schrieb er, er könne sich »nicht leicht eine unsinnigere Technik vorstellen« als eine, die die Übertragung verstärkt (Freud 1915a, S. 309). Auch in *Die endliche und die unendliche Analyse* lehnte er in einem anderen Zusammenhang eben diese Technik ab (vgl. Freud 1937a, S. 76f.). Es ist wohlbekannt, dass die absichtliche Verstärkung der Übertragung durch ihre verwirrende Wirkung auf den Patienten eine chaotische analytische Situation erzeugt. Weiss fährt fort: »Bis vor kurzem glaubten viele Psychoanalytiker in der Tat, dass eine solche vollständige Übertragungsneurose unvermeidlich sei, dass jede Verbesserung im Gefühlsleben des Patienten einzig und allein durch die Lösung seiner auf den Analytiker verschobenen neurotischen Fixierungen zu erreichen sei.« (Alexander & French 1946b, S. 42)

Auf welcher Grundlage stellt Weiss diese Behauptungen auf? Gewiss gibt es unter Analytikern Einigkeit darüber, dass *unter bestimmten Bedingungen* eine Übertragungsneurose manifest wird, dass es häufig Geschick und Erfah-

---

[4] Die Autoren verstehen unter einer Übertragungsneurose diejenige psychologische Konfiguration, die das Ergebnis einer Absorption der ursprünglichen Neurose durch die emotionale Beziehung des Patienten zu seinem Analytiker ist.

[5] Es ist, wie im Folgenden zu sehen sein wird, nicht ganz klar, was die Autoren mit Standard-Psychoanalyse meinen. Sie verstehen darunter offenbar nicht die Technik, die von Psychoanalytikern angewandt wird, die zu Recht oder zu Unrecht der allgemeinen Richtung folgen, die Freud vorgegeben hat. Denn die Autoren behaupten, dass mit ihrer Technik tatsächlich jene Ziele zu erreichen seien, die Freud im Sinn hatte. Sie beziehen sich also wahrscheinlich auf einen angenommenen statistischen Durchschnitt. Da mindestens ein Großteil der Analytiker geltend macht, die grundlegenden Regeln der von Freud erarbeiteten Technik anzuerkennen, nehme ich mir die Freiheit, mich in erster Linie auf Freuds Schriften zu beziehen, wenn es um die Technik der »Standard-Psychoanalyse« geht.

rung braucht, um sie sichtbar zu machen, und dass Fehler des Analytikers rasch zu ihrer Verschleierung führen können. Es wurde aber niemals behauptet, dass »jede Verbesserung im Gefühlsleben des Patienten« auf einer Lösung der Übertragungsneurose basiert. Bekanntlich kann eine Vielzahl von Ereignissen und Therapien eine Verbesserung im Gefühlsleben eines Patienten bewirken, ein Punkt, der von Freud immer wieder betont wird. Bezieht sich Weiss hier vielleicht auf Freuds Auffassung, dass die erfolgreiche Analyse von Symptomen (nachdem diese in der Übertragungsbeziehung aufgegangen sind) die bestmögliche Garantie für eine *dauerhafte strukturelle Veränderung* in der Persönlichkeit des Patienten darstellt? Weiss denkt außerdem Folgendes:

> [...] diese Laissez-faire-Haltung in Bezug auf die Beziehung des Patienten zum Analytiker wurde umfassend verändert. Heute anerkennt sogar die Standard-Psychoanalyse, dass die Übertragungsbeziehung in bestimmten Situationen beschränkt werden kann und muss. Psychoanalytiker fanden heraus, dass die Übertragungsneurose vom Patienten als Widerstand gegen die Einsicht benutzt werden kann. (Alexander & French 1946b, S. 42)

Man kann mit Sicherheit sagen, dass spätestens seit 1912, als Freud *Zur Dynamik der Übertragung* veröffentlichte (vgl. Freud 1912a), kein verantwortungsbewusster Analytiker eine Laissez-faire-Haltung zum Phänomen der Übertragung eingenommen hat. »Sogar« in der Standard-Psychoanalyse muss die Übertragungsbeziehung nicht allein in *manchen*, sondern in *allen* Situationen beschränkt werden. Außerdem wies Freud bereits 1912 darauf hin, dass die Übertragungsneurose in der Tat einen Widerstand gegen die Einsicht darstellt. Die eingehende Lektüre psychoanalytischer Literatur zeigt deutlich, dass die Beschränkung der Übertragung, der Kampf gegen den Übertragungswiderstand, die Vorbeugung oder der konstruktive Gebrauch des Agierens von jeher die zentralen Probleme der psychoanalytischen Technik waren. Heutzutage, so behauptet Weiss, würde »das Anwachsen der Übertragungsbeziehung« eingeschränkt auf »diejenigen Facetten der Übertragungsneurose, die den Konflikt reflektieren, während eine weitergehende Übertragungsneurose vermieden wird, die schwieriger zu überwinden wäre« (Alexander & French 1946b, S. 43). Ganz abgesehen davon, dass es schwierig ist, Symptome einer Übertragungsneurose auszumachen, die keine Facette eines Konfliktes zum Ausdruck bringen, kann ich nicht nachvollziehen, warum die Schwierigkeit einer Aufgabe ein Argument gegen ihre Erfüllung ist.

Darüber hinaus versucht Weiss, die technische Stichhaltigkeit der gegenwärtigen Übertragungstheorie zu widerlegen, indem er darauf hinweist, dass die Person des Analytikers sich als Objekt der Übertragung möglicherweise nicht eignet. Er schreibt: »Möglicherweise repräsentiert er nicht die Person in der Vergangenheit gerade dieses Patienten mit seinen spezifischen Gefühlen, auf die dessen emotionale Störung konzentriert ist.« (Alexander & French

1946b, S. 43) Abgesehen von wenigen Ausnahmen wird diese Behauptung von Weiss durch die klinischen Erfahrungen nicht bestätigt. In der großen Mehrzahl der Fälle ist es äußerst beeindruckend zu sehen, wie weit sich die Übertragung von der realen Persönlichkeit des Analytikers entfernen kann, vorausgesetzt, die richtige Technik wird angewandt. Doch Weiss' Argumentation zeigt, dass er über etwas anderes spricht als das, was Freud unter Übertragung verstand. Was er die Eignung des Analytikers nennt, Übertragungsobjekt zu sein, ist lediglich ein Faktor, der den Patienten klinisch sogar behindern kann, die Übertragung als solche zu erkennen. Diese Verwirrung zeigt sich in seiner Überzeugung, dass eine Frau, deren Konflikt sich um die Beziehung zu einer älteren Schwester drehte und die von ihm erfolgreich behandelt wurde, »logischerweise zu einer Frau in die Behandlung hätte gehen sollen« (Alexander & French 1946b, S. 48). Es wurde darauf hingewiesen, dass eine tatsächliche Ähnlichkeit zwischen einer Person, die in der Vergangenheit des Patienten von großer emotionaler Bedeutung war, und dem Analytiker im Behandlungsverlauf unüberwindliche Schwierigkeiten erzeugen kann (vgl. Bibring-Lehner 1935). Wenn wir Freuds Sichtweise folgen, wäre zu erwarten, dass eine Patientin, deren größter Konflikt ihre ältere Schwester einbezieht, leichter und mit größerem Erfolg auf eine Analyse anspricht, die von einem Mann geleitet wird, als auf eine, die eine ältere Frau bei ihr durchführt.

Das folgende Zitat soll zeigen, was Weiss für einen Aspekt der neuen Technik hält, die »kürzere Methoden« sowie »eine noch subtilere Manipulation der Übertragungsbeziehung selbst« erlaube (Alexander & French 1946b, S. 43):

> Wir nutzen die positive Einstellung des Patienten zum Therapeuten, um eine Verbindung herzustellen und den Heilungsprozess in Gang zu halten. Wenn negative oder feindliche Gefühle auftreten, ignorieren wir sie nicht, sondern gehen mit ihnen in einer Weise um, die verhindert, dass der Prozess durch die Angst des Patienten blockiert und das Verfahren verlängert wird. Wenn umgekehrt positive Gefühle zu stark werden, müssen wir einen mäßigenden Umgang damit finden. Andernfalls entwickelt der Patient eine so starke Abhängigkeit vom Therapeuten, dass er sich nie wieder von ihm lösen will. (Alexander & French 1946b, S. 44)

Dies benennt prägnant einige Punkte, die in der psychoanalytischen Technik während der letzten 30 Jahre angewandt wurden. Wir können allerdings nicht nachvollziehen, wie diese Punkte dazu beitragen können, die Dauer der Therapie signifikant zu senken.

French beschreibt drei mögliche Reaktionen des Patienten auf die Therapie. Er könne sich die Behandlung rational nutzbar machen, offenen Widerstand zeigen wie unmittelbaren Ärger über unerfreuliche Deutungen oder eine Übertragungsneurose entwickeln (Alexander & French 1946b, S. 75).

Frenchs Beschreibung einer rationalen Verwendung der Behandlung klingt eher nach einem theoretischen Konstrukt als nach einem der klinischen Wirklichkeit entnommenen Bericht. Sollte es jemals vorkommen, dass sich ein Patient so benimmt, wie French das beschreibt, nämlich dass er zuhört, was der Therapeut zu sagen hat, und es dann im Sinne einer erfolgreichen Anpassung anwendet, ohne Widerstand oder Agieren, würde ich sehr bezweifeln, dass das auf rationaler Grundlage geschieht, sondern würde an zahlreiche pathologische Mechanismen denken, die zu einem Verhalten führen können, das nur vom Standpunkt der Gesellschaft aus rational erscheint. Eine Analyse des Patienten, die auf seine »Heilung« folgt, würde zeigen, welcher Mechanismus das Symptom des Patienten besserte.

Doch wichtiger ist, was French über die Übertragungsneurose sagt. Für ihn handelt es sich um eine sekundäre Verschleierung direkter Widerstände. Er schreibt: »Eine der häufigsten Ursachen für eine Übertragungsneurose ist das Bedürfnis, offene Widerstandsreaktionen zu verstecken oder zu verschleiern.« (Alexander & French 1946b, S. 78) Darüber hinaus unterscheidet er das offene Auftreten von Widerständen von der Übertragungsneurose und hält jenes nur insofern für irrational, als auch die Neurose irrational ist. Da der Therapeut eine reale Bedrohung für den Patienten darstelle, insofern er dessen gewohnte Abwehrmechanismen störe, könne ein offener, unverschleierter Widerstand als normal angesehen werden (vgl. Alexander & French 1946b, S. 77). Er gibt ein klinisches Beispiel von einer Analyse, das ich ausführlich wiedergeben möchte, da es sich für eine Darlegung einiger Argumente gegen seine Theorie anbietet. Ich werde mir erlauben, Frenchs Bericht ein klein wenig auszudeuten. Er bespricht

> […] den Fall einer attraktiven jungen Frau, die den Großteil eines analytischen Gesprächs damit zubrachte, begeistert von einem Pfarrer zu erzählen, mit dem sie in der Kirche zusammenarbeitete. Sie schloss mit der Bemerkung, das müsse klingen, als sei sie in den Pfarrer verliebt. Der Therapeut stimmte ruhig zu, dass sie in der Tat in ihn verliebt sein müsse, und in der restlichen Stunde wurde freundlich über das Problem diskutiert, dass der Pfarrer verheiratet war. Zwei Tage später hatte diese Patientin einen heftigen Wutanfall. Als der Analytiker sie sah (ehe die Wut verklungen war), befand sie sich über den Grund für ihren Ausbruch völlig im Unklaren. (Alexander & French 1946b, S. 76)

French hält den Wutausbruch der Patientin für eine natürliche und unvermeidliche Reaktion auf die vorangegangene Deutung. Es ist schwierig, seine Auffassung ohne weitergehenden Beweis zu teilen. Seine Erklärung macht weder die Verspätung der Reaktion noch das Auftreten von Wut plausibel. Ein anderer Patient könnte in einer ähnlichen Situation mit einer Depression reagieren. Doch Frenchs Beispiel erhält größere Bedeutung, wenn er hinzufügt, dass die »Zuneigung [der Patientin] zu einem verheirateten Mann nicht mit ihrem durch religiöse Unterweisung stark ausgebildeten Gewissen zu vereinbaren war« (Alexander & French 1946b, S. 76). Daraus kann ohne Wagnis geschlossen werden, dass es für die Patientin ungewöhnlich war, diese Art von Gefühlen für einen verheirateten Mann zu entwickeln. Wenn außerdem hinzugefügt wird, dass »sie bisher ihre Gefühle für den Pfarrer im Zusammenhang mit der Freude, die es ihr bereitete, mit ihm beruflich zusammenzuarbeiten«, gesehen hatte (Alexander & French 1946b, S. 76), scheint es offensichtlich, dass diese Beschreibung auch für die Gefühle der Patientin für ihren Therapeuten Gültigkeit hat. Es stellt sich also die Frage, in welchem Ausmaß der Vorfall mit dem Pfarrer eine Verschiebung der therapeutischen Situation auf die äußere Wirklichkeit gewesen sein könnte, ein Agieren oder eine Provokation, um den Therapeuten eifersüchtig zu machen, oder ein Versuch, ihn zu verführen. Natürlich kann nur French entscheiden, ob diese Vermutung richtig ist, doch ich denke, dass sein Beispiel eher zeigt, dass sich der Unterschied zwischen offenen Widerständen und der Übertragungsneurose in der Mehrzahl der klinischen Fälle als künstlich erweist.

Wenn offene Widerstände isoliert und aus dem Kontext, in dem sie auftraten, entfernt werden, wie French das in seinem Beispiel tut, können sie benutzt werden, um seine Einteilung zu bestätigen. Wenn sie jedoch im Zusammenhang mit einem Längsschnitt durch die detaillierte Lebensgeschichte und einem Querschnitt durch die gegenwärtige Gesamtsituation betrachtet werden, geben sich diese direkten Widerstände sehr häufig als wesentlicher Bestandteil der Übertragungsneurose zu erkennen.

Dass die meisten Übertragungsneurosen Verschleierungen unmittelbarer Widerstände auf Deutungen sind, ist unwahrscheinlich. Übertragungsneurosen beginnen häufig, bevor irgendeine Deutung ausgesprochen wurde. Noch ist ihr Auftreten auf die analytische Situation beschränkt. Sie kommen in der Hypnosebehandlung, in Massenphänomenen, im alltäglichen Leben vor. Wenn wir all diese unterschiedlichen Manifestationen insgesamt betrachten, scheint es eher wahrscheinlich, dass French Freuds Theorie, derzufolge die Übertragung sowohl ein Widerstand als auch das Hervortreten einer archaischen psychischen Realität ist, vorschnell verworfen hat.

Darüber hinaus scheinen die Autoren dazu zu neigen, Übertragungsphänomene dort, wo sie eventuell aufgetreten sind, zu vernachlässigen. Weiss tadelt Analytiker, die jeden Traum des Patienten als einen Übertragungstraum deuten. »Egal, ob er darin auftrat oder nicht, der Analytiker wurde immer in einer der im Traum erscheinenden Figuren gesehen«, klagt Weiss (Alexander & French 1946b, S. 42). Wenn das bedeuten soll, dass nur im Falle, dass der Analytiker als Person im manifesten Trauminhalt vorkommt, von einem Übertragungstraum gesprochen werden kann, dann müssen Weiss einige wichtige Elemente der Übertragung des Patienten verborgen geblieben sein. Frenchs Begriff der Übertragungsneurose ist allerdings inkompatibel mit seinem vorsichtigen Ratschlag, wie man »die Neigung des Patienten, eine schwer zu bewältigende Übertragungsneurose zu entwickeln, dämpfen« könne (Alexander & French 1946b, S. 85). Wenn Patienten wirklich solche »Neigungen« haben, dann wird die Theorie, dass die häufigste Ursache für eine Übertragungsneurose die sekundäre Verschleierung von direktem Widerstand ist, ziemlich widersprüchlich. French gibt dieser Neigung eine ziemlich große Bedeutung und er nimmt die Analytiker ins Gebet, weil sie eine Technik anwenden, die die Übertragungsneurose zu deutlich hervortreten lasse. French erörtert, wie schwierig dem Patienten in der therapeutischen Situation die Realitätsprüfung fällt, in der »der Analytiker« (in diesem Fall nicht der Therapeut) »seine eigene Persönlichkeit so weit wie möglich unterdrückt [...] und es sich versagt, wütend zu werden, wenn er beleidigt wird, oder erfreut zu sein, wenn der Patient eine Zuneigung zu ihm entwickelt« (Alexander & French 1946b, S. 84). Er bezieht sich außerdem auf »den Eindruck der Unwirklichkeit, den die Standard-Technik hervorruft«, und denkt, dass eine solche »Unterminierung der Fähigkeit des Patienten zur Realitätsprüfung es für das Ich des Patienten viel schwieriger macht, an der Anstrengung, Einsicht zu gewinnen, teilzuhaben« (Alexander & French 1946b, S. 85). Wenn die Realitätsprüfung erleichtert wird, soll die Übertragungsneurose leichter zu bewältigen sein. Nach dieser Beschreibung der Standard-Technik werfen wir einen Blick auf »die moderne Haltung« (Alexander & French 1946b, S. 86f.). Wir hören: »Der Therapeut« (diesmal nicht der Analytiker) »sollte nicht versuchen, ein bloßer Spiegel zu sein«, sondern »dem Patienten die Nervosität nehmen«, indem er in Übereinstimmung mit den Erwartungen des Patienten handelt. Er solle das tun, indem er den Patienten bittet, »von seinem Problem und den Umständen, die dazu geführt haben, zu berichten«. Er solle »die Sicht des Patienten auf sein Problem akzeptieren«. Wenn der Patient glaubt, dass er an einer körperlichen Krankheit leidet, solle diese Möglichkeit vorurteilslos untersucht werden. Man solle nach Anhaltspunkten für den Glauben des Patienten suchen. »Wir behandeln den Patienten versuchsweise als ein normales und vernünftiges menschliches Wesen und fahren in dieser Weise fort, außer wenn der Patient selbst das Gegenteil beweist.« French zählt die Vorteile einer solchen Technik auf. Seine Beschreibung der modernen Haltung ist enttäuschend. Vor Jahren wies Fenichel auf das mögliche Missverständnis hin, das mit der Vorstellung vom Analytiker als Spiegel verbunden ist (vgl. Fenichel 2001), und ich vermute, dass die meisten Analytiker sich dieser Gefahr bewusst sind. Ich nehme an, dass die meisten Analytiker tun, was French vorschlägt, ohne das für eine moderne Einstellung zu halten, nämlich den Patienten zu bitten, seine Probleme mitzuteilen und nach Hinweisen auf eine körperliche Erkrankung zu suchen. Dabei unterscheiden sie sich von French nur hinsichtlich der paternalistischen Einstellung, mit der er den Patienten »versuchsweise« als normal und vernünftig behandelt. Ein weiterer Vorbehalt ist notwendig in Bezug auf Frenchs Ratschlag, sich in

Übereinstimmung mit der Erwartung des Patienten zu verhalten. Wenn French sich damit auf Weiss' Technik bezieht, das Setting zu variieren, »um sie dem Anlass anzupassen«, dann muss er dafür streng kritisiert werden. Weiss passt sich dem Anlass an, indem er in einem Fall an seinem Schreibtisch sitzt, in einem anderen mit dem Patienten eine Zigarette raucht oder in der Nähe des Patienten sitzt »wie in einem Wohnzimmer oder neben ihm auf der Couch in einer noch weniger förmlichen Weise« (Alexander & French 1946b, S. 53). Weniger förmlich als auf der Couch in einem Wohnzimmer? Wenn das nicht zu einer Übertragungsneurose führt, muss der Patient in der Tat gehemmt sein!

Meiner Auffassung nach gibt French die Standard-Technik nicht korrekt wieder. Die ungerechtfertigte Darstellung des Analytikers als einer Person, die ihre Persönlichkeit unterdrückt und versucht, nicht ärgerlich zu werden, schildert das Gegenteil von allem und jedem, was Freud lehrte und als Voraussetzungen für die Persönlichkeit des Analytikers beschrieb (vgl. Freud 1912b). Zudem wendet French den Begriff von der Realitätsprüfung in der therapeutischen Situation meiner Meinung nach falsch an. In dieser muss alles getan werden, um den Patienten in die Lage zu versetzen, seine eigene psychische Realität zu überprüfen. French bringt ein scharfsinniges Argument, das ein wichtiges therapeutisches Werkzeug der Psychoanalyse scheinbar entwertet. Er glaubt, dass die Fähigkeit des Patienten zur Realitätsprüfung tatsächlich unterminiert wird durch die »geheimnisvolle Aura, die das seltsam unpersönliche Verhalten des Analytikers hervorruft« (Alexander & French 1946b, S. 85). Das Missverständnis, das dieser Auffassung zugrunde liegt, wird verständlich, wenn French feststellt, dass »in der Psychotherapie von Kindern und Jugendlichen der Therapeut dieses unpersönliche Verhalten zugunsten eines warmen und mitfühlenden Interesses« aufgibt (Alexander & French 1946b, S. 84f.). Die Psychotherapie von Jugendlichen ist ein zu komplexes Problem, um hier besprochen zu werden. Doch was die Kinderanalyse betrifft, so ist die Veränderung der Technik im Vergleich mit der in der Behandlung Erwachsener der klinischen Erfahrung geschuldet, dass Kinder nicht in der gleichen Weise wie Erwachsene Übertragungsneurosen entwickeln. Wichtiger ist aber, dass French eine notwendige Unverträglichkeit zwischen einer unpersönlichen Haltung und dem Ausdruck eines warmen und mitfühlenden Interesses voraussetzt. Ich denke, es ist und war stets unmöglich, einen Patienten mit egal welcher Technik zu analysieren, ohne dass der Analytiker ein warmes und mitfühlendes Interesse für seine Patienten besitzt und zeigt. Wenn die Notwendigkeit und der förderliche Effekt eines solchen Verhaltens wirklich eine Entdeckung jüngeren Datums wäre, wäre unverständlich, wie Patienten in der Vergangenheit erfolgreich behandelt werden konnten. Ich frage mich, was für eine Haltung French zeigte, ehe er zur »modernen« Haltung fand. Ebenso ist der »Appell an den gesunden Menschenverstand und die Arbeit in Kooperation mit dem Ich des Patienten« ein uraltes Hilfsmittel der Standard-Technik (vgl. Freud 1916–1917b, S. 453–455). Wenn dem Patienten die psychoanalytische Situation richtig erklärt wird, kann die größtmögliche Kooperation mit ihm erreicht werden. Auf dem Weg zu dieser Kooperation kann der Patient einige ungeheuer wichtige Informationen über Konflikte in seinem Ich erhalten, derer er sich nicht bewusst war. Abgesehen von Fällen, in denen bestimmte Aspekte des einzelnen Patienten ein zu großes Risiko bergen, zum Beispiel im Fall von Borderline-Störungen, ist es nicht ratsam, ihm zu helfen, die Konflikte zu verschleiern, indem Vertraulichkeit hergestellt wird. »Der Eindruck der Unwirklichkeit«, den das angeblich unpersönliche Verhalten des Analytikers »hervorzurufen neigt – besonders auf einen naiven Patienten« (Alexander & French 1946b, S. 84),[6] erschien mir stets eine der wichtigsten Gelegenheiten zu sein, um grundlegende Ich-Einstellungen zur Realität bloßzulegen, doch niemals als ein neu erzeugtes Stück Psychopathologie, das eine Reaktion auf die Eigenheiten der psychoanalytischen Situation wäre, wie French zu glauben scheint. Der Eindruck der Unwirklichkeit kann meiner Erfahrung nach erstaunlich rasch verschwinden, wenn man »dem Patienten die Nervosität nimmt«, doch dann kommt er – zum Nachteil der Analyse des Patienten – möglicherweise nie mehr zurück. In der Regel ist es nicht ratsam, in Übereinstimmung mit der Erwartung des Patienten zu handeln, es sei denn, sein Ich ist in einem so hohen Grad geschwächt, dass es der psychoanalytischen Situation nicht standhalten kann. Im Allgemeinen wird es ihm aber nicht die beste Gelegenheit bieten, um sich mit seiner psychischen Realität vertraut zu machen. Eine sorgfältige Untersuchung der Fallstudien der Autoren wird zeigen, dass diese keine Beweise dafür erbringen, dass ihre Patienten in Bezug auf ihre Fähigkeit zur Überprüfung der psychischen Realität irgendwelche Fortschritte machten, auch wenn sie die Behandlung mit einer deutlich veränderten Fassade ihrer Persönlichkeitsaufmachung verlassen haben. Wie zu sehen sein wird, verfolgen die Autoren therapeutische Ziele, die von denen, an die Freud dachte, sich deutlich unterscheiden. Aus diesem Grund ist es unpassend und kritikwürdig, dass sie ihre Technik mit der Freuds vergleichen.

Alexanders Theorie über Übertragung und Widerstand reduziert sich auf den Widerwillen des Patienten, sich mit seinen realen Problemen im Leben auseinanderzusetzen. Die folgenden zwei Zitate werden die Leser mit dem Bezugsrahmen vertraut machen, in den Alexander diese grundlegende Frage zu pressen versucht. »Regressives Material«, schreibt Alexander im Zusammenhang mit der Übertragungsneurose, »ist kein Hinweis auf die Tiefe der Analyse, sondern auf das Ausmaß des strategischen Rückzugs des Ichs – eines

---

[6] Meiner Erfahrung nach ist es gewöhnlich der gewitzte, um nicht zu sagen: der zu gewitzte Patient, der sich anfangs über ein Gefühl des Unwirklichen beklagt.

neurotischen Rückzugs vor einer schwierigen Lebenssituation zurück in Kindheitssehnsüchte nach Abhängigkeit, die nur in der Phantasie befriedigt werden können.« (Alexander & French 1946b, S. 29) Und weiter: »Die Übertragungsneurose erfüllt denselben Zweck wie die ursprüngliche Neurose: Rückzug von der realen Teilnahme am Leben.« (Alexander & French 1946b, S. 33) Historisch betrachtet ist es interessant festzustellen, dass sich Alexanders Bezugsrahmen in diesem Zusammenhang auf die zwei Begriffe verengt hat, mit denen Alfred Adler die Gesamtheit der Psychopathologie der Neurosen zu erklären versuchte.

Therapieziel und Therapieplan

Die Autoren äußern sich ausführlich zu Therapiezielen und der Notwendigkeit, für jeden Patienten einen Therapieplan zu erstellen. Die Autoren haben recht, wenn sie verlangen, dass die Psychotherapie wie alle anderen vernünftigen Tätigkeiten einem Plan folgen soll. Alexander (Alexander & French 1946b, S. 102–106) nennt eine relativ lange Liste von Entscheidungen, die am Anfang der Therapie getroffen werden sollen: Wird es eine unterstützende oder eine aufdeckende Therapie sein; wird der Patient zu täglichen oder wöchentlichen Gesprächen erscheinen; sollte eine Veränderung der äußeren Umstände im Leben des Patienten angestrebt werden; sollte die Entwicklung einer Übertragungsbeziehung befördert oder beschränkt werden; welche Grenzen wird das Therapieziel haben? French widmet ein Kapitel der »Planung der Psychotherapie« (Alexander & French 1946b, S. 107–131). Doch ehe wir ins Detail gehen, müssen wir uns in Bezug auf eine fundamentale Frage festlegen, auf die die Autoren nicht ausreichend eingehen, nämlich auf das Problem der strukturellen Veränderung der Persönlichkeit. Freud beschreibt das Ziel der Psychoanalyse in verschiedener Weise, zum Beispiel benennt er die Überwindung von Widerständen, das Bewusstmachen von unbewusstem Material oder das Auffüllen von Erinnerungslücken (vgl. Freud 1914c, S. 127; 1916–1917b, S. 451f.). Die umfassendste Formulierung bezieht sich auf die Umwandlung von Es in Ich (vgl. Freud 1933, S. 86).

Freud hat in seinen technischen Schriften für zahlreiche Phasen der »strukturellen Psychotherapie« Regeln aufgestellt. Er bestand nie darauf, dass all diese Regeln streng befolgt werden sollen. Er hielt nur ein paar von ihnen für unumgänglich, wie etwa den Rat, während des analytischen Gesprächs keine Notizen zu machen. Jeder Analytiker hat das Recht, diese technischen Vorschläge in Übereinstimmung mit seiner Erfahrung zu verändern, wenn er klinisch nachweisen kann, dass seine Neuerungen zu einer strukturellen Veränderung in der Persönlichkeit des Patienten führen. Die Erfahrung zeigte, dass

Freuds Technik im Fall von Schizophrenen und Verwahrlosten nicht zum Erfolg führt. Hug-Hellmuth, Anna Freud und Melanie Klein zeigten dasselbe für die Kinderanalyse. Wie weit diese Regeln auch von der ursprünglichen Technik Freuds abweichen mögen, sie haben alle eine Sache gemeinsam, nämlich, dass die von den Neuerern entwickelte Technik mit hoher Wahrscheinlichkeit zu einer strukturellen Veränderung beim jeweiligen klinischen Krankheitsbild oder bei der jeweiligen Altersgruppe führt. Man kann also sagen, dass jede Technik – ob sie die Benutzung der Couch vorsieht oder nicht, ob sie tägliche oder weniger häufige Gespräche vorschreibt – eine psychoanalytische Therapie ist, wenn sie durch die Benutzung anerkannter psychoanalytischer Mittel eine strukturelle Veränderung der Persönlichkeit anstrebt oder hervorzubringen imstande ist.[7] Eine psychotherapeutische Methode kann einen Patienten dauerhaft von einem Symptom heilen; sie kann ihn glücklich und erfolgreich machen, ihre Wirkung kann den Beifall der Familie des Patienten oder der Gesellschaft hervorrufen; doch wenn sie keine strukturelle Veränderung nach sich zieht, handelt es sich um keine Psychoanalyse, selbst wenn der Therapeut in seiner therapeutischen Technik psychoanalytische Theorien angewandt haben mag. Ich würde sogar so weit gehen zu behaupten, dass, wenn ein anderer Therapeut in einer früheren Behandlung desselben Patienten gescheitert ist, aber nachweisen kann, dass die angewandte Technik begründeterweise eine strukturelle Veränderung im Patienten in Aussicht gestellt hatte, dieser in Anspruch nehmen kann, psychoanalytische Methoden angewandt zu haben. Wir können dann vielleicht sagen, dass er sie falsch angewandt hat oder dass er sich in seiner Bemühung um eine strukturelle Veränderung im klinischen Sinne geirrt hat, doch seine Methode war eine echt psychoanalytische. Um diesen Punkt nachvollziehbar zu machen und Missverständnisse zu vermeiden, sind einige zusätzliche Bemerkungen nötig. Zunächst einmal muss zwischen einer strukturellen Veränderung und einer Veränderung des Inhalts unterschieden werden. Diese Unterscheidung ist historisch und klinisch gerechtfertigt. Historisch begann die Psychoanalyse als Therapie, die bereits strukturelle Veränderungen anstrebte, ehe die theoretische Grundlegung der Therapie bis zum umfassenden Begriff von Struktur überhaupt vorgedrungen war. Freud hat wiederholt und unmissverständlich die Meinung geäußert, dass eine Psychotherapie, die den Patienten durch andere Mittel »heilt«, nicht als Psychoanalyse angesehen werden kann. Unter Absehung aller deutlichen Meinungsverschiedenheiten unter Analytikern in Hinblick auf technische Fragen war das Ziel der strukturellen Veränderung ihnen immer gemeinsam.

---

[7] Die Betonung anerkannter psychotherapeutischer Hilfsmittel ist seit Freemans Anwendung von Lobotomien bei Psychoneurosen notwendig geworden. Diese Operation führt ohne Zweifel zu strukturellen Persönlichkeitsveränderungen (vgl. Freeman & Watts 1949).

Darüber hinaus ist der Unterschied zwischen einer strukturellen Veränderung und einer Veränderung des Inhalts bedeutend genug, um unterschiedliche Begriffe für Techniken, die das eine, und solche, die das andere anstreben, erforderlich zu machen. Eine strukturelle Veränderung, wie ich sie hier verstehe, ist eine innere Veränderung, die zur Bewältigung führt. Es handelt sich um eine Veränderung, die im und am Ich standfindet, in der Weise, dass seine Fähigkeiten durch die Ausschaltung bestimmter Abwehrmechanismen erweitert werden. Eine Veränderung des Inhalts ist eine Kanalisierung der Energie, die auf Verschiebung, erneuten Verdrängungen, einem Austausch von Illusionen, dem Aufbau magischen Glaubens oder auf Nachahmung basiert. Ein klinisches Beispiel ist die Verwandlung eines Verschwenders in einen Geizkragen – eine Metamorphose, die nicht schwer zu erreichen ist. Beide Einstellungen fußen auf einer pathologischen Einstellung zu Geld. Ein Geizkragen zu sein, ist sozial anerkannter und weniger schädlich für den Einzelnen als ein Verschwender zu sein, doch von einem strukturellen Blickwinkel aus hat sich der Patient nicht verändert. Es ist von ungeheurer Wichtigkeit, in Erinnerung zu behalten, dass außerordentliche Veränderungen des Inhalts ohne jede Veränderung der Struktur möglich sind. Eine überwältigende Zahl klinischer Fälle kann das belegen. Strukturelle Veränderungen sind für die Person schmerzhaft, während inhaltliche Veränderungen gewöhnlich befriedigend sind, auch wenn sie mit einer kurzen Periode seelischer Schmerzen beginnen. Wir beobachten regelmäßig, dass ein Patient bereit ist, weitgreifende Veränderungen des Inhalts zu akzeptieren, um eine strukturelle Veränderung zu vermeiden.

Ich gebe zu, dass es selbst bei größter Vorsicht eine sehr schwierige klinische Aufgabe ist, eine strukturelle Veränderung einwandfrei festzustellen, und es könnte häufig passieren, dass sich später herausstellt, dass eine angenommene strukturelle Veränderung nur eine des Inhalts war.[8] Es ist darüber hinaus einfacher, in negativer Hinsicht zu bestimmen, was eine strukturelle Veränderung in der Theorie ist, als in positiver. Wie später gezeigt werden wird, haben die Autoren meiner Meinung nach nicht einen einzigen Fall von struktureller Veränderung mitgeteilt. Sie hätten deshalb ihrem Buch nicht den Titel psychoanalytische Therapie geben sollen, auch wenn sie psychoanalytisches Wissen

---

8 Sharpe hat klinisches Material vorgelegt, demzufolge eine Veränderung der Traumstruktur die Genesung anzeigt (vgl. Sharpe 1984). Ich denke aber, dass für die »Aufrichtigkeit« von Träumen bislang noch kein verlässlicher Maßstab gefunden wurde. Meiner Meinung nach ist das Ausmaß, bis zu dem ein Traum vergleichbar mit Mechanismen wie etwa der Flucht in die Gesundheit für sekundäre Absichten in Anspruch genommen werden kann, bislang unterschätzt worden, obwohl ich gerne zugebe, dass einige Analytiker, die mehr klinische Erfahrung haben als ich, fähig sein könnten, Traumstrukturen als verlässliche Anzeiger der Genesung zu benutzen.

benutzten, um ihre therapeutischen Verfahren zu planen.⁹ Die Entscheidung, ob man strukturelle Veränderungen oder eine Veränderung des Inhalts herbeiführt, ist von äußerster Wichtigkeit für die Planung der Psychotherapie, denn es gibt gewöhnlich nur einen Weg, der zu strukturellen Veränderungen führt, während es mehrere gibt, um Veränderungen des Inhalts hervorzurufen. Die Technik, die Veränderungen des Inhalts zu bewirken sucht, kann deshalb flexibler sein als die, die eine strukturelle Veränderung anstrebt. Ich werde jene die »magische« und diese die »rationale« Psychotherapie nennen. Es gibt zahlreiche Wege der Magie, doch es gibt nur eine *ratio*. Ich fühle mich berechtigt, die beiden Gruppen von Techniken so zu bezeichnen, da sie Eigenschaften aufweisen, die mit diesen Begriffen in Verbindung stehen. In der rationalen Psychotherapie gibt es keine Geheimnisse zwischen Analytiker und Patient. Sobald der Analytiker die Wahrheit erkennt, teilt er sein Wissen mit dem Pateinten. Auch wenn dieses Prinzip in den meisten Fällen nicht in dieser idealen Weise umgesetzt werden kann, bleibt es ein latentes Ziel in der psychoanalytischen Technik. Nicht die Befreiung vom Symptom ist das vordergründige Anliegen des Analytikers, sondern die Veränderung der psychischen Realität, die dem Symptom zugrunde liegt. Die magische Psychotherapie ist stets heimlichtuerisch. Sie ist nicht auf Mitteilung des größtmöglichen Wissens ausgerichtet und in erster Linie an der Befreiung von Symptomen interessiert. Die Autoren sind sich in diesem Punkt einig. Sie behaupten, dass nur der Therapeut über die Dynamiken des Patienten Bescheid wissen und dessen genetische Geschichte kennen muss. Auf Grundlage dieses Wissens soll er eine Therapie ersinnen, die den Patienten in die Lage versetzen soll, mit seinen wirklichen Problemen in kürzest möglicher Zeit erfolgreich umzugehen. Wenn dieser erfolgreiche Umgang dem Zahn der Zeit widersteht, d. h. wenn er von Dauer ist, ist das Therapieziel erreicht. In der Tat, wenn ein Symptom verschwindet und nicht zurückkehrt, ist ein der Magie zugeneigter Therapeut zufrieden. In einer idea-

---

[9] Die Autoren müssen sich dessen irgendwie bewusst gewesen sein, denn abgesehen von einer Ausnahme (Benedek) nennen sie sich selbst in der Regel Therapeuten. An einer Stelle wird der Begriff Analytiker in missbilligender Bedeutung benutzt, nämlich dort, wo French mit Blick auf eine mangelhafte Technik schreibt: »Mit dieser geheimnisvollen Aura, die ihn umgibt, versucht der Analytiker […] sich in Übereinstimmung mit seinem professionellen Ideal zu verhalten […].« (Alexander & French 1946b, S. 84) Doch zwei Seiten später, wo er im Gegensatz dazu die richtige Technik beschreibt, äußert er: »Der Therapeut sollte deshalb die Gründe für jede Vorgehensweise erklären […].« Machen seiner Meinung nach Analytiker Fehler, während Therapeuten die richtige Technik benutzen? In Hinblick auf die vom Autor selbst vorgenommene Unterscheidung zwischen Analytiker und Therapeut ist es nicht ohne weiteres nachvollziehbar, warum Alexander darauf besteht, »die gesamte in diesem Buch dargelegte Arbeit als ›psychoanalytische‹« anzusehen (Alexander & French 1946b, S. VII).

len rationalen Psychotherapie wird die Befreiung von Symptomen möglicherweise sogar dem Ziel geopfert, strukturelle Veränderung zu erzielen.[10] In der magischen Psychotherapie kommt das niemals vor.

Es war außerordentlich interessant für mich, dass French in den Passagen über die Realitätsprüfung die Rolle von Anachronismen besonders hervorhebt, d. h. dass sich die aktuellen Reaktionen eines Patienten in Übereinstimmung mit alten Mustern befinden. Es gibt nämlich einen Mangel an Verweisen auf grundlegendere und genetisch ältere Prinzipien der Realitätsprüfung, nämlich den Erwerb der Fähigkeit, zwischen dem, was außerhalb, und dem, was innerhalb des psychobiologischen Organismus ist, zu unterscheiden.[11] Bei jeder psychopathologischen Störung betrifft die primäre Störung diese Funktion des Realitätsprinzips. Es könnte wichtig sein, in diesem Zusammenhang zu erwähnen, dass sowohl Schilder als auch Waelder darauf hinweisen, dass Magie auf einer mangelhaften Durchsetzung genau dieser Funktion des Realitätsprinzips beruht. Ich nehme deshalb an, dass es einen Kausalzusammenhang zwischen der Vernachlässigung dieser Seite der Realitätsprüfung durch die Autoren und der Technik, die sie sich anzuwenden verpflichtet fühlen, besteht. Sei dies, wie es sei, es gibt einige Bemerkungen, die Meinungen widerspiegeln, die die Magie kaum verbergen können.

Wenn etwa Weiss schreibt: »Der Therapeut kann beschließen, in seinen Deutungen auf die infantile Neurose Bezug zu nehmen und so die abhängige Übertragungsbeziehung zu verstärken« (Alexander & French 1946b, S. 52), oder: »den Patienten – und sei es durch die leichteste Andeutung – als abhängige, hilflose Person zu behandeln, wird die Entwicklung einer abhängigen neurotischen Übertragungsbeziehung unterstützen« (Alexander & French 1946b, S. 53),[12] oder wenn French behauptet: »indem wir uns auf die infantile

---

[10] »Er [der Ausgang der therapeutischen Bemühungen] hängt in erster Linie von der Intensität des Schuldgefühls ab, welchem die Therapie oft keine Gegenkraft von gleicher Größenordnung entgegenstellen kann. Vielleicht auch davon, ob die Person des Analytikers es zuläßt, daß sie vom Kranken an die Stelle seines Ichideals gesetzt werde, womit die Versuchung verbunden ist, gegen den Kranken die Rolle des Propheten, Seelenretters, Heilands zu spielen. Da die Regeln der Analyse einer solchen Verwendung der ärztlichen Persönlichkeit entschieden widerstreben, ist ehrlich zuzugeben, daß hier eine neue Schranke für die Wirkung der Analyse gegeben ist, die ja die krankhaften Reaktionen nicht unmöglich machen, sondern dem Ich des Kranken die F r e i h e i t schaffen soll, sich so oder anders zu entscheiden.« (Freud 1923a, S. 279f.)

[11] »Die wahrnehmende Substanz des Lebewesens wird so an der Wirksamkeit ihrer Muskeltätigkeit einen Anhaltspunkt gewonnen haben, um ein ›außen‹ von einem ›innen‹ zu scheiden.« (Freud 1915c, S. 212)

[12] Weiss war sich bestimmt darüber im Klaren, dass Grotjahn »wiederholt sein Mitgefühl für den Patienten ausdrückte, weil dieser in einer solchen Atmosphäre auf-

Neurose konzentrieren, neigen wir dazu, die zwanghafte Wiederholung von Erinnerungen an die Vergangenheit zum Nachteil der Funktion der Realitätsprüfung zu bevorzugen« (Alexander & French 1946b, S. 88) –, dann verhalten sich die Autoren so, als würden die Worte das Ereignis hervorrufen. Das kommt aber einem vorzüglich magischen Aberglauben sehr nahe. Warum die Deutung der Kindheitsneurose zu einer abhängigen Übertragungsbeziehung führen oder warum ein Interesse für diese Struktur zu ihrer Wiederholung führen muss, wird durch die Autoren nicht erklärt. Bis heute wurde allgemein angenommen, dass die Deutung der infantilen Neurose dem Patienten die Fähigkeit vermitteln könnte, seinen Wiederholungszwang zu beherrschen, der sein Leben ausgefüllt hatte, ehe sein Ich ihn zur Kenntnis zu nehmen gelernt hatte.

Die technischen Neuerungen, die die Autoren einführen, und die Einwände, die gegen ihre Empfehlungen zu erheben sind, müssen aus dem Blickwinkel des Unterschiedes zwischen rationaler und magischer Therapie betrachtet werden. French meint, es gebe zwei wesentliche Prinzipien des therapeutischen Ansatzes: die Anpassung der Umgebung des Patienten an seine Bedürfnisse oder die Modifikation der Persönlichkeitsstruktur des Patienten, »um sie in Harmonie mit den Anforderungen seiner Umgebung zu bringen« (Alexander & French 1946b, S. 132). Dieser allgemeine Umriss der therapeutischen Möglichkeiten – so gültig er für die große Mehrheit gegenwärtiger psychotherapeutischer Verfahren sein mag – bedeutet einen definitiven Bruch mit den grundlegenden Lehrsätzen der Psychoanalyse, wie sie bisher formuliert worden sind. Die Veränderung der Umgebung, die French offenbar als therapeutisches Hilfsmittel auffasst, das auf demselben Niveau angesiedelt ist wie das Anstreben von »Modifikationen« der Persönlichkeitsstruktur, ist überhaupt keine Therapie, die Ursachen zu beseitigen sucht, sondern eine, die im besten Fall zu einer Verbesserung der Symptome führen kann. French weiß das natürlich, denn im selben Abschnitt bespricht er die Erleichterung, die die Patienten durch eine unterstützende Behandlung erfahren können. Er begegnet dem Argument, dass solcherart erzielte Ergebnisse »Übertragungskuren« seien, indem er auf die häufig dauerhafte Wirkung hinweist, die eine solche Therapie erzielen kann. Es ist wichtig, festzuhalten, dass French in Verbindung mit solchen Ergebnissen von einer Verbesserung der Anpassung spricht. Er scheint also Alexanders behavioristischen Standpunkt zu teilen, von dem aus die Persönlichkeit eines Patienten auf Basis des äußeren Verhaltens beurteilt wird, ohne die Frage aufzuwerfen, welche Veränderung der

---

wachsen musste« (die Eltern des Patienten waren psychotisch) (Alexander & French 1946b, S. 167). Er behandelte ihn also als eine abhängige hilflose Person, ohne all die aufgezählten negativen Wirkungen hervorzurufen.

Persönlichkeit damit einhergeht – wenn überhaupt. Die Veränderung des Umfelds, so heilsam sie in einer großen Anzahl klinischer Fälle auch sein mag, ist ein typischer Behelf der magischen Therapie. Es ist ein historischer Auswuchs früher üblicher Wallfahrten; es ist ein Hilfsmittel, das den Widerstand des Patienten insofern unterstützt, als es seinen hoch geschätzten Glauben bestätigt, dass er es nicht mit einem inneren Konflikt zu tun hat, sondern mit einem äußeren. Es bietet die Erfüllung von Wünschen als Kompensation für drohende Unlust an. Es ermutigt außerdem das Begehren des Patienten nach einem Gefühl magischer Allmacht. Auch wenn es sich häufig um den einzigen erreichbaren Ausweg zur Linderung der Leiden des Patienten handelt, ist es im Grunde genommen jenseits des Bereichs der rationalen Psychotherapie im Sinne der Psychoanalyse.

Der zweite therapeutische Ansatz ist der einer Persönlichkeitsveränderung zum Zweck der Harmoniestiftung zwischen der Persönlichkeitsstruktur und der Umgebung. Er scheint das Problem in einer Weise anzugehen, die der traditionellen Psychoanalyse näherkommt, zeigt aber noch deutlicher, bis zu welchem Grad die Autoren die rationale Therapie verworfen haben. Der psychotherapeutische Zugang wird nicht länger in Abhängigkeit vom bestehenden inneren Konflikt gewählt, sondern ausschließlich mit Blick auf den Anspruch der äußeren Realität. Hier erreicht die neue Technik das Niveau moderner Schocktherapie und French hätte ebenso gut Freemans Bemerkung in Bezug auf das Ziel seiner Therapie wiederholen können, nämlich: »Letztlich läuft es auf die Frage hinaus, welche Abweichung die soziale Anpassung [des Patienten] weniger stört.« (Freeman & Watts 1945, S. 739)

Das Therapieziel besteht hier nicht mehr darin, dem Ich des Patienten den größtmöglichen Zugang zu seinen Konflikten zu ermöglichen, sondern die Therapie auf das Gebiet zufälliger Kollisionen zwischen dem Patienten und der Gesellschaft zu beschränken. Der Therapeut muss sich nicht länger um die Befreiung des Ichs kümmern, sondern soll, unter Berücksichtigung der Anforderungen der Gesellschaft, sein Tun ausschließlich innerhalb der engen Grenzen des gegenwärtigen Konflikts des Patienten ausüben. »Wir sollten die Aufmerksamkeit des Patienten eher auf seine realen gegenwärtigen Probleme lenken«, schreibt French (Alexander & French 1946b, S. 88). Die Vergangenheit ist offenbar nicht real, nur die Gegenwart. Erneut stellt French sich auf die Seite des Widerstandes. Genau davon versuchen die meisten Patienten den Analytiker zu überzeugen, nämlich dass ihr Problem ein Konflikt mit der äußeren Wirklichkeit sei. Doch welche Wirkung hat diese Herangehensweise? Es setzt eine Prämie auf das Verschleiern des wahren Kerns des inneren Konflikts zugunsten einer Anerkennung eines kleinen Bereichs der äußeren Realität im Sinne des Behaviorismus. Obwohl French einen Aspekt der rationalen Therapie bespricht (vgl. Alexander & French 1946b, S. 136–140), stellt das Beispiel, das er im Abschnitt über die Modifikation der Verhaltensmuster beschreibt, eine ganz und gar magische Psychotherapie dar. Er wählt eine Technik, die er in Fällen von Asthma für notwendig hält, und betont die heilsame Wirkung der Beichte.

> Die Wirkung einer solchen Therapie ist zunächst natürlich rein symptomatisch. Indem der Patient beichtet, was ihn beunruhigt, erlangt er für eine gewisse Zeit Erleichterung von seinen Asthmaanfällen. Häufig führt aber eine solche Verbesserung der Symptome dazu, dass die tiefe Unsicherheit und Abhängigkeit des Patienten, die ihnen zugrunde liegt, sukzessive abnimmt. (Alexander & French 1946b, S. 136)

Der Begriff der Beichte kommt hier nicht nur als altehrwürdige, magische Einrichtung vor, sondern als ein ganzes Verfahren, das Wunscherfüllung ohne Einsicht beschert, in der Hoffnung, dass ein oberflächliches Symptom auf diesem Weg verschwindet. »Der Zweck der Deutung besteht in diesen Fällen eher darin, dem Patienten beim Beichten behilflich zu sein, als darin, Motive aufzudecken.« (Alexander & French 1946b, S. 136)

Jedes magische Verfahren bricht zusammen, wenn das Subjekt sich feindlich gegen den Spender des Zaubers wendet. Die Autoren geben deshalb Ratschläge, wie man solch einem peinlichen Ereignis vorbeugen kann. Weiss verkündet: »Feindselige Einstellungen gegenüber dem Analytiker stellen zudem häufig eine unnötige Komplikation der Therapie dar. Wenn das Objekt einer solchen neurotischen Einstellung eine Person im täglichen Leben des Patienten sein kann, ist diese Komplikation beseitigt und die Therapie dadurch verkürzt.« (Alexander & French 1946b, S. 46) French ist sich darüber im Klaren, dass dies dem Patienten ernsthaften Schaden zufügen kann (vgl. Alexander & French 1946b, S. 81), und empfiehlt daher eine ausgefeiltere Technik:

> Feindselige Impulse sind häufig ein Zeichen von Frustration und Frustration ist ein Zeichen für ein ungelöstes Problem. Wenn das Problem gelöst werden kann, hört die Frustration auf und die daraus resultierenden feindseligen Impulse sollten verschwinden. Indem man nach dem hinter den feindseligen Impulsen liegenden Problem forscht, durch das diese ausgelöst wurden, ist es häufig möglich, die feindseligen Impulse auszuschalten, ohne zu irgendeiner Zeit die Aufmerksamkeit des Patienten direkt auf sie zu richten […]. (Alexander & French 1946b, S. 131)

Was mit »hinter den feindseligen Impulsen forschen« gemeint ist, wird durch Frenchs Bezugnahme auf Gerards Fallbericht über einen Patienten deutlich, der an einem Magengeschwür und Prüfungsangst litt (Alexander & French 1946b, S. 244–254). Die angewandte Technik bestand darin, den Patienten in die Lage zu versetzen, Abhängigkeitswünsche zu befriedigen, ohne dass sein Stolz verletzt wurde. Dies wurde bewerkstelligt, indem man die Ehefrau des Patienten veranlasste, sein Verlangen nach Abhängigkeit zu befriedigen, »ihm Mitgefühl und besonders viel Zärtlichkeit zu geben«, und indem der Arzt des

Patienten (der selbst ein Medizinstudent war) dazu gebracht wurde, diesem »die Untersuchung und die Behandlungsplanung einiger Patienten mit Magengeschwür« (Alexander & French 1946b, S. 250) zu gestatten. Es erübrigt sich zu sagen, dass die therapeutische Wirkung ausgezeichnet war – wie in beinahe allen berichteten Fällen –, der Patient verlor seine Prüfungsangst, begann eine gewöhnliche Diät, verlor seine Bauchschmerzen, und als man das letzte Mal von ihm hörte, hatte er sich als Arzt in einer mittelgroßen Stadt niedergelassen und war Vater eines drei Monate alten Sohnes. Wenngleich es eine Herausforderung wäre, Spekulationen darüber anzustellen, warum solche Techniken so wundersame Auswirkungen haben, möchte ich bloß darauf hinweisen, bis zu welch hohem Grade der Patient in Bezug auf die wahre Natur seines Problems im Dunkeln gelassen wurde; in welch hohem Ausmaß er darüber hinaus durch Wunscherfüllung dazu gebracht wurde, sich in einem sozial erfolgreichen Sinne zu verhalten. All das ist ein wesentlicher Teil der magischen Psychotherapie, die in diesem Fall nicht plump in Erscheinung tritt, sondern einige solide psychologische Erkenntnisse benutzt und sich dienstbar macht (vgl. Glover 1931).

French weist auf die Komplikationen hin, die auftreten können, wenn Patienten mit Zwölffingerdarmgeschwür auf ihre starken feindlichen Gefühle aufmerksam gemacht werden. Er mag mit einer solchen Warnung recht haben oder auch nicht. Möglicherweise stellt sich heraus, dass es unmöglich ist, bei einer bestimmten klinischen Gruppe eine rationale Therapie anzuwenden. Ein therapeutisch ehrgeiziger Arzt könnte also den schmalen Pfad der rationalen Therapie verlassen und stattdessen Magie anwenden. Es gibt natürlich keinerlei Einwand gegen ein solches Vorgehen. Hingegen ist es unzulässig, die magische Therapie zu beschreiben, als würde es sich um eine rationale handeln. Wenn man gültige wissenschaftliche Standards aufrecht erhalten möchte, würde man zugeben, dass hier ein Punkt erreicht sein könnte, an dem eine echte Veränderung des Ichs nicht möglich und die Persönlichkeitsstruktur des Patienten dauerhaft geschädigt ist. Das Ziel des Therapeuten reduziert sich dann auf rein palliative Maßnahmen. Doch wenn man Frenchs eigenen Worten glaubt, scheint es nicht unmöglich, solchen Patienten mehr als Palliative zu geben. Er schreibt: »Eine gewisse Anzahl der Analysen von Patienten mit Zwölffingerdarmgeschwüren erreichten eine deutliche Verbesserung der gastrointestinalen Symptome, mündeten aber in ihrem Ersatz durch eine Reaktion des Typs […], der sehr schwierig zu behandeln ist.« (Alexander & French 1946b, S. 130) »Sehr schwierig zu behandeln« betrifft eine Forderung, die an den Analytiker herangetragen wird, zeigt aber keine definitive Grenze seitens des Patienten an.

Die magische Einstellung, die der neuen Technik zugrunde liegt, auch wenn sie mit Vernunftbegriffen beschrieben wird, verleiht den Autoren ein Gefühl der Allwissenheit, das weit jenseits der Grenzen liegt, die der Psychologie nach wie vor gesetzt sind. French beschreibt die Situation des Analytikers in den ersten Stunden, wenn er sich mit dem Problem und der Lebensgeschichte des Patienten vertraut macht, mit Hilfe des folgenden Vergleichs:

> In dieser Phase kann der Analytiker mit einem Reisenden verglichen werden, der auf dem Gipfel eines Hügels steht und in die Landschaft blickt, die er zu bereisen vorhat. Zu dieser Zeit kann es ihm möglich sein, die gesamte vor ihm liegende Reise vorherzusehen. (Alexander & French 1946b, S. 109)

Es könnte freilich sein, dass Freuds frühere Beschreibung derselben Periode der Behandlung immer noch Gültigkeit hat. Er schrieb: »Diese erste Erzählung ist einem nicht schiffbaren Strom vergleichbar, dessen Bett bald durch Felsmassen verlegt, bald durch Sandbänke zerteilt und untief gemacht wird.« (Freud 1905e, S. 173)

Ein Machtgefühl, das von der magischen Allwissenheit herrührt, dürfte in Johnsons Äußerung über die Heilung eines Falles von Bronchialasthma durch 36 Gespräche enthalten sein. Sie schreibt:

> Dieser Fall zeigt [...] eine Therapie [...], die eine *tatsächliche Analyse* des Konflikts erreichte, da die Therapeutin die dynamische Struktur des asthmatischen Krankheitsbildes bereits kannte. [...] Wir glauben, dass in diesem Fall eine echte Veränderung des Ichs erreicht wurde. [...] denn die Therapeutin hatte den Vorteil, die grundlegende dynamische Konstellation in Fällen von Asthma zu kennen, wie sie in früherer Forschung herausgearbeitet wurde [...]. (Alexander & French 1946b, S. 303f.)

Die Autoren erfreuen sich eines beneidenswerten Optimismus. Grenzen des Wissens oder möglicher Leistungen der Psychotherapie werden kaum je erwähnt; Johnson geht sogar so weit, dass sie den Eindruck erweckt, dass unser gegenwärtiges Wissen über Asthma für alle praktischen Belange ausreichend sei.

Echte Magie ist meistens farbenreich und spricht die Emotionen an; rationale Verfahren erscheinen düster und eintönig. Nur das scharfsichtige Auge kann wahrnehmen, wie sich rationale Verfahren an die Besonderheiten der jeweiligen realen Situation anpassen. Alexander glaubt, dass die Psychoanalyse ihre Technik nicht an die Vielgestaltigkeit der Fälle angepasst hat und dass ihr »therapeutisches Instrument streng festgelegt ist und der Patient dazu gebracht wird, ihm zu entsprechen« (Alexander & French 1946b, S. 25). Offenkundig fußt dieser Eindruck auf dem Umstand, dass die meisten Patienten täglich und auf der Couch liegend behandelt werden. Alexander erwähnt nicht, dass die Behandlung einer Hysterie oder einer Zwangsneurose ganz anderen Mustern folgt. Sein Eindruck von Monotonie oder Rigidität der psychoanalytischen Technik resultiert daraus, dass er den Blick auf das Beiwerk fixiert hält. Ein einfältiger Beobachter könnte meinen, dass Malen eine monotone Angelegenheit sei, weil man dabei immer Pinsel und Farben benutzt.[13]

In Anbetracht ihrer Neigung zu magischen Techniken ist es nur zu verständlich, dass die Autoren die Einsicht als Werkzeug in ihrer psychotherapeutischen Technik nicht für besonders wichtig halten. Alexander misst den »korrigierenden emotionalen Erfahrungen, die notwendig sind, um alte Reaktionsmuster aufzubrechen«, den höchsten therapeutischen Wert überhaupt bei, einen größeren als der »emotionalen Abfuhr, der Einsicht und einer gründlichen Assimilation der Bedeutung des wiedererlangten unbewussten Materials« (Alexander & French 1946b, S. 26). Für French besteht das Therapieziel in der Reorganisation der Gefühle, nicht in der Einsicht (vgl. Alexander & French 1946b, S. 126). Er schreibt: »In vielen Fällen ist es nicht die Einsicht, die im Patienten eine Reorganisation der Gefühle anregt oder erzwingt. Vielmehr ist eine erhebliche vorbereitende emotionale Anpassung notwendig, ehe Einsicht überhaupt möglich ist.« (Alexander & French 1946b, S. 127) Er beschreibt einen Fall, in dem der Therapeut die Furcht einer Patientin durch unterstützende Therapie verminderte, und schlussfolgert: »Indem wir so ihre Angst verminderten, hofften wir, ihr eine spontane Konfrontation mit den Realitäten ihrer Situation zu ermöglichen.« (Alexander & French 1946b, S. 127) Das bringt die Zweitrangigkeit der Einsicht, und also auch der Deutung, klar zum Ausdruck. Der Therapeut hofft, dass eine emotionale Veränderung, die er nicht durch Deutung, sondern durch eine verständnisvolle Haltung herbeigeführt hat, zufällig Einsicht erzeugen wird. Der Leser muss in der Tat den Eindruck gewinnen, dass die Einsicht mit einer beträchtlichen Gefahr verbunden ist. Drei Seiten sind den »Komplikationen, die aus den Versuchen resultieren, Einsicht zu erzwingen« (Alexander & French 1946b, S. 128–130), gewidmet, und wir lesen, dass »Therapeuten, die von der Psychoanalyse fasziniert sind, doch noch nicht viel praktische Erfahrung gemacht haben [...], die therapeutische Wirksamkeit der Einsicht häufig enorm überschätzen.« Diese erwecke »die Erwartung, den Patienten zu heilen, als sei sie ein Zauberstab« (Alexander & French 1946b, S. 128).

Zur Klärung des Problems könnte es sinnvoll sein, die Verwendung des Begriffs »Ziel« zu präzisieren. Nachdem ich verstanden hatte, dass emotionale Neuanpassung und nicht Einsicht das Therapieziel sei, war ich erstaunt, von einer Technik zu lesen, in der das wichtigste Therapieziel darin bestehe, »dem Patienten entweder emotionale Unterstützung zu geben oder es ihm möglich zu machen, seine verstörenden Konflikte zu beichten« (Alexander & French

---

[13] »Wenn der Analytiker sich auf sein Material eingestimmt hat, ergeben sich die technischen Feinheiten jeweils als Reaktion auf das ganz bestimmte Medium, an dem und in dem er arbeitet.« (Sharpe 1984, S. 121)

1946b, S. 136). Der unklare Gebrauch des Wortes Ziel erschwert hier offenkundig die Diskussion. Eine Unterscheidung von Zielen und Mitteln ist notwendig. Emotionale Unterstützung ist ein psychotherapeutisches Hilfsmittel wie die Deutung, doch die letztere führt zur Einsicht, wenn sie vom Patienten integriert wird. Ich denke, dass eine größere Stringenz in der Unterscheidung von Techniken und Zielen den Unterschied zwischen der Psychoanalyse und der neuen Psychotherapie deutlicher machen würde. Die meisten Analytiker werden zustimmen, dass ein Ich, das früher unbewusste Anteile seiner Persönlichkeit zu beherrschen gelernt hat, keine Schwierigkeiten bei seiner emotionalen und sozialen Anpassung hat. Beherrschung ohne Einsicht ist beim Erwachsenen nicht vorstellbar; doch das bedeutet auf keinen Fall, dass auch Anpassung nur durch Einsicht möglich wäre. Anpassung zu erreichen – für den Analytiker ist das ein zweitrangiges Ziel – ist in vielen klinischen Fällen nicht allzu schwierig. Wenn er Anpassung zum hauptsächlichen Ziel erklärt und indem er »die Aufmerksamkeit des Patienten [...] auf seine realen gegenwärtigen Probleme [...] und [...] auf Motive für irrationale Reaktionen in der Gegenwart« lenkt (Alexander & French 1946b, S. 88), verengt French das Betätigungsfeld der Psychotherapie. In diesem Zusammenhang möchte ich den Leser auf Alexanders Beschreibung des Widerstandes hinweisen, den ein Ich gegen die Kenntnis seines unbewussten Anteils zeigt, und außerdem auf die Wichtigkeit, die er der Analyse dieser Widerstände beimaß (Alexander 1927, S. 21–23). Wenn French hervorhebt, dass der Patient dem Arzt erst umfänglich vertrauen muss, ehe eine unliebsame Deutung gegeben wird, betont er einen weniger wichtigen Aspekt. Das Hauptproblem besteht im Widerstand des Ichs gegen die Deutung seiner Abwehrstrategien. Und dieser kann nur erfolgreich bekämpft werden, indem der Patient Einsicht in diesen Teil seiner Persönlichkeit erhält. French streicht zu Recht heraus, wie viel vorbereitende Arbeit notwendig ist, ehe man bestimmte Deutungen geben kann. Er unterlässt es aber, die genaue Natur dieser vorbereitenden Arbeit zu beschreiben, die in einer Abfolge von minimalen Deutungsschritten besteht, die sich auf den sekundären Widerstand gegen die Anerkennung des Hauptkonfliktes konzentrieren, wie Alexander im oben wiedergegebenen Zitat beschreibt. Wenn French die Vermeidung dieser analytischen Arbeit befürwortet und diese durch die Herstellung bestimmter positiver Gefühle des Patienten zum Arzt ersetzen möchte, bringt er magische Hilfsmittel ins Spiel. Der Arzt kann das tun oder nicht, je nachdem, ob er seinen Patienten zur Beherrschung führen möchte oder ob er seine Absicht auf die Herbeiführung von Anpassung beschränkt. Einsicht kann durch eine Vielzahl von Mitteln erzielt werden – doch das wichtigste von ihnen ist die Deutung. Es könnte sein, dass viele Analytiker sogar nach langer praktischer Erfahrung mit Deutung und Einsicht wie mit magischen Werkzeugen umgehen. Es wäre kaum überraschend, denn die Ergebnisse rationalen

Denkens haben für die Mehrheit recht häufig selbst eine magische Bedeutung. Die Eisenbahn, die Elektrizität und die immer wieder zitierte Atombombe sind im subjektiven Sinne magische Instrumente für die meisten von uns, doch das verhindert nicht, dass sie eine objektive rationale Bedeutung haben und für den Kampf der Menschheit ums Überleben möglicherweise produktiv sind. Der das Buch durchziehende kontinuierliche Versuch, die Einsicht zu »entlarven«, ist ein bezeichnendes Ergebnis des Sieges der Magie über die rationale Psychotherapie.

Alexander geht sogar so weit in seinem Misstrauen gegen die rationale Therapie, dass er die Meinung vertritt, die Psychoanalyse müsse notwendigerweise scheitern, wenn ein Patient, der aufgrund von psychogenen körperlichen Leiden in die Therapie kommt, von der körperlichen Natur seiner Krankheit überzeugt ist. Er schreibt:

> Wenn dieser Mann durch die psychoanalytische Standard-Methode behandelt würde, würde der Analytiker eine verständnisvolle, doch unpersönliche Haltung einnehmen, darauf warten, dass sich die Übertragungsneurose herstellt, und wenige oder keine Anregungen oder Führung anbieten. Das kann dazu führen, dass der Patient mühelos alle konfliktuellen Gefühle seines vergangenen Lebens auf den Analytiker überträgt und droht, ein »endloser« Fall zu werden, [...] oder, umgekehrt, er könnte sich von der ganzen therapeutischen Situation abgestoßen fühlen, den Eindruck haben, dass er keine aktive Hilfe bekommt, und die Behandlung nach zwei oder drei Gesprächen abbrechen. (Alexander & French 1946b, S. 55)[14]

Manche der im Buch vorgestellten neuen technischen Ratschläge sind nur im Lichte des Misstrauens der Autoren gegen die Einsicht verständlich. Ein von Alexander eingeführtes Hilfsmittel, das die anderen Autoren insofern akzeptieren, als sie darauf Bezug nehmen, ist das Schwanken der Gesprächsfrequenz, also das Variieren der wöchentlichen oder monatlichen Anzahl der Gespräche und das gelegentliche Einfügen langer Unterbrechungen vor dem Ende der Behandlung.[15] Der Nutzen dieses Hilfsmittels ist den Autoren zufolge so vielgestaltig und bedeutend und die Bandbreite der dadurch gelösten technischen Probleme soll so groß sein, dass ich ebenfalls geneigt war, an einen Zauberstab zu denken. Der Vorteil einer Veränderung der Gesprächsfrequenz wird häufig durch den Hinweis auf den Schaden dargestellt, den eine Technik täglicher Ge-

---

[14] Mir kommen andere Wirkungen in den Sinn, die die Psychoanalyse auf so einen Patienten haben könnte und die ich selbst in der Praxis beobachtet habe. Alexander selbst muss früher erfolgreicher in der Anwendung der Standard-Psychoanalyse gewesen sein, denn in einer früheren Veröffentlichung schrieb er: »Es bedarf oft eines guten Stückes analytischer Arbeit, um dem Kranken die Überzeugung von der organischen Bedingtheit seiner Krankheit zu nehmen.« (Alexander 1927, S. 61)

[15] Diese Unterbrechungen können zwischen einem und achtzehn Monaten betragen (vgl. Alexander & French 1946b, S. 36).

spräche anrichte. So eine Technik »leistet einer generellen Tendenz Vorschub, die Bedürfnisse nach Abhängigkeit des Patienten stärker zu befriedigen, als es wünschenswert ist«; sie hindere den Patienten daran, sich seiner Bedürfnisse nach Abhängigkeit bewusst zu werden; sie übe »einen verführerischen Einfluss auf die regressiven und hinauszögernden Neigungen des Patienten« aus (Alexander & French 1946b, S. 28); »schwächt die emotionale Durchschlagskraft der Analyse«; »tendiert dazu, die emotionale Beteiligung des Patienten in der Therapie zu reduzieren« (Alexander & French 1946b, S. 30); »kann in manchen Fällen den Patienten zu abhängig vom Therapeuten machen und daher die Schwierigkeiten der Therapie sogar vergrößern« (Alexander & French 1946b, S. 141).

Eine adäquat gehandhabte Veränderung der Gesprächsfrequenz wird hingegen die richtige emotionale Ebene herstellen, Regressionen vermeiden, eine natürliche Beendigung der Analyse erleichtern, die Abhängigkeit des Patienten vom Analytiker verhindern etc. Es ist schwierig, hier alle Behauptungen zu besprechen, die die Autoren zugunsten dieses Mittels vorbringen, und die unvorteilhaften Kommentare über Freuds Technik täglicher Gespräche zurückzuweisen. Insofern aber der Kern der psychoanalytischen Situation falsch dargestellt wird, werde ich im Folgenden darauf eingehen. Es kann nicht unwidersprochen bleiben, dass die analytische Situation täglicher Gespräche *per se* bestimmte emotionale Reaktionen der Patienten hervorrufen soll. Ihre emotionalen Reaktionen hängen von ihrer Individualität und der Technik des Analytikers ab. Seit 1938 betont Alexander den Aspekt der Abhängigkeit, nicht nur in Verbindung mit täglichen therapeutischen Gesprächen, sondern auch in Verbindung mit beinahe allen Problemen der klinischen Psychiatrie. Es wäre interessant, durch Fragebögen herauszufinden, ob seine Erfahrung von der anderer Analytiker bestätigt wird. Werden wirklich so viele Patienten zu einem so hohen Grade abhängig von ihren Analytikern, dass die Beendigung der Analyse zu einem so großen Problem wird, dass andere Hilfsmittel erforderlich sind als die der klassischen analytischen Therapie? Meine eigene Erfahrung und das, was ich von anderen gehört habe, deutet darauf hin, dass Probleme wie das, den Patienten zur Fortsetzung seiner Behandlung und zur Akzeptanz der Tatsache zu bewegen, dass es eine noch immer ungelöste Psychopathologie gibt, mindestens ebenso häufig vorkommen. Es erscheint vernünftig zu fragen, ob die große Bedeutung, die Alexander den Abhängigkeitsreaktionen beimisst, nicht eher ein Auswuchs seiner spezifischen Anwendung der klassischen Technik ist. Er deutet die Abhängigkeit des Patienten vom Analytiker als Regression zu einem glücklichen, befriedigenden, archaischen Zustand. Wäre es nicht denkbar, dass es der Inhalt der Deutung ist, der diese für die »Entwöhnung« des Patienten vom Analytiker wirkungslos werden lässt? Wäre es vielleicht möglich, die Zahl der starken und unbeherrschbaren Abhängigkeitsreaktionen der Patienten zu reduzieren, wenn die Abhängigkeit vom Analytiker als Übertragungswiderstand gedeutet wird? Abhängigkeit ist keine primäre Seinsweise; sie hat eine große Vielfalt möglicher Bedeutungen und muss in ihre Bestandteile zerlegt werden, damit sie verstanden wird. Sehr häufig handelt es sich um eine Reaktionsbildung gegen Feindseligkeit und gegen das übersteigerte Begehren, unabhängig zu sein. Wäre es darüber hinaus nicht möglich, dass eine Mehrzahl der starken und unbeherrschbaren Abhängigkeitsreaktionen auftritt, wenn die klassische Technik in den frühen Therapiephasen falsch angewendet wird?

Es ist von historischem Interesse, zu zeigen, wie Alexander vor 20 Jahren über diese Angelegenheit dachte:

> Das Sträuben gegen das Aufgeben der analytischen Situation, die übrigens außer der primärsten biologischen Trennung von der Mutter bei der Geburt noch eine Reihe anderer Vorbilder hat wie das Absetzen von der Mutterbrust, das Gehenlernen, das Selbständigwerden beim Verlassen des Elternhauses usw., muß mit allen seinen aktuellen Motiven bewußt werden. (Alexander 1927, S. 76)

Ich frage mich, welche klinische Erfahrung Alexander dazu brachte, seine frühere Meinung, derzufolge Reaktionen der Abhängigkeit vom Analytiker Übertragungswiderstände sind, zu ändern. French schreibt:

> Er [der Patient] könnte die therapeutische Beziehung verführerisch finden und verwirrt sein, da sie erotische Impulse in ihm stimuliert. In solchen Fällen können zu häufige Gespräche die Therapie erschweren, besonders wenn es dem Therapeuten nicht gelingt, die Konflikte, die aus dieser erotischen Übertragung entstehen, zu deuten und zu besprechen. (Alexander & French 1946b, S. 142)

Das erinnert mich an einen Chirurgen, der vor einer Operation warnt, da sie, wenn sie unter unhygienischen Umständen durchgeführt wird, dem Patienten schaden kann. Doch French fährt fort: »In schwerwiegenderen Fällen könnte die Reaktion auf eine Therapie als gefährliche Verführung äußerst unerwünschte Folgen habe, selbst wenn sie gedeutet wird.« (Alexander & French 1946b, S. 142) Gedeutet als was – als eine Reaktion auf die Therapie? Auch hier stellt sich die Frage, bis zu welchem Grad die unglücklichen Erfahrungen der Autoren mit der Technik der täglichen Gespräche auf die unsachgemäße Benutzung des Zauberstabes Deutung zurückzuführen sind. Ich finde, die Autoren hätten einen Bericht von einer ihrer Analysen veröffentlichen sollen, die eine Nachricht über Deutungen enthält und den Leser davon überzeugen kann, dass ihre Einwände zutreffend sind. Doch selbst wenn man annimmt, dass die Autoren all ihr bislang angehäuftes Wissen angewendet und darüber hinaus die Analysen ihrer Patienten korrekt durchgeführt haben, ist es bezeichnend, wie sie die Probleme, denen sie begegneten, lösten. Sie vertreten nicht die Auffassung, dass ihre Patienten mehr Wissen nötig haben, sie fordern nicht, dass Abhängigkeitsreaktionen besser verstanden werden müssen, um sie erfolgreich zu bekämpfen, sondern sie behaupten, dass die analytische Situation *per se* hier eine Grenze gefunden hat oder sozusagen eine Krankheit hervorruft und verworfen werden muss. Wie auch immer die spezifischen Reaktionen eines Patienten auf die analytische Situation sein mögen, sie müssen als aussagekräftige Informationen über seine Persönlichkeitsstruktur verstanden werden. Sie reichern das Wissen des Analytikers und des Patienten bei jeder Gelegenheit an. Dieser Aspekt wurde von den Autoren nicht genügend betont und deshalb glaube ich, dass sie dem Kurzschluss erlagen, die analytische Situation *per se* verantwortlich zu machen und zu einem nicht-rationalen psychotherapeutischen Mittel zu greifen, obwohl die rationale Therapie noch in ihrem vollen Recht war.

Es mag sein, dass die Variation der Gesprächsfrequenz das Verhalten des Patienten in der Weise beeinflusst, die die Autoren beschreiben. Aus ihren Berichten geht aber nicht deutlich hervor, dass dieses technische Mittel zum Wohl der Patienten eingesetzt wurde. Nach der Reduktion der Gesprächsanzahl, hören wir, wird dem Patienten das Ausmaß seiner Abhängigkeit bewusst. Doch wechselten die Autoren dann zurück zu den täglichen Gesprächen, um ihm die Ursache seiner Abhängigkeitsreaktion verständlich zu machen? Nichts dergleichen. Wenn der Patient sich verhielt, als wäre er unabhängig, war das in der Einschätzung der Autoren ein befriedigender Erfolg. Ganz allgemein denke ich, dass die Autoren die magische Komponente im menschlichen Geist unterschätzen. Ich habe festgestellt, dass manche meiner Patienten, nachdem die Behandlung aufgrund äußerer Umstände beendet worden war, eine Situation herstellten, in der sie mir einen kleinen Geldbetrag schuldig blieben. Ungeachtet der aggressiven Komponente dieses Verhaltens vermute ich, dass dies den Zweck erfüllte, eine anhaltende Verbindung zwischen ihnen und mir herzustellen. Es lief darauf hinaus, dass die Illusion aufrecht erhalten wurde, sie hätten sich nicht wirklich von mir getrennt. Diese Phantasie mit magischem Inhalt ermöglichte es ihnen, sich nach außen in einer scheinbar reifen Weise zu verhalten. Vom psychoanalytischen Standpunkt aus gesehen war die Behandlung hingegen gescheitert, trotz des möglichen Erfolgs im Sinne der Maßstäbe sozialer Anpassung. Wenn Alexander freilich seine Patienten »entwöhnt«, indem er immer längerer Intervalle zwischen den Gesprächen einstreut, nährt er bestimmte magische Phantasien in den Patienten, auch wenn er die tatsächliche Abhängigkeit in phantasierte Abhängigkeit umwandelt, die nach außen wie Unabhängigkeit erscheint. Der Patient könnte bereit sein, die Last der Verantwortung zu tragen, wenn die Kompensation in Form einer vielleicht nur kurzen Sicherheit in Bezug auf den bewunderten Therapeuten am Horizont schimmert – und sei es noch so weit weg. Vom Standpunkt der rationalen Therapie aus ist das jedoch ein therapeutisches Scheitern.

Eine kurze historische Bemerkung ist hier angebracht. Die Autoren versuchen, manche ihrer Neuerungen durch einen Verweis auf Freuds Ratschlag zur Technik der Phobien zu rechtfertigen. Freud wies bekanntlich darauf hin, dass Patienten, die an Phobien leiden und die vor dem Beginn der Behandlung die phobische Situation vermieden, zur angemessenen Zeit aufgefordert werden müssen, die gefürchtete Situation freiwillig zu durchleben. Das ist notwendig, um die Behandlung in die pathogene Schicht der Persönlichkeit zu führen. Es ist historisch gesehen also nicht korrekt, wenn French schreibt:

> Häufige Gespräche können in manchen Fällen den Patienten zu abhängig vom Therapeuten machen und daher die Schwierigkeiten der Therapie sogar vergrößern. Zur Illustration dieses Prinzips denke man an die vielen Fälle von Phobie. Freud wies vor vielen Jahren darauf hin, dass solche Patienten dazu neigen, auf ihre analytische Behandlung fixiert zu bleiben, und wie schwierig es ist, sie zu einer Beendigung zu veranlassen. (Alexander & French 1946b, S. 141)

Freud schrieb die Schwierigkeit nicht einer bestimmten Auswirkung der analytischen Situation auf den Patienten zu; das wird ganz deutlich an seiner Bezugnahme auf einen symptomatischen Zustand, der schon vor Beginn der analytischen Behandlung vorhanden war.

Um Missverständnisse zu vermeiden, sollte deutlich gemacht werden, dass die Autoren die Wichtigkeit struktureller Veränderungen an keiner Stelle ihrer Schriften explizit bestreiten.[16] Allerdings bezogen die Autoren die Verhaltensänderungen, die sie an ihren Patienten im Verlauf der Therapie beobachtet hatten, auf strukturelle Veränderungen, ohne weiter nach dem Hintergrund zu fragen, der die Veränderung der Verhaltensmuster ihrer Patienten unterstützt haben könnte. Da die Autoren von den meisten ihrer Patienten keine detaillierte Kindheitsgeschichte kannten, wussten sie nicht einmal, ob die Veränderung der Verhaltensmuster während und nach der Behandlung nicht sogar einer weitergehenden Regression geschuldet war.

Wie weit die theoretischen Absichten der Autoren von ihrer Praxis abweichen, kann an Alexanders eingestandenem Ziel erkannt werden, die Trans-

---

[16] Es ist interessant zu sehen, dass Begriffe wie »dynamisch« und »strukturell« leere Schlagwörter geworden sind. Es ist außerdem überraschend, wie selten Freud das Wort »dynamisch« selbst im siebten Kapitel der *Traumdeutung* benutzt, in dem die menschliche Persönlichkeit ihren bislang dynamischsten Ausdruck gefunden hat. Vom historischen Standpunkt aus ist es aufschlussreich, die heutige Haltung mit Wernickes Stolz auf die Erarbeitung einer »mechanischen« Theorie der Psychosen zu vergleichen – auch wenn eine genaue Lektüre seiner *Vorlesungen* rasch zeigt, dass seine Theorien äußerst dynamisch sind. Heutzutage würde kein Autor es wagen, mit der mechanischen Natur seiner Theorie zu prahlen. Es scheint, dass die Autoren heute auf dem Dynamismus ihrer Ansichten beharren, da sie glauben, dass die Verwendung dieses Beiwortes die Richtigkeit ihrer Theorien beweist.

formation der Psychoanalyse in ein Verfahren, das dauerhafte Veränderungen im Ich durch »eine langsam voranschreitende emotionale Ausbildung« erzielt (Alexander & French 1946b, S. 18), zu beschleunigen sowie an der Bereitschaft, mit der er das Wort Genesung in Verbindung mit therapeutischen Ergebnissen benutzt, selbst wenn diese nur auf einem einzigen Gespräch beruhen (Alexander & French 1946b, S. 163). Die emotionale Ausbildung in diesem einen Gespräch, das von Grotjahn geführt wurde, betraf einen Arzt, einen 45-jährigen Flüchtling, der an einer »schweren Depression« litt, verursacht durch »massiven Ärger mit seinem Sohn« (Alexander & French 1946b, S. 155). Bei dem ersten und einzigen Arztbesuch realisierte er, »dass sein Leben jetzt einfacher wäre, wenn sein Sohn und seine Frau nicht bei ihm wären«, »dass die Forderungen seines Sohnes in Wahrheit nicht übertrieben waren, sondern ihm nur so vorkamen, da er selbst sich unsicher fühlte«, dass er sich »schuldig und verantwortlich« fühlte und dass das Verhalten seines Sohnes gerechtfertigt war (Alexander & French 1946b, S. 156).

Doch dieser in nur einem Gespräch erzielte Erfolg war nicht genug. Abgesehen von einer deutlichen Besserung einer schweren Depression, konnte der Therapeut auf längerfristige Hilfe verzichten, indem er den Patienten dazu brachte, »seine Arbeitsweise an den amerikanischen Lebensstil anzupassen«. Dies wurde durch den Ratschlag geleistet, der Patient solle sich »ein Büro außerhalb des Hauses« anschaffen (Alexander & French 1946b, S. 156). Selbst wer inbrünstig an die Wirkmacht von Sozialarbeit glaubt, würde es kaum wagen, die Begriffe Anpassung und Genesung in Bezug auf eine so simple Veränderung der Umwelt zu benutzen.

Es ist interessant zu sehen, dass Alexander ursprünglich von Zweifeln über die Ernsthaftigkeit schneller therapeutischer Erfolge geplagt war. Als er zum ersten Mal einen Patienten mit Hilfe der neuen Technik »heilte«, hielt er dies noch »für einen dieser Fälle von ›Flucht in die Gesundheit‹, der in Psychoanalysen manchmal beobachtet werden kann« (Alexander & French 1946b, S. 153). Später schob er diese Möglichkeit aber zur Seite, denn seine Beobachtungen »erlaubten keine so selbstgefällige Erklärung« mehr (Alexander & French 1946b, S. 153). Offensichtlich um nicht selbstgefällig zu sein, verzichtete er auf jedes weitere Nachdenken über diesen hinterlistigen Widerstand, der sich durch eine Flucht in die Gesundheit ausdrückt und der eine der außerordentlich schwiergen Aufgaben der Therapie darstellt.

Korrigierende emotionale Erfahrungen

Alexander führt einen Begriff ein, von dem schwer festzustellen ist, ob es sich nur um einen neuen Namen für eine wohlbekannte Tatsache handelt oder ob er ein neues therapeutisches Prinzip erfasst. In zwei früheren Aufsätzen (vgl. Alexander 1937, 1944) charakterisierte Alexander den Prozess der psychoanalytischen Therapie mit drei Begriffen, nämlich emotionale Abfuhr, Einsicht und Durcharbeitung oder Integration. Dieses Mal fügt er ein viertes hinzu, nämlich die korrigierende emotionale Erfahrung. Diesem vierten Konzept ordnet er die drei anderen unter (Alexander & French 1946b, S. 26). Was heißt korrigierende emotionale Erfahrung in Alexanders Darstellung der Therapie?

Der Patient erhält die Gelegenheit, seine alten Konflikte in der Übertragungsbeziehung zu entfalten. Der Analytiker nimmt dabei eine andere Haltung ein als die Eltern des Patienten. Alexander schreibt:

> [...] die vorurteilslose, verständnisvolle Haltung des Analytikers erlaubt dem Patienten, anders mit seinen emotionalen Reaktionen umzugehen und so eine neue Lösung für das alte Problem zu finden. Das alte Muster war ein Versuch des Kindes, sich an das Verhalten der Eltern anzupassen. Wenn ein Glied (die Erwiderung der Eltern) dieser zwischenmenschlichen Beziehung durch das Medium des Therapeuten verändert wird, wird die Reaktion des Patienten sinnlos.
> [...] Die therapeutische Bedeutung der *Unterschiede* zwischen der ursprünglichen Konfliktsituation und der gegenwärtigen therapeutischen Situation wird oft übersehen. Doch in genau diesem Unterschied liegt das Geheimnis des therapeutischen Nutzens des analytischen Verfahrens. (Alexander & French 1946b, S. 67)

Alexander hebt hier zweifellos einen wichtigen Punkt der psychoanalytischen Technik hervor. Bis zu welchem Grad dieser Punkt bislang übersehen wurde, weiß ich nicht, ich fürchte aber, dass Alexander diesen wichtigen Aspekt überbetont, damit er zu den Anforderungen seiner Technik passt. Seine Schlussfolgerung lautet, dass der Analytiker »durch seine eigene Haltung die neuen Erfahrungen, die zum Erzielen therapeutischer Erfolge notwendig sind«, bereitstellen soll (Alexander & French 1946b, S. 67). Wir werden später anhand eines klinischen Beispiels sehen, wie er dabei vorgeht. An dieser Stelle soll aber darauf hingewiesen werden, dass in bestimmten Phasen der Psychotherapie von Schizophrenen, Verwahrlosten, Alkoholikern, Suchtkranken und möglicherweise auch sehr schweren Neurotikern die konsequente Anwendung einer solchen Technik notwendig werden kann.

Andererseits glaube ich, dass Alexander den Begriff der Einsicht auf intellektuelle Einsicht beschränkt, wenn er immer wieder betont, dass sie keine Veränderung der Persönlichkeit hervorruft. Freud wies in frühen Schriften darauf hin, dass intellektuelle Einsicht wirkungslos ist und eine Verschwendung der therapeutischen Bemühungen darstellt. Wenn Freud das Wort »Einsicht«

benutzt, bezieht er sich auf einen psychologischen Akt, der alle Strukturen der Persönlichkeit erfasst und beeinflusst, die emotionale Sphäre mit eingerechnet. In den meisten analytischen Publikationen wird Einsicht in diesem, von Freud geprägten Sinne benutzt. Alexanders Geringschätzung der intellektuellen Einsicht ist also nicht notwendig.

Es könnte einfacher sein zu verstehen, was Alexander mit dem Begriff der korrigierenden emotionalen Erfahrung meint, wenn wir das von ihm paradigmatisch zitierte Beispiel untersuchen, nämlich das literarische Beispiel von Jean Valjean, dem Helden von Victor Hugos *Les Misérables*. Es ist in diesem Zusammenhang wichtig zu bemerken, dass Hugos Romane in psychologischer Hinsicht oft schwierig zu interpretieren sind, da seinen künstlerischen Produktionen politische Tendenzen und soziale Theorien zugrunde liegen. *Les Misérables* wurde unter der Annahme geschrieben, dass ein Verbrechen eine Reaktion auf soziale Umstände ist. In diesem literarischen Meisterwerk kommt eine weitreichende Sozialphilosophie zum Ausdruck, die dieses nicht allein zum psychologischen Roman, sondern auch zum tendenziösen Programm macht. Außerdem wurde *Les Misérables* in der romantischen Periode der französischen Literatur verfasst und diese hatte eine Vorliebe für komplizierte Handlungen. Es ist schwierig zu erkennen, bis zu welchem Grad bestimmte Ereignisse im Dienste der Handlungskonstruktion eingefügt wurden oder zum Zweck, die menschliche Natur darzustellen. Hugo verfährt mit Sicherheit ganz anders als Dostojewski, der im Verlauf seiner Romane »mitlebte« und die Wendung der Launen seiner Helden nicht vorwegnahm. Doch geben wir unser Bestes in Bezug auf Jean Valjeans Bekehrung. Alexander weist auf die christliche Verzeihung durch den Bischof Bienvenu hin, mit der dieser auf das von Jean Valjean begangene Verbrechen reagiert. Der hartgesottene Kriminelle wird davon völlig überrumpelt, da er nie zuvor die Erfahrung von Menschenliebe gemacht hat. Einige Stunden später begeht er einen weniger schwerwiegenden Gesetzesbruch zum Schaden eines Jungen. Während dieses Vergehens und kurz danach durchlebt er einen emotionalen Aufruhr, der ihn dazu bringt, ein neues soziales Leben zu beginnen, das dem seiner Vergangenheit genau entgegengesetzt ist. Er verwandelt sich von einem Kriminellen in einen geradezu heiligen Mann. Aus Alexanders Darstellung geht nicht ganz klar hervor, ob er Jeans Reaktion auf die Freundlichkeit des Bischofs oder sein darauf folgendes Fehlverhalten oder beides als korrigierende emotionale Erfahrung begreift. Alexander zufolge ist die Wirkung der Freundlichkeit des Bischofs auf Jean »alles andere als ungewöhnlich«. Alexander denkt, dass Jeans folgendes Verhalten – der Diebstahl an dem Jungen – bezeichnend für Hugos »dynamische Wahrnehmung« sei. Jeans Rückfall in sein verbrecherisches Verhalten erklärt Alexander jedenfalls als »Wiederkehr des Symptoms«, ehe es aufgegeben werden kann. Es passt also nicht genau in das Konzept der korrigierenden emotionalen Erfahrung. Soweit ich sehe, könnte Alexanders neuer Begriff ausschließlich einen emotionalen Aufruhr bezeichnen, der zu einer Verhaltensänderung führt, wie sie im Leben vieler Heiliger berichtet wird – die berühmteste ist die wunderbare Verwandlung von Saulus zu Paulus. In Bezug auf Alexanders klinisches Beispiel möchte ich hinzufügen, dass Jeans verwahrlostes Verhalten gegen den Jungen von Hugo möglicherweise nur eingeführt wurde, um Jean im Status des verfolgten Verbrechers zu halten; ein Detail, ohne das die folgenden Verstrickungen des Romans nicht möglich wären. Doch sei es wie es sei, nehmen wir Jean Valjean als Testfall für die Wirksamkeit von »korrigierenden emotionalen Erfahrungen«. Werfen wir einen Blick auf sein Schicksal nach der emotionalen Revolution, die in seinem Leben stattgefunden hat. Wie deutlich wird, hat er sich nicht in dem Sinne verändert, den die Psychoanalyse durch eine Veränderung der Struktur anstrebt. Bereits die Dichotomie der Extreme, mit der er nach seiner Konversion konfrontiert ist – nämlich die, entweder ein Engel oder ein Monster zu werden –, ist kein gutes Zeichen. Die erwähnte Notwendigkeit, besser zu werden als der Bischof, zeigt besonders deutlich an, dass nur eine Umkehr der Vorzeichen stattgefunden hat. Der zugrunde liegende Mechanismus kann folgendermaßen beschrieben werden: »Da ich der schlimmste aller Kriminellen war, muss ich nun heiliger werden als der heiligste Mann, den ich bisher getroffen habe.« Jean wird niemals unabhängig vom Bischof. Er vergleicht sich sein gesamtes Leben hindurch mit seinem »Therapeuten«. Sogar auf dem Totenbett fragt er sich, ob er den Beifall des Bischofs verdient habe oder nicht. In derselben Weise wird er auch seine Vergangenheit niemals los. Das kommt besonders schön zum Ausdruck, wenn Jean das Kloster, in dem er viele Jahre lang lebt, mit den Galeeren vergleicht, von denen er kam. Er liebt niemanden, außer ein Kind, Cosette. Seine Güte anderen Menschen gegenüber wird auf rein intellektueller Ebene vollzogen, gemäß einem Plan mit geringer innerer Beteiligung. Die einzige Person, an die er sich emotional stark bindet, ist das Kind einer Frau, deren Leben er indirekt und unbeabsichtigt zerstörte. Wieder stehen das Schuldgefühl und die Art der Reaktionsbildung in einem auffälligen Zusammenhang. Bei all seiner Freundlichkeit und der offensichtlichen Selbstlosigkeit gegenüber dem Kind ist seine Psychopathologie kaum verschleiert. Als Cosette sich später in Marius verliebt, wird Valjeans selbstsüchtige Manipulation Cosettes offensichtlich und er wird in einen tiefen Konflikt gestoßen. Als er realisiert, dass der Kampf gegen den Konkurrenten verloren ist, nimmt er wieder die nach außen hin selbstlose Haltung an und rettet Marius' Leben. Doch er tut es, Hugos eigenen Worten zufolge, mit Hass im Herzen. Und nach Cosettes und Marius' Hochzeit zieht er sich vollständig aus dem Leben zurück, gesteht Cosettes Geliebtem, dass er ein ehemaliger Sträfling ist, und macht ihn glauben, dass er seine kriminelle

Karriere fortgesetzt hat. In dieser Weise bringt er das Glück der Neuvermählten in Gefahr.

Alexander hätte kein besseres Beispiel für die Mängel und Grenzen der korrigierenden emotionalen Erfahrungen finden können als das von Jean Valjean. Sie können eine Person dazu bringen, von einem Extrem zum anderen zu wechseln. Doch sie bewirken keine strukturellen Veränderungen und führen nicht zur Integration.

Die korrigierende emotionale Erfahrung ist das wichtigste technische Mittel in der magischen Psychotherapie. Es ist der Bann, den der Magier über sein Subjekt verhängt. Hugos Beschreibung von Valjeans Bekehrung ist eines von vielen Beispielen für alte magische Überzeugungen. Hass wird durch Güte bezwungen. Dürre wird in Regen verwandelt, indem der Hexer das Feld bewässert. Er gibt der Natur ein Beispiel für das, was passieren soll. Obwohl die Magie durch die unveränderlichen Gesetze der Physik und Biologie zerschmettert wird, reagiert der menschliche Geist auf Magie. Ein Verbrecher kann so dazu gebracht werden, seine Destruktivität in wiederholte wohltätige Handlungen zu überführen. Das verändert seine psychische Realität aber nicht. Die Gesellschaft bewertet nur das Verhalten, sie interessiert sich nicht für Beweggründe. Doch Psychoanalytiker sollten sich nie zu Marionetten der Gesellschaft machen und oberflächliche Verhaltensmuster als Anzeiger der psychischen Realität ansehen.

Alexanders Hinweis auf Aichhorns Technik der Therapie von Verwahrlosten ist nicht gerechtfertigt. Denn Aichhorns Grundsatz lautete, dass weder strafende Strenge noch Freundlichkeit und Güte angemessene Mittel in der Behandlung von Verwahrlosten seien. Freundlichkeit und Güte könnten in der Vorbereitungsphase der Behandlung notwendig sein, in der das wichtigste Ziel, nämlich die Herstellung einer angemessenen Übertragungsbeziehung, alle Schritte des therapeutischen Prozesses beherrscht. Um einen Verwahrlosten analysierbar zu machen, ist die magische Psychotherapie nicht nur angezeigt, sondern absolut notwendig. Das trifft ebenfalls für bestimmte Phasen der Psychotherapie von Schizophrenen zu. Gerade Aichhorn betonte die Mängel einer Therapie, die dann, wenn ein Verwahrloster die Symptome seiner ursprünglichen Störung nicht mehr zeigt, beendet wird. Es war ein echter therapeutischer Triumph und eine wichtige Leistung für die Gesellschaft, als er beweisen konnte, dass der Verwahrloste nach dem Durchleben zahlreicher »korrigierender emotionaler Erfahrungen« (um Alexanders Worte zu benutzen) die Fähigkeit erlangte, die rationale Therapie aushalten zu können, die zu strukturellen Veränderungen führt. Das Stadium der Resozialisierung, das Hugo beschreibt und das Alexander als Heilung akzeptiert, war der präfreudianischen Epoche der Psychologie wohl bekannt. Freuds außerordentliche Leistung bestand darin, dass er die »Ebene der beabsichtigten Persönlichkeitsveränderung« weit über das bis dahin für möglich Gehaltene oder gar Bekannte hinaushob. Der Versuch der Autoren, diese Leistung rückgängig zu machen, indem sie in eine präfreudianische Form gegossen wird, ist sehr bedauerlich.

In Anbetracht von Alexanders Position ist es nur logisch, dass er wiedererlangte Erinnerungen nur als Hinweise auf den Behandlungserfolg betrachtet und ihre Wichtigkeit in Hinblick auf eine strukturelle Veränderung bestreitet. Das klinische Material widerlegt seine Behauptungen. Die Hypnosebehandlung, die die Struktur des Ichs weitgehend unberührt lässt, kann das dynamische Gleichgewicht der Persönlichkeit durch die einseitige Entlastung von angestauter Energie, die durch unterdrückte Erinnerungssysteme gebunden ist, neu ordnen. Das Wiedererlangen von Erinnerung allein kann, wo es möglich ist, natürlich niemals die Anforderungen der rationalen Therapie erfüllen. Es ist aber wichtig, um dem Ich zur Herrschaft zu verhelfen. Alexanders Abwertung der genetischen Herangehensweise ist nötig, um Einsicht und Deutung abzuwerten und die Übertragungsbeziehung *per se* zum wichtigsten therapeutischen Werkzeug zu machen. Würde der Patient die Geschichte seiner Übertragungsbeziehung durchschauen, würde sich der magische Bann auflösen und all die harte und langwierige Arbeit der rationalen Therapie stünde an.

Historische Bemerkungen

Alexander versucht, seinen technischen Ansatz in die Geschichte der Psychoanalyse einzufügen. Er ruft Ferenczi und Rank als geistige Paten seiner Neuerung auf. Alexander bezieht sich auf Ferenczis und Ranks Prinzip, dass der Patient auch geheilt werden kann, ohne sich an seine Vergangenheit zu erinnern (Alexander & French 1946b, S. 22). Er glaubt, dass seine eigene Arbeit »eine Fortsetzung und Realisierung von Ideen« sei, die von diesen Autoren vorgeschlagen wurden.

> Sie befürworten eine Schwerpunktsetzung auf emotionale Erlebnisse anstelle des intellektuellen genetischen Nachvollzugs der Ursachen für die Symptome des Patienten. Sie wollten, dass das emotionale Erleben die Suche nach Erinnerungen und die intellektuelle Rekonstruktion ersetze. (Alexander & French 1946b, S. 23)

Alexander bespricht im Jahr 1946 deshalb *Die Entwicklungsziele der Psychoanalyse* (vgl. Ferenczi & Rank 1924) sehr positiv und betont den wichtigen Unterschied zwischen der Standard-Psychoanalyse und seinem eigenen, neuen technischen Ansatz.

Ich weiß nicht, ob der Leser mit der antiken griechischen Geschichte vertraut ist, in der ein Mann einen Topf ausleiht und ihn seinem Besitzer beschädigt zurückbringt. Als er angeklagt wird, verteidigt er sich, indem er behauptet, dass er den Topf erstens nie ausgeliehen habe, dass der Topf zweitens bereits beschädigt gewesen sei, als er ihn auslieh, und dass er drittens unbeschädigt gewesen sei, als er ihn seinem Besitzer zurückbrachte. An diese Geschichte musste ich denken, als ich durchsah, was Alexander über ein und dasselbe Buch im Verlauf von wenig mehr als zwei Dekaden geschrieben hat. Als er das Buch 1925 besprach (vgl. Alexander 1925a), betonte er, dass es zwar Zutreffendes, aber nichts Neues enthalte. Als er 1935 Probleme der psychoanalytischen Technik besprach (vgl. Alexander 1937), wies er darauf hin, dass Ferenczi und Rank im Irrtum seien, da »die synthetische Funktion des Ichs […], ebenso wie der entsprechende technische Ratschlag, die Durcharbeitung« vernachlässigt worden sei. Zusammenfassend behauptet er, dass Ferenczis und Ranks Techniken als »Abreaktionstherapien« bezeichnet werden könnten (Alexander 1937, S. 83). Im Jahr 1946 möchte Alexander eigenartigerweise die Psychoanalyse von den versteckten Überresten der Therapie des Abreagierens befreien, und zwar durch eine Technik, die sich – in seinen eigenen Worten – historisch aus der Technik entwickelt hat, die er zehn Jahre zuvor noch als Abreaktionstherapie bezeichnet hatte. Ferenczi wird nun zum Repräsentanten einer konstruktiven Reaktion auf die Unzufriedenheit mit der psychoanalytischen Technik erklärt.

Ich bedaure, dass Alexanders frühe Besprechung von Ferenczis und Ranks Buch nicht auf Englisch verfügbar ist.[17] 1925 war sich Alexander noch dessen bewusst, dass der Vorwurf, die Psychoanalyse vernachlässige emotionale Erlebnisse in der Therapie, nur erhoben werden kann, wenn man Freuds Arbeit außer acht lässt. Es ist lohnenswert, einige Sätze aus Alexanders Polemik gegen Ferenczi zu zitieren. Sie klingen, als hätte Alexander eine kritische Besprechung des Buches vorweggenommen, das er 20 Jahre später selbst schreiben sollte. Er stellt fest:

> Der leitende Gedanke dieses stark programmatisch gehaltenen Buches kommt am deutlichsten in der Feststellung der Autoren zum Ausdruck, daß die Psychoanalyse heute in eine neue Phase, in die »Erlebnisphase« eintritt, welche die »Erkenntnisphase« der letzten Jahre, die einerseits in der Überwucherung des theoretischen Forschens, andererseits therapeutisch in der Überschätzung des während der Kur dem Patienten übermittelnden Wissens bestand, ablöst. […] Wir müssen offen bekennen, daß wir eine bloße »Erkenntnisphase« insbesondere in der Technik nicht kennen, zumindest seit dreizehn Jahren nicht, seitdem Freuds erste zusammenfassende technische Arbeiten erschienen sind. (Alexander 1925a, S. 115)

Um das zu beweisen, zitiert Alexander aus Freuds *Zur Dynamik der Übertragung* (vgl. Freud 1912a) und fährt fort:

> Der wesentliche Inhalt der ganzen Broschüre [von Ferenczi und Rank] ist in diesen Sätzen Freuds enthalten. Klarer, deutlicher und überzeugender wird die technische

---

[17] Eissler übersetzte die zitierten Passagen aus Alexanders Buch selbst [Anm. d. Ü.].

Bedeutung des »Erlebnismomentes« auch in dieser Broschüre nicht dargestellt [...]. Wer also seit jener Zeit in seiner Technik diese Erkenntnisse nicht berücksichtigte, hat einen persönlichen Fehler begangen, keinesfalls war jedoch seine therapeutische Art im Sinne der Psychoanalyse. Wenn man also durchaus von einer Erlebnisphase in der Psychoanalyse sprechen will, so beginnt diese Phase vor dreizehn Jahren mit der zitierten Arbeit von Freud und nicht mit dem Erscheinen dieser Broschüre. (Alexander 1925a, S. 115f.)

Wenn Alexander doch seine eigene Besprechung gelesen hätte, ehe er sein neues Buch publizierte, welche Verwirrung hätte er den Studenten der Psychologie erspart, die durch allerorts blühende Abspaltungen bereits schwer belastet werden. In seiner Besprechung von 1925 bezieht sich Alexander nicht auf Meinungen, sondern auf Fakten. Ich kann nicht erkennen, wie man den Alexander von 1925 mit dem von 1946 in Einklang bringen könnte. Darüber hinaus rügt er Ferenczi und Rank dafür, die Auflösung der Übertragung, die Durcharbeitung vernachlässigt zu haben, »in welcher das eigentlich Analytische geleistet werden soll, in welcher die erstrebte dauernde Ichveränderung [...] erzwungen werden soll« (Alexander 1925a, S. 120), und begeht dann denselben Fehler 20 Jahre später selbst. Der Leser könnte sagen, dass die fortgesetzte Forschung bewiesen haben könnte, dass diese beiden Mechanismen weniger wichtig sind als man früher glaubte – zu der Zeit, als Alexander dachte, Ferenczi und Rank hätten »den Zug verpasst«. Doch 1925 schrieb Alexander:

Der größte Druck, den wir auf den Patienten in der Richtung des Verzichtens ausüben können, besteht in der fortschreitenden und immer deutlicher werdenden Aufdeckung der Übertragung, die es dem Patienten immer konfliktvoller und schwerer macht, als Erwachsener die in der Übertragung ihm zufallende infantile Rolle zu spielen. Dieser innere Konflikt ist der wirksamste Förderer der Ablösung. (Alexander 1925a, S. 121)

Alexander bezieht sich hier auf klinische Erfahrungen, auf Fakten, die er mit eigenen Augen beobachtet haben muss. Wieder besteht hier ein unversöhnlicher Widerspruch mit den 20 Jahre später getätigten Behauptungen, dass die analytische Situation *per se* eine wachsende Abhängigkeit des Patienten vom Analytiker herstellt. Alexander zögerte nicht, über die ambivalente Einstellung von Ferenczi und Rank einigen Teilen der psychoanalytischen Therapie gegenüber zu sprechen (Alexander 1925a, S. 122). Im Gegenzug wird er heute dieselbe Ambivalenz, die er vor 20 Jahren bei anderen diagnostiziert hat, sich selbst vorwerfen müssen. Ich habe im Vorangehenden keine eigene Meinung zu Ferenczis überwältigender Arbeit geäußert. Ich wollte nur die von Alexander in zwei unterschiedlichen Phasen seiner Arbeit geäußerten Tatsachen miteinander vergleichen. Was Alexanders Anspruch betrifft, Ferenczis Arbeit fortgesetzt zu haben, kann ich nur die Überzeugung äußern, dass Ferenczi viel zu tief in die Abgründe des menschlichen Geistes vorgedrungen ist, als dass er bereit sein könnte, die Vaterschaft für einen Autor anzuerkennen, der dem Prinzip der einfachen Erklärungen anhängt. Dieser schreibt:

> Ich kann das Mißtrauen mancher Wissenschaftler nicht teilen, das sie gegen einfache Formulierungen im Vorhinein zeigen. Ich habe ein anderes Vorurteil, und zwar gegen komplizierte, undurchsichtige Erklärungsversuche. Ich habe die Überzeugung, daß die Naturzusammenhänge überaus einfach sind. (Alexander 1927, S. 10)

Alexanders jüngstes Buch zeigt erneut, dass er ein treuer Anhänger dieses Prinzips ist. Doch wer die Möglichkeit gehabt hat, einen Blick auf die Natur zu werfen, sei es als Arzt oder als Biologe, ist verwirrt vom Labyrinth unlösbarer Rätsel. Selbst wer kleinste Einheiten wie etwa Atome studiert, erkennt die Undurchdringlichkeit der Natur für das forschende Auge und bemerkt, dass jede Entdeckung die Aussicht auf weitere unkartierte Kontinente freilegt.

Alexander übersieht diese neuen Ausblicke allerdings hartnäckig und kehrt glückselig zu alten Konzepten zurück, die im Vergleich mit jüngeren Entdeckungen wirklich einfach erscheinen. Er wiederholt eine frühere Formulierung, wenn er schreibt: »Erst 1930 wurde gezeigt, dass das Wiedererlangen von Erinnerungen nicht die *Ursache* des therapeutischen Fortschritts war, sondern sein Ergebnis.« (Alexander & French 1946b, S. 20; vgl. Alexander 1930) Eine gründliche Lektüre der *Studien über Hysterie* zeigt aber, dass dieser Punkt bereits 1895 gezeigt wurde. Breuer und Freud schreiben:

> Wenn auch der Kranke sich von dem hysterischen Symptome erst befreit, indem er die es verursachenden pathogenen Eindrücke reproduziert und unter Affektäußerung ausspricht, so liegt doch die therapeutische Maßnahme nur darin, ihn dazu zu bewegen, und wenn diese Aufgabe einmal gelöst ist, so bleibt für den Arzt nichts mehr zu korrigieren oder aufzuheben übrig. Alles, was es an Gegensuggestionen dafür braucht, ist bereits während der Bekämpfung des Widerstandes aufgewendet worden. Der Fall ist etwa mit dem Aufschließen einer versperrten Türe zu vergleichen, wonach das Niederdrücken der Klinke, um sie zu öffnen, keine Schwierigkeit mehr hat. (Breuer & Freud 1970, S. 228)

Diese Formulierung war zutreffend in den Begriffen vom menschlichen Geist, die Freud ungefähr um 1900 herum entwickelt hatte. Sie stimmen im Großen und Ganzen mit Alexanders Auffassungen von 1946 überein. Doch seit 1900 ist offensichtlich geworden, dass es viele Erinnerungen gibt, deren Wiederherstellung die Patienten so starke Widerstände entgegensetzten, dass die Analyse das Problem von zwei unterschiedlichen Richtungen angreifen muss: indem die Widerstände analysiert werden und indem Mutmaßungen über den Inhalt der unterdrückten Erinnerungen angestellt werden. Diese nachträgliche Konstruktion wird im Patienten bestimmte Erwartungen wecken, die das Auftreten der gesuchten Erinnerungen erleichtern und dem Patienten den Inhalt enthüllen werden, gegen den sich sein Widerstand richtet. Darüber hinaus ist deutlich geworden, dass die wichtigsten unbewussten Erinnerungen niemals ins Bewusstsein des Patienten gerufen werden können, da sie nicht in Worte gefasst werden können und deshalb vom Analytiker rekonstruiert werden müssen (vgl. Freud 1937b). Wer glaubt, dass das bloße Auffinden der Erinnerungen nach der Beseitigung der Widerstände die Arbeit des Analytikers beendet, hat niemals ernsthaft versucht, die adäquate Geschichte eines neurotischen Symptoms zu erhalten. Ist nicht die Bergung von Kindheitserinnerungen nur der erste Schritt einer noch viel wichtigeren Aufgabe – ihrer Deutung? Bei Zwangsneurosen reproduziert der Patient außerdem mit Leichtigkeit eine mehr oder weniger vollständige Geschichte seiner Symptome einschließlich äußerst passender Kindheitserinnerungen. Stellen diese Erinnerungen das Ergebnis des therapeutischen Prozesses dar oder sind sie nicht eher ein Ausdruck eines intensiven Widerstandes gegen emotionale Erlebnisse? Die extreme Einfachheit, die Alexander in der Natur anzutreffen erwartet, setzt eine andauernde Blindheit für bedeutende Bereiche des Lebens voraus. Tut man das nicht, erscheinen die Gesetze der Psychologie mindestens so kompliziert wie die des Atoms.

Probeweise Deutungen

Um die weitere Besprechung der neuen Technik nachvollziehen zu können, muss der Leser mit einem anderen neuen Werkzeug vertraut gemacht werden, nämlich dem der probeweisen Deutung. Alexander empfiehlt seine Anwendung hauptsächlich während des ersten Gesprächs, mit dem Ziel, die Stärke des Ichs des Patienten zu prüfen. Alexander bewertet die Reaktion des Patienten auf diese Deutungen als Gradmesser für dessen Fähigkeit zur Einsicht, den Charakter und das Ausmaß seines wahrscheinlichen Widerstandes und seiner zukünftigen Kooperation (vgl. Alexander & French 1946b, S. 98). Es ist lohnenswert, Alexanders ursprünglichen Bericht über ein Beispiel dieser Technik zu lesen (vgl. Alexander 1944). Ein ungefähr 60 Jahre alter Geschäftsmann konsultierte ihn in Begleitung seiner Ehefrau aufgrund einer kürzlich entwickelten Phobie. Alexander fand rasch heraus, dass die Phobie eine Ausflucht des Patienten war, der sich gegen die Auseinandersetzung mit seinem veränderten Status im Leben infolge von Leistungsminderungen sträubte. Alexander beschreibt eine Serie von probeweisen Deutungen und ihre Auswertungen wie folgt:

> Ich begann dem Patienten behutsam zu erklären, dass seine Phobie eine emotionale und keine körperliche Ursache habe. Dabei stieß ich sofort auf massiven Widerstand. Er war davon überzeugt, dass sein ganzes Leiden die Folge eines Sonnenstichs sei. Hier kam ich also nicht voran, daher ließ ich einen zweiten »Versuchsballon« steigen. Ich begann, ihm vorsichtig beizubringen, dass er die Fähigkeit seiner Partner,

die Firma ohne seine Hilfe zu führen, möglicherweise falsch einschätzte. Doch er blieb felsenfest bei seiner Meinung. Dann begann ich, mich ihm von einem anderen Winkel her zu nähern, und besprach mit ihm die emotionalen Schwierigkeiten des Ruhestandes im Allgemeinen. Ich sagte, dass eine Person häufig nicht wahrhaben will, dass sie nicht mehr von Nutzen sein kann. Der Patient wurde merklich unruhig. Ich erzählte weiter, wie schwierig es sei, den eigenen Platz an die Jugend abzutreten. Ich fügte hinzu, dass ich ein wenig daran zweifle, dass seine Kritik an seinen Partnern berechtigt sei. Ich lenkte seine Aufmerksamkeit auf die Tatsache, dass seine sie betreffenden Bemerkungen eher widersprüchlich waren. Je mehr ich es versuchte, umso deutlich wurde, dass es unmöglich sein würde, ihm die unangenehme Wahrheit zu Bewusstsein zu bringen, wie taktvoll ich auch vorging. [...] Ich teilte ihm die Wahrheit mit so viel Fingerspitzengefühl wie möglich mit, nämlich dass er sich nicht mit den Veränderungen in seiner Lebenssituation konfrontieren wollte. [...] Als ich mit meiner Ansprache fertig war, sprang der Patient vom Stuhl auf und rief mit schriller Stimme nach seiner Frau im Wartezimmer: »Mama, lass uns nach Hause gehen!« [...] Seine Frau rief mich einige Tage später an und teilte mir mit, dass ihr Mann nicht mehr davon spreche, ins Büro zu gehen. Ich denke, ich konnte dem Patienten eine lange Analyse ersparen und mir einen therapeutischen Misserfolg. Hätte der Patient einen weniger starken Widerstand gegen meine erste Deutung gezeigt, hätte ich meine ganze Strategie geändert (Alexander 1944, S. 330f.).

Dieser Bericht ist unter anderem deshalb von Interesse, weil er eine mögliche Meinungsverschiedenheit darüber anzeigt, was Taktgefühl in der Psychotherapie heißen könnte. Dafür sei auf Reiks Bemerkungen zu diesem Thema verwiesen (vgl. Reik 1935, S. 113–126). Reik betont zurecht die intime Beziehung zwischen Taktgefühl und der Wahl des richtigen Zeitpunkts für Deutungen – eine Verbindung, die Alexander vergessen zu haben scheint.[18] Ich denke, Alexander empfiehlt hier eine Technik, vor deren Anwendung jedermann gewarnt sein muss. Dass der Patient aufhörte zu verlangen, in sein Büro zu gehen, wie seine Frau berichtete, hätte das Zeichen einer beginnenden schweren Depression sein können. Ein klinisch erfahrener Therapeut hätte an der Geschichte des Patienten und seinen manifesten Symptomen erkannt, dass er überhaupt kein Patient für die Psychoanalyse war. Patienten seines Typs brauchen eine Art von Psychotherapie, die man »vormundschaftlich« nennen könnte, sprich: eine, die aus wiederholten Gesprächen mit vorsichtiger Ermunterung und strenger Vermeidung jeder Provokation besteht, die möglicherweise den Rest des Lebens andauern. Wenn ein Patient, dessen Leiden dieses Ausmaß erreicht hat, in die Praxis eines Arztes kommt, sollte er niemals erniedrigt werden. Der Versuch, die Abwehrmechanismen des Patienten zu vermindern, bedeutet eine ernst-

---

[18] Ferenczi könnte Recht gehabt haben, als er Alexander einen Mangel an Sensibilität für die feineren Schattierungen der Persönlichkeit vorwarf. Er schrieb, dass »der Sinn für Nuancenunterschiede nicht seine [Alexanders] stärkste Seite ist« (Ferenczi 1927, S. 109).

zunehmende Verschlimmerung seines Zustandes. Meiner Meinung nach hätte Alexander kein besseres klinisches Beispiel finden können, um den Leser von der Unangemessenheit von probeweisen Deutungen zu überzeugen. Wir können seine optimistische Einschätzung, dass er ein therapeutisches Scheitern vermieden hat, nicht teilen.

Fallberichte

Alexander demonstriert sein Prinzip der Flexibilität in der psychotherapeutischen Technik anhand des Falles einer Konversionshysterie und schweren Persönlichkeitsstörung (vgl. Alexander & French 1946b, S. 55f.). Es handelte sich um einen 42 Jahre alten Geschäftsmann, der an unkontrollierbaren Zuckungen der Arme litt. Einige Jahre zuvor hatte er drei Ohnmachtsanfälle erlitten. Es bestand die Möglichkeit, dass es sich um fokale epileptische Anfälle handelte. Der Patient war eine leicht reizbare, intolerante Person und war kurz vor Beginn der Behandlung impotent geworden. Die Behandlung bestand aus 26 Gesprächen über einen Zeitraum von zehn Wochen. Elf Monate nach Beendigung der Behandlung war er nach wie vor von allen Symptomen geheilt. Wie erzielte Alexander diesen bemerkenswerten Erfolg? Im ersten Gespräch kam er zu der Schlussfolgerung, dass die erheblichen Probleme des Patienten das Ergebnis eines in der Jugend erlittenen Schadens durch einen dominanten, tyrannischen, engstirnigen und strengen Vaters seien. Der Patient hatte seine ihm Schutz bietende Mutter im Alter von zehn Jahren verloren. Nach dem Tod seines Vaters war es ihm gelungen, die Überlegenheit über seinen Vater als Geschäftsmann unter Beweis zu stellen; er vergrößerte das geerbte Unternehmen erheblich. Das war allerdings der einzige Bereich seines Lebens, in dem er erfolgreich war. Alle menschlichen Beziehungen – mit seiner Ehefrau, seinem einzigen Sohn, seinen Geschäftspartnern – waren gescheitert. Vom Anfang der Therapie an versuchte der Patient, eine Situation herzustellen, in der er das in der Beziehung mit seinem Vater entwickelte Verhaltensmuster wiederholen konnte. Doch Alexander wirkte dem Entstehen von Rebellion, Bewunderung oder Ergebenheit entgegen, indem er minutiös jede Möglichkeit eines Streits vermied. Dies tat er, indem er seinen eigenen Beitrag minimierte und den Patienten davon überzeugte, dass »er möglicherweise ein größerer Experte geworden wäre als der Analytiker, hätte er sich diesem Beruf gewidmet« (Alexander & French 1946b, S. 58). Diese Einstellung dem Patienten gegenüber war, so weit ich sehen kann, der wichtigste Kunstgriff, mit dem Alexander eine Verbesserung im Zustand des Patienten herbeiführte. Alexander weist richtig darauf hin, dass der Konflikt des Patienten mit seinem Vater nicht internalisiert worden war und dass sich in Bezug auf seine Feindseligkeit gegen den Vater kein Schuldgefühl entwickelt hatte (vgl. Alexander & French 1946b, S. 59). Das Fehlen der Internalisierung und Alexanders Technik müssen gleichzeitig betrachtet werden, daher sei der folgende Kommentar erlaubt: Der Patient suchte den Therapeuten offenbar in großer Anspannung auf. Alexanders Verhalten war praktisch das Gegenteil von dem, was er erwartet hatte, traf aber mit einem alten Wunsch zusammen. Alexander versorgte ihn großzügig mit Wunscherfüllung. Da der Konflikt nicht internalisiert war, sondern immer noch ein äußeres Objekt betraf, erweckte die Wunscherfüllung keine Schuldgefühle. So wie der Patient versucht hatte, seinen Vater geschäftlich zu übertreffen, versuchte er nun, Alexander an diesem neuen Schauplatz der Konkurrenz zu übertreffen. Wenn Alexander berichtet, dass »er selbst [der Patient] bemerkte, dass er sich nun wie ein Vater zu einem Sohn verhalten konnte, da er in der Behandlung endlich gefunden hatte, was er immer gewollt hatte – Verständnis und Unterstützung von einer Autoritätsperson« (Alexander & French 1946b, S. 59), dann kann das nur bedeuten, dass er seine Symptome nicht verlor, weil sich seine Persönlichkeitsstruktur verändert hatte, sondern weil ein Wunsch erfüllt worden war. Es ist hier nicht der Ort, um die Ratsamkeit einer solchen Technik zu diskutieren (klinisch gesehen war es ein brillanter Erfolg), sondern es muss betont werden, dass die Genesung durch Mittel erzielt wurde, die nicht zur Psychoanalyse gehören. Es handelt sich um die Technik, die Freud an den österreichischen Kaiser Joseph erinnerte, der sich in Verkleidung mit dem Elend seiner Untertanen vertraut machte und die Ursache ihres Unglücks durch Mildtätigkeit beseitigte.

Alexander berichtet von der äußersten Verwirrung des Patienten, als dieser mit einer wohlwollenden Autorität konfrontiert wurde, und er illustriert das durch zwei Träume: einem, in dem der Patient den Analytiker zum Despoten wie den Vater gemacht hatte, und einem anderen, in dem er »den Vater zum wohlwollenden Beförderer seiner Potenz [machte]. In Wahrheit war der Analytiker die wohlwollende Person und der Vater der Tyrann« (Alexander & French 1946b, S. 60). Ich bin nicht geneigt, Alexander in dieser Einschätzung zu folgen. Diese beiden Träume sind auf keine Verwechslung zurückzuführen. Sie zeigen, dass der Vater und der Analytiker vom Standpunkt der psychischen Realität aus gesehen auf derselben Ebene standen. Sie waren identisch geworden, aber nicht durch Übertragung, sondern in Übereinstimmung mit der Arbeit des Unbewussten, in dem Extreme nur Äste einer gleichen Wurzel sind (vgl. Freud 1910c). Alexander gelang es, ein Bild in Szene zu setzen, das in der Beziehung des Patienten zu seinem Vater wahrscheinlich von einem frühen Zeitpunkt an angelegt war. Es gelang ihm also, eine reale Beziehung mit einer unbewussten und unterdrückten Beziehung zur Deckung zu bringen. Alexanders Bericht ist nicht detailliert genug, um die Annahme abzustützen, dass der Patient während seiner Genesungsphase zwanghaft ein Handlungsmuster verfolgte, das jenem, von dem er zuvor beherrscht worden war, genau entgegengesetzt war. Würde Alexander versuchen zu zeigen, dass solche Verhaltensänderungen von einem Extrem zum anderen ohne die Standard-Psychoanalyse erreicht werden können, hätte er volle Zustimmung erfahren. Doch er geht weiter und glaubt, dass seine Technik dem Patienten erwachsene Einstellungen beigebracht habe und dass er »den Patienten früher zu einer Korrektur seiner neurotischen Einstellung« gebracht habe, als es mit der Standard-Technik möglich gewesen wäre (Alexander & French 1946b, S. 65). An dieser Stelle attackiert er die psychoanalytische Technik und zählt all die schlimmen Auswirkungen auf, die die klassische Psychoanalyse angeblich auf diesen Patienten gehabt hätte. Das ist ziemlich unnötig, denn der Patient wies einige der Kennzeichen auf, die ihn Freud zufolge ohnehin ungeeignet für die Psychoanalyse machten. Das bedeutet freilich nicht, dass es keine anderen Techniken gibt, die das bewusste Leiden des Patienten lindern konnten. Doch Alexander übersieht offenkundig den Umstand, dass der Patient keine wirkliche Veränderung erfahren hat, zumindest der Bedeutung entsprechend, die die Psychoanalyse diesem Wort bis dato gegeben hat. Der Patient entwickelte Verhaltensmuster, die seiner Umgebung angemessener waren. Alexanders Definitionen zufolge ist das eines der wichtigsten Ziele der Psychotherapie. Er ist mit dieser Leistung also zufrieden. Doch diejenigen, die in erster Linie strukturelle Veränderungen anstreben, wird dieser klinische Erfolg, so bewundernswert er auch ist, nicht davon überzeugen, dass die klassische Technik ungenügend ist.

Nun steht noch eine Besprechung der übrigen Fallberichte aus. Ich werde einige der in meinen Augen kritikwürdigen Punkte hervorheben und dann eine allgemeine Beurteilung der neuen Technik vornehmen.

Insgesamt wird von 21 Fällen berichtet. Einer davon ist der Fall einer Kriegsneurose, ein sehr spezielles Thema, das hier nicht näher behandelt werden soll. Es ist schwierig, die Fallberichte vom Standpunkt der strukturellen Psychologie, also etwa der Psychoanalyse Freuds, aus zu beurteilen, denn man erhält nur flüchtige Einblicke in das einschlägige Material. Außerdem werden manche Begriffe anders gebraucht, als es die Psychoanalyse gewöhnlich tut, daher ist die Möglichkeit von Missverständnissen groß. Gerard benutzt den Begriff der Einsicht zum Beispiel in einem Zusammenhang, der eines ausführlichen Zitats wert ist. Es zeigt nämlich sehr deutlich einen der unüberbrückbaren Unterschiede zwischen der Psychoanalyse und der neuen Technik. Gerard berichtet folgendermaßen über ein Erstgespräch mit einem 21 Jahre alten, gebildeten Mädchen, das kurze Zeit zuvor akute Phobien entwickelt hatte:

> Im Erstgespräch erhielt die Patientin Einsicht in die Feindseligkeit gegenüber ihrer Mutter sowie eine Erklärung, wie diese aus den Einschränkungen erwuchs, die die Mutter ihrer Unabhängigkeit und ihrem Selbstausdruck auferlegte – eine Folge der ehrgeizigen Pläne, die die Mutter für sie hatte – sowie den daraus resultieren-

den Einschränkungen ihres Soziallebens. Der Therapeut besprach mit ihr, dass alle Kinder solche feindseligen Gefühle ihren Eltern gegenüber entwickelten, und zeigte ihr, wie sie aufgrund der Angst vor Liebesverlust Abwehrmechanismen gegen ihre eigene kindliche Feindseligkeit ausgebildet habe, indem sie den Gehorsam, die Schüchternheit und das Vermeiden tabuisierter Handlungen übertrieb. Es wurde ihr erklärt, wie sich der Konflikt während ihrer ersten Reise zu einem dem Elternhaus entfernten Ziel zu einem ernsthaften Symptom ausgewachsen habe, da sie in der Tat ihre Mutter verließ, als sie lieber Zeit mit ihrem Verlobten verbrachte und sich dabei wohl fühlte. Ihr wurde auch ein Hinweis darauf gegeben, dass sie sich bei jedem Vergnügen schuldig fühle, weil sie daran gewöhnt worden war, große Opfer zu bringen, um in ihrer Arbeit erfolgreich zu sein. Dieses Schuldgefühl vergrößerte ihre Abhängigkeit von der Mutter noch mehr, ihrer Zuchtmeisterin in der Kindheit, deren Anwesenheit sie davor schützte, ihren lustvollen Wünschen zu frönen.

Diesen Deutungen folgte der Vorschlag, sie solle nicht mehr versuchen, Gefühle der Wut ihrer Mutter gegenüber zu unterdrücken, wenn kritische Gedanken auftraten, begleitet von einer Erklärung, dass solche Gefühle ganz natürlich seien, obwohl gewöhnlich vermittelt werde, dass man seine Eltern unter allen Umständen lieben soll. Dann wurde vorgeschlagen, dass sie sich kleine Genüsse gestatten solle wie etwa ein Mittagessen mit Mitgliedern ihrer Studentinnenverbindung oder ein geselliges Getränk nach dem Unterricht im Drugstore, wenn sie dazu Lust empfinde, da das ihrer Genesung förderlich sein könnte. Auch solle sie erst wieder den Unterricht besuchen und studieren, wenn sie sich dabei wohl fühlte und es wünschte. Doch um sie davor zu bewahren, ihre Hemmungen zu schnell zu verlieren, wurde sie ermahnt, sich nicht stärker gehen zu lassen, als es sich für sie gut anfühlte. (Alexander & French 1946b, S. 237f.)

Ich habe diese Passage so ausführlich zitiert, da mich der Glauben der Therapeutin, in einem Erstgespräch *Einsicht* vermittelt zu haben, überraschte, und zwar Einsicht in einen der wichtigsten Konflikte der weiblichen Entwicklung. Und das alles in einem Erstgespräch, in dem die Patientin darüber hinaus mit komplizierten Theorien wie der oben zitierten überschüttet wurde, einer Zusammenfassung der modernen Psychologie, die sie unmöglich verstanden haben kann. Ich stimme durchaus mit French überein, wenn er richtig sagt, es sei »geradezu selbstverständlich […], die Aufmerksamkeit des Patienten nicht auf mehrere Probleme auf einmal zu richten« (Alexander & French 1946b, S. 91). Gerard erreicht jedoch »exzellente Ergebnisse […] durch eine Behandlung, die sich über einen Zeitraum von zwei Monaten erstreckte« (Alexander & French 1946b, S. 234), und zwar mit zwölf Gesprächen und einigen Folgeterminen, trotz der fragwürdigen Technik wenigstens des Erstgesprächs. Wenn ein Arzt als Autoritätsperson einen Patienten auf komplizierte Theorien stößt, ist der Patient natürlich gezwungen, seinen Konflikt zu intellektualisieren, wenn es überhaupt eine Reaktion gibt. Intellektualisierung eines Konfliktes ist ein mächtiger Abwehrmechanismus gegen ein akutes Symptom. Es ist also verständlich, dass die Patientin im zweiten Gespräch berichtete, »dass sie zu spüren begonnen hatte, dass sie gesund werden würde«. Ich möchte den Leser nicht durch die verschlungenen Wege der darauf folgenden Behandlung führen, nämlich das Gespräch der Therapeutin mit der Mutter der Patientin, das den Zweck verfolgte, diese nachgiebiger zu machen,[19] das dritte Gespräch, in dem die Patientin *Einsicht* in die Übertragungsbeziehung und eine Unterweisung in Tatsachen des Lebens erhielt etc. Ich möchte aber darauf hinweisen, dass es eine große Anzahl von an Phobien leidender junger Frauen gibt, die ausgezeichnet auf eine Therapie reagieren, wenn der Therapeut das Glück hat, dass die Behandlung zu einem Zeitpunkt beginnt, an dem das Symptom noch im Entstehen ist. Ich erinnere mich insbesondere an eine Patientin mit einer Persönlichkeitsstruktur, die der in Gerards Fall ähnlich war. Ihre Phobien verschwanden mit der Verabreichung von Bromiden und einem Minimum psychotherapeutischer Aktivität. Als aber die akuten Symptome gemildert und die Voraussetzungen für eine intensive Behandlung hergestellt waren, überwies ich sie zu einem Kollegen für eine analytische Standard-Behandlung.

Es ist an diesem Punkt notwendig, eine grundsätzliche therapeutische Frage anzusprechen. In Alexanders Fall war der Patient aufgrund seines Alters und seiner Geschichte nicht für die Standard-Analyse geeignet. In Gerards Fall waren alle Voraussetzungen für eine erfolgreiche Psychoanalyse gegeben. Die Patientin war eine junge und intelligente Person, deren Persönlichkeitsstruktur und Symptomatologie alle Eigenschaften einer Zielperson in sich vereinte, die in großem Umfang von einer eingehenden Psychoanalyse profitiert hätte. Zweifellos konnte das Symptom, aufgrund dessen sie Hilfe suchte, durch eine Vielzahl von Therapien beseitigt werden. Doch ist das eine ausreichende Begründung dafür, der Patientin den Nutzen vorzuenthalten, den die Standard-Psychoanalyse einer jungen und intelligenten Person bieten kann? Die klinische Erfahrung zeigt, dass phobische Symptome als schlechtes Vorzeichen für die gesamte Lebensgeschichte angesehen werden könnten. Niemand kann mit Sicherheit vorhersagen, wie dieses junge Mädchen auf die psychischen Belastungen einer Geburt oder der Menopause oder schwerwiegender Verluste, die

---

[19] Es ist erwähnenswert, dass Freud bereits 1899 genau erkannte, welchen Ratschlag er dem Vater einer Patientin geben könnte, um ihre Symptome zum Verschwinden zu bringen. Er schrieb: »Ich hoffe, er werde sich dazu nicht bewegen lassen, denn dann habe sie [die Patientin] erfahren, welches Machtmittel sie in Händen habe [...]. Wenn aber der Vater ihr nicht nachgebe, sei ich ganz gefaßt darauf, daß sie nicht so leicht auf ihr Kranksein verzichten werde.« (Freud 1905c, S. 202) Diese klinische Bemerkung illustriert wunderschön, dass Freud schon früh für eine nach Ursachen forschende Behandlung eintrat und dass er bereit war, auf die Befriedigung zu verzichten, die ein rascher klinischer Erfolg verschafft. Das ist umso bemerkenswerter, als er zu dieser Zeit noch von den Konzepten der Krankheitsstruktur beeinflusst war, die er während der kathartischen Phase der Psychoanalyse entwickelt hatte.

ihr zustoßen könnten, reagieren wird. Auch wenn die Psychoanalyse den Patienten nicht gegen die spätere Entwicklung von Psychopathologien infolge von Belastungen immunisieren kann, zeigt die klinische Erfahrung doch, dass sie die Wahrscheinlichkeit solcher Reaktionen erheblich vermindern kann. Es ist überraschend, in wie vielen Fällen ernsthafter psychogener Störungen wie zum Beispiel Schizophrenien in den Jahren, die der Adoleszenz folgen, offene Phobien festgestellt werden. Meiner Erfahrung nach sind diese Phobien in der Tat Vorläufersymptome der späteren, häufig verheerenden Störung und verschwinden besonders leicht. In dieser Beziehung unterscheiden sie sich von dem, was man die klassische Phobie nennt, die eine eher hartnäckige Störung ist, die häufig sogar langfristigen therapeutischen Bemühungen trotzt. Es ist bedeutungslos, wenn über Gerards Patientin berichtet wird, sie sei drei Jahre nach Beendigung der Behandlung immer noch symptomfrei gewesen, denn eine identische Abfolge von Ereignissen kann bei Patienten gefunden werden, die vor Beginn der finalen Erkrankung niemals behandelt wurden. In Abhängigkeit von beschleunigenden Faktoren, dem Zeitpunkt des Auftretens und der nachfolgenden spezifischen klinischen Symptomatologie kann eine zweite Krankheitsphase unüberwindliche Schwierigkeiten bereiten. Haben wir das Recht, einer vielversprechenden jungen Frau diejenigen therapeutischen Bedingungen vorzuenthalten, die ihr den Zugang zu optimalen Mitteln der Stärkung der menschlichen Persönlichkeit gewähren? Ganz anders war die Situation bei Johnsons Fall, einem jungen Mann von 19 Jahren, der an einer akuten Depression litt (vgl. Alexander & French 1946b, S. 293–297). Der Patient war offensichtlich mitten in der Adoleszenz und seine Entwicklung wurde durch einen ungelösten Konflikt behindert, der den Tod seiner Mutter betraf. Sie war gestorben, als er drei Jahre alt war. Johnson rief eine verspätete Trauerreaktion hervor und öffnete so einen neuen Weg für die Reifung. Das Problem der Anwendung der psychoanalytischen Technik auf Adoleszente kann hier nicht behandelt werden. Es gibt aber bestimmt eine große Zahl von Adoleszenten, die an einer erheblichen Psychopathologie leiden und dennoch nicht analysiert werden sollten, da sie noch nicht genügend Gelegenheit hatten, mit der Welt auf eigene Faust zu experimentieren. Wenn die akute Behinderung, die den konstruktiven Zugang zur Welt blockiert, entfernt worden ist, sollte keine weitere Therapie in Gang gesetzt werden. Der Patient sollte aber über therapeutische Möglichkeiten informiert werden, die er zu einem späteren Zeitpunkt in Anspruch nehmen kann, wenn die Notwendigkeit entsteht.

Die deutliche Neigung der Autoren, die Berichte ihrer Patienten für bare Münze zu nehmen, ist für Analytiker ungewöhnlich. Fuerst liefert ein gutes Beispiel, an dem gezeigt werden kann, wie bereitwillig und unkritisch die Worte des Patienten akzeptiert werden. Es handelt sich um einen Fall sexueller Frigidität, bei dem er »völlige sexuelle Wiederanpassung« in drei Gesprächen herstellen konnte. Eine 19-jährige Negerin[20] habe »vollkommen befriedigende« sexuelle Beziehungen mit ihrem Ehemann gehabt, bis ein Baby zur Welt kam. Ein durch die Geburt verursachter Nabelbruch habe den Stolz der Patientin auf ihre eigene Schönheit verletzt. Der Gynäkologe hatte das übersehen, doch »für den psychologisch erfahrenen Therapeuten [...] war sofort klar, dass die Patienten wegen der Verformung ihres Bauches äußerst gehemmt und verstört war« (Alexander & French 1946b, S. 160). Ich frage mich, ob selbst der erfahrenste Therapeut in drei Gesprächen mit Sicherheit feststellen kann, ob die sexuelle Beziehung eines Patienten »vollkommen befriedigend« ist oder eine Therapie zu »völliger sexuellen Wiederanpassung« geführt hat. Bis jetzt gab es den offenbar irrigen Glauben, dass es eine lange Zeit dauert, ehe Patienten im Verlauf ihrer Behandlung entdecken, worin ihre sexuellen Erfahrungen wirklich bestehen, welche Phantasien den Verkehr begleiten und bis zu welchem Grad Orgasmen in notdürftiger Weise bewerkstelligt werden. All diese für die Einschätzung des Sexuallebens eines Patienten entscheidenden Fakten sind offenbar ganz unnötige Zusätze, auf die man von nun an ohne Risiko verzichten kann. Dieselbe Oberflächlichkeit im klinischen Urteil wird im Beitrag desselben Autors zur Analyse von Charakterstörungen sichtbar. Eine 27 Jahre alte Frau wurde in 15 wöchentlichen Gesprächen, die sich über vier Monate erstreckten, erfolgreich behandelt. Der Leser wird nun nicht mehr erstaunt sein zu hören, dass die Behandlung eine »echte Veränderung der Persönlichkeit« erzielte, dem Ergebnis einer Standard-Psychoanalyse vergleichbar (Alexander & French 1946b, S. 230). Die Patientin hatte an tiefen Minderwertigkeits- und Schuldgefühlen gelitten, wies obsessive und zwanghafte Züge auf sowie Phobien und Lebensmittelunverträglichkeiten. Nach dem ersten Gespräch war sie »stets gefasst, freundlich und sehr ernsthaft in ihrer Einstellung zur Therapie.« Im zweiten Gespräch fühlte sie sich schon, als würde sie »aufwachen«, und sagte: »Offenbar habe ich nie mein eigenes Leben gelebt.« (Alexander & French 1946b, S. 224) Der Autor hielt das für ein Moment der Einsicht und stellte nicht die Frage, wie solche Entdeckungen mit einer »gefassten und freundlichen« Haltung vereinbar seien. Wenn nicht davon ausgegangen wird, dass ein solches Geschwätz bloß ein Lippenbekenntnis ist, würde man erwarten, dass, wenn eine Patientin wirklich entdeckt, dass sie nie ihr eigenes Leben gelebt hat, dieser Entdeckung einige subjektiv unlustvolle Emotionen folgen würden. Dennoch besteht Fuerst darauf, dass »die wöchentlichen Sitzungen mit einem hohen Ausmaß emotionaler Beteiligung« durchgeführt wurden. Die »Intensität der Behandlung« sei »bedeutend größer gewesen als in einer Standard-Psychoanalyse mit täglichen Gesprächen« (Alexander & French 1946b,

---

[20] Eissler bediente sich hier der damals gebräuchlichen Ausdrucksweise (Anm. d. Hrsg.).

S. 223). Fuerst hätte dieses Schauspiel von Unterwürfigkeit und Gehorsam, das die Patientin während der Behandlung aufführte, nicht als hohes Ausmaß emotionaler Beteiligung« betrachten sollen und er hätte sie nicht als intensiver als die Psychoanalyse lobpreisen sollen, denn das emotionale Niveau, das seine Patientin erreicht zu haben scheint, wäre für die erfolgreiche Durchführung einer »Standard-Psychoanalyse« nicht für ausreichend erachtet worden. Als die Patientin sagte: »Jetzt begreife ich, dass ich nicht alles haben kann. Ich habe gelernt, mit dem zufrieden zu sein, was ich habe« (Alexander & French 1946b, S. 227), bewertete der Autor das als Anzeichen einer »reiferen Einstellung«. Fuerst erschwerte es der Patientin aber, ihre wahren Gefühle auszudrücken. Er schreibt:

> Einmal zeigte sie eine Art zwanghafter Verwirrung [...] und fühlte sich schuldig, zum Therapeuten zu kommen, so wie für alles andere auch. Der Analytiker unterbrach sie jedoch und stellte einfach fest, dass das Verstehen ihres Verhaltens wichtiger sei als die Klagen. Die Patientin fühlte sich sofort besser und sagte ihm, dass es ihr bereits besser gegangen sei und die Beziehung zu ihrer Mutter sich stark verbessert habe. (Alexander & French 1946b, S. 226)

Diese Information ist wichtig, denn sie könnte einen Hinweis darauf geben, was die Patientin für Verstehen hielt. Sie scheint die Unterbrechung durch den Therapeuten als Kritik verstanden zu haben und versuchte sogleich, ihn versöhnlich zu stimmen, indem sie ihm von den Fortschritten berichtete, die sie gemacht habe. Der Autor berichtet, dass sie von diesem Zeitpunkt an »viel freier und ungehemmter in ihrer Einstellung wurde. Sie fühlte sich selbstbewusster und musste sich nicht mehr für alles die Schuld geben« (Alexander & French 1946b, S. 226). Könnte es nicht sein, dass sich die Patientin eingeschüchtert fühlte und aufgehört hatte, über ihre wahren Probleme zu sprechen?

Beinahe alle Autoren wenden eine Technik der Ich-Evaluation an, die kritikwürdig ist. Wenn ein Symptom unter dem Einfluss ihrer Behandlung verschwindet, nehmen sie an, dass das Ich irgendeine konstruktive Erfahrung integriert habe. Mit Blick auf die rasche Verbesserung nehmen sie darüber hinaus an, dass das Ich des Patienten stark sei. Ich halte diese Schlussfolgerung nicht für folgerichtig. Wenn ein psychogenes Symptom aufhört, kann das auch aus anderen Gründen als dem der Ich-Integration geschehen. Es kann in erster Linie auf Basis von Nachahmung geschehen oder es kann geleistet werden, damit der Patient vom Arzt gelobt wird, oder es kann durch die Angst ausgelöst werden, die Wertschätzung des Arztes zu verlieren. Ich glaube sogar beobachtet zu haben, dass es recht häufig eher das schwache Ich ist, das mit einem anziehenden Bezugsrahmen übereinstimmen möchte, und dass es daher die Fähigkeit aufweist, die eigene Symptomatologie in einen weniger zugänglichen Bereich der Persönlichkeit zu verschieben. Gerade die Notwendigkeit des

Nachverfolgens in weniger sichtbare Bereiche der Abwehr macht die Psychoanalyse zu einer langwierigen Sache. Da die Autoren das Verschwinden eines Symptoms als Heilung und Anzeichen für ein starkes Ich interpretieren, erfordert ihre Therapie natürlich nur eine geringe Anzahl an Gesprächen. In der Tat erleichtert das wöchentliche Intervall zwischen den Gesprächen die Verschleierung des Rückzugs des Patienten in weniger sichtbare Symptomformationen.

Die von den meisten Autoren angewandte Technik kann als hochgradig verführerisch bezeichnet werden: Lob und Ratschläge werden großzügig erteilt, den Patienten wird versichert, dass ihre Konflikte natürlich und ihre Aggressionen allgemein vorhanden seien. Es handelt sich um eine Art katholischer Absolution ohne Sühne. Ich würde sogar sagen, dass die Patienten bestochen wurden, sich gesund zu fühlen. Da die Autoren die Abwehr der Patienten nicht angemessen untersuchten, sondern sich auf deren allgemeines Sozialverhalten sowie deren Berichte, dass sie sich gut fühlten, verließen, haben sie, wie ich finde, kein Recht, ihre therapeutischen Ergebnisse mit denen der Psychoanalyse zu vergleichen. Das Ziel der Psychoanalyse setzt an einem völlig anderen Persönlichkeitsniveau an als das Ziel der von den Autoren vertretenen Technik.

Allgemeine Bemerkungen

An diesem Punkt möchte ich zu einer allgemeinen Besprechung zurückkehren. Ich kann die wiederholte Beteuerung der Autoren, dass nämlich sogar schwere Symptome bei einer großen Anzahl von Patienten nach einer kurzen Therapiephase verschwinden, aus meiner eigenen Beobachtung nur bestätigen. Obwohl ich hauptsächlich an der Forschung in dem Bereich interessiert bin, der nur der Standard-Psychoanalyse zugänglich ist, habe ich sechs Jahre lang Kurzzeittherapien mit einer beachtlichen Anzahl von Patienten durchgeführt. Ich machte dieselben überraschenden Erfahrungen wie die Autoren. Patienten, die an chronischer Müdigkeit, schizoider Persönlichkeit, akuten Angstzuständen und einer langen Liste anderer Krankheitsbilder litten, reagierten auf eine große Bandbreite von Techniken, angefangen bei der Verabreichung von Bromiden bis zu simpler Ermutigung oder gelegentlichen Deutungen. Nun, nachdem ich mich während meiner Armeezeit mit einem großen Ausschnitt aus der Bevölkerung vertraut gemacht habe, kann ich hinzufügen, dass es kaum einen therapeutischen Wirkstoff zu geben scheint, der nicht unter gewissen Umständen erfolgreich zum Zweck der Verbesserung psychogener Verstimmungen eingesetzt werden kann. Eine große Anzahl von Soldaten berichteten aus ihrer Lebensgeschichte über Besserungen, die von Chiropraktikern oder einfach durch »irgendein Mittel, das der Doktor verschrieben hat«, bewirkt wurden – Verbesserungen, die denen vergleichbar waren, von denen die Autoren berichten. Man sollte nicht vergessen, dass in diesem Land der Wunsch, ein funktionierender Teil der sozialen Maschine zu sein und sich wie alle anderen zu verhalten, für die große Mehrheit unserer Patienten eine starke Motivationsquelle ist. Wenn dafür nur eine kleine Chance in Aussicht gestellt wird – ich würde sogar sagen: wenn überhaupt irgendeine Chance darauf in Aussicht gestellt wird –, wird es von sehr vielen Patienten bereitwillig angenommen, um äußerliche Anpassung zu erreichen. Der durchschnittliche Patient will keine Einsicht in seine Probleme erlangen, er hat keinen Wunsch danach, seine Stellung im Universum klarer zu erkennen, er will keine Erweiterung seines Ichs, sondern er will genau das, was die Autoren anbieten, nämlich »soziale Anpassung« im Sinne der Befähigung, in einer Weise weiterzuleben, die durch die Mehrheit anerkannt wird. Er wird froh sein, auf jede Magie, die ihm angeboten wird, zu reagieren. Im folgenden Zitat nähert sich Alexander am stärksten der Wahrheit über die neue Therapie, die er befordern will:

> Im Verlauf eines Gesprächs kann der Patient mit heftiger Angst reagieren, weinen, Wutanfälle bekommen und alle möglichen Gefühlsausbrüche haben, verbunden mit einer akuten Verschlechterung seiner Symptome – nur um vor dem Ende des Gesprächs ein Gefühl ungeheurer Erleichterung zu verspüren. Solche Erlebnisse sind in ihrer Wirkung zwar heilend, aber schmerzhaft; man kann sie als gutartige Traumata beschreiben.
>
> In diesem Umstand findet man den Kern für den Volksglauben, dass in manchen Fällen psychischer Störung ein zufälliges und machtvolles Erlebnis plötzlich die psychische Gesundheit wieder herstellt. Vielleicht ist das die psychologische Erklärung für die Wunder der Bibel, die Heilungen von Lourdes, ja all die magischen Heilungen aller Kulturen in der Geschichte. (Alexander & French 1946b, S. 164)[21]

---

[21] »Das Schicksal hat es hierin [in der Bekämpfung der Krankheitsmotive] leichter, es braucht weder die Konstitution noch das pathogene Material des Kranken anzugreifen; es nimmt ein Motiv zum Kranksein weg und der Kranke ist zeitweilig, vielleicht dauernd von der Krankheit befreit. Wieviel weniger Wunderheilungen und spontanes Verschwinden von Symptomen würden wir Ärzte bei der Hysterie gelten lassen, wenn wir häufiger Einsicht in die uns verheimlichten Lebensinteressen der Kranken bekämen! Hier ist ein Termin abgelaufen, die Rücksicht auf eine zweite Person entfallen, […] und das bisher hartnäckige Leiden ist mit einem Schlage behoben […], weil ihm das stärkste Motiv, eine seiner Verwendungen im Leben, entzogen worden ist« (Freud 1905c, S. 205). Vgl. auch eine andere Passage aus demselben Aufsatz, die Alexander sehr schön in die Geschichte seiner Technik einfügen könnte: »Die Schranke, welche die Verdrängung aufgerichtet hat, kann allerdings unter dem Ansturme heftiger, real veranlaßter Erregung fallen, die Neurose kann noch durch die Wirklichkeit überwunden werden. Wir können aber nicht allgemein berechnen, bei wem und wodurch diese Heilung möglich wäre.« (Freud 1905c, S. 273) Der Leser sollte nicht außer Acht lassen, dass diese Stellen 1900 geschrieben wurden, also vor der expliziten Einführung des strukturellen Aspekts in die Psychoanalyse.

In der Tat, Alexander kehrt zu einer in psychoanalytischer Phraseologie versierten magischen Behandlung zurück. Genau davor warnte Freud und unternahm die größten Anstrengungen, um es aus der Psychoanalyse herauszuhalten. Es ist der unabänderliche Grundsatz der Psychoanalyse, von solchen magischen Verfahren Abstand zu nehmen. Freud äußerte ihn in *Das Ich und das Es* (Freud 1923a, S. 279f.), wo er feststellt, dass die Rolle des Propheten oder des Seelenretters mit der Psychoanalyse nicht vereinbar sei und dass die Aufgabe der Psychoanalyse nicht darin bestehen könne, krankhafte Reaktionen unmöglich zu machen, sondern dem Ich des Patienten zu ermöglichen, sich frei für das eine oder das andere zu entscheiden. Das soll nicht bedeuten, dass die magische Therapie unklug ist; es heißt bloß, dass ein Arzt, der magische Therapie anwendet, wissen sollte, dass er sich außerhalb der Grenzen der Psychoanalyse bewegt. Trotz des großen Erfolgs von Alexanders Technik (knapp 600 Patienten wurden in acht Jahren von ihm und seinen Mitarbeitern behandelt) ist er allerdings immer noch weit von der Bilanz von Lourdes entfernt, wo bis 1913 4445 Patienten von ca. 190 unterschiedlichen Krankheiten geheilt wurden (vgl. Bertrin 1970). Ganz wie der Bericht über Lourdes übrigens das Verhältnis zwischen denen, die dort nach Heilung suchten, und denjenigen, die tatsächlich geheilt wurden, nicht angibt, fehlen auch in Alexanders Buch Informationen zu genau diesem Punkt. Die Bereitschaft für und der Wunsch nach Heilung durch Magie seitens seiner Patienten ist verblüffend. Ich fürchte, dass Alexander und seine Mitarbeiter bestimmte kausale Beziehungen zwischen der Therapie und einer äußerlichen Veränderung des Verhaltens bei den Patienten annahmen, bei denen eine Gleichung ganz anderer Art anzunehmen ist.

Die Psychoanalyse befindet sich in einer Krise. Diese Krise ist bislang auf die Theorie beschränkt gewesen. Mit Alexanders Buch beginnt eine neue Phase, in der die Krise auf Probleme der psychoanalytischen Technik übergreift. Ich nenne es eine Krise, da die Meinungsverschiedenheit Unterschiede betrifft, die nicht auf einem gemeinsamen Bezugsrahmen beruhen, über den ansonsten Einigkeit herrschen würde. Meinungsunterschiede unter Analytikern – und übrigens unter Wissenschaftlern überhaupt – können von zwei unterschiedlichen Arten sein. Die erste kommt davon, dass ein gemeinsamer Bezugsrahmen fehlt. Die andere kann Probleme betreffen, die man als legitim anerkennen kann, die aber gegenwärtig nicht geklärt werden können. Dabei handelt es sich tatsächlich nur um Meinungsverschiedenheiten. Es gibt auch Probleme dieser Art in Alexanders und Frenchs Buch. Zum Beispiel Frenchs Ratschlag, schon früh psychodynamische Hypothesen anzustellen, die analytische Behandlung zu planen, die möglichen Komplikationen in Betracht zu ziehen, die im Verlauf der Therapie auftreten könnten – das betrifft Fragen, die legitime Probleme genannt werden können. Ich stimme mit French in diesen Punkten nicht überein. Ich glaube, dass solche Verfahren sehr häufig zur Intellektualisierung führen.

Darüber hinaus glaube ich, dass es trotz des Fortschritts, den die Psychologie in den letzten fünf Jahrzehnten gemacht hat, unmöglich ist, auf dem von French skizzierten Weg fortzuschreiten.[22] Das individuelle Innere des Patienten kann nach wie vor nicht vorhergesagt werden und wenn die Analyse an es heranreicht, führt das auch für den Analytiker zu einer Überraschung. Doch ich bin mir dessen bewusst, dass French in Bezug auf diesen Punkt auch recht haben könnte. Die Zeit und weiter gehende Erfahrung werden das Problem lösen. Meine Kritik betrifft aber Fragen, die ich nicht als legitime Probleme der psychoanalytischen Technik ansehen kann, und ich mutmaße, dass wenigstens einige Psychoanalytiker in diesem Punkt mit mir übereinstimmen. Ich glaube deshalb, dass der Begriff der Krise angemessen ist. Wenn eine Gruppe von Wissenschaftlern sich nicht mehr darüber einigen kann, welche Probleme in ihrer Reichweite liegen, muss etwas schief gelaufen sein, und je früher das Problem prägnant umrissen ist, umso besser für die Wissenschaftler. Alexander glaubt, dass er den immanenten Gehalt der Psychoanalyse zur Erfüllung gebracht hat, doch ich denke, dass Alexanders Technik sozusagen ein Seitenarm in dieser Entwicklung ist, ein Versuch herauszufinden, bis zu welchem Grad sich das psychoanalytische Wissen zur magischen Psychotherapie eignet. Das ist freilich *per se* ein legitimes Unterfangen, doch ein schädliches, wenn man es so macht wie Alexander und seine Gruppe. Zweifellos wird seine neue Technik zur Standard-Technik am Chicago Institute werden, und was er Standard-Technik nennt, wird nur in außergewöhnlichen Umständen angewandt werden. Zweifellos wird die neue Technik eine große Anziehungskraft auf die Mehrzahl derer ausüben, die in diesem Feld arbeiten. Sie ist kurz, sie ist kostengünstiger und weniger schmerzvoll für den Patienten und sie klingt vernünftiger als die »orthodoxe« Technik. Kurz und bündig: Die neue Technik entkräftet alle Einwände, die bislang gegen die Psychoanalyse erhoben wurden.

Ich frage mich, was jemand, der in hundert oder zweihundert Jahren die Geschichte der Psychologie erforscht, über den hier dargestellten Streit denken wird. Wie wird er vorgehen, um die Kräfte aufzudecken, die die tiefe Kluft zwischen Psychoanalytikern – die wenig mehr als diese Bezeichnung eint – verursachen?[23] Die erste der beiden Gruppen, deren Meinungen ich skizziert

---

[22] Vgl. die davon stark unterschiedene Haltung Reiks (1935). Fenichel ist um eine Kombination beider Einstellungen bemüht (vgl. Fenichel 2001).

[23] Ernest Lewy hat eine schlüssige und in meinen Augen zufriedenstellende Antwort auf diese Frage vorweggenommen (vgl. Lewy 1941). In einem allgemeineren Zusammenhang, doch bezogen auf eine spezifische historische Situation, versucht auch Gregory Zilboorg, eine Antwort auf diese Frage zu geben (vgl. Zilboorg 1944). In Bezug auf die spezifische Meinungsverschiedenheit, um die es in meinem Aufsatz ging, möchte ich ein Problem erwähnen, das, wie ich vermute, praktisch jedem

habe, riskiert als dogmatisch, engstirnig, konservativ und eingeschüchtert durch den Respekt vor dem Genie Freud bezeichnet zu werden. Deshalb seien sie blind für das neue Licht, das am Horizont erscheint. Es ist gut möglich, dass ein Historiker der Zukunft ein solches Urteil fällen wird und dass er mich als Repräsentanten einer Gruppe betrachten wird, die Alexander schon vor ihm folgendermaßen beschrieben hat:

> [...] es gibt eine träge Masse blinder Anhänger, die die Ansichten einer Autoritätsperson unkritisch übernehmen, die sich die Vorstellungen ihres Meisters unter Aufwendung großer Mühe angeeignet haben und nun verzweifelt jede Innovation ablehnen, die einen neuerlichen intellektuellen Aufwand erfordern würde. Da sie selten über das Urteilsvermögen oder den Mut für eine kritische Infragestellung verfügen, fühlen sie sich verwirrt und hilflos, wenn ein Kritiker ihre übernommenen Ansichten zu unterminieren beginnt und so ihren blinden Glauben an die Autorität erschüttert – einen Glauben, den sie so dringend brauchen. Sie können deshalb den Neuerer, der es vermag, sich vom Bann des Meisters zu emanzipieren, nicht leiden. (Alexander 1940b, S. 2)

Ein solch starrsinniges Festhalten an den Lehrsätzen, die der Arbeit eines Genies zu verdanken sind, hat es bestimmt häufig gegeben. Wer kann in Hinblick auf die Reinheit des eigenen Wunsches nach Wahrheit schon ausschließen, ebenfalls ein Opfer dieser Schwäche zu sein? Wenn es sich aber andererseits herausstellen sollte, dass Alexanders neue Technik kein logischer Schritt in der Entwicklung der psychoanalytischen Technik ist, wird der Historiker seine Nachforschungen auf dokumentierte Beweise richten, die zu einer Erklärung von Alexanders möglichem Fehler beitragen.

So weit ich sehen kann, wird der Historiker zwei Gruppen von Bedingungen untersuchen müssen: soziologische und subjektive. Der Historiker wird dann wissen, ob Freud recht oder unrecht hatte, als er nebenbei erwähnte, dass der Wunsch nach einer Beschleunigung der analytischen Therapie möglicherweise an Perioden ökonomischen Wohlstands gekoppelt ist (vgl. Freud 1937a,

---

Analytiker aus eigener Erfahrung vertraut sein muss. Die »orthodoxe« Technik verlangt der Persönlichkeit des Analytikers unglaublich viel ab. Sie liefert nur langsame Fortschritte, blockiert die motorische Abfuhr und folglich auch die direkte Abfuhr motorischer Energie und betont die rein geistige Sphäre der menschlichen Existenz. All das zieht eine gewisse Reserviertheit gegenüber der perzeptuell-sinnlichen Sphäre der Existenz nach sich. Um diese Technik zu integrieren, muss man einen so hohen Grad an Perfektion erreicht haben, dass man aus einer geistigen Aktivität eine Lust gewinnen kann, die üblicherweise nur kinästhetisch erlangt wird. Man darf mit Sicherheit davon ausgehen, dass ein so hoher Grad an Sublimierung nur unter selten gegebenen Umständen erreicht wird. Es könnte sinnvoll sein, zu spekulieren, bis zu welchem Ausmaß die neue Technik den Therapeuten vor einer Auseinandersetzung mit genau diesem Problem schützt. Bei den meisten menschlichen Angelegenheiten verrät die Auswirkung einer Handlung ihre Motivation (vgl. Fließ 1942).

S. 60). Eigenartigerweise datiert Alexander sein Interesse an einer flexibleren und kürzeren Technik auf die Jahre 1938 und 1939, die ziemlich genau den Beginn einer neuen Welle ökonomischen Wohlstands markieren. Wenn ich mich nicht irre, begannen außerdem zur selben Zeit noch andere analytische Gruppen, sich nach Maßnahmen umzusehen, die die Therapie verkürzen könnten. Hoffen wir, dass die vorhergesagte wirtschaftliche Depression einen ernüchternden Effekt auf den gegenwärtigen therapeutischen Eifer hat.

Der Historiker wird dann wissen, ob Freud, als er Anatole France dahingehend zitierte, dass der Missbrauch von Macht ein Hemmschuh der objektiven psychologischen Forschung sein kann, richtig lag (vgl. Freud 1937a, S. 95). Wahrscheinlich hatte Freud ganz recht, als er vorschlug, dass jeder Analytiker alle fünf Jahre selbst in Analyse gehen sollte (vgl. Freud 1937a, S. 96). (Ich gehe davon aus, dass Freud an eine Analyse dachte, die nach den Regeln der Standard-Technik durchgeführt wird.) Andererseits wird der Historiker entscheiden müssen, ob jene Phase der Psychoanalyse erreicht wurde, die Freud im Sinn hatte, als er die Legierung des reinen Goldes der Analyse mit dem Kupfer der direkten Suggestion vorhersagte, die stattfinden würde, wenn die Psychoanalyse auf große Menschenmassen angewandt wird (vgl. Freud 1919a, S. 193).

Um subjektives Material einzusehen, könnte sich der Historiker der Zukunft außerdem Alexanders Schriften zuwenden, um den Hintergrund dieses therapeutischen Abweichens zu bestimmen. Er wird untersuchen müssen, bis zu welchem Ausmaß eine starke Aversion gegen die Zugehörigkeit zu einer Minderheitengruppe der Wahrheitsfindung in der psychologischen Forschung dienlich ist.[24] Diejenigen, die in der gegenwärtigen historischen Epoche neue

---

[24] »Die Mentalität von Minderheitengruppen übte zu keiner Zeit einen Reiz auf ihn [Alexander] aus. [...] Minderheiten glauben immer, sie seien das auserwählte Volk, werden misstrauisch, ziehen sich zurück, provokant und engstirnig« (Alexander 1940a, S. 312). Dieser Horror davor, einer Minderheit zuzugehören, hinderte Alexander während der Jahre seiner Ausbildung daran, der psychoanalytischen Gruppe seiner Heimatstadt beizutreten, wie er in seiner biographischen Skizze schreibt. Könnte es nicht sein, dass solche Vorlieben und Abneigungen einige der Meinungsverschiedenheiten erzeugen, unter denen die Psychoanalyse zur Zeit so schrecklich leidet? Schließlich können psychologische Tatsachen nicht mit der Genauigkeit bestimmt werden, die es für Physiker und Biologen immer schwieriger macht, die Wissenschaft als Kampffeld für ihre Gefühle zu benutzen. Es ist in diesem Zusammenhang interessant zu zitieren, was Freud selbst über die mögliche Auswirkung seiner Zugehörigkeit zu einer Minderheitengruppe auf seine wissenschaftliche Arbeit dachte. Er schrieb: »Es ist vielleicht auch kein bloßer Zufall, daß der erste Vertreter der Psychoanalyse ein Jude war. Um sich zu ihr zu bekennen, brauchte es ein ziemliches Maß an Bereitwilligkeit, das Schicksal der Vereinsamung in der Opposition auf sich zu nehmen, ein Schicksal, das dem Juden vertrauter ist als einem

Wahrheiten über den menschlichen Geist finden, werden einige Jahre lang eine unbeliebte Minderheit darstellen, und wer sich auf die gefährliche Erkundungsreise nach den Tiefen des menschlichen Geistes begibt, sollte sich dessen bewusst sein, dass er während seiner Lebenszeit keinen Ruhm zu erwarten hat.

Der Historiker der Zukunft wird eine Entscheidung über die Bedeutung treffen müssen, die anfängliche Reaktionen auf Freuds Arbeit bei denen hervorgerufen haben, die die psychoanalytische Forschung zu ihrer Lebensaufgabe gemacht haben. Er wird Berichte von Männern wie Alexander und Sachs vergleichen müssen, die beide Freuds Buch über Träume in vergleichbaren Phasen ihrer geistigen Entwicklung gelesen haben. Der eine lehnte es als verrückt ab, der andere verstand sofort seine epochale Bedeutung.[25] Für den Neurotiker ist die Wahrheit des alten französischen Sprichworts »*On revient toujours à ses premiers amours*« bestätigt worden; bis zu welchem Grad es auch für den Wissenschaftler gültig ist, wird der Historiker der Zukunft entscheiden müssen. Er wird viele andere bemerkenswerte Stellen in Alexanders Schriften finden, die seine abschließende Einschätzung erleichtern müssten. Ich zitiere nur eine von ihnen, die ich für wichtig halte. Als Alexander die Abänderungen besprach, die einer seiner Kollegen an der Psychoanalyse vornahm, versuchte er die be-

---

anderen.« (Freud 1925b, S. 110) Es scheint also zumindest ein Beispiel zu geben, bei dem die Zugehörigkeit zu einer Minderheit eine förderliche Auswirkung auf die wissenschaftliche Kreativität hatte.

[25] »Der Autor erinnerte sich vage daran, vor Jahren, als Medizinstudent, Freuds *Traumdeutung* gelesen zu haben. [...] Einige Tage später gab der Autor es seinem Vater zurück und sagte geringschätzig: ›Das mag Philosophie sein, Medizin ist es jedenfalls nicht.‹ Das Buch kam ihm verrückt vor.« (Alexander 1940a, S. 310) Hanns Sachs: »Meine Schicksalsstunde schlug, als ich die *Traumdeutung* zum ersten Mal öffnete; es war wie die Begegnung mit der ›femme fatale‹, nur mit wesentlich günstigeren Folgen. [...] Als ich das Buch beendet hatte, wußte ich, daß ich das einzige gefunden hatte, wofür zu leben es sich lohnte.« (Sachs 1982, S. 1) Und an späterer Stelle: »Im Laufe dieser ungeordneten Studien fiel ein Buch in meine Hände, das den lockenden, aber verwirrenden Titel *Traumdeutung* trug. Vom ersten Augenblick an war ich von seiner außerordentlichen Originalität gepackt, und der ganz neue Gesichtspunkt, von dem aus viele alltägliche und wohlbekannte Tatsachen überraschende Bedeutung gewannen, erregte mein gespanntes Interesse. Kein andres wissenschaftliches Buch hatte mich über Probleme aufgeklärt, die ich, ebenso wie jeder andre, immer vor mir gehabt hatte, und die ich doch nie gesehen oder zu verstehen gesucht hatte. Kein andres Buch ließ das Leben so seltsam erscheinen, keines hatte seine Rätsel und inneren Widersprüche so restlos erklärt. Ich sagte mir, daß diese umwälzenden Enthüllungen tief schürfendes Studium verlangten und verdienten. Selbst wenn es sich am Ende herausstellen sollte, daß alle in diesem Buch vorgebrachten Theorien falsch wären, würde ich den Zeitverlust nicht bedauern. Ich war bereit, dieser Aufgabe Monate, ja sogar Jahre zu widmen, wenn sie es verlangte.« (Sachs 1982, S. 36f.)

hauptete Originalität des Autors zu entwerten, indem er schrieb: »Aufgrund der vorherrschenden Verehrung für die Autoritätsperson oder vielleicht nur aus instinktivem Respekt für die Empfindlichkeit des Meisters wurden nur wenige dieser einigermaßen weit verbreiteten Abänderungen offen benannt.« (Alexander 1940b, S. 4) Wie wird der Historiker der Zukunft die Behauptung des Schülers nach dem Tod des Meisters erklären, dass dieser durch die Wahrheit verletzt werden könnte, obwohl er das Gewicht geistiger Isolation und physischer Verfolgung mit Gelassenheit getragen hatte?

Der Historiker wird dann wissen, ob es weise war, einer durch die Auswirkung der Technologie auf die Individualität seiner Gruppenmitglieder bereits schrecklich überlasteten Zivilisation einen Ersatz für diese letzte Insel wahrer Individualität, die die gegenwärtige Gesellschaft in Form der Psychoanalyse besitzt, anzubieten. Wird der Historiker mit Alexander in Bezug auf die »Auswirkungen einer Verbesserung der psychischen Gesundheit des Landes« (Alexander & French 1946b, S. IV), die er in seiner Technik enthalten sieht, übereinstimmen, wenn er Alexanders Lob der Maxime »Nichts zieht mehr Erfolg nach sich als der Erfolg« (Alexander & French 1946b, S. 40)[26] findet sowie dessen Überzeugung: »Es gibt keinen machtvolleren therapeutischen Faktor als die Ausführung von Aktivitäten, die zuvor neurotisch gehemmt waren.« (Alexander & French 1946b, S. 40)[27] Oder wird er solche subjektiven Einschätzungen als leere Echos einer Gesellschaft begreifen, die außerordentlich stark mit Nützlichkeitserwägungen beschäftigt ist. Wird dieser Historiker heillos verwirrt sein und nicht wissen, ob er eine Abhandlung über Psychotherapie oder eine Fibel für Sonntagsschullehrer studiert, wenn er liest: »Der Therapeut muss den Patienten auf Rückschläge vorbereiten und erklären, dass diese unvermeidlich sind und es für ihn sehr wichtig ist, stets bereit für neue Experimente zu sein.« (Alexander & French 1946b, S. 141)

Die Zukunft der Psychologie ist ins Dunkel gehüllt, ganz wie der Weg, den die westliche Zivilisation nimmt. Wird die Psychoanalyse als exakte Wissenschaft und als eine ursachenorientierte Therapie den gegenwärtigen Hexenkessel überleben? Niemand weiß es. Doch es könnte passend sein, mit einem historischen Bericht zu schließen, der zeigt, wie alt der gegenwärtige Streit ist. Plutarch berichtet folgenden Vorfall im Leben Alexanders des Großen, der in

---

[26] Morris hat die Auswirkung untersucht, die die Konzentration auf Erfolg auf die amerikanische Zivilisation hatte (vgl. Morris 1947, S. 330). Diese litt William James zufolge an »einer Nationalkrankheit: ›der ausschließlichen Anbetung des goldenen Kalbes Erfolg‹.«

[27] Vgl. Alexander 1946: »Der Therapeut braucht nicht bis zum Ende der Behandlung zu warten, sondern sollte den Patienten im geeigneten Moment ermutigen (oder sogar verpflichten), Dinge zu tun, die er in der Vergangenheit vermieden hatte […].« (Alexander & French 1946b, S. 41)

einen melancholischen Stupor verfiel, nachdem er betrunken seinen Freund Kleitos getötet hatte:

> Man bat deshalb den Philosophen Kallisthenes, einen lieben Freund des Aristoteles, und Anaxarchos aus Abdera, zu ihm zu gehen. Kallisthenes versuchte bedächtig und milde, Herr zu werden über den Schmerz, ohne mit seinen vorsichtigen Worten an den Schmerz der Seele zu rühren. Anaxarchos hatte schon längst einen ganz anderen Weg eingeschlagen in der Philosophie [...]. Kaum war er in Alexanders Gemach getreten, da rief er aus: »Das ist Alexander, auf den jetzt die Augen der ganzen Welt schauen. Da liegt er weinend wie ein Sklave und zittert vor dem Gesetz und dem Tadel der Menschen, und doch soll er selbst für diese Menschen das Gesetz und die Richtschnur des Rechts sein; denn er hat gesiegt, um Herr und Herrscher zu sein, nicht um Sklave zu sein in dem Joch leeren Wahns. Weißt du nicht«, fuhr er fort, »daß Themis und Dike, die Hüterinnen des Rechts und der Gerechtigkeit, nur deshalb den Platz neben dem Thron des Zeus haben, damit alles, was der Herrscher tut, recht und gerecht ist?« Das Leid des Königs milderte Anaxarchos mit solchen Redensarten. Aber Alexanders Sinn wurde dadurch nur um so stolzer und rücksichtsloser gegen Menschensatzungen. (Plutarch 1953, S. 227)

Kallisthenes versucht, »Herr zu werden über den Schmerz«, und Anaxarchos führt spontan eine korrigierende emotionale Erfahrung herbei! Wir sind tatsächlich mitten in einem modernen Streit. Doch Plutarch, der großartige philosophische Beschreiber der menschlichen Natur, ließ sich vom Verschwinden der Symptome nicht blenden. Er bemerkte den Charakterverfall, der durch Anaxarchos' klinisch dubioses Verfahren ermöglicht wurde.

Aus dem Amerikanischen übersetzt von Bernadette Grubner

Bemerkungen zur Psychoanalyse der Schizophrenie[1]

In der Geschichte der Psychiatrie hat sich während der letzten zwei Jahrzehnte eine bedeutsame Entwicklung abgezeichnet: Die umfassende, fast vollständige Übernahme physischer Methoden bei der Behandlung von Psychosen. Nur für eine verhältnismäßig kleine Gruppe von Psychiatern und Psychoanalytikern ist Psychotherapie noch immer die Methode der Wahl, insbesondere bei an Schizophrenie erkrankten Patienten. Auf den ersten Blick mag der Streit zwischen diesen beiden Denkschulen weniger weitreichend erscheinen als er wirklich ist, da viele Therapeuten eine Kombination aus beiden Methoden empfehlen. Besonders die Schulen, die sich ihrer eklektischen Behandlungsmethodik rühmen, betonen die Notwendigkeit von Psychotherapie vor, während oder nach der Anwendung einer physischen Behandlung. Ich habe diese Empfehlung immer als ein Kennzeichen für die Kluft empfunden, die die beiden Behandlungsmethoden voneinander trennt.

Was die Auswahl und Technik der physischen Behandlungsmethoden angeht, sind die Eklektiker recht konkret in ihren Lehren; in Bezug auf die Psychotherapie, die mit chirurgischen Eingriffen, Elektroschocks oder Injektionen kombiniert werden soll, sind sie allerdings unspezifisch und vage. In der Literatur der Eklektiker erscheint die Psychotherapie entweder als ein *deus ex machina*, der schon regeln wird, was immer die körperliche Behandlung nicht vermochte, oder aber als eine Beigabe, die die therapeutische Wirksamkeit von einer der physischen Behandlungsmethoden verbessern soll. Bei meinen Studien der eklektischen Literatur habe ich keinerlei Überlegungen darüber finden können, was die physische Seite der Behandlung im Vergleich mit der beigeordneten Psychotherapie bewirken kann, wie die beiden Methoden zusammenwirken, und welche psychotherapeutische Technik unter welchen Bedingungen wann eingesetzt werden sollte.

Das lässt den Verdacht aufkommen, dass der Psychotherapie im Denken derjenigen, die sie empfehlen, oft kein eindeutiger Platz zukommt.

Wenn wir uns aber denen zuwenden, die der psychotherapeutischen Behandlung der Schizophrenie wohlgesonnen gegenüberstehen oder sie sogar für die einzig richtige Behandlungsmethode halten, stellt sich oft ein gewisses Ge-

---

[1] Vortrag auf dem »Midwinter Meeting« der *American Psychoanalytic Association* am 8. Dezember 1950. *The International Journal of Psychoanalysis*, Vol. XXXII, 1951, Heft 3.

fühl der Enttäuschung darüber ein, dass wir weder eine genaue Darstellung des gesamten in Frage stehenden Komplexes vorfinden noch eine Auskunft über die Menge der zu erwartenden Einzelprobleme erhalten. Es mag darum nützlich sein, im Folgenden einige der bisher anscheinend vernachlässigten theoretischen Probleme darzustellen, auch wenn sie denjenigen, die sich mit der Psychotherapie von Schizophrenen befassen, vielleicht nicht neu sind. Besonders im Hinblick auf neuere Publikationen zur Psychoanalyse der Schizophrenie könnten einige allgemeine Bemerkungen über die theoretischen Implikationen dieser Konzeption angebracht sein.[2]

I

Der erste Punkt, den ich aufgreifen möchte – ich halte ihn für einen der wichtigsten in jeder Debatte über eine Psychoanalyse der Schizophrenie –, betrifft die zwei Phasen dieser Erkrankung. Die eine werde ich die akute Phase, die andere die Phase relativer klinischer Unauffälligkeit nennen.[3]

Der Begriff »akut« wird hier nicht wie üblich verwendet – also um einer Phase ihr chronisches Gegenstück gegenüberzustellen –, sondern im pragmatischen Sinne. In diesem Kontext verwende ich ihn zur Beschreibung eines Zustandes, in dem sich das Ich des Patienten im Einklang mit der schizophrenen Symptomatik befindet; in einer Phase also, in der sich das Ich des Patienten den Symptomen ergibt und sie als gültig annimmt; in der es – um nur zwei der auffälligeren Symptome hervorzuheben – Wahnvorstellungen als angemessene Denkprozesse begreift und an die Realität von Halluzinationen glaubt. Das Ich integriert die Störung außerdem in einem solchen Ausmaß, dass es ganz gemäß der schizophrenen Symptomatik arbeitet, wodurch der Patient seinen gewohnten sozialen Betätigungen in der Regel – jedoch nicht immer – nicht mehr nachgehen kann, sondern in einer geschützten Umgebung leben muss. Weil das Ich in der akuten Phase nicht unabhängig von seiner Symptomatik funktioniert, ist es dem Patienten in dieser Phase nicht möglich, sich aktiv an der Behandlung seiner Symptome zu beteiligen.[4]

---

[2] Wenn ich mich im Folgenden besonders auf John N. Rosens Arbeiten beziehe, so tue ich das, weil seine Publikationen deutlicher als andere die Fallen zeigen, die sich vor dem Analytiker auftun, der sich der therapeutischen Behandlung Schizophrener widmet (siehe Rosen 1946, 1947, 1950a, b).

[3] Freilich kann es auch vorkommen, dass sich eine schizophrene Störung vollständig in der ersten oder vollständig in der zweiten Phase abspielt.

[4] Diese Definitionen sind ungenau, ich möchte diese Erörterung jedoch nicht mit Details überfrachten.

Die Phase relativer klinischer Unauffälligkeit ist ein hybrider Zustand, weil das Ich des Patienten darin nicht mehr vollständig von der schizophrenen Symptomatik eingenommen wird. In dieser Phase sind Teile des Ichs noch von der schizophrenen Symptomatik betroffen, während andere schon relativ frei von ihr sind. Dieser Unterschied zur akuten Phase kann auf verschiedene Gründe zurückzuführen sein. Entweder haben die Symptome an Intensität verloren oder das Ich hat an Stärke gewonnen, vielleicht hat sich auch die gesamte Symptomatik verändert. Der Patient kann in dieser Phase verschiedene Einstellungen gegenüber seinen Symptomen an den Tag legen: Es kann sein, dass er sie verheimlicht, sie ignoriert oder versucht, sie zu verdrängen. Nicht selten wird er, wenn man ihn während dieser Phase der Erkrankung befragt, das Vorhandensein von Symptomen abstreiten. Es kann auch vorkommen, dass sich seine Symptome in andere umgewandelt haben, die das Sozialverhalten des Patienten nicht beeinträchtigen. Ein Patient, der an einem Gefühl völliger Taubheit und Leere leidet, kann sehr wohl in der Lage sein, zur Arbeit zu gehen und eine verantwortungsvolle Funktion in der Gemeinschaft zu erfüllen, obwohl er an einem schweren und quälenden schizophrenen Symptom leidet. Ein Patient, der an der Wahnvorstellung leidet, dass jeder, der ihm in die Augen schaut, seine Gedanken lesen oder seine Gefühle erkennen kann, kann die sozialen Folgen seines Wahns durch Vermeidung direkten Augenkontakts womöglich erfolgreich bekämpfen. Die Menschen in seiner Umgebung halten ihn dann vielleicht für bizarr, schüchtern oder arrogant, in den Auswirkungen seiner Wahnvorstellung ist aber nichts, was dagegen spräche, dass er als aktives Mitglied in der Gemeinschaft verbleibt. Die Psychopathologie dieser Phase ist natürlich recht kompliziert, und ich weise hier lediglich auf einige allgemeine Charakteristika hin. In dieser Phase ist das Ich des Patienten in der Regel zugänglich für eine Erörterung seiner Symptome. Ich und Symptom sind nicht so eng miteinander verbunden wie in der akuten Phase, und das Ich des Patienten kann unter Umständen selbst dann vom Symptom abgetrennt werden, wenn er das Symptom nicht als etwas Pathologisches erfährt.

Bei einer Überprüfung der Literatur zur Psychotherapie und Psychoanalyse der Schizophrenie wird der Leser feststellen, dass die Berichte in ihrer überwältigenden Mehrheit – wenn nicht sogar fast ausschließlich – die akute Phase betreffen. Ich behaupte jedoch, dass alles, was die Frage der Psychoanalyse der Schizophrenie anbelangt, nur in der zweiten Phase entschieden werden kann. Freilich hat die Psychoanalyse stichhaltige Beiträge zur Technik geliefert, die während der akuten Phase angewandt werden kann. Doch wenn es einem Analytiker gelungen ist, die akute Phase der Erkrankung zu unterbrechen – z. B. wenn der Patient keine Wahnvorstellungen und Halluzinationen mehr hat, zur Arbeit geht, symptomfrei erscheint und seine Erkrankung nie mehr in ein akutes Stadium eintritt –, würde dies allein den Analytiker noch nicht dazu berechtigen, von einer Psychoanalyse oder einer psychoanalytischen Behandlung der Schizophrenie zu sprechen. Höchstwahrscheinlich hat der Patient seine akute Symptomatik mit der Hilfe des Analytikers nur in eine klinisch unauffällige Form überführt, und der Therapeut sollte seinen Anspruch auf die Feststellung beschränken, dass er die akuten Erscheinungsformen der Krankheit geheilt oder, besser gesagt, zu unterbrechen geholfen hat. Eine solche Denkweise stünde auch im Einklang mit der Tradition der Psychoanalyse. Wenn es einem Psychoanalytiker gelingt, einen Patienten aus einem akuten hysterischen Anfall herauszubekommen oder ein akutes Konversionssymptom zu heilen, wird er auch dann, wenn das Konversionssymptom für die nächsten zwei Jahrzehnte nicht mehr auftritt, nicht behaupten, dass er die Hysterie dieses Patienten geheilt hat. Das Beispiel hysterischer Anfälle führe ich hier ganz bewusst an. Die klinische Erfahrung zeigt, dass es keine spezifischen Methoden gibt, dem hysterischen Anfall eines Patienten Einhalt zu gebieten. Beruhigende Worte, eine kalte Dusche oder ein Schwall von Schimpfworten können einen solchen Anfall augenblicklich beenden. Die Leichtigkeit, mit der akute Hysteriesymptome oft zumindest vorübergehend beseitigt werden können, und die mangelnde Spezifität der Methoden zum Erreichen dieses Ziels sind zwei der Faktoren, die dazu beigetragen haben, diese Neurose in Verruf zu bringen. Weil die akute Phase der Schizophrenie eine größere Herausforderung für den Scharfsinn des Therapeuten darstellt, begegnete man der Schizophrenie mit mehr Ehrfurcht als der Hysterie, stand ihr darum jedoch auch nicht freundlicher gegenüber. Eine Beobachtung der Aufeinanderfolge der jeweils üblichen Techniken in der Behandlung dieser akuten Phase zeigt, dass sie wie die Mode einem stetigen Wandel unterliegen.[5] Diese vorübergehend anerkannten Techniken entstehen, in einer ganz ähnlichen Weise wie Moden generell, zum Teil aus dem allgemeinen historischen und gesellschaftlichen Klima und zum Teil aus dem jeweiligen allgemeinen Standpunkt in der Medizin. Meiner Ansicht nach gibt es wahrscheinlich gar keine spezifische Technik für die Behandlung der akuten Phase, wenn man das Hauptziel der Behandlung darin sieht, die Symptome, die das soziale Verhalten des Patienten beeinträchtigen, zum Verschwinden zu bringen.

Bei der Durchsicht der entsprechenden Literatur zeigt sich, dass die Patienten während dieser Phase auf viele verschiedene Behandlungstechniken ansprechen. Um nur zwei einander entgegengesetzte Ansätze anzuführen, beziehe ich mich hier auf Rosens Technik einer mittels Tiefendeutungen vorgenommenen sogenannten direkten Psychoanalyse und Federns Technik einer

---

[5] In ihrer Besprechung von John N. Rosens Vortrag an der *New York Psychoanalytic Society* über *The Optimum Conditions for the Treatment of Schizophrenic Psychosis by direct Analytic Therapy* hat Phyllis Greenacre dies auf beeindruckende Weise nachgewiesen.

Einwirkung auf die häusliche Umgebung des Patienten, bei der es häufig über lange Zeiträume hinweg zu keinerlei direktem Kontakt zwischen Therapeut und Patient kommt (siehe Federn 1956 [1943]). Statistiken, die einen vorläufigen Vergleich der therapeutischen Wirksamkeit der von den verschiedenenen Autoren empfohlenen unterschiedlichen Techniken erlauben würden, gibt es nicht; man gewinnt aber den Eindruck, dass die meisten dieser Techniken vor allem dazu dienen, die erste Phase der Psychose zu unterbrechen. Während dieser ersten Phase scheint es auch eine gewisse Neigung beim Patienten zu geben, auf alle ihm irgend akzeptabel erscheinenden Hilfsangebote gleich welcher Art positiv zu reagieren. Bleuler war verblüfft, als er beobachtete, dass Patienten, die sich über lange Zeit in einem Zustand völligen Rückzugs von der Außenwelt befunden hatten, plötzlich aus dieser Verfassung herauskamen, und das manchmal unter dem Einfluss von Ereignissen, die dem Beobachter völlig belanglos erschienen, wie etwa dem Besuch eines Freundes. Bleuler sah sich nicht in der Lage, das Gesetz auszumachen, das solchen plötzlichen Besserungen zugrundeliegt (siehe Bleuler 1919). Bei der Durchsicht der Literatur machen wir außerdem die erstaunliche Entdeckung, dass Freud der einzige namhafte Analytiker gewesen zu sein scheint, dem es niemals gelungen ist, einen schizophrenen Patienten zu »heilen«. Kapazitäten wie Jung und Adler haben berichtet, dass es ihnen gelungen ist, Schizophrene erfolgreich zu behandeln. Dass nun ausgerechnet Freuds Technik so ineffizient gewesen sein soll, die Schizophrenie unangetastet zu lassen – wo er doch, wie wir nun erfahren[6], bloß das Unbewusste des Patienten richtig erraten und ihm seine »Ahnungen« hätte mitteilen müssen –, ist eine überaus rätselhafte geschichtliche Tatsache.

II

Auf den folgenden Seiten möchte ich kurz von einigen Beobachtungen berichten, die ich hinsichtlich der therapeutischen Möglichkeiten während der akuten Phase der Schizophrenie gemacht habe. Während meines Militärdienstes habe ich ein Jahr in der psychiatrischen Abteilung eines Regionalkrankenhauses gearbeitet. Nach den Dienstvorschriften der Armee waren Regionalkrankenhäuser dazu verpflichtet, psychotische Patienten in ein Allgemeinkrankenhaus zu überweisen, nach Möglichkeit innerhalb von 24 Stunden. Aufgrund meines Interesses an Schizophrenie erlaubte mir der befehlshabende Offizier, schizophrene Patienten in meiner Abteilung zu behalten, sofern sie nicht allzu große Störungen verursachten und sich ihr Zustand innerhalb einer Woche nach Aufnahme so weit gebessert hätte, dass sie aus der Armee entlassen werden konn-

---

[6] Vor allem durch Rosen.

ten. Zu meiner Überraschung musste ich nur einige wenige Soldaten in ein Allgemeinkrankenhaus überweisen.[7] Die große Mehrheit derjenigen Soldaten, die sich ohne jeden Zweifel in der akuten Phase der Erkrankung befanden, und in deren Vorgeschichte sich die wesentlichen Merkmale fanden, die wir in der Geschichte von Schizophrenen für gewöhnlich vorzufinden erwarten, sprach ohne Weiteres auf die Behandlung an, so dass die Musterungskommission sie für hinreichend gesund befand, um sie in ihre häusliche Umgebung zurückzuschicken. Doch obwohl der Zustand der Patienten sich so weit gebessert hatte, dass sie durch die Musterung kamen, war keiner von ihnen so weit gesundet, dass sich im Verlauf eines längeren Gespräches nicht gezeigt hätte, dass nach wie vor Schizophreniesymptome vorhanden waren, wenn auch nur in einer Weise, die für die Phase relativer klinischer Unauffälligkeit charakteristisch ist. Ich verfüge über keinerlei Informationen, wie lange diese Besserung vorhielt, muss aber annehmen, dass ein gewisser Prozentsatz dieser Männer nach einiger Zeit zuhause einen Rückfall in die akute Phase erlitt. Die Tatsache, dass sie klinisch zumindest vorübergehend so weit genasen, dass sie sich nicht mehr in der akuten Phase befanden, muss jedoch von Bedeutung sein und macht es notwendig, die Technik, die bei ihrer Behandlung zur Anwendung kam, einmal näher zu untersuchen.

Ich muss betonen, dass diese therapeutischen Erfolge natürlich durch die Umstände begünstigt wurden. Zunächst einmal waren die betroffenen Männer in der Regel jung; zweitens handelte es sich um Patienten, die fast alle zum ersten Mal eine akute Phase durchlaufen hatten; drittens stellten sie insofern eine ausgewählte Gruppe dar, als sie allesamt Eignungsprüfungen bestanden hatten, die von einer unbestimmten Anzahl von Ärzten vorgenommen worden waren, bevor sie zur Grundausbildung zugelassen wurden; und viertens hatten die Symptome lediglich kurze Zeit vorgehalten, bevor sie von anderen Soldaten bemerkt worden waren. Außerdem muß auch die allgemeine Atmosphäre jener psychiatrischen Abteilung in Betracht gezogen werden. Der jeweils behandelnde Psychiater fühlte sich bei der Aufnahme eines schizophrenen Soldaten ohne Zweifel in seinen therapeutischen Fähigkeiten und seinem Ehrgeiz herausgefordert, und die Patienten gewannen während ihres Aufenthaltes in der Klinik den Eindruck, dass er sehr an ihrer schnellen Genesung interessiert war.[8]

---

[7] Bedauerlicherweise verfüge ich über keinerlei statistische Daten. Zu Beginn meiner Arbeit ging es mir lediglich um rein praktische Ziele, und ich ahnte noch nicht, dass das Verhältnis von Erfolgen und Misserfolgen wichtig für theoretische Schlussfolgerungen werden könnte.

[8] Es ist vielleicht nicht überflüssig, auf die subjektiven Wurzeln der Ambitionen des Therapeuten hinzuweisen. Da er strikt gegen die Anwendung von Schockbehandlungen war, sie für eine »große Gefahr« für den Patienten hielt und wusste, dass er in

Eine überraschende Entdeckung war, dass diese Patienten auf eine ziemlich einfache – um nicht zu sagen: primitive – Technik ansprachen. In einer vergleichsweise kleinen Anzahl von Fällen wurden schlichte, nüchterne Erklärungen zu den Symptomen gegeben, wenn der Patient danach fragte, der Großteil der psychotherapeutischen Maßnahmen aber bestand aus Gesprächen über scheinbar banale Angelegenheiten. Es wäre jedoch ein großer Fehler, dem Inhalt dieser Gespräche therapeutische Bedeutung zuzumessen. Wie sich herausstellte, reagierte der Patient auf die Affekte und Emotionen des Therapeuten, die sich während des Kontaktes offenbarten. Die Eigenschaften der Stimme schienen eine besondere Rolle zu spielen, und schließlich begann ich zu experimentieren, indem ich das Timbre meiner Stimme veränderte und dabei den Gesichtsausdruck des Patienten beobachtete, bis sich eine positive Reaktion darin abzuzeichnen begann. Auf diese Weise sammelte ich Informationen über die äußeren Einflüsse, die sich dazu eigneten, eine positive Resonanz im Patienten hervorzurufen. Die therapeutischen Mittel waren selbstverständlich nicht bloß auf die Stimme beschränkt, sondern umfassten auch Gesten und reichten bis zu den Tätigkeiten, die, wie etwa das Füttern, gemeinhin Zuneigung und Liebe vermitteln. Ich bemerkte, dass die Situation des Fütterns einige besonders vorteilhafte therapeutische Möglichkeiten bot. Einen Schizophrenen zu füttern, der sich weigert, Nahrung zu sich zu nehmen, ist eine Kunst. Das geringste Anzeichen von Ungeduld beim Therapeuten macht augenblicklich jede therapeutische Chance zunichte. Wenn ein Soldat sich so beharrlich zu essen weigerte, dass er mittels einer Sonde künstlich ernährt werden musste, musste er normalerweise ins Allgemeinkrankenhaus überwiesen werden. Wenn es jedoch gelang, den Patienten zärtlich, liebevoll und durch einfühlsames (aber nicht langmütiges) Zureden dazu zu bringen, sich mit dem Löffel füttern zu lassen, zeigten sich in der Regel bereits während der Mahlzeit oder kurz danach eindeutige Anzeichen für eine Besserung beim Patienten.

Von nicht minder großer Bedeutung war das Zuhören im Erstgespräch. Da es sich beim Zuhören um etwas Passives handelt, ist es schwierig, dessen Phänomenologie darzulegen. Daran, dass es gute und schlechte Zuhörer gibt –

---

den Allgemeinenkrankenhäusern dieser Behandlung ausnahmslos unterzogen werden würde, reaktivierte jede Neuaufnahme eines schizophrenen Soldaten eine seiner frühen Kindheit entstammende Rettungsphantasie. Beim Umgang mit Schizophrenen in der akuten Phase werden zwangsläufig Kindheitsphantasien wiedererweckt. Nach meiner Überzeugung zählen Inhalt, Art und Besetzungsintensität der Phantasie aus der frühen Kindheit zu den Faktoren, die entscheiden, ob ein Psychiater die Fähigkeit zur erfolgreichen Behandlung der akuten Phase entwickelt. Diese vorteilhaften Prädispositionen können jedoch auch zu einem unüberwindlichen Hindernis bei der Anwendung der angemessenen Technik während der Phase relativer klinischer Unauffälligkeit werden.

wenn beide sich auch in ihrem äußeren Verhalten gleichen mögen –, kann es aber keinen Zweifel geben. Wahrscheinlich hat jeder schon einmal die Erfahrung gemacht, mit jemandem zu sprechen, der sich ausschließlich auf den Inhalt des Berichtes zu konzentrieren und ihn auch zu verstehen schien, obwohl er während des Zuhörens kein Wort sagte. Es ist eine besondere Freude, das Gefühl zu bekommen, verstanden zu werden, ohne dass der Zuhörer sich eigens verbal zum Gesagten äußert. Ich bemerkte, dass Unterbrechungen der akuten Phase besonders rasch und problemlos dann auftraten, wenn der Bericht des Patienten eine gewisse faszinierende Wirkung auf mich ausübte und ich mich schließlich berührt fühlte. Das subjektive Gefühl, das dabei entstand, ließ sich mit jenen seltenen Momenten vergleichen, in denen Kunstwerke direkt in die Seele des Betrachters vordringen und er sich der Wirkung erhabener Schönheit ergibt.

Das aufwühlende Gefühl künstlerischer Erfahrung im Therapeuten taucht in der Behandlung vieler Schizophrener regelmäßig während der akuten Phase auf. Viele dieser Patienten werden günstig darauf reagieren, wenn man sich ihnen in derselben Weise nähert wie Kunstwerken, von denen man sich künstlerische Erhebung erwartet.

Beim Gedanken an die Vielzahl der Techniken, die ich während dieser Zeit erprobte, fühle ich mich an das erinnert, was man mir einmal von einem Wiener Kinderarzt, der zu Beginn des Jahrhunderts praktizierte, erzählt hatte. Wenn ein Säugling in seinem Hospital so krank war, dass ihm keine ärztliche Kunst mehr helfen konnte, wies er zwei Krankenschwestern an, sich regelmäßig liebevoll mit dem Baby zu beschäftigen. Dahinter steckte anscheinend der Gedanke, dass die größtmögliche Versorgung mit Zuneigung über den physischen Weg – also durch Umhertragen, Schaukeln etc. – dazu beitragen könnte, Kräfte zu mobilisieren, die der tödlichen Krankheit entgegenwirken. In vergleichbarer Weise schien es mir so, als ob eine größtmögliche Anregung der Empfänglichkeit des Patienten durch größtmögliche Versorgung mit Zuneigung über die noch offenen Kanäle in der akuten Phase der Schizophrenie therapeutisch wirksam sei.

Ich kann von meinem Leser schwerlich erwarten, einem solchen Bericht einfach Glauben zu schenken. Wie sollte eine derart komplizierte und bösartige Krankheit ausgerechnet durch die denkbar einfachste Methode, nämlich den Ausdruck liebevoller Zuneigung, zurückgedrängt werden können? Diesem Einwand würde ich mit der folgenden Argumentation begegnen.

Erstens ist die Methode nicht so einfach, wie sie durch meine Schilderung erscheinen mag. In den häufigsten Fällen ist es ausgesprochen schwierig herauszufinden, welcher Weg beim Patienten noch offen ist und auf welche Reize er auf diesem Wege dann reagieren wird. Zweitens geht es hier gar nicht um die Heilung der Schizophrenie, sondern darum, vorübergehend einem Zustand

Einhalt zu gebieten, der es verhinderte, dass die Umgebung über die normalen Kanäle mit dem Patienten kommunizieren konnte. Drittens war ich insofern in einer glücklichen Lage, als meine Patienten einer ausgewählten Gruppe entstammten, bei der verschiedene prognostisch günstige Charakteristika zusammenkamen. Ich bin mir sicher, dass bei der Behandlung von Patienten, die älter sind, unter wiederholten Attacken leiden oder sich in einer lang andauernden Attacke befinden, sehr viel feiner ausgearbeitete, kompliziertere Techniken vonnöten sind. Meine klinischen Beobachtungen teile ich mit, weil deren Einfachheit dazu beitragen könnte, besser zu verstehen, worin die Mindestanforderung an die Behandlung während der akuten Phase, die *conditio sine qua non*, wirklich besteht.

III

Im vorangegangenen Abschnitt habe ich von schizophrenen Patienten berichtet, die einem rationalen Gespräch unzugänglich waren, aber auf bestimmte Zeichen der Zuneigung beim Therapeuten ohne Weiteres reagierten. Es waren immer jeweils verschiedene Zeichen, auf die die Patienten jeweils ansprachen. Der Gegensatz zwischen dem Ausbleiben von Reaktionen beim Patienten, wenn man rational mit ihm zu sprechen versuchte, und seiner relativen Neigung, positiv auf die Emotionen des Therapeuten anzusprechen, erinnert uns daran, dass psychische Prozesse allgemein in diejenigen unterteilt werden können, die dem Primärprozess näherstehen und die, die bereits dem Sekundärprozess unterworfen worden waren und sich darum ganz anders manifestieren. Psychische Prozesse sind bis auf wenige Ausnahmen niemals rein primär- oder sekundärprozesshaft. In der Regel stehen sie jeweils dem einen oder dem anderen näher. (Je mehr Affekte, Emotionen oder Lust sich in einem psychischen Prozess finden, desto näher steht er dem Primärprozess. Je mehr er das Produkt rationalen, logischen, folgerichtigen Denkens ist, desto näher steht er dem Sekundärprozess.[9])

Dabei muss immer bedacht werden, dass nicht nur ein- und dieselbe psychische Manifestation das Ergebnis sowohl des Primär- als auch des Sekundärprozesses ist, sondern dass das gleichzeitige Wirken beider Prozesse – d. h. der einen oder anderen Gruppe näherstehende Manifestationen – auch bei ein- und derselben Person getrennt beobachtet werden können. Die von einer Person geäußerten vernünftigen Sätze, die von ihr ausgeführten rationalen Handlun-

---

[9] Die Mängel und Grenzen dieser Definitionen sind mir bewusst. Der Einfachheit halber verwende ich den Begriff des Primärprozesses in einer weiteren Bedeutung als üblich.

gen sind das Ergebnis von Tendenzen, die eine eingehende Bearbeitung durch Sekundärprozesse durchlaufen haben. Zugleich kann diese Person sich jedoch auch am Kopf kratzen, Gesten und aussagekräftige Bewegungen machen, derer sie sich vielleicht noch nicht einmal bewusst ist, und die Stimme, mit der sie rationale Sätze äußert, kann zugleich Träger vieler verschiedener Emotionen sein, die dem Primärprozess ihrerseits viel näher stehen als der rationale Gehalt ihrer Sätze.

Schizophrene Patienten scheinen während der akuten Phase für psychische Manifestationen in ihrer Umgebung, die eine Bearbeitung durch Sekundärprozesse durchlaufen haben, unempfänglich zu sein; sie haben die Fähigkeit verloren, diesen Prozessen ihre Bedeutung abzulesen. Sie sprechen nur auf den Primärprozess in ihrer Umgebung an. Für diese Regel gibt es viele Ausnahmen, doch als allgemeine Feststellung ist sie annähernd korrekt und kann bei der Erörterung einer Psychoanalyse der Schizophrenie gute Dienste leisten. Wir hätten diese therapeutische Regel allein durch logische Schlussfolgerung aufstellen können. Wenn wir die Geschichte eines schizophrenen Patienten im Detail nachverfolgen, überrascht uns die große Menge pathogener Erfahrungen, denen er beim Kontakt mit Primärprozessen in seiner Umgebung ausgesetzt war. Von paranoiden Patienten weiß man, dass sie pathologisch auf die Art und Weise reagieren, in der andere sie begrüßen oder nicht begrüßen, wie sie husten, spucken und sich kratzen. Doch all diese Manifestationen sind dem Primärprozess sehr nahe. Die Projektion der Aggression des Paranoikers verläuft, wie Freud sagt, entlang bestimmter Pfade, die von der Umgebung des Patienten vorgegeben werden. »Es ahnt uns nun«, schreibt Freud (1922 [1921], S. 199),

> daß wir das Verhalten des [...] Paranoikers sehr ungenügend beschreiben, wenn wir sagen, sie projizieren nach außen auf andere hin, was sie im eigenen Innern nicht wahrnehmen wollen. Gewiß tun sie das, aber sie projizieren sozusagen nicht ins Blaue hinaus, nicht dorthin, wo sich nichts Ähnliches findet, sondern sie lassen sich von ihrer Kenntnis des Unbewußten leiten und verschieben auf das Unbewußte der anderen die Aufmerksamkeit, die sie dem eigenen Unbewußten entziehen.

Freud scheint mir in diesem Zitat die Bedeutung zu betonen, die Primärprozessen in der Umgebung des Patienten bei der schizophrenen Psychose zukommt. Zudem wird man nur sehr selten einen Schizophrenen finden, in dessen Geschichte Kinder, Säuglinge und Tiere keine große Rolle spielen. Babys und Tiere aber sind Wesen, die unter der Herrschaft des Primärprozesses stehen. Ein Aspekt der Schizophrenie – unter vielen anderen – ist die Tatsache, dass sie Resultante einer großen Anzahl von Primärprozessen ist, die in der Umgebung des Patienten aufgetreten sind und auf die der Schizophrene insofern pathologisch reagiert hat, als seine Reaktionen in keinem Verhältnis zu den Reizen stehen und das sozial wesentlich anerkanntere Reich der Sekundärprozesse missachten.[10] Diese These erlaubt uns zu verstehen, warum Schizophrene nicht mehr in ihrer Umgebung funktionieren können. Weil sie fast ausschließlich auf Manifestationen der Primärprozesse in ihrer Umgebung reagieren, die Umgebung diese Prozesse in der Regel aber gar nicht bemerkt und nur die Sekundärprozesse wahrnimmt, die für Schizophrene bedeutungslos sind, müssen sie und ihre Umgebung immer weiter auseinanderdriften. Ich möchte noch einmal betonen, dass dies nur *einen* Aspekt der Schizophrenie darstellt.[11]

Wahrscheinlich wird jetzt besser verständlich werden, wieso ich mit der einfachen Technik, die ich während meiner Zeit beim Militär anwandte, Erfolg hatte. Eigentlich hatte ich unbeabsichtigterweise versucht, die Primärprozesse in der Umgebung der Patienten zu organisieren; ich drängte mich ihnen nicht mit einer Sprache auf, die für sie bedeutungslos war (Sekundärprozesse), sondern kristallisierte meinen Kontakt mit ihnen um einen Erfahrungskern, in dem sich die Primärprozesse der Patienten mit meinen eigenen verbanden. Der andere Faktor, den ich hier bis vor kurzem für wesentlich hielt, war, dass ich sorgsam zu vermeiden versuchte, die Patienten Primärprozessen von feindseliger Qualität auszusetzen. Wenn sich die Patienten frei in der Gemeinschaft bewegten, nahmen sie die direkten oder indirekten Äußerungen von Feindseligkeit in der Umgebung nur allzu leicht auf. Während der akuten Phase sind Schizophrene für die geringsten Anzeichen von Feindseligkeit bei anderen ganz besonders empfänglich.

Da ein hoher Anteil unkontrollierter Primärprozesse in der Umgebung der Patienten mit feindseligen Gefühlen in Beziehung stand, ist es nicht verwunderlich, dass schizophrene Patienten häufig davon überzeugt sind, unter Menschen zu leben, die ihnen vorwiegend aggressiv, unfreundlich und ablehnend gegenüberstehen. Bei mir selber prüfte ich sorgfältig all jene unwillkürlichen Manifestationen, die die Patienten möglicherweise zu Recht als aus einer ihnen gegenüber unfreundlichen Haltung hervorgehend deuten könnten. Die Krankenschwestern und Stationswärter, die in Kontakt mit ihnen kamen, wies ich an, das Gleiche zu tun; auf diese Weise glaubte ich einen wichtigen pathogenen Kanal blockiert zu haben.[12]

Wenn wir nun auf unser ursprüngliches Problem zurückkommen, ist es uns vielleicht möglich, eine vorläufige Antwort anzudeuten. Tatsächlich ist es vie-

---

[10] Schizophrene reagieren nicht auf *alle* Primärprozesse in ihrer Umgebung; sie sind wählerisch. Das Problem der Auswahl würde allerdings zu weit in die Psychologie der Schizophrenie hineinführen, die nicht das Thema dieses Beitrags ist.

[11] Die Voraussetzungen, auf denen dieser Aspekt basiert, werden hier nicht weiter erläutert, weil sie für das Folgende nicht von Bedeutung sind.

[12] Erfahrungen aus jüngster Zeit, die ich gleich ausführen werde, haben mich dazu gebracht, diese Theorie zu revidieren.

len Therapeuten gelungen, der akuten Phase der schizophrenen Erkrankung Einhalt zu gebieten, indem sie verschiedene Techniken anwandten, die scheinbar nichts miteinander gemein haben. Ist es denkbar, dass all diese Techniken einen gemeinsamen Nenner haben, nämlich die Verwendung von Primärprozessen als therapeutische Werkzeuge? Angesichts der Schwere der schizophrenen Störung kann es zweifellos vorkommen, dass ein Therapeut pessimistisch ist und intensiven Kontakt mit einem schizophrenen Patienten vermeidet. Andererseits kann die Schwere der Störung und ihr Ruf, unheilbar zu sein, auch eine enorme Herausforderung für einen Therapeuten darstellen. Könnte es nicht sein, dass einige Therapeuten sich in der Richtigkeit ihrer jeweiligen psychotherapeutischen Ansichten und Techniken bestätigt fühlen, wenn es ihnen gelingt, einen Schizophrenen zu »heilen«? Bezweifelt jemand, dass Schizophrene derzeit, wo so viele verschiedene psychotherapeutische Schulen um die Oberhoheit kämpfen, für den Therapeuten zu Personen von besonderer Bedeutung, zu einer Art Versuchsobjekt werden? Die Heilung von Schizophrenen verspricht einem Therapeuten viele Lorbeeren einzubringen, nebst der Versicherung, dass er sich auf dem richtigen Weg befindet. Eine paradoxe Situation. Meines Erachtens ist es genau diese Erwartungshaltung gegenüber der Heilung von Schizophrenen, die die Chancen des Therapeuten auf eine erfolgreiche Behandlung der Patienten erhöhen, ihn aber zugleich auch der Möglichkeit beraubt, zu beweisen, dass er richtig liegt. Eine bestimmte Methode oder Technik, mit deren Hilfe man den Patienten gezielt aus der akuten Phase herausholen könnte, scheint es nicht zu geben. Direkte Psychoanalyse, Psychodrama, Gruppentherapie und eine Reihe anderer Methoden werden zum Erfolg führen, solange die Sprache des Primärprozesses mit dem Patienten gesprochen wird und die Primärprozesse des Therapeuten zu den Bedürfnissen des Patienten passen. Meiner Meinung nach ist die Disposition akut Schizophrener, auf mannigfaltige Techniken anzusprechen, ein Teil der schizophrenen Symptomatik und charakteristisch für die schizophrene Psychopathologie.

Es wäre jedoch übertrieben zu behaupten, dass das, was man einem Patienten mitteilt, keinerlei Bedeutung hat, solange nur die Primärprozesse des Therapeuten in die richtige Richtung weisen. Der Inhalt der Sätze kann dem breiteren und umfassenderen Muster, das von den Primärprozessen des Therapeuten festgelegt wird, entsprechen oder in Widerspruch zu ihm stehen. Natürlich kann der Inhalt der gegenüber einem Patienten in der akuten Phase geäußerten Sätze zu einem unverzichtbaren Bestandteil der Behandlung werden, und das besonders bei Patienten, bei denen der akute Zustand schon länger vorhält. Im Interesse einer möglichst konzisen Formulierung des therapeutischen Prinzips, um das es hier geht, würde ich jedoch sagen, dass alle Deutungen, die – zum Beispiel – Rosen seinen Patienten gab, nutzlos gewesen wären, wenn er sie mit monotoner Stimme geäußert hätte.

Außerdem habe ich in Fällen, bei denen während der akuten Phase auf Deutungen zurückgegriffen wurde, keine besondere Beziehung zwischen Deutung und klinischer Besserung ausmachen können. Es liegt nahe anzunehmen, dass andere Deutungen ein ähnliches Resultat erbracht hätten. Da die psychoanalytische Theorie des Es reale Prozesse reflektiert, eignet sich der »psychoanalytische Jargon« ganz hervorragend als Medium zur Übermittlung von Primärprozessen zum Patienten. Das bedeutet aber nicht, dass sich ein anderer »Jargon« nicht ebenso dafür eignen würde. Womöglich bezeichnen wir die gegenüber einem Patienten getätigten Äußerungen eines Analytikers überhaupt zu eilfertig als Deutung. Es stimmt, dass die meisten dieser Äußerungen vom Analytiker als Deutungen gemeint sind und dass das Konzept der Deutung den Willen und die Intention des Analytikers miteinbegreift. Aus Sicht des Patienten aber kann das, was für den Analytiker eine Deutung ist, Lob, Tadel, Ausdruck eines Vorurteils oder von Liebe sein. Selbst in der Analyse neurotischer Patienten vergeht viel Zeit, bis die Worte des Analytikers von den Patienten als Deutungen angenommen werden und sie auch den Wirkungsgrad von Deutungen erhalten.

Eine sorgfältige Prüfung von – beispielsweise – Rosens Berichten wird zeigen, dass sein Verfahren unter Bedingungen durchgeführt wurde, die es unwahrscheinlich erscheinen lassen, dass seine Worte von den Patienten als Deutung aufgefasst worden sind oder dass ihnen die besondere Wirkung von Deutungen in dem klar umrissenen Sinn zukam, wie er für das Verfahren in der Behandlung von neurotischen Patienten beschrieben worden ist. Das, was Rosen – darin Federn nachfolgend – als direkte analytische Therapie bezeichnet hat, läuft darauf hinaus, verbalisierte unbewusste Symbolik als ein wunderbares Mittel zum Durchstoßen der Mauern zu verwenden, mit denen Schizophrene sich vom Rest der Welt isolieren.

Zusammenfassend lässt sich also sagen, dass der Analytiker bei der Analyse von Neurotikern seine eigenen Sekundärprozesse für therapeutische Zwecke verwendet. Dabei versucht er so rational wie nur möglich zu sein. In der Therapie von Schizophrenen in der akuten Phase hingegen werden die Primärprozesse zum wichtigsten Werkzeug der Therapie. Die Schwierigkeit liegt hier in der rationalen Verwendung der Primärprozesse zum größtmöglichen Nutzen der akut erkrankten Patienten.

IV

Ich befürchte, die Problematik allzu vereinfacht dargestellt zu haben, indem ich eine Erklärung gegeben habe, von der sich bei näherer Untersuchung herausstellt, dass sie gar keine Erklärung ist, sondern eine ganze Reihe neuer und noch verwirrenderer Fragen aufwirft: Wieso sollten die Primärprozesse des Therapeuten denn überhaupt therapeutisch wirksam sein? Schizophrene Patienten werden ja von ihren eigenen Primärprozessen überschwemmt und sind ganz von ihren eigenen intensiven Gefühlen und Phantasien in Anspruch genommen. Welche Wirkung hat es, wenn der Therapeut seine Primärprozesse in diese pathoplastische Konstellation mit einbringt? Diese Frage kann, glaube ich, noch nicht zufriedenstellend beantwortet werden; die folgende Überlegung könnte aber wenigstens die Richtung angeben, in die wir schauen sollten.

Ein Aspekt der schizophrenen Störung lässt sich mit der folgenden – wenn auch selten eintretenden – Situation im Leben von Nicht-Schizophrenen vergleichen. Stellen wir uns einen Menschen vor, der auf einer Insel ausgesetzt worden ist, deren Einwohner seine Sprache nicht verstehen. Die Ureinwohner sprechen mit ihm, doch weil er ihnen nicht in ihrer Sprache antwortet, werden sie ungeduldig mit ihm. Sie weigern sich, ihm das geringste Zeichen von Zuneigung zu zeigen, solange er nur seine eigene Sprache spricht. Wenn er sie anspricht, wenden sie sich ab, und solange er auf seiner eigenen Ausdrucksweise besteht, ist er mit einem Stigma versehen. Unter solchen Umständen wird jener Mensch Aufregung empfinden, weinen oder andere angreifen, in Schweigen verfallen oder vielleicht versuchen, durch Nachahmung wenigstens den Anschein eines Kontaktes zu erwecken. Womöglich versucht er dann, die Geräusche nachzuahmen, die er hört, aber nicht versteht, um zumindest der Form nach Anschluss an die Gemeinschaft zu finden. Die Klänge seiner Muttersprache aber wird dieser Ausgestoßene niemals vergessen, und selbst nach Jahrzehnten, in denen er sie nicht vernommen hat, wird der geringste Ton dieser Sprache eine ganz erstaunliche Reaktion in ihm auslösen. Ganz gleich, wer es ist, der in den Worten jener vergangenen Zeit zu ihm spricht, er wird sich ihm freudig zuwenden, ihm vertrauen und ihm vielleicht, wenn nötig, sogar gehorchen. Das Problem der Schizophrenie lässt sich selbstverständlich nicht auf das Problem interpersonaler Kommunikation reduzieren. Ein Aspekt davon – mit dem Schizophrenen in einer ihm verständlichen Sprache zu sprechen nämlich – ist ein wesentlicher Teil in der Psychotherapie der akuten Phase. Der Vergleich des Schizophrenen mit einem Ausgestoßenen, der sich in einer fremden Sprachgemeinschaft befindet, ist durchaus tragfähig, obwohl er kein Gegenstück zum Rückzug des Schizophrenen von der Realität enthält. Sicherlich läuft es auf eine Vereinfachung der Problematik der Schizophrenie hinaus, wenn man allzu sehr betont, dass der Schizophrene sich aus einer Realität zurückgezogen hat, die unerträglich für ihn geworden ist. Bei einer Erörterung der Therapie der akuten Phase aber kann der Faktor der Abscheu vor jener Realität, die der Patient mit seiner neuen ersetzt hat, gar nicht genug betont werden. Bei den meisten Schizophrenen scheint die Fähigkeit der Rückkehr zu einer Realität, die mit ihren eigenen Bedingungen übereinkommt, intakt zu bleiben. Diese Bedingungen – um nur einige wenige zu nennen – sind bekanntlich narzisstisch und mit der Vergangenheit des Patienten verbunden, vor allem aber befinden sie sich in der Welt der Erwachsenen außer Reichweite. Doch wenn ein Psychotherapeut die Sprache des Ausgestoßenen spricht, und sei es nur für einen Moment, wird er, und sei es auch nur ganz flüchtig, zwangsläufig zu einem wichtigen Teil im Leben des Patienten werden, einem Teil, der vom Rest jener Welt, die ihn immer weiter in die Isolation stößt, indem sie ihm die Erfüllung seines einen großen Verlangens vorenthält, klar unterschieden ist.

Wenn dieses Verlangen erfüllt wird, kann der Patient eine reale Person mit narzisstischer Libido besetzen; der Zusammenbruch der Ich-Grenzen, die Fusion von Ich und Welt, kann dann wenigstens vorübergehend unterbunden werden. Wenn der Therapeut diese Position in der Libidoökonomie des Patienten erlangt hat, ist er damit noch keineswegs zum Übertragungsobjekt in der Bedeutung des Begriffs geworden, wie er ihm in der neurotischen Beziehung zum Analytiker zukommt. Es handelt sich dabei um eine vollkommen andere Beziehung, die an den Zustand der Harmonie erinnert, wie er wahrscheinlich zwischen Mutter und Säugling vorherrscht. Aber das ist eine Konstruktion, und sollte auch nur als solche verstanden werden. Wenn eine solche Beziehung einmal aufgebaut worden ist, wird sie jedoch zu einem Kristallisationspunkt, um den herum ähnliche, auf andere Anteile der Welt bezogene Prozesse stattfinden. Während der akuten Phase lässt sich meines Erachtens eine Tendenz zur Besserung hin feststellen. Es ist bekannt, dass bei Schizophrenen während dieser Phase anscheinend ohne jede therapeutische Einwirkung häufig eine Besserung eintritt, und wenn der Genesungsprozess einmal angestoßen worden ist, breitet er sich oft auch weiter aus. Die therapeutische Aufgabe, den Patienten bis an den Punkt des Übergangs von der akuten Phase in die Phase relativer klinischer Unauffälligkeit zu geleiten, gestaltet sich trotz dieser Tendenz schwierig, und es wäre töricht, sich auf Selbstheilungstendenzen zu verlassen. Im Vergleich zum geringen therapeutischen Aufwand ist der Erfolg aber oft so unverhältnismäßig groß, dass man bei solchen Patienten das Wirken besonders günstiger Kräfte erkennen zu können glaubt, an denen es in der Phase relativer klinischer Unauffälligkeit so vollständig fehlt.

Heinz Hartmann verdanke ich den Hinweis auf eine Veröffentlichung von Marguerite Sechehaye, die, wenn sie hierzulande besser bekannt gewesen wäre, den größten Teil dieses Artikels überflüssig gemacht hätte.[13] Im Laufe der Behandlung einer 21-jährigen Schizophrenen, die sich als resistent gegen die klassische Technik erwiesen hatte, entwickelte Sechehaye eine neue thera-

---

[13] Sechehaye 1955 [1947]. Diese Veröffentlichung ist in der Zwischenzeit ergänzt worden durch: Sechehaye 1973 [1950].

peutische Technik. Diese Methode nennt sie »symbolische Wunscherfüllung«. Mithilfe dieser genialen Technik gelang ihr die Heilung der Patientin, die eine über sieben Jahre andauernde akute Phase durchlaufen hatte. Die Therapeutin erfüllte symbolisch alle Wünsche, die das Unbewusste ihrer Patientin ihr abforderte. Indem sie sie beständig mit Beweisen mütterlicher Liebe versorgte, half die Therapeutin ihrer Patientin, die Verletzung zu überwinden, die ihr zugefügt worden war, als sie noch sehr jung war, nämlich – wie Sechehaye annimmt – noch vor der Entstehung ihres Ichs.

Diese Technik linderte die Erkrankung und brachte die Patientin begleitend wieder in Kontakt mit der Realität. Charles Odier weist zu Recht darauf hin, dass Sechehayes Methode im Wesentlichen aus der Entdeckung einer Sprache besteht, die die Patientin verstehen konnte. »Der Arzt«, sagt er, »muss sich der Erkrankung anpassen.« Sechehayes detaillierte Darstellung zeigt meines Erachtens sehr prägnant, wie die Verständigung mit dem akut Schizophrenen in dessen eigener Sprache, die Bereitstellung von Wunscherfüllungen, die Außerkraftsetzung der Symptome und die Wiederherstellung des Kontakts des Patienten mit der Realität in einem zusammentreffen. Es scheint mir kaum möglich zu sein, eines ohne das andere zu erreichen.

Die Tatsache, dass offenbar viele Schizophrene Anzeichen der Besserung zeigen, wenn sie bestimmte Spuren der Primärprozesse des Therapeuten zu spüren bekommen, bleibt aber trotz Sechehayes exzellenter Darstellung äußerst rätselhaft. Möglicherweise wiederholt sich hier eine frühe Phase der Ich-Entwicklung. Es kommt einer Situation gleich, in der der Schizophrene sich etwas gegenübergestellt sieht, was im Wesentlichen sein eigenes Spiegelbild ist. In mindestens einem Fall konnte ich Hinweise für ein plötzliches Verschwinden der Symptome der betreffenden Patientin ausmachen, wenn sie in Kontakt mit einer Person kam, in der sie das, was für sie in ihr selbst das Kostbarste war, gespiegelt sah.

V

Ganz anders verhält es sich mit der Phase relativer klinischer Unauffälligkeit, die ich im Folgenden kurz die zweite Phase nennen werde.

Während die akute Phase oft dramatisch, interessant, einmal berührend, dann wieder beängstigend ist und den Therapeuten tendenziell süße Gefühle von Omnipotenz und Heiligkeit verspüren lässt, dabei aber stets abenteuerlich ist, ist die zweite Phase ebenso oft monoton, wenn nicht sogar langweilig, über lange Zeit ohne jede Bewegung, voller verschiedenster hartnäckiger Abwehrformen des Patienten, ständig wiederholten Berichten, endlosen belanglosen Klagen und Nörgeleien, und vermittelt dem Analytiker fast immer das

Gefühl völliger Hilf- und Machtlosigkeit. Der Vergleich der beiden Phasen erinnert mich an den Unterschied zwischen einer modernen Kurzgeschichte, die in kürzestmöglicher Zeit schonungslos auf eine überraschende Auflösung zusteuert, und den Bänden mit Gautama Buddhas Reden mit ihren endlosen Wiederholungen von fast aufs Wort identischen Redewendungen, in denen der ursprüngliche Sinnspruch häufig wiederkehrt.

Doch wenn der Analytiker sich nicht entmutigen lässt, wird er reich belohnt, und eines Tages gelingt es ihm womöglich, das Gerüst des Ichs des Patienten ohne alle verwirrenden Anhängsel ganz deutlich vor seinem inneren Auge zu sehen. Der wissenschaftliche Ertrag ist während dieser Phase ziemlich dürftig und verhält sich umgekehrt proportional zu der emotionalen Erfüllung, die sich einem Therapeuten eröffnen kann, wenn solche Bestrebungen irgendwie zu seiner Persönlichkeit passen. Während der Analyse eines Patienten in der zweiten Phase kann man sich ein praktisch unbegrenztes neues Wissen erschließen, doch nur wissbegierige Analytiker werden die Prüfung durchstehen, der sie wohl die meisten Patienten unterziehen werden. Jede Tendenz zur Selbstheilung ist jetzt verschwunden, und die Patienten scheinen nur eine einzige Absicht zu verfolgen – den *status quo* zu erhalten. Deutungen wird der Patient scheinbar annehmen, bis der Analytiker erkennt, dass es sich um ein Lippenbekenntnis handelte. An einem Tag sagt der Patient dies, um es am nächsten wieder zu bestreiten, und ist in allem so vage, dass binnen kürzester Zeit die größte Konfusion herrscht. Doch nur in der zweiten Phase, nachdem die sich häufig rasch verändernden und geräuschvollen Oberflächenformationen der akuten Phase beseitigt worden sind, kann man herausfinden, was Schizophrenie wirklich ist, was während der akuten Phase geschehen war und warum der Patient aus der akuten Phase gefunden und sich erholt hat.

Die akute Phase ist wie ein grandioses Feuerwerksspektakel, das den Betrachter fasziniert und ihm den Atem raubt; die Funktionsweise der Raketen aber kann erst nach dem Ende des Spektakels nachvollzogen werden, und die verbleibenden Bruchstücke müssen in mühevoller Kleinarbeit zusammengesammelt und untersucht werden.

Die Technik, die während dieser Phase zur Anwendung kommen muss, kann hier nicht behandelt werden. Ich kann hier nur sagen, dass die Behauptung, die »klassische« Technik sei die angemessene, nur für die Frequenz der Sitzungen und die liegende Position des Patienten zutrifft. Weil es sich dabei aber nur um – trotz ihrer Bedeutung – unwesentliche Merkmale handelt, ist es irreführend, während dieser Phase von einer »klassischen Technik« zu sprechen. Weder verhält sich der Patient wie einer, der an einer Übertragungsneurose leidet, noch baut er eine Beziehung zum Analytiker auf, die im Sinne der Übertragung eines neurotischen Patienten begriffen werden könnte. Bereits die Tendenz eines Rückfalls in die akute Phase macht eine Technik erforderlich, die sich maßgeblich von der unterscheidet, die bei der Behandlung gleich welcher Übertragungsneurose zur Anwendung kommt.

Wie vorsichtig wir bei der Evaluation des Therapieverlaufs während der akuten Phase sein müssen und zu welch anderen Schlüssen wir kommen, wenn wir auf diesen Abschnitt zurückschauen, nachdem wir durch die während der zweiten Phase gemachten Beobachtungen mehr Klarheit gewonnen haben, werde ich anhand eines praktischen Beispiels zeigen.

Eine 30 Jahre alte Patientin wurde zur Behandlung ihrer Erkrankung, die zweifellos zur Gruppe der Schizophrenien gehörte, zu mir überwiesen. Zuvor war sie schon bei einem Analytiker in Behandlung gewesen; es hatte sich aber herausgestellt, dass sie mit der üblichen Technik nicht erreicht werden konnte. Da sich ihre psychotischen Symptome erheblich verschlimmert hatten, hatte man eine Schockbehandlung vorgeschlagen; die Familie der Patientin wollte aber erst einen zweiten Versuch mit Psychotherapie unternehmen. Nach etwa zehn Tagen Behandlung hatte sich ihr Zustand so weit verbessert, dass sie von da an wieder regelmäßig zur Arbeit gehen konnte.

Die Technik, die während der Anfangsphase der Behandlung zur Anwendung kam, entsprach in etwa der, die ich oben bereits beschrieben habe. Nach und nach verbesserte sich ihre Situation so weit, dass ich sie im Liegen behandeln, ihr die eine oder andere Deutung geben und den tieferen Sinn ihrer zahlreichen Symptome mit ihr besprechen konnte. Nach etwa zweieinhalb Jahren Behandlung fragte sie mich eines Tages, ob ich wisse, was sie aus dem akuten Zustand habe kommen lassen, in dem sie während unserer ersten Sitzung gewesen war. Da ich behauptete, nichts davon zu wissen, erinnerte sie mich an ein kleines Ereignis, an das sie sich richtig erinnerte, dessen Bedeutung mir allerdings völlig entgangen war.

Zur Verdeutlichung dieses Ereignisses muss ich einige der Umstände unserer ersten Begegnung schildern. Einige Tage vor der ersten Sitzung hatte man bei mir angefragt, ob ich Zeit für eine neue Patientin hätte, die aus dem Umland nach New York kommen wolle. Es waren keinerlei Vorbereitungen für ihren Aufenthalt getroffen worden, und als sie plötzlich in meiner Praxis auftauchte, war ich mit der Aufgabe konfrontiert, ihre Behandlung zu beginnen, ohne dass es jemanden gegeben hätte, der bei der Regelung ihres Alltagslebens half. Ich war darum gezwungen, Verantwortung in Angelegenheiten zu übernehmen, die mit therapeutischen Zwecken zunächst nichts zu tun hatten. Ich erkundigte mich nach ihrer finanziellen Situation und erfuhr, dass sie ihr ganzes Geld in ihrer Handtasche bei sich trug. Sie wusste nicht, wie viel es war, und weigerte sich, ihre Handtasche zu öffnen, um es herauszufinden. Sie erlaubte mir, ihre Handtasche zu öffnen und das Geld zu zählen, was ich dann auch tat. Nun, zweieinhalb Jahre später, sagte sie mir, dass sie so beeindruckt davon gewesen war, wie ich die Dinge einfach in die Hand genommen und getan hatte, was ich für richtig hielt, ohne ihre Empfindlichkeiten zu bedenken, dass es ihr einen ersten Anstoß dazu gab, sich aus dem Zustand völliger Isolation herauszuarbeiten, in dem sie sich zu dieser Zeit befunden hatte.[14]

Als ich erfuhr, welchem Umstand sie ihre soziale Wiederherstellung zuschrieb, war ich so überrascht wie selten zuvor. Es war dem diametral entgegengesetzt, was ich bis dahin immer für eine Notwendigkeit gehalten hatte, wenn man einen Patienten von der akuten in die zweite Phase bringen wollte, nämlich die Konfrontation des Patienten mit einem Primärprozess im Therapeuten, den der Patient als Ausdruck von dessen Zuneigung erfahren würde, sowie den konsequenten Schutz vor jeder Aggression. Hier aber bestand die Patientin darauf, dass eine Aktion, die sie offensichtlich als Aggression erlebt hatte – eine Aggression, die obendrein von ihrem Therapeuten ausging, den ich als Schlüsselfigur im Prozess der Vermittlung von Liebe begriffen hatte –, trotzdem eine positive therapeutische Wirkung gezeitigt hatte. Das passte überhaupt nicht zu meinen Annahmen zur Problematik der akuten Phase. Erst später dämmerte mir – ein Eindruck, der durch Rosens Darstellung der von ihm angewendeten Technik verstärkt wurde –, dass sich zumindest bei manchen Schizophrenen, vielleicht sogar der Mehrheit, positive klinische Reaktionen zeigen, wenn sie Agressionen ausgesetzt werden, von deren gutartigem Charakter sie überzeugt sind.

Tatsächlich werden nicht alle Aggressionen als feindselige Handlungen empfunden. Kinder genießen die Aggression der Erwachsenen manchmal, wenn sie die Form einer liebevollen Zurechtweisung hat. Das Problem wohlwollender Aggression, besonders in seiner Verbindung mit Masochismus, kann hier nicht weiterverfolgt werden.

Während der zweieinhalb Jahre, die die Behandlung andauerte, war eindrucksvoll deutlich geworden, dass die Patientin eine Phase durchlief, in der sie das Leben als einen andauernden masochistischen Prozess erfuhr, und dass die Überwindung ihres Masochismus eine kaum überwindliche Hürde für die Therapie darstellte.[15]

Während der akuten Phase war ich durch die versehentliche Mobilisierung ihres Masochismus klinisch erfolgreich gewesen. Neben der befriedigenden Wirkung, die dieses Ereignis auf sie ausgeübt haben mag, band es sie vermutlich deswegen besonders fest an mich, weil ich ihr masochistische Erfüllung

---

[14] Sechehaye (1955 [1947], S. 57) berichtet von einem ähnlichen Ereignis bei der Behandlung ihrer Patientin.

[15] Hier ist abermals ein Problem berührt, das wir nicht weiter verfolgen können, aber ich will wenigstens andeuten, dass die Analyse von Schizophrenen schließlich und endlich eine Gelegenheit zur Untersuchung von frühen und archaischen Formen von Masochismus eröffnen könnte (siehe Bak 1946).

verschafft hatte, ohne sie dabei zu verletzen oder zu demütigen, sondern ihr im Gegenteil den Eindruck vermittelte, dass ihr geholfen und sie beschützt werde. Die Tatsache, dass ihr Partner ihr selbst dann half, wenn er sie angriff und ihren Masochismus befriedigte, muss eine große Entlastung von ihrer Angst für sie dargestellt und äußerst beruhigend auf sie gewirkt haben. Im Nachhinein war ich mir aber trotz der positiven Wirkung im Hinblick auf eine rasche klinische Besserung nicht mehr so sicher, ob ich mich über dieses Ereignis freuen sollte. War die überlange masochistische Periode, die auf die akute Phase folgte, womöglich teilweise auf meine Technik zurückzuführen? Mussten Patientin und Analytiker nicht einen ziemlich hohen Preis für die schnelle klinische Besserung bezahlen? Wäre es nicht besser gewesen, von vornherein zu verhindern, dass die Patientin ihre masochistischen Neigungen zum Zwecke einer Zuwendung zur Realität einsetzt – und zwar selbst dann, wenn die akute Phase auf diese Weise länger angedauert hätte? Ich habe keine Antwort auf diese Fragen. Nicht, weil es mir an klinischer Erfahrung fehlen würde, sondern weil man aus dieser Beobachtung meiner Meinung nach zweierlei lernen kann: Die Technik, die zur Unterbrechung der akuten Phase angewandt worden ist, darf nicht nur im Hinblick darauf bewertet werden, wie schnell eine Besserung beim Patienten und eine Eindämmung seiner Symptome erwirkt werden kann, sondern auch im Hinblick auf die Spuren, die sie in der zweiten Phase hinterlässt. Wenn sich herausstellt, dass diese Spuren eine tiefergehende Behandlung unmöglich machen und eine andere Technik den psychoanalytischen Prozess in der zweiten Phase zu erleichtern verspricht, sollte dieser anderen Technik selbst dann der Vorzug gegeben werden, wenn sie in der akuten Phase nicht so glänzende Wirkungen zeitigt wie jene.

Der Nutzen einer Technik kann folglich nicht während der akuten Phase, sondern nur mittels einer Analyse ihrer Anwendung während der zweiten Phase evaluiert werden. Diese Überlegung trifft freilich nur dann zu, wenn wir die Angelegenheit einer *Psychoanalyse* der Schizophrenie ernst nehmen und uns nicht auf die in der allgemeinen Psychiatrie geltenden Standards beschränken, die von einer Behandlung lediglich verlangen, dass der Patient an ihrem Ende in einem sozial anpassungsfähigen Zustand ist und dies ohne eine weitere psychotische Episode auch bleiben wird. Zweitens müssen wir den Schluss ziehen, dass es vornehmlich zwei Techniken gibt, mit denen sich die akute Phase der Schizophrenie behandeln lässt. Vergleichbar Ferenczis Unterscheidung von Hypnosetechniken, die an »väterliches« und an »mütterliches« Verhalten erinnern (Ferenczi 1910, S. 24), kann man schizophrenen Patienten in der akuten Phase mit größtmöglicher Zuneigung begegnen oder aber dem Maß an Aggression, das sie gerade noch vertragen.

Dies zeigte sich deutlich in Rosens (1950b etc.) Bericht über die klinisch erfolgreiche Behandlung eines Patienten in der akuten Phase. Im Verlauf der Behandlung wurde eine Deutung gegeben, die den Patienten ohnmächtig werden ließ. Eine plötzliche Ohnmacht aus psychogenen Gründen im Verlauf eines Behandlungsgespräches tritt höchstens dann ein, wenn sich der Patient vom Therapeuten angegriffen fühlt. Trotz Rosens beeindruckendem klinischen Erfolg bei der Behandlung dieses Patienten bezweifle ich die Nützlichkeit einer solchen Technik. Wenn der Patient Ohnmachtsanfälle erleidet, während er sich auf dem Weg aus der akuten Phase befindet, scheint mir das ein prognostisch schlechtes Zeichen für die letztendliche Auflösung der Symptome während der zweiten Phase zu sein. Will man die Schizophrenie nicht als ausweglose Störung begreifen, bei deren Behandlung jede Methode gut genug ist, wenn sie nur einen Wandel zum Besseren zu bringen verspricht, müssen wir auch lernen, »wilde« Psychoanalyse von psychoanalytischen Techniken zu unterscheiden, die in der Behandlung der Schizophrenie *bona fide* angewandt werden.

VI

An dieser Stelle können wir eine Antwort auf die heikle Frage nicht weiter herauszögern: Welche Kriterien gelten für die erfolgreiche Behandlung eines schizophrenen Patienten? Da soziale Anpassung, das Verschwinden der Symptome und das Ausbleiben von Rückfällen für die hier vertretene Ansicht offensichtlich keine validen Kriterien darstellen, scheint nicht viel übrig zu sein, mit dem noch beurteilt werden könnte, ob die Krankheit geheilt werden konnte oder nicht. Obwohl meine analytischen Erfahrungen mit Patienten während der zweiten Phase begrenzt sind, wage ich die Behauptung, dass die größte Schwierigkeit nach dem Ende der akuten Phase und der Fortsetzung der psychotherapeutischen Behandlung nicht darin besteht, Rückfälle zu verhindern oder die soziale Anpassungsfähigkeit zu vergrößern, sondern in der Schwierigkeit der Patienten, Einsicht in den Charakter ihrer akuten Störung zu erhalten. Selbst wenn die Patienten die Krankhaftigkeit ihrer aktuellen Symptome nicht mehr in Zweifel ziehen, werden sie die Krankhaftigkeit eines beunruhigend großen Teils der während der akuten Phase gemachten Erfahrungen beharrlich leugnen.

Auch nach längeren Zeiträumen, während der die Patienten so etwas wie Einsicht in die wahre Natur dieser Episoden gezeigt zu haben scheinen – indem sie sie zunächst auf einer hypothetischen Grundlage einräumen, später auch mit anscheinend echter Zustimmung –, werden sie den Analytiker plötzlich mit der Überzeugung überraschen, Freunde hätten sich tatsächlich gegen sie verschworen oder Geräusche seien absichtlich erzeugt worden, um sie damit zu plagen. Diese Schübe, in denen sich die Patienten auf einmal vergangenen Erinnerungen überlassen, treten für gewöhnlich auf, wenn die Patienten äußerst aufgebracht sind. Die plötzliche Aufwallung der Gefühle löst anscheinend eine Wiederbelebung oder Neubesetzung von Erinnerungssystemen aus, wobei diese auch den Wirklichkeitscharakter, der ihnen einst zukam, wiedergewinnen. Ähnliche Beobachtungen können wir manchmal bei Patienten machen, die gerade eine substanzinduzierte Psychose durchlaufen haben. Wenn sich ihr Zustand gebessert hat, kann es vorkommen, dass sie auf der äußeren Realität der von der Psychose ausgelösten wahnhaften oder halluzinatorischen Erfahrungen bestehen. Wesentlich häufiger beobachten wir jedoch, dass die Patienten sich an ihre psychotische Erfahrung – inklusive des Realitätsgrades, der ihr während der Psychose zukam – erinnern, sich allerdings darüber wundern, wie sie diese derart unkritisch hinnehmen konnten. Es ist nicht klar, warum die mit der akuten Phase der Schizophrenie zusammenhängenden Erinnerungssysteme die Überzeugung von der Wirklichkeit der gemachten Erfahrungen so hartnäckig aufrechterhalten. Jede Person verfügt über umfangreiche Erinnerungssysteme, die Realitätsspuren aufweisen, in der Analyse aber gleichwohl zugänglich sind und vom Patienten bis zu einem gewissen Grad als Phantasien erkannt werden können. Träume zählen zu dieser Gruppe, und bei der Unterscheidung von Traum und Realität unterlaufen Erwachsenen erstaunlich wenig Fehler. Viele Kindheitserfahrungen sind in dieser Hinsicht nahezu identisch mit psychotischen Erfahrungen. Sie werden als unzweifelhaft reale Ereignisse erinnert, in Analysen sind die Patienten aber dennoch in der Lage, genau das zu überprüfen und einen Einblick in die Wirkung von Phantasien, Verzerrungen und Illusionen zu gewinnen. Zwischen Kindheitserinnerungen, denen ungeachtet ihres rein subjektiven Ursprungs Realität zugesprochen wird, und psychotischen Erfahrungen gibt es viele Unterschiede; einen von ihnen möchte ich hier besonders hervorheben: Kindheitserinnerungen bilden sich zu einer Zeit, in der das Über-Ich kaum oder noch nicht sehr ausgeprägt entwickelt ist; psychotische Erfahrungen hingegen werden gemacht, wenn das Über-Ich bereits vollständig aktiv ist. Ich glaube, der Träumer würde nach dem Erwachen in ähnliche Probleme geraten wie sie der Psychotiker tatsächlich hat, wenn sein Über-Ich während des Traums vergleichbar besetzt wäre wie das des Schizophrenen während der akuten Phase.

Mir persönlich ist es in den Jahren nach dem Ende meiner Kindheit nur ein einziges Mal geschehen, dass ich überzeugt von der Realität eines Ereignisses war, das – wie sich später herausstellte – ein Traum gewesen sein muss. Es ging um eine Anweisung, die ich am folgenden Tag auszuführen begann – bis die Person, von der ich die Anweisung mutmaßlich erhalten hatte, mir zweifelsfrei bewies, dass sie sie mir unmöglich gegeben haben konnte. Dem Inhalt dieses Traumes nach zu urteilen scheint mein Über-Ich während dieses

Traumes wesentlich aktiver gewesen zu sein als gewöhnlich.¹⁶ Anscheinend kommt dem Über-Ich beim Prozess der Bildung von Erinnerungsspuren eine große Rolle zu. Wenn wir vergleichen, wie leicht jemand, der eine manische Episode durchlaufen hat, mit etwas Abstand Einsicht in die Krankhaftigkeit der psychotischen Phase gewinnt, und wie schwer das demgegenüber jemandem fällt, der an Schizophrenie erkrankt ist, stoßen wir abermals auf Unterschiede im Grad der Über-Ich-Tätigkeit. Während der manischen Phase war das Über-Ich eingeschränkt, wenn nicht sogar ganz aufgelöst, daher konnte es den Realitätscharakter der Wahnvorstellungen, an denen der Patient zu dieser Zeit litt, auch nicht sanktionieren.¹⁷ Die Wahnvorstellungen bei Schizophrenen aber kommen nur zustande, wenn Ich und Über-Ich konvergieren. Diese metapsychologische Überlegung steht meiner Meinung nach nicht im Widerspruch zu Freuds genetischer Sicht, nach der »der zwanghafte Glaube, den der Wahn findet, gerade aus solch infantiler Quelle seine Stärke bezieht« und auf »historischer Wahrheit« beruht (Freud 1937b, S. 55). Wenn das Über-Ich dem Anspruch des Ichs auf den Realitätscharakter der Wahrnehmung oder des Ereignisses erst einmal stattgegeben hat, scheint das Ich diese Qualität nur unter seltenen und außergewöhnlichen Umständen wieder von den entsprechenden Erinnerungen abtrennen zu können. Das mag helfen zu erklären, warum manche religiöse Menschen nicht nur den Anspruch erheben, von der Existenz Gottes zu wissen, sondern Gott (ohne halluzinatorische Erfahrungen) auch tatsächlich zu sehen, und warum sie nicht einmal einen vorläufigen Zweifel an der wirklichen Existenz eines übernatürlichen Wesens aushalten können. Wenn ich dem Über-Ich einen derart weitreichenden Einfluss auf Wahrnehmung und Erinnerung zuspreche, mache ich mich wahrscheinlich angreifbar – für meine Begriffe ist das Über-Ich jedoch eine Organisation, die beständig funktionstüchtig ist, solange das Ich wach ist; ich glaube, dass sich Spuren des Über-Ichs in allen Ich-Funktionen auffinden lassen müssen. Wenn wir das Wenige in Erwägung ziehen, was wir über die Wahrnehmungswelt und die Denkprozesse der Primitiven wissen, können wir nicht mehr so leicht glauben, dass die große Vielfalt verschiedener Formen ausschließlich auf Unterschiede in der Ich-Organisation zurückzuführen sind, sondern eben

---

¹⁶ Freilich war auch das Es nicht ganz unbeteiligt an dieser Fehlbestimmung der Realität. Der Leser kann sich sicher sein, dass die Anweisung, die ich erhalten zu haben glaubte, der Person, von der ich sie angeblich erhalten hatte, nicht gerade zum Vorteil gereichte.

¹⁷ Der Patient gewinnt in diesem Zeitraum eine ähnliche Einsicht in die Krankhaftigkeit der depressiven Phase, wenn das Ich vom Über-Ich beherrscht wird. In diesem Fall stammt der Realitätscharakter der Wahnvorstellung womöglich ausschließlich aus dem Über-Ich; hier kommt es dann ebenfalls nicht zu einer Konvergenz von Ich und Über-Ich, die beim Schizophrenen Wahnvorstellungen nach sich zieht.

wahrscheinlich auch auf eine ebenso große Vielfalt von Über-Ich-Organisationen.[18]

Natürlich stellt meine Behauptung nicht die allgemein anerkannte Feststellung in Frage, dass sowohl Wahrnehmung als auch Erinnerung Funktionen des Ichs sind. Das Über-Ich aber versucht, auf diese Funktionen einzuwirken, und das Ich führt die Befehle des Über-Ichs aus, verteidigt sich gegen sie oder geht einen Kompromiss ein. Besser erforscht sind wohl diejenigen Prozesse, in denen das Wahrnehmungssystem dem Es nachgibt. Im Falle von Schizophrenen, die auf dem Realitätscharakter vergangener Wahnvorstellungen bestehen, ist eine bestimmte Qualität von Wahrnehmungen betroffen, die sich unauslöschlich an bestimmte Erinnerungen anheftet, sowie die sich daraus ergebende Unfähigkeit des Ichs, die Richtigkeit dieser Qualität in Zweifel zu ziehen. In diesem Zusammenhang ist es interessant, die unumstößlichen Überzeugungen der Schizophrenen mit der Leichtigkeit zu vergleichen, mit der unter Zwangsstörungen leidende Patienten Zweifel über unbestreitbare Realitätsinhalte entwickeln können. In dieser Neurose befinden sich Ich und Über-Ich jedoch in andauerndem Widerstreit. Wohlbekannt ist der Einfluss des Über-Ichs auf Erinnerungen im Falle der Verdrängung. Hier verweigert das Über-Ich die Anerkennung der Realität einer Erinnerung und zwingt das Ich, sie zu löschen. Wenn Freud (1924b, S. 380) sagt, »das Über-Ich« werde »auch zum Repräsentanten der realen Außenwelt und so zum Vorbild für das Streben des Ichs«, betont er den Beitrag des Über-Ichs zu den Ich-Bestrebungen. Beim Erwachsenen enthält jeder Akt der Wahrnehmung und Erinnerung ein aktives Bestreben, und jeder dieser Akte enthält potentielle Urteile über das, was existiert oder nicht existiert, wahr oder falsch ist. Sobald das Über-Ich die Richtigkeit von in Wahrnehmungen enthaltenen Urteilen, die für das Ich wichtig sind, einmal anerkannt oder bestätigt hat, kann die Realität nicht mehr korrigierend auf das Resultat einwirken. Diese Hypothese führt freilich zu bestimmten Annahmen, die auch die Psychologie der Schizophrenie betreffen, uns aber zu weit von unserem Thema wegführen würden.

Das andere Merkmal, das als verlässlicher Hinweis für eine Heilung der Schizophrenie gelten kann, hat mit bestimmten Gefühlszuständen zu tun. Die vielfältige und bunt schillernde Symptomatik schizophrener Patienten reduziert sich häufig zu einem bloß noch gelegentlichen Auftreten eines Zustandes, in dem dem Ich das Gespür für seine eigene Aktivität abhanden kommt. Während dieser Zustände fühlt sich der Patient zum Beispiel wie ein Roboter oder so, als hätte er seine Persönlichkeit verloren.[19] Das Auftreten solcher Gefühls-

---

[18] Zum Anteil des Über-Ichs an der Realitätsprüfung siehe Waelder 1935, 1937.
[19] Die Psychopathologie dieser Zustände ist natürlich recht kompliziert; meine beiden

zustände, und seien sie auch von noch so kurzer Dauer, macht den Anspruch auf Heilung des schizophrenen Patienten hinfällig. Die Richtlinien müssen in diesem Fall strenger ausfallen als bei Neurosen. Eine Neurose ist eine potentiell heilbare Störung. Es spricht nicht gegen diese allgemeine Feststellung, wenn nach einer Psychoanalyse einige geringfügige Symptome unaufgelöst im Patienten zurückbleiben. Die schwerwiegende Frage, ob schizophrene Patienten an einer heilbaren Erkrankung leiden, ist allerdings noch immer strittig. Unter den Patienten, deren Zustand in Statistiken oder detaillierten Einzelberichten als geheilt oder gefestigt angegeben wird, befinden sich gewiss auch eine unbestimmte Anzahl solcher, denen es gelang, sich »normal« zu verhalten, während sie sich wie Roboter fühlten. Wir dürfen nicht unterschätzen, wie schwierig es ist, die Patienten dazu zu bringen, von diesen Gefühlen zu berichten. Häufig halten sie sie nicht für erwähnenswert, fürchten sich aus Angst vor einem Rückfall davor, sich allzu sehr auf sie zu konzentrieren, oder sind sich ihrer gar nicht vollständig bewusst. Die meisten Patienten sind dem Therapeuten, dem es gelungen ist, sie von den Qualen des akuten Zustandes zu befreien, dankbar, aber Dankbarkeit kann auch zur Folge haben, dass Psychopathologien nur widerwillig eingestanden werden. Der scheinbare Übergang von psychotischem zu normalem Verhalten kann, so seltsam es klingt, auch auf der Grundlage einer Wahnvorstellung erfolgen. Ich muss sogar sagen, dass ich die heimtückische Gefahr einer Anpassung der Patienten auf der Grundlage einer Wahnvorstellung für recht groß halte; und wenn ein Patient, der an Wahnvorstellungen gelitten hat, in einer scheinbar nicht-wahnhaften Weise über die Realität zu sprechen beginnt, darf das nicht einfach für bare Münze genommen werden. Der Therapeut muss auch stets aufmerksam darauf achten, ob der Patient die Einschätzung und Beurteilung der Realität nicht bloß auf der Grundlage eines neuen Arrangements von Wahnvorstellungen vornimmt, die sich nur besser für realitätsgerechte Urteile eignen.

Das folgende Beispiel soll Aufschluss darüber geben, wie solche irreführenden Eindrücke entstehen können. Eine Patientin behauptete über einen langen Zeitraum standhaft, dass Kinder sich vor ihr fürchteten, weil ihre Anwesenheit einen verderblichen Einfluss auf sie ausübe. Nach einer Weile berichtete sie glücklich lächelnd, dass Kinder zutraulich seien und in einem guten Kontakt zu ihr stünden. Ihre Beschreibung klang so, als hätte sie die frühere Wahnvorstellung, sie übe einen schädlichen Einfluss auf Kinder aus, überwunden. Eine genauere Untersuchung ergab jedoch, dass sie nun der Wahnvorstellung anhing, im Besitz einer sich besonders günstig auf Kinder auswirkenden Kraft zu sein. In Wahrheit hatte sie also nur einen Wechsel der Vorzeichen in ihrem Wahnsystem erreicht. Der Unterschied zwischen den beiden Wahnvorstellun-

---

Beispiele habe ich aufs Geratewohl ausgewählt.

gen lag in der Weise, wie sie sich sozial auswirkten: Während die ursprüngliche Wahnvorstellung sie von der Gemeinschaft isolierte, brachte die neue sie ihren Mitmenschen näher.

Aus den zahlreichen Beispielen, denen ich in der Literatur begegnet bin, will ich nur eines auswählen, um daran zu zeigen, wie weit Therapeuten von der wirklichen Problematik der Schizophrenie abkommen können. Dabei beziehe ich mich auf Melitta Schmidebergs Erwiderung auf Rosens Vortrag (Rosen 1947). Es gelang ihr,

> zwei Patienten vollständig zu heilen, einen an paranoider Demenz leidenden 16-jährigen Jungen und einen 23-jährigen Schizophrenen. Bei beiden fanden über neun Jahre regelmäßige Nachuntersuchungen statt. Beide verliebten sich, waren glücklich verheiratet und in der Lage, schwierige Situationen zu meistern.

Die von ihr angewandte Technik beschreibt sie folgendermaßen: »Ich [...] deute das gesamte mir zur Verfügung stehende Material. Ich analysiere Wahnvorstellungen, das Hören von Stimmen etc. in genau derselben Weise wie bei neurotischen Symptomen. Vor allem versuche ich, Aggression und Angst zu analysieren« – als ob Aggression und Angst entscheidende Wesensmerkmale der Schizophrenie wären oder Verliebtsein und glückliche Ehen niemals im Zusammenhang mit Schizophrenie vorkämen.

In solchen Bemerkungen wird die Tendenz deutlich, Schizophrene wie Neurotiker zu behandeln. Auch in Rosens Werk tritt diese Tendenz offen zutage. Was er als Ursachen für die Symptome bei Schizophrenen beschreibt, lässt sich bei Neurotikern genauso finden. Offensichtlich hält er die verschiedenen unvereinbaren Impulse des Es für die Auslöser der Schizophrenie und übersieht dabei, dass es die Funktionsweise des Ichs ist, die darüber entscheidet, ob ein Patient an Schizophrenie leidet oder nicht. Bei jedem Fall von Schizophrenie muss, wenn man von einer Analyse sprechen können soll, die spezifische Ich-Störung gefunden werden, und dies wiederum kann nur in der zweiten Phase stattfinden. Es bedarf einer äußerst detaillierten Untersuchung, um herauszufinden, welche Funktion wie gestört ist. Bevor der Patient nicht die spezifische Störung seines Ichs entdeckt und näheren Einblick in sie gewonnen hat, kann man nicht von einer Psychoanalyse sprechen, weil der Patient das Vorhandensein einer grundlegenden Störung des Ichs noch nicht anerkannt hat, und zwar auch dann nicht, wenn er die lange Liste seiner prägenitalen Impulse bereits in- und auswendig kennen sollte. Die Arbeit der Ermittlung der spezifischen Störung des Ichs lässt sich mit Goldsteins Analyse der Funktionen bei Patienten vergleichen, die an Erkrankungen des Gehirns leiden (Goldstein 1942). Wenn ein Patient nicht lesen kann oder sonstige massive Störungen aufweist, sagt das noch nicht viel darüber aus, welche Funktion wirklich geschädigt worden ist, da eine Verletzung einer ganzen Reihe von Funktionen zum selben Ergebnis führen kann. Ebenso mag es einem Patienten gelingen, wieder lesen zu lernen, obwohl die von der Störung betroffene Funktion nicht wiederhergestellt ist, er aber gelernt hat, einen effektiveren Gebrauch von anderen Funktionen zu machen und so zu verdecken, dass die ursprüngliche Störung fortbesteht. Aus dem Voranstehenden zu schließen, dass ich Schizophrenie für eine unheilbare Störung halte, hieße, mich misszuverstehen. Ich möchte lediglich betonen, dass diese Frage in keinem der mir bekannten Berichte über die erfolgreiche Behandlung akuter Schizophrener gelöst worden zu sein scheint. Es mag gelungen sein, das Ausmaß der Verletzung des Ichs zu reduzieren; andere Funktionen mögen den Verlust weitgehend ausgleichen. Das Ich mag gelernt haben, die Verletzung zu verbergen. Aber dies alles widerlegt noch nicht den Verdacht, dass eine psychische Narbe im Rahmen des Ichs vorhanden sein könnte. Von einer Psychoanalyse können wir bei einer psychotherapeutischen Behandlung der Schizophrenie jedoch nur sprechen, wenn untersucht worden ist, ob eine solche Narbe existiert.

VII

In diesem Abschnitt möchte ich auf einige Probleme zu sprechen kommen, die auf den ersten Blick anscheinend nichts miteinander zu tun und doch etwas gemeinsam haben. Diese Probleme können zeigen, wie bedeutungslos die Angabe der Heilung einer Schizophrenie ist, solange die Erkrankung des Patienten nicht sehr sorgfältig unter ihren genetischen, dynamischen und strukturellen Aspekten untersucht worden ist. In einer exzellenten Studie streift August Stärcke (1921, S. 64; S. 5 Anm.) auch kurz die psychoanalytische Behandlung der Schizophrenie und erwähnt einen Fall von Paranoia, der von Poul Bjerre erfolgreich behandelt worden sei. Stärcke ist jedoch der Auffassung, dass Bjerres Bericht kein Beweis für die psychoanalytische Behandelbarkeit der Paranoia ist, weil der Vater des Patienten während der Behandlung verstarb. Ich halte Stärckes Bemerkung für ausgesprochen scharfsinnig, da sich in ihr eine besonders fein ausgeprägte Sensibilität für die Psychologie der Schizophrenie zeigt. Wo findet man in der aktuellen psychoanalytischen Literatur zur Schizophrenie Überlegungen, die einen ähnlichen klinischen Scharfsinn erkennen ließen? Stärckes Einwand lässt sich durch Beobachtung tatsächlich bestätigen. Ein Ereignis, dem ein Beobachter die Qualität eines Traumas zusprechen würde, wirkt sich bei einem Schizophrenen häufig paradox aus. Besonders der Tod eines Elternteils kann oftmals eine klinische Besserung auslösen. In Studien zu Nachuntersuchungen wird der Grad der Besserung bei Schizophrenen, die sich einer Behandlung unterzogen haben, häufig evaluiert, indem die schwierigen Situationen aufgezählt werden, die die Patienten unbeschadet überstanden haben. Wenn die therapeutische Wirkung, die ebendiese Situationen auf den Patienten ausgeübt haben könnten, nicht ebenfalls in Betracht gezogen wird, verrät sich in dieser Methode jedoch eine grobe Fehleinschätzung der Erkrankung.

Wir können uns des Eindrucks nicht erwehren, dass die Vereinfachung, mit der das Problem der Therapie in der allgemeinen Psychiatrie behandelt wird – wo der Therapeut das Symptom im Auge behält und bereits zufrieden ist, wenn er verzeichnen kann, dass es nicht mehr da ist –, auch in das Denken mancher Psychoanalytiker eingedrungen ist, so dass die Gefahr besteht, dass sich einige der Unterschiede, durch die die Psychoanalyse sich von der Allgemeinen Psychiatrie bisher abhob, im Laufe der Zeit verflüchtigen könnten.

Damit sind noch zahlreiche weitere Probleme verbunden, die es in jedem einzelnen Fall sorgfältig zu bedenken gilt.

Freud (1914a) hat drei verschiedene Phasen in der Erkrankung unterschieden, die kurz die Phase der »Abwendung des Interesses von der Außenwelt« (S. 139), die Phase der Introversion (S. 150) und die Phase der Restitution (S. 153) genannt werden können. Der schizophrene Prozess beginnt mit dem Abzug der Objektbesetzung von der Außenwelt, der daraus resultierende Überschuss vorwiegend narzisstischer Libido wird durch Umordnung innerhalb des Ichs gebunden, was wiederum zu Hypochondrie, Größenwahn und verwandten Symptomen führt. Dann bewegt sich das Ich möglicherweise wieder auf die Realität zu, das heißt, es versucht, die Realität aus sich selbst heraus wiederzuerlangen, was für gewöhnlich die Ausbildung eines Wahnsystems zur Folge hat.

Klinisch beobachten wir häufig, dass sich ein Patient in allen drei Phasen zugleich befinden kann. Die Libido mag von Teilen der Realität abgezogen worden sein, andere Realitätsanteile aber können beim Prozess des Entzugs von Libido auch ausgespart worden sein. Ein Teil der entzogenen Libido kann bei der Umordnung des Ichs gebunden worden sein, ein weiterer Teil ist jedoch möglicherweise auch in die pathologische Rückkehr zu einer wahnhaft verzerrten Realität eingegangen. Auch die zeitliche Zuordnung ist von Interesse. Soweit man das in einer allgemeinen klinischen Evaluation beurteilen kann, werden die drei Phasen manchmal sehr schnell durchlaufen. Es scheint, als ob das Ich lange darum gekämpft hätte, seinen Bezug zur Realität aufrechtzuerhalten, dann bricht es plötzlich zusammen und rasch wird ein Wahnsystem errichtet. Noch häufiger verläuft die Phase der Abwendung von der Außenwelt klinisch unauffällig, über einen langen Zeitraum hinweg und ohne dass die Umgebung des Patienten – oft sogar nicht einmal der Patient selbst – Notiz davon nimmt.

Überdies – und das ist in diesem Zusammenhang vielleicht am wichtigsten – kann es sein, dass die erste Phase nicht vollständig durchlaufen wurde. Es ist nicht einfach, einen solchen Verlauf zu beschreiben, es sei denn, man tut es im übertragenen Sinne. Viele Patienten durchlaufen, wenn sie ihre Libido von der Außenwelt abziehen, nicht den gesamten Prozess der Abwendung von der Außenwelt, das heißt, die Phase der Introversion wird von ihnen weder erreicht noch durchlaufen, sondern sie stellen die Abwendung von der Außenwelt irgendwo zwischen Ich und Außenwelt ein und gehen direkt zur dritten Phase über, ohne die zweite abgeschlossen zu haben. Mit anderen Worten: Diese Patienten nehmen sozusagen eine Abkürzung und bilden Wahnvorstellungen aus, bevor ihre realitätszugewandte Libido vollständig in narzisstische Libido umgewandelt worden ist. Das klinische Erscheinungsbild dieser Patienten stellt sich wie folgt dar: Sie sind von Wahnvorstellungen erfüllt, reagieren aber recht rasch und gut auf Erklärungen. Sie kommen mit Wahnzuständen in die Praxis, sind aber relativ frei von Wahnvorstellungen, wenn sie den Therapeuten wieder verlassen. Am folgenden Tag kommen sie jedoch mit denselben oder – je nach Lage des Falles – anderen Wahnvorstellungen wieder. Häufig sind sie sich des repetitiven Charakters, der sich im Verlauf ihrer Gespräche einstellt, nicht bewusst. Manchmal vergeht viel Zeit, bis sie die Veränderung, die regelmäßig eintritt, nachdem Deutungen gegeben wurden, überhaupt bemerken. Die verhältnismäßige Labilität ihrer Wahnvorstellungen und ihr rasches Ansprechen auf Gespräche, in denen Erläuterungen gegeben werden, ist für meine Begriffe auf eine unvollständige Internalisierung der abgezogenen, auf das Objekt gerichteten Energie zurückzuführen. Der therapeutische Erfolg, der bei einem solchen Patienten erreicht werden kann, muss klinisch anders beurteilt werden als bei einem Patienten, der alle drei Phasen vollständig durchlaufen hat.

Ein weiterer Punkt, der näher untersucht werden muss, ist die Frage, wie tief die Regression reicht. Leider wird dieses Thema in der Regel unter dem Aspekt der Regression des Es behandelt. Ich bin jedoch davon überzeugt, dass sich eine Prognose oder Einschätzung des Ausmaßes der Störung nicht allein darauf stützen kann, ob der Patient sich mit Fäzes beschmiert oder oral fixiert ist. Entscheidend ist hier das Ausmaß der Regression im Ich und die mögliche Zerstörung höherer Ich-Funktionen. Das mag paradox klingen, weil man sich eine Regression im Es ohne eine damit einhergehende Regression des Ichs nur schwer vorstellen kann. Dieser Einwand ist berechtigt, kann aber nicht vorbehaltlos angenommen werden. Im Bereich neurotischer Psychopathologie können wir ebenfalls beobachten, dass Regressionen des Es und eine Vielzahl von Ichstörungen miteinander zusammenhängen können. Eine anale Regression taucht nicht immer in Verbindung mit einem zerstörten Ich auf, wie es bei Zwangsneurosen der Fall wäre. Es kann sein, dass das Ich die anale Regression akzeptiert oder das Über-Ich tolerant oder unterentwickelt ist, daher müssen regressive Prozesse im Es nicht zwangsläufig eine ernste Ich-Pathologie zur Folge haben. Bei manchen Schizophrenen ergibt sich das Ich vorübergehend dem Angriff eines stürmischen Es, während die Ich-

Bemerkungen zur Psychoanalyse der Schizophrenie

Funktionen vergleichsweise intakt bleiben und nur allzu bereit sind, ihre Aufgaben wieder zu erfüllen, sobald sie von passenden Anteilen der Außenwelt bei ihrem Bestreben unterstützt werden, nicht zum Sklaven von Mächten des Es gemacht zu werden, die sie nicht mehr kontrollieren können. Ich möchte folgenden Vergleich vorschlagen: Ein ehrlicher Mann entdeckt plötzlich, dass er die ganze Zeit inmitten einer Bande von Verbrechern lebte. Vielleicht registriert er aufgrund der Angst, die in ihm aufkommt, nicht mehr, was um ihn herum geschieht. Ein Außenstehender wird ihn vielleicht für ein gewöhnliches Bandenmitglied halten, weil er sich nach wie vor in der Gesellschaft von Verbrechern befindet, in Wirklichkeit aber geht er nur wie gewöhnlich seinen Beschäftigungen nach, während er die rechtswidrigen Vorgänge, die sich um ihn herum abspielen, indirekt duldet. Unter denselben Umständen kann ein Mann ein aktives Mitglied der Verbrecherbande werden und seine neuen Tätigkeiten derart genießen, dass er sie nicht einmal dann aufgeben will, wenn die ganze Bande dingfest gemacht worden ist. Einer Einwirkung auf seine moralischen Grundsätze wird sich aber womöglich auch der Mann im vorigen Fall nicht gänzlich entziehen können.

Wenn das Ich in der psychotischen Episode voll intakt bleibt, sollte man nicht von Schizophrenie sprechen, sondern eher auf Josef Berzes hilfreiche Diagnose einer schizoiden Psychose zurückgreifen (Berze & Gruhle 1929; Berze 1938).

Diese besondere Gruppe einmal ausgenommen, lässt sich ein Unterschied darin ausmachen, wie weit das Ich an der akuten Phase beteiligt ist. Der gefährlichste Vorgang in der Pathologie des Ichs hat mit der Zerstörung höherer, synthetischer Funktionen zu tun. Anscheinend wird bei der Auflösung dieser Funktionen eine große Menge narzisstischer Libido frei, die zuvor in verschiedenen Ichfunktionen gebunden war. Nicht jeder Anstieg von Ichlibido ist also auf den Abzug der Objektbesetzung von der Außenwelt zurückzuführen. Etwas davon entstammt, als Folge des Zusammenbruchs höherer Strukturen, auch dem Ich selbst (diesem Fall ist therapeutisch meiner Meinung nach am schwersten beizukommen). Diese freie narzisstische Libido wird vom Seh- oder Hörapparat oder durch das Denken absorbiert; eine Überbesetzung dieser Funktionen ist die Folge. Der klinische Aspekt muss jedoch unter dem doppelten Gesichtspunkt eines Zuwachses an Objektbesetzung *per se* und der Beseitigung eines höheren Regulierungszentrums betrachtet werden. Beide Momente konvergieren in ihren Auswirkungen. Die Wahrnehmungsfunktionen des Patienten machen sich dann womöglich selbständig und tragen ihn mit sich davon. Das Leben des Patienten beginnt von seinen Augen beherrscht zu werden, oder er wird zum Sklaven seiner Ohren, und das Ich muss sich voll und ganz der Aufgabe widmen, jede akustische Stimulation abzuhalten, da sich das gesamte Hörsystem im Zustand einer verstärkten Erregbarkeit befindet.

Oder »es« beginnt im Patienten zu denken, und das Ich verliert die Kontrolle über eines seiner nützlichsten Werkzeuge. Oder eine bestimmte Reihe von Erinnerungen wird überbesetzt etc. Auch hier muss die Wirkung der Therapie jeweils anders beurteilt werden, je nachdem, ob man es mit einer Fehlfunktion zu tun hat, die ganz auf den Abzug der Objektbesetzung von der Außenwelt bei vollständiger Erhaltung höherer synthetischer Funktionen zurückzuführen ist, oder mit einer Fehlfunktion mit vorübergehendem Abbau höherer Funktionen bei gleichzeitiger Erhaltung ihrer Intaktheit, oder, drittens, bei gleichzeitiger Schädigung höherer Funktionen. Sicherlich wird schon die Wiederbesetzung der Außenwelt das Ich von schädlichen Besetzungen entlasten und eine heilsame Wirkung auf die Funktionen ausüben, die das Ich zu kontrollieren nicht mehr imstande war. Eine solche Besserung aber würde nicht zwangsläufig mit einer vollen Wiederherstellung der höheren integrativen Funktionen einhergehen. Nur eine länger andauernde Behandlung und eine mikroskopisch genaue Beobachtung dessen, wie der Patient auf unterschiedlichste emotionale Belastungen reagiert, kann Aufschluss darüber bringen, ob diese höheren integrativen Funktionen angemessen funktionieren oder nicht. Zweifellos kann sich ein Patient auch dann recht erfolgreich in seiner persönlichen und sozialen Realität bewegen, wenn seine Persönlichkeit nicht wieder so weit hergestellt ist wie vor seiner Erkrankung.

Und noch ein weiterer wichtiger Aspekt, den ich für häufig vernachlässigt halte, muss bei der Evaluation von Therapien beachtet werden. Freud hat das Erleben des Schizophrenen, die Welt gehe unter, als Folge des Abzugs von Libido aus der Außenwelt beschrieben. Die klinische Beobachtung zeigt uns, dass entweder alle Objektbesetzungen abgezogen werden oder aufgrund des Ausströmens von Energie nur die libidinöse Objektbesetzung verlorengeht, während die aggressive an die Repräsentation der Außenwelt gebunden bleibt. Die äußere Realität erscheint dann als feindselig. Der Patient fühlt sich von einer unmittelbar bevorstehenden Gefahr bedroht, ohne dass sich der Gedanke eines Weltuntergangs herausbilden würde. Die Realität existiert noch, da ein Teil der Objektbesetzungen weiterhin an deren Repräsentation gebunden ist, doch die Weise, wie die Welt dem Patienten erscheint, hat eine Veränderung durchlaufen, die furchterregend für ihn ist. Patienten in diesem Stadium wirken wahnhaft, klinisch muss dieses Stadium aber ganz anders eingeschätzt werden als im Falle der Wahnvorstellungen, die in der dritten Phase auftreten. Wenn der Therapeut das Glück hat, in dieser Phase zum Patienten vorzudringen, können seine Bemühungen mit einem enormen Erfolg belohnt werden, aber wäre es richtig, die allgemeine Aussage zu treffen, dass es ihm gelungen sei, den Patienten »von seinen Wahnvorstellungen zu befreien«, ohne dabei anzugeben, in welchem Stadium der Erkrankung sich der Patient zu diesem Zeitpunkt befand? Ich werde diese Unterschiede anhand eines klinischen Beispiels veranschaulichen. In der Annahme, dass die Erkrankung einer Patientin bereits weit in die dritte Phase vorangeschritten war, identifizierte ich folgendes Erlebnis als erste Erfahrung mit ihrer Psychose: Während eines Urlaubs mit ihrem kleinen Jungen saß sie in einem Wald. Plötzlich überkam sie der Eindruck, dass in dem Baum, in dessen Schatten sie sich gerade ausruhte, etwas Unheimliches vor sich ging. Sie bekam Angst. Sie hatte das Gefühl, dass eine feindliche Macht im Begriff war, etwas gegen sie auszuhecken, und lief entsetzt davon. Sie brach den Urlaub ab, kehrte nach Hause zurück und entging so vorübergehend der ersten Attacke einer malignen Psychose.

Die Weise, in der sie über ihre wahnhaften Erfahrung im Wald sprach und die gesamte Stellung dieser Erfahrung im Verlauf ihrer Psychose unterschieden sich so beträchtlich von den Wahnvorstellungen der dritten Phase, wo sie unter den Zumutungen einer sie beeinflussenden Maschine litt, dass wir jeweils ganz andere metapsychologische Prozesse hinter den beiden Vorgängen vermuten müssen. Natürlich wären die therapeutischen Aussichten wesentlich besser gewesen, wenn die Therapie gleich nach dem ersten Auftauchen akuter Halluzinationen und Wahnvorstellungen hätte aufgenommen werden können. Es war interessant zu sehen, wie die Patientin der akuten Psychose durch einen selbstgewählten Umgebungswechsel unmittelbar, wenn auch nur vorübergehend, Einhalt gebieten konnte.

Ich muss noch hinzufügen, dass die meisten dieser klinischen Tatsachen erst ermittelt werden können, wenn es gelungen ist, den Patienten aus dem akuten klinischen Stadium herauszubringen. Und selbst dann muss erst alles aufs Sorgfältigste analysiert werden, bevor die einzelnen Details der Erkrankung in der richtigen Reihenfolge eingeordnet werden können.

Es wäre lächerlich zu behaupten, dass unser klinisches oder phänomenologisches Wissen bereits weit genug gediehen wäre, um durch klinische Beobachtung darüber entscheiden zu können, ob die Wahnvorstellungen eines Patienten – wie im eben beschriebenen klinischen Fall – der dritten Phase oder dem Anfangsstadium zuzurechnen sind. Wie bei der Tuberkulose kann der schizophrene Prozess alle Krankheitsstadien vollständig durchlaufen, er kann aber auch an jedem Punkt in seiner Entwicklung zum Stillstand kommen. Das, was ich als Anfangsstadium bezeichnet habe, kann jahrelang vorhalten oder ganz plötzlich in eine voll entfaltete dritte Phase übergehen.

Möglicherweise lassen sich die beiden Phasen der Behandlung nun mit den beiden Phasen der Krankheit zusammenführen. In der Therapie der akuten Phase geht es hauptsächlich um die Aufhebung der dritten Krankheitsphase. Sowohl die Phase der Behandlung als auch die der Erkrankung sind schillernd, dramatisch, interessant und ziehen den Therapeuten, den Patienten und seine Familie in ihren Bann. In der zweiten Behandlungsphase geht es prinzipiell um die Aufhebung der ersten Krankheitsphase. Behandlung und Krankheit sind während dieser Phasen nach außen hin uninteressant, beschwerlich und langwierig.

So wie sich das Interesse der Psychiater hauptsächlich auf die dritte Krankheitsphase richtete, haben sich die Therapeuten in ihren Behandlungen auf die akute Phase konzentriert. Der Psychoanalyse aber obliegt es, Licht in andere und noch kaum untersuchte Phasen sowohl der Krankheit als auch der Therapie zu bringen.

VIII

Eine abschließende Bemerkung zur Persönlichkeit des Therapeuten. Wenn er möglichst gute Chancen auf eine erfolgreiche Behandlung der Schizophrenie haben möchte, sollte er an seine Omnipotenz glauben; therapeutischer Misserfolg muss für ihn unannehmbar sein; die Heilung des Patienten muss für ihn von höchster emotionaler Bedeutung sein; die gesamte Bandbreite der Emotionalität muss ihm stets unmittelbar zur Verfügung stehen; es muss ihm möglich sein, die dem Primärprozess nahestehenden psychischen Manifestationen ohne Weiteres zu aktivieren; er muss eine Begabung zur Inszenierung besitzen; die Zeit, die er für den Patienten aufwendet, darf keine Rolle spielen; der Ernst der Situation muss eine Herausforderung für ihn darstellen und die Möglichkeit des Scheiterns muss für ihn gleichbedeutend sein mit einer traumatischen therapeutischen Niederlage.

Der Patient wird dann das Gefühl bekommen, den Lebensmittelpunkt seines Therapeuten zu bilden. Je höher der Einsatz des Therapeuten, desto stärker die Reaktion des Patienten.

Den Wundern, von denen in den Evangelien berichtet wird, stehe ich recht skeptisch gegenüber. Ich bin aber überzeugt, dass der Erlöser Schizophrene in der akuten Phase geheilt hat. Wie in den meisten psychiatrischen Berichten ist auch in den Evangelien versäumt worden, Kunde von der zweiten Phase zu geben. Doch je besser es dem Therapeuten gelingt, in seinem Patienten eine moderne Annäherung an das Bild Christi heraufzubeschwören, desto größer werden seine therapeutischen Chancen ausfallen. Ich wundere mich nur, warum die Kirchen, die ihre Vorrechte doch sonst so eifersüchtig bewachen, das Privileg der Behandlung von Schizophrenen so umstandslos der Wissenschaft überlassen haben. In diesem Zusammenhang fühle ich mich an Gertrud Schwing erinnert (siehe Schwing 1940, S. 135; Federn 1956 [1943]). Jeder, der ihr bei der Ausübung ihrer bemerkenswerten Arbeit an der Wiener Universitätsklinik zusah, war von diesem Aspekt ihrer Persönlichkeit zutiefst beeindruckt. Wie eine mittelalterliche Heilige befreite sie die Schizophrenen von ihren Zwangsjacken, und Patienten, die eben noch brüllten und schrien, beruhigten sich augenblicklich, wenn sie sich ihnen zuwandte. Manche Persönlichkeiten besitzen zweifellos die ganz besondere Eigenschaft, eine hochstrukturierte Hintergrundatmosphäre um sich herum zu erzeugen. Ohne viel zu sagen oder zu tun, durch ihre bloße Anwesenheit, rufen sie eine Vielzahl von Assoziationen in ihren Partnern hervor. Die Wirkung, die sie auf andere ausüben, geht immer über das hinaus, was sie sagen oder tun. Hier ist ein nicht-analytisches Problem berührt, die Frage nämlich, was in einer Person jene Wirkung hervorruft, die einer Bezauberung anderer gleichkommt.

Diese Eigenschaft zeigte sich bei denjenigen, die – wie etwa Harry Stack Sullivan – für ihre therapeutische Wirkung auf Schizophrene berühmt wurden. Ich glaube, sie stellt eine der Grundvoraussetzungen für die Behandlung von akut Schizophrenen dar. Die Persönlichkeiten, deren Wirkung auf andere vom Inhalt ihrer verbalen Äußerungen abhängt, werden es mit akut Schizophrenen sehr viel schwerer haben als diejenigen, deren Persönlichkeitsrelief *per se* eine Fülle von vagen oder konkreten Assoziationen anstößt oder die, mit anderen Worten, bereits durch bloße Andeutung die Primärprozesse in anderen ansprechen. Bevor das schwerfällige (allerdings auch zuverlässigere) System der Sekundärprozesse und rationaler, logischer Sätze aus Worten den Kontakt zwischen Menschen abschwächte, wurden die menschlichen Beziehungen von einer archaischen Sprache gesteuert, die aus Gesten und rein stimmlichen Qualitäten bestand. Diese archaische Sprache rückt wieder ins Zentrum der Beziehung zwischen dem Therapeuten und dem akut Schizophrenen und bildet so eine Entsprechung zu dessen Zugang zum Leben, der sich nah an der Ebene der Primärprozesse bewegt.

Aus dem Amerikanischen übersetzt von Dominic Angeloch

Ich-psychologische Implikationen bei der psychoanalytischen Behandlung von Verwahrlosten[1]

Im Allgemeinen wird davon ausgegangen, dass die psychoanalytische Technik, wie sie in Freuds Schriften zur Technik der Psychoanalyse umrissen wurde, nur bei denjenigen psychischen Störungen anwendbar ist, die zur Gruppe der Psychoneurosen gehören.

Für bestimmte Gruppen von Störungen mussten andere Techniken entwickelt werden, da sichtbar wurde, dass die Technik, die sich so gut zur Behandlung von Psychoneurosen eignet, hier nicht anwendbar ist. Für drei Hauptgruppen von Störungen wurden jeweils spezifische Techniken erarbeitet: die Störungen des Kindes, die Gruppe der Schizophrenien und die Verwahrlosung. Die Entwicklung der neuen Techniken führte unvermeidlich zu der Frage, ob diese den Ansprüchen der Psychoanalyse genügten oder nicht. Paul Federn hat die allgemeinen Bedingungen erläutert, die eine Technik erfüllen muss, damit sie psychoanalytisch genannt werden kann (Federn 1942). Ich möchte dem etwas rein Pragmatisches hinzufügen. Ich schlage vor, dass Freuds Technik – aus offensichtlichen Gründen – als Modell aufgefasst werden sollte und dass Abweichungen, die für die Ausdehnung des Anwendungsbereichs der Psychoanalyse über die Neurosen hinaus notwendig sind, auf ein Minimum beschränkt bleiben sollten. Der Einfachheit halber werden wir den Grad der Abweichung als Parameter der jeweiligen Technik bezeichnen. Diejenige Technik, die zum Beispiel bei der Behandlung von Verwahrlosten ihren Zweck mit dem kleinstmöglichen Parameter erreicht, sollte allen anderen vorgezogen und psychoanalytisch genannt werden. Wie etwa bei der Behandlung Verwahrloster der Fall, kann die notwendige Abweichung so groß sein, dass die Modelltechnik, der sie sich anzunähern sucht, kaum erkennbar ist. Doch – und hier sprechen wir wieder ganz pragmatisch – wenn eine Änderung notwendig ist, sollte man jedes Mal wissen, warum man die Modelltechnik im jeweiligen klinischen Fall für ineffektiv hält und warum der Parameter der neuen Technik nicht verringert werden kann. Die psychoanalytische Behandlung des Neurotikers variiert von Patient zu Patient entsprechend seiner Neurose und den individuellen Facetten

---

[1] [Zuerst veröffentlicht unter dem Titel »Ego-psychological implications of the psychoanalytic treatment of delinquents« in *The Psychoanalytic Study of the Child*, 7, 1952, S. 97–121]

seiner Persönlichkeit. Freuds breiter Aufriss suchte gewissermaßen ein Gebiet abzustecken, innerhalb dessen sich die psychoanalytische Technik bewegen sollte. Die folgenden Vorschläge, die hauptsächlich auf der von Aichhorn entwickelten Technik basieren (den ich mit aller gebotenen Zurückhaltung zitiere, da ich ihn möglicherweise missverstanden habe), können natürlich nur ein allgemeines Prinzip anzeigen, das an die individuellen Bedürfnisse jedes Patienten angepasst werden muss. Wenn im Folgenden von der psychoanalytischen Technik der Verwahrlostenbehandlung allgemein die Rede ist, wird damit keine absolut verlässliche Regel aufgestellt. Vielmehr handelt es sich um Gedanken, die man im Hinterkopf behalten kann, um einen plötzlichen Behandlungsabbruch abzuwenden. Anders ausgedrückt, es könnte vorteilhaft sein, einen Bezugsrahmen zu haben, der uns hilft zu verstehen, warum die klassische Technik bei der Behandlung des Verwahrlosten nicht zum erwarteten Erfolg führt.

Darüber hinaus möchte ich in diesem Beitrag vorschlagen, die Begriffsdefinition von Übertragung zu erweitern. Freud hat diesem Begriff eine bestimmte Bedeutung gegeben. Im Folgenden werde ich ihn in einer Weise benutzen, die seiner Definition nicht in jeder Beziehung entspricht. Ich schlage stattdessen eine pragmatische Definition vor, die ein wenig über den Gegenstandsbereich von Freuds Definition hinaus geht, da sie alle emotionalen Voraussetzungen umfasst, die der Patient erwerben muss, um seinen Anteil an der psychoanalytischen Behandlung zu leisten. Diese kurze Bemerkung muss ausreichen, um zu begründen, wie ich Begriffe wie Herstellung einer Übertragungsbeziehung im Folgenden einsetze.

Die Behandlung von Verwahrlosten unterscheidet sich deshalb so sehr von der neurotischer Patienten, weil sie in zwei Phasen zerfällt, die, obwohl sie sich über weite Strecken überlappen und teilweise vermischen, doch jeweils spezifische Unterschiede in der therapeutischen Zielsetzung und in der grundlegenden dynamischen Beziehung zwischen Analytiker und Patient aufweisen.[2] Aus Gründen, die später erläutert werden, habe ich hauptsächlich über die erste Phase Erfahrungen gesammelt, die ich die *Initial-* oder *Vorbereitungsphase* nennen möchte.

Ein weiterer Faktor könnte die Auseinandersetzung mit der psychoanalytischen Technik, speziell der Technik, die bei Störungen jenseits der Psychoneurosen angewandt wird, erschweren. Ich meine die Gefahr, dass persönliche Voreingenommenheit und Vorlieben des Analytikers die Wahl der Technik beeinflussen. Obwohl dieser Faktor auch in Debatten über die Technik der Neu-

---

[2] Die Notwendigkeit, am Anfang einer Behandlung eine von der folgenden Phase deutlich abweichende Technik anzuwenden, kommt auch in der Behandlung bestimmter Neurosen vor (vgl. Greenacre 1941).

rosenbehandlung in Betracht gezogen werden muss, könnte die Auswirkung des persönlichen Faktors auf den Parameter der Verwahrlostenbehandlung ernsthafte Folgen haben. Während bei der psychoanalytischen Behandlung von Neurosen das echte Interesse und die Aufgeschlossenheit für psychologische Belange sowie die persönliche Analyse des Therapeuten im Allgemeinen die wichtigsten Voraussetzungen sind, sind diese nicht ausreichend für die Behandlung von Schizophrenen und besonders nicht für die von Verwahrlosten. Man kann meiner Meinung nach diese Voraussetzungen gegenwärtig noch nicht definieren, doch sind sie mit Sicherheit eng verbunden mit der Schichtung der tiefsten Konflikte in der Persönlichkeit des Therapeuten, oder, anders ausgedrückt, mit der Struktur der Beziehungen zwischen seinem Ich, Es und Über-Ich.

In der folgenden Darstellung möchte ich nur drei Punkte aufführen, die, wie ich denke, in der Behandlung von Verwahrlosten unumgänglich sind, aber natürlich bei weitem nicht all ihre Probleme abdecken. Wie Aichhorn in seinen technischen Schriften hervorgehoben hat, ist das wichtigste Ziel der Initialphase der Verwahrlostenbehandlung der Aufbau einer Übertragungsbeziehung vom Verwahrlosten zum Analytiker. Die Struktur der Neurose bewirkt, dass die Übertragung sich fast automatisch herstellt, wenn technisch richtig vorgegangen wird. Der Neurotiker hat eine besonders starke Neigung, Übertragungen herzustellen. Im Umgang mit neurotischen Störungen besteht die zentrale Aufgabe des Analytikers bloß darin, die Übertragungen des Patienten zu interpretieren und adäquat zuzuordnen. Doch die überwiegend narzisstische Beschaffenheit der Persönlichkeit des Verwahrlosten, seine Unfähigkeit zu lieben oder sich einem Partner mit positiven Gefühlen zuzuwenden, und die daraus folgende Abwesenheit jeder spontanen positiven Übertragungsreaktion machen es notwendig, dass der Analytiker die positive Übertragung des Patienten aktiv provoziert oder herstellt. Obwohl, wie oben erwähnt, die so entstehende Beziehung es nicht wirklich verdient, Übertragung genannt zu werden, da sie nicht identisch mit der emotionalen Reaktion bei Neurosen ist, spielt sie in der Analyse des Verwahrlosten aus dynamischem Blickwinkel eine ähnliche Rolle. Darüber hinaus wird diese emotionale Beziehung zwischen dem Analytiker und dem Verwahrlosten, die in der Initialphase mühselig aufgebaut wird, der Übertragung des Neurotikers in jeder Hinsicht immer ähnlicher, je näher die Behandlung an die zweite Phase heranreicht.

Ich habe wiederholt die Erfahrung gemacht, dass der verwahrloste Patient erst dann eine tragfähige emotionale Beziehung zum Analytiker herstellen kann, wenn er diesen als omnipotentes Wesen erlebt hat. Darüber hinaus muss er davon überzeugt sein, dass der Analytiker entschlossen ist, seine Allmacht zum Wohle des Patienten einzusetzen, und niemals in Versuchung geraten wird, seine quasi übernatürlichen Kräfte zum Missfallen des Patienten einzusetzen, trotz aller Provokationen, denen der Patient ihn aussetzt. Lassen Sie mich diesen Punkt mit einem klinischen Beispiel illustrieren. Das wird es einfacher machen, in Bezug auf die der Verwahrlostenbehandlung eigene Notwendigkeit, sich vorübergehend wie ein omnipotentes Wesen zu verhalten, einige theoretische Vorschläge zu machen.[3]

I

Ein siebzehneinhalbjähriges Mädchen wurde aufgrund von Promiskuität, häufigen Zechgelagen und wiederholtem Durchfallen im College in die Analyse geschickt. Sie war eine attraktive junge Frau mit überdurchschnittlicher Intelligenz und künstlerischen Talenten. Ihr Familienhintergrund war typisch für New England. Ihr Vater war gestorben, als sie sieben Jahre alt war, und sie hatte eine jüngere Schwester, die kurz nach dem Tod des Vaters geboren worden war. Beide Eltern hatten einen hohen Bildungsstand und als junges Kind hatte die Patientin vielversprechende intellektuelle Fähigkeiten gezeigt. Dennoch hatte sie in der High School große Schwierigkeiten gehabt und versagte im College sowohl in ihren Leistungen als auch im sozialen Verhalten. Schließlich riet man ihrer Mutter, sie in Analyse zu schicken. Die Patientin war bereit, dem Vorschlag zu folgen, da sie selbst Angst vor dem endgültigen Scheitern hatte. Ich werde die dynamische Beschreibung ihrer Störung nicht weiter ausbreiten, sondern hebe speziell den klinischen Aspekt hervor. Im Erstgespräch zeigte sich, dass die bei der Behandlung von Neurotikern übliche Anfangstechnik in ihrem Fall nicht erfolgreich gewesen wäre. Nachdem sie mir ihre Schwierigkeiten grob umrissen hatte, versicherte sie mir einigermaßen abrupt, dass sie alles in ihrer Macht Stehende tun würde, um mich zu verführen, und dass sie so gut wie sicher war, damit Erfolg zu haben. Außerdem ließ sie mich wissen, dass sie im Fall ihres – für sie undenkbaren – Scheiterns so unglücklich sein würde, dass sie ihre Behandlung nicht würde fortsetzen können.

Mit dieser Bemerkung zeigte sie, wie wenig sie tatsächlich daran interessiert war, ihre Schwierigkeiten zu überwinden, und in welchem Umfang sie die Behandlung zu einer weiteren Gelegenheit zu machen gedachte, ihr delinquentes Verhalten fortzusetzen. Die Analyse von Neurotikern zeigt regelmäßig, dass ihr Wunsch, von den Symptomen befreit zu werden, aufgewogen wird durch den mindestens gleich starken und oft sogar stärkeren, unbewussten Wunsch, die neurotischen Symptome zu behalten. Doch der bewusste Wunsch nach Behandlung, so sehr er auch vorgetäuscht sein mag, ist eine unumgängliche Voraussetzung für die Anwendung der klassischen analytischen Technik. Diese Patientin hingegen täuschte im Erstgespräch nicht einmal vor, den Wunsch nach Heilung und Beherrschung ihrer sexuellen Impulse zu haben, obwohl die-

---

[3] In Bezug auf die Rolle der Omnipotenz in der Behandlung bestimmter Typen von Verwahrlosten vgl. Hoffer 1949, S. 150f.

se in der Vergangenheit doch so viel Schmerz und Enttäuschung hervorgerufen hatten. Stattdessen erklärte sie offen, dass ihr hauptsächliches Interesse darin bestehe, genau jenes Verhalten zu wiederholen, das die Analyse heilen sollte. Spätere Versuche, die Patientin in freier Assoziation über ihre Probleme sprechen zu lassen, bestätigten den im Erstgespräch gewonnenen Eindruck, nämlich dass sie völlig unfähig war, ihren freien Assoziationen zu folgen. Wenn sie gefragt wurde, was sie denke, antwortete sie regelmäßig, dass ihr nichts durch den Kopf gehe. Auch hier besteht ein wesentlicher Unterschied zum Verhalten der Neurotiker in der psychoanalytischen Behandlung. Der Neurotiker reagiert rasch auf die Aufforderung, seinen Ideenfluss mitzuteilen. Er wird durch Ausflüchte, Widerstände und Ausreden kooperieren, die dem Analytiker eine Fülle interpretierbaren Materials zur Verfügung stellen. Für den Verwahrlosten ist die Situation freier Assoziation fremd oder unpassend. Es langweilt ihn und er ist unfähig, darauf in einer Weise zu reagieren, die in einer psychoanalytischen Behandlung konstruktiv verwendet werden könnte. Es wäre deshalb zwecklos gewesen, bei dieser Patientin auf der genannten Prozedur zu bestehen.

> Im ersten und vielen folgenden Gesprächen war die Therapie auf Konversationen beschränkt, die trivial erschienen. Wir sprachen über ihre beruflichen Pläne, ihre Schwierigkeiten, eine geeignete Unterkunft zu finden, ihre Sorgen in Bezug auf das Collegestudium und viele andere Probleme des Alltags. Schon früh in der Behandlung versuchte die Patientin, durch provokantes Verhalten meinen Tadel hervorzurufen. Als sie mir zum ersten Mal erzählte, dass sie am Vorabend von einem Mann aufgelesen worden sei und Geschlechtsverkehr mit ihm gehabt habe, war sie sicher, dass ich mit moralischer Ablehnung reagieren würde. Dass ich dem Bericht über ihr Benehmen mit Gelassenheit zuhören konnte, überraschte sie sehr.
>
> Ich beriet die Patientin in allen Situationen, die ihr Sorgen bereiteten, so gut ich es konnte. Was ihre sexuellen und alkoholischen Eskapaden betraf, betonte ich, dass deren Vermeidung zu ihrem eigenen Nutzen vorzuziehen wäre, da das daraus gezogene Vergnügen in keinem Verhältnis stehe zu dem daraus erwachsenden Kummer und den Verletzungen, die sie sich selbst in der Vergangenheit zugefügt hatte. Doch ich versicherte ihr, sehr gut zu verstehen, dass sie zur Beherrschung dieser Impulse im Moment nicht fähig sei, und versuchte sie dazu zu bringen, sie so zu befriedigen, dass sich die Selbstdestruktivität auf ein unvermeidliches Minimum reduziert. Es gelang mir, die Situation so weit zu manipulieren, dass das verwahrloste Verhalten der Patientin ihre akademische Arbeit nicht störte. Ich sah jedoch bald, dass die Patientin sich in immer schwierigere Situationen brachte, die meinen Einfallsreichtum zu überfordern drohten. Von Zeit zu Zeit rief sie mich mitten in der Nacht an und fragte, was sie tun solle, sie habe sich betrunken. Normalerweise war ich fähig, ihren wirren und gefühlsduseligen Redefluss zu unterbrechen und sie davon zu überzeugen, ihr Zechgelage abzubrechen und nach Hause zu gehen. Manchmal kam es vor, dass ich zur Bar gehen und sie nach Hause bringen musste, da am Telefon deutlich geworden war, dass sie nicht mehr auf sich selbst achten konnte.
> Das folgende Ereignis drohte die therapeutische Beziehung völlig zu zerstören.

Im fünften Monat ihrer Behandlung erzählte sie mir mitten in der Nacht von einer verzweifelten Situation, in die sie sich selbst gebracht habe. Am Abend war sie in einen Nachtclub gegangen, von dem sie wusste, dass er von lesbischen Frauen frequentiert wurde. Sie hatte eine betrunkene, schrecklich aussehende Lesbierin aufgelesen und in ihr Zimmer mitgenommen, wo die Frau sofort in tiefen Schlaf gefallen war. Nach einigen Stunden versuchte die Patientin, sie zum Gehen zu bewegen, doch die Fremde begann zu fluchen und weigerte sich, das Zimmer zu verlassen. Die Patientin war entsetzt, denn bald würde jeder im Gebäude aufwachen. Wenn man dann das lesbische Mädchen in ihrem Zimmer entdeckte, würde man entweder die Polizei benachrichtigen oder ihrer Mutter, die außerhalb der Stadt lebte, ein Telegramm schicken. Die Patientin schloss mit der Bemerkung, sie wisse nicht, warum sie mich überhaupt angerufen habe, da ich ihr in keiner Weise helfen könne. Ihrer Meinung nach war die Situation endgültig und nicht wieder gutzumachen. Unter normalen Umständen wäre es natürlich nicht schwierig für mich gewesen, in ihr Zimmer zu gehen und die Frau zum Aufbrechen zu überreden. Vermutlich wäre ich im Umgang mit einer betrunkenen Frau erfolgreicher gewesen als die Patientin, die verängstigt und von Schuldgefühlen geplagt war. Die Patientin lebte allerdings in einem Gebäude, das Männer nicht betreten durften, nicht einmal in beruflicher Funktion. Ich musste mir eingestehen, dass sie diesmal tatsächlich über meine therapeutischen Bemühungen obsiegt hatte. Sie hatte es in einer unheimlichen Weise fertig gebracht, eine Situation herzustellen, die ein Gordischer Knoten zu sein schien. Um Zeit zu gewinnen und in der Hoffnung, dass mich nur meine eigene Schläfrigkeit so pessimistisch stimmte, gab ich ihr einige oberflächliche Ratschläge, wie sie mit der betrunkenen Frau sprechen könnte. Ich war allerdings davon überzeugt, dass ihre erneuten Bemühungen erfolglos bleiben würden, denn es war offensichtlich, dass sie meine Unfähigkeit zu beweisen suchte, ihre Probleme zu lösen. Sie versprach, es noch einmal zu versuchen und mich dann zurückzurufen. Nach ein paar Minuten des Nachdenkens kam mir der Gedanke, dass es trotz allem doch eine Möglichkeit gab, selbst diese verzweifelte Situation in Ordnung zu bringen. Ich rief eine mir bekannte Fürsorgerin an und bat sie, mir bei diesem Notfall zu helfen. Die Patientin reagierte verblüfft, als ich sie bei ihrem Rückruf bat, ganz ruhig zu sein, da ich sicher sei, ihr schnell helfen zu können. Ich ersuchte sie, vor dem Gebäude auf mich zu warten, und eine halbe Stunde später gingen sie und die Fürsorgerin in ihr Zimmer. Es war für die gut ausgebildete Person kein Problem, die Frau aus dem Gebäude zu holen, und der ganze Zwischenfall hatte keine nachteiligen Auswirkungen. Für die Behandlung der Patientin hatte der Vorfall jedoch bemerkenswerte Folgen. Infolge dieser Episode hörte sie mit dem Trinken auf und es gab auch keinen weiteren Fall von Promiskuität. Sie verliebte sich in einen jungen Mann und das einzige äußerlich sichtbare Verhalten, das vom Standpunkt der gegenwärtigen Gesellschaft aus delinquent genannt werden könnte, war, dass sie mit ihm in einer Art wilder Ehe lebte. Natürlich bedeutete diese wunderbare Veränderung der Symptome nicht, dass die Struktur ihrer Persönlichkeit in irgendeiner Weise verändert war. Ihre Unfähigkeit, gesunde Beziehungen zu anderen Menschen aufzubauen, ihre Depersonalisation, die Unfähigkeit, ihre Gefühle auszudrücken – das alles blieb unberührt. Dass sie aufhörte, sich dem verwahrlosten Verhalten hinzugeben, brachte sie jedoch einem Zustand, in dem ihre Probleme einer analytischen Behandlung unterzogen werden konnten, bedeutend näher. Von dieser Zeit an beschränkte sich die Notwendigkeit, praktische Ratschläge und Orientierung zu geben, auf ein Minimum und die Arbeit an ihrer Psychopathologie kam mehr und mehr in den Vordergrund der Sitzungen. Damit ging einher, dass ihr früheres verwahrlostes Verhalten durch Angst ersetzt wurde. Ihre Symptome begannen mehr und mehr denen einer Neurose zu ähneln. Da sie die Angst immer mehr zulassen konnte, ohne sofort in aggressives Verhalten auszuweichen, kam sie dem Zustand näher, in dem sie für die Modelltechnik der psychoanalytischen Behandlung zugänglich wurde.

Es ist notwendig, genau zu verstehen, was dieser Patientin ermöglichte, plötzlich mehrere ernsthafte Symptome aufzugeben, die viele Jahre bestanden hatten. Als sie mich in dieser Nacht anrief, war sie meines Erachtens überzeugt, dass sie mich mit einer trotz aller Bemühungen meinerseits unlösbaren Situation konfrontierte. Damit wäre zu ihrer Zufriedenheit bewiesen gewesen, dass meine Macht, ihr zu helfen, stark beschränkt war. Dass ich den praktischen Aspekt dieses Problems trotz ihres ausgeklügelten Plans lösen konnte, vermittelte ihr den Eindruck, dass ich stark genug sein würde, ihr den für ihr Überleben und ihr Wohlbefinden notwendigen Schutz zu bieten, welcher Art die zukünftigen Komplikationen ihres Lebens auch sein mögen. Die verblüffende Konsequenz dieses höchsten Tests war, dass die Patientin keinen weiteren Wunsch verspürte, meinen Scharfsinn auf die Probe zu stellen, und folglich in der Lage war, sich an die Verhaltensregeln ihrer sozialen Gruppe anzupassen.

Eine ähnliche Sequenz von Ereignissen konnte ich bei jedem Typus der Verwahrlosung beobachten, mit dem ich in näheren Kontakt zu kommen die Gelegenheit erhielt. Eine tragfähige Beziehung zwischen Analytiker und Patient, die sich durch ein Nachlassen der akuten Symptome äußerte, konnte immer erst dann erreicht werden, wenn der Patient den Analytiker vorübergehend als omnipotentes, doch wohlgesinntes Wesen anerkannt hatte. Da ich weder von der soeben beschriebenen Patientin noch von anderen, ähnlichen Patienten je eine Kindheitsgeschichte erfahren hatte, die diese Übertragungsreaktionen erklären konnte, kann ich über die möglichen Gründe für ihr regelmäßiges Auftreten nur spekulieren.

Eine umfassende Psychopathologie des Allmachtsgefühls ist noch nicht geschrieben worden, doch mir scheint, dass das Problem der Omnipotenz unter einer Vielzahl von Aspekten betrachtet werden muss. Mit einer kleinen Ausdehnung der wörtlichen Bedeutung des Begriffs kann man von der Allmacht der Triebe sprechen. Der Traum ist bis zu einem gewissen Grad eine normale Unterwerfung des Ichs unter die unverwüstliche Macht unterdrückter Triebe. Triebbefriedigung kann beim Ich zu einem Gefühl der Allmacht führen. Das Ich nimmt sozusagen Anleihen an der unverwüstlichen Macht somatischer Antriebe, und indem es sich zum willigen Werkzeug der Leidenschaften macht, erreicht es Befriedigung weit jenseits des Reiches triebhafter Lust.

Das Über-Ich spielt ebenfalls eine maßgebliche Rolle durch sein beständiges Beharren auf Omnipotenz. Eine Reflexion hiervon ist in dem Anspruch von Religionen und Ethik zu finden, dass ihre Wertesysteme ewig und unanzweifelbar gültig seien. Die äußere Realität wird ebenfalls verschiedentlich als unanfechtbare und unveränderliche omnipotente Kraft erlebt und das Ich selbst nährt auch unter normalen Bedingungen bis zu einem gewissen Grad den Anspruch der Omnipotenz. Man kann in der Tat sagen, dass ein gewisses Allmachtsgefühl für das Wohlbefinden einer Person notwendig ist.

An anderer Stelle werde ich die Fallstudie eines Patienten vorstellen, der auf Basis eines Allmachtsgefühls sogar großen Erfolg in der Wirklichkeit erzielte – das Gefühl konnte in diesem Fall allerdings nicht normal genannt werden. Sein Allmachtsgefühl hatte keine nützliche Wirkung mehr, sobald er seine erste größere Niederlage im Leben erlitten hatte. Doch was wir gewöhnlich als den gesunden Optimismus einer ausgeglichenen Person bezeichnen, hat seine Wurzeln wahrscheinlich in einem unbewussten Gefühl von Omnipotenz, das dem Ich erlaubt, Niederlagen und Gefahren zu bewältigen, und zwar dank der Überzeugung, dass es in der Zukunft wieder siegreich sein wird.[4]

Bei dem Typus von Verwahrlosung, der in diesem Beitrag besprochen wird, begegnet man einer bemerkenswerten Pathologie des Allmachtsgefühls. Diese Patienten sind manchmal einer erstaunlich schnellen Abfolge von Allmachts- und extremen Minderwertigkeitsgefühlen ausgesetzt. In manchen Augenblicken sind sie sich über sie umgebende Gefahren oder die möglicherweise schädlichen Folgen ihrer Handlungen überhaupt nicht im Klaren. Dann verhalten sie sich, als würden sie die Vorkehrungen, die andere zum Überleben brauchen, überhaupt nicht benötigen. Gelegentlich behaupten sie ganz offen, dass es für sie nicht notwendig sei, die Gesetze zu beachten, die der Durchschnittsmensch befolgt.[5] In anderen Augenblicken sind sie davon überzeugt,

---

[4] Vgl. Freuds Bemerkung zu Erfolg und Optimismus (Freud 1908; Freud 1915b; Freud 1917). Vgl. auch Angel 1934.

[5] Ich erinnere mich an das erste Mal, als ich durch eine solche Behauptung überrascht wurde. Vor vielen Jahren erhielt ich in Aichhorns Fürsorgeerziehungsanstalt die Aufgabe, einen jungen Mann von 19 Jahren davon zu überzeugen, einer körperlichen Untersuchung zuzustimmen. Er hatte mehrere Monate lang mit einem Mädchen zusammengelebt, das unter Syphilis litt. Dennoch weigerte er sich, auf Aufforderung eines Fürsorgers in ein Krankenhaus zu gehen. Als ich ihn traf, erklärte er ernsthaft, er sei sicher, dass er sich nicht anstecken könne. Als sich herausstellte, dass er sich in der Tat nicht angesteckt hatte, nahm er diese Information als eine Sache auf, die von vornherein festgestanden hatte, und zeigte nicht das leiseste Anzeichen erfreuter Überraschung.

dass sie nicht stark genug seien, irgendeine Art von Schmerz, Anstrengung oder Enttäuschung zu ertragen, und verhalten sich wie hilflose Kinder. Beide Verhaltensmuster haben ihre Ursache freilich in der Nähe ihrer psychischen Prozesse zum Lustprinzip. Ich schließe aus diesen Symptomen, dass das Trauma, oder die Serie von Traumen, die diese schwerwiegende Pathologie ihrer Ichstruktur hervorgerufen hat, in einer Zeit aufgetreten sein muss, als das frühe Allmachtsgefühl des Kindes eines seiner wichtigsten Mittel zur Bewältigung der Realität war. Aus der Beobachtung von Kindern weiß man, dass sich das Kind in einer bestimmten Phase nicht nur omnipotent fühlt, sondern diese Macht auch bereitwillig den Menschen in seiner Umgebung, Tieren oder sogar unbelebten Objekten zuschreibt. Diese Patienten müssen in einer Situation, in der sie von mit solcher Allmacht versehenen Menschen Schutz, Hilfe oder Liebe erwartet hatten, eine katastrophale Erfahrung gemacht haben. Ein solches Trauma könnte bewirken, dass das Kind in der Allmachtsphase stecken bleibt, was offenbar verhindert, dass das Ich höhere Entwicklungsstadien erreicht. Solche Patienten erleben ihre Umwelt zeitweise als äußerst feindlich und müssen ihre Allmachtsgefühle mobilisieren, um der erwarteten Aggression entgegenzuwirken. Die rasche Abfolge der Gefühle von der Immunität gegen jeden Angriff zu dem Gefühl völliger Hilflosigkeit spiegelt die frühe traumatische Situation, als das Kind versuchte, dem Einfall der omnipotenten Kräfte durch den Einsatz der eigenen Omnipotenz gegen den angenommenen Gegner zu begegnen – um daran zu scheitern. Die überwiegend feindliche Färbung, die die Umgebung für sie erhält, lässt diese Patienten häufig paranoid wirken, doch ihre Geschichte und die klinische Symptomatologie ermöglichen es, sie von ihren schizophrenen Pendants zu unterscheiden. Ihre häufige Furcht vor drohender Vernichtung beruht auf der Fixierung auf eine frühe Phase, in der Gefahr gleichbedeutend war mit bevorstehender Vernichtung. Sie sind offensichtlich unfähig, Gefahren zu unterscheiden, und wenn Angst ausgelöst wird, entwickelt sie sich häufig zur Panik. Das Auftreten von Panik wird durch aggressives Verhalten abgewehrt. Als Kinder konnten diese Patienten ihre Eltern offenbar nicht als wohlmeinende, hilfreiche und beschützende Autoritäten erleben. Dies kann auch der Fall sein, wenn die Eltern nicht vernachlässigend oder besonders aggressiv waren. Dann muss ein frühes Trauma verhindert haben, dass das Kind überhaupt ein Gefühl von Zuversicht und Vertrauen in die elterliche Autorität entwickeln konnte. Wenn auf bestimmte Beobachtungen Verlass ist, würde ich hypothetisch vermuten, dass der besonders katastrophale Effekt des frühen Traumas darauf zurückzuführen sein könnte, dass es in einem Augenblick geschah, in dem das Kind in äußerst lustvoller Spannung war und besondere Befriedigung erwartete. Wenn es dann ein unlustvoller Stimulus erreichte, könnte das eine viel stärkere Schockwirkung gehabt haben, als wenn derselbe Stimulus in einer Zeit eingetroffen wäre, als das Kind nicht in

Erwartungshaltung, sondern in neutralem Zustand gewesen wäre. Die Auswirkung des Traumas hängt in hohem Maße vom emotionalen Zustand des Kindes in der Zeit seines Auftretens ab. Unglücklicherweise sind Eltern häufig gereizt und angespannt, wenn das Kind ebenfalls gereizt und angespannt ist. Am häufigsten ist das der Fall, wenn das Kind krank ist. Krankheit trifft beim Kind immer mit einer Verfassung zusammen, in der sein Ich ebenfalls geschwächt ist und daher in verstärktem Maße Unterstützung und Zuneigung braucht. Doch besonders wenn ein junges Kind erkrankt, ruft das bei den Eltern Sorge, Angst, Pessimismus und Gereiztheit hervor. Es geschieht daher häufig, dass verhältnismäßig ambivalenzfreie Eltern das kleine Kind ungewollt traumatisieren, da sie nicht bemerken, dass die Krankheit beim Kind das starke Bedürfnis nach ihrer Zuneigung erzeugt (vgl. Freud & Burlingham 1943).

In Bezug auf die Krankengeschichte der oben erwähnten Patientin erhielt ich einige vage Informationen über eine Reise in den Westen, verbunden mit einer vorübergehenden körperlichen Erkrankung des Babys und einer beunruhigenden chronischen Krankheit des Vaters. Die Mutter berichtete, dass sich das Verhalten des Kindes nach dieser Reise verändert habe. Doch die analytische Nachforschung erreichte niemals die Tiefe, mit der man mit Sicherheit hätte sagen können, worin das traumatische Ereignis während dieser Reise wirklich bestanden hatte, das ein wirklich freundliches Baby in ein Kind verwandelte, dessen Lieblingsspiel im Nachahmen von Tieren und im Anbellen und Beißen von sich ihm freundlich nähernden Menschen bestand.

Wenn wir diesen kurzen theoretischen Exkurs auf die vorher berichteten klinischen Beobachtungen über die Auswirkung wohlmeinender Autorität während der analytischen Behandlung beziehen, kann man folgende Schlussfolgerungen ziehen: Sobald der Analytiker in seiner Beziehung mit dem Verwahrlosten die Position einer Autorität einnimmt, stellt der Patient eine Situation her, die der frühen traumatischen Kindheitskonstellation im Wesentlichen ziemlich nahe kommt. Wenn der Patient durch die potenziell traumatische Situation getragen wird, ohne dem Trauma erneut ausgesetzt zu werden, verliert die in der frühen Kindheit erlittene Verletzung ihre zwingende Wirkung auf sein Verhalten. Anders ausgedrückt, wenn das erwachsene Ich mehrfach die Möglichkeit erhält, eine der frühen traumatischen Situation irgendwie ähnliche Situation zu durchleben, ohne eine Wiederholung des Traumas zu erleiden, könnte das das Ich in die Lage versetzen, vorübergehend von seinem aggressiven Verhalten abzulassen. Die Wirkung dieser therapeutischen Maßnahme ist allerdings punktuell. Selbst wenn der Patient das akute delinquente Verhalten kraft seiner Übertragung bereits eingestellt hat, wird er in Gegenwart von Menschen oder deren nahen Ersatzobjekten, mit denen die Erinnerung an die traumatischen

Erfahrungen verbunden ist, immer noch regelmäßig akute aggressive Reaktionen zeitigen.

Der Mechanismus, der dieser therapeutischen Situation zugrunde liegt, könnte in gewisser Weise der traumatischen Neurose ähneln, wie Freud sie beschrieb. Dabei erfüllen spätere Alpträume den Zweck, die schädliche Wirkung der Traumen kraft ihrer Wiederholung im Traum rückgängig zu machen, begleitet von Angst, die sich im Moment der traumatischen Erfahrung nicht adäquat entwickeln konnte. Die verwahrlosten Patienten müssen offenbar Situationen durchleben, in denen sich das ursprüngliche Trauma potenziell wiederholen könnte. Doch die wiederkehrende Erfahrung, dass trotz aller notwendigen Voraussetzungen das traumatische Ereignis nicht eintritt, führt zu einem Schritt, den sie tatsächlich schon in einem früheren Alter hätten machen sollen. Sie beginnen, einer ihrer Auffassung nach omnipotenten Autorität zu vertrauen und die Vorstellung zu integrieren, dass ihnen solche Autoritäten wohlgesinnt sein könnten.

Vielleicht müssen wir diese Situation auch unter einem anderen Aspekt betrachten. Im Laufe seiner Entwicklung überträgt das Kind seine eigenen Allmachtsgefühle mehr und mehr auf Personen in seiner Umgebung. Dieser Prozess ist vergleichbar mit der Umwandlung des primären Narzissmus in einen sekundären, wie von Freud beschrieben. Die graduelle Verlagerung der Allmachtsgefühle erleichtert es dem Kind anzuerkennen, dass andere größere Kräfte haben als es selbst. Die Pathologie des Verwahrlosten scheint um die Umformung des primären Allmachtsgefühls in ein sekundäres gebündelt zu sein. Er sträubt sich dagegen, einen Teil der eigenen Omnipotenz an andere abzugeben. Das Trauma muss zu einer Zeit stattgefunden haben, als das Kind gerade dabei war, die Position des primären Allmachtsgefühls aufzugeben. Während der Initialphase der Behandlung wird also der Analytiker das Objekt, an das der Patient die sekundären Allmachtsgefühle heftet. Der Grad, bis zu dem das erreicht werden kann, ist einer der Faktoren, die die Prognose der Behandlung determinieren. Das Ziel des Analytikers muss es sein, diese Prozesse bis zur maximalen Belastbarkeit der Toleranz des Patienten voranzutreiben. Es muss noch einmal betont werden, dass dieser Prozess nicht spontan stattfindet wie die Übertragung der meisten neurotischen Patienten unter geeigneten Bedingungen, sondern dass es der beständigen Aktivität aufseiten des Analytikers bedarf.

Meine Äußerung über die Psychopathologie des Verwahrlosten in Hinblick auf Allmachtsgefühle könnte angesichts dessen, was ich über seine Anfälle infantiler Hilflosigkeit gesagt habe, widersprüchlich erscheinen. Dieser scheinbare Widerspruch kann jedoch aufgelöst werden, wenn wir davon ausgehen, dass die Psychopathologie des Verwahrlosten die Folge eines Traumas ist und dass sie ein schwer verletztes Allmachtsgefühl betrifft. Der teilweise kompensatorische Charakter der Pathologie des Verwahrlosten darf nicht übersehen werden. Überdies habe ich hier das Schuldgefühl des Verwahrlosten nicht berücksichtigt, das variable Größe hat; manchmal ist es beträchtlich, manchmal klein. Die Psychopathologie, die sich um die Erhaltung des Allmachtsgefühls dreht, ist jedoch in meinen Augen ein konstanter Faktor bei verwahrlosten Patienten.

II

Ein anderes unverzichtbares Element im Inventar der psychoanalytischen Behandlung von Verwahrlosten betrifft das Neue und das Vertraute. Ich denke, dass die Bedeutung der Opposition neu *versus* vertraut in der Psychopathologie zahlreicher Störungen noch nicht ausreichend untersucht worden ist. Sicherlich tritt bei der Mehrzahl der neurotischen Patienten dieses Problem nicht gesondert in Erscheinung, doch mir scheint, dass es bei zwei Gruppen von Störungen in charakteristischer Form auftritt. Meine Beobachtungen haben bei mir den Eindruck erzeugt, dass der Verwahrloste nur dem Neuen mit positiven Gefühlen begegnet, während er das Vertraute nicht genießen kann oder sogar häufig davon gelangweilt ist. Bei schizophrenen Patienten habe ich genau die gegenteilige Neigung beobachtet, nämlich dass solche Erfahrungen, deren Besonderheit in ihrer Neuheit besteht, abgewehrt werden und gewöhnlich eine pathologische Reaktion auslösen. Der Schizophrene fühlt sich in Situationen wohl, die in keiner Weise neu, sondern ihm völlig vertraut sind, und reagiert darauf häufig mit dem Verschwinden akuter Symptome. Dies ist nicht der Ort, um die möglichen Folgen dieses Umstands für die Metapsychologie der Schizophrenie zu erörtern. Stattdessen möchte ich darauf hinweisen, dass sich die Begriffe neu und vertraut in diesem Zusammenhang nicht auf objektive Eigenschaften in der Umwelt des Patienten beziehen, sondern bloß Eigenschaften seiner subjektiven Erfahrungen beschreiben. Ein Schizophrener kann plötzlich das Gefühl haben, seiner Mutter zum ersten Mal zu begegnen, während ein Verwahrloster von einer Situation, die er zuvor in fast identischer Weise durchlebt hatte, behaupten kann, sie als neu, verlockend und überraschend genossen zu haben. Normalerweise entsprechen diese Eigenschaften der Neuheit und Vertrautheit einigen objektiven Faktoren der äußeren Situation, doch ihre wichtigsten Quellen entspringen den subjektiven Bedeutungen, die die Patienten diesen Situationen geben.

Der Verwahrloste empfindet im Großen und Ganzen permanent den Drang, Unbekanntes zu erleben. Das ist zum Teil verantwortlich für die Ruhelosigkeit und Unzuverlässigkeit, die man bei Verwahrlosten so oft antrifft. Viele von ihnen beginnen eine Arbeit mit Erfolg und fühlen sich dann schnell gelangweilt;

sobald die neue Arbeitssituation ihren Charakter der Neuheit verloren hat, ist sie bar jeden Interesses für sie. Das Uninteressante und Langweilige stößt den Verwahrlosten aber ab. Diese hohe Anfälligkeit für Langeweile könnte mit Problemen verbunden sein, die den Tod betreffen. Es scheint, dass der Zustand der Langeweile für ihn dasselbe ist wie ein Vorbote des Todes.

Patienten, die einen ernsthaften Grad von Verwahrlosung aufweisen, leiden gewöhnlich an einer pathologischen Einstellung zum Tod. Sie treffen immerzu Vorkehrungen, um sich vor der Überwältigung durch den Tod zu schützen. Die interessante Abweichung in der Repräsentation von Tod und Zeit kann hier nicht näher untersucht werden. Der Verwahrloste scheint sich schneller zu langweilen als eine Durchschnittsperson und muss sich deshalb intensiveren und variationsreicheren Stimulationen aussetzen, um sich wohl zu befinden.

Da das Element der Überraschung eine der Wirkungen ist, die einer Person zuverlässig vermitteln, dass sie in einer neuen oder unvorhergesehenen Situation ist, ist es notwendig, den Verwahrlosten immer wieder in Überraschungssituationen zu versetzen, die sein emotionales Interesse an der Behandlung wecken.[6] Diese Überraschungen sollten vorzugsweise lustvoll sein, doch der Verwahrloste zieht sogar eine leicht unlustvolle Überraschung einer Situation gleich bleibender Vertrautheit vor. Die Notwendigkeit, ihn durch Überraschungen zu stimulieren, ist eine der größten Schwierigkeiten in seiner Behandlung. Es strapaziert den Scharfsinn und den Einfallsreichtum des Analytikers ununterbrochen. Solange sich dieser den Erwartungen des Verwahrlosten entsprechend verhält – zum Beispiel solange er sich so beträgt, wie man es von einem Arzt in unserer Gesellschaft erwartet – wird der Verwahrloste nur ein geringes Interesse für die therapeutische Situation haben. Es ist deshalb wichtig, so schnell wie möglich eine Technik der Überraschung in Gang zu setzen, und zwar schon im Erstgespräch. Wir wissen, dass der erste Eindruck häufig eine größere Bedeutung hat als spätere Eindrücke, die im Verlauf einer langen Bekanntschaft gewonnen werden. Der ganze Verlauf einer zwischenmenschlichen Beziehung kann im ersten Moment des Kennenlernens entschieden werden. Je früher der Verwahrloste die Gelegenheit bekommt, die Anwesenheit des Analytikers als etwas völlig Neues, Unvorhergesehenes und Überraschendes zu erleben, umso größer ist die Hoffnung, dass seine Behandlung erfolgreich verlaufen wird. Ich gebe hier ein Beispiel für eine Möglichkeit, wie ein Überraschungselement in die Behandlung eingeführt werden kann.

---

[6] Die Erfahrung der Überraschung wird hier in einem anderen Kontext behandelt als bei Reik, von dem eine umfassende Studie über dieses Phänomen vorliegt (vgl. Reik 1936).

Ein 25-jähriger Spieler wurde zur Behandlung überwiesen. Er hatte seit dem Alter von zwölf Jahren fanatisch gespielt und wiederholt vielversprechende berufliche Situationen durch extrem selbstdestruktive Spielexzesse zerstört. Später stellte sich in der Behandlung heraus, dass er an einer schwer gestörten Einstellung zur Arbeit und an der Unfähigkeit litt, adäquate Beziehungen zu anderen Menschen aufrecht zu erhalten. Sein Sexualleben ermangelte jeder Aktivität; er hatte nie Geschlechtsverkehr gehabt, noch erinnerte er sich daran, je masturbiert zu haben. Die schweren Ängste des Patienten, seine hypochondrischen Befürchtungen und Zwänge, die später in der Behandlung auftraten, werde ich hier nicht beschreiben.

Als er mir im Erstgespräch sagte, dass er für eine kurze Zeit von einem anderen Psychiater behandelt worden sei, fragte ich ihn, was die Empfehlungen des Kollegen gewesen seien. Er erzählte mir, dass sein erster Psychiater den Eltern geraten habe, ihm nie wieder Geld zu geben und ihm so jede Gelegenheit zu nehmen, seinem Drang nachzugeben. Ich antwortete, dass ich nicht an eine solche Behandlung glaube und dass ich darauf bestehen würde, dass sein Vater ihm eine jährliche Summe Geldes geben solle, die ausdrücklich für die Verwendung beim Spiel vorgesehen sei. Ich erklärte ihm, dass meiner Erfahrung nach diejenigen, die ununterbrochen spielten, das Spiel als Ventil benötigten. Wenn man es plötzlich und vollständig verschließe, führe das zu einer ernsthaften Verschlimmerung ihres Zustandes. Um also seine Gesundheit nicht zu gefährden, müsse ich empfehlen, dass er Gelegenheiten erhalte, sein Begehren in Maßen zu befriedigen, da andernfalls ungünstige Auswirkungen auftreten könnten. Ich fügte jedoch hinzu, es scheine mir dem Vater gegenüber fair zu sein, dass der Patient die minimale Summe ansetze, die er als Spieleinsatz brauche, und dass er sich die Regel auferlege, niemals über diese selbst festgelegte Summe hinauszugehen.

Der Patient hatte diese Wendung im Erstgespräch nicht vorhergesehen. Außerdem war ich fast sicher, dass er niemals jemanden getroffen hatte, der eine solche Haltung zu seinem Spielverhalten einnahm. Es war unvermeidlich, dass ich in diesem Moment eine Person wurde, die sein Interesse weckte, eine Person, über die er mehr wissen wollte, eine Person, die nicht in sein vorgefasstes Bild von Menschen in respektablen Berufen passte. Zugleich dürfte meine Haltung zu einer vorübergehenden Entwertung seines Symptoms geführt haben, denn Geld, das von einem Arzt zu medizinischen Zwecken verschrieben wird, kann nicht mehr die enorme emotionale Wichtigkeit haben, die er zuvor dem seinem Vater für die Spielexzesse entwendeten Geld beigemessen hatte.

Wie man den Verlauf einer Behandlung organisiert, um den Verwahrlosten immer wieder zu überraschen und ihm niemals zu gestatten, zutreffende Vermutungen über das zukünftige Verhalten des Therapeuten anzustellen, ist eine Frage, die völlig von den Anforderungen der therapeutischen Situation abhängt und die niemals allgemein beantwortet werden kann. Außerdem finden Patienten in Abhängigkeit von ihrem Hintergrund und den individuellen Ausprägungen der Psychopathologie jeweils unterschiedliche Situationen neu und überraschend. All das verlangt den äußersten Scharfsinn seitens des Therapeuten. Es gibt keinen Zweifel, dass die Behandlung des Verwahrlosten immerzu von plötzlicher Unterbrechung bedroht ist, solange das Leben dem Patienten häufigere und intensivere Erfahrungen von Neuheit und Überraschung verspricht als die Praxis des Analytikers. Da auch dieser Punkt auf ein Element der Technik verweist, das in der Behandlung überwiegend verwahrloster Patienten stets notwendig ist, sind wir hier mit der Frage konfrontiert: Warum müssen diese Momente von Überraschung ständig zur Verfügung gestellt werden?

Anna Freud hat vor kurzem über Schlafstörungen bei Kleinkindern berichtet.[7] Sie erklärt diese Störungen, die früher und mit größerer Häufigkeit auftreten, als man vermuten würde, mit einigen konstanten Faktoren in einer Phase der Ich-Entwicklung. In einer Zeit beschleunigter Ich-Entwicklung habe das Kind anscheinend große Schwierigkeiten, von seinen Tätigkeiten abzulassen. Es falle ihm schwer, seine wache Persönlichkeit loszuwerden, und es habe womöglich Angst davor, das kürzlich Erworbene wieder zu verlieren. Ich möchte Anna Freuds Beschreibung dieser Phase der kindlichen Ich-Entwicklung umformulieren und fragen, ob das Kind, wenn es bestimmte Erfahrungen zum ersten Mal macht – seien es Situationen oder die Aktivierung von Funktionen –, möglicherweise mit ekstatischer Freude reagiert. In anderen Worten, kann man davon ausgehen, dass ein Kind, wenn es bestimmter Handlungen oder Erfahrungen zum ersten Mal gewahr wird, von der Neuheit dieser psychischen Prozesse fasziniert ist? Das Kind könnte diesen Prozessen dann so stark anhängen, dass es sich nicht davon trennen will, und hat deshalb Schwierigkeiten einzuschlafen. Die Wirkung dieser Erfahrung auf den Schlaf des Kindes ist für unseren Zusammenhang nicht wichtig. Doch wenn es eine Phase in der kindlichen Entwicklung gibt, in der die Eigenschaft der Neuheit eine große Rolle im psychischen Leben des Kindes spielt, könnte das eine hypothetische Erklärung für die große Rolle, die Neuheit im psychischen Leben des Verwahrlosten spielt, beitragen. Es wäre möglich, dass der Verwahrloste aus bislang noch unbekannten Gründen auf diese Entwicklungsphase fixiert geblieben ist, und versucht, die Lust und Faszination erneut zu erfahren, die das heranwachsende Kind in einer bestimmten Phase seiner frühen Entwicklung mehr oder weniger ständig erlebt. So verlockend eine solche Annahme sein mag, die genaue Untersuchung derjenigen Erfahrungen, die ein Verwahrloster als neu und überraschend und daher faszinierend beschreibt, zeigt, dass das

---

[7] Vortrag in der Clark University, Worcester, Massachusetts am 21. April 1950.

Problem komplizierter sein muss. Wenn wir den hingerissenen Berichten des Verwahrlosten über Vergnügungen lauschen, die, wie er annimmt, in der monotonen und langweiligen Welt des Nicht-Verwahrlosten unbekannt sind, entdecken wir gewöhnlich, dass das, was er als neu und überraschend beschreibt, die Wiederholung ein und derselben Erfahrung ist. Wie sich zeigt, erlebt der Verwahrloste in Wahrheit alte und vertraute Inhalte unter der Maske des Neuen und Überraschenden. Man könnte sagen, der Schizophrene sucht nach dem Neuen unter dem Deckmantel des Vertrauten; der Verwahrloste hingegen erlebt das Vertraute unter der Maske des Neuen. Das umfasst einen Mechanismus, der dem Erleben des Unheimlichen ähnlich ist. Es scheint, als müsse der Verwahrloste sich selbst versichern, dass das, was ihm neu und überraschend vorkommt, in Wahrheit etwas Vertrautes ist. Es ist daher möglich, dass er in seiner unaufhörlichen Suche nach dem Neuen und Überraschenden (das in Wahrheit die monotone Wiederholung identischer Erfahrungen verschleiert) versucht, das mögliche Wiederauftreten eines Traumas abzuwehren. Indem er dem Vertrauten die Eigenschaft des Neuen beimisst, entkommt er tatsächlich der Erfahrung einer wirklich neuen Situation, die für ihn gleichbedeutend mit dem Traumatischen ist.

In Verbindung mit dem Neuen und Vertrauten möchte ich auf ein Entwicklungsproblem aufmerksam machen, von dem, wie ich denke, wenig bekannt ist, und das extrem schwierig zu untersuchen ist. Es gibt eine Phase in der Entwicklung des Kindes, die als Entdeckung des Ichs bezeichnet werden kann. In Entsprechung zu der Phase, in der das Kind entdeckt, dass es eine Außenwelt gibt, und sich mit ihr vertraut macht, muss es eine Entwicklungsphase geben, in der das Kind entdeckt, das »es« »es« ist, was bedeutet, dass es nicht nur eine Außenwelt gibt, sondern auch ein Ich als abgegrenzte Einheit.

Während das Kind seine Existenz bis dahin als selbstverständlich erlebt hat, ohne das Selbst im Unterschied zur Außenwelt zu erleben und ohne zu bemerken, dass Kategorien wie Anfang und Ende einen Platz in seinem eigenen Leben haben, fällt die bis dahin auf die äußere Realität gelenkte Aufmerksamkeit in dieser Phase auf es selbst zurück. Es ist wahrscheinlich, dass das Kind die Außenwelt entdeckt und sie erobert, indem es sich selbst in die äußere Realität projiziert. Doch diese Phase entspricht nicht notwendig der, in der das Kind eine Bewusstheit der eigenen Persönlichkeit erlangt. Das wenige klinische Material, das ich sammeln konnte, erweckt den Anschein, dass das Kind die Außenwelt zuerst durch Projektion entdeckt und in Besitz nimmt, und dass erst danach Erfahrungen gemacht werden, deren Inhalt zur Bewusstheit des eigenen Selbst führen. Man hört in der Analyse wenig über diese Phase. Ich erhielt nur von zwei weiblichen Patienten Berichte über erinnerte Erfahrungen, in denen sie sich zum ersten Mal bewusst wurden, dass »sie« »sie« waren. Diese Erfahrungen waren natürlich von Überraschung begleitet, und die Anerkennung, dass »sie« »sie« waren, war eine große Entdeckung für sie. Bei beiden Beispielen schloss die Situation ein, dass die Entdeckung des Ichs in Zusammenhang mit Masturbation und einem Konflikt wegen der Ermangelung eines Penis stand. Ich weiß jedoch wenig über die Bedeutung dieser Episoden in Bezug auf die spätere Ich-Pathologie der Patientinnen, denn ihre Analysen wurden aus äußeren Gründen vorzeitig abgebrochen. Ich hatte während der Behandlung bei beiden Patientinnen Zweifel, ob sie durch die Analyse geheilt werden konnten.

Es ist möglich, dass die Entdeckung der Außenwelt und des Ichs des Kindes in der normalen Entwicklung parallel stattfindet, bis zu dem Grad, dass auf einen Schritt in Richtung Realität ein Schritt in Richtung Ich-Kenntnis folgt, oder dass beide gleichzeitig geschehen. Es ist denkbar, dass in der normalen Entwicklung die äußere Realität für das Kind nur in dem Grade zur deutlichen Erfahrung wird, in dem es gleichzeitig einen entsprechenden Fortschritt in der Entdeckung seines Ichs macht. Es könnte sein, dass ich es bei den beiden erwähnten Patientinnen mit einer pathologischen Ich-Entwicklung zu tun hatte, insofern die beiden Phasen – nämlich die Entdeckung der äußeren Realität und die des Ichs – nacheinander stattfanden statt gleichzeitig, und dass das der Grund war, aus dem sie isolierte Erinnerungen an die zweite behalten hatten.

Andererseits könnte ich mir vorstellen, dass die allmähliche Bewusstwerdung der äußeren Realität die Seele des Kindes in solchem Ausmaß beschäftigt, dass ein entsprechender Prozess hinsichtlich seines Ichs verspätet einsetzen muss. Sei es, wie es sei, Erfahrungen, die das Selbst betreffen und durch ein Gefühl von Neuheit und Überraschung begleitet werden, haben weitreichende Folgen. Es wird einen großen Einfluss auf die klinischen Ergebnisse haben, ob diese Erfahrungen, besonders bei ihrem ersten Auftreten, das ganze Ich oder einen Ich-Anteil bzw. den ganzen Körper oder einen Teil des Körpers betreffen. Ein Patient erinnerte sich, dass eine frühe Erfahrung dieser Art einem plötzlichen Bauchkrampf geschuldet war. Er konnte sich nicht daran erinnern, davor ein vergleichbares Gefühl gehabt zu haben. Er schrie vor Schreck, denn er war unfähig, vorherzusehen, welche Intensität der Schmerz erreichen mochte. Der Umstand, dass er sich seines Körpers unter so dramatischen Bedingungen bewusst wurde, hatte einen tiefgreifenden Effekt auf die Entwicklung seines Körperbildes und auf seine hypochondrischen Ängste und trug zu einer zwanghaften Beschäftigung mit dem Inneren seines Körpers bei. Ich möchte damit nicht zu verstehen geben, dass dieser Patient nie zuvor Bauchkrämpfe gehabt hatte, doch die Empfindung erhielt ihre große psychologische Wichtigkeit daher, dass sie der Gegenstand früher Bewusstheit wurde. Ich bin davon überzeugt, dass viele Probleme, die uns jetzt verwirren, verständlicher werden, wenn wir Bewusstsein [consciousness] und Bewusstheit [awareness] unterscheiden. Der Unterschied zwischen Bewusstsein und Bewusstheit kann zum Beispiel in folgender Situation beobachtet werden: Die bloße Wiederholung eines vom Patienten gesprochenen Wortes durch den Analytiker kann eine enorme Wirkung hervorrufen. Die Worte, die der Analytiker wiederholt, waren Inhalte des Bewusstseins des Patienten, doch wenn der Patient hört, wie der Analytiker dieselben Worte ausspricht, wird eine neue Qualität eingeführt. Der Patient kann sich plötzlich darüber bewusst werden, was er tatsächlich gesagt hat. In ähnlicher Weise können die ersten Erfahrungen, in denen das Kind Kenntnis seines eigenen Ichs gewinnt und aufgrund derer es seine Existenz nicht mehr für selbstverständlich nehmen kann, eine wichtige Keimzelle für die Psychopathologie des Erwachsenen bilden. Ob das Kind später als Erwachsener unter Stress eine Neurose, eine Psychose oder Verwahrlosung entwickelt, könnte von den Bedingungen abhängen, unter denen es sein Ich entdeckte, und von der Zeit, in der dies stattfand.

Wenn man diese Auffassung auf die Besonderheiten der Psychopathologie des Verwahrlosten anwendet, muss man zu der Schlussfolgerung gelangen, dass ihn ein traumatischer Einfluss von der Phase der Ich-Entdeckung auf eine frühere Phase regredieren ließ, in der sich der innere Konflikt in erster Linie in der Beziehung zur äußeren Realität manifestierte. Die Prognose für die Störung des Patienten könnte dann von dem Grad abhängen, bis zu dem er in dem Prozess der Kenntnisnahme seines Ichs fortgeschritten war, ehe er auf sein voriges, allein auf die äußere Realität konzentriertes Interesse zurückfiel – oder davon, ob er diese Phase überhaupt erreicht hatte. Der Verwahrloste leidet ohne Zweifel an einer mangelhaften Fähigkeit zur Selbstbeobachtung. Die wiederholte Beteuerung, dass er an nichts denke, wenn er zur Verbalisierung seiner Assoziationen gedrängt wird, ist nicht immer bloß Widerstand, sondern häufig die Konsequenz einer wirklich fehlenden Bewusstheit der Inhalte seines Bewusstseinsstroms. Der Verwahrloste befindet sich beinahe immer in einem geistigen Zustand, den jeder gelegentlich erlebt. Wir alle sind manchmal unfähig, unsere Bewusstseinsinhalte während der letzten Minuten zu erinnern oder zu rekonstruieren, obwohl wir bestimmt nicht schliefen. Das betrifft in der Regel eine kurze Zeitspanne, in der der bewusste Gedankenstrom nicht durch Bewusstheit begleitet war. Die mangelhafte Fähigkeit des Verwahrlosten, eine Bewusstheit für seine inneren psychischen Prozesse zu entwickeln, seine ständige – fast suchtförmige – Beschäftigung mit der äußeren Realität, seine Unfähigkeit, sich von der Außenwelt loszureißen und die Aufmerksamkeit auf sich selbst zu richten, bringen mich zu der Überzeugung, dass ein Teil seiner Psychopathologie ursprünglich in dieser frühen Übergangsphase zwischen der Zeit, in der das Kind vor allem mit der Aneignung der Wirklichkeit beschäftigt war, und der Zeit, in der es sein eigenes Ich entdeckte, wurzelt.

Der Drang des Verwahrlosten nach neuen und überraschenden Inhalten in der äußeren Realität ist also auch eine Abwehr gegen das Auftreten neuer und überraschender innerer Inhalte. Er will sich der traumatischen Erfahrung, die er machte, als er gerade sein eigenes Ich entdeckte, nicht noch einmal aussetzen. Die große Rolle, die das Neue in der Psychopathologie des Verwahrlosten spielt, könnte eine wiederkehrende Beobachtung erklären helfen. In den meisten Studien über die psychopathische Persönlichkeit wird behauptet, dass der Psychopath unfähig sei, aus seinen Lebenserfahrungen zu lernen.[8] Was den Verwahrlosten betrifft, denke ich, dass diese Behauptung übertrieben ist. Verwahrloste lernen sehr gut, sie tun es allerdings in Bereichen, in denen die Gesellschaft – und ihre Umgebung – es lieber sähe, wenn sie nichts Neues lernen würden. Der Psychopath bzw. der Verwahrloste erscheint unfähig, in manchen Bereichen seines Lebens zu lernen. Die Unfähigkeit ist auf diese Bereiche beschränkt. Wahr ist, dass die von dieser Unfähigkeit betroffenen Situationen in Hinblick auf das Überleben der Patienten als Mitglieder einer sozialen Gruppe die wichtigsten sind. Um zu lernen, muss eine Person eine Situation als vertraut erleben, d. h. als etwas, das schon einmal geschehen ist. Da die Verwahrlosten sich weigern, bestimmten Situationen die Eigenschaft des Vertrauten zuzusprechen, obwohl sie sich wiederholen, muss ihre Lernfähigkeit häufig verkümmert erscheinen. Dieser offensichtliche Mangel ist jedoch sekundär und eine Konsequenz ihrer Sucht nach Neuem. Wenn sie dem Vertrauten seinen angemessenen Platz geben, zeigen sie keine größere Lernunfähigkeit als andere Patienten.

III

Im Verlauf der Initialphase der Behandlung trifft man häufig auf ein weiteres technisches Hindernis. In der Behandlung sowohl weiblicher als auch männlicher Verwahrloster wird deren Neigung deutlich, nur konkrete Anteile der äußeren Realität als gültig und wertvoll anzuerkennen. Diese Tendenz zeigt sich bei Männern und Frauen in unterschiedlicher Weise. Ein männlicher Verwahrloster, der nicht von der Überzeugung geplagt wird, dass allein der Erhalt von Geld ein untrüglicher Beweis des Geliebtwerdens sei, ist eine eher seltene Ausnahme. Jede Art positiver Kundgebungen, der Ausdruck von Zuneigung und Freundschaft durch Worte oder Taten ist bedeutungslos für ihn, es sei denn, die Person stellt die Aufrichtigkeit ihrer Gefühle unter Beweis, indem sie sich von Geld trennt und es ihm gibt. Die analoge Situation in der Behandlung weiblicher Verwahrloster betrifft, so weit ich sehen kann, deren Überzeugung, dass

---

[8] Ich werde hier meine Einwände gegen die klinische Aussagekraft des Begriffs Psychopath nicht ausführen. Die Behauptung, dass ein sogenannter Psychopath lernunfähig sei, hat jedoch in diesem Kontext ihren Ort.

nur ein Mann, der sie sexuell begehrt, positive Gefühle für sie hat. Wenn ein Mann keinen Wunsch nach sexuellem Kontakt mit ihnen zeigt, gibt ihnen das das Gefühl, zurückgewiesen oder sogar gehasst zu werden. Freundschaft, die auf nichtsexuellen Zuneigungsgefühlen basiert, ist ihnen unbekannt und kann nicht als verlässliches Band zwischen ihnen und anderen akzeptiert werden. Obwohl wiederholt zu sehen war, dass ihre sexuellen Beziehungen im Desaster enden, werden sie dennoch immer weiter nach diesem Prinzip vorgehen. Da der Geschlechtsverkehr in ihrem Leben zugleich eine direkte Konsequenz von und eine Voraussetzung für den Erhalt einer positiven Beziehung darstellt, ist ihre Promiskuität eine notwendige Folge der Aufrechterhaltung ihrer positiven Einstellung zum anderen. Der Erhalt von Geld beim männlichen und die Promiskuität bei der weiblichen Verwahrlosten sind unverzichtbar für diese Patienten, denn sie bedeuten so viel mehr für sie, als es oberflächlich den Anschein hat. Würde der männliche Verwahrloste das Geld bloß brauchen, um ein Bedürfnis befriedigen zu können, oder die delinquente junge Frau den Verkehr allein für die Befriedigung ihrer sexuellen Wünsche, dann wäre die therapeutische Aufgabe relativ einfach. Doch in beiden Fällen sind Geld bzw. Verkehr die einzigen Mittel des Patienten, um das Gefühl zu haben, mit der Welt in Kontakt zu sein, geliebt zu werden und zu lieben. Die aggressive Bedeutung dieses Verhaltens wird im Verlauf der Behandlung offenbar. Es handelt sich um eine Wiederholung oraler Verhaltensweisen, die man häufig bei Kindern beobachtet, deren Mutter Liebe in Form von Nahrungsmengen quantifiziert. Situationen von Rivalität bringen diese Besonderheit deutlich zum Vorschein. Manche Kinder fühlen sich vernachlässigt und ungeliebt, solange sie nicht mehr Nahrung von der Mutter erhalten als ihre Geschwister. Verwahrloste bemerken die für sie erbrachten Opfer nicht, wenn diese nicht in einer konkreten, einverleibbaren Substanz ausgedrückt werden. Diese Neigung zum Konkreten basiert in erster Linie auf oraler Fixierung. Sie resultiert auch aus der mangelhaften Fähigkeit zur Sublimation, die man bei so vielen Verwahrlosten antrifft. Warum der Verwahrloste, wenn er das Bedeutungsvolle auf Konkretes reduziert, Geld und Geschlechtsverkehr als adäquate Mittel vorzieht, kann hier nicht näher erläutert werden.

Die Konsequenzen dieser Neigung sind in der Behandlung männlicher und weiblicher Verwahrloster unterschiedlich. Ich habe noch keinen männlichen Verwahrlosten behandelt, bei dem es im Verlauf der Behandlung nicht notwendig geworden wäre, ihm Geld zu geben. Solange er kein Geld erhalten hatte, war er nicht fähig, die positiven Gefühle zum Analytiker zu entwickeln, die eine Fortsetzung der Therapie möglich machten. Die therapeutische Notwendigkeit, einem verwahrlosten Patienten Geld zu geben, erfordert technisches Vermögen und Taktgefühl. Üblicherweise müssen einige allgemeine Prinzipien beachtet werden, andernfalls wird es keinen Nutzen bringen. Der Analytiker darf die Gabe von Geld niemals zur Routinesache werden lassen, denn dann wird er in den Augen des Verwahrlosten zu einer Person, die dieser ausnutzen kann, so wie er das mit anderen Menschen außerhalb der analytischen Situation macht. Es muss zu einem Zeitpunkt geschehen, in dem der Verwahrloste es nicht erwartet, also unter Umständen, in denen er davon überrascht wird. Außerdem muss das Geld gegeben werden, ohne dass daran irgendwelche Bedingungen geknüpft sind. Wenn moralische Forderungen oder Verbote damit verbunden werden, bekommt der Verwahrloste den Eindruck, dass ihm das Geld nicht gegeben wurde, weil er geliebt wird, sondern in einer bestimmten Absicht, und das würde den Zweck der ganzen Operation zunichte machen. Nur wenn der Analytiker einen Teil seiner Omnipotenz bedingungslos aufgibt, wird es dem Verwahrlosten möglich, ihn als wohlmeinende Autorität zu akzeptieren. Er darf niemals den Eindruck gewinnen, dass es dem Analytiker Mühe bereitet, ihm konkrete Unterstützung zu geben, denn das würde er als verdeckte Feindseligkeit interpretieren. Die konkrete Unterstützung darf auch nicht in Situationen gewährt werden, in denen der Verwahrloste den Eindruck hat, er habe den Analytiker dazu gedrängt, Geld abzutreten. Wenn er denkt, dass er die Gabe erzwingen konnte, wird er die Hilfe des Analytikers als Schwäche interpretieren. Die Situation des Gebens und Nehmens muss frei von jeder Implikation der Feindseligkeit sein, sei es vonseiten des Patienten oder des Analytikers. Damit die konkrete Unterstützung keine Schuldgefühle im Patienten erweckt und sie nicht zu einer Ausbeutung des Analytikers verkommt, muss sie so erteilt werden, dass es zum Bild einer Mutter passt, die frei aus ihrem reichlichen Vorrat verteilt und die Liebe und Sorge für ihr Kleinkind aufwendet, wann immer es sie braucht, ohne die Mühe in Rechnung zu stellen oder eine Gegenleistung zu erwarten, die jenseits des gesunden Wachstums und des Wohlbefindens des Kleinkindes liegt. In der Therapie macht der Verwahrloste vermutlich zum ersten Mal in seinem Leben die Erfahrung, etwas zu erhalten, wonach er sehnlich verlangt, ohne dass damit eine Verminderung der Omnipotenz der Person einhergeht, die bereit ist, einen Teil ihrer Überlegenheit abzugeben. Das ist ein wesentlicher Unterschied zu allen früheren Situationen, in denen es ihm gelang, Geld aufgrund von Bitte, Drohung, Erpressung oder Unterschlagung zu erhalten, was für ihn bedeutete, einen Gegner eines starken und machtvollen Mittels zu berauben.[9]

Das Verlangen nach dem Konkreten, das sich im Leben des männlichen Verwahrlosten in seinem unversiegbaren Wunsch nach Geld zeigt, kann unschwer befriedigt werden. Die entsprechende Situation in der Behandlung weiblicher

---

[9] Natürlich müssen im Verlauf der Behandlung all diese Bedingungen Veränderungen erfahren. In Abhängigkeit von der Schwere der Störung des Patienten können manche der hier aufgezählten Bedingungen vernachlässigt werden. Ich habe in diesem Zusammenhang absichtlich Extreme gewählt.

Verwahrloster ist komplizierter, da jeder physische Kontakt schlichtweg inkompatibel mit der Psychoanalyse ist. Es gibt jedoch Wege, die ausschließliche Bedeutung, die der physische Kontakt im Leben der verwahrlosten Frau spielt, für die Ziele der Initialphase der Behandlung einzusetzen. Wie ich bereits bemerkte, erklärte die delinquente Frau, von der am Anfang dieses Aufsatzes die Rede war, im Erstgespräch, dass sie alles in ihrer Macht Stehende tun würde, um mich zu verführen. Sie versicherte mir später, fest davon überzeugt zu sein, dass ich in sie verliebt sei und gerne eine Affäre mit ihr haben würde. Sie war verwirrt darüber, dass ich meinem Begehren keine Handlungen folgen ließ, um ihre Bereitwilligkeit auszunutzen. Würde eine vergleichbare Situation in der Analyse einer neurotischen Frau auftreten, würde die analytische Methode sofort die Phantasie der Patientin in den Blick nehmen und versuchen, sie zu zerstreuen, indem man ihr zeigt, dass diese zu einer Wiederholung früherer Erfahrungen gehört, und indem der Übertragungscharakter der Gefühle der Patientin gedeutet wird. Vernachlässigte man die angemessene Analyse der Phantasie bei einer Neurose, würde das bald zu einem Stillstand oder einem Abbruch der Psychoanalyse führen. Doch während der Initialphase in der Behandlung einer verwahrlosten Frau würde die Analyse dieser Phantasie zu einem ganz anderen Ergebnis führen. Eine Deutung dieser Art würde die Überzeugung der Patientin entweder nicht beeinflussen oder sie möglicherweise dazu zwingen, die Behandlung abzubrechen. Die Patientin kann die Behandlung nur weiterführen, wenn sie annimmt, dass der Analytiker sie sexuell begehrt, denn das ist der einzige Begriff, den sie von einer positiven Einstellung eines Mannes zu ihr hat. Ich tat mit Absicht nichts, um den Glauben der Patientin zu zerstören, sondern überzeugte sie davon, dass es in Anbetracht des großen Leides, das sie infolge ihrer Promiskuität bisher erlitten hatte, nicht den geringsten Grund gab zu glauben, dass eine neue sexuelle Beziehung von irgendeinem Vorteil für sie sein könnte. Da ich fest entschlossen sei, ihr bei der Bewältigung ihrer schwierigen Situation zu helfen, würde ich ihrer Einladung zu einer Affäre keine Folge leisten. Ich versicherte aber stets, dass sie bezaubernd und attraktiv sei und dass eine Affäre mit ihr ein Genuss wäre.

Dass ich niemals einen Annäherungsversuch unternahm, obwohl ich in ihrer Phantasie leidenschaftlich in sie verliebt war, unterstützte den therapeutischen Prozess sehr, denn sie war überrascht zu sehen, dass eine Person ein – wie sie annahm – großes Begehren ihr zuliebe im Zaum hielt. Ich glaube, dass diese Überzeugung und die Phantasien, die die Patientin in Bezug auf mich hatte, ihr dabei halfen, ihre Neigung zur Promiskuität zu zügeln. Es könnte paradox erscheinen, dass beim Mann die Befriedigung seines Wunsches nach Geld einen ähnlichen therapeutischen Effekt haben kann wie bei der Frau die Verweigerung der Befriedigung. Es müssen jedoch die vorangegangenen Erfahrungen der Patienten berücksichtigt werden. Der männliche Patient beobachtete, dass

Menschen ihm kein Geld geben wollen oder es nur widerwillig tun, die verwahrloste Frau, dass jeder Mann, den sie verführen wollte, ihrem Wunsch nur zu bereitwillig nachgekommen war. Da die analytische Situation so angelegt werden muss, dass sie sich nicht mit der äußeren Realität deckt, ist offenkundig, warum im einen Fall die Befriedigung und im anderen ihre Verweigerung zu einer Verbesserung beim Patienten führt. Außerdem beweist der positive Effekt, den die Illusion, geliebt zu werden, auf den weiblichen Patienten trotz der mangelnden Befriedigung hat, dass ihre Promiskuität nicht allein sexueller Impulsivität geschuldet, sondern der Ausdruck ihrer begrenzten Möglichkeit ist, einen Lebenssinn jenseits des Konkreten zu finden.[10]

Das Konkrete spielt natürlich eine wichtigere Rolle im mentalen Leben des Kindes als in dem des Erwachsenen (vgl. z. B. Werner 1948). Es ist hier nicht notwendig, in Bezug auf dieses wohlbekannte Phänomen im Leben des Kindes weiter ins Detail zu gehen. Es könnte jedoch notwendig sein zu betonen, dass die Neigung zum Konkreten, die ich als charakteristisch für die Psychopathologie des Verwahrlosten beschrieben habe, kein Gradmesser für seine intellektuelle Begabung ist. Man findet alle Abstufungen der Intelligenz unter Verwahrlosten, und ein vermindertes Abstraktionsvermögen ist keineswegs charakteristisch für das Krankheitsbild. Doch nur das Konkrete ist für sie emotional bedeutungsvoll. In Abhängigkeit von der Schwere der Störung kann sich das auf alle Bereiche ihres Lebens ausdehnen oder auf einige beschränkt sein, doch es zeigt sich immer in engen emotionalen Beziehungen. Ich glaube, dass dieses Symptom in der Behandlung von Verwahrlosten am schwierigsten zu bekämpfen ist.

IV

Die vorangegangenen technischen Überlegungen zeigen unzweifelhaft, dass die Behandlung des Verwahrlosten einen großen Parameter hat. Fast alle technischen Schritte sind dem, was in der Technik der Neurosenbehandlung allgemein akzeptiert wird, diametral entgegengesetzt. Ich habe versucht zu zeigen, warum sie dennoch unumgänglich sind und der Modelltechnik nicht weiter angenähert werden können. Ich habe mit Absicht schwere Störungen gewählt. In leichten Fällen von Verwahrlosung ist ein so großer Parameter nicht notwendig

---

[10] Eine weitergehende Erörterung der Gründe für den positiven Effekt dieser Technik würde zu den sexuellen Problemen dieses Typus von verwahrlosten Mädchen führen und den Rahmen dieser Arbeit sprengen. Es sei hier nur so viel gesagt, dass die Patientin gegen Männer, die ihren Wünschen entsprochen hatten, regelmäßig Aggressionen entwickelte. Diese Ereignisfolge legte freilich einen grundlegenden Konflikt in Bezug auf ihr scheinbar starkes heterosexuelles Begehren offen.

und für manche kann die Modelltechnik die richtige sein. Doch ich hoffe deutlich gemacht zu haben, dass sich meine Bemerkungen ausschließlich auf die Initialphase beziehen. Der große Parameter in der Behandlung des Verwahrlosten ist notwendig, da seine Persönlichkeit erst eine Reorganisation erfahren muss, die später eine Analyse im eigentlichen, der Modelltechnik entsprechenden Sinne ermöglicht. Deutungen spielen in der Initialphase eine geringe Rolle und werden nur getätigt, um die zweite Phase vorzubereiten. Der klinische Anzeiger für das Ende der ersten Phase besteht darin, dass der Patient frei von den Symptomen der Verwahrlosung ist. Das heißt, der Patient muss seine Fähigkeit gezeigt haben, den Stresssituationen des Alltags standzuhalten, ohne in die delinquenten Symptome zurückzufallen. Außerdem muss es eine starke positive Bindung zum Analytiker geben, die den Patienten voraussichtlich in die Lage versetzt, die unvermeidliche Unlust und das mit der Modelltechnik verbundene Unbehagen zu ertragen, ohne vor der Analyse wegzulaufen und ohne sich durch aggressives Verhalten zu rächen. In der zweiten Phase kann die eigentliche Analyse beginnen. Es muss aber betont werden, dass man die Behandlung des Patienten nicht als volle Analyse auffassen kann, wenn die zweite Phase nicht vollendet wird.

Das äußerste Ziel, das in der ersten Phase erreicht werden kann, besteht in der Abnahme der manifesten delinquenten Symptome und das schrittweise Ersetzen der Aggression durch Angst oder neurotische Symptomatologie. Das mag der Patient nicht notwendigerweise als therapeutischen Gewinn verbuchen, es ist aber eine unvermeidliche klinische Zwischenphase, ehe die eigentliche Störung in Angriff genommen werden kann. Wenn die zweite Behandlungsphase erreicht ist, nähert sich die Behandlungstechnik mehr und mehr der Modelltechnik an und sollte dann praktisch identisch mit ihr werden. Aus diesem Grund ist es nicht nötig, sie gesondert zu erörtern. Man kann sagen, dass die Behandlung des Verwahrlosten mit dem größten Parameter beginnt und sich dann schrittweise auf eine Technik zubewegt, deren Parameter sich nach und nach reduziert, bis er unter optimalen Bedingungen null erreicht. Die begriffliche Differenzierung zwischen der Vorbereitungsphase und der zweiten Phase zeigt sich natürlich klinisch nicht im selben Ausmaß, da die beiden Phasen einander, wie oben erwähnt, überlappen.

Hier muss ich allerdings wieder von Erfahrungen berichten, die beim Leser Zweifel an der klinischen Zulässigkeit dieser Behandlung erwecken könnten. Wenn das Ziel der Initialphase der Behandlung erreicht war und alles darauf hindeutete, dass der Patient nun für das, was ich die eigentliche Analyse nannte, bereit war, kam es regelmäßig vor, dass ich ihn nicht dazu bewegen konnte, eine Technik zu akzeptieren, die sich so stark von der Initialphase unterschied. In anderen Worten, das Verhalten des Patienten sowohl in der Analyse als auch außerhalb zeigte deutlich, dass er den Punkt erreicht hatte, an dem er das Unbehagen der Modelltechnik ertragen könnte, dass er die Fähigkeit erworben hatte, die unvermeidliche Frustration auszuhalten, die die Modelltechnik dem Patienten abverlangt. Doch nichtsdestoweniger konnte er sich nicht an die Erfordernisse der neuen Behandlungsphase anpassen. Eine solche Situation ist therapeutisch steril. Der Analytiker darf den Patienten nicht weiter mit Befriedigung versorgen, die er ihm zuvor freigiebig zukommen ließ, denn wenn er das täte, würde er damit nur verhindern, dass der Patient seinen kürzlich erworbenen therapeutischen Gewinn auch nutzt. Er scheint aber unfähig zu sein, von dem Nutzen Gebrauch zu machen, den die zweite Behandlungsphase für ihn hat. Die Behandlung kommt also zu einem Stillstand. Es scheint, dass der Patient die Lust nicht vergessen kann, die er in vergangenen Tagen von seinem Analytiker erfahren hat, und dass er sich weigert, sich dem Frustrationsleiden zu unterwerfen, das dieselbe Person verursacht, mit der er so viele lustvolle Dinge assoziiert. Wenn die Behandlung eine solche Periode der Flaute erreicht, muss man den Patienten überreden, einem Wechsel des Analytikers zuzustimmen. Für gewöhnlich stellt sich heraus, dass der Patient Frustrationen von einem neuen Therapeuten akzeptieren kann. Wenn das geschieht, ohne dass die Notwendigkeit erwächst, die erste Phase zu wiederholen – das heißt, wenn sich der Patient in der neuen Behandlungssituation so verhält, wie man es gewöhnlich von neurotischen Patienten kennt –, dann kann man sicher sein, dass die Initialphase ein therapeutischer Erfolg und kein unnötiger Umweg war. Es beweist außerdem, dass die Initialphase trotz ihres großen Parameters ein legitimer Teil der Psychoanalyse von Verwahrlosten ist. Der bloße Umstand, dass ein Wechsel des Analytikers notwendig wird, ist kein Argument gegen die Behauptung, dass der erste Teil der Behandlung ein therapeutischer Erfolg gewesen ist. Dabei handelt es sich allerdings um einen Erfolg von geringem Wert, wenn er nicht durch eine Fortsetzung der Behandlung bei einem anderen Analytiker ergänzt wird. Ich möchte hinzufügen, dass Aichhorn behauptete, einen verwahrlosten Patienten durch beide Behandlungsphasen begleiten zu können. Der Wechsel von der Initial- oder Vorbereitungsphase zur eigentlichen Psychoanalyse verlangt jedoch mehr technisches Geschick, als von einem durchschnittlichen Analytiker verlangt werden kann. Es ist vielleicht sinnvoll, hier zu erwähnen, dass auch die Behandlung Schizophrener in zwei unterschiedliche Phasen zerfällt. Bei schizophrenen Patienten gibt es aber gewöhnlich keine Schwierigkeiten des Übergangs von einer Phase zur nächsten, sodass kein Analytikerwechsel notwendig ist.

Natürlich sind die Gefahrenstellen der Technik in der Vorbereitungsphase, wie hier dargelegt, zahlreich. Ich möchte nur zwei davon anführen. Wenn diese Technik nicht sorgfältig geplant und richtig durchgeführt wird, kann sie ein Ausagieren hervorrufen. Bei überstürzter Anwendung kann sie die ungezügelte Hingabe des Verwahrlosten an seine Symptome auslösen und so dazu führen, dass der Patient den Analytiker durch Persiflage lächerlich macht. Sie kann auch dazu führen, dass der Analytiker ausgenutzt wird. Dann wird der Therapeut zur leichten Beute für die aggressiven Impulse des Verwahrlosten und die ganze Behandlung verkommt zu einer, in der der Patient ohne Unterlass nach Wegen sucht, wie er dem Analytiker immer größere Gefallen abringt.[11] Schließlich könnten die Symptome des Patienten mehr Opfer erfordern, als der Analytiker erbringen kann oder will.

Es ist klar, dass die Behandlung des Verwahrlosten den Therapeuten mit besonderen Schwierigkeiten konfrontiert. Es nimmt nicht wunder, dass man die therapeutischen Aussichten des Verwahrlosten, der häufig Psychopath genannt wird, pessimistisch beurteilt. Warum die Behandlung des Verwahrlosten so viel mehr Geschicklichkeit erfordert als die anderer psychischer Störungen, ist nicht gleich offensichtlich. Meiner Erfahrung nach hat der Schizophrene eine bessere Chance, die geeignete Therapie zu bekommen als der Verwahrloste. Es ist interessant zu spekulieren, warum es verhältnismäßig einfacher ist, einen schizophrenen Patienten zu analysieren als einen verwahrlosten. Die Psychopathologie des Verwahrlosten betrifft, grob gesprochen, die Unterentwicklung seines Über-Ichs, während die Psychopathologie des Schizophrenen Funktionen eines viel früheren Entwicklungsstadiums betrifft. Man erwartet, dass es einfacher ist, sich mit einem Patienten zu identifizieren, dessen Pathologie später entwickelte Strukturen betrifft, als mit einem Patienten, dessen Psychopathologie auf dem Niveau der Basisfunktionen angesiedelt ist. Die klinische Erfahrung zeigt verschiedene Gründe auf, warum es generell einfacher für einen Therapeuten ist, die Psychopathologie eines Schizophrenen zu verstehen und einen Weg durch die Schwierigkeiten in seiner Behandlung zu finden, als dasselbe bei einem Verwahrlosten zu machen. Die schizophrene Pathologie scheint für Empathie zugänglich zu sein, seit Träume verständlich geworden sind. Unsere eigenen Träume lehren uns, wie ein Schizophrener die Welt erlebt. Das Verständnis unserer eigenen Träume versetzt uns in die Lage, die psychischen Erfahrungen des Schizophrenen empathisch nachzuvollziehen. Die Identifikation mit dem Schizophrenen erscheint uns also leichter, da seine Tagwelt Teil unserer bewussten Erfahrung bei Nacht ist. Das Leben des Verwahrlosten hat hingegen, so hoffen wir jedenfalls, keine Entsprechung in den Erinnerungen des Analytikers. Hinzu kommt, dass die Identifikation mit dem Verwahrlosten vielfach gerade deshalb mehr Gefahr zu bergen scheint als der entsprechende Prozess im Fall des Schizophrenen, weil die Psychopathologie des ersteren jüngere Funktionen betrifft. Wahnvorstellungen und

---

[11] Solche Ergebnisse könnten durch den inadäquaten Umgang mit den Schuldgefühlen des Verwahrlosten hervorgerufen werden. Das betrifft einen Teil der Technik, den ich hier nicht besprochen habe.

Halluzinationen zu studieren regt weniger zur Nachahmung an als therapeutische Kontakte zu Verwahrlosten. Die Behandlung dieser Patienten erfordert, dass wir uns empathisch mit ihrer offenen Aggression, ihrem Stehlen, ihren Lügen und Unterschlagungen identifizieren. Um den Verwahrlosten zu verstehen, muss man vorübergehend die eigenen moralischen Standards aufgeben. Da diese spät erworben sind, stellt die Behandlung des Verwahrlosten eine größere Gefahr dar als die des Schizophrenen. Das könnte einer der Gründe sein, warum die Behandlung so vieler Verwahrloster aufgrund des eigenen Widerstandes des Therapeuten zum Scheitern verurteilt ist. Diese Schwierigkeit, die eigentlich geringere Beschädigung empathisch nachzuvollziehen, erinnert mich an ein allgemeines biologisches Prinzip, das Goldstein beschrieben hat. Er entdeckte bei Patienten mit Hirnverletzungen, dass diese vitale Defekte leichter kompensieren konnten als weniger gravierende Beeinträchtigungen (Goldstein 1942, S. 77).

In vergleichbarer Weise scheint es für den Therapeuten einfacher zu sein, die schwerwiegendere Störung der Schizophrenie zu integrieren als die des Verwahrlosten, dessen vitale psychologische Funktionen in geringerem Maße geschädigt sind.

Aus dem Amerikanischen übersetzt von Bernadette Grubner

Die Auswirkung der Ichstruktur auf die psychoanalytische Technik[1]

Der Gegenstand dieses Aufsatzes ist eng verwandt mit einem Problem, das die Analytiker seit Dekaden beschäftigt. Es fällt in den Bereich der Frage, die Freud beim VII. Internationalen Psychoanalytischen Kongress (1922) aufgeworfen hat: »Welches Verhältnis besteht zwischen der psychoanalytischen Technik und der psychoanalytischen Theorie?« Freuds Frage umfasst einen breiten Bereich; der Gegenstand dieses Aufsatzes betrifft nur einen Ausschnitt davon.

Freuds 1922 gestellte Frage interessiert uns heute besonders in Verbindung mit der Ichstruktur. Während der letzten beiden Dekaden hat sich eine Vorstellung verbreitet, die folgendermaßen formuliert werden kann: Wenn unsere Kenntnis der Ichstruktur vollständig wäre, könnten eine Vielzahl von Techniken – in idealer Weise angepasst an die Bedürfnisse der individuellen Störung – perfektioniert werden. So könnten wir endgültig sicherstellen, dass das Ich die Herrschaft über diejenigen Gebiete erlangt, in denen es unterworfen war, sprich: wir könnten die vollständige Genesung gewährleisten. Wie bei allen wunschgeleiteten Vorstellungen spiegelt auch diese die objektive Realität nicht angemessen wider. Es ist aber wahrscheinlich richtig, dass eine stark erweiterte, beinahe vollständige Kenntnis der Ichstruktur die klinische Wirksamkeit der psychoanalytischen Technik deutlich erhöhen würde. Gleichwohl hat auch die pessimistische Einschätzung ihre Berechtigung, die davon ausgeht, dass die vollständige Kenntnis der Ichstruktur die Aufgabe, diese zu verändern, erst in ihrem wahren, riesigen Ausmaß zum Vorschein bringen würde – was wiederum dazu führen könnte, dass man in Zukunft von solchen heldenhaften Versuchen ablässt.

Ehe ich mich in diesen Gegenstand vertiefe, möchte ich zwei Variablen ausschließen, die sich stark auf die psychoanalytischen Techniken auswirken. Eine solche Einschränkung wird eine präzisere Formulierung der grundlegenden Fragen erleichtern und die Verunsicherung angesichts einer so großen Vielfalt von damit zusammenhängenden Problemen vermindern. Psychoanalytische Techniken hängen in erster Linie von drei Variablen ab: der Störung und Persönlichkeit des Patienten, den gegenwärtigen Lebensumständen des Patienten und der Persönlichkeit des Psychoanalytikers. Im Folgenden werde ich die

---

[1] [Erstveröffentlichung unter dem Titel »The effect of the structure of the ego on psychoanalytic technique« im *Journal of the American Psychoanalytic Association*, 1, 1953, S. 104–143.]

letzten beiden Variablen nicht untersuchen. Ich werde davon ausgehen, dass die Lebensumstände des Patienten und die Persönlichkeit des Analytikers jeweils ideal, sprich: dem analytischen Prozess uneingeschränkt förderlich sind. Wir nehmen also an, dass von den aktuellen Lebensumständen des Patienten oder der Persönlichkeit des Analytikers keine Störung des psychoanalytischen Prozesses ausgeht.

Das Versäumnis, diese Variablen auseinanderzuhalten, hat das Niveau der Diskussionen über die psychoanalytische Technik maßgeblich gesenkt.[2] Die klinische Realität ist aber natürlich so vielgestaltig und erzeugt so viele unvorhergesehene Situationen, dass es unmöglich ist, eine Standard-Technik zu entwickeln, die allen Erfordernissen der Praxis gerecht wird. Das ist auch in anderen Fachrichtungen so. Bei manchen Notfällen werden alle anerkannten Vorschriften der Keimfreiheit beiseite geschoben. Wenn aber unter optimalen Bedingungen operiert wird, folgt der Chirurg diesen Vorschriften genau und sie werden in anerkannten medizinischen Universitäten immer noch gelehrt – auch wenn der Lehrer die zahlreichen Situationen gut kennt, die ihre Anwendung nicht zulassen.

Auch wenn die spezifischen Lebensumstände des Patienten eine bestimmte technische Maßnahme erfordern mögen, ist es ein schwerer Fehler, daraus zu schließen, dass diese Maßnahme allgemeine Gültigkeit besitzt, nur weil sie ihre Nützlichkeit unter bestimmten Bedingungen bewiesen hat. Die Spezifik von Variablen zu übersehen, auf die eine technische Maßnahme abgestimmt ist, heißt, vernünftige wissenschaftliche Maßstäbe zu verwerfen.

Um zu zeigen, in welche Fallen wir gehen können, wenn wir nicht zwischen den Variablen der Technik unterscheiden, möchte ich nur ein Beispiel nennen. Bei der Erörterung des Prinzips der Flexibilität zitieren Alexander und French Freuds technischen Rat, dass an bestimmten Punkten in der Behandlung phobische Patienten gedrängt werden sollten, sich den angstauslösenden Situationen auszusetzen (vgl. Alexander & French 1946, S. 39). Alexander benutzt dieses technische Mittel als zusätzliches Argument zugunsten seiner Technik, die darin besteht, den Patienten ausgiebig Ratschläge zu erteilen und sie zu ermutigen. Betrachtet man Freuds technisches Mittel aber in seinem ursprünglichen Verhältnis und Kontext – setzt man es also mit der Variable in Beziehung, die seine Einführung erforderlich machte –, sieht man bald, dass es sich überhaupt nicht zur Verallgemeinerung eignet.

Dabei drängt sich eine andere allgemeine Bemerkung auf. Ich habe bereits erwähnt, dass eine weitere Variable der psychoanalytischen Technik die Per-

---

[2] Freuds Begriff der »wilden« Analyse folgend, könnte man in diesem Kontext von wilden Diskussionen über die psychoanalytische Technik sprechen (vgl. Freud 1910e).

sönlichkeit des Psychoanalytikers ist. Freud berichtet von einigen subjektiven Faktoren, die die Entwicklung seiner Technik beeinflussten. Zum Beispiel begründet er sein Ersuchen, der Patient möge während der Analyse auf dem Rücken liegen, damit, dass er nicht gerne mehrere Stunden lang angestarrt werde (vgl. Freud 1913a, S. 467). Dann fügt er weitere Gründe hinzu, aus denen die Rückenlage zu bevorzugen sei.

Als Frieda Fromm-Reichmann ihr Abweichen von der klassischen Psychoanalyse, nämlich die Analyse mit Blickkontakt durchzuführen, begründete, führte sie Freuds Idiosynkrasie als Argument an (vgl. Fromm-Reichmann 1959, S. 25). Das ist aber ganz unangemessen. Ein Analytiker könnte ein Exhibitionist sein und aus diesem Grund die Auge-in-Auge-Technik bevorzugen. Welche Technik ein Therapeut auch ersinnen mag, er könnte es im Dienste seines Lustprinzips tun. Der Wert einer technischen Maßnahme beruht aber auf objektiven Faktoren. Wenn sie mit den persönlichen Vorlieben des Therapeuten übereinstimmt, umso besser, doch diese Koinzidenz ist für die Beurteilung und Einschätzung der Technik kein entscheidender Faktor.

Fromm-Reichmann lenkt die Aufmerksamkeit des Lesers auf einen anderen Faktor, der in Betracht gezogen werden muss, wenn wir über Freuds Abneigung gegen das mehrstündige Angesehenwerden sprechen. Sie behauptet, dem Therapeuten der damaligen Zeit sei es »ebenso peinlich wie dem Patienten [gewesen], wenn dieser an schwer mitteilbare Erlebnisse kam« (Fromm-Reichmann 1959, S. 26). Aus diesem Grund habe er die Rückenlage des Patienten bevorzugt.[3] Fromm-Reichmanns Argumentation, ob sie richtig oder falsch sei, macht ein Bündel von Faktoren sichtbar, die ich in meiner früheren Aufzählung der Variablen absichtlich ausgelassen habe, nämlich die historische Situation. Es ist versucht worden, alle möglichen historischen Faktoren mit der klassischen Psychoanalyse in Beziehung zu setzen: Viktorianismus und Anti-Viktorianismus, Feudalismus, Puritanismus usw. Kein einziger Mensch kann sich von der historischen Periode, in der er lebt, trennen – genauso wenig, wie er sich jenseits von Zeit oder Raum bewegen kann. So nützlich die Wissenschaftssoziologie sein mag, sie kann nicht entscheiden, welcher wissenschaftliche Fund korrekt ist und welcher nicht. Der historische Standpunkt kann bei jeder der sogenannten modernen Neuerungen der Psychoanalyse in Anschlag

---

[3] Fromm-Reichmanns Argumentation zugunsten von Gesprächen mit Blickkontakt kann hier nicht ausführlich besprochen werden. Ich werde mich daher auf eine Bemerkung beschränken. Wenn die Autorin mit der oben zitierten Aussage Freuds meint, was der Zusammenhang nahe legt, irrt sie sich. Freud schrieb, er habe die Rückenlage bereits angewendet, ehe er die sexuelle Ätiologie der Neurosen entdeckt hatte. Auch sei er von der Richtigkeit seiner Theorie auf Basis von Gesprächen mit Neurasthenikern überzeugt worden, deren Sexualleben er in aufrechter Position mit Blickkontakt untersucht habe (vgl. Freud 1925a, S. 53).

Die Auswirkung der Ichstruktur auf die psychoanalytische Technik

gebracht werden. Betrachten wir zum Beispiel die Technik der Variation der Gesprächsanzahl, die so häufig angeraten wird.

Wie wohl bekannt ist, maß Freud der Gleichförmigkeit und Kontinuität in der Technik – also der Technik täglicher Gespräche – eine große Bedeutung bei, während manche zeitgenössischen Psychoanalytiker glauben, dass die Gesprächsfrequenz an die therapeutischen Bedürfnisse des Patienten angepasst werden sollte. Man soll ihn also seltener sehen, wenn seine emotionale Beteiligung gesteigert werden soll, und häufiger, wenn man seine Angst vermindern möchte. Im Ergebnis gewöhnt sich der Patient daran, seinen Analytiker zu manchen Zeiten selten, zu anderen häufig aufzusuchen. Eine historische Untersuchung dieser Technik wird zum Vorschein bringen, dass die Lebensgewohnheiten vieler Analytiker, auf jeden Fall aber derer, die landesweit bekannt sind, von denen Freuds recht verschieden sind. Sie sind bekannte Figuren der nationalen Landschaft, sie werden als Regierungsberater nach Washington gerufen, sind Mitglieder in zahlreichen Kommissionen, die an verschiedenen Zeitpunkten des Jahres tagen, halten hunderte oder tausende von Meilen weit weg Vorträge, besuchen Tagungen – sie nehmen also an zahlreichen außerschulischen Aktivitäten teil, um es einmal so auszudrücken. Können es sich solche Analytiker leisten, zehn Monate lang dem Luxus täglicher Gespräche zu frönen, ohne landesweit in Vergessenheit zu geraten? Das sind nur die plumpesten historischen Gründe für die Technik der variierenden Gesprächsfrequenz; es gibt derer noch andere, hintergründigere. Ein historischer Faktor kann sehr gut ein berechtigter Aspekt der Forschung sein. Doch wir müssen stets daran denken, dass, obwohl ein historischer Faktor leicht mit den Techniken einer bestimmten Zeit korrespondieren mag, durch einen solchen Zusammenhang die Korrektheit oder Inkorrektheit einer Technik nicht bestimmt werden kann. Alles Menschengemachte ist vom historischen Klima zur Zeit seiner Entstehung gefärbt. Wenn wir die Erkenntnisse von Wissenschaftlern betrachten, beobachten wir, dass das historische Klima zu bestimmten Zeiten und unter bestimmten Umständen zu einer zutreffenden Interpretation der Wirklichkeit geführt hat; zu anderen Zeiten hat es zu einer unzutreffenden Interpretation geführt. Da es also müßig ist, das Argument der Historizität zu bemühen, wenn abgewogen wird, was für oder gegen eine wissenschaftliche Behauptung spricht, habe ich den historischen Faktor für die vorliegende Untersuchung nicht als Variable der psychoanalytischen Technik berücksichtigt.

Nun zurück zur Erörterung der Auswirkung der Ichstruktur auf die Technik: Ich werde mit einem klinischen Beispiel beginnen, bei dem die psychoanalytische Technik mit sehr wenigen Komplikationen angewandt werden kann. Das Basismodell der psychoanalytischen Technik kann relativ einfach anhand des Falles von Hysterie besprochen werden. In einem solchen Fall, so nehmen wir an – und in diesem abstrakten Zusammenhang ist es unwichtig, ob die

Die Auswirkung der Ichstruktur auf die psychoanalytische Technik

Annahme klinisch korrekt ist oder nicht –, dass der hysterische Patient die phallische Phase erreicht hat und über alle Möglichkeiten verfügt, eine Ichorganisation auszubilden, die eine adäquate Beziehung des Ichs zur Wirklichkeit aufrecht erhalten kann. Die Aufgabe der Therapie ist es an diesem Punkt, dem Patienten die Unterstützung zu geben, die er braucht, um die genitale Phase zu erreichen, und die Realisierung derjenigen Potenziale des Ichs zu ermöglichen, die bislang primär aufgrund traumatischer Erfahrungen in der Schwebe gehalten wurden. Ein solcher Patient befindet sich in Kenntnis über die Grundregel und seine Verpflichtung, ihr zu folgen. Er befolgt sie so gut er kann und in ausreichendem Maße, um geheilt werden zu können. Das Werkzeug, mit dem der Analytiker dies leisten kann, ist die Deutung und das Ziel der Deutung ist es, dem Patienten zur Einsicht zu verhelfen. Einsicht wird die Hindernisse entfernen, die das Ich bislang daran gehindert haben, sich voll zu entwickeln. Die Frage ist hier einzig und allein, wann und was gedeutet werden soll. Denn in einem idealen Fall ist die Aktivität des Analytikers auf die Deutung beschränkt; kein anderes Werkzeug wird notwendig.

Um Missverständnisse zu vermeiden, möchte ich betonen, dass ich die Frage, was bei der Analyse einer Neurose therapeutisch wirksam ist, hier nicht behandle. Natürlich gibt es noch ganz andere therapeutisch wirksame Faktoren als bloß die Deutung. Es gibt, unter vielen anderen, zum Beispiel die Übertragung. Es wäre aber ein Fehler, die Übertragung als Werkzeug der Therapie anzusehen, speziell im Fall der Hysterie. Die Übertragung ist in diesem Fall eine Energiequelle, die, wenn sie richtig benutzt wird, durch die Anwendung der Deutung zur Heilung führt.

Noch ein Punkt sollte klargestellt werden. Es gibt noch andere therapeutisch wirksame Faktoren, die wie Werkzeuge aussehen mögen, wie etwa die Zurückweisung der Wunscherfüllung, der der Patient während der Behandlung ausgesetzt wird, oder, allgemeiner, die therapeutische Haltung des Psychoanalytikers. Ich denke, dass diese Faktoren zweitrangig sind, das heißt, sie sind notwendige Konsequenzen, wenn die Deutung das einzige technische Hilfsmittel des Analytikers darstellt. Ganz ähnlich verhält es sich mit der Durcharbeitung – dabei handelt es sich um eine bestimmte Technik im Gebrauch der Deutung.

Ich habe ein Verfahren ausgelassen, das für die grundlegende Grundtechnik unerlässlich ist. Unzweifelhaft wurden jeder Person, die jemals analysiert worden ist, im Verlauf der psychoanalytischen Behandlung Fragen gestellt. In der Tat bin ich der Meinung, dass die Frage als Kommunikationsweise ein grundlegendes und daher unverzichtbares Werkzeug der Analyse ist, und zwar eines, das sich von der Deutung wesentlich unterscheidet. Unglücklicherweise wurde dieses Werkzeug als selbstverständlich angesehen. Die wichtigsten Untersuchungen, die gegenwärtig angestellt werden, betreffen den angemessen

Die Auswirkung der Ichstruktur auf die psychoanalytische Technik

Gebrauch von Fragen in Gesprächen und nicht im psychoanalytischen Prozess selbst (vgl. F. Deutsch, 1939; F. Deutsch 1949). Die Psychologie der »Frage« im Sinne der strukturellen Psychologie ist noch nicht geschrieben worden. Doch obwohl diese Aufgabe eine große Herausforderung wäre, werde ich sie in diesem Aufsatz nicht weiter behandeln, sondern zu einer anderen Neurose fortschreiten. Ich werde untersuchen, welche Verfahren bei einem Fall von Phobie mindestens notwendig sind.

Die Technik, die ein klassischer Fall von Phobie erfordert, ist an einem bestimmten Punkt wahrscheinlich überraschend. Die Behandlung beginnt und vollzieht sich über einen langen Zeitraum genau wie im Fall einer Hysterie. Das heißt, der Analytiker benutzt die Deutung als ausschließliches Werkzeug der Therapie. In der Behandlung mancher Fälle wird jedoch ein Punkt erreicht, an dem offensichtlich wird, dass die Deutung als therapeutisches Mittel nicht ausreicht und dass pathogenes Material abgewehrt wird, trotz der Analyse aller Widerstände, die klinisch sichtbar werden. In anderen Worten: Trotz einem Maximum an Deutung kann der pathogene Bereich nicht erschlossen werden. Auch wenn alle Widerstände gedeutet werden und jede Rekonstruktion, die anhand des Materials gewonnen werden kann, dem Patienten mitgeteilt wird, und sogar wenn der Patient die Grundregel in idealer Weise befolgt, bleibt der Bereich, der den Kern der Psychopathologie bildet, für den Analytiker unzugänglich. An diesem Punkt wird ein neues technisches Hilfsmittel notwendig. Wie wohl bekannt ist, handelt es sich bei diesem neuen Verfahren um den Ratschlag oder die Anordnung.

Der Analytiker muss dem Patienten die Anordnung erteilen, sich der gefürchteten Situation trotz seiner Furcht davor und unabhängig von der Angst, die während dieser Konfrontation entstehen könnte, auszusetzen. In extremen Fällen könnte es sogar notwendig werden, mit dem Abbruch der Behandlung zu drohen, wenn der Patient die Last, freiwillig Angst zu erleiden, nicht auf sich nimmt. Dem Patienten zu raten, eine bestimmte Handlung auszuführen, oder ihn indirekt sogar dazu zu zwingen, ist jenseits der Reichweite der Deutung und führt ein therapeutisches Hilfsmittel von ganz anderer Art ein. Um das Verständnis zu erleichtern, führe ich hier den Begriff *Parameter einer Technik* ein. Ich definiere den Parameter einer Technik als sowohl qualitative als auch quantitative Abweichung von der Grundtechnik, also von der Technik, die die Deutung als ausschließliches Werkzeug erfordert. In der Grundtechnik beträgt der Parameter während der gesamten Behandlung selbstredend null. Wir würden also sagen, das der Paramter, den die Technik der Behandlung einer Phobie erfordert, in der Anfangs- und Endphase null beträgt. Doch in dem Ausmaß, in dem die Deutung während der mittleren Phase durch Ratschlag oder Anordnung ersetzt wird, kann der Parameter, wenn auch vorübergehend, so doch beträchtlich sein – wie in dem hier zitierten Beispiel.

Die Rechtfertigung dafür, dass in die Behandlung der Phobie ein Parameter eingeführt wird, fußt ausschließlich auf klinischer Beobachtung. Frühe Erfahrungen zeigten, dass die Grundtechnik zu einer Pattsituation geführt hatte. Freud wurde klar, dass er von der grundlegenden technischen Position abweichen musste, wenn Phobien psychoanalytisch behandelt werden sollten, und zwar von der Regel, dass dem Patienten nach Beginn der Behandlung weder ein Ratschlag noch eine Anordnung erteilt werden soll. Der von ihm eingeführte Parameter war das Minimum, ohne das kein Fortschritt erzielt werden konnte. Der große Vorteil dieses Parameters war, dass man ihn nur für eine kurze Zeit anwenden musste, dass man wieder darauf verzichten konnte, sobald er seine Nützlichkeit bewiesen hatte und die Behandlung dann wieder mit der Grundtechnik fortgesetzt werden konnte. Der in die Psychoanalyse von Phobien eingeführte Parameter kann als Modell dienen, aus dem die Idealbedingungen, die ein Parameter erfüllen muss, abgeleitet werden können. Wir formulieren versuchsweise folgende allgemeine Kriterien, die ein Parameter erfüllen muss, wenn er den für die Psychoanalyse fundamentalen Bedingungen entsprechen soll: (1) Ein Parameter darf nur eingeführt werden, wenn erwiesen ist, dass die Grundtechnik nicht ausreicht. (2) Der Parameter darf niemals ein unvermeidliches Minimum überschreiten. (3) Ein Parameter darf nur in Anspruch genommen werden, wenn er letztlich zur Selbstaufhebung führt, sprich: In der Schlussphase der Behandlung muss immer ein Parameter von null vorliegen. Diese drei Bedingungen werden durch den Parameter, der zu einem wesentlichen Bestandteil der analytischen Behandlung phobischer Patienten geworden ist, in idealer Weise erfüllt.

Wenn wir uns nun der nächsten Gruppe von Neurosen, den Zwangsneurosen, zuwenden, stellt sich die Situation noch einmal anders dar. Wir können hier die Geschichte des »Wolfsmannes« als paradigmatisch ansehen (vgl. Freud 1918).[4] Soweit erkennbar ist, wandte Freud für den größeren Teil der Behandlung die Grundtechnik an. Gegen Ende – »nicht ohne [s]ich durch gute

---

[4] Die Diagnosen dieses Patienten waren vielfältig. Vor seiner Analyse behaupteten einige Autoritäten, der Patient leide an manisch-depressivem Irresein (Freud 1918, S. 30). Freud beschrieb seine Krankheit als »Folgezustand nach einer spontan abgelaufenen, mit Defekt ausgeheilten Zwangsneurose« (Freud 1918, S. 30). Doch eine andere Passage legt nahe, dass Freud den Patienten als Zwangsneurotiker angesehen haben könnte: »sie [die Darmstörung] repräsentierte das Stückchen Hysterie, welches regelmäßig zu Grunde einer Zwangsneurose gefunden wird« (Freud 1918, S. 107). Später erwähnte Freud den paranoiden Charakter einiger Symptome des Patienten (vgl. Freud 1937a, S. 62). Die Probleme der Technik, die Freud im ursprünglichen Aufsatz diskutierte, waren aber diejenigen, die gewöhnlich in Analysen von Zwangsneurosen angetroffen werden. Ich stimme mit Binswanger nicht überein, der die frühe Geschichte des »Wolfsmannes« als typische Kindheitsschizophrenie ansieht (vgl. Binswanger 1945).

Die Auswirkung der Ichstruktur auf die psychoanalytische Technik

Anzeichen der Rechtzeitigkeit leiten zu lassen« (Freud 1918, S. 33) – führte Freud zwei Parameter ein. Einer davon ist wohlbekannt: Er bestimmte einen festen Zeitpunkt für die Beendigung der Behandlung. Der zweite, der weniger häufig erwähnt wird, erscheint mir noch folgenschwerer: »Ich versprach dem Patienten die völlige Herstellung seiner Darmtätigkeit.« (Freud 1918, S. 107) Der Patient hat das bestimmt als endgültige Aufgabe der analytischen Zurückhaltung sowie als Eingeständnis und Versprechen der Allmacht des Analytikers erlebt. Aus diesem Grund brach die Krankheit wieder aus, als der Analytiker krank wurde und sich dadurch zeigte, dass er nicht allmächtig war (vgl. Brunswick 1929, S. 10).

Diese beiden Parameter sind von einem anderen Typ als diejenigen, die bei der Behandlung von Phobien angetroffen werden. Sie erfüllen die erste Forderung, die wir an einen Parameter stellten: Sie wurden eingeführt, als sich zeigte, dass die Grundtechnik nicht zur Genesung des Patienten führen würde. Es kann bezweifelt werden, ob sie die zweite Forderung erfüllen, nämlich die, eine unumgängliche Minimalabweichung zu sein. Zweifellos erfüllen sie die dritte Anforderung nicht; sie sind nicht selbstaufhebend, und zwar aus zwei Gründen: (1) Wenn der Patient zu einem festgelegten Zeitpunkt entlassen werden soll, bleibt keine Zeit für eine abschließende Phase übrig, in der ausschließlich die Grundtechnik angewandt wird. (2) Die andere Abweichung, das Versprechen der Allmacht, erstreckt sich weit über die Beendigung der Behandlung hinaus und scheint, im Fall des »Wolfsmannes«, eine Voraussetzung gewesen zu sein, die für den Erhalt der psychischen Gesundheit des Patienten während der Jahre, die auf die Analyse folgten, notwendig waren. Diese Abweichung ist auch aus anderen Gründen von Interesse: Es ist möglich, dass schon die Einführung mancher Parameter per se eine anhaltende Wirkung auf die Übertragung des Patienten hat, eine Wirkung, die durch Deutung nicht aufgehoben werden kann. Abweichungen von der Grundtechnik werden von manchen Analytikern gelegentlich leichtherzig vorgeschlagen, weil sie annehmen, dass die Wirkung jeder therapeutischen Maßnahme später »analysiert« werden kann. Als allgemeingültige Aussage ist das definitiv falsch. Unglücklicherweise stehen die Grenzen noch nicht fest, jenseits derer therapeutische Maßnahmen der Übertragungsbeziehung irreparablen Schaden zufügen. Man muss in dieser Hinsicht individuelle Variationen von Patient zu Patient annehmen.[5]

---

[5] Ich wähle unter den vielen Beispielen, die hier angeführt werden könnten, eines zufällig aus. Es gibt Patienten, bei denen die geringste Abweichung von der Regel, der zufolge die Behandlung in einer Situation der Frustration stattzufinden hat, eine extrem schädliche Wirkung hervorrufen kann. Die Erfüllung eines Wunsches, der so trivial sein kann wie die Bitte um eine Zigarette, kann den weiteren Verlauf der Behandlung in Gefahr bringen, indem eine fixe Phantasie erzeugt wird, die der weiteren Analyse unzugänglich ist. Andere Patienten – und ich denke, diese sind in

Die Auswirkung der Ichstruktur auf die psychoanalytische Technik

Freud machte in Hinblick auf dieses Problem eine endgültige Aussage, als er die Behandlung negativer therapeutischer Reaktionen besprach. Nach der Beschreibung des Parameters der Technik, den er einführen müsste, wenn er die klinische Genesung bei Patienten bewirken sollte, die negative therapeutische Reaktionen zeigen, stellte er klar und emphatisch fest, dass dieser bestimmte Parameter mit der psychoanalytischen Technik unvereinbar sei, da er die Übertragung in eine Beziehung umwandeln würde, die psychoanalytischen Deutungen per se unzugänglich wäre.[6] Es muss also ein vierter Lehrsatz eingeführt werden, um die Bedingungen zu skizzieren, die ein Parameter erfüllen muss, damit die Technik im Rahmen der Psychoanalyse verbleibt: Die Auswirkung des Parameters auf die Übertragungsbeziehung darf niemals derart sein, dass sie durch die Deutung nicht wieder aufgehoben werden kann.

Um zu Freuds Technik in der Behandlung des »Wolfsmannes« zurückzukommen, möchte ich noch einmal betonen, was allgemein bekannt ist: dass keine der bei diesem Fall angewandten technischen Neuerungen ein integraler Bestandteil der Analyse geworden ist. Wir haben für diesen Typ von Zwangsneurose keine Technik, die vergleichbar adäquat und präzise wäre wie die Parameter der Technik, die bei der Behandlung von Phobien angewandt wird.

Wenn wir uns nun den anderen beiden Gruppen von Störungen zuwenden, den Schizophrenien und der Verwahrlosung, wird die Situation unendlich komplizierter. Die Technik der freien Assoziation kann bei keiner der beiden Gruppen angewandt werden. Bei den Schizophrenien wären die Patienten zur Kooperation unfähig. Die Technik könnte darüber hinaus der Regression Vorschub leisten. Bei den Verwahrlosten ist die Grundregel nicht anwendbar, und zwar aufgrund der intentionalen und felsenfesten Weigerung der Patienten, sie zu befolgen. Bei diesen beiden Gruppen ist nicht nur die Grundregel unan-

---

der Mehrheit – sind hier weniger starr. Was in ihnen in Hinblick auf die Übertragungsbildung durch einfache Wunscherfüllung auch immer ausgelöst worden sein mag, es kann mit Leichtigkeit analysiert werden und wird nicht zum Stolperstein der weiteren Behandlung.

6 Vgl. Freud 1923a, Fußnote S. 279f. Der Inhalt dieser Fußnote ist von äußerster Wichtigkeit. Eine Durchsicht der meisten Bücher über psychoanalytische Technik jüngeren Datums wird zeigen, dass Freuds Geist intellektueller Aufrichtigkeit weitgehend verloren gegangen ist. Technische Neuerungen werden in großer Zahl eingeführt und durch die einfältige Rechtfertigung gestützt, dass der Neuerer das darauf folgende Verschwinden von Symptomen bemerkt hat. Die Frage, »zu welchem Preis und bei welcher Beschränkung des Ichs« wird nicht mehr gestellt. Stattdessen verleitet die vorgebliche Überlegenheit des Wissens gegenwärtiger Analytiker viele Autoren zu dem Glauben, dass Freuds Schutzmaßnahmen gegen die Wirkung der Persönlichkeit des Therapeuten – in Situationen, in denen eine durch den analytischen Prozess eingeleitete strukturelle Veränderung stattfinden sollte – überflüssig geworden sind.

wendbar, sondern zugleich ist auch das wichtigste Werkzeug, die Deutung, ausgehebelt und den Patienten kann durch verbale Deutungen keine Einsicht vermittelt werden – wenigstens nicht in der Anfangsphase der Behandlung. Es können deshalb keine notwendigen Parameter eingeführt werden, die die Grundtechnik an bestimmten Punkten modifizieren, noch können sie als neue Hilfsmittel in bestimmten Phasen eingeführt werden, wie es bei den oben erwähnten Neurosen der Fall ist. Bei den Schizophrenien und den Verwahrlosungen muss die ganze Technik in allen wesentlichen Aspekten verändert werden.

Nichtsdestotrotz sind die oben formulierten vier Kriterien, die ein Parameter erfüllen muss, damit eine Technik als psychoanalytische akzeptiert werden kann, auch für diese beiden Gruppen gültig.[7]

Es ist nicht möglich, hier die Folgen aufzuzeigen, die aus einer Anpassung der Grundtechnik für so schwere Störungen, wie es Schizophrenien stets und Verwahrlosungen meistens sind, resultieren. Doch ich möchte betonen, dass – obwohl einige Analytiker das Gegenteil behaupten – ich überzeugt bin, dass bis heute nicht bewiesen wurde, dass schizophrene Patienten jemals ein Stadium erreichen, in dem sie in Übereinstimmung mit der Grundtechnik behandelt werden können. Das trifft bis zu einem gewissen Grad mit dem Zweifel zusammen, ob schizophrene Patienten durch die Psychoanalyse in dem Sinne »geheilt« werden können, in dem wir gewöhnlich sagen, dass Neurosen geheilt werden können. Diese Bemerkung ist nicht als Leugnung einer Wirksamkeit der Psychoanalyse bei der Behandlung schizophrener Patienten zu verstehen.

Um zu den Neurosen zurückzukehren: Wir haben die Minimalanforderungen eines Falles von Hysterie als unser Basismodell herangezogen und sie mit den Minimalanforderungen für andere Störungen verglichen. Aus historischen Gründen kann die Hysterie als Nulllinie der psychoanalytischen Therapie genommen werden. Freud zeigte die Grundtechnik und die Grundbegriffe der Psychoanalyse im Zusammenhang mit seinen klinischen Erfahrungen mit Hysterien. Es gibt aber auch einen intrinsischen Grund, warum die Psychoanalyse im Verlauf der Behandlung von Hysterien entwickelt wurde. Ich würde vorsichtig sagen, dass die Entdeckung der Psychoanalyse weitgehend erschwert, verzögert oder sogar unmöglich gemacht worden wäre, wenn die vorherrschende Neurose der zweiten Hälfte des neunzehnten Jahrhunderts nicht die Hysterie gewesen wäre. Wenn man eine gewisse Unschärfe in Kauf nimmt, kann man sagen, dass das früheste psychoanalytische Modell der Hysterie ein Ich betrifft, das jenes Minimum an Verletzung aufweist, ohne die sich

---

[7] Das vierte Kriterium, dem zufolge der Parameter der Übertragung keine anhaltende Richtung geben darf, wird in den akuten Krankheitsphasen schwierig zu erfüllen sein. In dem Fall, dass ein Parameter die Übertragung in einer Weise beeinflusst hat, die durch die Deutung nicht mehr rückgängig gemacht werden kann, könnte ein Wechsel des Analytikers notwendig werden.

keine Neurose entwickeln würde. Es ist von Interesse, die früheste Publikation von Breuer und Freud unter diesem Gesichtspunkt zu studieren (vgl. Breuer & Freud 1892).

In ihrem Buch von 1892 werden dem Ich im Verlauf der Herausbildung einer Hysterie zwei unterschiedliche Funktionen zugeschrieben: (a) Die meisten hysterischen Symptome werden als Folgen von Traumata angesehen. Dabei könne jede Erfahrung, die intensive schmerzhafte Affekte hervorruft, zu einem Trauma werden, in Abhängigkeit von der Empfindlichkeit des Ichs. Diese Empfindlichkeit war der einzige Faktor, durch den das Ich zur Entwicklung der Krankheit beitrug, doch darüber wurde nichts Weitergehendes gesagt. Das psychische Trauma penetrierte den Patienten wie ein Fremdkörper und produzierte die gesamte Bandbreite der hysterischen Symptomatologie – gut verborgen in seinem Versteck. Diese frühe Theorie ähnelt einer Vorstellung vom Krankheitsprozess als Ereignis, in dem ein Teil der Realität in den psychischen Organismus eingedrungen ist und für eine Weile die normale Persönlichkeit beiseite gedrängt hat. Aufgrund dieser Interpretation der klinischen Beobachtungen war keine Berücksichtigung der Ichstruktur erforderlich. (b) Derjenige Teil der Realität, der im Patienten isoliert bleibe, erhalte seine privilegierte Funktion aufgrund des Fehlens der affektiven Abreaktion, die notwendig gewesen wäre, um sie zu assimilieren. Zwei Gruppen von Faktoren wurden für das Fehlen der Abreaktion für verantwortlich gehalten. Erstens habe der Patient nicht abreagiert, weil es die Natur des Traumas unmöglich gemacht habe bzw. weil der Patient das Trauma nicht zur Kenntnis nehmen wollte; kurz: er wollte nicht abreagieren. Die zweite Gruppe von Faktoren betraf den Zustand des Ichs zu der Zeit, als sich das Trauma ereignete. Das Ich sei entweder durch einen übermäßig starken Affekt oder einen hypnoiden Zustand paralysiert gewesen und daher unfähig, den Arbeitsaufwand zu leisten, der notwendig gewesen wäre, um die giftige Wirkung der Realität unschädlich zu machen – wenn diese Bildsprache erlaubt ist.[8]

All diese Erklärungen hatten einen Punkt gemeinsam: Sie zauberten den Einfluss des Ichs auf den Krankheitsprozess weg. Das Ich will oder kann nicht funktionieren und aus diesem Grund wird ein Bereich eingerichtet, in dem das Ich-Fremde Wurzeln schlagen und gedeihen kann.[9] Diese Vernachlässigung des Ichs zeigt sich auch in der Therapie, die auf einer maximalen Paralyse des Ichs basiert, bewirkt durch die Hypnose.

---

[8] Man gewinnt den Eindruck, dass diese frühen Theorien durch zeitgenössische Vorstellungen der inneren Medizin über die Ursache von Infektionskrankheiten beeinflusst worden sind.

[9] Einer der Autoren muss freilich hinter diese Auffassungen geblickt haben, denn an einer Stelle spricht er von »eine[r] hysterische[n] Individualität« (Breuer & Freud 1892, S. 18).

Wir werden in diesem Aufsatz nicht diskutieren, bis zu welchem Grade diese Vorstellung die klinische Realität korrekt abbildete, sondern stellen fest, dass es bei der Hysterie offenbar möglich war, den Krankheitsprozess relativ unabhängig vom Rest der Persönlichkeit zu untersuchen. Dementsprechend wurde eine Technik entwickelt, die die Konzentration auf den klinisch auffälligsten Teil des Krankheitsprozesses lenkte und der es gelang, diesen zu eliminieren, wenigstens zeitweise.[10]

Eine Bemerkung des späten Freud kann nun in einen genetischen Zusammenhang mit frühen Theorien gebracht werden: In *Die endliche und die unendliche Analyse* berichtet Freud, dass eine vollständige Genesung bei Patienten, deren Pathologie im Wesentlichen durch Traumata verursacht worden war, mit relativ großer Leichtigkeit erzielt werden könne (Freud 1937a, S. 64). Trotz ihrer Symptomatologie ist das Ich bei solchen Patienten nicht merkbar verändert worden. In Hinblick auf diese Bemerkung kann die folgende Schlussfolgerung gezogen werden: Die Grundtechnik ohne Korrekturen kann bei denjenigen Patienten angewandt werden, deren neurotische Symptomatologie von einem Ich hervorgebracht wird, das in keinem nennenswerten Umfang verändert ist. In anderen Worten, wenn das Ich seine Integrität behalten hat, wird es den maximalen Nutzen aus der Unterstützung ziehen, die es vom Analytiker in Form der Deutung erhält. In solchen Fällen besteht das einzige technische Problem darin, die Deutung zu finden, die dem Ich in der jeweiligen Phase der Behandlung die maximale Unterstützung gibt.[11]

Für den eingangs erwähnten Typ der Phobie muss dieses Schema geringfügig geändert werden. Trotz der größtmöglichen Unterstützung mittels Deutungen kann sich das Ich nicht vom Schaden erholen, den die Vergangenheit verursacht hat. Ich denke, dass diese Tatsache uns bisher nicht genug verwundert hat. Nach wie vor ist es ein Rätsel, warum ein menschliches Wesen sich weigern sollte, die Einsicht, die ihm vermittelt wird, in größtmöglichem Umfang zu nutzen. Man muss sich daran erinnern, dass die ihm angebotene Einsicht nicht nur die Geschichte seiner Krankheit umfasst, sondern auch all jene Widerstände, die im Verlauf dieser Behandlungsphase auftraten und seine Genesung behinderten. Doch auch wenn auf das Angebot größtmöglicher Einsicht keine Genesung folgt, kann der Genesungsprozess nichtsdestotrotz

---

[10] Für das Vorhergehende vgl. A. Freud, 1936, S. 206f.

[11] Ich werde dieses Problem in Verbindung mit Freuds Begriff vom fiktiven Normal-Ich weiter ausführen. Die Frage, ob eine solche Technik, die in erster Linie auf Deutungen basiert, zur Intellektualisierung und dem Mangel an emotionaler Beteiligung seitens des Patienten führt, wird hier nicht besprochen. Freuds Schriften über Metapsychologie und die Technik der Psychoanalyse entkräften dieses Argument. Vgl. auch Alexanders prägnante Kritik an Ferenczis und Ranks Buch *Entwicklungsziele der Psychoanalyse* (Alexander 1925).

eingeleitet werden, nachdem der Patient gezwungen worden ist, sich gerade der Gefahr auszusetzen, vor der er sich so sehr fürchtet. Der Patient verhält sich wie jemand, der alle Reichtümer der Welt in Reichweite hat, sich jedoch weigert, sie zu nehmen, und durch Drohungen dazu gezwungen werden muss.

Natürlich kennen wir einige der Gründe, die es notwendig machen, in solchen Fällen von der Grundtechnik abzuweichen und vom Patienten zu verlangen, dass er sich der gefürchteten Situation aussetzt. Die Erwartung der Angst ist so abschreckend, dass sie nicht überwunden werden kann, außer der Patient wird durch den noch größeren Schmerz bedroht, ein geliebtes Objekt zu verlieren. Doch das kann nicht erklären, warum ein solches Ich den Widerstand aufgeben und sich dem pathogenen, verdrängten Material nur dann zuwenden kann, wenn es dem Schmerz der gefürchteten Angst erneut ausgesetzt wird. Man muss daraus schließen, dass dieses Ich seine Fähigkeit zur Anpassung in einem größeren Ausmaß verloren hat als das bei einem hysterischen Patienten der Fall ist. Die Ichorganisation bei Phobien muss deutlich anders sein als bei Hysterien.

Es ist an diesem Punkt klug, sich zu erinnern, dass die oben erwähnte Sachlage nicht bei allen phobischen Patienten anzutreffen ist. Manche werden gesund, ohne dass ihnen die Genesung aufgezwungen wird. Es könnte daher angemessen sein zu sagen, dass es nicht so sehr die spezielle Kombination von Symptomen und Abwehrmechanismen ist – das heißt, die Struktur des Symptoms –, die die spezifische Technik erforderlich macht, sondern die Ichorganisation, in die ein bestimmtes Symptom eingebettet ist. Wir müssen auch daran denken, dass das Muster der Grundtechnik auch für die Behandlung von Hysterien nicht immer ausreichend ist; manchmal wird eine Technik notwendig, die der der Phobien ähnelt. Einem hysterischen Patienten, der immerzu Internisten aufsucht, um Konversionssymptome behandeln zu lassen, oder der körperliche Therapiemethoden anwendet, könnte man sagen müssen, dass er entweder von solchen Ausflüchten ablassen oder mit einem Abbruch seiner Psychoanalyse rechnen muss. In solchen Momenten müssen wir annehmen, dass das Ich in einem größeren Umfang verändert ist, als auf Basis der klassischen Beschreibung der Dynamiken der Hysterie zu erwarten war. Wie Freud andererseits in der Geschichte des »Rattenmannes« gezeigt hat, ist es möglich, dass eine Zwangsneurose aufgrund der bloßen Anwendung der Grundtechnik abflaut (vgl. Freud 1909b). Ein Vergleich der Geschichte der »Rattenmannes« mit der des »Wolfsmannes« wird zeigen, dass ziemlich ähnliche Symptome mit zwei völlig unterschiedlichen Ichorganisationen kombiniert sein können – die eine kaum, die andere erheblich verändert.

Es könnte zielführend sein zu zeigen, wie wenig oder viel ein Mechanismus oder ein Symptom als solches zählt, in Abhängigkeit von der Ichorganisation, in der sie auftreten. In seinem Essay über Leonardo da Vinci untersuchte Freud die Umstände, die für den relativen Mangel an künstlerischer Produktivität verantwortlich sein könnten, der in Leonardos Leben immer deutlicher wurde (vgl. Freud 1910a). Die Wissenschaft und wissenschaftliche Forschung gewannen sukzessive die Überhand über seine künstlerischen Leistungen. Freud dachte, dass Leonardos Zögern durch den Mangel an Kraft verursacht worden sei, die künstlerische Arbeit aus ihrem größeren Zusammenhang zu reißen und zu isolieren. Leonardos Mangel an der Fähigkeit zu isolieren treffe mit dem heftigen Verlangen zusammen, alle Verbindungen auszudrücken, die mit der künstlerischen Intention verknüpft sind.

Im Gegensatz zu diesem Beispiel des Mangels der Fähigkeit zu isolieren möchte ich eine Passage aus einem Brief Goethes vom 21. November 1782 zitieren. Er schrieb ihn an einen Freund zu einer Zeit, in der er durch die Verwaltungsarbeit als Geheimer Rat am Weimarer Hof überlastet war:

> [...] ich habe mein politisches und gesellschafftliches Leben ganz von meinem moralischen und poetischen getrennt [...] und so befinde ich mich am besten. [...] ebenso getrennt laß ich ietzt den Geheimrath und mein andres selbst, ohne das ein Geh. R. sehr gut bestehen kann. Nur im innersten meiner Plane und Vorsäze, und Unternehmungen bleib ich mir geheimnißvoll selbst getreu und knüpfe so wieder mein gesellschafftliches, politisches, moralisches und poetisches Leben in einen verborgenen Knoten zusammen (Goethe 1962, S. 416).

Hier fungiert die Isolation – und rein quantitativ gesehen eine eher weitreichende Isolation, die Goethes Existenz durchzog – als wahrhaft lebensrettendes Instrument. Ich kann nicht in die Details dieser Periode im Leben Goethes gehen. Es genügt zu sagen, dass es eine extrem bedenkliche war, und dass er ohne einige sehr glückliche Umstände Beschädigungen hätte erleiden können, die seine Zukunft als Künstler hätten gefährden können. Isolation war einer der Mechanismen, die es ihm ermöglichten, diese Phase in einer Weise zu überleben, die ihm äußerst zuträglich war. Ich möchte darauf hinweisen, dass die Isolation, von der Goethe hier spricht, gefährlich ist, und dass sie bei Fällen angetroffen wird, die an einer schweren Psychopathologie leiden. Nichtsdestotrotz kann der Mechanismus, den Goethe beschrieb, im klinischen Sinne nicht als Bestandteil einer Krankheit klassifiziert werden. Glücklicherweise machte Goethe eine andere Bemerkung, die uns den Grund erhellt, warum die Isolation nicht zur Psychopathologie führte. Er erwähnt kurz seine Loyalität zu sich selbst und den verborgenen Knoten, durch den die isolierten Aktivitäten wieder zur Einheit zusammengeknüpft werden. Sprich, die machtvolle Isolation fand ihr Gegengewicht in einer unüblich starken Fähigkeit zur Synthese. Dieser geheimnisvolle Knoten, von dem Goethe spricht, ist der wahre Gegenstand meines Aufsatzes.

Mein drittes Beispiel ist eine Patientin, deren gesamte Persönlichkeit mit den Auswirkungen der Isolation verflochten war, die ihr Leben dominierte. Die

Zeit zerfiel für sie in voneinander isolierte Momente und ihre Kindheitserinnerungen stellten sich als unzusammenhängende Bruchstücke einer ichfremden Vergangenheit dar. Auch ihre gegenwärtigen Aktivitäten waren voneinander isoliert und wahrscheinlich zerfiel für sie auch der Raum in getrennte Raumeinheiten, wie ihre Schwierigkeit, rechts und links voneinander zu unterscheiden, nahe legte. Raum und Zeit waren für sie miteinander verschmolzen. Die Isolation hatte ihre maximale Wirkung erreicht. Es ist nicht schwer vorherzusehen, dass auf einem so fruchtbaren Boden eine schwere Psychopathologie erblühen muss. Interessanterweise erlebte die Patientin diesen Teil ihrer Psychopathologie nicht als Leiden.

Die genannten drei klinischen Beispiele zeigen uns drei vollkommen verschiedene Auswirkungen des Mechanismus der Isolation:[12] erstens ein Mangel an Fähigkeit zur Isolation, die zu einem Mangel an künstlerischer Kreativität führt; zweitens ein Überfluss, der die Fortdauer vielfältiger Funktionen sicherstellt; und drittens ein exzessiv anwachsender Prozess, der das Ich in unzählig viele Fragmente zerfallen lässt.

Mit Blick auf die relative Unabhängigkeit von Ichstruktur und Mechanismus kann die folgende Schlussfolgerung gezogen werden: Das Verhalten des Ichs in der Situation der Grundtechnik ist individuell verschieden. Hier liegt der entscheidende Punkt, an dem bestimmt werden kann, ob das Ich eine Veränderung erlitten hat oder nicht. Die Symptome oder die Verhaltensabweichungen verraten die wahre Struktur der Ichorganisation nicht zwangsläufig. Diese Erkenntnis drängte sich mir deutlich bei der Analyse einer Patientin auf, die ihr halbes Leben mit ehrenamtlicher Tätigkeit zugebracht hatte. Zeitweise hielt man sie für schizophren aufgrund einer verwirrenden Vielfalt bizarrer Verhaltensmuster. Sie machte verblüffende Fortschritte bei Anwendung einer Technik, die – bis auf wenige Ausnahmen – den Regeln der klassischen Analyse folgte. Sehr zu meiner Überraschung lösten sich die bizarren Eigentümlichkeiten unter dem Einfluss einer rein deutenden Technik auf und ein relativ intaktes Ich, das stark an der Welt interessiert war und mit ihr in Verbindung stand, erschien hinter dem Gestrüpp von Symptomen.

Die Regel, dass Symptome nur vage mit der Ichorganisation zusammenhängen, trifft auch für das angeblich symptomfreie Ich zu. Ich hatte einmal die Gelegenheit, eine Person zu analysieren, die in zwei Erstgesprächen relativ symptomfrei und gut angepasst zu sein schien und die selbst angab, die Behandlung nur aus beruflichen Gründen zu wünschen. Nach einigen Monaten wurde die Behandlung auf Wunsch des Patienten unterbrochen. Ich hatte den Eindruck, dass er nicht analysierbar war. Sein Agieren unter dem Deckmantel

---

[12] Natürlich könnte eine solche Vielzahl von Wirkungen für jeden Abwehrmechanismus gezeigt werden, das gilt nicht nur für die Isolation.

der Übereinstimmung mit den Anforderungen der Realität, das in Mechanismen wurzelte, die eine außerordentlich starke Kastrationsangst kompensierten, sowie seine prekären Objektbeziehungen, die denen ähnlich waren, die häufig bei Schizophrenen anzutreffen sind, führten dazu, dass ich eine Zeitlang entschlossen war, nie wieder »normale« Personen zu analysieren.

Das Problem, das die gespannteste Aufmerksamkeit verdient, betrifft den Begriff der Ichveränderung.[13] Diese muss zunächst vom Wandel des Ichs unterschieden werden. Wie alle Teile der Persönlichkeit verwandelt sich das Ich andauernd. Es wird durch neue Wahrnehmungen, den Erwerb neuen Wissens und die Bildung neuer Erinnerungen angereichert. Durch das Wechselspiel mit den Abwehrmechanismen versucht es, einen Teil dieser neuen Erwerbungen zu verwerfen. Die sich stets verändernden Konstellationen der Realität und der unaufhörliche Rhythmus des biologischen Prozesses konfrontieren es mit einer unendlichen Vielfalt von Aufgaben. Obwohl zwei Querschnitte durch das Ich niemals identisch sind, bleibt es sich doch stets gleich. Es teilt diese Eigenschaft mit den meisten Organismen, die ihre Identität und Kontinuität durch häufige und rasch stattfindende Veränderungen beibehalten können. All diese Wandlungsprozesse – in erster Linie Veränderungen des Inhalts – summieren sich nicht zu Veränderungen des Ichs. Manche dieser Wandlungsprozesse können jedoch in bestimmten Bezugsrahmen als Veränderungen angesehen werden. Im Schlafzustand zum Beispiel geschieht eine tiefgreifende – vielleicht die größtmögliche – Reorganisation des Ichs. Betrachtet man den Schlafzustand als eine Vorbereitung für die Rückkehr zu einem vorübergehend verlassenen Zustand, der durch eine Serie gleichbleibender Indizes charakterisiert ist, dann wird man ihn eine Ichverwandlung nennen. Wenn wir jedoch Gedankenprozesse untersuchen – die im Schlaf verglichen mit dem Gedankenprozess im Wachzustand in hohem Maße verändert erscheinen – oder die Gesetze der Traumarbeit oder die Verschiebungen der Besetzungen, die im Schlaf stattfinden, dann muss man das schlafende Ich als ein hochgradig verändertes ansehen. Lässt man die Spezialistenfrage, ob die biologisch aufgezwungenen Fluktuationen der Ichzustände Wandlungen oder Veränderungen genannt werden sollten, außer acht, so kann man sagen, dass ein Ich verändert worden ist, wenn es nicht normal ist. Doch was ist ein normales Ich? Freud beantwortete diese Frage, indem er eine begriffliche Skala entwarf, die alle möglichen Ichveränderungen einzuordnen erlaubt, von einem Punkt null (dem fiktiven Normal-Ich) bis zu einem absoluten Maximum (dem psychotischen Ich). Freuds Definition zufolge ist ein normales Ich eines, »das der analyti-

---

[13] Dr. Hartmann schlug in einer persönlichen Mitteilung »Ichdeformation« anstelle von »Ichveränderung« vor. Der englische Begriff »ego modification« geht auf Joan Rivieres Übersetzung von Freuds *Die endliche und die unendliche Analyse* zurück.

schen Arbeit unerschütterliche Bündnistreue zusichert«. Da ein solches Ich eine theoretische Konstruktion darstellt, nannte er es ein »fiktives Normal-Ich« (Freud 1937a, S. 85).

Meiner Einschätzung nach wäre ein solches Ich eines, das auf die Grundtechnik, wie ich sie oben skizziert habe, angemessen reagiert. Es wäre ein Ich – und das ist, denke ich, der wesentliche Punkt –, das nicht durch spezifische Abwehrmechanismen, Einstellungen, Funktionen oder irgendeine andere strukturelle Eigenschaft charakterisiert wäre, sondern ausschließlich durch eine bestimmte Verhaltensweise in jeder durch die analytische Behandlung auftretenden Situation.[14]

Freuds Definition zufolge ist das fiktive Normal-Ich ein Ich, das an der psychoanalytischen Therapie kompromisslos mitwirkt. Es unterwirft sich sozusagen der Stimme der Vernunft und schreckt nicht davor zurück, aus der während der Behandlung angebotenen Hilfe maximalen Nutzen zu ziehen. Diese Beschreibung des fiktiven Normal-Ich (das in der klinischen Realität niemals angetroffen wird) führt einen neuen Begriff in die Psychoanalyse ein. Die ganze mühselige Frage des normalen Verhaltens ist so aus den Zusammenhängen genommen, in denen es bis heute diskutiert worden ist. Die Frage lautet nicht länger, ob eine Person an die Realität angepasst ist oder nicht, ob sie das gegenwärtige Wertesystem integriert oder die Herrschaft über ihre biologischen Bedürfnisse errungen hat. Die ganze Frage der Symptomatologie ist mit einer einzigen Bewegung beiseite gewischt und alle aktuellen statischen Definitionen von Normalität sind durch eine neue, dynamische Definition ersetzt worden. Freuds Trennung der Begriffe »Normalität« und »Gesundheit« und ihre Neudefinition waren große Schritte nach vorne und sollten die Kommunikation erleichtern. Freud legte hier die Grundlage für eine Metapsychologie der psychoanalytischen Technik in strukturellen Begriffen.[15] Ein normales Ich ist also eines, das, unabhängig von seinen Symptomen, auf die rationale Therapie mit einer Auflösung der Symptome reagiert.

Es ist notwendig, den Implikationen dieses Begriffes nachzugehen. Es impliziert, dass auch das Normal-Ich krank sein kann. Das Ich des Kindes kann aufgrund seiner Schwäche nicht anders, als Abwehrmechanismen aufzubauen. In den meisten Fällen kann es der Herausbildung von Symptomen nicht entkommen. Tatsächlich impliziert Freuds Definition, dass die Neurose unter bestimmten Umständen ein »normales« Phänomen ist. Ist der Keim der psychopathologischen Störung erst einmal in der Persönlichkeit des Kindes gesät, hat

---

[14] Diese Definition setzt optimale Bedingungen in Hinblick auf die Durchführung der Behandlung durch den Analytiker sowie die äußeren Umstände, unter denen die Behandlung stattfindet, voraus.

[15] Für eine Besprechung des Konzeptes der psychischen Gesundheit vom Standpunkt der Ichpsychologie vgl. Hartmann 1958.

das spätere, erwachsene Ich keine andere Wahl, als bei bestimmten Beanspruchungen auf den früheren Anpassungsprozess zurückzufallen (vgl. Hartmann 1958). Die Entdeckung, dass das Ich in manchen seiner wichtigsten Aspekte ebenfalls unbewusst ist, verleiht dieser Beschreibung zusätzliche Plausibilität. Ein Ich, das in dieser Weise gezwungen wird, auf unangemessene Lösungen zurückzufallen, kann jedoch seine »Normalität« bewahrt haben, wenn es immer noch mit der Fähigkeit ausgestattet ist, die passende Hilfe anzunehmen. Wenn wir davon ausgehen, dass die psychoanalytische Behandlung die umfassendste psychologische Therapie ist, da ihr Ziel darin besteht, das Ich mit allem Wissen und aller Unterstützung zu versehen, die es braucht, um seine vollen Fähigkeiten wiederzuerlangen, dann ist die Psychoanalyse das einzige Verfahren, durch das »Normalität« bestimmt werden kann.

Allgemeiner gesprochen, das Konzept des fiktiven Normal-Ichs setzt voraus, dass sich eine Kindheitsneurose als Ergebnis der kindlichen Unfähigkeit des Ichs entwickelt hat, den Anforderungen gerecht zu werden, die die innere und äußere Realität an es stellten. Doch trotz dieser neurotischen Lösungen, die dem kindlichen Ich aufgezwungen wurden, wurde die Entwicklung und Reifung der Ichorganisation nicht wesentlich verzögert oder verletzt. Da es vom Erbe der Kindheit abhängt, hat das erwachsene Ich seine volle Freiheit nicht erreicht, doch wenn es in eine Situation gebracht wird, in der es die notwendige Unterstützung erhält, kämpft es gegen dieses Erbe, und die Potenziale des Ichs, die nicht durch frühere Traumata beschädigt worden sind, kommen zur vollen Realisierung. In anderen Worten, eine der signifikanten Eigenschaften eines Ichs, das im Wesentlichen nicht durch Traumata, konstitutionelle Faktoren oder archaische Fixierungen der Libido beschädigt ist, besteht darin, dass es auf rationale, verbale Mitteilungen reagiert, die nichts anderes als Deutungen enthalten.[16]

Ich denke, diese Konzeption des Normal-Ichs befindet sich in wesentlicher Übereinstimmung mit einem tiefgreifenden Gedanken, den Goethe zum Ausdruck brachte (wahrscheinlich in Verbindung mit einer Erfahrung von Impotenz): »Die Krankheit erst bewähret den Gesunden.« (Goethe 1810, S. 42) Krankheit wird so zum unvermeidlichen Vorfall im Leben, sprich: es ist eine Manifestation des Lebens selbst, und die Reaktion des Ichs auf die Krankheit ist der ausschließliche Bestimmungsrahmen für Gesundheit.

Am anderen Ende der Skala befindet sich das Ich des Psychotikers, mit dem kein analytischer Pakt geschlossen werden kann (vgl. Freud 1937a, S. 80). Über dieses Ende der Skala gibt es kaum etwas zu sagen, abgesehen von einer historischen Bemerkung: Als Freud die maximale Ichveränderung skizzierte,

---

[16] Für eine brillante klinische Anwendung dieses theoretischen Problems vgl. A. Freud, 1945.

hatte er wahrscheinlich die akute halluzinatorische Verworrenheit im Sinn, die ihm so häufig als Prototyp der Psychose diente.[17] Während der akuten Phase einer Psychose ist die Psychoanalyse in ihrer üblichen Form tatsächlich von keinem therapeutischen Nutzen. In diesem Stadium ist das Ich zumindest vorübergehend in einer Weise »verändert«, in der es dem direkten psychoanalytischen Zugriff verschlossen ist.[18] Im Fall der akuten halluzinatorischen Verworrenheit gewinnt das Ich all seine Wunscherfüllung aus sich selbst, selbst wenn es wach ist. Die Spannung wird durch die Halluzination von Triebbefriedigung abgebaut. Das Ich verfälscht die Realität in Übereinstimmung mit seinen eigenen Wünschen und kann so auf die Realität verzichten. Dem Analytiker ist jeder Zugangsweg verschlossen, das Ich ist unzugänglich geworden. Es ist ausschließlich dem Es zu Diensten. Da das Normal-Ich eine Fiktion ist, ist offensichtlich, dass auch das andere Extrem in der klinischen Realität stets vermischt auftritt.[19]

Wie Freud sagte:

> Jeder Normale ist eben nur durchschnittlich normal, sein Ich nähert sich dem des Psychotikers in dem oder jenem Stück, in größerem oder geringerem Ausmaß, und der Betrag der Entfernung von dem einen und der Annäherung an das andere Ende der Reihe wird uns vorläufig ein Maß für die so unbestimmt gekennzeichnete »Ichveränderung« sein. (Freud 1937a, S. 80)

Die Sicht auf Normalität, die Freud hier kursorisch umreißt, scheint in bemerkenswerter Weise mit den Ansichten der modernen Biologen und Physiologen übereinzustimmen. Bei der Beschreibung der Vielfalt von Bedeutungen, die der Begriff der Normalität in der Biologie hat, erwähnt Ivy die objektive statistische Sichtweise, derzufolge »eine trennscharfe Unterscheidung zwischen ›normal‹ und ›anormal‹ bei einer Gruppe oder sogar einem Individuum nicht existiert. […] Sie [die Sichtweise] anerkennt, dass es Grade des Normalen oder Anormalen gibt. […] Sie erlaubt die letztgültige Feststellung des Anormalen nur, wenn der Tod eintritt.« (Ivy 1944) Freud bildete eine Reihe, beginnend bei der akuten halluzinatorischen Psychose bis hin zum fiktiven Normal-Ich und legte so den Punkt der »letztgültigen Feststellung des Anormalen« an einem

---

[17] Vgl. Freud 1894a, Freud 1916–1917a. Vgl. auch Freud 1924a, S. 389, wo er Meynerts Amentia, die akute halluzinatorische Verworrenheit, die extremste und frappanteste Form der Psychose nennt.

[18] Diese Bemerkung stellt keinen Einwand gegen andere psychotherapeutische Maßnahmen dar.

[19] Ich glaube nicht, dass die klinische Vielfalt der Ichveränderungen vollständig in verschiedenartige Mischungen dieser beiden Extreme aufgelöst werden kann. Vielmehr ist eine dritte Komponente erforderlich, deren Extrem der Kriminelle ist. Der Analytiker kann mit ihm die Bündnisse, für die das fiktive Normal-Ich ideal geeignet ist, nicht schließen.

Ende der Skala fest, von dem aus zahlreiche Grade von Normalität und Abnormität zum fiktiven Normal-Ich am anderen Ende der Skala führen.

Bei seinem Versuch, die Bedeutungen deutlich zu machen, die der Begriff der Normalität in der Physiologie haben sollte, macht Ivy eine bedeutsame Bemerkung über die physiologischen Prozesse bei Krankheiten. Abwehrprozesse, so sagt er, wie etwa Fieber oder Leukozytose, seien normal, auch wenn ihre Auswirkungen anormal sein sollten. Die Abwehrprozesse »sind die gewöhnlichen physiologischen Reaktionen auf eine Verletzung. Der betreffende Prozess ist eine statistisch und physiologisch normale Reaktion. Die Reaktion kann jedoch anormale Auswirkungen auf bestimmte Bereiche haben und ist daher physiologisch gesehen anormal.« Das Problem der »normalen Krankheit« wird hier durch eine Differenzierung zwischen Prozess und Reaktion gelöst. Letztere führe manchmal zu anormalen Wirkungen. Die anormale Auswirkung einer Erhöhung der Körpertemperatur besteht etwa in einer möglichen Störung »anderer Funktionen und Sicherheitsbereiche«, wenn das Fieber eine bestimmte Höhe erreicht.

In ähnlicher Weise müssen, Freuds begrifflichem Bezugsrahmen entsprechend, psychogene Symptome als logische und unvermeidliche Folgen der Einflüsse der äußeren und inneren Realität auf das kindliche, noch schwache, weil unreife Ich angesehen werden. Symptome könnten also als Zeichen der grundsätzlichen Gesundheit des Ichs angesehen werden. Die »physiologisch normale Reaktion« würde erst anormal werden, wenn sie zu einer Ichveränderung führt. Freuds Begriffe – (1) das durch die Reaktion auf die Situation der Grundtechnik definierte fiktive Normal-Ich; (2) eine Skala, die gradweise zu einem Stadium absoluter Unerreichbarkeit für die analytische Arbeit führt; und (3) die dazwischentretende Vielfalt von Ichveränderungen, der eine Vielzahl von Techniken entsprechen muss – stellen meiner Meinung nach ein System bereit, das in idealer Weise flexibel und herrlich anpassbar an die tatsächliche klinische Arbeit ist. Ihr heuristischer Wert erscheint mir enorm und – das scheint mir von größter Wichtigkeit zu sein – diese Begriffe müssten ein logisches Grundprinzip und eine Ordnung in die psychoanalytischen Debatten über Technik bringen und die gegenwärtigen Streitigkeiten beenden, die meistens ausschließlich auf Nützlichkeitserwägungen aufbauen. Aspekte der Zweckdienlichkeit werden den strengen Kurs, den die Praxis der Theorie zufolge nehmen sollte, stets ablenken. Doch die Psychoanalyse wird ihren Status als Wissenschaft verlieren, wenn Probleme der Technik ausschließlich unter dem Gesichtspunkt von Nützlichkeitserwägungen diskutiert werden.

Mir ist bewusst, dass ich einem Gedanken Freuds möglicherweise zu streng folge, wenn ich darauf bestehe, dass die Basis der psychoanalytischen Technik eine ist, die ein einziges technisches Werkzeug benutzt, nämlich die Deutung. Meine Behauptung wird durch die häufige klinische Erfahrung unterstützt, die zeigt, dass es eine Gruppe von Patienten gibt, deren Behandlung kaum mehr als Deutung erfordert, um einen Prozess der Genesung in Gang zu setzen und das Ich zum therapeutischen Ziel zu führen. Die klinische Erfahrung zeigt auch, dass diese Gruppe einen wichtigen strukturellen Faktor gemeinsam hat – ein relativ unverändertes Ich. Darüber hinaus kann gezeigt werden, dass die Einführung eines zusätzlichen Hilfsmittels, eines, das in der analytischen Technik eine wichtige Rolle spielt, durch einen strukturellen Defekt des Ichs notwendig wird. Dies berechtigt uns, Persönlichkeitsstrukturen in Übereinstimmung mit den Techniken zu klassifizieren, die notwendig sind, um adäquat mit ihren Defekten umzugehen. Und es rechtfertigt, dass wir der rein deutenden Technik einen besonderen Platz zuweisen.[20]

Bekanntlich ist die passende Anwendung der Deutung schwierig und kompliziert. Doch dieses Werkzeug ist so zentral, dass jeder Vorschlag einer Variation oder Hinzufügung mit großer Sorgfalt geprüft werden sollte. Die Einführung von Parametern, auch noch so einfachen, wie sie manche Fälle von Phobie notwendig machen, enthält Gefahren, die nicht übersehen werden dürfen. Jeder Parameter erhöht das Risiko, dass der therapeutische Prozess verfälscht wird, und könnte dem Ich des Patienten die Möglichkeit eröffnen, die strukturelle Veränderung durch Gehorsam zu ersetzen.

Der nicht ganz passende Ausdruck Gehorsam wird hier benutzt, um all diejenigen Verbesserungen zu bezeichnen, die ein Patient unter dem Druck der Therapie erfährt, die aber nicht aufgrund einer Auflösung der entsprechenden Konflikte erzielt wurden. Patienten ziehen es häufig vor, sich in ihrem Verhalten anzupassen, anstatt strukturelle Veränderungen anzustreben.[21]

Jede Einführung eines Parameters zieht die Gefahr nach sich, dass ein Widerstand vorübergehend ausgeschaltet wird, ohne angemessen analysiert worden zu sein. Wenn also ein Hindernis mit Hilfe eines Parameters beseitigt worden ist, müssen deshalb die Bedeutung, die dieser Parameter für den Patienten gehabt hat, und die Gründe, die seine Wahl notwendig machten, rückblickend besprochen werden; sprich, die Deutung muss wieder zum ausschließlichen Werkzeug werden und die Falte ausbügeln, die durch den Gebrauch des Parameters entstanden ist.

Ich muss an diesem Punkt betonen, dass ich bei meiner Benutzung des Begriffs der Deutung stets den angemessenen Gebrauch dieser Technik voraussetze. Es wäre natürlich töricht davon auszugehen, dass jede Art von Deutung

---

[20] Es ist hier nicht der Ort, die Epistemologie der Deutung zu diskutieren. Für eine umfassende Abhandlung über die Deutung vgl. den Aufsatz von Bernfeld (1932), der leider nicht auf Englisch vorliegt. Vgl. auch Wälder 1939.

[21] Das ist einer der vielen Gründe, warum es in der Psychotherapie so häufig unglaubliche klinische Erfolge gibt und warum die eigentliche psychoanalytische Technik stets gegen viel schwerere Widerstände kämpft als jede andere Technik.

oder der bloße Akt des Deutens zum Ziel führt. Um es noch einmal zu sagen, dieser Aufsatz ist nicht der Ort, um zu erörtern, was eine angemessene Technik der Deutung ist. Es ist allerdings zwingend notwendig, eine Warnung vor der raschen Einführung von Parametern auszusprechen, die häufig unter dem Vorwand geschieht, dass Deutungen keinen Nutzen zeitigten. Es ist äußerst verführerisch, die eigene Unfähigkeit, sich der Technik der Deutung angemessen zu bedienen, durch die Einführung von Parametern zu verschleiern.

Mit Blick auf die ungeheuer große Wichtigkeit, die der Ichveränderung als Hindernis der psychoanalytischen Therapie und also der Genesung zuzusprechen ist, muss man die Frage nach der Ursache für Ichveränderungen stellen. Abermals gibt uns Freud die Antwort, indem er die zweifache Auswirkung schildert, die Abwehrmechanismen auf das Ich haben können. Sie können das Ich schützen oder zerstören.

> Die Abwehrmechanismen dienen der Absicht, Gefahren abzuhalten. Es ist unbestreitbar, daß ihnen solches gelingt; es ist zweifelhaft, ob das Ich während seiner Entwicklung völlig auf sie verzichten kann, aber es ist auch sicher, daß sie selbst zu Gefahren werden können. Manchmal stellt sich heraus, daß das Ich für die Dienste, die sie ihm leisten, einen zu hohen Preis gezahlt hat. (Freud 1937a, S. 82f.; vgl. auch A. Freud 1946, S. 240)

Und Freud schlägt vor, diese schädlichen Auswirkungen der Abwehrmechanismen auf das Ich als Ichveränderungen aufzufassen.

Ich möchte eine solche Auswirkung kurz durch ein klinisches Beispiel illustrieren. Ein dreijähriges Mädchen wurde eines Morgens von ihrer Mutter geweckt, die ein neugeborenes Baby im Arm trug, die Schwester des Mädchens. Sie sagte: »Sieh mal, Mary, das ist Marguerit. Ist sie nicht goldig?« Das kleine Mädchen stimmte zu, das Marguerit goldig sei, und schien sich allem Anschein nach zu freuen. 28 Jahre später beschrieb das Mädchen in ihrer Analyse den Vorfall. Sie erzählte, ihre Mutter sei unglaublich brüsk über sie hergefallen, und beklagte sich, dass ihre Mutter nicht voraussetzen konnte, dass Mary wusste, das Marguerit ein Mädchenname sei. Sie behauptete, dass sie keine andere Wahl gehabt habe als die selbe Emotion zu zeigen wie ihre Mutter und dass sie, um der Situation so zu entsprechen, wie ihre Mutter es »verlangt« habe, ungeheuer viel Energie habe aufbringen müssen. In dieser Zeit der Analyse berichtete die Patientin, dass sie nach einem Tag verantwortungsvoller Arbeit, die sie zur Zufriedenheit ihrer Vorgesetzten geleistet hatte, stets in einem Zustand völliger Verausgabung nach Hause komme. Es seien aber nicht die Anforderungen ihrer Arbeit, die sie derart erschöpften, sondern die ungeheure Energie, die sie aufbringen müsse, um die Gefühle zu zeigen, die ihre Umgebung von ihr verlangte. Ihren Mitarbeitern einen guten Morgen zu wünschen, auf den Fahrstuhlführer zu reagieren, wenn dieser eine triviale

Bemerkung über das Wetter mache, all das absorbiere ihre Energie. Sie fand, es sei notwendig, sich stets in große Spannung zu versetzen, wenn sie in Gesellschaft anderer war, um adäquat auf die jeweiligen sozialen Realitäten zu reagieren. Sie würde es wirklich vorgezogen haben, alleine in ihrem Zimmer im Schaukelstuhl zu sitzen und ihren Kopf in die Hände zu stützen.

Wir sehen hier, dass die Abwehr ihr Ziel beim kleinen Kind in idealer Weise erreichte, indem sie ein sozial angemessenes Verhalten ermöglichte, und die Geschichte dieser Patientin kann als Beispiel dafür dienen, dass ein relativ symptomfreies Kind häufig das gefährdetste ist. All die Eifersucht, der schreckliche Ärger über die Untreue und Zurückweisung der Mutter wurden aus dem Bewusstsein verbannt und durch die sozial verlangte Bewunderung und Liebe zum Baby ersetzt.[22] Die kleine Schwester wurde bald der Liebling der Patientin. Sie verbrachte all ihre Freizeit fröhlich mit der neuen Gefährtin und entwickelte mit überraschender Schnelligkeit starke mütterliche Gefühle. Keine ihrer Erinnerungen legten eine Verhaltensstörung oder äußerliche Anzeichen der Ambivalenz gegenüber dem Baby nahe. Dieses ideale Ergebnis der Abwehr muss aber zugleich mit der katastrophalen Auswirkung betrachtet werden, die sie auf die Ichorganisation hatte. Offenbar verschlang die Abwehr das Ich, wie ein Krebsgeschwür den es beherbergenden Organismus auffrisst.

Ein besonders hohes Maß an Veränderung weist das schizophrene Ich auf. Der einzelne Abwehrmechanismus und die individuellen Muster der Abwehrmechanismen unterstützen das Ich nicht, sondern sind zerstörerisch. Sie belasten das Ich in so starkem Maße, dass es stets knapp davor ist, die Beziehung zur Realität abzubrechen. Das scheint sich in glattem Widerspruch zur üblichen Beschreibung der psychischen Prozesse bei Schizophrenie zu befinden, nämlich der, dass das Ich dem Es dienstbar gemacht wird. Zweifellos spielt die Wunscherfüllung des Es in den meisten Phasen der schizophrenen Psychose eine wichtige Rolle, doch die Funktion der Abwehr ist von Freuds metapsychologischem Diagramm der Psychose nicht gelöscht. Er schreibt:

> Wenn die Erinnerungstäuschungen, Wahnbildungen und Halluzinationen bei so vielen Formen und Fällen von Psychose den peinlichsten Charakter zeigen und mit Angstentwicklung verbunden sind, so ist das wohl ein Anzeichen dafür, daß sich der ganze Umbildungsprozeß gegen heftig widerstrebende Kräfte vollzieht. Man darf sich den Vorgang nach dem uns besser bekannten Vorbild der Neurose konstruieren. Hier sehen wir, daß jedesmal mit Angst reagiert wid, so oft der verdrängte Trieb einen Vorstoß macht, und daß das Ergebnis des Konflikts doch nur ein Kompromiß und als Befriedigung unvollkommen ist. Wahrscheinlich drängt sich bei der Psycho-

---

[22] Ich spare in dieser Beschreibung die schwere Angst aus, die diese Patientin als Kind durchlitt, und skizziere nur die Auswirkung, die die Abwehr auf das äußere Verhalten des Kindes hatte.

se das abgewiesene Stück der Realität immer wieder dem Seelenleben auf, wie bei der Neurose der verdrängte Trieb, und darum sind auch die Folgen in beiden Fällen die gleichen. (Freud 1924d, S. 366)

Hier wird einer der Zwecke der Abwehr klar beschrieben. Das Ich des Psychotikers muss ständig die Wahrnehmung, Beachtung und Anerkennung der objektiven Realität abwehren. So wie das Ich das Aufwachen hinauszögern kann, indem es auf den Weckimpuls mit einem Aufwachtraum reagiert, kann der Psychotiker den Einbruch der objektiven Realität durch die Aufrechterhaltung seiner selbstgeschaffenen Realität abwenden. Der Aufwachtraum erfordert ein Minimum an Besetzung und das unveränderte Ich muss das Leid ertragen, die Realität verworfen zu haben, wenn es beim Erwachen den Preis dafür bezahlen muss, dem Verlangen nach Schlaf in unangemessener Weise nachgegeben zu haben. Das psychotische Ich muss ein hohes Maß an Energie ansammeln, um die eigene Realität dauernd zu füttern, und der unaufhörliche Kampf gegen das Leiden, das durch die Wahrnehmung der objektiven Realität ausgelöst werden würde, führt im Gegenzug seinerseits zu Leid.

Katan hat in einer bedenkenswerten Studie die abwehrende Funktion von einer von Schrebers Halluzinationen über kleine Männer, die sich auf seinem Kopf aufhalten und nach kurzer Zeit zugrunde gehen, deutlich beschrieben (vgl. Katan 1950). Schreber erreichte in seiner Psychose ein Stadium, in dem er ohne Erektion und Erguss masturbieren konnte. »[...] die Halluzination ersetzt die Erregung. [...] In der Halluzination tritt überhaupt keine sexuelle Erregung auf und an Stelle der Vorstellung, dass Schreber ums Leben kommt, finden wir die Vorstellung, dass andere Männer ihr Leben verlieren.« (Katan 1950, S. 34) Durch die Halluzination antizipierte das Ich die Gefahr und konnte sie bannen. Bemerkenswert ist daran aber insbesondere, dass eine Phantasie oder ein Tagtraum oder ein flüchtiger Gedanke desselben (wenn auch gewöhnlich weniger bizarren) Inhalts beim Neurotiker zu demselben Zweck und mit derselben Wirkung – nämlich der, ihm Angst oder Erregung zu ersparen – auftreten könnte. Man könnte in der Tat sogar wagen zu behaupten, dass ein relativ symptomfreies Ich seine funktionelle Organisation durch einen flüchtigen Gedanken dieser Art aufrechterhalten kann. Bei Schreber drängte sich der Abwehrprozess, der zur Halluzination führte, aber dem gesamten Ich auf, absorbierte all seine Funktionen und ergriff Besitz vom Sehapparat. Man darf wohl sagen, dass das Ich in diesem Moment nichts anderes tun konnte als zu halluzinieren oder, in anderen Worten, dass sich der Abwehrprozess auf Kosten des übrigen Ichs ausgebreitet hatte.

Wenn Katans Rekonstruktion korrekt ist, war der Inhalt, gegen den sich die Abwehr bei Schrebers Halluzination richtete (passive homosexuelle Wünsche), nicht grundsätzlich anders als diejenigen, die man recht häufig bei Neurotikern findet. Manchmal sind die Inhalte, die der Schizophrene abzuwehren sucht, aber ziemlich überraschend. Die oben erwähnte schizophrene Patientin versicherte mir jahrelang, dass es nur Hass in ihr gebe, dass sie den Menschen, mit denen sie zu tun habe, den Tod wünsche und dass sie unfähig sei, irgend ein Interesse an oder eine Sehnsucht nach einem menschlichen Wesen zu entwickeln. Als sie jedoch begann, mir von den Wachträumen zu erzählen, die sie während der Stunde hatte, die sie brauchte, um einzuschlafen – bis dahin hatte sie in erster Linie von den Gefühlen und Phantasien berichtet, die sie in Gesellschaft anderer hatte –, war ich überrascht, von einer Phantasie zu hören, in der sie sich um ein verkrüppeltes und geistig gestörtes Mädchen kümmerte, das sie kannte. In ihrer Phantasie machte sie mich mit großer Geschicklichkeit und Taktgefühl mit dem Kind bekannt und sorgte dafür, dass es behandelt und geheilt wurde. Abgesehen von den narzisstisch-erotischen Elementen, die dieser Tagtraum zweifellos aufweist, hatte er auch einen ausdrücklichen Kern echter Wärme und Zuneigung. Es konnte keinen Zweifel daran geben, dass diese Patientin ihre sozialen Neigungen unterdrückt hatte und dass ihre ausgefeilten Tötungsphantasien auch den Zweck erfüllten, ihre soziale Seite zu verleugnen.[23] Diese paradoxe Konstellation unterscheidet sich nicht wesentlich von der, die Freud schilderte, als er schrieb:

> Ich gedenke eines Falles von chronischer Paranoia, bei dem nach jedem Eifersuchtsanfall ein Traum die korrekte, völlig wahnfreie Darstellung des Anlasses zur Kenntnis des Analytikers brachte. Es ergab sich so der interessante Gegensatz, dass während wir sonst aus den Träumen des Neurotikers die seinem Wachleben fremde Eifersucht erraten, hier beim Psychotiker der tagsüber herrschende Wahn durch den Traum berichtet wurde. (Freud 1940, S. 132)

Einige Faktoren, die mit den Schikanen, die das Ich durch den Abwehrapparat erleidet, zu tun haben, können hier noch erwähnt werden. Ich denke, dass alle Abwehrmechanismen ursprünglich durch eine nicht neutralisierte Energie gespeist werden, so wie die frühen Denkprozesse des Kindes näher am Primär- als am Sekundärprozess angesiedelt sind. Im Verlauf der Entwicklung werden die Abwehrmechanismen einem Prozess unterworfen, der dem Wechsel vom primären zum sekundären Denkprozess vergleichbar ist. Aus der Energie, die sie verbrauchen, wird die Libido abgezogen und sie wird von primärer Aggression befreit. Das schizophrene Ich leistet dies nicht.[24] Seine Abwehr wird

---

[23] Es kann in Frage gestellt werden, ob meine Beschreibung von der Unterdrückung der sozialen Neigungen durch die Patientin zutreffend ist. Eines ihrer Probleme bestand darin, anders als ihre Mutter zu sein. Da ihre Mutter eine soziale Person war, musste die Patientin zu jedem Ausdruck von Freundlichkeit das Gefühl entwickeln, dass es sich nur um einen Vorwand handle. Das Hassgefühl war die letzte Zuflucht, die sie hatte, um sicher zu stellen, dass sie nicht mit ihrer Mutter identisch war.

[24] Ich beziehe mich hier auf Hartmanns Bemerkungen bezüglich der Energetik von Abwehrmechanismen (vgl. Hartmann 1950, S. 88).

durch Lust und Zerstörung angetrieben. Der Verbrauch destruktiver Energie erklärt anscheinend, warum das schizophrene Ich primär masochistisch oder selbstdestruktiv ist. Der Verbrauch libidinöser Energien würde erklären, warum manche Schizophrene in bestimmten Phasen ihrer Störung ihre gesamte sexuelle Befriedigung durch Abwehrprozesse ersetzen können.[25]

Im unveränderten Ich fungiert der ganze Apparat der Abwehrmechanismen in Bezug auf innere Stimuli analog zur Stimulusbarriere, die die Überstimulierung durch äußere Stimuli verhindert. Beim Schizophrenen verfügt der Abwehrapparat nicht über die Festigkeit, die für diese Funktion notwendig ist. Das Ich ist also gezwungen, in seiner Gesamtheit zu reagieren, ohne in der Lage zu sein, die inneren oder äußeren Anforderungen adäquat zu kanalisieren. Diese drohen, das gesamte Ich zu verschlingen. Die Welt – die äußere ebenso wie die innere – bricht stets mit unglaublicher Brüskheit über den Schizophrenen herein.

Die Abwehrmechanismen werden allerdings dann besonders sichtbar, wenn die akute schizophrene Symptomatologie verschwunden ist und die Ichorganisation erscheint, die hinter der malerischen schizophrenen Symptomatologie per se liegt. Dann kann man das maßlose Verlangen erkennen, das der Schizophrene nach der synthetischen Funktion hat (vgl. Nunberg 1930). Man kann auch seine Unfähigkeit sehen, den Auswirkungen der inneren Widersprüche gegenüber standhaft zu sein, und wie verzweifelt er um ein Ich kämpft, das frei von widersprüchlichen Gefühlen ist, sprich, um ein gereinigtes Lust-Ich – den einzigen bekannten Zustand des Ichs, in dem wir völlig eins mit uns selbst sind, ein Zustand, den der Erwachsene nur kurz im Schlaf erreichen und begehren kann. Der Umstand, dass die Abwehrmechanismen des Schizophrenen immer noch durch Triebenergie in Bewegung gesetzt werden, die sie aufbrauchen, reduziert den eingangs erwähnten scheinbaren Widerspruch erheblich, nämlich den zwischen den folgenden beiden metapsychologischen Formulierungen: (1) dass das Ich in der Schizophrenie sein Hoheitsgebiet an das Es abtritt und (2) dass das Ich durch seine Abwehrmechanismen verschlungen wird. Die große Mehrheit der schizophrenen Patienten, die unter klinischer Beobachtung stehen, befinden sich in einem Zustand, in dem die Abwehrmechanismen noch arbeiten, doch unabhängig und unkontrolliert von einer umfassenden Gesamtorganisation des Ichs. Da aber diese Abwehrmechanismen infolge energetischer Umstände auch eng mit dem Es zusammenarbeiten, ist es auch korrekt zu sagen, dass das Es auf das Ich übergreift.

Die Hypothese, dass der Abwehrapparat bei der Schizophrenie durch Energie in Bewegung gehalten wird, die nicht entsexualisiert oder neutralisiert worden ist, darf nicht mit einem anderen psychoanalytischen Grundsatz verwech-

---

[25] Vgl. Katan 1950.

selt werden. Nämlich dem, dass viele Abwehrmechanismen zur Triebbefriedigung führen, trotz ihrer abwehrenden Funktion. Der Grad der Befriedigung ist natürlich unterschiedlich. Wir sind daran gewöhnt, diesen Zusammenfall von Befriedigung und Abwehr bei neurotischen Symptomen zu finden, er tritt aber auch bei manchen Abwehrmechanismen auf.[26] Das heißt freilich nicht, dass ein Abwehrmechanismus – der, abgesehen von seiner Wirkung als Werkzeug der Triebabwehr, zu einer teilweisen Abfuhr von Es-Energie führt – selbst mit Es-Energie besetzt ist. Ich denke, man muss an diesem Punkt besonders genau zwischen der Leistung eines Abwehrmechanismus in der Persönlichkeit und der Besetzung des Abwehrmechanismus per se unterscheiden. Projektionen führen stets zu einer Übertragung eines Inhalts vom Inneren der Persönlichkeit nach außen, doch ein Vergleich der sporadischen, neurotischen Projektionen bei einer Hysterie und den stabilen, rigiden Projektionen bei einer paranoiden Psychose zeigt, dass die energetischen Faktoren ziemlich verschieden sind. Die Hypothese, dass solche Unterschiede auch auf den verschiedenen Energien basieren, die die Mechanismen per se benutzen, erleichtert, denke ich, das Verständnis der Ichveränderung, die man bei Schizophrenie antrifft.

Wie dem auch sei, es ist wichtig, Freuds Aussage in Erinnerung zu behalten, dass die Abwehrmechanismen selbst nur eine der Schwierigkeiten darstellen, die in der Analyse bewältigt werden müssen. Wenn diese Abwehrmechanismen sich in Form von Ichveränderungen ausgewirkt haben, wird das in der Analyse noch größere Schwierigkeiten bereiten und Abweichungen von der Grundtechnik erforderlich machen.

Unglücklicherweise haben wir noch keinen adäquaten begrifflichen Bezugsrahmen, um diese Ichveränderungen zu beschreiben, obwohl wir bei den meisten der Patienten, die heutzutage in die Analyse kommen, damit zu kämpfen haben. Freud verglich Ichveränderungen mit »Verrenkung und Einschränkung« (Freud 1937a, S. 64),[27] doch die Metapsychologie solcher Ichveränderungen ist kaum erarbeitet.[28] Wenn wir einen Patienten beobachten, sehen wir die Abwehrmechanismen und ihr Wechselspiel. Wir sehen einzelne Funktionen wie Urteilsvermögen und Wahrnehmung und bemerken ihren Bezug

---

[26] Vgl. Wälder 1930, Nunberg 1932, S. 208 und andere. Die quantitative Beziehung zwischen Befriedigung und Abwehr ist beim Symptom und dem Abwehrmechanismus wahrscheinlich ziemlich unterschiedlich.

[27] »Die Verdrängung wird dadurch zur Basis für die Kompromiß- und Neurosenbildung. Die Folgen der anderen Abwehrtechniken sind nicht weniger ernsthaft, aber sie halten sich, auch bei der Steigerung ihrer Intensität, mehr in den Grenzen des Normalen. Sie äußern sich in zahllosen Verwandlungen, Verzerrungen und Deformierungen des Ichs, welche die Neurose teils begleiten, teils ersetzen können.« (A. Freud, 1936, S. 240)

[28] Für einen Versuch in dieser Richtung vgl. A. Freud, 1936.

zueinander. Wir beobachten manche der Ergebnisse wie etwa Identifikationen und Projektionen, doch wir sind nicht in der Lage, die Ichorganisation wahrzunehmen, die ihnen zugrunde liegt, den mysteriösen Knoten, von dem Goethe sprach und der den Menschen in größerem Maße ausmacht als die Zusammensetzung seiner Abwehrmechanismen und Funktionen. Tatsächlich ist es quälend, ein Problem zu kennen, sein Auftreten in der klinischen Wirklichkeit zu beobachten, jedoch unfähig zu sein, einen geeigneten begrifflichen Rahmen zu entwickeln, der für seine Lösung notwendig wäre.

Da sich die Ichveränderung am deutlichsten bei der Schizophrenie zeigt, ist man gezwungen, zu dieser Gruppe von Störungen zurückzukehren, wenn man die Möglichkeiten und Beschränkungen der Psychoanalyse bei der Auseinandersetzung mit diesem Bereich der Psychopathologie erörtern möchte.[29]

Trotz unserer großen Unwissenheit kann eine Behauptung mit Sicherheit aufgestellt werden. Die Parameter, die in der Psychoanalyse der Schizophrenie notwendig sind, sind umfassend und zahlreich. Der bemerkenswerteste Unterschied betrifft natürlich die wesentlich andere Technik im Umgang mit der Übertragung.[30] In den meisten Neurosen entwickelt sich die Übertragung spontan und das technische Problem besteht in der Verwandlung der Übertragung in einen Helfer des analytischen Prozesses mittels Deutung. In manchen Phasen der Behandlung des Schizophrenen muss die Übertragung hingegen durch Handlung, Geste oder Worte hergestellt werden, und über lange Zeiträume besteht das hauptsächliche technische Problem darin, die therapeutische Situation in einer Weise zu manipulieren, die die Übertragung in angemessener Weise anwachsen lässt, quantitativ und qualitativ.

Bei der Erörterung der Parameter, die durch die bei Schizophrenie vorherrschende Ichveränderung erzwungen werden, muss eine therapeutische Aufgabe erwähnt werden, die bei der Behandlung der neurotischen Ichveränderung keine oder nur eine sehr untergeordnete Rolle spielt. Der Schizophrene muss sich eine Fähigkeit aneignen, die der Neurotische vollumfänglich besitzt, außer wenn er ihrer vorübergehend durch den Ansturm einer akuten emotionalen Aufwallung beraubt ist. Ich meine die Fähigkeit, zwischen sich selbst und den Phänomenen der Psyche, seien sie einer äußeren oder einer inneren Stimulation geschuldet, eine psychische Distanz zu setzen. Es ist das Privileg des Menschen, die antithetische Fähigkeit zu besitzen, sich mit seinen Erfahrungen in Einklang zu befinden und sich zugleich über sie zu erheben. Was in einem Moment eine Erfahrung ist, die sein Bewusstsein bis zu seinen Grenzen aus-

---

[29] Für Freuds Bemerkungen über Psychosen im Allgemeinen und die Schizophrenie im Besonderen als Quellen der Einsicht in die Ichstruktur vgl. Freud 1916–1917b, S. 249–263 und Freud 1933, S. 62–86.

[30] Für einen Vergleich der Techniken in der Behandlung von Neurose und Psychose vgl. Wälder 1924.

füllt, kann zu jeder Zeit zum Inhalt von Beobachtung, Beurteilung und Einschätzung werden. Der Schizophrene hat diese Fähigkeit aber in Bezug auf bestimmte Inhalte verloren, auch wenn die Funktion nicht per se zerstört ist. Doch an mindestens einen Bereich seines Lebens ist er so fest gebunden, dass er unfähig ist, sich über diese Sphäre hinaus zu erheben. Dieser Mangel ist einer der bezeichnendsten Hinweise für die tiefgreifende Veränderung, die das Ich des Schizophrenen erlitten hat.[31]

Ein Schizophrener sagte einst in eindrucksvoller Weise: »Ich würde eher glauben, dass Sie oder die Welt um mich herum nicht existieren als anzunehmen, dass die Stimmen, die ich höre, nicht real sind.« Der Schizophrene hat die Fähigkeit verloren, zwischen Möglichkeit und Wirklichkeit in bestimmten Bereichen der Realität zu unterscheiden.[32] Diese Unfähigkeit, sich selbst in mindestens einem Punkt aus dem Kontext der Phänomene herauszunehmen, muss die Technik der Behandlung von Schizophrenen wesentlich von der des Neurotikers unterscheiden, wenn man die Behandlung auf die Behandlung der Ichveränderung ausweitet. Es ist eigenartig, dass dieses technische Problem, das für die Behandlung von Schizophrenen äußerst typisch ist, in der gegenwärtigen Literatur über die Psychotherapie der Schizophrenie kaum erwähnt wird.[33] Bei diesem Unterfangen ist der Analytiker mit einer außerordentlich weitgehenden Aufgabe konfrontiert, die hier nicht in ausreichendem Maße besprochen werden kann. Man kann nur sagen, dass man manchmal, wenn es gelingt, dem Schizophrenen zu zeigen, dass ein Symptom von körperlichen Empfindungen abgeleitet ist, einen Punkt erreichen kann, an dem der Schizophrene seine Fähigkeit zur Objektivierung auch auf diesen Sektor seiner Psychopathologie ausdehnen kann.

In der folgenden kurzen Beschreibung habe ich zwei Parameter zufällig herausgegriffen, die regelmäßig eine Rolle bei der Behandlung von Schizophrenen spielen: (1) die Festlegung von Zielen und (2) die Reduktion der Symptomatologie.

(1) Das Ziel der psychoanalytischen Behandlung ist in der Psyche des Neurotikers implizit, wenn auch undeutlich, repräsentiert. Der Schizophrene er-

---

[31] Für eine Beschreibung und Erörterung dieses Problems vgl. die folgerichtigen Gedanken über eine Typologie der Psychopathologie in Wälder 1934. Vgl. auch Freud 1933, S. 64 und Sterba 1934.

[32] Ich entnehme diese Formulierung aus Wälder 1934, S. 477.

[33] Fromm-Reichmann scheint zu behaupten, dass es keinen wesentlichen Unterschied zwischen der Technik der Behandlung von Schizophrenen und der der Neurotiker gebe (vgl. Fromm-Reichmann 1959). Dieser Standpunkt ist in meinen Augen nur haltbar, wenn das Feld des therapeutischen Handelns auf die zwischenmenschlichen Beziehungen des Patienten beschränkt bleibt, unter Absehung seiner Ichveränderung.

mangelt eines solchen integrierten und ausgearbeiteten Zieles. Er muss mit einem Funktionsplan des unveränderten Ichs ausgestattet werden. Da der Patient häufig nicht weiß, wie ein solches Ich arbeitet, muss der Analytiker ihn mit einem Bezugsrahmen versehen, der für den Patienten häufig völlig neu ist.[34]

Dagegen wird freilich das Argument laut werden, dass solche Maßnahmen nicht in den Bereich der Psychoanalyse fallen, sondern zu Erziehung, Unterweisung oder Korrektur gehören. Ich frage mich dennoch, ob dieser Parameter notwendigerweise über die Psychoanalyse hinausführt. Erziehung ist im Wesentlichen eine Technik, die das Ich zu zwingen versucht, das Ich-Fremde zu assimilieren, oder, in anderen Worten, das Ich-Fremde in Ich-Eigenes zu verwandeln.[35] Der Parameter, den ich hier kurz erwähne, betrifft die Rekonstruktion eines tragfähigen Ichs. Er betrifft ein Ziel, das der Patient vor langer Zeit anstrebte, doch wahrscheinlich nie erreichte. Erziehung versucht stets, Werte einzuprägen. Dieser Parameter ist aber wesentlich getrennt von jedem Wertesystem. Freilich muss man zugeben, dass er, wenn er nicht klug eingesetzt wird, durch die stillschweigende Anwendung von Wertesystemen verzerrt werden könnte.

Erziehung beschränkt das Ich stets in irgendeiner Weise, trotz des inhaltlichen Zuwachses, den sie zur Verfügung stellt. Der genannte Parameter führt jedoch niemals zu einem beschränkenden Prozess im Ich. In anderen Worten, rekonstruktive Prozesse, die durch diesen Parameter angestoßen werden, müssen die Grundlagen für die spätere Erziehung des Ichs legen. Ich würde deshalb eher sagen, dass dieser Parameter jenseits von Erziehung liegt.

(2) Eine der schwierigsten Aufgaben besteht darin, herauszufinden und dem Patienten zu zeigen, welche Funktion oder welche Funktionen des Ichs beschädigt worden sind und wie. Die Fehlfunktionen, die auf der klinischen Oberfläche gesehen werden können, sind selbstverständlich nicht die primären. Es kann zur Produktion einer Wahnvorstellung kommen infolge der Verletzung ganz anderer Ichfunktionen. Wenn die Ichveränderung rückgängig gemacht werden soll, muss die spezifische Funktion, die gestört ist, in die Behandlung einbezogen und der Patient darauf aufmerksam gemacht werden.[36]

Dieser Parameter deckt sich teilweise mit einem, der auch in der Analyse von Neurotikern auftauchen kann. Beim Neurotiker wird der Parameter jedoch normalerweise die Deutung nicht überschreiten, während er bei der Behandlung des Schizophrenen ein Werkzeug betrifft, das wesentlich jenseits des Bereichs der Deutung liegt. Die gestörte Funktion muss aus ihrem Zusammenspiel mit anderen isoliert werden und der Patient muss lernen, wie diese spe-

---

[34] Persönliche Mitteilung von Dr. Edith Jacobson.
[35] Mir ist die Unzulänglichkeit einer so allgemeinen und vagen Formulierung bewusst, doch sie klarer zu machen, würde die Aufzählung ihrer vielen Ausnahmen erfordern.
[36] Vgl. auch Wälder 1924.

zielle Funktion unter dem Einfluss bestimmter Bedingungen verändert wird. Wenn eine gestörte Funktion besprochen wird, während sie noch mit anderen verlötet ist, wird die Deutung weit weniger erfolgreich sein, als wenn die gestörte Funktion dem Patienten isoliert gezeigt wurde. In einem Fall stellte sich heraus, dass die Verzerrungen der Wirklichkeit, die wie richtige, auf Projektion basierende Wahnvorstellungen aussahen, Ergänzungen und Verfestigungen bestimmter Wahnvorstellungen waren, die die Patientin über sich selbst gebildet hatte. Die komplizierte Symptomatologie konnte schließlich auf ein lästiges körperliches Gefühl reduziert werden, auf dem die Wahnvorstellung über das Selbst fußte. Die Verzerrungen der Wirklichkeit waren nur eine sekundäre Herausbildung gewesen, hervorgerufen durch das Bedürfnis (und die Furcht) der Patientin, sie könnte durch den äußeren Augenschein bekräftigt finden, was sie vorderhand über einen Prozess der inneren Wirklichkeit vermutet hatte.

Ich möchte nun versuchen, das Problem, von dem die Hauptfrage der psychoanalytischen Theorie und Praxis heute in meinen Augen abhängt, so weit wie möglich einzukreisen. Es geht auf einen Punkt zurück, den Freud erstmals 1920 ansprach (vgl. Freud 1920) und der durch Alexander sieben Jahre später aufgegriffen und fortgeführt wurde (vgl. Alexander 1927, S. 24), ehe er noch einmal von Freud in *Die endliche und die unendliche Analyse* erörtert wurde (vgl. Freud 1937a). Er spricht dort vom Widerstand gegen das Offenlegen von Widerständen. Diese sekundären Widerstände werden im Verlauf der psychoanalytischen Behandlung erkennbar, wenn der Analytiker versucht, das Bewusstsein des Patienten auf diejenigen Widerstände zu lenken, die seine Es-Triebe abwehren.[37] Es wird dann überraschend deutlich, dass das veränderte Ich hochgradig abgeneigt ist, sowohl ein Bewusstsein von Es-Inhalten zu erlangen, als auch sich derjenigen Prozesse und Inhalte bewusst zu werden, die sich innerhalb seiner eigenen Grenzen abspielen.[38] Dennoch sind diese sekundären Widerstände auch außerhalb der analytischen Situation aktiv, genau wie die primären Widerstände (die gegen das Es gerichtet sind) ständig aktiv sind, obwohl sie in erster Linie in der psychoanalytischen Situation greifbar werden. Welche Funktion erfüllen diese sekundären Widerstände? Die primären schützen das Ich gegen die Ausbreitung des Es, und eine der Funktionen der sekundären Widerstände besteht darin, die Ausbreitung der primären Abwehrmechanismen zu beschränken.[39] Sie beanspruchen zudem das größtmögliche Gebiet für sich, genau wie es die ewig unersättlichen Es-Triebe tun. Unter

---

[37] Zur Hierarchisierung der Abwehrmechanismen vgl. Gero 1951.
[38] Vgl. Freud 1926a, S. 191–193. Helene Deutsch beschreibt die narzisstische Befriedigung, die manche Patienten aus ihrer Abwehr gewinnen (vgl. H. Deutsch, 1939, S. 11). Das reduziert freilich die Motivation, die Abwehr aufzugeben.
[39] Für die Verspätungen in der Herausbildung der psychischen Struktur vgl. Rapaport 1951, S. 692.

Normalbedingungen – sprich, bei unverändertem Ich – benutzen sie neutralisierte Energie und sind völlig mit ihrer Arbeit gegen das Es beschäftigt. Im veränderten Ich wenden sie sich jedoch auch gegen das Ich. In extremen Fällen wird die sekundäre Abwehr weggefegt und es gibt keine Barriere mehr gegen das krebsartige Wachstum, von dem ich oben figurativ gesprochen habe.

Ein klinisches Beispiel soll illustrieren, wie die sekundären Widerstände sich in der Behandlung bemerkbar machen können. Ein Patient von überdurchschnittlicher Intelligenz, mit unüblich starken prägenitalen Fixierungen, doch gut erhaltener psychosexueller genitaler Aktivität füllte lange Abschnitte seiner Analyse mit wiederholten Beschwerden über triviale Angelegenheiten, die seine Ehefrau betrafen. Er zeigte keinerlei Verständnis für die offensichtliche Tatsache, dass die Diskrepanz zwischen der Intensität seiner Beschwerden und der Trivialität ihres Inhaltes diskussions- und erklärungsbedürftig war. Eines Tages berichtete er ein wenig abrupt, dass er es genoss, wenn seine Frau gerade diejenigen Dinge tat, über die er sich stets beschwert hatte, und dass er es verstand, Situationen insgeheim in einer Weise zu manipulieren, dass seine Frau dazu gebracht wurde, sich in einer ihm widerwärtigen Weise zu verhalten, die ihm die Gelegenheit gab, sich ihr gegenüber kalt und unfreundlich zu verhalten.

Als die sadistische, aggressive Natur dieses Triebes erklärt war, anerkannte er sie und sagte sogar von sich aus, dass er das schon seit langer Zeit gewusst habe. Er zeigte ein gewisses Verständnis für die unheimliche sadistische Technik, mit der er seine Frau in die Situation eines hilflosen Opfers versetzte, ohne ihr die Gelegenheit zu geben, sich selbst zu verteidigen.

Der sadistische Trieb war mittels Verleugnung und Substitution durch das Gegenteil abgewehrt worden, denn der Patient versuchte sich selbst und dem Analytiker zu beweisen, dass er nicht grausam war, sondern dass er aufgrund der Mängel seiner Ehefrau Mitleid verdiente. Ich versuchte, dem Patienten zu zeigen, dass seine unaufhörlichen Beschwerden auch dem Zweck gedient hatten, seine Schuldgefühle zu lindern. Je erfolgreicher er seinen Sadismus in der verschleierten Weise, die er so gut beherrschte, befriedigen konnte, um so mehr musste er sich am darauffolgenden Tag als verletzt und vom Schicksal ungerecht behandelt darstellen, da er angeblich mit einer so unzufriedenstellenden Partnerin verheiratet war. Diese Deutung akzeptierte der Patient nicht. Er verstand sie nicht. Er konnte mir nicht folgen. Er bestand darauf, dass seine Klagen berechtigt seien, obwohl er gerade zugestimmt hatte, dass er selbst seine Frau insgeheim verführte, sich in der Weise zu benehmen, über die er sich gewohnheitsmäßig am nächsten Tag bei mir beschwerte.

Wir begegnen hier der paradoxen Situation, in der ein Patient die Deutung eines Es-Triebes akzeptiert und seine Existenz zugibt, doch einen starken Widerstand gegen die Deutung des dazugehörigen Abwehrmechanismus zeigt. Für diesen letzten Typ von Widerstand gibt es mehrere Gründe. Der Patient hatte sich mit starker Emotion beschwert. Die Abwehr war teilweise mit Triebenergie besetzt worden. Darüber hinaus ist in manchen Fällen unklar, ob es für das Ich einfacher ist, die Befriedigung eines Es-Triebes aufzugeben oder die Abwehr. Ich denke, dass dieser Patient zu einem Punkt gekommen war, an dem er lieber auf die sadistische Befriedigung verzichten und sich beherrschen wollte, als das Gefühl zu verlieren, vom Schicksal ungerecht behandelt worden zu sein. Es gibt also in der Tat eine gewisse Weisheit im Paradox. Solange er an der Abwehr festhält, die darin besteht, die Rolle des Opfers zu spielen, gibt es Hoffnung, dass er sich in Zukunft möglicherweise wieder sadistische Befriedigung verschaffen kann. Erst wenn er diese Abwehr abgelegt hat, kann sein Gewissen den verschleierten Genuss der sadistischen Lust nicht länger tolerieren. Die Abwehr verschaffte ihm also eine masochistische Befriedigung, die den Mechanismus besonders fest im Ich verankerte. Ich habe den Eindruck, dass es gewöhnlich der Masochismus des Ichs ist, der die Deutung von Abwehrmechanismen so außerordentlich schwierig macht. Das Ich scheint sich besonders sicher zu fühlen, wenn die masochistische Befriedigung durch einen Prozess erreicht wird, der eigentlich einen anderen Trieb abwehrt.

In Übereinstimmung mit den wohlbekannten Eigenschaften der Pathologie der Verdrängung kann man mit Sicherheit annehmen, dass die Pathologie der sekundären Widerstände zwei Formen haben kann: Sie kann zu stark oder zu schwach besetzt sein. Versuchsweise würde ich vorschlagen, dass die neurotische Ichveränderung wahrscheinlich zur ersten und die psychotische zur zweiten Gruppe gehört. Es ist jedoch nicht wahrscheinlich, dass die klinische Realität solch sauber gezogenen Linien folgt. Wie dem auch sei, beim zuletzt erwähnten Patienten konnte ein starkes Anwachsen eines Abwehrmechanismus beobachtet werden, obwohl die Ichveränderung nicht vom schizophrenen Typ war. Ein weniger verändertes Ich würde die Deutung mit einer gewissen Erleichterung aufgenommen haben und der Widerstand gegen die Deutung des Es-Triebes wäre deutlich stärker gewesen.

Die sekundären Abwehrmechanismen, die ihre Arbeit im Wesentlichen unterirdisch betreiben und in erster Linie durch die Untersuchung ihrer Auswirkung auf die primäre Abwehr ermessen werden können, bilden wahrscheinlich einen Teil einer spezifischen Organisation im Ich. In Abhängigkeit von diesen sekundären Abwehrmechanismen kann die Ichveränderung durch die Psychoanalyse verändert werden oder nicht. Es kann kein Zweifel daran bestehen, dass die neurotische Ichveränderung, wie sie etwa bei der Phobie angetroffen wird, durch die Psychoanalyse verändert werden kann. Bei bestimmten, lange bestehenden Zwangsneurosen kann diese Möglichkeit bezweifelt werden.

Obwohl Techniken ersonnen wurden, die akute schizophrene Symptome wenigstens vorübergehend lindern können, ist es höchst strittig, ob die Veränderungen, die das schizophrene Ich so eindrücklich zeigt, durch die Psychoanalyse verändert werden können. Die psychotherapeutischen Techniken, die am häufigsten in der Behandlung von Schizophrenen angewandt werden, fügen unserem Wissen und Verständnis der Schizophrenie nichts Substanzielles hinzu, denn die meisten von ihnen missachten die klinische Tatsache, dass das Problem der Therapie der Schizophrenie im Wesentlichen darin besteht, eine Ichveränderung rückgängig zu machen. Viele Psychotherapeuten nehmen einen Schizophrenen in Behandlung, um ihren psychotherapeutischen Mut unter Beweis zu stellen. Sie werden nicht zögern, jedes psychotherapeutische Mittel anzuwenden, solange es Hoffnung gibt, den Schizophrenen aus seinem akuten Zustand herauszuzwingen. Insofern solche Unterfangen erheblich mit pseudoanalytischen Deutungen gesprenkelt sind, muss man diese Techniken »wilde« Psychoanalyse nennen. Ich denke, dass der Begriff des Parameters und die Befolgung der vier Regeln, die ich aufgestellt habe, verhindern können, dass wir in die wilde Analyse abgleiten, die gerade im Fall der Schizophrenie besonders verführerisch ist. Ich denke, im Allgemeinen kann gesagt werden, dass die vielversprechendste Quelle von Wissen über die Ichstruktur in der genauen Beschreibung und Rechtfertigung – beides im Sinne der Metapsychologie – jeder Abweichung von der Grundtechnik zu finden ist, wann immer eine solche Abweichung notwendig wird.

Übersetzung Bernadette Grubner

Anmerkungen zur Emotionalität einer schizophrenen Patientin und ihrer Beziehung zu Problemen der Technik[1]

Eine Untersuchung der spezifischen Faktoren, die die Emotionalität eines schizophrenen Patienten von der anderer Patienten unterscheidet, scheint ebenso gerechtfertigt wie näher zu erforschen, inwieweit diese Besonderheit schizophrener Emotionalität spezifische Änderungen in der psychoanalytischen Technik erforderlich machen könnte. Ich glaube nicht, dass die folgenden Ausführungen wirklich allen Anforderungen eines solch ambitionierten Vorhabens genügen können, aber vielleicht können sie einen bescheidenen Beitrag dazu liefern. Meine Spekulationen nahmen ihren Anfang während einer bestimmten Phase in der Behandlung einer schizophrenen Patientin; lange nachdem die akute Phase ihrer Erkrankung abgeklungen war, meinte ich, in den entsprechenden klinischen Bereichen eine ganz bestimmte Beziehung zwischen der Ich-Struktur der Patientin und ihren Emotionen beobachtet zu haben. Diese Beziehung scheint mir insofern eine Verallgemeinerung zu erlauben, als es sich dabei um eine grundlegende Störung handelt, mit der schizophrene Patienten zu kämpfen haben, auch wenn die Phänomenologie der schizophrenen Emotionalität in den verschiedenen Phasen der Erkrankung und ihrer Behandlung zweifellos in wesentlichen Aspekten abweicht. Bevor der Gegenstand näher behandelt werden kann, müssen jedoch noch einige allgemeine Punkte hinsichtlich der psychoanalytischen Theorie der Emotionen geklärt werden.

I

A: Freuds Feststellung, dass das Ich die eigentliche Stätte der Angst sei (1923a, S. 287), kann meines Erachtens auf fast alle, wenn nicht sogar auf alle Emotionen ausgeweitet werden. Das Es und das Über-Ich können keine Angst empfinden; ebensowenig können sie hoffnungsvoll, feindselig, freundlich sein oder Emotionen gleich welcher Art empfinden. All diese Emotionen müssen als Prozesse begriffen werden, die sich ausschließlich im Rahmen des Ichs

---

[1] [Erstveröffentlichung unter dem Titel »Notes upon the emotionality of a schizophrenic patient, and its relation to technique« in *The Psychoanalytic Study of the Child*, 8, 1953, S. 199–251]

abspielen. Natürlich stehen diese Prozesse in fast allen Fällen in einer Wechselbeziehung mit jenen, die sich in anderen Teilen der Persönlichkeit abspielen. Manchmal sind sie direkte Abkömmlinge von Bestrebungen aus dem Es, wie zum Beispiel das Gefühl der Liebe ein Abkömmling eines Es-Wunsches ist. Manchmal wird eine Emotion auch eine Wirkung des Einflusses sein, den ein ich-fremder Bereich auf das Ich ausübt, wie zum Beispiel die Traurigkeit und der Kummer melancholischer Patienten Auswirkungen der Besetzung des Über-Ichs mit aggressiver Energie sind. Manchmal resultiert der Prozess aus der Energie, die das Ich als Antwort auf eine unangenehme Wahrnehmung in der Realität mobilisiert, wie etwa Wut angesichts einer Beleidigung. Und viertens kann er mit einer eigenständigen Reaktion des Ichs selbst zu tun haben, wie es etwa geschieht, wenn das Es befriedigt ist, die Forderungen des Über-Ichs beschwichtigt sind und die Realität ihre Attraktivität aufgrund der körperlichen Erschöpfung verloren hat. Das Ich fühlt sich dann schläfrig. Die Beispiele, die ich hier gegeben habe, sind natürlich Abstraktionen, da affektive Prozesse im Ich in dieser oder jener Weise immer mit Prozessen in allen anderen Bereichen der Persönlichkeit in Wechselbeziehung stehen, sofern sie überhaupt mit Energie besetzt sind.

B: Der zweite allgemeine Punkt, den ich zu bedenken geben möchte, geht zurück auf eine metapsychologische Bemerkung von Freud, die er in seiner Abhandlung über »Das Unheimliche« (1915e) machte, nämlich, dass Empfindungen nicht unbewusst sein können. Wir alle neigen, denke ich, allzu sehr dazu, diesen Aspekt zu vernachlässigen, obwohl es durchaus ausreichende Belege für seine klinische Stichhaltigkeit gibt. Es ist nicht korrekt, von unbewusstem oder verdrängtem Hass zu sprechen. Die tatsächliche Bedeutung einer solchen Aussage wäre, dass der Wunsch, eine aggressive oder destruktive Handlung zu begehen, verdrängt wird. Wenn die Schwelle der Verdrängung gesenkt würde, würde das Ich Hass empfinden. Trotzdem können Gefühle unbewusst sein, wenn die Verwendung des Begriffs auf seine phänomenologische Bedeutung begrenzt wird. Weil Anteile des Ichs unbewusst sind, kann es sehr wohl vorkommen, dass sich Emotionen im unbewussten Teil des Ichs entwickeln und von dort aus das Verhalten beeinflussen, ohne wirklich bewusst zu werden.

Die Erörterung dieses Problems ist im Kontext der psychoanalytischen Literatur nicht einfach, da Freuds maßgebliche Abhandlung (1915e) zu einer Zeit verfasst wurde, als der strukturelle Aspekt der Psychoanalyse noch nicht ausdrücklich formuliert worden war.[2] Und doch traf Freud bereits 1915 folgende weitreichende Feststellung: »Die Wahrheit ist, daß nicht nur das psychisch Verdrängte dem Bewußtsein fremd bleibt, sondern auch ein Teil der unser Ich

---

[2] Für eine Darstellung der unterschiedlichen Ansätze in Freuds Werk und eine allgemeine Erörterung der Problematik siehe Kris 1977 [1949].

beherrschenden Regungen, also der stärkste funktionelle Gegensatz des Verdrängten.« (1915e, S. 291) Wenn das zutrifft, dann ist es auch wahrscheinlich, dass ein affektiver Prozess ablaufen kann, ohne dass das Subjekt dabei hinsichtlich Inhalt und Abfuhr bewusst Notiz von ihm nehmen würde.

Die psychoanalytische Erfahrung scheint das zu bestätigen; zumindest wird dies von Freud impliziert, wenn er schreibt: »Es ist sehr bemerkenswert, daß das *Ubw* eines Menschen mit Umgehung des *Bw* auf das *Ubw* eines anderen reagieren kann. Die Tatsache verdient eingehendere Untersuchung, besonders nach der Richtung, ob sich vorbewußte Tätigkeit dabei ausschließen läßt […]. (S. 293)
Ich glaube, dass die psychoanalytische Praxis uns von Zeit zu Zeit in eine klinische Situation bringt, die eine Antwort auf Freuds Frage zu geben ermöglicht. Vermutlich ist es schon einer Reihe von Analytikern – besonders zu Beginn ihrer praktischen Tätigkeit – geschehen, dass der Bericht eines Patienten eine affektive Reaktion in ihnen auslöste, die vom Inhalt des Berichts her nicht gerechtfertigt zu sein schien. Wenn mir das geschehen war, entdeckte ich im weiteren Verlauf des analytischen Gesprächs meistens, dass der Patient Emotionen hegte, auf die ich angesprochen hatte. Offensichtlich hatte ich auf etwas im Patienten emotional reagiert, das ich intellektuell erst später erfassen konnte. Die – scheinbar neutrale – Formulierung des Patienten hatte meinem Unbewussten gleichwohl jene Emotion übermittelt, die er unbeabsichtigterweise zu verbergen versucht hatte, die im weiteren Gesprächsverlauf aber manifest wurde und deutlich hervortrat. Mit anderen Worten: Meine Emotionen hatten rascher angesprochen als mein intellektuelles Fassungsvermögen. Was also zunächst wie eine spontane Gegenübertragung aussehen mag, wenn es nicht näher untersucht wird, erweist sich als eine verfrühte Reaktion des Vorbewussten des Analytikers.[3]
Da die Empfindungen des Patienten in den Fällen, auf die ich mich hier beziehe, im weiteren Verlauf des Gesprächs klar hervortraten, ohne dass sie eigens gedeutet worden wären, kam ich zu dem Schluss, dass der affektive Prozess, auf den ich subjektiv angesprochen hatte, im Vorbewussten des Patienten stattgefunden hatte. Diese klinische Situation weist meines Erachtens sehr deutlich auf das Vorhandensein von Emotionen im System des Vorbewussten des Patienten hin.[4]

---

[3] Die emotionalen Reaktionen des Analytikers können also wichtige Hinweise auf auffällige Punkte in den Formulierungen des Patienten für den Intellekt enthalten. Dennoch ist die klinische Anwendung dieser Auffassung ungeachtet ihrer Gültigkeit insofern gefährlich, als eine Gegenübertragungsreaktion irrtümlich für eine ausschließlich mit der verborgenen Bedeutung der Aussagen des Patienten in Wechselbeziehung stehende Antwort gehalten werden kann.

[4] Freud (1923a, S. 250) schreibt: »Empfindungen sind entweder bewußt oder unbewußt«, können aber nicht vorbewusst sein. Das mag zutreffend sein – je nachdem, wie man das System des Vorbewussten definiert. Ich denke da bloß an zwei Gesichtspunkte: 1) Empfindungen treten ausschließlich innerhalb des Ichs auf; 2) Das Ich wird sich nicht immer der Empfindungen bewusst, die sich in seinem Rahmen abspielen. Diese zwei Punkte können meines Erachtens problemlos sowohl auf dem klinischen als auch auf dem theoretischen Gebiet bewiesen werden.

Natürlich muss man zwischen einer Situation unterscheiden, in der die unbewussten Ich-Anteile frei von jeder Empfindung sind und der verdrängte Impuls vollständig in den verdrängten Teil des Es verbannt ist, und einer Situation, in der sich die Empfindungen nicht ganz im Ich entfaltet haben, aber im unbewussten Bereich des Ichs vorhanden sind. Ich glaube, dass der Analytiker in den meisten klinischen Situationen automatisch zwischen diesen beiden Alternativen unterscheidet. Wenn man sagt, ein bestimmter Impuls oder Wunsch könne dem Patienten noch nicht als Deutung mitgeteilt werden, weil er sich noch nicht nahe genug an der Oberfläche befinde, würde die entsprechende metapsychologische Beschreibung für gewöhnlich so lauten: Die dem jeweiligen Wunsch oder Impuls korrespondierenden Empfindungen haben den unbewussten Teil des Ichs noch nicht erreicht, und die Abkömmlinge der verdrängten Regung, von denen ausgehend wir zu einer Deutung gelangt waren, beschränken sich ausschließlich auf die Repräsentation von Ideen.

C: Der dritte Punkt, den ich im Kontext einer allgemeinen Metapsychologie der Emotionen zu bedenken geben möchte, betrifft den Übergang von einer voll entwickelten Empfindung, die den ganzen Bereich des Ichs ausfüllt, zu einem Signal – ein Prozess, den Freud (1926a) in Bezug auf die Angst beschreibt. Ich frage mich, ob die Beschreibung dieser Transformation nicht auch für andere Emotionen gelten könnte. Die Reduktion einer Empfindung zu einem Signal darf nicht mit der relativen Abnahme der Empfindungen verwechselt werden, die üblicherweise in Verbindung mit dem Anfang und dem Fortschreiten der Latenzphase auftritt, obwohl die beiden Probleme durchaus miteinander zu tun haben. Meines Erachtens wird die Fähigkeit des Ichs zur Verwendung der Angst als Signal generell erst mit der Latenzphase zu einer integrierten Einrichtung. Bis dahin kann das Ich leicht das Opfer einer ausgewachsenen Angstattacke oder eines Wutanfalls werden.[5]

Das allgemeine Verschwinden von Wutanfällen und ihre Reduktion zu Zorn allein ist jedoch noch kein hinreichender Beweis dafür, dass diese Empfindung die Gestalt eines Signals angenommen hätte. Wut oder Zorn können ebenfalls als Signale dienen. So wie das Angstsignal automatisch Veränderungen in der Besetzung auslöst, die bestimmten Dispositionen des Ichs zugute kommen, kann auch Wut zu einem Signal reduziert werden, das Veränderungen in der Besetzung auslöst, die dann bestimmten Handlungen zufließen. Es ist, mit anderen Worten, nicht notwendig, erst einen Wutanfall zu bekommen, um zum Angriff übergehen zu können. Die Frage, ob alle Empfindungen (und, wenn nicht alle, *welche* Empfindungen) zu Signalen reduziert werden können, ist

---

[5] Die Latenzphase bewirkt nur eine zeitweise Unterbrechung. Die verlässliche und permanente Integration des Angstsignals anstelle einer ausgewachsenen Angstattacke deckt sich mit dem, was Freud (1915e, S. 294) »[e]ine scharfe und endgültige Scheidung des Inhaltes der beiden Systeme« (*Ubw* und *Bw*) nennt, die sich »in der Regel erst mit dem Zeitpunkte der Pubertät her[stellt]«.

noch nicht beantwortet worden;[6] ebensowenig die Frage, was die Angst so dazu geeignet sein lässt, als Signal verwendet zu werden. Es besteht auch die Möglichkeit, dass einige Empfindungen nur Signalfunktion haben und kaum jemals als Abfuhrphänomene vorkommen. Vorläufig nehme ich an, dass diese Empfindungen nur in einem in höchstem Maße ausdifferenzierten Ich auftreten können. Nicht alle Empfindungen sind universal; das Auftreten von einigen von ihnen hängt vom Entwicklungsniveau ab, das das Ich erreicht hat.

Wahrscheinlich würden diese Darstellungen unter Analytikern keine allgemeine Anerkennung finden. Auf dem Gebiet der Emotionalität ist bisher nur verhältnismäßig wenig Arbeit getan worden, und es ist nicht klar, welche theoretischen Ansichten in Bezug auf die Emotionalität eigentlich gelten. Diese einleitenden Bemerkungen mögen jedoch als präliminarische Verallgemeinerungen zum Zwecke der Vereinfachung der Verständigung über die folgenden klinischen Sachverhalte dienen, die während einer bestimmten Phase in der Behandlung einer schizophrenen Patientin reichlich zu beobachten waren.

II

Was bei meiner Patientin so deutlich hervortrat, war, dass sich ihre Emotionen in gar keiner Weise zur Umwandlung in Signale eigneten. Immer wenn sie sich vor einer Situation fürchtete, hatte sie mit panischer Angst zu kämpfen. Immer wenn sie jemanden nicht mochte, empfand sie absoluten, ungemilderten Hass. Wann immer sie jemanden mochte, liebte sie leidenschaftlich. Das war zum Teil auf die Durchlässigkeit der Grenze zwischen Ich und Es zurückzuführen. Nach und nach verstand sie, dass ihr der emotionale Mittelweg – wie etwa jemanden recht gern oder nicht so gern zu mögen – unbekannt war. Auch hatte sie die Möglichkeit des Vorhandenseins gemäßigter Empfindungen bei anderen nie in Betracht gezogen. Wenn sie über Emotionen sprach, die sie bei anderen beobachtet hatte, war sie davon überzeugt, dass es sich dabei um Emotionen von äußerster Intensität handelte.

Die Emotionalität dieser Patientin wies nicht nur eine Störung hinsichtlich einer Unfähigkeit der Reduktion von Empfindungen zu Signalen und einer daraus resultierenden Intensität ihrer Emotionalität auf. Es wurde auch klar, dass eine Emotion, einmal hervorgerufen, alle ihr innewohnenden Potentiale vollständig konkret entfaltete. Bei Nicht-Schizophrenen bleiben diese Potentiale – um die es im Folgenden gehen soll – gehemmt oder nur implizit, wenn nicht besondere Umstände ihre vollständige Entfaltung begünstigen. Unter den

---

[6] Fenichel (1941) scheint anzunehmen, dass alle Affekte zu Signalen »gezähmt« werden können. Er erwähnt insbesondere Scham-, Ekel- und Schmerzsignale (S. 60).

»Potentialen« einer Emotion verstehe ich hier all das, was in einem Ich, das die Emotion nicht mit allen Mitteln eindämmt, sondern sie sich ungehindert entfalten lässt, unter dem Einfluss einer Emotion geschehen kann. Wenn eine solche Emotion zu einer Handlung führt, wird die Sphäre der Emotionen natürlich überschritten. Darum werde ich dem Einfluss von Emotionen auf das Denken – in Form von Denkstörungen – und auf das Wahrnehmungssystem – in Form von Halluzinationen oder Illusionen – im Folgenden nicht en détail nachgehen; die Störung wird hier hauptsächlich in Bezug auf die Emotionalität untersucht.[7]

Zur Erleichterung der Beschreibung dessen, was ich mit den Potentialen von Emotionen meine, kann es gelegentlich erforderlich werden, das Konzept der Emotion zu hypostasieren. Jeder Affekt hat die Tendenz, sich zu entfalten, das ganze Ich auszufüllen und das Auftreten gleich welchen anderen Affektes auszuschließen. Wenn ich von der Tendenz der Inbesitznahme des ganzen Ichs spreche, meine ich damit nicht bloß: in Bezug auf den Ausschluss anderer Affekte. Abgesehen von der Tendenz zur Abfuhr über das psychomotorische System führt ein Affekt auch zur Besetzung des Körperbildes und der Objektrepräsentanzen. Affekte haben auch die Tendenz, über die Aktivierung aller Erinnerungen, die eng mit ihr verbunden sind und deren Inhalte sie stützen, neue Energie zu akkumulieren.[8] Jemand, der sich in einem akuten Stadium der Freude befindet, wird eher an heitere Dinge denken und sich weniger dazu veranlasst sehen, sich Gründe dafür vorzustellen, traurig oder deprimiert zu sein. Jemand, der traurig ist, wird sich hingegen darüber beklagen, dass ihm ausschließlich deprimierende Dinge einfallen. Die Aktivierung von Vorstellungen wiederum, die mit der Emotion zusammenhängen, wird eine anregende Wirkung auf die ihnen zugrundeliegende Emotion ausüben. Die Tendenz von Affekten, das gesamte Ich vollständig in Besitz zu nehmen, sich an alle Ich-Funktionen anzuheften, Handlungsmotive einzufärben und sie zu verstärken, war im Falle meiner Patientin vollumfänglich realisiert; das heißt, die Patientin empfand als Wirklichkeit, was sonst Potential oder Andeutung bleibt.

Diese fehlende Hemmung wirkte sich unter anderem folgendermaßen aus: Wenn sie eine Emotion empfand, war sie sich sicher, dass jeder Anwesende sie wahrnehmen würde. Obwohl eine solche Überzeugung in die Kategorie der Wahnvorstellungen fällt, unterschied sich die Metapsychologie ihrer Idee grundlegend von dem, was gemeinhin als Wahnvorstellung bezeichnet wird (Federn 1956). Da das gesamte Körperbild vollständig mit der entsprechenden Emotion besetzt wurde, war das Ich der Patientin zu der Annahme gezwungen,

---

[7] Die Patientin hatte meines Wissens nie unter Halluzinationen gelitten, während der akuten Phase ihrer Psychose allerdings *bona fide* Wahnvorstellungen entwickelt.

[8] Für eine allgemeine Erörterung des Konzepts und der Theorie der Affekte sowie des Einflusses von Affekten auf die Erinnerung siehe Rapaport 1977 [1942].

dass jeder, der sie ansah, diese Emotion wahrnehmen würde. Ebenso berichtete sie, dass sie, wenn sie das Gefühl der Liebe in Anwesenheit der geliebten Person empfand, zu dieser Person gehen und ihr ihre Gefühle verbal mitteilen müsse. Wiederholt demonstrierte die Patientin, was sie in diesem Fall tat. Sie begann herumzurutschen und wie ein kleines Mädchen zärtliche Worte hervorzusprudeln. Die erwartete Besetzung des motorischen Systems, die unausweichlich stattfinden würde, wenn eine Emotion sich ungeprüft ausbreitete, erlebte sie als real. Wichtig daran ist: Ob eine entsprechende Handlung ausgeführt wurde oder nicht, war für sie ganz bedeutungslos – tatsächlich wurde sie, wenn überhaupt, dann nur selten ausgeführt. Wenn das motorische System einmal von einem bestimmten Affekt besetzt war, musste das Ich so reagieren, als ob jene Handlung tatsächlich ausgeführt worden wäre. Es lohnt sich zu bedenken, dass das Kind in unterschiedlichen Stadien der kindlichen Entwicklung den direkten oder indirekten Ausdruck von Emotionen tatsächlich nicht verhindern kann und dann sehr überrascht ist und häufig darüber erschrickt, wenn Erwachsene emotionale Vorgänge wahrnehmen, die es niemals hatte zeigen wollen. Natürlich verrät der Gesichtsausdruck des Kindes Ärger, Freude oder Schuldgefühle, und zwar auch dann, wenn das Kind sich größte Mühe gibt, das entsprechende Gefühl geheimzuhalten. Zudem haben Kleinkinder in der Regel noch nicht gelernt, dass die Erwachsenen aus den Gegenmaßnahmen, die es vornimmt, auf das Vorhandensein einer Emotion schließen, die das Kind mithilfe dieser Gegenmaßnahmen gerade zu verbergen versucht hatte. Das Kind weiß noch nicht, dass die erfolgreiche Verheimlichung einer Emotion die Unterdrückung dieser Emotion sowie die Verschleierung jeder Handlung, die auf diese Unterdrückung schließen lässt, voraussetzt (A. Freud 1964 [1936], S. 33).

Diese Sachlage zieht verschiedene Konsequenzen nach sich. Ein solches Ich ist unfähig, zwei Emotionen gleichzeitig zu erleben, da eine Emotion, die sämtliche ihr innewohnenden Potentiale vollständig realisiert, alle anderen Emotionen auslöscht. Im Falle, dass zwei Emotionen versehentlich gleichzeitig aktiviert werden, muss eine verschwinden. Wenn die Aufmerksamkeit sich einmal auf dieses Phänomen gerichtet hat, lässt sich ohne Weiteres beobachten, dass bei der Durchschnittsperson fast immer eine Vielzahl von Emotionen gleichzeitig vorhanden ist – man kann beispielsweise Müdigkeit empfinden und gleichwohl von Vorfreude auf einen bevorstehenden Kinobesuch erfüllt sein. Während das nicht-schizophrene Ich selbst die widersprüchlichsten Gefühle miteinander vereinbaren kann, war das Ich meiner Patientin außerstande, selbst dieses geringe Komplexitätsniveau auszuhalten.

Von außen in das Ich dringende Reize mussten außerdem in Übereinstimmung mit dem Affektzustand des Ichs interpretiert werden. Wenn die Patientin Bewunderung und Respekt für jemanden empfunden hatte, der nicht mit ihr gesprochen hatte, behauptete sie, dass die betreffende Person nicht mit ihr hatte sprechen wollen, um sie nicht in Verlegenheit zu bringen, oder dass sie ihr fern blieb, weil diese Person Angst vor der Intensität ihrer Emotionen bekommen hatte. Die positiven Gefühle der Patientin für ihr Gegenüber und ihre Wahrnehmung des mangelnden Interesses an ihr hätten einen Widerspruch erzeugt, der für ihr Ich unauflösbar gewesen wäre.

Die Patientin musste die Realität in einer Weise erleben, die sie als Gegenstück zu ihren Emotionen erscheinen ließ. Man könnte auf den Gedanken kommen, die wahnhaften Behauptungen der Patientin über ihre Umwelt für Wunscherfüllungen zu halten. Sehr häufig – meistens sogar – waren ihre Annahmen über die emotionalen Prozesse in ihrer Umgebung schmerzhaft, ergaben aber zusammen mit ihren eigenen, der betreffenden Person entgegengebrachten Gefühlen eine Art einfacher und logischer Kurzgeschichte. Auch basierten ihre Behauptungen nicht auf Projektion.[9] Die Projektion hat die Verleugnung des Vorhandenseins einer Regung oder einer Affekts zur Folge; dies wurde mit der Weise, in der die Patientin das Verhalten ihrer Umwelt interpretierte, aber nicht erreicht. Die Existenz ihrer eigenen Emotionen wurde durch die von ihr als real erlebten Phantasien nicht in Frage gestellt. Der einzige Umstand, der in ihnen geleugnet wurde, war ihre reale Isolation; das heißt: die Tatsache, dass die soziale Welt, in der wir leben, sich per se nicht nach unseren Emotionen richtet.[10] Allerdings bezweifle ich, dass die Verleugnung der Tatsache, dass die Welt ihren Lauf geht, ohne dabei unsere Emotionen zu berücksichtigen, als generelle psychologische Tendenz dieser

---

[9] Wenn ich sage, dass die Kurzgeschichten der Patientin nicht auf Projektion gründeten, meine ich damit, dass sie nicht das Ergebnis eines Abwehrmechanismus waren. Piaget (1978 [1926], S. 41) schreibt: »Die Projektion läßt sich schließlich nur schwer von den Fällen unterscheiden, in denen wir den Dingen nicht unsere Eigenschaften, sondern das Reziproke unserer Bewußtseinszustände zusprechen: das Kind, das etwa Furcht vor einem Feuer empfindet, unterstellt diesem Feuer bedrohliche Absichten. Dem Feuer wird nicht das Angstgefühl zugesprochen. Sondern dieses Gefühl wird objektiviert, und das Kind projiziert dann in das Feuer den reziproken Zustand dieser Furcht: die Bosheit.« Die Geschichten meiner Patientin folgten exakt diesem Muster. Piaget irrt sich allerdings, wenn er im Folgenden behauptet, dass Psychoanalytiker das Wort »Projektion« in diesem Sinne verwendet hätten. Der hauptsächliche Gebrauch dieses Begriffs gilt der Projektion als Abwehrmechanismus, einer Kategorie, der sich Piagets Beispiel einfach nicht zurechnen lässt. Vgl. allerdings Freud (1912–1913b, S. 81): »Aber die Projektion ist nicht für die Abwehr geschaffen, sie kommt auch zustande, wo es keine Konflikte gibt. Die Projektion innerer Wahrnehmungen nach außen ist ein primitiver Mechanismus, dem z. B. auch unsere Sinneswahrnehmungen unterliegen, der also an der Gestaltung unserer Außenwelt normalerweise den größten Anteil hat.«

[10] Für eine Diskussion dieses Problems siehe Freud 1922 [1921], S. 199–202.

Patientin angesehen werden sollte. Eher würde ich sagen, dass sie auf einer Stufe fixiert war, die man vielleicht als sozialen Animismus bezeichnen könnte. Ihre Perspektive auf die soziale Gruppe gründete auf dem Prinzip, dass jede Emotion, die sie in Anwesenheit anderer empfand, eine greifbare soziale Wirkung haben müsse.[11] Der wohlbekannten Allmacht der Gedanken und Wünsche können wir hier darum die der Emotionen hinzufügen. Eine höhere Form dieser Haltung kann man auch bei normalen Erwachsenen häufig antreffen, bei denen dieses Prinzip manchmal folgende Gestalt annimmt: Wenn das Objekt meiner Emotionen die Intensität meiner Gefühle kennen würde, würde dieses Wissen das Verhalten der Person, der die Emotion gilt, beeinflussen. Der enttäuschte Liebende glaubt fest daran, dass die Geliebte seine zärtlichen Schwüre gewiss erhören würde, wenn sie nur von der Tiefe seiner Leidenschaft überzeugt werden könnte.

Diese Vorstellung tauchte in der Ideenwelt der Patientin allerdings niemals auf. Ihr Gefühlsleben bewegte sich stets auf der archaischeren Ebene direkter sozialer Wirksamkeit von Emotionen, und die soziale Realität wurde von ihr konsequent auf die Bestätigung dieses Prinzips hin interpretiert.

Charakteristisch für die Patientin war also ihre große Sensibilität für Widersprüche, die ihren Ursprung in Diskrepanzen zwischen sozialer Realität und Emotionen hatten, ihr unwiderstehliches Verlangen, eine primitive, von derlei Widersprüchen bereinigte Harmonie herzustellen, und ihr Bedürfnis, an diesen einfachen bzw. primitiven Synthesen festzuhalten.

III

Hier stellt sich die Frage, wie es der Patientin gelang, in einer hochdifferenzierten Gesellschaft, die nicht gemäß ihrer primitiven Synthesen funktionierte, sozial zu überleben. Ihr äußerliches Verhalten war zu dieser Zeit vorbildlich. Trotz der äußerst schwierigen Umstände, in denen sie sich befand, ging sie zur Arbeit; ihre Pflichten erfüllte sie auf den Punkt genau; und ungeachtet ihrer ursprünglichen Überzeugung, dass Studieren und Lernen ihr Gehirn zerstören würde, führte sie ihr Studium an der Universität fort, als klar wurde, dass ihre Arbeit den Erwerb eines Magisterabschlusses erfordern würde. All dies konnte die Patientin trotz ihres sozialen Animismus erreichen – und zwar mit größerem Erfolg als so mancher ihrer wesentlich gesünderen Kollegen und Kommilitonen. Das gelang ihr, indem sie eine Technik anwandte, die, ungeachtet ihres unzweifelhaften Nutzens, während der Behandlungsphase im Zentrum

---

[11] Bemerkenswerterweise griff dieses Grundprinzip niemals auf die Wahrnehmung der physischen Welt über, sondern blieb stets auf den sozialen Bereich begrenzt.

ihrer Klagen stand. Gemäß der Eigenschaften ihres Gefühlslebens, wie ich sie oben beschrieben habe, löschte sie alle sie behindernden Emotionen für eine Weile scheinbar aus und rief im Gegenzug diejenigen Emotionen hervor, die sie benötigte, um angemessen auf der sozialen Ebene zu funktionieren. Diese Technik lässt sich wie folgt darstellen:

Wenn die Patientin einen Mann, den sie liebte, ins Büro kommen sah, lief sie Gefahr, in seiner Anwesenheit Liebe zu empfinden. Das aber hätte es ihr unmöglich gemacht zu funktionieren, weil sie sich ja – wie bereits erwähnt – sicher war, dass der Mann ihre Leidenschaft bemerken und sie zu ihm gehen und ihre Gefühle zum Ausdruck bringen würde. Unter diesen Umständen fühlte sie sich augenblicklich wie abgestorben. Für eine Weile löste dieses Sich-Abgestorben-Fühlen das gesamte Problem. Das Hervorrufen des Gefühls des Abgestorbenseins war das zentrale Instrument, mit dessen Hilfe sie die meisten der unzähligen sozialen Komplikationen löste, die sie ständig zu durchlaufen hatte.[12] Erstaunlicherweise bestand der einzige Schutz gegen einen Affekt, über den die Patientin verfügte, aus einem weiteren Affekt. In ihrem Kampf gegen das tägliche Auftreten unannehmbarer Emotionen hatte sie keine Abwehrmechanismen ausgebildet, sondern tauschte wie ein begabter Jongleur eine Emotion gegen die andere aus, um so in einen Affektzustand zu gelangen, der ihr Handlungen im Rahmen eines sozial akzeptablen Verhaltens erlaubte. Wären ihre Affekte physikalische Kräfte, würde ich sagen, dass sie dem ersten newtonschen Gesetz, dem Trägheitsprinzip, folgten, nach dem die Bewegung eines Körpers sich fortsetzt, bis eine andere Kraft auf ihn einwirkt.[13] Spinoza (1975 [1677], Viertes Buch, Sechster Lehrsatz) behauptet seltsamerweise, »ein Affekt [könne] nicht anders gehemmt oder aufgehoben werden als durch einen andern, entgegengesetzten und stärkeren Affekt«, und er bestreitet auch die Existenz eines Ichs. Das Ich der Patientin war ein Tummelplatz von Affekten, die sich gemäß ihrer natürlichen Stärke und Intensität gegenseitig bekämpften. Unter den zahlreichen Möglichkeiten war das Gefühl des Abgestorbenseins das Gefühl der Wahl. Es war sozusagen die stets bereitliegende Münze, gegen die alle anderen eingetauscht werden konnten,

---

[12] Ich möchte betonen, dass diese Beschreibung nur einige – wenn auch häufig wiederkehrende – Fälle abdeckt, in denen das Gefühl des Abgestorbenseins bei ihr auftrat. Zu anderen Zeitpunkten ging dieses Gefühl auf andere Ursprünge zurück.

[13] [In der Übersetzung Wolfers (Newton 1872 [1726], S. 32) lautet Newtons erstes Gesetz: »Jeder Körper beharrt in seinem Zustande der Ruhe oder der gleichförmigen geraden Bewegung, wenn er nicht durch einwirkende Kräfte gezwungen wird, seinen Zustand zu ändern.« (Anm. d. Ü.)] Kleinkinder in der präverbalen Phase behandeln wir tatsächlich gemäß dieses Prinzips. Wenn das Kind Anzeichen für Unlust zeigt, versuchen wir angenehme Emotionen hervorzurufen, die die unangenehmen verdrängen.

vergleichbar mit Freuds Beschreibung der Angst in ihrer Beziehung zu den Trieben.[14]

Wenn es als Ersatz für eine Emotion auftrat, für die die Patientin keine Verwendung hatte, erfüllte das Gefühl des Abgestorbenseins mehrere Zwecke, von denen der wichtigste der war, das Ich in einen Zustand der Bereitschaft zu sozialen Handlungen zu versetzen. Wenn eine Emotion, die soziale Handlungen behinderte, einmal durch die Aktivierung des Gefühls des Abgestorbenseins beseitigt worden war, wurden Worte und Emotionen, die – nach Meinung der Patientin – zu der jeweiligen sozialen Situation passten, »aufgepumpt«, ein Prozess, den die Patientin als unangenehm und anstrengend empfand. Das Gefühl des Abgestorbenseins bereitete sozusagen eine *tabula rasa*, auf den das Ich die sozial erforderliche Emotion künstlich aufbringen konnte, wie ein Maler das richtige Pigment auf die Leinwand aufträgt. Diese künstlich hergestellte, »aufgepumpte« Emotion richtete sich nicht nach Newtons Gesetz, da es – in ihrem Erleben – gar keine echte Emotion, sondern eine Vorspiegelung war. Die wirkliche Emotion war in solchen Fällen das Gefühl des Abgestorbenseins, das sie als sozial anstößig empfand und das darum hinter dem künstlichen verborgen werden musste. Trotz aller Vorsichtsmaßnahmen kam sie so in einen Konflikt mit der archaischen Neigung zur primitiven Synthese, ein Konflikt, der wiederum Schmerz erzeugte. Ihr Ich war offensichtlich imstande, diesen Widerspruch auszuhalten, der von einer vorgetäuschten Emotion auf der vom Gefühl des Abgestorbenseins geschaffenen *tabula rasa* verursacht wurde. Dennoch versuchte sie verzweifelt, dem Widerspruch aufgrund des Schmerzes, den er hervorrief, auszuweichen, da sie sich nur in ihrer Welt primitiver Harmonien wohl fühlte. Dieser Widerspruch aber war für sie eindeutig leichter zu ertragen als das gleichzeitige Vorhandensein zweier lebendiger Emotionen oder die Ausführung einer Handlung im Widerspruch zu einer lebendigen Emotion, die ihr während des Handelns hätte bewusst werden können.

Eine bemerkenswerte Eigenschaft dieses Verfahrens war, dass die Patientin zunächst eine Plattform – in Gestalt des Gefühls des Abgestorbenseins – schaffen musste, auf die sie sich bei der Erzeugung der sozial angebrachten Emotion stützen konnte. Auch normale Erwachsene wenden sozial angepasste

---

[14] In gewisser Weise könnte man sagen: Wo beim Neurotiker Angst aufgetreten wäre, trat in diesem Fall das Gefühl des Abgestorbenseins auf. Es wäre jedoch falsch, daraus zu schließen, dass dieses Gefühl lediglich dazu diente, Angst zu vermeiden oder zu hemmen. Das Gefühl des Abgestorbenseins wurde als Gegenmittel gegen eine Vielzahl von Affekten, und so auch gegen Angst, eingesetzt. Da die Patientin dazu neigte, Gefühle tiefen Schreckens zu entwickeln, wurde das Gefühl des Abgestorbenseins häufig einer Angstattacke entgegengesetzt; ich glaube aber nicht, dass es zwischen der Angst und dem Gefühl des Abgestorbenseins eine spezifische Beziehung gab.

Emotionen an, die selten völlig identisch mit ihren wirklichen Gefühlen sind; die Plattform, die meine Patientin jedes Mal neu aufbauen musste, finden sie jedoch ständig fertig in ihrem Ich vor. Die Patientin verhielt sich innerlich wie ein Turmspringer, der jedes Mal, wenn er ins Wasser springen möchte, ein neues Sprungbrett bauen muss – während eine normale Person das Vorhandensein des Sprungbretts selbstverständlich voraussetzt, es automatisch benutzt und sich darauf verlassen kann, dass es immer, wenn sie springen möchte, da sein wird.

Das Gefühl des Abgestorbenseins diente auch anderen, untergeordneten Zwecken, von denen ich einen hervorheben möchte: Es schützte sie vor Demütigung. Wenn jemand versuchen sollte, ihr Vorwürfe zu machen, konnte sie sich immer sagen, dass die Vorwürfe noch gnädig waren, da sie in Wirklichkeit *wesentlich schlimmer dran* sei; sie fühlte sich nämlich abgestorben. In ihrer frühen Pubertät hatte sich ein Schüler, den sie bewunderte, über sie lustig gemacht; damals hatte sie freiwillig das Gefühl des Abgestorbenseins in sich hervorgerufen, da dies jedes Gefühl der Demütigung beseitigte und sicherstellte, dass sie sich phlegmatisch und unberührt geben konnte.[15] *Wesentlich schlimmer dran* zu sein ist in diesem Zusammenhang ein mehrdeutiger Ausdruck, der sich entweder auf den körperlichen Zustand oder auf etwas moralisch Verwerfliches bezieht. Für die Patientin lagen diese Zustände nicht weit auseinander. Genetisch betrachtet fiel das Gefühl des Abgestorbenseins mit »sich wie Dreck fühlen« zusammen, was zu einem selbst gehört, sich dann aber verliert – so, wie ihr ihre Persönlichkeit im Verlauf ihrer ersten psychoanalytischen Behandlung abhandenkam, ein Ereignis, das das Gefühl des Abgestorbenseins zur Folge hatte (siehe unten). Das Gefühl, »nichts als Dreck« zu sein, wurde von der Patientin im Geheimen stets als Versicherung bereit gehalten, dass niemand sie tiefer demütigen konnte als sie selbst. Offensichtlich zog das Ich der Patientin den Pyrrhussieg einer leichten Niederlage vor.

Wenn ihre Empfindungen zu stark wurden, um durch das Gefühl des Abgestorbenseins beseitigt werden zu können, konnte sie sich unsichtbar fühlen. Über lange Zeit rief sie dieses Gefühl regelmäßig auf dem Weg vom Wartezimmer zum Behandlungsraum in sich hervor. Im Verlauf ihrer Analyse wurde ihr deutlich, dass ihre auf den Analytiker bezogenen sexuellen Phantasien nicht verwirklicht werden würden. Hier fand sie sich in genau der Situation wieder, die so unerträglich für sie war: Positive Gefühle für eine Person zu hegen, in

---

[15] Es ist überraschend, wie viele Symptome von Schizophrenen auf ich-syntone Notbehelfe zurückgehen, auf die der Patient in jüngeren Jahren zurückgriff. Im Grunde genommen sind viele Halluzinationen, über die Schizophrene klagen, direkte Abkömmlinge von Tagträumen, die der Patient vor dem Ausbruch der Psychose aufs Lustvollste durchlebte. Darauf hat E. Bibring mich vor vielen Jahren aufmerksam gemacht.

deren Gegenwart sie sich befand, und zudem dazu gezwungen zu sein, sie in Worten auszudrücken. Wenn die analytische Behandlung gegen die Überzeugung zu sprechen begann, dass die schmeichelhaften Geschichten, die sie sich über den Analytiker ausgemalt hatte, zutrafen, löste sie den daraus resultierenden Konflikt, indem sie das Gefühl der Unsichtbarkeit in sich hervorrief. Obwohl sie bereitwillig einräumte, sehr wohl zu wissen, dass der Analytiker sie ganz deutlich sehen konnte, verlieh ihr das Gefühl der Unsichtbarkeit Selbstsicherheit und befreite sie von jedem Unbehagen.

IV

Die Erkenntnis, dass diese Patientin sich nur aufrechterhalten konnte, indem sie Gefühle erzeugte, um so anderen Emotionen entgegenzuwirken, ist besonders überraschend, weil hier ein Bereich in ihrem Ich entdeckt wurde, der nicht durch Abwehrmechanismen geschützt war. Beim Vergleich mit Nicht-Schizophrenen zeigt sich ein wichtiger Unterschied: Die Haltungen oder Emotionen, die ein Subjekt einer Gruppe oder einem einzelnen Mitmenschen entgegenbringt, sind Endergebnisse einer Kette von Ereignissen, darunter auch eine Vielzahl von Mechanismen. Mechanismen formen Impulse, Triebe und Affekte in für das Subjekt akzeptable Endprodukte. Bezeichnend für diese Patientin aber war, dass sich innerhalb des klinisch relevanten Bereichs ihres Ichs nur die Aktivierung von Affekten vorfand. Das Wechselspiel von Affekten *ohne* die Aktivierung von Mechanismen hatte ein Arrangement zum Ergebnis, das der Patientin als sozial annehmbar erschien und das darum schließlich zur Einspeisung in den direkten sozialen Kontakt zugelassen wurde. Meine Bemerkungen beziehen sich hier lediglich auf einen – jedoch für ihre Erkrankung wohl bedeutendsten – Aspekt in einer bestimmten Phase der Behandlung. Sie hatte (um nur einen von vielen Beispielen für Abwehr zu erwähnen) von ihrer Angst berichtet, dass ihre Mutter sie erstechen könnte, eine Angst, die auf einer massiven Projektion ihrer eigenen mörderischen Impulse auf ihre Mutter beruhte. Doch je weiter ihre Analyse fortschritt, desto mehr konzentrierte sich das pathologische Material auf einen Defekt, der auf ein Defizit in der Bildung von Abwehrmechanismen in jenem Bereich ihres Ichs, mit dem sie ihre sozialen Kontakte aufrechterhielt, zurückgeführt werden konnte.

Außerhalb des hier erörterten krankheitstypischen Bereichs wurden Abwehrmechanismen errichtet. Wie sich das in der Regel bei allen Patienten beobachten lässt, waren bestimmte Bereiche des verdrängten Teils des Unbewussten kaum erreichbar. Den Kampf gegen das Bewusstwerden einiger schmerzhafter Kindheitserlebnisse – es gelang, ihn nachzuzeichnen, und er bestätigte sich später durch Träume –, focht sie mit einer – klinisch sehr häufig anzutreffenden – Intensität aus. Natürlich war eine Grenze zwischen Ich und Es errichtet worden; ohne eine gewisse Abgrenzung vom Es ist menschliches Leben nicht möglich. Die Patientin hatte auch Identifizierungen mit Vater und Mutter ausgebildet, diese Identifizierungen unterschieden sich jedoch von vergleichbaren Strukturen bei Nicht-Schizophrenen. In diesem Zusammenhang möchte ich eine bestimmte Gewohnheit dieser Patientin näher untersuchen, um ihr Potential oder den tatsächlichen Wert als Instrument zur Abwehr zu ermitteln. Wenn ich eine Deutung gab, die sie als besonders passend, wahr und aufschlussreich empfand – sie bezeichnete das dann für gewöhnlich als Entdeckung –, reagierte sie häufig mit Lachen. Später galt ihr das Lachen manchmal sogar als Indikator für die Richtigkeit einer Deutung. Sie sagte dann: »Ich weiß nicht, warum ich lache. Was Sie mir gerade gesagt haben, muss richtig sein, denn ich lache ja.« Es konnte nie wirklich aufgeklärt werden, was diese Antwort eigentlich bedeutete. In ihr konnte eine ganze Reihe von Haltungen zum Ausdruck kommen, etwa: »Was der Analytiker da sagt, ist lächerlich« oder »Ich brauche mich nicht schämen; die Deutung des Analytikers ist ja nur ein Scherz«. Ihr Lachen konnte aber vielleicht auch Freude darüber ausdrücken, dass der Analytiker Dinge, die sie als schlecht und abstoßend empfand, über sie wusste oder zu wissen glaubte, ohne dass er ärgerlich wurde oder sie verachtete. In diesem Fall könnte das Lachen auch eine Abwehrfunktion erfüllt haben (Kris 1977 [1939]; Jacobson 1946). Das Minimalkriterium eines Abwehrmechanismus ist, dass ein psychisches Phänomen gleich welcher Art unbewusst werden muss. Das Gefühl des Abgestorbenseins oder der Unsichtbarkeit erfüllte keine solche Funktion. Die Patientin war sich weiterhin der Tatsache bewusst, dass sie Liebe für den Mann empfand, in dessen Gegenwart sie keine Zuneigung empfinden wollte. Auch wenn sie sich auf dem Weg vom Wartezimmer in die Praxis unsichtbar fühlte, war sie sich bewusst, dass dies zum Zweck hatte, ein anstößiges Gefühl vorübergehend zu beseitigen. Mithilfe der Gefühle des Abgestorbenseins oder der Unsichtbarkeit ließen sich keine Inhalte vom Bereich des Ichs abhalten. Abwehrmechanismen richten sich allerdings nicht nur gegen Repräsentanten des Bewusstseins, sondern haben es auch mit Emotionen oder Affekten zu tun. In dieser Hinsicht scheint das Gefühl des Abgestorbenseins – wenigstens auf den ersten Blick – erreicht zu haben, was wir von Abwehrmechanismen erwarten: Es löschte eine Emotion aus, die dem Ich zu diesem Zeitpunkt unangenehm war. Diese Wirkung hielt aber nur eine gewisse Zeitlang vor, so lange nämlich, wie es für die Patientin vonnöten war. Auch dies wird man nur sehr zögerlich als das Ergebnis einer Abwehr bezeichnen. Während sie das Gefühl des Abgestorbenseins empfand, wusste sie weiterhin, welche Emotionen sie durch das Gefühl des Abgestorbenseins beseitigt hatte. Der gesamte Prozess ist entfernt verwandt mit der Isolierung, muss aber definitiv einer anderen Kategorie zugerechnet werden. Die wesentliche Wirkung dieses Prozesses zielt darauf ab, die gleichzeitige Wahrnehmung gewisser Emotionen und Sinneswahrnehmungen zu vermeiden. Anschließend kann die ursprüngliche Emotion zurückkehren. Diese ursprüngliche Emotion entstammt häufig einem Es-Wunsch, und so war das Gefühl des Abgestorbenseins häufig das Resultat des bekannten Widerstreits zwischen Ich und Es. Es war äußerst interessant zu beobachten, dass das Ich bestimmte Gefühle erzeugen konnte, die es in seinem Kampf gegen anstößige Wünsche gerade benötigte, ein Prozess, den Freud auch in seiner metapsychologischen Studie über die Angst erwähnt hat. Im Falle meiner Patientin stammte das Gefühl des Abgestorbenseins offenbar aus analen, sadomasochistischen Trieben. In ihrer frühen Entwicklung muss es eine Zeit gegeben haben, in der sie – vielleicht aus dem Impuls heraus, das unwiederbringlich Verlorene wiederherzustellen – die Phantasie genoss, ein harter Kotballen zu sein. Als sie während der Behandlung wieder einmal angab, dass alles in ihr abgestorben sei, gab sie zu, dass es durchaus eine Situation gab, in der sie sich wieder lebendig fühlen konnte, nämlich während eines mühelosen Stuhlgangs. Einen Tag, an dem sie an Verstopfung litt, empfand sie als Katastrophe, und der Vorschlag, die Entleerung durch Druck auf den Bauch zu befördern, wurde von ihr verächtlich mit der Bemerkung zurückgewiesen: »Man kann nicht alles mithilfe von Nachschlagewerken erreichen. In manchen Situationen muss man spontan sein.« Ich vermute, dass sie sich noch als Erwachsene mit dem Kotballen identifizierte und das Glücksgefühl das Resultat der Harmonie war, die sich zwischen ihr und der Welt, die durch den Kotballen repräsentiert wurde, herstellte.[16] Es ist bemerkenswert, dass sie hier in der Lage war, auf ein Hilfsmittel zurückzugreifen und sich so vorübergehend von ihrer bedeutendsten Gefühlsstörung zu befreien.

Das Gefühl des Abgestorbenseins war von seiner ursprünglichen Triebquelle abgetrennt worden und stand dem Ich nun frei zur Verfügung. Es kam auch vor, dass sich die Patientin des spezifischen Affekts, gegen den sich das Gefühl des Abgestorbenseins richtete, nicht bewusst war. Eines der wenigen Male, dass sie sich während der Behandlungsstunde abgestorben fühlte, trat zum Beispiel ein, nachdem ich in eine neue Praxis umgezogen war. Wie die Analyse zeigte, glaubte sie einen verwerflichen Charakterzug an mir wahrzunehmen, der durch diesen Umzug zutage getreten war, was eine große Enttäuschung in ihr hervorrief. Dieses unbewusste Gefühl der Enttäuschung wurde im Schwebezustand gehalten, indem sie sich abgestorben fühlte.

Bei der Beobachtung des permanenten Kampfs zwischen den Gefühlen des Abgestorbenseins oder der Unsichtbarkeit und Liebes-, Hass- oder anderen

---

[16] Die Bedeutung des Kotballens war überdeterminiert; er symbolisierte auch einen Penis.

Gefühlen im Gefühlsleben der Patientin gewinnt man den Eindruck, dass die Störung, die sich hier möglicherweise ausmachen ließ, uns Daten zur Verfügung stellt, aus denen eine allgemeingültige Einteilung von Affekten abgeleitet werden könnte: in diejenigen, die Triebakömmlinge sind, und die, die vom Ich für seine eigenen Zwecke erzeugt werden. Diese Einteilung hätte ein historisches Vorbild in Freuds früher Unterteilung der Triebe in Sexual- und Ich-Triebe. Dementsprechend könnte man von Es- und Ich-Affekten sprechen. Erstere sind mit Prozessen verbunden, die ihren Ursprung im Es haben, während letztere dem Ich entstammen. Der Konflikt dieser Patientin aber spielte sich nicht ausschließlich zwischen Ich- und Es-Affekten ab; je nach ihren Unlust-Indizes wäre ein Ich-Affekt eher zur Bekämpfung eines anderen Ich-Affekts eingesetzt worden. Das Lust-Unlust-Prinzip regelt nicht nur Prozesse, die sich zwischen Systemen, sondern auch solche, die sich in einem System abspielen; dementsprechend setzte diese Patientin das Gefühl des Abgestorbenseins auch gegen Angstgefühle ein.

Wie groß das Defizit in der Entwicklung der Mechanismen auch gewesen sein mag – einige Abwehrmechanismen waren von der Patientin in einem ausreichendem Maße aufgebaut worden, um ihr zu ermöglichen, die frühe Kindheitsphase zu verlassen. Diese Abwehrmechanismen konnten natürlich nicht das leisten, was sie leisten sollten; dem Ich war es jedoch gelungen, einige Abwehrprozesse im Kampf gegen infantile Regungen zu mobilisieren. In dem Bereich, um den es mir hier geht, war es der Patientin gelungen, ohne die Entwicklung von Abwehrmechanismen, wie man sie bei nicht-schizophrenen Patienten antrifft, einen Zustand adäquaten Funktionierens in der Außenwelt aufrechtzuerhalten, indem sie bestimmte Emotionen produzierte. Im Anschluss daran könnte eine theoretische Überlegung angestellt werden: Können wir aus dieser Beobachtung den Schluss ziehen, dass einige Abwehrmechanismen genetisch erstarrte Affekte sind? Naheliegend wäre etwa folgende Entwicklungsabfolge: Das Ich zähmt einen Teil der Triebe und integriert sie, indem es sie in Affekte umformt; die Affekte erstarren zu Mechanismen und erleichtern dem Ich so noch weiter seine Aufgabe, sich von jedem direkten Übergriff durch die Triebe freizuhalten.[17]

---

[17] Zum Problem des Ursprungs der Mechanismen siehe Hartmann 1997a, b [1950] und Glover 1947.

V

In den Emotionen der Patientin zeigte sich auch noch ein anderes aufschlussreiches Detail. Einmal kam sie recht beschwingt zu ihrer analytischen Sitzung, ein für sie ungewöhnlicher Gefühlszustand. Im Laufe des Gesprächs machte ich ein paar Bemerkungen. Plötzlich sagte sie: »Ich bin tot; ich habe keine Persönlichkeit.« Sie fühlte sich, als ob alles in ihr verschwunden wäre. Meine Bemerkungen hatten sie, wie sich dann zeigte, deprimiert. Was die Patientin in diesem Moment beschrieben hatte, war ein Zustand, der mit einem Gefühl der Traurigkeit zusammenhing. Stellt sich die Frage, warum die Patientin nur bei gleichzeitiger Nicht-Aufrechterhaltung ihres Ichs traurig werden konnte: Warum fiel Traurigkeit mit dem Verlust ihrer Persönlichkeit zusammen?[18] Bei der Verfolgung dieser Frage konnte ich den klinischen Befund, dass sich die Gefühle der Patientin stets in Gänze entfalteten, unerwarteterweise noch weiter ausarbeiten. In diesem besonderen Fall war die Richtung des Prozesses jedoch genau umgekehrt: Diejenigen Emotionen, die sie von außen erreichten, die sie bei anderen wahrnahm und als gegen sich gerichtet empfand, entfalteten sich ebenfalls zur Gänze in ihr selbst. Meine Bemerkungen hatte sie als Aggression empfunden und sich darum angegriffen gefühlt; die Feindseligkeit, die von außen auf sie einwirkte, übte sozusagen eine destruktive Wirkung auf ihr Ich aus. Die wahrgenommene Aggression kulminierte in der Auslöschung ihrer Persönlichkeit. Anscheinend machte es mitunter keinen Unterschied, ob die Emotionen im Rahmen ihrer eigenen Persönlichkeit entstanden oder von außen auf sie trafen; sie gehorchten dem Gesetz der Trägheit. Das traf manchmal auch zu, wenn sie sich geliebt fühlte; darum fühlte sie sich, wenn ihre Mutter sich ihr lächelnd zuwandte, wieder lebendig und glücklich.

Ich glaube jedoch, beobachtet zu haben, dass die Patientin tendenziell alle unlustvollen Affekte als Gefühl des Abgestorbenseins erlebte, oder besser: dass ihr Ich oft gezwungen war, unlustvolle Affekte als Gefühl des Abgestorbenseins zu erleben. Auf andere, konkrete Formen der Unlust traf das nicht zu. Physischer Schmerz hatte keine Auslöschung ihres Ichs zur Folge, ebensowenig die Unlust, die manche Affekte begleitet. Mein Vorschlag wäre, den Ursprung dieser Unlust versuchsweise in unsublimierter destruktiver Energie auszumachen, die eine bestimmte Wirkung auf die Ich-Struktur ausübte, die als Persönlichkeitsverlust wahrgenommen wurde (siehe unten).

---

[18] Mit wenigen Ausnahmen zeigte die Patientin tatsächlich niemals Anzeichen wirklicher Traurigkeit. Eine dieser Ausnahmen hatte mit dem Suizid eines Bekannten zu tun. Es ist möglich, dass diese Patientin Traurigkeit nur in Verbindung mit Tod empfinden konnte. Wenn das zuträfe, ließen sich möglicherweise weitreichende Schlüsse daraus ziehen.

Der klinische Befund lässt sich auch negativ auffassen; man könnte dann sagen, dass die Affekte der Patientin auf keinerlei inneren Widerstand trafen. Wenn von einem Affekt Gefahr auszugehen drohte, konnte sie ihm nur durch die Erzeugung eines anderen Affektes begegnen, der stärker als der gefährliche Affekt war, sich gemäß des Trägheitsgesetzes ausbreitete und ihn so aufhob.

Meine Schlussfolgerung ist, dass es ihrem Ich an Struktur fehlte. Der Mangel an Abwehrmechanismen und die Identifizierung einer unlustvollen Emotion wie Traurigkeit mit dem Gefühl eines Persönlichkeitsverlustes ziehen einige Mutmaßungen über die Beschaffenheit ihres pychischen Apparats nach sich. Während sich im psychischen Apparat eines Nicht-Schizophrenen eine Struktur ausbildet, die den psychischen Apparat relativ unabhängig von Emotionen werden lässt – in der Weise nämlich, dass Emotion und Ich vom Subjekt voneinander unterschieden werden können –, fielen Emotion und Ich im Falle dieser Patientin – innerhalb eines bestimmten Bereiches – miteinander zusammen. Nicht-Schizophrene können ihr Ich und ihre Traurigkeit selbst bei größter Trauer auseinanderhalten; bei dieser Patientin aber fielen Trauer und Ich zusammen. Das Fehlen einer Struktur, die die Affekte automatisch hemmt, ließ sich – wenngleich in einer anderen Form – auch beobachten, wenn sie starke Freudegefühle empfand. Mitunter – wie etwa an einem strahlend schönen Frühlingstag – kam es vor, dass sie von freudiger Erregung erfüllt war. Man hätte erwartet, dass sie es genießen würde, für einige Stunden von dem Gefühl des Abgestorbenseins, über das sie sich immer so bitter beklagte, befreit zu sein. Im Gegenteil gab sie jedoch an, sich noch schlimmer zu fühlen als sonst und forderte mich auf, etwas gegen »diese Lebendigkeitsgefühle« zu unternehmen, anderenfalls sie Selbstmord begehen müsse, da der Ansturm dieser Emotionen unerträglich sei und sie zerstören würde. Offensichtlich hat man es hier – im Bereich der Affekte – mit einer Angst zu tun, die Anna Freud (1964 [1936], S. 107–136) als »Abwehr aus Angst vor der Triebstärke« bezeichnete. Die elementare und unüberwindliche Angst dieser Patientin aber bezog sich auf die Intensität von Affekten.

Für den Umgang mit ihren Trieben – besonders mit den prägenitalen – war sie besser gerüstet, als es ihre wiederholte Äußerung vermuten ließ, sie habe drei große Freuden, die zu genießen sie entschlossen sei: essen, schlafen, Stuhlgang. Als sie einmal eine kurze sexuelle Beziehung einging, genoss sie den körperlichen Aspekt (obwohl sie nie zum Höhepunkt gelangte); die Frage, wie sie ein Gespräch mit ihrem Freund führen sollte, brachte sie jedoch in größte Verlegenheit. Ich behaupte hier nicht, dass ihre Triebentwicklung unbeeinträchtigt geblieben wäre. Bereits die Tatsache, dass sie nie zum Höhepunkt kam, obwohl sie den Geschlechtsverkehr genoss, weist deutlich auf eine von vielen erlittenen Beschädigungen hin. Dennoch war es beeindruckend zu beobachten, dass sie sich – in bestimmten Bereichen – relativ leicht Befriedigung unzweifelhaft triebhafter Regungen verschaffen konnte, während dem die fast vollständige Unfähigkeit, ich-syntone affektive Prozesse aufrechtzuerhalten, gegenüberstand.[19] Darum halte ich ihre Angst vor Emotionen nicht für eine verschobene Angst vor Trieben, sondern für eine echte, von einem spezifischen Defekt des Ichs ausgelöste Angst. Ich stimme nicht mit Fenichel überein, wenn er (1985 [1941], S. 249) schreibt: »Was in der Literatur manchmal als ›Angst vor der Gewalt der Triebe‹ beschrieben wird, sollte eigentlich als ›Angst vor dem Auftreten heftiger Affekte und eine Überwältigung des rationalen Verhaltens durch sie‹ bezeichnet werden.« Ich glaube, dass die Angst vor Trieben von der Angst vor Emotionen oder Affekten unterschieden werden muss. Ich glaube auch – und diese Patientin mag als Beleg dafür gelten –, dass Abwehr gegen Triebe und Abwehr gegen Emotionen nicht immer parallel verlaufen.[20] Möglicherweise liegt die Verantwortung für die besondere Schwere einiger Ich-Störungen in der Diskrepanz zwischen der Abwehr gegen Emotionen und der gegen Triebe. Vielleicht können wir hier von einer tiefsitzenden Anisomorphie des Abwehrapparates sprechen.[21]

VI

Im Folgenden möchte ich die Metapsychologie der Ich-Störung der Patientin näher erörtern.

Der Wahrnehmungsapparat zeichnet sich durch seine herausragende biologische Begabung zur Erregbarkeit durch Reize aus der Außenwelt aus. Er ist das Mittel des Ichs schlechthin, mit dem der Kontakt mit der Außenwelt aufrechterhalten wird, Realität in den psychischen Apparat hineingelangt und dauerhafte Spuren in Form von Erinnerungen in ihm hinterlassen werden. Trotz der relativen Nähe des Wahrnehmungssystems zur Außenwelt müssen auch Reize aus

---

[19] Es wäre eine echte Herausforderung, das relative Wohlwollen, mit dem die Patientin Triebbefriedigungen begegnete, während sie gleichzeitig einen destruktiven, unerbittlichen Kampf gegen Emotionen führte, näher zu erforschen. Hier kann ich nur sagen, dass es der Patientin gelungen ist, körperliche, vornehmlich prägenitale Funktionen zu Trägern körperlicher Befriedigungen und mit ihrer Hilfe moralische Gesetze zu erfüllen. »In demselben Zusammenhang ist auch zu begreifen, daß die bevorzugten Objekte der Menschen, ihre Ideale, aus denselben Wahrnehmungen und Erlebnissen stammen wie die von ihnen am meisten verabscheuten, und sich ursprünglich nur durch geringe Modifikationen voneinander unterscheiden.« (siehe Freud 1915d, S. 252f.)
[20] Die gegenteilige Auffassung vertritt Anna Freud (1964 [1936], S. 24–34).
[21] Zum Isomorphismus der Abwehrmechanismen und der Form, in der das abgewehrte Material wiederkehrt, siehe Waelder 1951.

dem Inneren des psychischen Apparats berücksichtigt werden. Es lassen sich zwei Extreme der Unterwerfung des Wahrnehmungssystems unter innere Reize beschreiben. Der Wahrnehmungsapparat kann sich – und zwar sogar auch zur Gänze – in den Dienst des Es stellen und seine Hauptfunktion, die Realität darzustellen, zurückweisen (Hartmann, Kris & Loewenstein 1946, S. 14). Der Wahrnehmungsapparat wird die Realität dann ausschließlich nach Möglichkeiten zur Befriedigung des Es absuchen; das Ich wird sich daraufhin über den Weg des vom Wahrnehmungssystem angeleiteten motorischen Systems ausschließlich der Aufgabe widmen, die Außenwelt so umzugestalten, dass sie sich der gewünschten Befriedigung beugt. Diese Art der Unterwerfung ist bei Verwahrlosten, Drogenabhängigen etc. anzutreffen; in nicht-pathologischer Form kann man ihr auch bei jemandem begegnen, der von intensiven lebenswichtigen biologischen Bedürfnissen wie etwa Hunger oder Durst angetrieben wird.

Eine archaischere Form der Unterwerfung, die bei der Erforschung der Schizophrenie von höchster Bedeutung ist, findet sich in frühen Entwicklungsphasen. Zu Beginn der Entwicklung, wenn die Außenwelt noch keinen Repräsentanten hat, dient der Wahrnehmungsapparat dem Es in einer noch grundlegenderen Weise. Wie Freud im »Abriss der Psychoanalyse« (1940 [1938], S. 85) schrieb: »Ursprünglich war ja alles Es, das Ich ist durch den fortgesetzten Einfluss der Aussenwelt aus dem Es entwickelt worden«; das heißt: der Wahrnehmungsapparat war ebenfalls Teil des Es.[22] Die Außenwelt hatte noch keinen Repräsentanten, und der Wahrnehmungsapparat konnte den Dienst, wie ich ihn oben beschrieben habe, zu dieser Zeit noch nicht erbringen. Freuds Annahme, dass der Wahrnehmungsapparat anfangs also ebenfalls unter der Herrschaft des Es stand, ist hier von größter Bedeutung. Zu Beginn der Entwicklung muss das Es freien Zugang zum Wahrnehmungsapparat gehabt haben, der seine Reize zu dieser Zeit wahrscheinlich – sogar überwiegend – aus dem Inneren empfing und Es-Energie abgab; indirekt postulierte das Freud mit seiner Theorie halluzinatorischer Wunscherfüllung. Die Umwandlung des Wahrnehmungsapparates in einen Kern der Ich-Entwicklung[23] ist vermutlich einer

---

[22] Im selben »Abriss« schreibt Freud auch von der ursprünglichen Identität von Ich und Es und vom undifferenzierten Es-Ich. Zur Zeit ziehen es viele Analytiker vor, das Anfangsstadium des psychischen Apparats als undifferenzierte Es-Ich-Phase zu betrachten (z. B. Hartmann 1997 [1952], S. 162; A. Freud 1952a, S. 46). Die Frage, welcher Ansatz vorzuziehen ist, kann gegenwärtig nur heuristisch beantwortet werden. Ich ziehe es vor, das Anfangsstadium als reines Es zu betrachten. Es bedürfte einer langen Erörterung, die Gründe dafür darzulegen. Die Tatsache, dass sich anlagebedingte Faktoren auf die Ich-Entwicklung auswirken, spricht nicht gegen diese Ansicht. Siehe jedoch Freud 1937a und Hartmann 1997a, b [1950], 1997 [1952].

[23] Siehe Freud 1923a, S. 251: »Wir sehen es [d. h. das Ich] vom System *W* als seinem Kern ausgehen und zunächst das *Vbw* […] umfassen.«

der entscheidenden Prozesse, von dem das spätere Schicksal des Ichs abhängt. Solange die direkte Kleinkind-Beobachtung noch keinen näheren Aufschluss über die zahlreichen und wahrscheinlich überaus komplizierten Prozesse, die an dieser Umwandlung beteiligt sind, erbringt, sind schizophrene Patienten die hauptsächliche – wenn auch unzulängliche – Quelle zur Gewinnung von Erkenntnissen über diesen ersten Schritt in der Entwicklung des Ichs.

Der Wahrnehmungsapparat sendet aufgrund seiner Beschaffenheit, seiner herausragenden biologischen Begabung zur Erregbarkeit durch Reize aus der Außenwelt, auch Reize in die entgegengesetzte Richtung aus, das heißt, von der Oberfläche des Apparats an seine inneren Bestandteile. Wenn man sagt, dass der Wahrnehmungsapparat von außen stimuliert worden sei, bedeutet das weder, dass der Organismus diese Reize zu dieser Zeit auch als von außen kommend erfuhr, noch, dass der Organismus zu diesem frühen Zeitpunkt eine qualitative Differenz zwischen einer von außen oder von innen kommenden Erregung vermerkt hätte. Die Schwierigkeit bei der Spekulation über diese frühen Entwicklungsschritte entspringt der Diskrepanz zwischen unserem relativ gefestigten Wissen von objektiven biologischen Prozessen und unserer völligen Unkenntnis der entsprechenden subjektiven psychologischen Vorgänge (Glover 1947).

Demgemäß könnte man ein hypothetisches Modell eines Apparates oder der Leitungsbahnen innerhalb eines solchen Apparates entwerfen, in dem und entlang derer Reize in entgegengesetzte Richtungen fließen. Der Schluss daraus wäre, dass diese Reizflüsse an einem Punkt miteinander kollidieren müssen. Die hypothetische Annahme, dass solche Energien einander hemmen und zur Strukturbildung führen, lässt sich durchaus mit biologischen Beobachtungen übereinbringen.[24] Diese Vermittlerposition des Wahrnehmungsapparates, sein biologisches Vermögen, Träger von Reizen zu sein, die in entgegengesetzte Richtungen fließen, macht ihn vielleicht zur unverzichtbaren Voraussetzung für die Bildung von Ich-Kernen.[25]

Das Wachstum des Ichs in seinen Frühphasen kann man sich hypothetisch als eine Wanderung des Kollisionspunktes zweier entgegengesetzter Reiz- oder Erregungsflüsse von der Oberfläche in immer tiefere Schichten des psychischen Apparates vorstellen; das heißt, die Struktur, die sich in und um den Wahrnehmungsapparat bildete, breitet sich sukzessive in die Tiefe aus, und der Wahrnehmungsapparat, der zu Beginn nichts als ein Organ zum Reizempfang war, wird durch äußere und innere Einflüsse allmählich zum Wahrnehmungs-

---

[24] Pawlows Experimente mit entgegengesetzten Reflexen führten zu strukturellen Veränderungen in der Haut des Versuchstieres.

[25] Glover (1943) entwickelt eine andere Theorie der Bildung von Ich-Kernen. Siehe auch Hoffer 1952 zur inneren Umgebung und Halluzination in Verbindung mit dem Ursprung des Ichs sowie, ferner, Hoffer 1950.

system.²⁶ So wird um jedes Wahrnehmungssystem ein Ich-Kern gebildet, der kollidierende Energien in Strukturen umwandelt, bis sich aus der Vereinigung dieser Kerne ein primitives Ich bildet, das die Wahrnehmungssysteme vor dem Eindringen von Es-Energie schützt.²⁷ In der Tendenz, den Wahrnehmungsapparat vor direkter Reizung durch das Es zu bewahren, kann man sogar die hauptsächliche biologische Bedeutung der Ich-Bildung sehen.

Natürlich verlieren die Wahrnehmungssysteme niemals ihre Fähigkeit, durch Energie aus dem Es gereizt zu werden, wie Freud zeigte, als er die Prozesse der Traumbildung aufdeckte; dies geschieht aber nur, wenn der Zugang zum motorischen System – wie etwa im Schlafzustand – blockiert ist.²⁸ Der Sehapparat ist auch noch in einem anderen Sinne der Träger von Reizen aus dem Inneren. Einem altbekannten und möglicherweise zutreffenden Glaube zufolge verraten sich in den Augen die wirklichen Gefühle eines Menschen. Dem Aberglauben, demzufolge ein Mensch die Wahrheit sagt, wenn er einem anderen direkt in die Augen schaut, scheint eine tiefe biologische Wahrheit zugrunde zu liegen.

Die Wahrnehmungssysteme sind die wichtigsten Verbindungswege, über die die Realität in den psychischen Apparat gelangt. Vielleicht kann man sagen, dass mit jedem Akt der Wahrnehmung Ich-Struktur ausgebildet wird. Im Laufe der Entwicklung muss die Fähigkeit der Wahrnehmung, die Bildung von Strukturen anzuregen, geringer und geringer werden, bis die Veränderungen schließlich nicht mehr wahrnehmbar sind. Solange das Ich das Vermögen zur weiteren Ausbildung von Strukturen aber noch bewahrt, kann man davon ausgehen, dass Wahrnehmungen nach wie vor derlei Wirkungen zeitigen. In dem Maße, wie die Bedeutung der Wahrnehmung abnimmt, nehmen Denken und Erkenntnis ihre Rollen als Leitfunktionen des Ichs ein.

---

[26] Siehe Freud 1940 [1938], S. 129: »Es [d. h. hier: das Ich] hat von der bewussten Wahrnehmung her immer größere Bezirke und tiefere Schichten des Es seinem Einfluss unterworfen.«

[27] Mit der Erfüllung dieser Aufgabe ändern sich die Gesetze der Ich-Entwicklung. Vielleicht ist hier der Hinweis interessant, dass eine Kollision von Energieflüssen stets dort angenommen werden muss, wo Freud die zentralen Schritte der frühen Ich-Entwicklung angesetzt hat. »Auf die Entstehung des Ichs und seine Absonderung vom Es«, schreibt Freud (1923a, S. 253), »scheint noch ein anderes Moment als der Einfluß des Systems W hingewirkt zu haben. Der eigene Körper und vor allem die Oberfläche desselben ist ein Ort, von dem gleichzeitig äußere und innere Wahrnehmungen ausgehen können.«

[28] In diesem Zusammenhang ist es wahrscheinlich angebracht, kurz zu erwähnen, dass meine Patientin nach jedem Traum regelmäßig erwachte. In ihrem Fall hatte der Traum seine Funktion als Hüter des Schlafs eingebüßt. Dass eine Störung der Funktion des Traumes per se bei Schizophrenie keineswegs selten vorkommt, glaube ich bereits angemerkt zu haben.

Im Wahrnehmungsapparat zeigen sich auch die verschiedenen Beiträge von Reizen aus der Außenwelt auf Es- und Ich-Entwicklung. Soweit ich sehe, hängt die Entwicklung des Ichs und seiner Funktionen in spezifischer Weise von Reizen aus der Außenwelt ab. Das Sehen kann hier als Paradigma gelten. Ein Auge, das niemals stimuliert wird, wird amblyopisch und erlangt keine Funktionstüchtigkeit. Der Übergang von einer prägenitalen Phase in eine andere und der Eintritt in die genitale Phase hängen jedoch nicht in derselben Weise von äußeren Reizen ab. Die Entwicklung des Ichs ist ohne Stimulation des psychischen Apparats von außen undenkbar; die Entwicklung des Es hingegen ist – wenn man diese Frage auf ein Gedankenexperiment herunterbricht – durchaus ohne eine solche Stimulation vorstellbar (Freud 1905d, S. 100, bes. Anm.). Das Ich ist – wie Freud mehrmals bemerkt hat – der Teil des Es, der durch Realitätseinwirkung strukturiert worden ist, und hängt darum in all seinen Strukturmerkmalen (bis auf eines, auf das ich später zurückkommen werde) von der Außenwelt ab.

Im Falle meiner schizophrenen Patientin stellt sich nun die Frage, ob diese frühen Prozesse der Ich-Bildung eine Auswirkung auf die Symptome hatten. Ich glaube, dass die Wahrnehmung bei meiner Patientin – wie bei vielleicht allen Schizophreniefällen – nicht in derselben Weise zur Ausbildung einer Ich-Struktur führte wie bei Nicht-Schizophrenen. Bei der Schizophrenie geht es wohl immer auch um ein Problem der Wahrnehmung, und man könnte die Schwäche des schizophrenen Ichs aus der relativ geringen Wirkung ableiten, die die Realität in Bezug auf seine Strukturierung vermittels der Wahrnehmung auf es ausgeübt hat.

In jedem Fall von Schizophrenie, und so auch bei dieser Patientin, ist es beeindruckend zu beobachten, mit welcher Mühelosigkeit Schizophrene – selbst wenn sie frei von Halluzinationen und offenbaren psychotischen Symptomen sind – Material aus der Wahrnehmung verwerfen können. Die zahlreichen Phantasien und Vorstellungen über ihre Augen, die diese Patientin (eher während der akuten Phasen als in solchen, um die es mir in der vorliegenden Arbeit geht) mitteilte, beruhten auf Sinnesempfindungen, die sie tatsächlich in ihren Augen wahrnahm. Ob diese Empfindungen in den Geltungsbereich der Organhalluzinationen fallen, ist hier unwesentlich; sie können aber durchaus auf aus dem psychischen Apparat stammende Erregungen von jener Art, wie ich sie für die Frühphasen der Entwicklung des Wahrnehmungsapparates postuliert habe, zurückgehen. Bei den verschiedenen Funktionsstörungen des Organs[29] meine ich einen Konflikt zwischen Reizen aus der Außenwelt und denen aus dem Inneren beobachtet zu haben.

Diese Patientin – und vielleicht ist dies charakteristisch für die Schizophrenie allgemein – oszillierte häufig zwischen zwei Extremen: Entweder machte

---

[29] Siehe Freuds Bemerkung zur Organsprache (1915e, S 296f.).

sie sich zum Automaten, folgte den Diktaten der Sinneswahrnehmung also per Nachahmung, oder sie verwarf die Wahrnehmungsdaten, indem sie sie zu Trägern ihrer eigenen Phantasien machte. Diese beiden Extreme – die auch bei Nicht-Schizophrenen als Potentiale fortbestehen – weisen auf eine Strukturstörung in dem Bereich hin, der beim Erwachsenen das Wahrnehmungssystem vom Es trennen sollte. Die Struktur (Ich-Kerne), die sich um die Wahrnehmungssysteme gebildet hat, vollbringt im Falle einer normalen Entwicklung zwei neue Leistungen: 1) Innere Erregungen können nicht mehr – oder zumindest nicht mehr so leicht wie zuvor – in das Wahrnehmungssystem gelangen, wodurch das Wahrnehmungssystem ohne Beeinträchtigung durch die Triebe zur Darstellung der Außenwelt dienen kann. Die Außenwelt kann somit sicherer auf den psychischen Apparat zugreifen, als dies bei der Bildung der Ich-Struktur möglich war. 2) Der psychische Apparat hat einen bestimmten Grad der Unabhängigkeit von der Sinneswahrnehmung erreicht, weil: a) die Bereiche der Erregung begrenzt sind und der Apparat nicht mehr unter der Einwirkung einer jeden von außen kommenden Erregung in seiner Gesamtheit reagiert; b) innere und äußere Reize voneinander unterschieden werden können; und c) die Grenze gegen von außen kommende Reize vollständig integriert wird und das Ich sie bestmöglich ausnutzen kann. Es ist wichtig, diese – scheinbar widersprüchliche – Doppeleinwirkung der Ich-Struktur auf den psychischen Apparat zu beachten: größere Nähe zur Realität im Verbund mit der Fähigkeit, Distanz zur Realität herzustellen.

Obwohl die Patientin nicht unter Halluzinationen litt, konnte sie keine dieser beiden Wirkungen erzielen. Sie war Sklavin der Außenwelt, das heißt: die Realität überwältigte sie; oder aber sie war deren Diktatorin, sprich: sie beherrschte und verwarf sie. Das Modell miteinander kollidierender Energien lässt zwei Extreme zu: Eines, in der die Erregung von innen so mächtig wird, dass sie das Wahrnehmungssystem vollständig in Beschlag nimmt, jeden von außen kommenden Reiz ausschließt und die Realität verwirft; oder gerade umgekehrt, wenn von außen kommende Erregung auf keinen entgegengesetzten Energiestrom aus dem Inneren trifft und folglich ungehindert in den psychischen Apparat eindringen kann, was zur Folge hatte, dass sich die Patientin in ihrer Beziehung zur Realität wie eine Sklavin fühlen musste. Eine gefestigte Ich-Struktur verhindert das Auftreten beider Extreme. Traum und Hypnose sind die Relikte dieser beiden Extreme[30] in der Normalität.

---

[30] Das Modell miteinander kollidierender Energien ist zugegebenermaßen zu grob für die Darstellung dieser Prozesse in der Subtilität ihres tatsächlichen Auftretens.

VII

Urverdrängung ist eine der folgenreichsten Erscheinungen, da ja alle spätere Verdrängung – Freud nannte sie die »eigentliche Verdrängung« (1915d, S. 250) – auf ihr basiert. Leider ist nur wenig über diesen äußerst wichtigen Prozess bekannt. In der *Traumdeutung* macht Freud (1900, S. 610) das »Vorhandensein eines infantilen, dem *Vbw* von Anfang an entzogenen Erinnerungsschatzes zur Vorbedingung der Verdrängung«. In heutiger Terminologie würden wir wahrscheinlich sagen, dass der psychische Apparat bereits während der Bildung des Ichs Spuren von Erlebnissen enthält, die dem Ich unzugänglich sind, obwohl diese Spuren auf die jeweilige Lebensgeschichte zurückgehen. An einer anderen Stelle nennt Freud (1915d, S. 250) die Urverdrängung »eine erste Phase der Verdrängung, die darin besteht, daß der psychischen (Vorstellungs-) Repräsentanz des Triebes die Übernahme ins Bewußte versagt wird«. Die Schwierigkeit beim Verständnis der Arbeitsweise der Urverdrängung besteht in der Tatsache, dass sie vor der Grundlegung des Ichs stattfindet. Ich glaube aber, dass das oben genannte Modell des Wahrnehmungsapparates und seiner Fähigkeit zur Reizbarkeit von außen und von innen das Verständnis der Urverdrängung erleichtern könnte. Ein solcher Fall kann eintreten, wenn der Andrang von Reizen aus dem Inneren des psychischen Apparats den Wahrnehmungsapparat zu überwältigen droht, insbesondere wenn der motorische Apparat, der biologisch so viel besser zur Abfuhr geeignet ist als der Wahrnehmungsapparat, nicht als Abfuhrkanal ausreicht. Der Wahrnehmungsapparat läuft dann Gefahr, von einem Erregungsfluss beschädigt zu werden, dessen Quantität zu groß ist und darum jenseits seiner Maximalkapazität zur Befreiung von einfließenden Reizen liegt.[31] Unter solchen ökonomischen Bedingungen können Reize von außen tatsächlich weniger belastend für den Wahrnehmungsapparat sein als solche aus dem Inneren; von außen kommende Reize werden dann lustvoller empfunden als solche aus dem Inneren. Der Wahrnehmungsapparat würde sich dann mit seiner gesamten Kapazität den Reizen aus der Außenwelt zu- und mithin von solchen aus dem Inneren abwenden. Die so abfuhrgehemmte Erregung staut sich auf und bewirkt eine dauerhafte Veränderung im psychischen Apparat. Das könnte ein weiteres Muster für die Umwandlung von Energie in Struktur sein. Dieses Modell der Urverdrängung bedarf der Voraussetzung einer Unterscheidung zwischen innen und außen nicht; eine solche Leistung setzt stets die Existenz eines Ichs voraus. Es verbleibt ganz im Reich der Biologie; genauer gesagt: es stützt sich ausschließlich auf die Mobilität psychischer

---

[31] Vgl. Freud 1926a, S. 121: »Es ist durchaus plausibel, daß quantitative Momente, wie die übergroße Stärke der Erregung und der Durchbruch des Reizschutzes, die nächsten Anlässe der Urverdrängungen sind.«

Energie.³² Außerdem setzt es einen gewissen Unabhängigkeitsgrad des immer noch unter der Herrschaft des Es stehenden und darum ausschließlich dem Lustprinzip verpflichteten Wahrnehmungsapparates voraus. Da der Wahrnehmungsapparat noch nicht in ein Ich integriert worden ist, ist diese relative Unabhängigkeit nicht unwahrscheinlich und kann biologisch sehr gut begründet sein. Die Urverdrängung würde also zunächst ganz einfach aus der Abkehr des Wahrnehmungsapparates von inneren Reizen und seiner Zuwendung zu aus der Außenwelt stammenden Reizen bestehen. Aufgrund der relativen Unabhängigkeit des Wahrnehmungsapparates auf dieser Entwicklungsstufe können die aus dem Inneren stammenden Reize ohne die Mobilisierung der Gegenbesetzung von der Wahrnehmung abgehalten werden.³³ Jede spätere Verdrängung bedarf der Gegenbesetzung, die bekanntlich vom Ich geleistet wird.

Die Urverdrängung ist somit kein Abwehrmechanismus im strengen Sinne des Wortes. Wie Glover (1947, S. 493) gezeigt hat, ist auch die primäre Identifizierung kein Abwehrmechanismus. Wenn ich eine Bemerkung von Lewin³⁴ richtig verstanden habe, will er wohl andeuten, dass der Schlaf die Wirkung der Urverdrängung vollbringt. Wenn der Schlaf bei einem Kleinkind die Funktion der Urverdrängung ausüben würde, würde dies meines Erachtens jedoch eine frühzeitige und ernste Störung darstellen. Einschlafen sollte die Befriedigung eines Triebwunsches sein. Wenn Freuds Konstruktion zutrifft, kann der tatsächliche Prozess der Urverdrängung nicht von außen beobachtet werden. Er würde aus nichts als einer vollständigen Zuwendung auf einen äußeren Reiz bestehen (der vom Kleinkind natürlich noch nicht als von außen kommend erlebt wird). Diese »Zuwendung auf« würde notwendigerweise darauf hinauslaufen, dass Erregungen aus dem Inneren daran gehindert werden, an die Oberfläche des psychischen Apparats zu gelangen oder, genauer gesagt, den Wahrnehmungsapparat zu erreichen.

Wenn Freud (1926a, S. 155) die Möglichkeit andeutet, »daß die Verdrängung ein Prozeß ist, der eine besondere Beziehung zur Genitalorganisation der Libido hat, daß das Ich zu anderen Methoden der Abwehr greift, wenn es sich

---

[32] Siehe Glover 1947, der mit drei grundlegenden Begriffen arbeitet: Triebenergie, Erinnerungsspuren und Mobilität von Triebenergie-Quanta. Ich frage mich jedoch, ob Erinnerungsspuren nicht Struktur zur Voraussetzung haben. Die Frage ist hier, ob es nicht Aufgabe der Metapsychologie wäre, alle psychoanalytischen Konzeptionen ausgehend von Energieumwandlungen zu entwickeln.

[33] In einer anderen metapsychologischen Arbeit stellt Freud (1915e, S. 280) jedoch fest: »Die Gegenbesetzung ist der alleinige Mechanismus der Urverdrängung.«

[34] Siehe Lewin 1952, S. 321: »Der Traum ist eine Wiederkehr aus der Verdrängung, und es ist durchaus denkbar, dass die früheste Verdrängung nicht Verleugnung ist, wie einige vorgeschlagen haben, sondern der Vorgänger der Verleugnung, nämlich das Einschlafen, denn Schlaf und Verdrängung machen *tabula rasa* in der Psyche.«

der Libido auf anderen Stufen der Organisation zu erwehren hat«, könnte er damit meiner Vermutung nach auch die Urverdrängung als eine dieser »anderen Methoden der Abwehr« gemeint haben, da Verdrängungen der Errichtung der genitalen Organisation anscheinend vorausgehen. Klinische Beobachtungen haben gezeigt, dass es zwei Gruppen von Störungen gibt, in denen das, was Verdrängung zu sein scheint, nicht die Wirkung ausübt, die sie bei der normalen Entwicklung hat. Ich beziehe mich hier auf die Verwahrlosungen (Psychopathien) und die Schizophrenien. Bei beiden Gruppen zeigt der psychische Apparat keine »scharfe Sonderung von Ich und Es«, die Freud (1926a, S. 197) als eine weitere Voraussetzung für die Verwendung der Verdrängung als Abwehr angesehen hat. Verdrängungen aber kommen bei beiden Syndromen vor, darum folgere ich daraus, dass die Unzuverlässigkeit der Verdrängung in beiden Fällen der Tatsache geschuldet sein könnte, dass diese Patienten keine wirkliche Verdrängung erzielen, sondern sich hauptsächlich auf die Urverdrängung verlassen müssen. Anscheinend verfügen die Patienten beider Gruppen über zu wenig Gegenbesetzungsenergie, um eine verlässliche Verdrängung auszubilden, die sie in ausreichender Weise vor dem Einfall ihrer Triebe schützen würde. Wenn diese Darstellung der Dinge zutrifft, darf nicht erwartet werden, dass wir bei erwachsenen Schizophrenen oder Verwahrlosten denselben Prozess vorfinden, wie er hypothetisch für die frühesten Phasen der Ausbildung des psychischen Apparats entwickelt worden ist. Erwachsene Schizophrene und Verwahrloste haben Ich-Strukturen ausgebildet, eine ihrer Schwächen aber könnte in der Unfähigkeit bestehen, wirkliche Verdrängungen zu aktivieren. Die Urverdrängung kann sich vor und nach der Bildung des Ichs unterschiedlich manifestieren, dabei aber immer noch derselbe Prozess sein. Bei Verwahrlosten glaube ich die Beobachtung gemacht zu haben, dass die Bedrohung durch unerträgliche Triebregungen – die sie irrtümlicherweise für gefährlich halten – zu einer Besetzung äußerer Objekte führt, das heißt, zu einer Zuwendung auf Reize aus der Außenwelt, in der Weise, wie ich es oben in Bezug auf das frühe Modell der Urverdrängung angedeutet habe. Ein großer Teil des Interesses an der Außenwelt, das bei Verwahrlosten beobachtet werden kann, ein großer Teil ihres Verlangens nach von außen kommenden Reizen, könnte der direkte klinische Ausdruck der Urverdrängung sein.

Meine Patientin erweckte den Eindruck, immer noch hauptsächlich auf die Urverdrängung angewiesen zu sein. Zumindest weiß ich nicht, wie ich mir Beobachtungen der folgenden Art sonst erklären sollte: Sie behauptete, mich anzuschauen sei sehr schmerzhaft; sie empfand dann den stechenden Schmerz ihrer unerträglichen Liebe für mich. Allerdings war, wie sie berichtete, alles wieder in Ordnung, wenn sie auf der Couch lag und mich nicht anschauen musste. Ohne daß ich es bemerkt hätte, hatte sie sogar ihre Technik, mich nicht anzuschauen, perfektioniert. Nach Jahren der Behandlung, als wir längst von den Gesprächen im Sitzen zur Behandlung im Liegen übergegangen waren, bei der ich ihr nicht mehr gegenüber, sondern hinter ihr saß, schaute sie mich zum ersten Mal kurz an und rief überrascht aus: »Mein Gott, wie grau Ihr Haar geworden ist, und wie viel Sie zugenommen haben, seitdem ich Sie zum letzten Mal angesehen habe!« Wenn das Wahrnehmungssystem zugleich von innen durch eine Triebforderung und von außen durch ihr entsprechendes Objekt stimuliert wurde, konnte sie anscheinend nicht anders, als auf den Trieb zu reagieren. Wenn sich Triebforderung und Wahrnehmungsinhalt jedoch voneinander unterschieden, konnte sie dem bewussten Erleben der Triebforderung recht einfach entgehen. Sie musste dazu bloß Objekte anschauen, die nicht mit der in diesem Moment vorherrschenden Triebforderung verbunden waren. Das führte aber nicht zu einer Verdrängung im üblichen Sinne des Wortes, denn sobald sie mich ansah, war der Triebwunsch wieder präsent. Meines Erachtens erfüllt dieses Verhalten alle von Freud für die Urverdrängung aufgestellten Bedingungen – bis auf eine: Die während der frühesten (infantilen) Entwicklungsphasen auftretende Urverdrängung führt zu einem dauerhaften Ich-Verlust; das heißt, dass das, was kraft der Urverdrängung vom Wahrnehmungssystem ferngehalten worden ist, später nicht wiedererlangt werden kann.

Beim Erwachsenen führt die Urverdrängung jedoch nicht zu einem solchen Zustand, weil dann ein – wenn auch mangelhaft funktionierendes – Ich vorhanden ist. Das Gelingen der Urverdrängung hängt beim Erwachsenen von dessen Wahrnehmung ab. Die geringste Veränderung in der wahrgenommenen Welt kann das gesamte Ergebnis der Urverdrängung augenblicklich zunichte machen. Das könnte dazu beitragen, die starke Abhängigkeit einiger Schizophrener von den Wahrnehmungen, denen sie ausgesetzt sind, zu erklären, eine Abhängigkeit, die man auch bei Verwahrlosten beobachten kann. Anna Freud verdanke ich eine Beobachtung, die meine Hypothese zu bestätigen scheint. Anna Freuds Hund war es nicht erlaubt, nach den ihm angebotenen Leckerbissen zu schnappen. Das Tier lernte, der Regel zu folgen, die seine Herrin ihm auferlegt hatte, indem es seine Augen auf andere Objekte richtete, während es sich langsam auf das Futter zubewegte. Die Unterdrückung des Impulses, sich auf das Futter zu stürzen, war anscheinend nur möglich, indem es den direkten Anblick des geschätzten Objekts vermied. Hier kann eine ähnliche Beziehung zwischen Wahrnehmung, Es-Antrieb und Ich-Verhalten beobachtet werden, wie ich sie oben für den Versuch der Manipulation der Triebwünsche, die die Patientin dem Analytiker entgegengebrachte, beschrieben habe.

VIII

Ein weiterer Aspekt der Veränderung des Ichs bei Schizophrenie hat mit der Qualität der Energie zu tun, mit der das Ich seine Aufgaben erfüllen muss (Hartmann 1997a [1950], S. 134f.). Aus Freuds metapsychologischen Arbeiten ist bekannt, dass Vorstellungen, Phantasien, die Außenwelt – kurz: alle psychischen Inhalte – mit variierender Energieintensität besetzt werden können, gleich, ob es sich dabei um neutralisierte, libidinöse oder aggressive Energie handelt. Freud hat aber auch gezeigt, dass Systeme per se besetzt werden müssen, um überhaupt zu funktionieren.[35] Diese Besetzung von Systemen oder ganzen Strukturen könnte man mit dem Tonus ruhender Muskeln vergleichen. Der Tonus eines ruhenden Muskels ist eine Voraussetzung dafür, dass er bei Stimulation angemessen arbeitet. Ein Muskel, der im Ruhezustand seines Tonus beraubt ist, reagiert nicht auf Reize.

Systeme sind allgemein mit neutralisierter Energie besetzt; das garantiert ihr reibungsloses Funktionieren. Bei der Schizophrenie gewinnt man den Eindruck, dass die systemische Besetzung des Ichs an sich nicht neutralisiert ist, sondern ihre libidinöse oder destruktive Qualität immer noch bewahrt hat. Dies ist – das muss besonders betont werden – nicht nur eine Frage der narzisstischen Besetzung des Ichs, sondern auch des prägenitalen Bereichs, dem diese systemische Besetzung entstammt. Dieser Unterschied in der Besetzung könnte eine ganze Reihe von klinischen Symptomen erklären und das Verständnis der Unterschiede zwischen Borderline-Störungen und Psychosen erleichtern. Wenn ein Neurotiker einen unbewussten masochistischen Wunsch abwehrt, verfügt er über ein Ich, das im Großen und Ganzen insoweit intakt ist, als der Großteil des Ichs mit neutralisierter Energie arbeiten kann und sich nur ein Teil dem neurotisch entstellten, ursprünglich masochistischen Wunsch ergeben muss, der sich nun in Gestalt eines Symptoms entfaltet; das heißt, die Bedeutung des Masochismus liegt in einem solchen Fall darin, dass er ein Zustand ist, der dem Ich aufgestülpt wird. Das schizophrene Gegenstück wäre ein Ich, dessen systemische Besetzung masochistisch ist. Klinisch gewinnt man den Eindruck, dass ein solcher Patient ein perfektes Bild eines Masochisten abgibt, obwohl die direkte masochistische Triebforderung nicht allzu bedeutsam zu sein scheint. Wahrnehmung, Denken, Arbeiten – die Aktivierung jeder Funktion oder Lebensweise schlechthin – werden dann jedoch äußerst schmerzhaft. Ich glaube, es wäre falsch, davon auszugehen, dass das Ich eines solchen Patienten von einem masochistischen Triebwunsch überwältigt wird. Bei Patienten, bei denen dies geschieht – ein Teil der sogenannten Borderline-

---

[35] Ich werde die Besetzung von Systemen oder Strukturen als »systemische Besetzung« bezeichnen, um sie von der Besetzung von Inhalten zu unterscheiden.

Fälle –, ergibt sich ein anderes klinisches Bild; obwohl es an die Schizophrenie erinnert, unterscheidet es sich doch definitiv von dem der psychotischen Gruppe. Bei Schizophrenen bezieht sich der Masochismus auf das noch nicht neutralisierte Energiegewebe des Ichs. Es sollte möglich sein, verschiedene klinische Syndrome der Schizophrenie – wie es auch von anderen nahegelegt worden ist – in Abhängigkeit von der prägenitalen Quelle zu beschreiben, der die systemische Besetzung des Ichs entstammt, Syndrome, die mit gegenwärtigen Klassifikationen der Neurosen entsprechend des libidinösen Grades der Fixierung im Es einhergehen.

Diese metapsychologische Überlegung hilft uns auch, die weiter oben beschriebene Beziehung des Ichs zu den Emotionen zu verstehen. Wenn die systemische Besetzung des Ichs nicht entlibidinisiert wird, können libidinöse Prozesse im Ich nicht vom Ich selbst unterschieden werden, sondern müssen mit ihm verschmelzen.[36] Emotionen sind Prozesse, die mit nicht-neutralisierten und unsublimierten Energien arbeiten; eine Emotion muss darum vom Ich schlechthin ununterscheidbar werden, wenn ihre systemische Besetzung nicht ihre Triebqualität verloren hat. Die Klagen meiner Patienten waren also zutreffende Beschreibungen der energetischen[37] Prozesse und ihrer jeweiligen Beziehungen innerhalb ihres Ichs.[38]

IX

Weiter oben habe ich das amblyopische Auge als Musterbeispiel herangezogen, um zu zeigen, in welcher Weise die Entwicklung der Ich-Funktionen von Reizen aus der Außenwelt abhängt, ein Grundsatz, der, soweit ich sehe, für alle Ich-Funktionen gleichermaßen gilt – mit einer einzigen Ausnahme: der Erfahrung, die das Ich von seiner eigenen Identität ausbildet. Diese Erfahrung

---

[36] Das gilt auch für die Energie der Aggressionstriebe. Es ist denkbar, dass der Mangel an Neutralisierung bei der Schizophrenie selektiv entweder libidinöse oder aggressive Energie betrifft. Wenn die psychoanalytische Theorie bis zu dem Punkt vorstoßen könnte, an dem die genetischen Leitbahnen libidinöser und aggressiver Energien verlässlich voneinander unterschieden werden könnten, würde dies die Klassifizierung der Untergruppen der Schizophrenie wahrscheinlich einen großen Schritt voranbringen. Der Fortschritt in der therapeutischen Technik, der dann möglich wäre, liegt auf der Hand. Für eine Erörterung der Neutralisierung aggressiver Energie siehe Hartmann, Kris, Loewenstein 1949, S. 9.

[37] Der Affekt in einem solchen Ich lässt sich vielleicht mit von Löschpapier aufgesaugter Tinte vergleichen; der Fleck weist dabei keine klare Kontur auf.

[38] Freud (1911 [1910], S. 315) postuliert, dass ein Teil von Schrebers Wahnvorstellungen »eigentlich nichts anderes als die dinglich dargestellten, nach außen projizierten Libidobesetzungen« seien.

muss das Ich wahrscheinlich hauptsächlich aus seinem eigenen Einfallsreichtum heraus erzeugen, von außen kann dieser Prozess nur sekundär befördert werden.[39] Bei der Analyse von Neurosen und Perversionen erfährt man nicht sonderlich viel über den Ursprung und die Entwicklung dieser Funktion, obwohl sie in manchen Fällen deutlich hervortritt. Lewin (1952, S. 313) hat vor kurzem bemerkt, dass sich das Subjekt sowohl bei manchen Phobien als auch in Tagträumen davor fürchtet,»als Individuum unterzugehen, von der größeren Einheit verschluckt zu werden«. Man gewinnt aber den Eindruck, dass die Ängste des Patienten ihn als Objekt und nicht als Subjekt betreffen (Federn 1956 [1929]). Bei Neurotikern gelten solche Ängste außerdem dem Patienten als Person; die entsprechenden Ängste schizophrener Patienten hingegen beziehen sich auf die Auflösung des Ichs. Gelegentlich weigerte sich die Patientin, von der ich hier berichte, eine bestimmte Person anzusehen, weil ihre Seele sie – wie sie sagte – über ihre Augen verlassen und in die Person fahren würde, die sie gerade ansah. Der zugrundeliegende Prozess war anscheinend folgender: Der Akt intensiven Sehens hätte die gesamte Energie aufgebraucht, die dem Ich der Patientin zur Verfügung stand. Da dieser Akt des Sehens außerdem auf ein absorbierendes Objekt gerichtet war, wäre die Energie vermittels des aufmerksamen Ansehens in das Objekt geflossen.[40] Wir begegnen hier einer Situation, die derjenigen ähnelt, die ich oben in Bezug auf die Emotionen der Patientin beschrieben habe. Die vollständige Energieentleerung des Ichs der Patientin hatte das Gefühl des Ich-Verlusts zur Folge.

Das Verschwinden oder die Reduzierung des eigenen Ichs ohne daraus sich ergebende Bewusstlosigkeit ist ein Prozess, der auch im normalen Leben vorkommt, vor und nach einem Orgasmus etwa, oder in manchen Ekstasezuständen, wenn das Subjekt sich völlig von einer höheren Macht absorbiert fühlt. Im ersten Fall wird das Ich für seine Kapitulation mit einer gewaltigen Lustprämie belohnt; im anderen Fall wird der Ich-Verlust durch die Fusion mit einem gütigen, liebevollen, omnipotenten Wesen kompensiert (H. Deutsch 1927). In beiden Fällen erhält das Ich also eine sehr große Belohnung für seine scheinbare Ergebenheit bei der Aufgabe seiner selbst. Für meine Patientin stellte Lust allerdings eine innere Gefahr dar, und ihre Ambivalenz war zu groß, als dass sie die Existenz von vertrauenswürdigen, freundlichen Objekten anerkannt hätte. Ich glaube aber, dass diese Faktoren allein noch nicht zur Erklärung für den andauernden Kampf der Patientin um den Erhalt ihrer Identität ausreichen. Meines Erachtens ist die Annahme gerechtfertigt, dass das Ich eines normalen Menschen eine Reihe von Mechanismen entwickelt, die jeweils

---

[39] Zu Problemen der Identitätserfahrung siehe A. Freud 1951, 1952b.
[40] Bei einer metapsychologischen Darstellung müsste man freilich sagen: in die Objektrepräsentanz.

automatisch für den Schutz und den Erhalt der Ich-Identität oder des Identitätsgefühls sorgen. Eine weitere Alternative bestünde in der Annahme, dass das Identitätsgefühl eine Begleiterscheinung von uns wohlbekannten Mechanismen, wie etwa der Identifizierung, oder das Ergebnis eines gut integrierten Über-Ichs darstellt. Meine klinischen Beobachtungen sind nicht präzise genug, um eine zwingende Entscheidung für eine der Alternativen treffen zu können, ich tendiere aber zur ersten, gehe also davon aus, dass es besondere Mechanismen gibt, die man im Kontrast zu den Abwehrmechanismen vielleicht als Erhaltungsmechanismen bezeichnen könnte, da ihre Funktion ja eher darin bestünde, den Fortbestand des Ichs zu gewährleisten als es vor unerwünschten Eindringlingen zu schützen.[41]

Dass es einen solchen Mechanismus gibt – nämlich die Rationalisierung –, ist in der psychoanalytischen Literatur wohlbekannt. Einige Analytiker (French 1938) haben diesen Mechanismus – fälschlicherweise, meiner Meinung nach – als Abwehrmechanismus aufgefasst. Zwar hilft die Rationalisierung dem Ich dabei, eine Verdrängung aufrechtzuerhalten, hat also auch ein Moment der Abwehr. Ihre eigentliche Funktion ist es aber, die Kohäsion des Ichs zu gewährleisten, zu synthetisieren und ich-synton zu machen, was ohne sie zu einem Fremdkörper würde oder eine Lücke im Zusammenhang des Ichs ausbilden würde. Die Rationalisierung ist ein Mechanismus, der den Geltungsbereich der Abwehr gewiss überschreitet. Die Frage, die ich hier aufwerfe, ist, ob es andere Mechanismen gibt, die beim normalen Menschen still und unmerklich am Werk sind und zur wesentlichen Aufgabe haben, die Aufrechterhaltung des Ichs zu gewährleisten. Die Annahme eines solchen Mechanismus würde den Beitrag der Identifizierung und des Über-Ichs zur Bildung eines tiefverwurzelten Identitätsgefühls nicht in Abrede stellen. Es ist überraschend festzustellen, wie viele schizophrene Patienten – so auch meine Patientin – unter der Obhut eines exzentrischen und pathologisch zwanghaften Elternteils aufwachsen mussten. Selbst wenn sich herausstellen sollte, dass die Mehrheit der Schizophrenen sich mit Eltern identifizieren mussten, von denen ein Teil oder beide ernsthaft gestört waren (weil sie selbst Zeichen eines in sich selbst gespaltenen Ichs aufwiesen), würde ich diese Entdeckung noch nicht für einen zwingenden Beweis dafür halten, dass die Störung primär von solchen äußeren Faktoren ausgelöst worden ist. Gegenwärtige analytische Denkweisen würden derlei Erklärungen unterstützen, aber so groß der Faktor der Realität in der

---

[41] Der möglichen Fallstricke meiner theoretischen Annahmen bin ich mir sehr wohl bewusst. Zweifellos läuft der Analytiker Gefahr, zum Opfer modischer Denkweisen zu werden. Das Konzept des Mechanismus steht zur Zeit im Zentrum der Aufmerksamkeit und die Versuchung, neue Mechanismen zu entdecken oder sie schlicht zu postulieren, wenn man auf ein noch nicht zufriedenstellend geklärtes klinisches Problem stößt, ist groß.

Entwicklung des Ichs auch sein mag, hier geht es um einen Bereich, in dem eine autonome Leistung vom Ich gefragt ist und von außen nur nachgeordnete Unterstützung erbracht werden kann.[42]

Wie das Ich zu einem Begriff seiner eigenen Identität gelangt, ist noch immer unbekannt. Aus einigen Analysen und Biografien lässt sich Material gewinnen, das sich auf Erfahrungen bezieht, die als die Entdeckung des eigenen Ichs verstanden werden müssen. Das letzte Beispiel dieser Art ist mir in Bruno Walters bezaubernder Autobiografie (1947, S. 31f.) begegnet:

> Meine Beziehungen [sic] zur Umgebung, zu Eltern und Geschwistern, Verwandten und Bekannten, Lehrern, Mitschülern und Freunden waren durch die plötzlich ausbrechende Unbeherrschtheit des sonst weichen und freundlichen Knaben gefährdet. Aber doch kann ich mich kaum eines Falles erinnern, in dem ich nicht durch Zärtlichkeit Kränkungen sogleich wieder gutzumachen versucht hätte. Übrigens war in mir nicht nur heftige Bewegtheit, sondern auch ihr Gegensatz, tiefe Ruhe, wie ich ja schon von dem kleinen Kinde berichtet hatte. Auch bei dem heranwachsenden Knaben zeigte sich öfter ein seltsamer Zustand des »Träumens«, eine meist gegenstandslose Versenktheit oder Entrücktheit, in der alle Räder, die der Sturzbach des äußeren oder inneren Erlebens sonst so heftig zu drehen pflegte, wie ausgeschaltet anhielten und stillstanden. – Noch erinnere ich mich, wie sich mir eine solche Stille zum erstenmal als schwermütige Ergriffenheit offenbarte, fühle noch, was ich damals empfand und sehe auch den Ort vor mir, an dem ich als etwa Zehn- oder Elfjähriger dies innere Erschauern erlebte. Wie es kam, daß ich allein auf dem Schulhof stand, ist mir nicht mehr erinnerlich – vielleicht hatte ich eine Stunde des Straf-Nachsitzens hinter mir –, ich betrat den großen Hof, den ich nur erfüllt vom Lärm spielender und tobender Knaben gekannt und der mir daher doppelt leer und verlassen erschien. Dort sehe ich mich stehen, überwältigt von der tiefen Stille und, indem ich ihr lausche und dem leichten Wind, fühle ich, wie mir aus der Einsamkeit ein Unbekanntes, Mächtiges ans Herz greift. Es war meine erste Ahnung, daß ich ein Ich war, mein erstes Aufdämmern, daß ich eine Seele hatte und daß sie – von irgendwo her – angerufen wurde.

Die Einsamkeit, die Strafe, die Erinnerung an die lärmenden Knaben sind Teile, die zusammengenommen eine Vermutung darüber anzustellen erlauben, welche libidinösen Faktoren im Hintergrund dieser angeblich ersten Erfahrung von der Identität des Subjekts beteiligt gewesen sein mögen. Der Beitrag erotischer Einflüsse steht hier jedoch nicht zur Debatte.[43]

---

[42] Mit anderen Worten: Die Identifizierung mit Menschen, die selbst in ihrem Identitätsgefühl beeinträchtigt sind, würde eine Quelle der Unterstützung ausschalten, deren Einwirkung eine grundlegendere Ich-Störung ein Stück weit abgemildert hätte.

[43] Die wenigen Beispiele ausdrücklicher Erfahrungen der Entdeckung eines Ichs in meinem klinischen Material weisen ebenfalls auf eine bestimmte Stufe in der erotisch-sexuellen Entwicklung. Der Umstand der Einsamkeit spielte immer eine wesentliche Rolle.

Dass solche Berichte relativ selten sind, kann auf mehrere Faktoren zurückzuführen sein. Möglicherweise geschieht die Entdeckung des eigenen Ichs in den meisten Fällen unmerklich. Das Individuum mag sich allmählich der Tatsache gewahr werden, dass es ein Ich hat, es weiß aber nicht, wie lange es das wusste und wie es diese Entdeckung machte, und vielleicht ist sie auch nicht an eine eindeutige Erfahrung gebunden.[44] Außerdem könnte die Entdeckung des Ichs, wie ich vermute, im Kontext einer Erfahrung geschehen, in dem sie nicht direkt sichtbar wird. Ich möchte noch einmal auf einen literarischen Bericht zurückgreifen, der mir in indirekter Weise ebenfalls eine Beschreibung der Entdeckung des Ichs zu enthalten scheint. Das erste Buch von Goethes Autobiografie *Dichtung und Wahrheit* endet mit der Beschreibung einer religiösen Erfahrung, die im Hinblick auf das Alter des Jungen (der die Präpubertät zu dieser Zeit noch nicht erreicht hatte und sich womöglich noch immer in der frühen Latenzphase befand) bemerkenswert ist. Goethe schreibt über den Eindruck, den die verschiedenen protestantischen Konfessionen auf ihn als Kind ausgeübt haben. Pfarrer und Laien lagen miteinander im Widerstreit, und im Herzen des Jungen entstand der Wunsch, in direkten Kontakt mit Gott zu treten. »[D]er Weg dazu aber war sehr sonderbar.« Der Knabe konnte dem höchsten Wesen keine eindeutige Form verleihen, wollte ihm aber auf alttestamentarische Weise einen Altar errichten. Die Welt sollte durch Naturprodukte symbolisiert werden; »über diesen sollte eine Flamme brennen und das zu seinem Schöpfer sich aufsehnende Gemüt des Menschen bedeuten«. Er nahm das prächtig verzierte Musikpult seines Vaters, das die Gestalt einer vierseitigen Pyramide aufwies, und baute die schönsten der von ihm der Natur entnommenen Proben darauf auf. Bei den ersten Sonnenstrahlen, die in sein Zimmer fielen, zündete er die sorgsam auf einer Porzellanschale am Musikpult befestigten Räucherkerzen an. So gelang ihm »die erste Gottesverehrung«. Als er die Feierlichkeit jedoch nach einiger Zeit wiederholen wollte, hatte er keine Zeit, die Porzellantasse zu holen, und die Kerzen brannten sich in den schönen Lack und ließen, »gleich als wäre ein böser Geist verschwunden, ihre schwarzen, unauslöschlichen Fußstapfen zurück [...] fast möchte man diesen Zufall als eine Andeutung und Warnung betrachten, wie gefährlich es überhaupt sei, sich Gott auf dergleichen Wegen nähern zu wollen.« Ob diese Erinnerung des alternden Dichters eine Deckerinnerung für eine Erinnerung an die Entdeckung des Ichs ist, kann nicht bewiesen werden. Einige Elemente könnten darauf hindeuten: die Einsamkeit, die Unmöglichkeit der Wiederholung, die Sehnsucht nach einem einzigartigen und geheimen Weg, Gott zu gedenken. Vielleicht wäre die Vermutung angebracht, dass die Erfindung eines individu-

---

[44] Weiter unten werde ich noch auf einen tieferliegenden Grund für die Seltenheit solcher Berichte zu sprechen kommen.

ellen und geheimen Rituals eine der ersten Manifestationen eines Ichs war, das sich soeben selbst entdeckt hatte. Man könnte – abermals unter Aussparung der libidinösen Faktoren – vermuten, dass das väterliche Musikpult den Akt einer Entlehnung von Kraft vom Vater symbolisiert; die Beschädigung des Pultes könnte die Ersetzung des entliehenen Ichs durch das eigene symbolisieren; die vollkommene Hinwendung zu seinem eigenen Gott, der mit nichts von dem, was ihm beigebracht wurde, vergleichbar war, könnte das Ergebnis einer unmittelbaren Überarbeitung seiner eigenen soeben entdeckten Individualität sein, eine Bewegung weg vom wirklichen Vater und hin zum Bild eines selbsterschaffenen Vaters.

Wie dem auch sei – der Weg, auf dem das Ich sich selbst entdeckt, ist eines der folgenreichsten Ereignisse in der Ich-Entwicklung. Von diesem Moment an wird die Aufgabe des Ichs nicht nur sein, seine eigenen Triebe und die Außenwelt zu bewältigen, sondern auch, innerhalb der eigenen Grenzen für Ordnung zu sorgen. Es wird nicht mehr nur mehr oder minder automatisch verlaufenden Prozessen ausgesetzt sein, sondern von nun an zumindest die Möglichkeit – wenn nicht sogar die wirkliche Fähigkeit – dazu haben, in Ereignisse einzugreifen, die sonst den energetischen Gesetzen automatischer Prozesse folgen würden. Die Wahrnehmung der Identität wird darüber entscheiden, in welchem Ausmaß das Ich seine Ziele aus eigener Kraft erreichen kann oder sich auf geliehene Stärke durch simulierte Identifizierung, Nachahmung oder Herabsetzung auf den Stand eines Parasiten verlassen muss.

Die wenigen Fälle aus meiner klinischen Praxis, in denen die Entdeckung des Ichs an eine klar umrissene, erinnerungsfähige Erfahrung gebunden war, waren immer Patienten, deren erwachsenes Ich Anzeichen ernster Verletzungen aufwies. Beim Menschen scheint es eine tiefe Abneigung dagegen zu geben, von den unbewussten Anteilen seines Ichs Notiz zu nehmen, noch tiefer vielleicht als gegen die Kenntnisnahme des Verdrängten.[45] Ich glaube auch, dass sich diese Abneigung immer noch im Unwissen über den Ursprung des Ichs widerspiegelt. Wir wissen wesentlich mehr über die Quelle unserer Triebe und den Ursprung des Über-Ichs. Auffällig war, dass die Patienten, die sich an den Ursprung ihres Ichs erinnern konnten, von der Erinnerung sprachen, als ob sie etwas Unheimliches und Furchterregendes beträfe.[46] Es war wahr-

---

[45] Vgl. Alexander 1930, S. 5. Siehe A. Freud 1964 [1936].
[46] Um die Angst vor dem Unheimlichen zu überwinden, war es im alten Griechenland wohl notwendig, das Ersuchen »Erkenne dich selbst« zur Aufforderung einer Gottheit zu machen. – Ich könnte mir vorstellen, dass eine Person zukünftig nur dann als analysiert gelten wird, wenn sie die Erinnerung an die Entdeckung der eigenen Identität in derselben Weise wiedererlangen kann wie wir jetzt von einer analysierten Person erwarten, dass sie um die Geschichte ihres Ödipuskomplexes weiß.

scheinlich kein Zufall, dass beide Patienten eigentlich unanalysierbar waren.[47] Die Unheimlichkeit der Erinnerung an den Moment, in dem man sich selbst als ein von anderen und der Welt unterschiedenes Individuum konstituierte, kann vielleicht mit der Unheimlichkeit verglichen werden, die wir empfinden würden, wenn wir uns an den Moment unserer körperlichen Geburt erinnern könnten. Beide Ereignisse sind offensichtlich traumatischer Natur. In beiden Fällen endet eine Einheit; im einen wird ein Wesen aus einem körperlichen Zusammenhang herausgezogen, im anderen aus einem mentalen und emotionalen Strom. Wenn eine Person sich einmal ihrer Identität gewahr geworden ist, ist die Einheit Ich–Welt gespalten. Man könnte den Einwand vorbringen, diese Überlegung sei fehl am Platze, weil das hier dargestellte Material die Persönlichkeit des Kindes betrifft, und nicht sein Ich.[48] In diesen Fällen, könnten meine Kritiker sagen, löst sich das Kind als Ganzes aus dem allumfassenden Strom der Welt und der Gesellschaft. Auf dieses Argument könnte ich erwidern, dass sich Subjekte ganz regelmäßig auf diese Erfahrung beziehen, wenn sie die Aussage machen: »Ich habe entdeckt, dass ich ich bin.« Das hilft aber nicht viel weiter, weil sie sich mit dem Wort »ich« vielleicht auf die ganze Person beziehen. Weitere Nachfragen zeigen jedoch für gewöhnlich, dass sich die Erfahrung auf einen abgegrenzten Bereich innerhalb der Person bezieht und anzeigt, dass da etwas in ihr ist, das sich nicht nur vom Rest der Welt unterscheidet, sondern auch vom Rest ihrer selbst.

Die Erfahrung besteht tatsächlich aus drei Teilen:

1. die Wahrnehmung eines Bereichs im eigenen Innenleben als vom Rest unterschieden;
2. Gewahrsein über das Erlebnis dieser Wahrnehmung;
3. gleichzeitiges Gewahrsein, das Subjekt zu sein, das die Wahrnehmung des Innenlebens erlebt.

Diese Erfahrung unterscheidet sich wesentlich von der Wahrnehmung jedes anderen Inhalts.

Das Kind kann sich noch vor diesem Moment seines Bewusstseins und sicher auch seiner Triebe gewahr geworden sein. Die Entdeckung der Identität ist nicht nur eine Integration dieser Teilentdeckungen in eine neue, jetzt zur ganzen Person gehörige Einheit; es sieht eher danach aus, als löste der Beobachter das eine Gebiet (Ich) aus dem Zusammenhang seiner Person heraus, das ihm seine eigene Einzigartigkeit zu empfinden erlaubt. Ein weiteres Argument gegen die Zuordnung der Erfahrung zur ganzen Person kann man in der

---

[47] Einer der beiden zeigte jedoch eine klinische Verbesserung.
[48] Für eine Erörterung der Persönlichkeit (Selbst) versus Ich siehe Hartmann 1997a, b sowie Hartmann, Kris, Loewenstein 1946.

Tatsache ausmachen, dass diese Erfahrung – nach den Befunden aus meiner klinischen Praxis regelmäßig – nicht mit dem Körper zusammenhängt. Wenn sie wirklich die gesamte Person betreffen würde, würde sie den Körper notwendigerweise miteinbeziehen.

Es ist allgemein schwierig abzuschätzen, wann sich das Gefühl der eigenen Identität herausgebildet hat. Aus naheliegenden Gründen würde man vermuten, dass der Moment, ab dem das Kind von sich selbst mit dem Pronomen der ersten Person statt unter Verwendung des eigenes Namens zu sprechen beginnt, auf die Existenz eines Identitätsgefühls hindeutet. Ich würde die Verlässlichkeit dieses Hinweises allerdings ebenso entschieden in Abrede stellen wie ich es ablehne, das Vokabular einer Person zum Maßstab ihrer Intelligenz zu nehmen.

Im Falle meiner Patientin reichte die Ich-Störung auf früheste Entwicklungsstufen zurück, also auf eine Zeit, die der Entwicklung der von mir angenommenen Erhaltungsmechanismen gewiss vorausgeht; es ist darum nicht überraschend, dass ihr Ich nicht unter dem Schutz solcher Mechanismen oder eines verlässlichen Identitätsgefühls stand.[49] Es ist auch bekannt, dass solche Patienten vor dem Ausbruch der Psychose relativ gut und frei von sichtbaren klinischen Symptomen funktionieren können. Weil sie sich hauptsächlich auf ihre Techniken der Imitation verlassen, erscheint die Spannweite ihrer Anpassung häufig weiter als bei ihren Zeitgenossen, deren Anpassungsfähigkeit von dem Entwicklungsgrad abhängt, den ihre Ich-Struktur erreicht hat.

Die Imitation aber ist trotz ihres gewaltigen Beitrags in puncto unmittelbarer Unterstützung des Ichs ein höchst unzuverlässiges Mittel in Bezug auf die gesamte Lebensgeschichte. Solange die Überlegenheit und Korrektheit derjenigen, die nachgeahmt werden, nicht in Frage gestellt werden, spart das Ich durch Imitation Energie. Wenn die Imitation aber – aus welchen Gründen auch immer – nicht mehr als verlässliches Mittel akzeptiert werden kann, ist das Ich völlig ratlos. Die Unterstützung, die durch unhinterfragtes Verlassen auf andere erlangt worden ist, müsste jetzt aus dem eigenen Ich bezogen werden; aufgrund des Gefühls, dass diese Quelle bloß Affekte, Gedanken, Handlungen etc., aber kein Ich enthält, kann sie jedoch nicht von dorther gewonnen werden. Meine Patientin war außerstande, Descartes' Taschenspielertrick zu wiederholen, wenn sie sagte: *Cogito ergo sum*. Sie würde gesagt haben: *Sum, ergo cogito*, was die psychologisch zutreffendere Formulierung gewesen wäre; da sie aber *sum* nicht empfinden konnte, konnte sie auch nicht empfinden, dass *sie* dachte oder empfand oder liebte, und so gab – ihrer Meinung nach – nur das Gefühl des Abgestorbenseins ihren wahren Zustand wieder.

---

[49] Hier ergibt sich freilich eine unangenehme Situation. Wenn diese Mechanismen existieren, müssen sie beim Normalen unmerklich arbeiten, bei einem Patienten, der um ein Identitätsgefühl ringt, sind sie jedoch nicht vorhanden.

X

Da diese Patientin sich so verhielt, als ob die Aufrechterhaltung ihrer Identität die schwierigste aller Aufgaben darstellte, konnte sie keiner Handlung von emotionaler Bedeutung automatisch nachgehen. Was auch immer geschah, das Ich musste aufdringlich werden und sich einmischen. Wenn sie sich einer Handlung ergeben hätte, ohne zuvor ihre eigene Existenz zu überprüfen, hätte sie sich sicher sein können, dass diese Handlung mit ihr davonläuft, ohne etwas von ihr zurückzulassen. Emotionale Prozesse drohten das Ich der Patientin zu zersetzen oder aufzulösen, ihre Ängste bezogen sich darum auf eine reale Gefahr. Diese Ängste dürfen aber nicht mit der Todesangst verwechselt werden, die in Neurotikern aufkommt, wenn sie sich der Aufgabe gegenübersehen, die Kontrolle abzugeben. Im Falle meiner Patientin betraf die Angst einen richtig von ihr vorhergesehenen Zustand der Entleerung des Ichs, das aufgrund mangelnder Strukturierung außerstande war, das Gefühl der Identität aufrechtzuerhalten, wenn Energie in Objektbeziehungen oder Handlungen eingebracht werden sollte. Wahrscheinlich wird inzwischen schon deutlich geworden sein, dass die Störung der Patientin, ihr Identitätsgefühl aufrechtzuerhalten, auch mit der Beziehung des Ichs zu Automatismen zusammenhing. Ihre relative Unfähigkeit, automatische Prozesse zu ertragen, war ein Ausdruck ihrer Ich-Schwäche. Dies macht einige Ausführungen über Automatismen notwendig (Hartmann 1958, S. 118–127).

Zwei verschiedene Arten von Automatismen müssen voneinander unterschieden werden. Die eine setzt sich aufgrund der Schwäche des Ichs durch, die andere wird durch die Stärke des Ichs ermöglicht. Automatismen, die auf einem starken Ich gründen, decken die ganze Bandbreite von unzähligen, trivialen, ich-syntonen Handlungen bis zu komplizierten, komplexen intuitiven Leistungen ab. Erstere sind gut in die Verwirklichung von übergeordneten und in der Regel bewussten Zielen integriert. Diese Automatismen unterstützen das Ich durch die große Ersparnis an Energie, die sie erbringen, und häufig hängt das Leistungsniveau des Ichs von dem Bereich ab, der durch automatisches Funktionieren abgedeckt werden kann. Prinzipiell könnte das Ich diese Handlungen auch durch zielgerichtete und bewusste Betätigung ausführen, unter solchen Bedingungen würde aber in der Regel die Leistungsqualität leiden. Aus der Gruppe der intuitiven und komplexen Leistungen kann jedoch keine durch Anstrengungen des Ichs verrichtet werden. Das Ich mag hier und dort durch spontane Leistungen einen Schritt beitragen, im Großen und Ganzen aber muss es sich einem übergeordneten, automatischen Prozess ergeben (Kris 1977 [1949]), wenn es sein Ziel erreichen will.

Der Fokus der Psychopathologie liegt auf automatischen Prozessen, die einer Ich-Schwäche zuzurechnen sind. Obwohl sie den Zielen des Ichs entgegenstehen und schädlich sind, muss das Ich sie ertragen.

Affekte sind automatische Prozesse, die einen Platz zwischen den beiden Gruppen einnehmen. Sie obliegen nicht dem bewussten Willen des Subjekts: entweder sie treten auf oder sie treten nicht auf. Das Ich mag sie abwehren oder trotz ihrer Gegenwart funktionieren, es kann ihr Auftreten aber nicht mit Absicht oder Planung beeinflussen. Für das Ich sind sie unverzichtbar; ein längerer Ausfall stellt eine ernste Bedrohung grundlegender Ich-Funktionen dar. Sie können das Ich aber auch völlig vernichten, wenn sie zur falschen Zeit, mit unverhältnismäßiger Intensität oder mit der falschen Qualität auftreten. Seltsamerweise empfinden sehr viele Menschen im reichen Strom der Affekte in Richtung auf die Welt ihre eigene Identität mit ungewöhnlicher Deutlichkeit; sie fühlen sich dann besonders intensiv als *sie selbst*.

Die Patientin verhielt sich, als ob Automatismen ihre Identität gefährdeten. Ich-syntone automatische Prozesse, die einem übergeordneten Zweck dienen, nahmen in ihrem psychischen Inventar nicht die richtige Stelle ein. Wenn sie sich Automatismen hätte überlassen sollen – so trivial sie auch gewesen sein mögen und so unmerklich sie auch sind, wenn sie im Leben Normaler auftreten –, schreckte sie davor zurück, sie die Führung übernehmen zu lassen, als ob sie Infektionsherde wären, die sich, wenn ihnen kein Einhalt geboten würde, im ganzen Organismus ausbreiten würden.

Trotz ihrer Klagen fiel es ihr leichter, in einem Zustand des Abgestorbenseins zu funktionieren. Über Stunden konnte sie arbeiten und dabei das Gefühl haben, dass *sie* gar nicht daran beteiligt sei; dass ihr Bewegungen aufgezwungen wurden; sprich: dass sie ein Automat oder Roboter sei. So oszillierte sie wiederum zwischen zwei Extremen[50]: Entweder musste sich ihr Ich an der Aktivierung jeder Funktion beteiligen oder sich zurückziehen und sich jeder Teilnahme ganz verweigern. Automatismen stellten dann keine Gefahr dar, weil das Ich von dem Gefühl des Abgestorbenseins – wenn auch in einer schmerzhaften Weise – geschützt und umhüllt wurde. Sie fand offenbar keine Lösung für die Aufgabe, aktiv zu sein und gleichzeitig das Identitätsgefühl aufrechtzuerhalten. Bei einem mühelosen Stuhlgang gelang ihr anscheinend eine Synthese: Sie erfüllte eine Aufgabe, indem sie sie durch ihren Körper ausführen ließ; auf diese Weise war sie nicht in Gefahr, ihre Identität zu verlieren.[51]

In dieser Phase erinnerte ich mich oft an eine Beobachtung, die ich zufällig ein oder zwei Mal gemacht hatte. Bei der Behandlung eines Patienten, der in einem von einer Hirnhautentzündung verursachten Zustand tiefer Bewusst-

---

[50] Vgl. Mahler 1952. Es kommt vor, dass erwachsene Schizophrene zwischen zwei Extremen oszillieren, die in der Psychopathologie der Kindheitspsychose als verschiedene Einheiten erscheinen. Möglicherweise versuchen erwachsene Schizophrene während bestimmter Krankheitsphasen eine Synthese zwischen diesen beiden Zuständen herzustellen, die zu verschieden sind, als dass sie eine Synthese erlauben würden.

[51] Das Wonnegefühl während eines mühelosen Stuhlgangs ist noch mit vielen anderen Faktoren verbunden, die hier nicht weiter diskutiert werden können.

losigkeit war, fiel mir auf, dass seine Reaktion auf den Drang zu urinieren – vor dem Leeren der Blase – darin bestand, heftig an seinem Penis zu ziehen. Sofern solche Bewegungen überhaupt gedeutet werden können, wollte der Patient meinem Eindruck nach das Unlust verursachende Organ abreißen. Wenn diese Deutung zutrifft, würde das bedeuten, dass der potentielle Wert von Organen als Lustquellen auf diesem Funktionsniveau ignoriert wird; die Zerstörung eines Organs, das aufgrund einer Triebforderung Unlust hervorruft, wird einer aufgeschobenen Befriedigung vorgezogen. Gegenüber der unvermeidlich mit primitiven Befriedigungen verbundenen Anstrengung wird die Zerstörung des Organs bevorzugt.[52] Je nachdem, ob man Freuds Todestrieb-Theorie zustimmt oder nicht, wird man ein solches Verhalten mit dem Nirwana-Prinzip (Freud 1924b) in Verbindung bringen oder darin die Manifestation einer archaischen Variante des Lustprinzips sehen. Akte der Selbstverstümmelung bei Schizophrenen erinnern an das Muster, dem der Meningitis-Patient folgte. Manchmal wünschte sich meine Patientin, blind zu sein. Das wäre der einfachste Weg gewesen, sich all die Mühen zu ersparen, die sie hatte, wenn sie Menschen anschauen musste.[53] Meines Erachtens wäre es jedoch falsch zu sagen, diese Patientin sei dem Nirwana-Prinzip zum Opfer gefallen, da die mentalen Prozesse bei schizophrenen Patienten – außer vielleicht im Endstadium – nicht auf einen einzigen Nenner gebracht werden können. Beispielsweise gab es deutliche Hinweise darauf, dass die Augen bei dieser Patientin Träger von Prozessen geworden waren, die dem Lustprinzip wesentlich näherstanden als bei Normalen; das heißt, das Sehen war stark libidinös besetzt, aber auch Träger roher Aggression. Das Ausströmen von Energie, das bei umfassenden Regressionen unvermeidlich ist, und auch der daraus folgende Anstieg an Aggressionen können das freie Spiel des Lustprinzips stören. Außerdem darf man die biologische Begabung der Organe zur Abfuhr von Triebenergie nicht vergessen. Wenn die Regression Halluzinationen auslöst, kann der Inhalt dieser Halluzinationen einen hohen Wert als Abfuhrkanal haben. Sollte jedoch das Sehen an sich als Abfuhrkanal dienen – wie es bei dieser Patientin der Fall war –, würde die Patientin von einem Organ Befriedigungen erwarten, die jenseits der durch die biologische Struktur dieses Organs gesetzten Grenzen angesiedelt sind. Bei einer voyeuristischen Perversion dient der Akt des Sehens – so lustvoll er auch sein mag – entweder wesentlich als Hilfsvorrichtung zur genitalen Abfuhr oder er verwendet das Genital als eine Hilfsvorrichtung zur Ergänzung der aus dem Akt des Sehens gewonnenen Befriedigung. Da der Patientin solche Kanäle nicht zugänglich waren und die Augen vorübergehend zu ausschließlich zur Abfuhr bestimmten Organen wurden,

---

[52] Man ist hier an meine Patientin erinnert, die es vorzog, keinen Stuhlgang zu haben als einen, der mit Anstrengung verbunden war.
[53] Im Rahmen ihrer Weise, die Dinge zu empfinden, assoziierte sie den Zustand der Blindheit möglicherweise mit dem Gefühl der Unsichtbarkeit.

konnte das Lustprinzip seine Wirkung – Verringerung von Spannungen – nicht entfalten. Die energetischen Prozesse können also als Ergebnis eines Konfliktes zwischen dem Nirwana- und dem Lust-Prinzip betrachtet werden. Eine detaillierte Diskussion der Frage, warum keines dieser Prinzipien bei Schizophrenen angemessen funktioniert, würde zu weit führen; hier kann nur noch festgehalten werden, dass die Angst vor dem Verlust der Identität und der daraus folgende Prozess einer ständigen Überprüfung, die es niemals erlaubt, die Funktionen voll zu entfalten, im Dienste des Nirwana-Prinzips zu stehen scheinen.

XI

Was kann man nun über die Technik sagen, wenn es denn überhaupt eine gibt, die es mit derart schwierigen Problemen aufnehmen kann? Ich werde versuchen, mich auf eine einzige Phase zu beschränken, die Phase, in der die eigentliche Pathologie des Ichs im Zusammenhang mit Emotionen ins Blickfeld geriet. Die erste Frage ist natürlich, wie man einer solch grundlegenden Störung des Ichs durch Analyse beikommen kann. Die Störung ist ebenso schwer – vielleicht noch schwerer – zu erreichen wie verdrängte Es-Inhalte bei der Neurose. Sollten wir davon ausgehen, dass diese Tatsache auf Widerstände zurückzuführen ist? Teilweise wäre das sicherlich richtig. Aber vielleicht haben Schizophrene noch andere Gründe, sich der Analyse von Ich-Funktionen so viel stärker entgegenzusetzen als der von Es-Inhalten.[54]

In der Phase, die ich hier behandle, konzentrieren sich die Bemühungen des Ichs auf die Aufgabe, sich selbst funktionabel zu halten. In dieser Phase wird die Zunahme von Reizen per se zur Gefahr, und das Ich ist sich bis zu einem gewissen Grad bewusst, dass es ständig auf Reserve arbeitet und sich am Rande der Erschöpfung befindet.[55] Diese Darstellung der energetischen Verhältnisse hilft uns vielleicht dabei, die schon so oft beobachtete Ähnlichkeit zwischen Traum und Schizophrenie besser zu begreifen. Während des Schlafes konzentriert sich das Ich sozusagen auf sich selbst. Alle Besetzungen werden aus der Umgebung des Ichs abgezogen, und das Ich versucht einen Zustand der Passivität und Ruhe aufrechtzuerhalten. Das Ich zielt darauf ab, die unvermeidlichen Aufgaben, die ihm während des Schlafs auferlegt werden, unter Aufwendung von so wenig Energieaufwand wie nur möglich zu lösen – nicht,

---

[54] Der Widerstand gegen die Analyse des Ichs ist bei Schizophrenen sehr viel höher als bei anderen Patienten. Eine klassische Beschreibung des Widerstands gegen die Analyse von Abwehrmechanismen findet sich bei Anna Freud (1964 [1936], bes. S. 24f., 30).

[55] Hier liegt ein besonders wichtiger Verbindungspunkt zwischen Schizophrenie und den traumatischen Neurosen.

weil so wenig Energie zur Verfügung stünde, sondern weil es danach strebt, so viel Energie wie möglich im Prozess des Schlafens zu binden. Bei der Schizophrenie ist das Ich – zumindest in der hier untersuchten Phase – jedoch dazu gezwungen, aufgrund des Energiemangels mit einem Minimum an Energie zu arbeiten. Man kann hier beobachten, auf welch zahlreichen Wegen das Ich während des Kampfes gegen seine eigene Auflösung aufgrund von zu großer, von außen oder von innen auf es einwirkender Anforderungen zurechtzukommen versucht.

Schizophrene, die sich in der Genesungsphase befinden, lehnen die Analyse der Techniken, die das Ich beim Umgang mit äußerer und innerer Realität verwendet, natürlich ab, da diese das letzte Mittel ihres Ichs sind, seine Funktionen aufrechtzuerhalten. Wenn man nicht ein neuerliches Auftreten der Regressionszustände riskieren möchte, aus denen der Patient sich gerade erst zu befreien begonnen hatte, muss daher jedes Mal sorgfältig abgewogen werden, ob ein entsprechender Druck auf die Patienten ausgeübt werden sollte. Prozesse oder Mechanismen, die das Funktionieren des Ichs auf dem höchstmöglichen Niveau begünstigen, müssen, so pathologisch oder unzureichend sie auch sein mögen, auf eine andere Weise erforscht werden als die Abwehrmechanismen, die man bei Neurotikern antrifft. Schizophrene haben ein größeres und wesentlich begründeteres Interesse an ihrer Aufrechterhaltung als Neurotiker. Hier liegt der Grund, weshalb schizophrene Patienten die Mechanismen vor jeder Schnüffelei durch den Analytiker zu bewahren versuchen. Die Aufgabe der Therapie ist in dieser Phase besonders schwierig, weil zwei Gruppen von Phänomenen zu berücksichtigen sind.

In der an die akute Psychose anschließenden Phase kann man einerseits die Überbleibsel der akuten Psychose beobachten, die sich tendenziell wieder Zugang zum psychomotorischen System und zum Wahrnehmungssystem verschaffen, und andererseits weitere Formationen, die – obwohl immer noch pathologisch – dazu dienen, eine tragfähigere Beziehung mit der Außenwelt herzustellen.[56] Wenn die Übertragung auf den Analytiker gut ausgewogen ist – das heißt, wenn das motorische System und das Wahrnehmungssystem von akut psychotischen Störungen freigehalten werden –, tritt die Neigung des Ichs, sich mit einer Scheinlösung in Gestalt der zur Verfügung stehenden Techniken zufriedenzugeben, deutlich hervor.

Die Objektbeziehungen Schizophrener waren schon vor dem Ausbruch der akuten Phase schwach, und Schizophrene sind bereit, einen Handel abzuschließen und mit der Realität nach den in der präpsychotischen Phase geltenden Be-

---

[56] Diese beiden Phänomene sind natürlich nicht streng voneinander getrennt, sondern arbeiten zusammen; in der klinischen Praxis sind sie nur schwer auseinanderzuhalten.

dingungen übereinzukommen. In Bezug auf die Beziehung der Mechanismen, die der Patient vor und nach dem Ausbruch der akuten Psychose verwendete, scheint es keine Einheitlichkeit zu geben, und man begegnet einer Vielzahl von klinischen Verläufen. Unter den postpsychotischen Erhaltungsmechanismen können sich auch einige befinden, die – wenn auch in geringerem Ausmaß – schon vor dem Ausbruch der Psychose eingesetzt worden sind, oder der Einfallsreichtum des Ichs ist durch die akute Psychose in einem solchen Maße eingeschränkt worden, dass scheinbar neue Mechanismen oder Techniken auf den Plan treten.[57]

Die Unterscheidung zwischen dem, was von der Psychose zurückbleibt, und dem, was zur Aufrechterhaltung des Funktionierens des Ichs dient, wird besonders durch die Neigung des Patienten erschwert, bitterlich über Letzteres zu klagen, Ersteres aber einfach hinzunehmen. Hinter diesen Klagen steckt jedoch ein erstaunlich großer Unwille, weniger schmerzhafte Techniken zu entwickeln. Obwohl die Patientin das Gefühl des Abgestorbenseins oder der Unsichtbarkeit in manchen Situationen unterdrücken konnte, weigerte sie sich über lange Zeit, von dieser Fähigkeit Gebrauch zu machen und wenigstens für einen Moment zu beobachten, was geschehen würde, wenn diese Gefühle nicht in Kraft träten. Diese mangelnde Bereitschaft war, wo dieses Gefühl doch eine so wichtige Rolle im sozialen Verhalten der Patientin spielte – ich habe schon darauf hingewiesen –, nicht nur unklug. Außerdem hatte ich den Eindruck, dass die Patientin durchaus zur Integration dieser Technik bereit gewesen wäre, wenn der psychoanalytische Prozess sie nicht daran gehindert hätte.

In dieser Phase der Behandlung kann sich die gesamte Psychopathologie des Schizophrenen tarnen, wenn der Analytiker ihm zu viel Wunscherfüllung zugesteht. Die Therapie von Schizophrenen kann nicht auf demselben Frustrationsgrad gehalten werden wie üblicherweise bei der Therapie von Neurosen; ich bezweifle auch, dass Schizophrene einen solch hohen Frustrationsgrad auszuhalten überhaupt imstande sind. Lange nach der akuten Phase muss sich die Behandlung noch immer auf Wunscherfüllungen stützen. Wenn ein Therapeut

---

[57] Bei meiner Patientin hatte ich den Eindruck, dass das Niveau ihres Umgangs mit der Realität vor der Psychose nicht wesentlich höher war als danach. Auf jeden Fall hatte sie in kritischen Situationen – wie oben erwähnt –ähnliche Techniken wie in der postpsychotischen Phase angewendet. Die Anwendung dieser Techniken war vor der Psychose mit einem Minimum an Schmerz oder Unlust verbunden; nach der Psychose wurden die bestimmenden Gefühle ausgesprochen unlustvoll. Dies war meines Erachtens hauptsächlich auf eine Verschiebung von Aktivität zu Passivität zurückzuführen. Trotz der objektiven Aktivität, die sie zu dieser Zeit aufrechterhielt, konnte sich das Ich nicht mehr als aktiv erleben. An der Wurzel ihrer Passivitätsgefühle lag ihre Weise des Erlebens von Gefühlen, die masochistische systemische Besetzung des Ichs und die ständige Bedrohung des Identitätsgefühls.

in dieser Phase zu weit geht und den Patienten in der Illusion unterstützt, dass diese Wünsche, deren Enttäuschung den Ausbruch der Psychose nach sich zog, in der Übertragungssituation erfüllt werden, kann er große klinische Erfolge erzielen. Viele schizophrene Persönlichkeiten neigen dazu, sich mit einer Welt abzufinden, die die Illusion der Erfüllung ödipaler oder präödipaler Wünsche bis zu einem gewissen Grad zulässt. Die Einführung einer Technik aber, die durch solche Scheinlösungen Besserung ermöglicht, würde es verhindern, dass der Schizophrene dazu gebracht wird, sich den grundlegenden Defiziten seiner Persönlichkeit zu stellen. Der Schizophrene wird zweifellos versuchen, den Analytiker dazu zu verführen, ihm solche Lösungen zuzugestehen, und es stellt eine der größten Herausforderungen der therapeutischen Fähigkeiten dar, die Behandlung auf einer Ebene minimaler Wunscherfüllung zu halten, ohne die der Schizophrene überhaupt nicht weiterkommt. In gewisser Weise begegnet man hier demselben Problem wie bei der Kindererziehung, bei der die Fähigkeit des Kindes, Frustrationen zu ertragen, maximal ausgenutzt werden muss. Welche Konsequenzen eine Überschreitung in die eine oder in die andere Richtung – indem man entweder zu viel oder zu wenig gibt – nach sich ziehen kann, ist sowohl für die Therapiesituation als auch bei der Kindererziehung offensichtlich.

Übertragung und Wunscherfüllung binden den Patienten also an die analytische Behandlung, die Frustration, die die Therapiesituation notwendigerweise mit sich bringt, hält ihn aber von der Integration der Scheinlösungen, die er bereitwillig annehmen würde, ab.

Abermals muss die Technik zweierlei gerecht werden. Der Schizophrene kann den Kontakt mit der Realität nur vermittels der ihm zu Gebote stehenden Mechanismen und Prozesse aufrechterhalten, und er muss dazu ermutigt werden, sie für alles, was sie ihm einbringen können, einzusetzen; gleichzeitig muss er aber davon abgehalten werden, sich ausschließlich auf sie zu verlassen, weil er sich sonst auf der präpsychotischen oder einer anderweitig unzureichenden Ebene einrichtet, auf der es ihm nicht möglich ist, den vor ihm liegenden Anforderungen angemessen zu begegnen.

Ich will hier ganz kurz ein Beispiel umreißen: Wenn ein Schizophrener Arbeit verrichten kann, während er sich wie ein Automat fühlt, sollte diese Lösung unterstützt werden; wenn hingegen die Gefühle, ein Automat zu sein, voll angenommen und vom Ich integriert werden würden, könnte dieser Störung nicht mehr mit analytischen Mitteln begegnet werden. Die Übertragungsbeziehung kann jedoch dazu verwendet werden, die Unlust wachzuhalten, die mit dem einhergeht, was ich als Scheinlösungen bezeichnet habe.

Wie kann die Übertragung den Patienten davor bewahren, sich mit den unzulänglichen Techniken abzufinden, die er im Umgang mit seinen Trieben, Affekten und der Außenwelt einsetzen möchte? Es ist der Gegensatz zwischen der Weise, wie der Patient in und wie er außerhalb der Übertragungsbeziehung, in der sozialen Realität, empfindet, der den therapeutischen Prozess am Laufen hält. In der Übertragungsbeziehung ist ihm das Objekt zu nahe, als dass er noch auf der Automatenebene verbleiben könnte. Wenn die aus der Übertragungsbeziehung bezogene Wunscherfüllung nicht zu umfassend ist – wenn der Schizophrene also nicht die Haltung einnehmen kann: »Ich werde von meinem Analytiker geliebt; meine Ansprüche werden erfüllt; was kümmert es mich, wie ich mich außerhalb der Analyse im Alltag fühle; was ist außerhalb meiner Beziehung mit dem Analytiker überhaupt wichtig?« – und wenn die Frustration in der analytischen Situation nicht so groß ist, dass sich der Schizophrene absolut abgelehnt fühlen muss – wenn er also nicht das Gefühl hat: »Wo ich auch hinkomme, ich werde abgelehnt, nicht gemocht oder gehasst« –, dann kann die Diskrepanz zwischen dem relativen Wohlbefinden in der Analyse und dem relativen Unbehagen außerhalb ihrer vom Analytiker dazu verwendet werden, das Interesse des Patienten an dem, was in seinem Ich vor sich geht, wieder und wieder zu wecken.

XII

Auch wenn nonverbale Behandlungsformen in dieser Phase selten geworden sind, ist es fraglich, ob die vornehmlich verbalen Kommunikationen zwischen Analytiker und Patient in dieser Phase als Deutungen bezeichnet werden sollten. Der Großteil an Informationen, die der Patient in dieser Zeit erhält, bezieht sich auf Prozesse, die sich im Ich des Patienten abspielen. Es sind nicht Deutungen im engeren Sinne des Wortes, sondern vornehmlich Beschreibungen. Man könnte sagen, dass Analytiker und Patient Metapsychologie betreiben. Die wesentlichen Symptome des Patienten sind in dieser Phase mehr oder weniger direkte Selbstreflexionen von Prozessen, die sich innerhalb des Ichs abspielen. Der Patient darf sie nicht als einzelne Pannen missverstehen, sondern muss erkennen, dass diese Prozesse Prinzipien folgen, die für sein Ich allgemein gelten. Der Patient muss daher in allgemeinen Begriffen auf diese Prozesse aufmerksam gemacht werden. Die Sprache, in der das geschieht, darf jedoch niemals zur Fachsprache werden, und die Begriffe, die einen Bezug zur psychoanalytischen Terminologie haben, müssen aus dem ganz eigenen, persönlichen Vokabular des Patienten hergeleitet werden. Die gemeinsame Verwendung der Ich-Metapsychologie durch Analytiker und Patient würde in der Analyse von Neurotikern zur Intellektualisierung führen, da der Grundrahmen des Ichs dort voll funktionsfähig ist; bei Schizophrenen rührt man hier an das Nervenzentrum der Störung, wenn man ihnen die metapsychologische Beschreibung der zentralen Ich-Prozesse ständig vor Augen führt. Der Patient sieht sich der vollständigen Beschreibung der Prozesse, die innerhalb des Bereichs der grundlegenden Ich-Störung auftreten, immerzu gegenüber.

Bedeutet das, dass die Analyse des verdrängten Teils der Persönlichkeit – das, was man für gewöhnlich als Es-Analyse bezeichnet – für die Analyse Schizophrener ausscheidet? Keineswegs. Sie wird nur zurückgestellt. Zuerst muss man das Ich des Schizophrenen dazu bringen, neue Strukturen auszubilden. Ich habe bereits erwähnt, dass die größte Behinderung meiner Patientin im Mangel an Struktur bestand. Schizophrene können nur behandelt werden, wenn sie die Fähigkeit, Struktur auszubilden, bewahrt haben. Was ist mit dieser Formulierung gemeint? Erregungsströme müssen durch die Bildung von Mechanismen und Funktionen ersetzt werden. Wir haben es hier mit einem Prozess zu tun, der dem ähnelt, den Freud als Umwandlung von Primär- in Sekundärprozess beschrieben hat. Ungebundene Energie wird dabei in gebundene umgewandelt; Überbesetzung wird möglich, und das Denken macht durch die Verschiebung geringster Energiemengen Fortschritte. Ganz allgemein gesprochen könnte man in Bezug auf die Behandlung schizophrener Patienten sagen: Energie muss in Struktur umgewandelt werden.

Solche Umwandlungen anzuregen ist einer der wichtigsten Aspekte in der Therapie der Schizophrenie. Wenn der Patient Struktur ausbildet, muss sich das jeweilige klinische Syndrom mehr und mehr dem der Neurose annähern, die Es-Analyse kann dann etwa im selben Ausmaß einsetzen, wie wir es aus der Analyse von Neurosen kennen. Ob sich das Ich des Schizophrenen jemals wieder erholen und so weit wachsen kann, dass man sich auf es stützen kann wie bei Neurose-Fällen, ist eine noch immer ungeklärte Frage.[58] Ich muss noch eine einschränkende Bemerkung anfügen. In keiner Phase der Behandlung wird von der Analyse des Es ganz abgesehen. Sie wird nur manchmal auf ein Minimum reduziert. Dieses Minimum wird durch die jeweilige Störung des therapeutischen Prozesses durch das Es angezeigt. Freuds Rat, Übertragung zu deuten, wenn sie zum Widerstand wird, kann mit den nötigen Abänderungen auch hier angewendet werden. Weil das Ich gestört ist, wird es wenig nützen, die Aufmerksamkeit darauf zu lenken, mit welchen Triebforderungen es konfrontiert ist. Das Ich würde wiederum so pathologisch auf diese Es-Forderungen reagieren wie zuvor. Eine Deutung des Es darf also ausschließlich dann vorgenommen werden, wenn sie auf eine aktuelle Forderung zielt, die unerträglich würde, wenn sie nicht in Worte gefasst würde. Da der Analytiker zum Hauptliebesobjekt wird, geht die jeweilige Es-Forderung meist aus der Übertragung hervor.

---

[58] Man trifft hier auf ähnliche Probleme, wie sie Aichhorn für die Analyse von Verwahrlosten beschrieben hat. Auch Verwahrloste müssen erst Neurotiker werden, bevor eine Analyse des Es vorgenommen werden kann.

Der Bedingung, dass sich der Schizophrene der Struktur seines Ichs zuwenden soll, muss jedoch eine Erörterung weiterer Alternativen des Funktionierens zur Seite gestellt werden. Man kann sich nicht auf die Einsicht des Schizophrenen in seine Pathologie verlassen; es kann vorkommen, dass er die Struktur seines Ichs für gegeben hält, aber die Erörterung dessen, wie andere Menschen handeln und reagieren und, vor allem, welche anderen Möglichkeiten es im Bereich des eigenen Ichs des Patienten gibt, setzen wiederum Anreize zur Bildung neuer Strukturen. Dabei muss man sich immer die Gefahr vor Augen halten, dass der Patient nun den Anregungen des Analytikers in automatistischer Weise folgt. Lernprozesse dürfen nicht mit der Bildung von Strukturen verwechselt werden. Wenn ein Patient herausfindet, dass eine bestimmte Handlung nicht die gefürchteten Konsequenzen nach sich zieht oder er beschließt, gewisse Handlungen aufgrund der Konsequenzen, die sie unausweichlich nach sich ziehen werden, zu unterlassen, handelt er – eine günstige Übertragungssituation vorausgesetzt – womöglich gemäß dieser Erfahrungen. Dieser klinische Erfolg würde den oben erwähnten Maßstab aber nicht erfüllen. Die Motive eines solchen Patienten wären noch immer die gleichen, die Auslöser seiner Angst und seiner spontanen Handlungen wären völlig unverändert und die Struktur seines Ichs unberührt geblieben. Bei einigen schizophrenen Patienten – ich denke hier an die hebephrene Schizophrenie – lässt sich ein solcher Maßstab jedoch nicht realisieren; es kann sein, dass klinische Besserung hier fast vollständig auf Grundlage eines Erlernens erreicht werden muss, ohne dass dabei neue Struktur ausgebildet werden kann.[59] Lernen aber kann auch die Vorstufe zur Bildung neuer Strukturen sein.

XIII

Eine bedeutende Rolle kann auch einem weiteren technischen Mittel zukommen. Hierbei handelt es sich um eine Technik, die häufig in der Behandlung von Phobien zur Anwendung kommt. Bekanntlich kann es erforderlich werden, von phobischen Patienten zu verlangen, sich trotz ihres inneren Widerwillens der gefürchteten Situation auszusetzen. Auch in der Behandlung schizophrener Patienten kann es erforderlich werden, eine vergleichbare Forderung zu erheben. Ich möchte ein Beispiel geben. Wie oben erwähnt, behauptete meine Patientin, das Gefühl der Liebe niemals in der Gegenwart ihres Liebesobjekts ertragen zu

---

[59] Bei Schizophrenen des hebephrenen Typus scheint mir die Entfaltung einer echten Emotion mit dem Tod und die Empfindung der Aktivität mit Zerstörung (meist des Vaters) zusammenzufallen. Doch wie in Zeiten des Krieges die *bona fide* produzierten Waren aus Ersatzmaterialien gefertigt werden, kann das hebephrene Ich häufig darauf trainiert werden, Scheintechniken in zufriedenstellender Weise zu verwenden.

können. Im Lauf der Behandlung mahnte ich sie eindringlich, das Gefühl des Abgestorbenseins in der Gegenwart dieser Person zu unterdrücken und dann zu sehen, ob ihre Vorahnungen wahr werden würden. Nach langem Zögern und wiederholten Weigerungen verwirklichte die Patientin meinen Vorschlag und berichtete mit großer Freude: »Ich habe Freundschaftsgefühle bei mir entdeckt, die nicht zu einer Romanze führten.« Damit meinte sie, dass sie nicht gewusst hatte, dass es möglich war, eine freundschaftliche Beziehung mit einem Mann aufzubauen, den man liebt, ohne dabei sexuell mit ihm zu verkehren. Tatsächlich eröffnete sich ihr hier eine ganze Skala von Gefühlen, die bisher in ihrem psychischen Inventar gefehlt hatten. Ich glaube nicht, dass sie diese Entdeckung hätte machen können, wenn ich nicht von ihr verlangt hätte, Abstand vom Gefühl des Abgestorbenseins zu nehmen. Wie bei der Phobie hätte es nicht ausgereicht, ihr eine Deutung des Grundes für ihre Furcht vor der Situation zu geben, um sie dazu zu bringen, sich dieser von ihr als extrem gefährlich vorgestellten Situation auszusetzen. Man kann sich nicht ausschließlich auf die Wirkung von Deutungen verlassen und hoffen, dass sich der Patient die Erfahrungen mit der Realität, die für die Erweiterung des Ichs notwendig sind, dann schon aus eigenem Antrieb verschaffen wird. Die Panikgefühle sind meist viel zu mächtig, als dass der Patient den Mut aufbringen könnte, dies so einfach zu tun.[60]

Wenn es einem schizophrenen Patienten gelingt, etwas zu tun, von dem er überzeugt ist, dass es seine Fähigkeiten übersteigen würde, wirkt sich das zweifellos günstig auf die Therapiesituation aus. Im erwähnten Beispiel war es freilich eine Situation, die der Patientin einige innere Handlungsfreiheit innerhalb eines Bereiches verlieh, der zuvor von Zwang beherrscht worden war. Es darf aber auch nicht übersehen werden, dass dieser Erfolg sich in einem klar umrissenen und ziemlich begrenzten Bereich ereignete und er im Anschluss sofort analytisch durchgearbeitet wurde. Wenn jemand einen Schizophrenen dazu drängen würde, doch »erfolgreicher« zu sein, könnte ihm das durchaus gelingen, und eine positive Übertragung könnte aus dem Patienten unter solchen Umständen einen erfolgreichen Gschaftlhuber machen, eine Ich-Analyse aber könnte so nicht durchgeführt werden.

Die Regel, die ich hier zu beschreiben versuche, kann wie folgt formuliert werden: Um ein Symptom zu analysieren, muss man den Patienten dazu anhalten zu erforschen, wie seine Welt ohne das jeweilige Symptom aussehen

---

[60] Diese Technik darf nur mit Sorgfalt und Vorsicht angewandt werden. Wenn man vom Patienten etwas verlangt, das über seine Fähigkeiten geht, kann man großen Schaden anrichten oder viel Energie und therapeutische Bemühungen vergeuden. Aber es ist erstaunlich, in welchem Maße Patienten ein verlässliches Gefühl der Grenzen entwickeln können, bis zu denen sie durch äußere Einwirkung gebracht werden können, und man kann dann mit dem Patienten recht offen besprechen, ob ihm diese oder jene Leistung wirklich abverlangt werden kann.

würde. Um dies herauszufinden, muss er das Symptom in entscheidenden Situationen ablegen, wenn er das auch nur für eine kurze Zeit tut. Die Regel klingt paradox, weil nicht klar ist, warum ein Schizophrener ein Symptom überhaupt weiter haben sollte, wenn er doch in der Lage ist, es zu unterdrücken. Doch es ist überraschend, wie viele Symptome ein Schizophrener in der Übertragungssituation vorübergehend willentlich unterdrücken kann, wenn sie richtig ausgewählt werden. Der Analytiker muss diejenigen aussuchen, die reif genug sind, an denen der Schizophrene aus Angst aber noch festhält. Hier liegt die Verbindung zur Phobie. Die Erfahrungen, die der Schizophrene macht, wenn er die Symptome unterdrückt, sind wichtige Erkenntnisquellen und Auslöser therapeutischer Prozesse.

Den Moment, in dem einem schizophrenen Patienten gesagt wird, dass er sich freiwillig angsterregenden Situationen aussetzen muss, würde ich als entscheidenden Schritt zum Eintritt in eine neue Behandlungsphase bezeichnen. Wenn sich der Patient gefürchteten Situationen auszusetzen beginnt, die die Kräfte und Fähigkeiten eines durch Strukturstörungen geschwächten Ichs aus seiner Perspektive zu übersteigen drohen, eröffnen sich unabsehbare neue Therapiemöglichkeiten. Zunächst hat der Patient nun die Gelegenheit zu überprüfen, ob seine angstvollen Annahmen über die Welt zutreffen. Zweitens könnte die anschließende Analyse, in der die gestörte Ich-Funktion vollends aufgedeckt wird, die ausstehende Bildung neuer Strukturen anregen. Bis dahin hing jede relative Besserung im Zustand des Patienten im Wesentlichen von der automatischen Regulierung der Energieprozesse in der Übertragungsbeziehung ab. Diese Besserung wird durch den Glauben des Patienten an so etwas wie eine Omnipotenz des Analytikers unterstützt. Wenn man dem Patienten sagt, dass jeder weitere Fortschritt in der Behandlung von seiner Fähigkeit und seinem Willen abhängt, bestimmte Schritte zu unternehmen, wird die Überzeugung des Patienten von der Omnipotenz des Analytikers implizit widerlegt. Um zu vermeiden, dass der Patient wiederum automatisch gehorcht, muss man ihm versichern, dass er die Behandlung auch dann fortsetzen darf, wenn er sich entscheiden sollte, an seinen Symptomen festzuhalten und den Vorschlägen des Analytikers nicht zu folgen; in diesem Fall aber könne die Behandlung vermutlich nur wenig ausrichten, und der Patient dürfe sich dann nicht über mangelnden Fortschritt wundern. Dieser Übergang vom Glauben an die Omnipotenz des Analytikers zur Notwendigkeit eigener innerer Aktivität ist entscheidend. Anfangs kann man es mit einem kurzen Aufflackern akuter Symptome zu tun bekommen, das jedoch bekämpft werden kann. Der Patient ist nun aus inneren Gründen zur Aktivierung von Funktionen genötigt und an der Anwendung seiner unzureichenden Techniken zur Vermeidung von Angst oder anderen unangenehmen Affekten gehindert. Meines Erachtens wird in dieser Situation – in der der Patient sozusagen in die Enge getrieben und gezwungen ist, seine Angst auszuhalten – ein wichtiger Anreiz zur Umwandlung frei strömender Energie in Struktur gesetzt. Bildlich gesprochen: Alle Fluchtwege für ungebundene Energie sind gesperrt worden, somit wird die Bildung von Struktur indirekt erzwungen. Ein weiterer entscheidender Punkt – in gewisser Hinsicht mit der Behandlung von Neurosen vergleichbar – ist die Intensität der Übertragung. Wenn die Vorstellung, den Analytiker zu verlieren, quälender ist als der Schmerz, der beim Prozess, ein Symptom nach dem anderen aufzugeben, tatsächlich empfunden wird, stehen die Chancen der Behandlung gut. Ich möchte noch einmal wiederholen, was ich oben bereits gesagt habe: Der Patient sollte niemals vor die Wahl gestellt werden, die Behandlung abzubrechen, weil ihn das zum Verschweigen und Verheimlichen zwingen würde. Meiner Erfahrung nach reicht es aus, dem Patienten zu sagen, dass seine aktive Mitwirkung außerhalb der Behandlungssituation eine unverzichtbare Voraussetzung ist.[61]

XIV

Der gesamte Heilungsprozess hängt außerdem auch davon ab, dass sowohl das Wahrnehmungssystem als auch das Lustprinzip wieder ihre rechtmäßigen Plätze einnehmen. Ich möchte noch ein paar Bemerkungen zur Erörterung der letzteren Frage anfügen. Dabei geht es um ein Problem, das sich in den meisten Neurosefällen automatisch erledigt. Vereinfacht ausgedrückt: Wenn Libido aus ihrer neurotischen Inanspruchnahme freigesetzt wird, findet sie automatisch eine angemessenere Abfuhrmöglichkeit, weil der neurotische Konflikt sich größtenteils zwischen dem Lust- und dem Realitätsprinzip abspielt, die in Widerstreit miteinander liegen. Bei der schizophrenen Psychose ist die Arbeitsweise des Lustprinzips jedoch in einer Weise beschädigt worden, die an Freuds (1920) Beschreibung der traumatischen Neurosen denken lässt. Der Widerstreit von Lust- und Nirwanaprinzip hat bei schizophrenen Patienten eine relative Unfähigkeit zur Folge, angemessene Befriedigungen zu erlangen. Die Patienten befinden sich daher (und nicht nur aufgrund der aufgestauten Triebwünsche und Schuldgefühle) in einem ständigen schmerzhaften Frustrationszustand. Bei meiner Patientin war die Fähigkeit zur automatischen Erlangung von Lust zerstört. Lust konnte sie, wenn überhaupt, nur dann erlangen, wenn sich das Ich völlig auf diese Aufgabe konzentrieren konnte. Die geringste Ablenkung der Aufmerksamkeit hatte die Umwandlung von Lust in Unlust zur Folge. Die Voraussetzungen, die bei der Patientin erfüllt sein muss-

---

[61] Der Frage, bis zu welchem Grade tatsächliche Identifizierungen des Patienten mit dem Analytiker bei der Behandlung Schizophrener unerlässlich sind, wird in der vorliegenden Arbeit nicht weiter nachgegangen.

ten, damit sie Lust empfinden konnte, erinnern an die Voraussetzungen für einen Orgasmus bei normalen Erwachsenen. Während Emotionen – wenn sie nicht vom Gefühl des Abgestorbenseins zerstört wurden – automatisch Besitz von ihrem Ich ergriffen, konnte sie Lust nur dann empfinden, wenn ihr Ich sich dieser Aufgabe in seiner Gesamtheit zuwandte. Ich nehme an, dass das Ich drastischer Schutzmaßnahmen bedurfte, um nicht von Reizen überwältigt zu werden – Ausdruck einer Störung, die der oben in Zusammenhang mit Automatismen beschriebenen ähnelt. Man muss aber auch davon ausgehen, dass die Organe zur Lustgewinnung aufgrund ihrer Beschädigung umfassend vom Ich unterstützt werden mussten. Oben habe ich ein Beispiel dafür gegeben, wie das Sehen für die Patientin zu einer schmerzhaften Aufgabe wurde. Der Patient muss darauf aufmerksam gemacht werden, wie er Funktionen verzerrt und missbraucht, lustvolle Abfuhr dort erwartet, wo sie nicht zu erhalten ist, und die zum Lustgewinn geeigneten Kanäle ungenutzt lässt.

XV

Oben habe ich eine klinische Situation beschrieben, in der die Patientin eine Reihe von Gefühlen entdeckte, die ihr zuvor gänzlich unbekannt gewesen waren. Hier ist die Frage berechtigt: Welche Gefühle können Schizophrene infolge der Störungen ihrer Ich-Struktur nicht empfinden? Bei meiner Patientin fiel besonders das Fehlen eines Gefühls auf: das Gefühl der Hoffnung. Berücksichtigt man einige der in Bezug auf ihre Emotionalität beschriebenen Eigenschaften, wird klar, dass das zwangsläufig so sein musste.

Im Gefühl der Hoffnung, bei der Antizipation, dass ein wünschenswerter Zustand oder Ereignis vermutlich oder wahrscheinlich eintreffen wird, drückt sich die Beziehung eines Subjekts zur Zukunft aus. Wenn meine Patientin optimistisch in die Zukunft blickte, war sie sich jedoch *sicher*, dass das erwünschte Ereignis eintreffen würde; sie war nicht in der Lage zu empfinden, dass dieses Ereignis trotz ihrer Erwartungen und Wünsche möglicherweise nicht eintreten könnte. So etwas wie Spannung und die Möglichkeit, dass etwas eintreten kann, aber nicht zwangsläufig eintreten muss, blieben ihr fremd; da sich ihr Gefühl erst zur Gänze entfalten musste, musste sie die Zukunft gemäß der Vorgaben des momentan vorherrschenden Affektflusses als Gewissheit erwarten. Die Analyse eines Nicht-Schizophrenen hingegen findet im Rahmen der Hoffnung statt; die Zukunft wird hier als etwas vorgestellt, das möglicherweise günstige Ausgänge bereithält. Hoffnung ist zu Recht als eine für die menschliche Gattung besonders charakteristische Emotion gepriesen worden. Hoffnung ist ein Anzeichen dafür, dass eine gewisse Harmonie zwischen den drei Bereichen der Persönlichkeit hergestellt werden konnte. Das Ich projiziert sich selbst in die Zukunft und stellt dem Es als Ersatz für gegenwärtigen Mangel imaginäre Lust bereit. Das Über-Ich wird durch die Bereitschaft des Ichs, Aufschub zu ertragen, gewonnen. Diese Darstellung hat nichts mit der Pathologie zu tun, die sich hinter einer Haltung der Hoffnung verbergen mag, sondern beschreibt nur eine mögliche Verteilung der Energie in den verschiedenen Bereichen der Persönlichkeit beim Empfinden dieser Emotion. Das Gefühl der Hoffnung aber ist überhaupt nur deswegen möglich, weil die Zukunft für den Menschen ein Feld möglicher Handlungen und Ereignisse ist. Nur in Extremsituationen hat der Mensch das Gefühl, dass die Würfel ein für allemal gefallen sind; das Feld möglicher Handlungen und Ereignisse wird dann zu einem, das von schlimmer Gewissheit beherrscht wird.[62]

Die Fähigkeit der Patientin, sich selbst in der Zukunft vorzustellen, war erhalten geblieben, und gelegentlich beschäftigte sie sich ausgiebig mit der Zukunft. Weil ihre Emotionen in Gänze entfaltet waren und den gesamten Bereich ihres Ichs einnahmen, stand die Zukunft entsprechend des vorherrschenden Gefühls für sie bereits fest. Bei Angelegenheiten, die ihr nicht wichtig waren, konnte sie die Kategorien Vielleicht, Voraussichtlich und Möglicherweise mühelos einsetzen, sobald sie aber auf Inhalte von geringster emotionaler Intensität angewendet werden sollten, waren sie aus ihrem psychischen Inventar verschwunden.[63]

Fast jede menschliche Emotion ist auch auf die Zukunft gerichtet, nimmt die Zukunft vorweg und weist der psychischen Zukunft sozusagen den Weg. Da das Ich der Patientin die Tragweite des emotionalen Erlebens nicht begrenzen konnte, musste ihr die Zukunft immer, wenn sie eine Emotion empfand, zumindest während dieser Phase der Erkrankung als ein Feld von Gewissheiten erscheinen. Das hatte weitreichende Folgen. Bei Nicht-Schizophrenen regen Emotionen Handlungen an, und das nicht-schizophrene Ich empfindet sich dann als am handlungsmächtigsten, wenn es eine in den Strom entsprechender Emotionen eingebettete Handlung ausführt. Da die Zukunft für die Patientin bedingungslos feststand, konnte kein Gefühl von Aktivität entstehen. So kam es, dass es ihr zwar gelang, sozial höchst anerkannte Leistungen zu erzielen, sie dabei aber niemals ein Gefühl der Aktivität empfand, weil das Ich – obwohl es, objektiv betrachtet, höchst aktiv war – sein Ziel in der Überzeugung erreichte, dass schon von vornherein alles absolut festgestanden hatte.[64]

---

[62] Wie Strauss (1928) gezeigt hat, muss man bei einer Vielzahl von Symptomen, denen man bei der Melancholie begegnet, die notwendigen Folgen der Veränderungen erkennen, die die Erfahrung der Zukunft im melancholischen Patienten durchläuft. Weil keine Vorstellung von der Zukunft in ihm vorhanden ist, kann er auch keine Handlung vornehmen.

[63] Eine weitere Übereinstimmung mit dem Traum.

[64] In diesem Zusammenhang ist die Beobachtung interessant, dass künstlerisch tätige Menschen manchmal ebenfalls behaupten, ihre Meisterwerke ohne jede Beteiligung

Wenn sie sich vor etwas fürchtete, war sie sich sicher, dass das gefürchtete Ereignis zwangsläufig eintreten würde – was es ihr wiederum unmöglich machte, die Realität zu prüfen und mit ihr zu experimentieren. Ich konnte die Skala ihrer Reaktionen beobachten, als sie sich der Notwendigkeit gegenübersah, ihren Master-Abschluss zu machen. Erst behauptete sie, dass das Lernen ihr Gehirn zerstören würde. Sie war panisch und zwang sich nur deswegen zum Besuch der Kurse, weil sie befürchtete, in eine noch schmerzhaftere Lebenslage zu geraten, wenn sie nicht zur Universität ginge.[65] Als während der ersten Tage klar wurde, dass ihre bösen Vorahnungen nicht wahr werden würden, war sie überrascht und entzückt und fühlte sich aktiv. In dem Moment, als sich herausstellte, dass sie den Abschluss höchstwahrscheinlich schaffen würde, war sie ihres Erfolgs schon gewiss. Die Freude über diese Aussicht löste sich in Luft auf; ihre guten Noten nahm sie als gegeben hin und das Gefühl, aktiv an der Verfolgung eines sozialen Interesses beteiligt zu sein, verschwand. Meines Erachtens erklärt ihre Haltung zur Zukunft auch, warum sie so selten von Angst oder Besorgnis sprach und fast immer behauptete, größtes Entsetzen zu empfinden. Entsetzen ist das Gefühl, das uns ergreift, wenn das, was wir am meisten fürchten, tatsächlich eintritt und alle Hoffnung dahin ist. Die Furcht lässt immer noch ein Schlupfloch offen; die Gegenwart oder die Zukunft erscheinen düster, aber nicht rettungslos verloren. Ich glaube, man kann sagen, dass Schizophrene, insofern sie schizophren sind, keine Furcht, sondern nur Entsetzen empfinden können, und dass sie sich deswegen als dem Untergang geweiht empfinden, wo andere vielleicht nur eine bange Aussicht auf die Zukunft haben.

Doch die Konsequenzen der Einstellung des Patienten gegenüber der Zukunft reichen sogar noch weiter. Hier liegt einer der Gründe dafür, dass Schizophrene so extrem anfällig für Traumata sind. Sie nehmen die Zukunft ge-

---

ihres Ichs geschaffen zu haben, in einem Zustand der Passivität, in dem sie von einer höheren Macht überwältigt oder inspiriert wurden. Das intensive Hochgefühl, das Künstler in solchen Zuständen empfinden, deutet jedoch darauf hin, dass das Ich bereitwillig so tut, als ob es passiv wäre, um den Triumph und die Freude der Schöpfung – der höchststehenden Form der Aktivität – ohne Schuldgefühl zu genießen. Eine Erörterung des Gefühls der Passivität im kreativen Prozess findet sich bei: Kris 1977 [1939].

[65] Dieser kleine Vorfall zeigt vielleicht, von wie vielen Unwägbarkeiten die Psychotherapie eines schizophrenen Patienten abhängt. Kein Argument konnte ihre Überzeugung entkräften, dass das Lernen ihr unfehlbar das Gehirn zerstören würde. Sie fühlte sich von einer zufälligen äußeren Notwendigkeit dazu gezwungen, es – ungeachtet ihres Schreckens – doch zu tun. Ich bezweifle, dass diese Überzeugung ohne die Hilfe dieser äußeren Umstände, die sich völlig außerhalb der Einflusssphäre des Analytikers befanden, hätte entkräftet werden können. Der Ertrag aus neuen Entdeckungen während ihrer Studienzeit war natürlich riesig und unersetzlich.

mäß des Diktats ihrer Emotionen als gegeben an; da die Zukunft sich aber so selten gemäß dieser Erwartungen entwickelt, stehen sie ständig am Rande eines Traumas. Es ist auch interessant zu erwägen, in welchen Hinsichten die Zukunft auch von Nicht-Schizophrenen als gegeben angesehen wird. Natürlich sind da die stets konstanten Hinweise unserer physikalischen Umwelt, die als unveränderlich betrachteten Gegebenheiten der Zeit und des Raums allgemein. Aber auch im sozialen Bereich gibt es Erwartungen, die wir als gegeben annehmen. Beim Einschlafen nehmen wir es als gegeben an, dass wir am selben Ort wieder erwachen werden; wir erwarten und bezweifeln nicht, dass die, die wir lieben und die sich unserer annehmen, uns wiedererkennen und bei unserem Namen nennen können werden. Wenn wir häufig an fremden Orten erwachen und selbst unsere besten Freunde uns nicht wiedererkennen würden, würde uns das ohne jeden Zweifel traumatisieren, und wir würden bald Gefühle entwickeln, die denen gleichen, die man so oft bei Schizophrenen beobachten kann. So aber wird die Realität von Schizophrenen, glaube ich, sehr häufig und selbst in alltäglichsten Situationen empfunden. Da Abweichungen von dem Kurs, den Schizophrene als unabänderlich gegeben annehmen, Traumata auslösen, sind sie ständigen Traumatisierungen ausgesetzt. Hier tritt eine der wichtigsten Leistungen der Therapie in den Vordergrund. Da die Emotionalität des Patienten immer weiter in die Übertragung eingeht und andere Bereiche seines Lebens an emotionaler Bedeutung verlieren, und da der Analytiker den Erwartungen des Schizophrenen insoweit entgegenkommt, als er ihn jeden Tag mit unbeirrbarer Hingabe empfängt und ihm täglich das Privileg uneingeschränkter Äußerung seiner Gefühle einräumt, verliert die Realität viel von ihrem Potential zur Traumatisierung des Patienten. Durch die Verschiebung der Emotionen von der Realität auf die Therapiesituation wird ein *Cordon sanitaire* [Pufferzone, Sperrgürtel zum Schutz gegen das Einschleppen epidemischer Krankheiten (Anm. d. Ü.)] um den Patienten errichtet. Schon diese temporäre Freiheit von weiteren Traumatisierungen gibt dem schwer verwundeten Ich des Schizophrenen eine Chance zur Heilung.

Eine der beeindruckendsten – wenn auch sehr bedauerlichen – klinischen Beobachtungen kann man allerdings machen, wenn der Schizophrene diese Art von Trauma in der Übertragungssituation erlebt und ein entsprechendes Symptom ausbildet. Bei meiner Patientin konnte ich es zweimal beobachten. Sie war mir von einem Kollegen, der sie kurze Zeit behandelt hatte, überwiesen worden. Im Verlaufe der wenigen Sitzungen bei ihm hatte sich ihr Zustand verschlechtert und ihre Psychose war in eine akute Phase eingetreten. Die Patientin berichtete, dass sie ihre Behandlung mit großen Erwartungen begonnen hätte. Dem Analytiker, in den sie sich sofort verliebte, hätte sie sich rückhaltlos offenbart, er aber habe immer nur geschwiegen. Trotz dieses Schweigens habe die Patientin sich ihm immer weiter offenbart. Nach dem sechsten oder siebten Gespräch, während eines Spaziergangs im Anschluss an die Sitzung, hatte sie plötzlich das Gefühl, ihre Persönlichkeit verloren zu haben. Dieses Gefühl hatte jahrelang vorgehalten, und sie bestand darauf, dass es der Analytiker gewesen sei, der ihr ihre Persönlichkeit genommen hatte. Wie sich herausstellte, hatte sie sein Schweigen als vollständige Ablehnung ihrer Persönlichkeit gedeutet. Da er sich anscheinend zu keiner ihrer Offenbarungen geäußert hatte, war es für sie, als hätte er jede einzelne zurückgewiesen. Von diesem vermeintlichen Beweis ihrer absoluten Wertlosigkeit wurde sie schwer traumatisiert, weil diese Erfahrung, die sie unvorbereitet getroffen hatte, dem Verlaufsplan der Zukunft, der ihrer Vorstellung nach bereits unumstößlich feststand, krass widersprach.

Zusammen mit dem Ausmaß und dem Inhalt des Traumas hinterließ diese Erfahrung eine dauerhafte Spur in Form des Gefühls des Abgestorbenseins in ihr.

Im Verlauf der Behandlung bei mir wurde deutlich, dass sie sich absolut sicher war, eines Tages meine Geliebte zu werden. Natürlich sprachen wir häufig darüber, und die Patientin erkannte, dass sie in dieser Hinsicht enttäuscht werden würde. Eines Tages erzählte sie mir, dass sie traurig geworden war, ohne den Grund dafür zu kennen. Es war ein Gefühl inneren Schmerzes, eine Empfindung in ihrem Hals, die ihr neu war; sie war nicht so schmerzhaft und umfassend wie die, ihre Persönlichkeit verloren zu haben, aber ähnlich anhaltend und unveränderlich. Hier hatte sich ein Prozess ereignet, der dem in ihrer ersten Behandlung vergleichbar, aber weniger intensiv war. Abermals hatte sie der Zukunft vorausgegriffen und die Entwicklung einer Liebesbeziehung als bereits feststehend angenommen. Die Enttäuschung dieser Erwartung hinterließ abermals ein unangenehmes Gefühl. Im Unterschied zur vorangegangenen Episode aber erlebte sie den Verlauf der Realität dieses Mal nicht als totale Ablehnung. Während mein Vorgänger sie fortgeschickt hatte, unterhielt ich weiter eine freundliche Beziehung mit ihr, nur eben ohne mich für ihren Körper zu interessieren. Dementsprechend weniger schmerzhaft war das sich daraus ergebende Gefühl. Daraus lässt sich ersehen, wie sich die Emotion gemäß der Intensität des Traumas abstuft. Man kann daran auch erkennen, auf welche Weise ein Trauma eine dauerhafte Spur im Ich hinterlassen kann. Obwohl ihr erster Analytiker ihr unwichtig geworden war, sobald sie eine neue Übertragungsbeziehung ausgebildet hatte, war die Spur, die das Trauma hinterlassen hatte, noch immer gut erhalten. Diese klinische Beobachtung bestätigt auch auf sehr beeindruckende Weise eine von Freuds Theorien, nach der Affekte – verkürzt ausgedrückt – Erinnerungsreste sind.[66]

---

[66] Siehe Freud 1926a, S. 120: »Die Affektzustände sind dem Seelenleben als Niederschläge uralter traumatischer Erlebnisse einverleibt und werden in ähnlichen Situ-

XVI

Es seien mir einige abschließende Bemerkungen erlaubt. Ich weiß nicht, ob die Grundstörung, die ich bei dieser Patientin ausmachen zu können glaubte, für das Krankheitsbild, das der Begriff Schizophrenie abdeckt, charakteristisch ist, lediglich für eine Unterklasse dieser Krankheit oder aber nur für diese eine Patientin. Aus der jeweiligen Störung kann man leicht die Entwicklung von Wahnvorstellungen oder Halluzinationen ableiten. Man kann sich auch vorstellen, wie ein Ich, das so sehr unter seinen Emotionen leiden muss, den Kampf schließlich aufgibt und sich selbst in einem Zustand der Gefühlslosigkeit hält oder zumindest in einem solchen Zustand, in dem Emotionen nur in minimaler Intensität auftreten. Am überraschendsten aber war vielleicht die Entdeckung, dass das Ich dieser Patientin in vielerlei Hinsicht in derselben Weise auf Emotionen reagierte wie Kinder auf Triebe. Ich hätte die Psychopathologie der Patientin mit der Aussage beschreiben können, dass die Patientin mit ihren Emotionen umging, als ob sie Triebe, ihre Triebe aber so, als ob sie weit weniger gefährliche Emotionen wären. Wenn sich dieser Aspekt auch bei anderen Fällen von Schizophrenie für wahr erweisen sollte, könnte das das Verständnis dessen, was es eigentlich ist, das uns in der schizophrenen Psychopathologie so bizarr vorkommt, enorm erleichtern.

Ein Verständnis der Eigenart der Patientin, mit ihren Emotionen wie mit Trieben umzugehen, kann auch von der Theorie her entwickelt werden. Freuds große Entdeckung in »Hemmung, Symptom und Angst« kann als die Erkenntnis zusammengefasst werden, dass Emotionen ebenfalls einem Primär- und Sekundärprozess unterliegen. Der Primärprozess von Emotionen entspräche der vollen Entfaltung einer Emotion, von der ich hier so oft gesprochen habe; der Sekundärprozess entspräche der Abschwächung einer Emotion zu einem Signal, das sich gut mit dem »Probehandeln« vergleichen lässt, in dem Freud den Grundpfeiler des Sekundärprozesses im System *Vbw* ausgemacht hat. Da das Ich der Patientin über keinen Sekundärprozess der Emotionen verfügte, wurde es von Emotionen in der gleichen Weise bedroht, als wären sie Triebe, die sich nur nach einem Primärprozess richten können.

Diese Beobachtungen brachten mich zu der Überlegung, dass die Wahl der Abwehrmechanismen zumindest in den Frühphasen der Entwicklung womöglich fast ausschließlich von ökonomischen Faktoren und nicht von der vom psychischen Apparat abzuwehrenden Reizquelle abhängen könnte. Das würde

---

ationen wie Erinnerungssymbole wachgerufen.« Unter dem Eindruck der Enttäuschungen, die ihr von ihren allerersten Liebesobjekten beigebracht worden waren, hatte diese Patientin Affektzustände erworben, die beinahe ununterbrochen anhielten. Vielleicht ist die Fähigkeit, unter dem Einfluss eines Traumas neue Arten von Affekten auszubilden, eine einzigartige Eigenschaft des schizophrenen Ichs.

bedeuten, dass die Wahl der Abwehrmechanismen nicht davon abhängt, ob der psychische Apparat von innen oder von außen kommende Reize abwehrt. Diese ökonomischen Faktoren könnten von der Reizintensität, der Intensität der Abwehrmotive (Angst) und vom Verhältnis zwischen der Kraft des Ichs und der Schwierigkeit der dem Ich auferlegten Aufgabe bestimmt sein.

Aus dem Amerikanischen übersetzt von Dominic Angeloch

Anmerkungen
zum psychoanalytischen Begriff der Heilung[1]

Eine siebenundzwanzig Jahre alte, unverheiratete Frau war wegen einer schweren Neurose, deren Hauptsymptom Erythrophobie war, in Psychoanalyse. Wegen ihrer Ängste war sie in ihren sozialen Beziehungen wie auch in ihrem Sexualleben ernstlich behindert und die Aussicht, aufgrund ihres Symptoms unverheiratet zu bleiben, bedrückte sie sehr. Nach drei Jahren beendete die Patientin tief entmutigt die Behandlung. Sie hatte weder größere Einsicht in ihre Psychopathologie gewonnen, noch eine Linderung ihrer Symptome erfahren.

Als ich mich jedoch acht Jahre später nach ihrem Befinden erkundigte, erhielt ich einen Brief von ihr, der überaus glücklich klang. Sie war nicht nur verheiratet; sie hatte auch drei Kinder bekommen und war ebenso erfolgreich auch in anderen Bereichen, die zur Zeit ihrer Behandlung völlig außerhalb ihrer Möglichkeiten zu liegen schienen.

Es ist ziemlich außergewöhnlich, dass eine Patientin nach drei Jahren eine psychoanalytische Behandlung verlässt, ohne davon in irgendeiner Weise profitiert zu haben. Aber genauso außergewöhnlich ist es, dass sich, selbst nach erfolgreicher Analyse, praktisch alle Wünsche einer Patientin erfüllen – wenigstens soweit sie durch äußere Ereignisse erfüllt werden können. Das war in diesem Fall umso bemerkenswerter, da es dazu kommen konnte, obwohl das Hauptsymptom der Patientin weiter fortbestand.

Das Zusammentreffen von Ereignissen, von denen jedes einzelne nur selten vorkommt, macht es lohnenswert, die Bedeutung dieser klinischen Situation im Einzelnen genauer zu untersuchen.

Die Patientin war eine weiße, in Amerika geborene Protestantin mit familiärem Neuengland-Staaten-Hintergrund, die wegen ihrer Schüchternheit, ihres Mangels an Selbstvertrauen und schwerer Erythrophobie die Behandlung aufgesucht hatte. Die psychologischen Tests, die auf Wunsch des sie überweisenden Arztes gemacht worden waren, ergaben folgende Diagnose: Angsthysterie mit deutlich zwangsneurotischen Zügen. Die junge Frau wurde als eine Person mit überragender Intelligenz beschrieben, deren intellektuelle Leistungsfähigkeit durch ihre Krankheit nicht gelitten hatte, deren allgemein

---

[1] [Erstveröffentlichung unter dem Titel »Notes on the psychoanalytic concept of cure« in *The Psychoanalytic Study of the Child*, 18, 1963, S. 424–463].

kulturelles Interesse jedoch wegen der Verdrängungen, wie man sie bei der Hysterie beobachten kann, erheblich eingeschränkt war. Auch eine Neigung zur Projektion und eine Abneigung gegen Introspektion und freies Phantasieren wurden beobachtet.

Die Patientin war eine gut aussehende Frau mit guten Manieren, die den Wunsch hatte, von ihrem Hauptsymptom befreit zu werden. Sie war das dritte Kind einer wohlhabenden Familie der oberen Mittelklasse. Der Vater, der in seinen frühen Vierzigern gestorben war, die Patientin war damals dreizehn, war beruflich erfolgreich gewesen. Ihre Mutter, eine Hausfrau, war eine aktive Person, die sich immer guter Gesundheit erfreut hatte.

Die Patientin war das dritte von fünf Geschwistern, wobei zwei Schwestern fünf bzw. drei Jahre älter waren. Eine Schwester war fünf und ein Bruder drei Jahre jünger. Keines ihrer Geschwister zeigte Anzeichen einer ernsthaften Neurose. Man könnte sie als im konventionellen Sinn gut angepasst bezeichnen; die beiden älteren Schwestern waren glücklich verheiratet und hatten Kinder. Für die Patientin ließ dies die Notwendigkeit einer psychoanalytischen Behandlung umso bitterer erscheinen, die sie offensichtlich als einen Makel empfand, als eine Ungerechtigkeit ihr gegenüber oder als ein Zeichen dafür, von einem bösen Schicksal verfolgt zu werden.

Seit früher Kindheit war sie schüchtern gewesen, hatte nie gewagt, ihre Gedanken auszudrücken, aus Angst, dass man etwas über sie herausfinden könnte. Sie litt unter verschiedenen Erscheinungsformen von Angst, wie Herzrasen, feuchten Händen und einem mulmigen Gefühl im Magen. Das Zentrum ihrer Befürchtungen war jedoch die Angst, sie könnte erröten.

Es war schwierig für sie, festzustellen, wie oft das wirklich geschah. Jemand hatte ihr gesagt, es sei ihr passiert, obwohl sie selbst sich dessen nicht bewusst gewesen war. Andererseits war sie sich, wenn sie ein Gefühl von Hitze in ihrem Gesicht spürte, nicht sicher, ob sie tatsächlich rot geworden war, denn einmal, als sie dies zu spüren meinte, hatte sie gerade in den Spiegel gesehen und keine Veränderung in der Farbe beobachtet (vgl. Bien 1930, S. 71). Am Häufigsten klagte sie über das Gefühl, sie könnte erröten.[2]

Es schien also, dass sich das Unangenehme auf die Phase vor dem befürchteten Erröten konzentrierte, wobei sie nie wusste, ob es dazu kommen würde oder nicht.[3] Neue Situationen, die Notwendigkeit, eine Entscheidung zu tref-

---

[2] Bien (1930) berichtet, dass bei seinen Patienten die Angst vor dem Erröten schlimmer war als das Rotwerden selber.

[3] Feldman (1922, S. 27) nennt diese Phase passend eine »Aura«. Dennoch ist sie kein unentbehrlicher Teil des Symptoms. Einige Patienten wissen, welche Ereignisse ein Erröten hervorrufen. Ihre Befürchtungen sind hauptsächlich darauf gerichtet, solchen zu begegnen (von Bechterew 1897a; Weiss 1933). Dieses klinische Indiz scheint mir im Hinblick auf die Prognose wichtig zu sein.

fen oder vor einer Gruppe zu sprechen, gaben ihr ein unangenehmes Gefühl, und das Herannahen solcher Situationen konnte sehr leicht Symptome auslösen. Die Furcht vor dem Erröten war unterschiedlich stark; manchmal war sie, obwohl sie es erwartet hätte, frei davon. Manchmal trat es, soweit sie es beurteilen konnte, auf, ohne durch äußere Umstände provoziert worden zu sein. Es war weniger wahrscheinlich, dass sich das Symptom im Kontakt mit Fremden zeigte, als im Kontakt mit Menschen, die sie gut kannte oder mochte. Fast sicher trat es dann auf, wenn etwas vorfiel oder zur Sprache gebracht wurde, das auch nur im Entferntesten mit dem Thema Sexualität zu tun hatte.

Die Befürchtung trat nicht auf, wenn sie allein war. Auch wenn es dunkel war im Raum und sie sicher sein konnte, dass andere es nicht bemerken würden, hatte sie keine Angst zu erröten.[4] So wäre es also richtiger zu sagen, dass sie Angst hatte, *beobachtet zu werden, wenn sie errötete,* denn das Auftreten des Errötens an sich wurde nicht als Gefahr erlebt. Ihre Berichte vermittelten mir den Eindruck, dass sie tatsächlich weniger oft errötete, als im Normalfall zu erwarten gewesen wäre.[5] Bemerkenswert ist auch, dass die Patientin niemals – so weit sie sich erinnern konnte – als Folge ihres Errötens irgendeiner demütigenden oder traumatischen Erfahrung ausgesetzt gewesen war.

Bis sie aufs College ging, war die Patientin frei von dem Symptom. Als sie neunzehn war, geschah es, dass sie zwei Tage, nachdem sie zum ersten Mal einen Jungen geküsst hatte, errötete. Dies beunruhigte sie jedoch nicht weiter. Am Anfang errötete sie nur in Bezug auf den Jungen, der sie geküsst hatte. Aber bald häufte sich das Erröten oder sie befürchtete zumindest, dass es das tun würde, und die Erwartung, dass es geschehen könnte, wurde zum Fluch ihres Lebens. Diese Befürchtung drohte sie in die Isolation zu treiben; sie machte sie steif und kontaktscheu. Wenn es die gesellschaftlichen Umstände erlaubten, musste sie manchmal den Raum verlassen aus Angst, dass das verhasste Symptom wieder auftauchen könnte.

Sie beobachtete sich mehr oder weniger ständig und hatte das Gefühl, eine Rolle zu spielen. Es schien, dass sie die Depersonalisierung, die im Gefolge der Phobie auftrat, als eine Art verzweifeltes Aufatmen erlebte, das seinerseits aber wiederum zu einer Quelle von Unbehagen wurde.

---

[4] Nach Feldman (1962) wäre das außergewöhnlich: »In seiner Phantasie wird der Errötende immer gesehen.« (S. 370). Von Bechterews Fall war symptomfrei, wenn er allein war (1897a).

[5] Es scheint, dass die Frage der Häufigkeit tatsächlichen Errötens im Allgemeinen vernachlässigt wurde und dass die meisten Berichte die Behauptungen der Patienten als begründet angesehen haben, obwohl Patienten nur selten die Gelegenheit haben, zu überprüfen, ob die Empfindung von dem somatischen Ereignis begleitet ist. Donath (1912, S. 354) berichtet von Fällen von Erythrophobie ohne Erröten.

Ihre Angst vor dem Erröten war ein Geheimnis.[6] Erst während des Behandlungsverlaufs wagte sie, es ihrer Mutter anzuvertrauen. Einmal, als sie eine neue Stelle antrat und ihre Vorgesetzte ihr zufällig von ihrer eigenen Neigung rot zu werden erzählte, konnte sie kaum ihren Ohren trauen. Sie war sprachlos, dass jemand so offen und unbesorgt über ein so schreckliches Symptom reden konnte. Doch konnte sie nicht erklären, was am Erröten so gefährlich war.

Die Patientin verabredete sich mit Männern und sie ließ sich von ihnen küssen, wenn auch oft mit der Angst, daran zu ersticken. Sie gönnte sich sogar sexuelle Spiele und hatte gelegentlich einen Orgasmus, wenn sie genital berührt wurde. Aber Geschlechtsverkehr kam nicht in Frage und sie wunderte sich, warum sie dagegen so starke Vorbehalte hatte, während doch ihre Geschwister nichts dagegen zu haben schienen. Sie sehnte sich sehr nach Ehe und Mutterschaft. Da sie ihre ganze Zukunft um die Heirat herum geplant hatte, war sie, angesichts der sich als unüberwindbar erweisenden Hürden, verzweifelt.

Was die Objektwahl betrifft, waren die Hindernisse gewaltig. Die meisten Männer, die sie gerne als Ehemänner gehabt hätte, waren verheiratet, und die Männer wiederum, die sich für sie interessierten, gefielen ihr nicht. Wenn sie sich in einen Mann verliebte, war es ihr vor allem wichtig, dass niemand ihre Neigung bemerken sollte. Außerdem verhielt sie sich in der Gesellschaft eines Mannes, den sie sympathisch fand, eher so, dass es ihn abstoßen würde, während sie sich ziemlich angemessen verhielt, wenn sie mit Männern zusammen war, an denen sie nicht ernsthaft interessiert war. Manchmal, wenn sie wollte, dass ein Mann sie mochte, war sie, sobald sie ihr Ziel erreicht hatte, nicht mehr an ihm interessiert.

Es war nicht ganz klar, in welchem Maße es sich um ein zwanghaftes Verhalten handelte. Jedenfalls verschlimmerte zwanghafter Zweifel ihren Zustand.[7] Sie konnte sich nicht entscheiden, was sie glauben sollte. Sie dach-

---

[6] Die Notwendigkeit, das Symptom als Geheimnis zu schützen, wurde früh beschrieben (siehe Breton 1896, S. 1183). Es tritt nicht bei allen Patienten auf, die an dieser Krankheit leiden, aber es scheint bei Erythrophobie häufiger aufzutauchen als bei anderen Phobien. Feldman (1922, S. 16) berichtete von einem Patienten, der die Angewohnheit hatte, andere zu warnen, dass er erröten würde. Bei Phobien in der Kindheit kann dies ein entscheidendes prognostisches Merkmal werden. Es gibt Kinder, die es nicht wagen, ihren Eltern ihre Phobien mitzuteilen. Es scheint Einigkeit darüber zu bestehen, dass man eine Phobie nur da diagnostizieren sollte, wo der Patient Maßnahmen entwickelt, um sich gegen das Auftreten von Angst zu schützen. Bei den Kindern, an die ich denke, entwickeln sich solche Maßnahmen, obwohl latent vorhanden, wegen der übermäßigen Ängste, die damit verbunden sind, nicht. Wie wohl bekannt ist, werden die durch eine Phobie verstärkten Grenzen überschritten, sobald sie das Leben des Patienten gefährden.

[7] Bien (1930) hat sehr geschickt die Wechselbeziehung zwischen Phobie und Zwangsneurose bei Erythrophobie erörtert.

te sogar, dass ihre Entscheidung, sich analysieren zu lassen, weniger durch ihr Symptom bestimmt war, als durch den Wunsch, herauszufinden, was ihre wirklichen Überzeugungen waren.

Nachdem ihre Schwester einer Kirche beigetreten war, schloss auch sie sich ihr an, aber sie fühlte sich wie eine Heuchlerin, wenn sie hinging. Sie wusste nicht, was die Leute empfinden, wenn sie zur Kommunion gehen. Über ihre Erstkommunion sagte sie: »Mutter weinte. Niemand hat es mir je erklärt.«. Sie wünschte, dass Christus seine Kreuzigung verhindert hätte, weil er ihr dann hätte sagen können, woran sie glauben sollte. Wenn sie ihren Vater fragte, warum sie etwas tun sollte, war seine Antwort: »Weil man es Dir gesagt hat.«

Kurz nachdem sie ihrer Mutter ihre Zweifel über Christus anvertraut hatte, sagte sie, sie glaube, Gott habe ihr die Idee eingegeben, sich behandeln zu lassen, um ihr Denken zu klären. Der Zweifel an Überzeugungen und am Glauben weitete sich auch auf ihre Emotionen aus, sodass sie sich oft nicht sicher war, was sie gerade fühlte. Einmal begann sie die Sitzung wie folgt: »Ich habe das Gefühl, verrückt zu sein. Ich würde gerne verrückt werden. Fühle ich mich wirklich so oder denke ich, dass ich mich für verrückt halte? Vielleicht versuche ich nur, ein Gefühl zu zeigen.«

Angesichts der Schwere ihrer Neurose hatte die Patientin recht, wenn sie befürchtete, sie würde nie heiraten. Das enttäuschte nicht nur ihre objektbezogenen Wünsche, sondern es drohte auch all ihre Ambitionen zum Scheitern zu bringen, um so mehr, als ja ihre beiden älteren Schwestern verheiratet waren und, zu ihrer Verzweiflung, ihre jüngere Schwester sich ein paar Monate nach Beginn der Behandlung verlobte. Ihre Rivalität Frauen gegenüber war sehr intensiv. Eine weibliche Autorität zu akzeptieren war für sie weit schwieriger, als mit einem Mann als Vorgesetztem zusammenzuarbeiten. Frauen gegenüber war sie besonders kritisch, sie entdeckte schnell deren Schwächen oder Unzulänglichkeiten und war gnadenlos in ihrer Beurteilung.

Es war offenkundig, dass ihre kritische Einstellung Frauen gegenüber mit ihren Gefühlen ihrer Mutter gegenüber zusammenhing. Sie liebte und bewunderte ihre Mutter und lobte sie dafür, immer bereit gewesen zu sein, nicht nur ihren Kindern zu helfen, sondern auch jedem, der ihre Hilfe brauchte. Trotz der Fehler, die ihre Mutter, wie sie ihr vorwarf, bei ihrer Erziehung gemacht habe, war sich die Patientin bewusst, dass ihre Mutter ihre Kinder hingebungsvoll geliebt und sich ganz für sie eingesetzt hatte.

Dennoch ärgerte sie sich über sie während der meisten Zeit, die sie mit ihr zusammen verbrachte, und reagierte heftig auf jede Meinungsverschiedenheit, immer in der Überzeugung, dass sie Recht und ihre Mutter Unrecht hatte. Außerdem störte es sie, die unvermeidbaren Funktionsstörungen wahrzunehmen, die sich bei ihrer alternden Mutter zu zeigen begannen. Am wenigsten konnte sie es ertragen, wenn sie bei ihr Anzeichen von Ängstlichkeit bemerkte.

Mehrmals verlor die Patientin als Erwachsene die Kontrolle und geriet in heftigen Streit mit ihrer Mutter. Die Ursachen für diese Wutausbrüche hatte sie jedoch vergessen. Wann immer es ihr gelang, mit ihrer Mutter in einer entspannten und angenehmen Weise Zeit zu verbringen, war sie glücklich.[8]

Ihre Ambivalenz Frauen gegenüber ließ sich gut am Verhältnis zu ihren Schwestern beobachten. Nach einer Periode der Rivalität und des Neides liebte sie ihre älteste Schwester herzlich. Diese Liebe schloss auch deren Ehemann ein, zu dem sie eine positive Vaterübertragung aufgebaut hatte. Die Schwester dagegen, die ihr altersmäßig am nächsten stand und mit der sie nie gut ausgekommen war, war das Objekt ihrer Verachtung. Sie beschrieb sie als eine leere Konformistin. In gleicher Weise verachtete sie den Ehemann dieser Schwester, über den sie nur das Schlechteste zu berichten wusste. So richteten sich die beiden Seiten ihrer Ambivalenz getrennt auf jede ihrer beiden älteren Schwestern. In der Beziehung zu ihrer jüngeren Schwester hatte sie sich wie eine herrische Mutter verhalten. Deren Verlobung erfüllte sie mit Verbitterung, und sie beschrieb sie als jemanden, der sie nicht länger brauche – so rationalisierte sie das Schwinden ihres eigenen Interesses.

Die Patientin hatte das Gefühl, dass sie von ihrer Familie bedauert wurde, weil sie unverheiratet und unglücklich war. Sie mochte Recht damit gehabt haben, langsam als die traditionelle alte Jungfer angesehen zu werden, die man, wann immer nötig, um Hilfe bitten kann, um die man sich aber auch ständig Sorgen macht, wenn es darum geht, wo sie das Erntedankfest [Thanksgiving] und Weihnachten verbringt. So fühlte sie bei gelegentlichen Einladungen etwa ihrer Mutter, mit ihr ins Theater zu gehen, weil ein anderes Familienmitglied verhindert war, mehr Schmerz oder Verdruss als Vergnügen.

Sie schien Recht damit zu haben, ihre Familie als versnobt anzusehen, da ihre Eltern in hohem Grade die traditionellen Werte der Neuengland-Staaten verinnerlicht hatten und mit Verachtung auf andere Einwanderergruppen herabsahen. Aus Protest – ihren eigenen rebellischen Neigungen geschuldet – vermied sie nach dem College snobistische Attitüden. Sie schlug sich oft auf die Seite der Außenseiter [underdog] und verteidigte sie gegen deren Gegner. Aber es wurde klar, dass sich hinter ihrer kritischen Einstellung eine Haltung verbarg, die mindestens so versnobt war wie die ihres Umfelds. Es schmerzte sie, dass ihre Familie nicht zur obersten Gesellschaftsschicht gehörte, und jedem Hinweis darauf, dass jemand glauben könne, sie stehe nicht nahe der Spitze der gesellschaftlichen Pyramide, begegnete sie mit Angst und Ärger.

---

[8] Ich glaube, dass der Grund dafür, dass die Patientin gerade in dieser Zeit um eine Behandlung bat, der war, dass sie in das Alter kam, in dem ihre Mutter geheiratet hatte. Offensichtlich war es für sie extrem ärgerlich, dass sie in einem Alter, in dem ihre Mutter schon verheiratet war, noch unverheiratet sein sollte.

Es gab Anzeichen dafür, dass sie befürchtete, ich könnte Jude sein; sie zog es vor, darüber in Unkenntnis zu bleiben, »weil es Sie beleidigen würde, wenn ich Sie fragte.« Einmal träumte sie, dass sie von einer Frau analysiert wurde, die ihr sagte, sie könne nur gesund werden, wenn sie eine »Anti-Anti-Semitin« würde. Gemäß Neuengland-Standards rangierte Sauberkeit hoch in ihrem Wertesystem. Viel Zeit und Energie wurden darauf verwendet, alles äußerst sauber und wohlgeordnet zu halten, wobei ihre Reaktionsbildungen in dieser Hinsicht ganz im Rahmen einer Persönlichkeit mit einer Zwangsstörung lagen.

Während ihre Intelligenz, wie der psychologische Test richtig gezeigt hatte, durch ihre Krankheit nicht gelitten hatte, hatten sich ihre kulturellen Interessen verengt. Es gab keine kulturellen Beschäftigungen, die sie in Anspruch nahmen. Offenbar hatte ihre Störung ihre Sublimierungsfähigkeit beeinträchtigt. Das Gesamtbild legte nahe, dass ihre Konflikte sich in Richtung eines (unveränderbar?) rigiden Charakters zu verfestigen begonnen hatten. Groll, Neid, Enttäuschung und Aggressivität ergänzten das übliche Bild einer überempfindlichen und verstimmten alten Jungfer (vgl. Bien 1930, S. 17).

Ihre Psychopathologie hatte früh begonnen. Schon als charmantes Baby hatten ihre Wutanfälle sie bald zu einem schwierigen Kleinkind gemacht. Es ist wahrscheinlich, dass sie eine Reaktion auf die Schwangerschaft ihrer Mutter waren. Da der Vater enttäuscht darauf reagierte, dass sie ein Mädchen war, ist anzunehmen, dass das elterliche Interesse – vielleicht unvermeidbar – sich mehr als gewöhnlich auf die Erwartung eines neuen Babys konzentriert hatte. Wie auch immer, ihre Wutanfälle müssen sehr heftig gewesen sein, da so manches Kindermädchen es nicht ertrug, längere Zeit bei ihr zu bleiben. Die Fluktuation war deswegen beträchtlich.

Ihre Reaktion muss umso schärfer ausgefallen sein, als der neue Rivale tatsächlich ein Junge war. Ihre Träume offenbarten unverhüllt einen überaus heftigen Penisneid.

Was die Aggression betrifft, war die Psychopathologie der Patientin nicht allzu überraschend. Als sie sagte, es wäre angenehmer für sie gewesen, wenn es in ihrer Familie drei ältere Kinder und zwei jüngere gegeben hätte, es unglücklicherweise aber zwei ältere Kinder und drei jüngere gäbe, beschrieb sie anschaulich einen bestimmten Aspekt der Belastung in ihrer Kindheit. Sie nahm genau die mittlere Position unter den Kindern ein; obwohl sie sich berechtigt fühlte, als Mitglied der höheren Schicht wahrgenommen zu werden, wurde sie in der sozialen Realität zur unteren Klasse gezählt – sicherlich ein wichtiger Faktor im Hinblick auf ihre spätere Parteinahme für Ausgeschlossene.

Das erklärt auch ihre Beschäftigung mit Statusfragen. Ihre unsichere mittlere Position in der Reihe der Kinder wurde durch die Distanz, die sie zu jedem Elternteil empfand, noch erschwert. Die Patientin erinnerte sich daran, dass sie im Alter von acht Jahren die Schlussfolgerung zog, dass sie ihrer Mutter egal war. Sie hatte sich mit einer großen Schere in den Finger geschnitten. Als sie zu ihrer Mutter rannte, zeigte diese keine Anteilnahme, sondern fragte einfach: »Warum hast du diese Schere benutzt?« und sagte ihr, dass sie zum Vater gehen solle, damit der sich um sie kümmere.

Zwanghafte Verhaltensmerkmale in der elterlichen Erziehungstechnik hatten eine unglückliche Auswirkung auf ihre charakterliche Entwicklung. Wenn sie wütend war, wurde sie für fünf Minuten in einen Schrank gesperrt. Benahm sie sich, nachdem man sie herausgelassen hatte, weiter schlecht, wurde sie wieder, diesmal für eine längere Zeit, eingeschlossen. Was zu Mittag nicht aufgegessen wurde, musste abends gegessen werden. Regelmäßiger Stuhlgang wurde dadurch, dass die Mutter ihn täglich überprüfte, erzwungen. Dass der Vater ihr eine Tracht Prügel auf den nackten Hintern verabreichte, war nicht selten.

Im Alter von ungefähr neun Jahren wurde sie unter dem Vorwand, sie sei nervös, jeden Tag kurz nach ihrer Rückkehr von der Schule ins Bett geschickt, obwohl sie wusste, dass es in Wirklichkeit eine Strafmaßnahme war, um ihren Starrsinn zu brechen. Denn ihr Vater befürchtete, dass sie wie eine ihrer Tanten werden könnte, eine schwere Neurotikerin, die von Zeit zu Zeit eingewiesen worden war und die eine ständige Irritation für die Familie darstellte. Der Vater dachte, dass sie verwöhnt sei, und Strenge war das Gegenmittel, an das er glaubte.

Kein Wunder, dass die Eltern eines Tages meinten, sie zu einem Kinderpsychiater bringen zu müssen (die Patientin nimmt an, dass sie damals neun Jahre alt war). Soweit sich die Patientin erinnern konnte, tat man das, weil sie einen Tic entwickelt hatte. Sie denkt, dass es nur einen Besuch gab: Sie erinnerte sich an den Aufzug und den Hauseingang, aber der Rest des Arztbesuchs blieb unter einer Amnesie verborgen.

Nach dem Tod des Vaters fühlte sich die Mutter in der Umgebung, die sie ständig an den Verstorbenen erinnerte, niedergeschlagen. Die Familie verbrachte deshalb anderthalb Jahre im Ausland, wo die Patientin in eine Privatschule geschickt wurde, in der man die Landessprache sprach. Sie fühlte sich wieder diskriminiert, was nicht unberechtigt war, weil ihr Bruder eine amerikanische Schule besuchte, während ihre drei Schwestern bei ihrer Mutter blieben. Sie haben sich amüsiert, während für sie die Zeit, die sie in der Internatsschule verbrachte, die elendeste war, an die sie sich erinnern konnte. Einem Tagebuch, das sie während jener Zeit führte, entnahm sie, dass sie jeden gehasst und gedacht hatte, dass die ganze Welt gegen sie war.

Nach ihrer Rückkehr ließ sich die Familie in der Heimatstadt ihrer Mutter nieder, wo die Patientin die Prominenz vermisste, die in der Stadt, in der sie die meisten früheren Jahre verbracht hatte, mit der Position des Vaters verbunden gewesen war.

Als die Patientin etwa zehn war, litt sie an einer ungewöhnlichen Phobie. Sie hatte Angst, dass die Rosenbüsche vor ihrem Fenster nachts zu brennen anfangen würden. Sie wagte nicht, sie anzusehen, aus lauter Angst, sie brennen zu sehen. Die Phantasie ging weiter: Das Haus würde Feuer fangen und die Familie würde sie nicht retten (vgl. Freud 1905c, S. 233–238). Als die Familie an einen anderen Ort zog, wurde dieser letzte Teil der Phobie durch die hoffnungsvollere Aussicht ersetzt, gerettet zu werden.

Hinter jenen Büschen hatte die Patientin mit einem gleichaltrigen Cousin ihre frühesten sexuellen Erfahrungen. So war das Feuer, das in den Büschen auszubrechen drohte, ein Symbol für das Feuer, das sie selbst gefühlt hatte, als sie sich hinter ihnen versteckte. Es ist sehr wahrscheinlich, dass die Angst, die Rosenbüsche brennen zu sehen, der Abwehr masturbatorischer Impulse diente. Die Bedeutung war offenbar: »Wenn ich die Rosenbüsche brennen sehe, werden meine sexuellen Wünsche geweckt und meine Eltern werden mir nicht beistehen, um mich davor zu schützen, mich durch Masturbation selbst zu beschädigen.« Beide, Rosen und Feuer, haben eine wichtige Eigenschaft gemeinsam mit dem Hitzegefühl im Gesicht, dem gefürchteten Zeichen für das Erröten.[9]

Im Alter von sechs Jahren begann sie nach einem Orgasmus, der dadurch hervorgerufen wurde, dass sie sich an einem Seil hinaufzog, zu masturbieren. Zwei Jahre bevor sie mit der Behandlung begann, hatte sie damit aufgehört, weil sie es als ein Zeichen von Krankheit betrachtete. Zwischen fünfzehn und fünfundzwanzig masturbierte sie nur unregelmäßig, einmal in zwei oder drei Monaten und ohne Phantasien. Als Kind hatte sie die Phantasie, Patientin zu sein, wobei die Masturbation eine Behandlung war, die ihr aufgezwungen wurde.

Die Masturbation war ein Geheimnis, von dem keiner etwas wissen sollte;[10] später aber kam ein viel gefährlicheres Geheimnis hinzu, als sie mit elf oder zwölf Jahren ein sexuelles Verhältnis mit einem Hund hatte. Sie übernahm dafür keine Verantwortung und bestand darauf, überrascht worden zu sein, als der Hund ihr, nachdem sie aus dem Bad gestiegen war, die Genitalien leckte. Während sie sich ihrer Schuldgefühle wegen der Masturbation bewusst war, leugnete sie, wegen ihrer sexuellen Handlungen mit dem Hund Schuld oder Scham zu empfinden. Es sei »rein körperlich« gewesen, es hätte mit Menschlichem nichts zu tun gehabt.

---

[9] Die Verbindung zwischen dem Feuer und der Erythrophobie ist von vielen beobachtet worden (siehe Bien 1930, S. 54; Kratter 1932, S. 198).

[10] Von Bechterew (1897b) scheint als erster die Masturbation als eine Quelle der Scham bekannt gemacht zu haben. Freud dürfte jedoch 1895 von »sexueller Schuld« gesprochen zu haben (Freud 1895g). Die Rolle, die Geheimnisse bei der Erythrophobie spielen sowie die Angst davor, dass sie verraten werden, ist von vielen hervorgehoben worden (Freud 1895g; Breton 1896; von Bechterew 1897b; Stekel 1912, S. 250; Bien 1930, S. 79).

Offensichtlich waren die Triebe dieser Patientin besonders schwer zu kontrollieren gewesen. Trotz eines stark entwickelten Über-Ichs wurde sie wieder und wieder von Triebforderungen überwältigt. Es ist in diesem Zusammenhang erwähnenswert, dass sie als Kind Techniken entwickelt hatte, ihre Mutter zu betrügen. Sie umging die Maßnahmen, die die Mutter gewöhnlich ergriff, wenn ein Kind keinen Stuhlgang gehabt hatte, indem sie die Toilette spülte und so ihre Mutter glauben machte, sie habe Stuhlgang gehabt. Sie entschuldigte sich heuchlerisch, sie habe vergessen, ihre Mutter zur täglichen Inspektion zu rufen. Sie täuschte auch vor, gebadet zu haben, und sie wechselte in der Schule die Teile ihrer Kleidung, die ihr nicht gefielen, von denen ihre Mutter aber wollte, dass sie sie trug. All das mag als Beweis dafür dienen, dass sie als Kind elterliche Forderungen nicht als für sich gültig oder rechtmäßig bindend anerkannte (sicher waren sie in vielen Fällen maßlos). Sie akzeptierte nur die Notwendigkeit, sich den Anschein von Gehorsam zu geben.

Als sie als kleines Kind einmal die Veranda betrat, wo ihr Vater und ihre Mutter mit dem Frühstück auf sie warteten, streckte sie ihnen die Zunge heraus – woraufhin sie sofort in ihr Zimmer zurückgeschickt wurde. Sie war sich sicher, dass sie nicht vorgehabt hatte, sich so zu verhalten und dass die spöttische Geste unwillkürlich war. Hier trat ihre Aggression gegen ihre Umwelt offen zutage, doch das Selbst leugnete seine Verantwortung. Der nächste Schritt führte zur Heimlichtuerei des Kindes, die ihr wenigstens dazu verhalf, den gesellschaftlichen Anstand zu bewahren.

Dennoch ist die Patientin nicht als Verwahrloste einzustufen, auch wenn einige ihrer Handlungen zeitweise eine solche Einordnung nahezulegen scheinen. Das Selbst war sich der gesellschaftlichen Anforderungen und der Folgen ihrer Verstöße bewusst genug, um – zumindest äußerlich – der Gemeinschaft gegenüber einen gut geordneten Eindruck aufrechtzuerhalten. Gemessen an der Stärke ihrer Triebanforderungen hätte sich die Patientin später leicht zu einer Verwahrlosten entwickeln können. Ich glaube, dass der Tod des Vaters so große Schuldgefühle und ein solches Bedauern über ihr Fehlverhalten verursachte, dass die neurotische Lösung ihrer Konflikte überwog.

Das Bild ihres Vaters war gefärbt von Trauer. Als man ihr sagte, dass er gestorben war, dachte sie, dass er jetzt niemals wissen würde, dass sie kein unartiges, sondern ein gutes Kind war. Es tauchte das verstörende Gefühl auf, dass das Bild eines unartigen Mädchens, das sich der Vater von ihr gemacht hatte, fortan nicht mehr zu reparieren war. Als sich die Tragödie ereignete, war sie fassungslos; was folgte, war ein traumartiger Zustand, in dem sie zu keiner Emotion mehr fähig war. Zweifellos hatte sie für ihren Vater viel Zuneigung empfunden. Aber er war ein beschäftigter Mann gewesen, der wenig Zeit für seine Kinder hatte, der nur am Sonntag mit ihnen spielen konnte.

Sie hatte beobachtet, dass das Verhalten ihres Vaters seinen Kindern gegenüber sich ziemlich von dem unterschied, das er anderen gegenüber hatte. Den ersteren gegenüber verhielt er sich unbeugsam und streng, anderen gegenüber nachgiebig, freundlich und hilfsbereit. Berechtigterweise litt sie unter dem Gefühl, von ihrem Vater niemals genug Zuneigung bekommen zu haben, und im Verhältnis zum Ehemann ihrer ältesten Schwester, dessen Persönlichkeit sich gut zur Idealisierung eignete, suchte sie erfolgreich einen verspäteten Ersatz für das, was sie in ihrer Kindheit so stark vermisst hatte. Eigenartigerweise war sie sich nur ihrer negativen Gefühle dem Vater gegenüber bewusst und dachte, dass sie ihn nicht mochte. Doch das mag nur die Kehrseite ihrer Beobachtung mangelnder Zuwendung durch den Vater gewesen sein, einer Zuwendung von der sie alles in allem so wenig bekommen hatte.

Obwohl sie nicht viel über ihren Vater sprach, spürte man oft seine Gegenwart. Ihre Handlungen wurden wahrscheinlich gewohnheitsmäßig im Sinne einer ihm unterstellten Zustimmung oder Missbilligung bewertet. Ein nicht unbedeutendes Hindernis für den Fortschritt in ihrer Behandlung war ihr wahrscheinlich ganz richtiges Gefühl, dass ihr Vater ihr Vorhaben, sich analytisch behandeln zu lassen, nie gutgeheißen hätte.

Eine aggressive Handlung, die sie fünf Jahre vor dem Tod des Vaters gegenüber ihrer zweitältesten Schwester begangen hatte, muss die Schuldgefühle, die unvermeidlich im Gefolge des Todes eines Vaters einsetzen, gesteigert haben, besonders bei einem Charakter wie dem der Patientin. In einem Wutanfall hatte sie einen Bleistift nach ihrer Schwester geworfen. Die Spitze war abgebrochen und steckte in einem Finger. Man sagte ihr, dass die Schwester von dem Fremdkörper eine Blutvergiftung bekommen würde, und sie geriet in Panik. Als man der Patientin sagte, dass der Vater an einer durch ein Geschwür hervorgerufenen Blutvergiftung gestorben sei, ließ sich die Assoziation mit dem vorangegangenen Vorfall kaum vermeiden.

Die Pubertät der Patientin wurde durch die verspätete Menstruation überschattet. Mit dreizehn führte sie zusammen mit vier anderen Mädchen ein Tagebuch. Sie lasen wechselseitig ihre Einträge. Sie fürchtete sich davor, Tagebuch zu schreiben, konnte aber auch nicht aufhören, weil sich die anderen darüber gewundert hätten. Sie schrieb gewissenhaft alles auf, weil sie das Gefühl hatte, sie würden es sowieso herausfinden. Doch sie entwickelte einen Code, der Ereignisse festhielt, von denen sie nicht wollte, dass andere darüber etwas wussten: Sie machte einen Tintenklecks, wann immer sie erfolgreich war oder sich über etwas freute. »Ich wollte nicht, dass irgendjemand erfuhr, dass ich mich über etwas freute.« Der Tintenklecks scheint für die Menstruation gestanden zu haben, auf die sie so sehr wartete.

»Körperlich habe ich mich überhaupt nicht entwickelt«, und deshalb war sie ständig mit der Menstruation beschäftigt. Sie versuchte, etwas darüber herauszufinden, wagte aber nie zu fragen. Wegen ihrer Neugier und wegen ihres Interesses an den Monatsbinden ihrer Schwestern hatte sie Schuldgefühle. Sie fühlte sich wieder einmal besiegt und als Außenseiterin [underdog] diskriminiert.

Die Auswirkungen sowohl verfrühter wie auch verspäteter Reife auf die Persönlichkeitsentwicklung sind untersucht worden. Man glaubt, dass ein verspäteter Eintritt der Pubertät auf Mädchen eine größere Auswirkung hat als auf Jungen, obwohl nicht ganz klar ist, warum das so sein soll. In diesem Falle hatte er eine bleibende verheerende Wirkung. Das ungeduldige Erwarten des Ereignisses, verbunden mit dem Gefühl der Hoffnungslosigkeit, dass es nie eintreten würde, und die dadurch bedingte Scham und Verlegenheit belebten Konflikte aus der Kindheit neu und trugen sicherlich zu der wiederkehrenden pessimistischen Sicht auf sich selbst bei, die so bezeichnend für ihren Charakter war. Da sie äußert besorgt darüber war, dass das Masturbieren ihre Fähigkeit, Kinder zu bekommen, zerstört haben konnte, ist es leicht vorstellbar, welcher Art der Konflikt war, der mit der Erwartung der ersten Regelblutung einherging.

Die Erleichterung war groß, als mit fünfzehn endlich die erste Blutung einsetzte. Doch die Freude wurde ihr dadurch verdorben, dass ihre Mutter dies nicht als »natürlich« ansehen wollte, sondern ihr verbot, an einer Wanderung teilzunehmen und ihr Bettruhe verordnete. Sie behauptete, dass ihr Problem nicht war, erwachsen sein zu wollen, sondern einfach älter. Sie hasste ihre jüngere Schwester, weil sie genauso gekleidet war wie sie. In dem Jahr, als das Erröten sie zu plagen begann, bemerkte sie (anlässlich einer Hochzeit) auf der Toilette, dass die Monatsblutung ihr weißes Kleid befleckt hatte. Sie war überhaupt nicht beunruhigt, sondern verbarg den Fleck unter ihrem Mantel.

Meiner Ansicht nach war das das Trauma, das schließlich zur Erythrophobie führte, aber die Patientin blieb eisern dabei: Um die Menstruation hatte sie sich keine Sorgen gemacht und sie hatte keine Angst davor, dass ein Fleck sie verraten könnte. Obwohl sie sich über vieles in ihrer Vergangenheit beklagte, leugnete sie, dass das späte Einsetzen ihrer Monatsblutungen gegenwärtig irgendeine Bedeutung hätte. Jetzt verstünde sie, dass sie nur langsamer gewesen sei als andere, und das war alles. Diese Verleugnung war bezeichnend für ihr völliges Abtun des Problems der Menstruation, in dem ihre Hauptangst und ihre Befürchtungen offensichtlich zusammentrafen.[11]

Ihrer Darstellung nach bestand ihr Hauptproblem darin, sich so zu verhalten, dass niemand den Verdacht hegen würde, dass sie über Sex Bescheid wusste. Als Kind schämte sie sich oft und wollte in der Schule nicht duschen. Einerseits hatte sie eine Abneigung dagegen, sich zu entblößen, andererseits fühlte

---

[11] Die Verbindung zwischen Erythrophobie und Masturbation wurde früh bemerkt (siehe Breton 1896, S. 1184; auch Bien 1930, S. 67).

sie sich unwohl bei dem Gedanken, dass man ihre Schamhaftigkeit bemerken könnte. Das Erröten würde ihr Wissen verraten. In dieser Hinsicht hatte die Patientin absolut Recht. Das Bild der errötenden Jungfrau wurde von Dichtern gepriesen, weil es uns der Gegenwart von Tugend plus Erregbarkeit versichert. Die Frau, die nicht errötet, ist entweder schamlos und abgebrüht – oder sie ist einfach dumm. Aus der Sicht der sozialen Realität betrachtet, konnte die Patientin stolz darauf sein, dass sie in der Lage war, zu erröten.

In der deutschen Sprache hat das, wie ich denke, kein Dichter schöner ausgedrückt als Friedrich von Logau (1604–1655) mit dem folgenden Vers:

Wie willst du weisse Lilien / Zu roten Rosen machen?
Küss eine weisse Galatee: / Sie wird errötend lachen.

Mit so einer poetischen Sichtweise wäre die Patientin jedoch nie einverstanden gewesen. Sexuelle Unkenntnis war für sie der höchste moralische Wert. Wenn sie sich vorstellte, dass ein Mann, mit dem sie sich verabredete, den sie aber nicht mochte, versuchen könnte, sie zu küssen, sah sie sich vor einem unlösbaren Problem: Wenn sie auf der Hut war und sich rechtzeitig zurückzog, würde sie ihre Erwartung, das heißt, ihr Wissen über das Küssen, verraten. Verhielt sie sich hingegen eher beiläufig und unerfahren, riskierte sie die Unannehmlichkeit eines widerwärtigen Kusses.

Die Entwicklungslinie verlief von den Rosenbüschen, die ihre frühesten sexuellen Spiele verhüllt hatten, zu der Furcht, dass die Büsche brennen könnten: von dem Tropfen Menstruationsblut auf ihrem weißen Kleid zu der Furcht, dass das Erröten etwas verraten könnte, das verborgen bleiben sollte. Wie man sich leicht vorstellen kann, nahm dieses »Etwas« einen weiten Raum ein. Ich habe den Verlust der Unschuld erwähnt, die vielen sexuellen Überschreitungen, derer sie sich schuldig gemacht hatte, ohne jemals jemandem etwas davon gesagt zu haben. Aber es gab auch einen Bezug zur »Schmutzigkeit« des weiblichen Genitals.

Ihrer Meinung nach waren nur die Genitalien von Kindern anziehend, die der Erwachsenen waren hässlich. Angesichts ihres ungewöhnlich starken Penisneides war das weibliche Genital für sie ein zu verachtendes Organ. Die Monatsblutung war natürlich eine Funktion, derer sie sich schämte und die es zu verbergen galt. Doch schien mir das, was es wirklich zu verbergen galt, nicht nur vor anderen, sondern vor allem auch vor ihr selbst, Vorstellungen [imagery] waren, die mit den aus der Erforschung der Erythrophobie so gut bekannten Konflikten nichts zu tun hatten.

Einigen Träumen der Patientin und ihren Essritualen entnahm ich eindeutig, dass sie den Impuls, Fäzes zu essen, abwehrte – ein Impuls, der dem Zweck diente, sich den Penis des Vaters anzueignen. Der Impuls war ziemlich komplex. Er beinhaltete Aggression, insoweit es ein Wunsch nach Kastration war, und würdigte das Geschlechtsteil des Vaters zu etwas Schmutzigem, Wertlosem und Verachtenswertem herab. Er drückte ein endloses und unersättliches Verlangen nach Nähe zu ihm aus und war gleichzeitig Ausdruck von Selbstentwertung und Erniedrigung. Dieser untrennbare Zusammenhang von Oralem und Analem, von Liebe und Hass, von Aktivität und Passivität, von Befriedigung und Bestrafung, von Sadismus und Masochismus in dem einen verdrängten Impuls legte dem Abwehrapparat eine besonders schwierige Aufgabe auf.[12]

Noch schlimmer war es, sich daran zu erinnern, dass sie als Kind nach dem Tod ihres Vaters im Schlafzimmer stand, ihn betrachtete, und er ihr überhaupt nicht tot zu sein schien. Sie wollte die Treppe hinuntergehen und den Leuten sagen, dass ihr Vater noch lebe. Die Patientin entwickelte die Vorstellung, dass er nicht wirklich gestorben sei, sondern die Mutter ihn lebendig begraben habe, eine Phantasie, die ziemlich lebendig in ihr war und die für die Intensität des präodipalen grausamen Mutterbildes bezeichnend war. Ich würde vorsichtig vorschlagen, dass ihr Charakter genetisch mit dieser frühen Phase in Beziehung stand.

Ihr Über-Ich war grausam, nicht nur gegen sie selbst, sondern auch gegen andere.[13] Sie war gnadenlos in der moralischen Geißelung ihrer Mitmenschen, und sie war sich ihres Wunsches bewusst, zu Zeiten der Inquisition gelebt zu haben, als Menschen aus moralischen Gründen der physischen Folter unterworfen werden konnten.[14]

Die defensive Funktion ihrer Krankheit war offensichtlich, aber bei einem Traum dachte ich, dass er Material brachte, das die große Bedeutung zeigte, die die Wunscherfüllung spielte. Eines Tages, als sie spät aufwachte, wunderte sie sich darüber, dass sie nicht geträumt hatte. Plötzlich, nach dem Mittagessen, erinnerte sie sich an einen sehr plastischen Traum von einem Geschlechtsverkehr mit einem Mann, den sie nicht oder nur beiläufig kannte. Es war ein sehr realistischer Traum: »Ich ging mit jemandem ins Bett. Ich fühlte, wie etwas in die Vagina eindrang. Ich habe darauf nicht reagiert. Ich dachte, dass das gut wäre, weil es bedeutete, dass ich nicht schwanger werden würde. Das einzige, worüber ich mir Sorgen machte, war, dass der Mann bemerken könnte, dass

---

[12] Oralität und Analität bei der Erythrophobie wurden unabhängig voneinander von Luzenberger (1911), Feldman (1922), Stekel (1931) und Bien (1933a, b) festgestellt. Benedek beschrieb in einem Fall von Erythrophobie den verdrängten Wunsch, sich den Vater einzuverleiben (Benedek 1925).

[13] Die Patientin schwankte zwischen Minderwertigkeits- und Überlegenheitsgefühlen, die Stekel als für Fälle der Erythrophobie allgemein geltend beurteilte (1931, S. 74).

[14] Es blieb unklar, inwieweit die Großmutter väterlicherseits – eine rigide, extrem moralische Presbyterianerin, die für längere Perioden mit der Familie zusammenlebte und die starb, bevor die Patientin zwölf wurde –, das archaische sadomasochistische Über-Ich der Patientin verstärkte und festigte.

ich nicht reagierte. Er sagte mir, dass wir Daumen drücken sollten und dann sehen würden, wessen Daumen zuerst rot werden würde.« Die Patientin fügte hinzu, dass der Mann verheiratet war, dass sie aber kein Schuldgefühl hätte, weil seine Frau wüsste, dass sie mit ihm ins Bett ginge und nichts dagegen hatte. Irgendwie war sie besorgt, dass jemand etwas über ihren Geschlechtsverkehr herausfinden würde, aber das könnte nur geschehen, wenn sie schwanger werden würde.

Sie dachte, es sei falsch, von solchen Dingen zu träumen: »Die Tatsache, dass Sex mich stört, stört mich. Ich bin nicht angepasst. Die Reaktion des Amerikaners auf Sex kann man mit der eines Kindes vergleichen: Es ist obszön und kann nur auf Umwegen ausgedrückt werden.« Der Traum war wie eine Lehrstunde darüber, wie es zu tun sei. Sie lag auf der Seite und der Mann hinter ihr. Der Daumentest betraf das Timing. Er hatte eine Stoppuhr, um zu prüfen, wie lange es dauerte, bis der Daumen rot wurde.

Der manifeste Inhalt dieses Traumes deutet in verschiedene Richtungen. Der Geschlechtsverkehr wird in einer Weise bewertet, die sich mit der der Masturbation vergleichen lässt. Er wurde ihr aus didaktischen Gründen auferlegt. Handlungen werden nicht nach ihrem inneren Wert beurteilt, sondern nur nach ihrer äußeren Erscheinung. Alles ist erlaubt, solange es keine öffentliche Verurteilung gibt. Auch dass der Partner verheiratet ist, spielt, wenn die Frau nichts dagegen hat, keine Rolle. Die Position spiegelt, abgesehen von ihren analen Implikationen, das Problem von Sehen und Gesehenwerden wieder. Sie ist so lange nicht in Gefahr, wie der Mann ihren Gesichtsausdruck nicht beobachten kann. Orgasmus wird mit Schwangerschaft gleichgesetzt, ein wichtiges Thema, das in ihrer Analyse nicht vorkam.

Wir wissen aus früheren Bemerkungen, dass sich die Patientin mit Gewissensbissen quälte, wie sie sich in direkt sexuellen Situationen verhalten sollte. Der Mann darf von ihrem Wissen über Sexualität und über ihre sexuellen Erfahrungen in der Vergangenheit nichts erfahren. Wenn sie nicht reagierte, würde das, abgesehen davon, dass es sie vor Schwangerschaft schützte, auch Unkenntnis in sexuellen Dingen bedeuten. Allerdings würde ein solcher Mangel an Reaktion auf den Geschlechtsverkehr Zweifel an ihrer Weiblichkeit hervorrufen. Konnte sie überhaupt auf Geschlechtsverkehr reagieren? Da die Selbstbefriedigung sie der Fähigkeit, ein Kind zu bekommen, beraubt hatte, hatte sie sie wahrscheinlich auch der Fähigkeit beraubt, mit einem Orgasmus zu reagieren.

Der Test ging für sie vorteilhaft aus. Obwohl ihr Daumen erst verspätet rot wurde, besaß sie doch eine sexuelle Potenz, die der eines Mannes gleich kam. Röte erscheint hier als rettende Gnade. Die zugrunde liegende Idee scheint zu sein, dass die männliche Genitalität der weiblichen vorzuziehen ist, weil die Erektion ein sichtbares Zeichen der Erregung ist, während die Frau über keinen sichtbaren Beweis verfügt. Alles, was sie beitragen kann, ist ihr Gefühl oder ihr Empfinden. In diesem Zusammenhang stellt die Röte definitiv einen Hinweis auf ihre Beobachtungen von Hunden dar, die schließlich in ihrer sexuellen Entwicklung von Bedeutung waren. Doch Röte ist beim ersten Geschlechtsverkehr auch wichtig als Zeichen von Jungfräulichkeit, und hatte die Selbstbefriedigung nicht ihre Jungfräulichkeit zerstört? Wie wir uns erinnern, passierte der Vorfall mit dem roten Fleck auf dem weißen Kleid, als sie eine Hochzeit besuchte. Vorausgesetzt, man sieht darin nicht nur einen Zufall, dann lässt sich das als Agieren einer hysterischen Identifizierung mit der Braut verstehen.

So braucht eine Frau, will sie ihre Weiblichkeit beweisen, Röte in zweierlei Hinsicht: Sie muss beim ersten Geschlechtsverkehr bluten, und sie muss ihre Monatsblutung haben (die sich in ihrer Pubertät so lange verzögert hatte, und auf deren Einsetzen sie viel länger hatte warten müssen als auf das Rotwerden des Daumens im Traum). Wenn jedoch eine Frau einen Penis hat wie ein Mann (oder wie ein Hund, wenn er sexuell erregt ist), dann braucht sie sich keine Sorgen zu machen. Es ist das Gegenteil der Phantasie so vieler Männer, die Frauen beneiden, weil sie die Kastration durchlaufen haben und in der Lage sind, ihre Genitalität unabhängig von der Fähigkeit, eine Erektion zu bekommen, jederzeit ohne Angst genießen zu können.

Wenn wir Röte als das zentrale Thema des Traums annehmen, dann erfüllt sich mit dem Erröten ein vierfacher Wunsch, dessen Erfüllung aus Sicht des Unbewussten durch die Masturbation zerstört worden ist: Sie ist eine Jungfrau und wird beim Geschlechtsverkehr bluten, sie kann die Menstruation haben, sie wird einen Orgasmus haben, und sie hat einen Penis wie ein Mann oder ein Hund.

Es war die Funktion der Wunscherfüllung im Erröten, die den psychoanalytischen Forschern auffiel. Das Symptom ließ an die wohlbekannte Verlagerung vom unteren zum oberen Teil des Körpers denken (vgl. Freud 1905c, S. 188, 245). Feldman (1922) stellte die Genitalisierung des Gesichts und den Kastrationskomplex in den Mittelpunkt seiner Erklärung.

Aus mehr als nur historischem Interesse verweise ich auf eine Passage aus der Besprechung einer Vorlesung, die Freud am 21. Oktober 1895 gehalten hat. Dort wird folgendes berichtet:

> Wie durch Verdrängung der Erinnerung das Schuldbewusstsein accentuiert wird, und daraus der hysterische Zwang entsteht, lehrt folgendes Beispiel: ein Mädchen, mit einer sexuellen Schuld beladen, wird von Furcht befallen, sich durch Erröthen den Andern zu verraten. Sie verdrängt ihre Erinnerung – und der Accent fällt auf das Erröthen. Zugleich mit dem scheinbar unmotivierten Zwangserröthen taucht das unheimliche Gefühl auf, man wisse etwas über sie. Gelingt es ihr vollends, sich das Erröten abzugewöhnen, so erstärkt die Empfindung, die Anderen hielten sie schuld-

beladen. So belastet sie bei jeder Verdrängung das folgende Glied der hysterischen Kette mit dem hysterischen Zwang. (Freud 1895g, S. 336f.)

Vier Jahre später hatte Freud im Brief an Fließ vom 19. Februar 1899 folgendes über Erythrophobie zu sagen:

> Weißt Du, warum unser Freund E., den Du kennst, rot wird und schwitzt, sobald er eine gewisse Kategorie von Bekannten sieht, besonders im Theater? Er schämt sich; freilich, aber wessen? Einer Phantasie, in der er sich als Deflorator jeder Person, der er begegnet, vorkommt. Er schwitzt beim Deflorieren, plagt sich tüchtig dabei. Ein Nachklang dieser Bedeutung wird jedesmal wie ein Grollen des Niedergeworfenen in ihm laut, wenn er sich vor einer Person geschämt hat: jetzt glaubt die dumme Gans, ich schäm' mich vor ihr. Wenn ich sie im Bett hätte, würde sie merken, wie wenig ich mich vor ihr geniere! (Freud 1986 [1887–1904], S. 378)[15]
> (Es ist interessant, festzustellen, wie viele Beobachtungen Freud zu Beginn seiner psychoanalytischen Forschung machte, die erst viele Jahre später ihren richtigen Platz und ihre Bewertung in der psychoanalytischen Theorie fanden.)

Es könnte lohnenswert sein, hier eine Besonderheit der Träume der Patientin zu erwähnen. Es passierte äußerst selten, dass in den Träumen irgendeiner Nacht keine unangenehmen Elemente auftauchten. Dieses Unangenehme war oft ziemlich hervorgehoben und dominierte den gesamten Inhalt des Traums, in dem die Patientin überfallen, erniedrigt oder todkrank wurde oder etwas verloren hatte oder Dinge falsch gemacht hatte. Andere Male wieder wurde das unangenehme Element auf ein bloßes Detail reduziert. Wenn sie berichtete, dass sie in einem Traum das Bild einer appetitlichen Kartoffel betrachtete, konnte man sicher sein, als nächstes zu hören, dass die Schale der Kartoffel zu dick war. Ob diese Störung als zu masochistischen Impulsen gehörend eingeschätzt werden sollte oder ob die hohe Frequenz unangenehmer Inhalte Anzeichen einer in ihrer Arbeit gestörten Traumfunktion an sich war, die mit einem Ichdefekt in Zusammenhang stand, kann hier nicht entschieden werden, obwohl das Übergewicht der masochistischen Komponente bei der Patientin nicht bezweifelt werden kann.

Die Übertragung der Patientin schien sich anfänglich in eine positive Richtung zu bewegen. Wenigstens hielt ich ihre Frage, was ich dazu sagen würde, wenn sie mir sagte, dass sie sich in mich verliebt hätte, für ein entsprechendes Zeichen. Allerdings fügte sie hinzu, sie verhalte sich immer so, dass der Junge, den sie mochte, nicht auf den Gedanken kommen würde, dass sie in ihn verliebt sei. Wenn sie mich mochte, hielt sie sich jedenfalls die ganze Behandlung hindurch an diesen Grundsatz. Sie fühlte sich sogar noch mehr enttäuscht und entmutigt als vorher, weil sie in ihrer Behandlung ihrer Mei-

---

[15] Stekel (1931) schrieb diesem Mechanismus der Entwertung des Objekts, das Verlegenheit hervorruft, eine Leitfunktion zu.

nung nach herausgefunden hatte, was für ein schlechter Mensch sie war. Ihrer jüngeren Schwester gegenüber beharrte sie jedoch darauf, wie wunderbar die Behandlung sei.

Trotz der Enttäuschung war sie eine Zeitlang bereit, bei dem Entschluss zu bleiben, den sie getroffen hatte, als sie mit der Behandlung begann – nämlich, dass sie die Psychoanalyse mögen würde. Aber schon bald prasselte eine Lawine von Vorwürfen, Kritik und Ausdrücken von Ärger nieder und hielt für den Rest der Behandlung an. Sie ärgerte sich darüber, dass alles, was sie sagte, eine Bedeutung haben müsse; dass ich, wenn ich mich verspätete, länger blieb, aber wenn sie zu spät kam, die Sitzung wie geplant beendete; dass ich darauf insistierte, dass ich immer Recht und sie immer Unrecht hatte. Sie hatte immer gehört, dass Psychiater selber »verrückt« wären; sie fand mich stumpf und gefühllos und war ziemlich verärgert, wenn ich mit ruhiger Stimme über Dinge sprach, die im Allgemeinen als schrecklich oder tragisch betrachtet wurden.

Hier rivalisierte sie mit mir, denn es war ja ihr Ideal von Angepasstheit, über alles sprechen zu können, ohne dabei irgendeine Emotion zu haben. Es stellte sich heraus, dass sie inzwischen der Meinung war, dass eine Psychoanalyse nicht helfen würde.[16] Anfänglich hatte sie berichtet, dass meine Gegenwart sie nicht verlegen mache, obwohl sie in der Gegenwart von Männern fast immer dieses Gefühl hatte. Nichtsdestoweniger lag das Zur-Sprache-bringen von positiven Gefühlen in der Übertragungssituation offensichtlich jenseits dessen, was sie in der Lage war, zu tolerieren.

Doch ihre Befürchtungen gingen weitaus tiefer. Einmal brachte sie die Möglichkeit eines Selbstmords zur Sprache und warf die Frage einer Schizophrenie-Diagnose auf.[17] Solche Besorgnisse waren natürlich starke Blockaden dagegen, Emotionen zu zeigen.

Manchmal war sie guter Laune und lachte, aber im Verlauf der Behandlung wurde sie zunehmend starrer. Schließlich sprach sie die meiste Zeit, ohne auch nur den geringsten Affekt zu zeigen. Ich entdeckte ein kaum wahrnehmbares zittriges und extrem schnelles Aneinanderreiben der Innenseiten ihrer Füße.

---

[16] Eisler (1919) war der erste, der die besonderen Übertragungsschwierigkeiten betonte, der man in der Psychoanalyse der Erythrophobie begegnet.

[17] Viele Beobachter haben bei Erythrophobie suizidale Tendenzen festgestellt. Es ist interessant, dass ein früh berichteter Fall von Erythrophobie in einem Selbstmord endete (Caspar 1846). Die von Caspar veröffentlichte Fallgeschichte ist auch insofern beachtenswert, als sie – wie Hoche (1897) in seiner Diskussion mit von Bechterew behauptet – der erste Bericht über einen Patienten zu sein scheint, in dessen Symptomatologie die Furcht vor dem Erröten im Mittelpunkt stand. Es scheint nationale Rivalitäten darüber zu geben, wer der Entdecker dieses Syndroms war. In der französischen Literatur wird dazu gewöhnlich Boucher zitiert. London (1945) erhob ungerechtfertigt denselben Anspruch für Bow (1836).

Ich nahm an, dass diese tic-artige Gewohnheit eine Möglichkeit für emotionale Entladungen war. Sie verschwand sofort – und kam nicht wieder –, nachdem ich sie darauf aufmerksam gemacht hatte.

Die analytische Behandlung diente auch der Rache an ihrer Familie. Nicht nur waren andere Schuld, dass sie Behandlung brauchte, die wiederum ihre Unschuld und die Schuld ihrer Eltern bewies, sondern ihre Behandlung war auch eine Schande für die ganze Familie, und dies umso mehr, weil sie sich in ihrem Fall als ineffektiv erwies.

Die schwere Psychopathologie dieser Patientin zu beschreiben, ohne zugleich ihre sozialen Stärken zu betonen, hieße jedoch ein allzu einseitiges Bild von ihr zu zeichnen. Ihre Arbeit im Beruf war tadellos, und sie wurde wegen ihrer Verlässlichkeit, Gewissenhaftigkeit, Tüchtigkeit und wegen ihres Ehrgeizes hoch geschätzt. Aufgrund ihrer vielen Tugenden vergab man ihr leicht ihre Neigung zum Streit. Auf gesellschaftlicher Ebene war die Patientin gut organisiert. Das soziale Image, das sie außerhalb ihres engen Familienkreises vermittelte, ihr Phänotyp, war keinesfalls das einer Neurotikerin.

Es gab dafür viele Gründe, von denen bei weitem nicht der geringste der war, dass sie gelernt hatte, ihre passiven Wünsche zu meistern. Als sie acht Jahre alt war, hatte ihre ältere Schwester sie wie ein Baby angezogen und in einen Kinderwagen gesetzt. Selbst als Erwachsene wünschte sie sich, wann immer sie die ersten Anzeichen einer nahenden Krankheit spürte, zu ihrer Mutter zurückkehren zu können und versorgt zu werden. Aber passive Befriedigungen waren für sie verbotene Freuden. Der Kampf gegen die Passivität machte sie auf gesellschaftlicher Ebene aktiv – und noch dazu ziemlich erfolgreich.

Während des Sommers des dritten Jahres ihrer Analyse brachte die Patientin einige Zweifel darüber zum Ausdruck, ob sie mit der Behandlung weitermachen sollte oder nicht. Sie sagte, dass der Vorschlag ihrer Mutter, die Behandlung abzubrechen, »ihr einen Floh ins Ohr gesetzt hätte«. Sie informierte mich, dass sie mir ihre Entscheidung nach der Rückkehr aus dem Urlaub mitteilen würde. Ich sagte ihr, dass ich ihr nicht versprechen könne, die Stunde frei zu halten. Sollte diese aber zwischenzeitlich nicht an einen anderen Patienten vergeben worden sein, wäre ich gerne bereit, nach ihrer Rückkehr die Behandlung weiterzuführen, wenn sie das dann so wünschte. Die Patientin war mit meiner Antwort offensichtlich nicht zufrieden, denn ich habe von ihr, nachdem sie in den Urlaub gegangen war, nichts mehr gehört.

Es ist nie wirklich geklärt worden, ein wie großes Maß an Freiheit mit der psychoanalytischen Technik vereinbar ist. Ich erinnere mich an einen Patienten, der an einer ungewöhnlich schweren Psychopathologie litt, die einer streng klassischen Technik nicht zugänglich war, mit der man aber erfolgreich hätte umgehen können, wäre die Technik an seine extreme Unreife leicht angepasst worden.

Als seine Mutter die ersten Anzeichen seiner erwachenden Unabhängigkeit wahrnam, brachte sie den Hausarzt dazu, ihm nahe zu legen, den Rat eines Psychiaters zu suchen, der behauptete, er könne diesen Patienten innerhalb von zwei Monaten heilen. Der Patient fragte, ob ich mir ein begleitendes Beratungsgespräch vorstellen könnte, und ich war einverstanden. Nach ein paar Gesprächen schlug der beratende Psychiater ein Interview nach der Gabe von Sodium Amytal vor. Das war in meinen Augen eine inakzeptable Forderung, und ich sagte dem Patienten, dass er zwischen einer Psychoanalyse und der Therapie des Beraters zu wählen hätte.

Es gibt viele Psychoanalytiker, die so ein Ultimatum früher ausgesprochen hätten – zu der Zeit, als der Patient um die Erlaubnis für eine solche Konsultation bat –, um die Disziplin zu erzwingen, die für die psychologische Technik unverzichtbar ist. Doch in diesem Stadium hatte der Patient noch keine verlässliche positive Übertragung gebildet, und er hatte noch keine Einsicht in seine schwere Psychopathologie: Widerstand und Agieren zu deuten wäre ineffektiv und sinnlos gewesen. Darüber hinaus war er noch nicht bereit, sich mit der Entschlossenheit seiner Mutter auseinanderzusetzen, ihn unter ihrem Einfluss zu halten.

Wenn ich ihn überhaupt analysieren wollte, musste ich an diesem Punkte nachgeben. Aber hatte ich das Recht, ein Interview unter Sodium Amytal-Einfluss völlig auszuschließen? Ich gebe zu, dass ich nicht genau sagen kann, warum ich denke, dass eine solche Erlaubnis mit jeder Art von analytischer Technik, selbst einer abgewandelten, nicht vereinbar ist. Doch ich bin mir bewusst, dass eine Fortführung der Behandlung, selbst unter so erschwerten Bedingungen, zur Bildung einer adäquaten Übertragung hätte führen können. Denn, wie ich später herausfand, musste der Psychiater – so ein »Gesundbeter«, der behauptet hatte, Tote wiedererwecken zu können – nach ein paar Wochen Behandlung zugeben, dass er »so einen Neurotiker noch nie gesehen hatte«.

Ich bin mir nicht sicher, ob es insgesamt klug war, mich zu weigern, auf die Entscheidung der jungen Patientin zu warten, bis sie aus dem Urlaub zurückkommen würde. Die Wahrscheinlichkeit, dass sie sich gegen eine Fortführung entschied, war groß, denn sie war von der Behandlung enttäuscht und höchst unzufrieden mit dem Verlauf, den diese genommen hatte. Es ist auch zu bedenken, dass ich, hätte ich ihrem Wunsch entsprochen, wahrscheinlich das letzte an Autorität verloren und die Gelegenheit für Übertragungsphantasien geschaffen hätte, die die Patientin wahrscheinlich nie hätte zugeben oder in Worte fassen können.

Wie auch immer, die Patientin kam nicht zurück. Als sie ging, war ich im Hinblick auf ihre Zukunft ziemlich pessimistisch. Ich sah keinen Ausweg aus der starren psychischen Schale, in der sie lebte. Die Erythrophobie schien so stark, dass sie tatsächlichen Geschlechtsverkehr unmöglich machen würde.

Ich weiß nicht, ob der Leser mit mir übereinstimmen wird, wenn ich sage, dass ich eine ausreichende – wenn auch längst nicht vollständige – Einsicht in die Struktur der Störung der Patientin gewonnen habe. Wie auch immer, die gewonnene Einsicht führte offenbar nicht zu Deutungen, die Auswirkungen auf ihre Symptome hätten haben können. Wann immer ich es wagte, ihr eine Deutung zu geben, brachte sie mich entweder ganz zum Schweigen, oder sie sagte mir, nachdem sie zugehört hatte, dass diese falsch, unfreundlich und demütigend sei. In der Regel lösten Deutungen nur negative Reaktionen aus. Nur einmal drückte sie Zustimmung aus, als sich eine Bemerkung, die ich über eine andere Person gemacht hatte, durch spätere Ereignisse bestätigte.

Ich würde hier gerne betonen, dass sich die ablehnende Haltung der Patientin gegen *jede* Art der Deutung richtete, ob sie sich auf das Ich, das Es oder sogar die Haltung bezog, mit der sie jedem meiner Vorschläge begegnete. So war ich matt gesetzt und musste der Patientin zustimmen, als sie vor ihrem Ausscheiden darauf hinwies, dass die Analyse hinsichtlich ihrer Störung wirkungslos geblieben war, dass sie ihr keinerlei Nutzen gebracht hatte, weder vermehrte Einsicht noch intellektuelle Klärung des einen oder anderen ihrer Probleme – ein ziemlich schmerzlicher Sachverhalt nach vergleichsweise langer Analyse.

Es geschieht nicht selten, dass ein Patient die Behandlung abbricht, ohne maximalen Nutzen aus der Analyse gezogen oder eine substantielle Veränderung der Symptomatik erfahren zu haben. Aber dass eine Patientin in der Lage sein sollte, zu Recht zu behaupten, dass sie keinerlei Vorteil aus ihrer Behandlung gezogen hat und diese in demselben Zustand verlässt, in dem sie sie begonnen hat, halte ich für ziemlich außergewöhnlich. Und, wie unter solchen Umständen vielleicht unvermeidbar, ging die Patientin mit der weiteren Behauptung, dass sie jetzt sogar noch schlechter dran sei als vor drei Jahren, denn damals hatte sie wenigstens die Hoffnung, dass irgendetwas ihr Leiden mildern könne, während sie jetzt wüsste, dass es hoffnungslos sei.

Aus der Struktur der Abwehr der Patientin muss ich schließen, dass für diese Patientin selbst die versuchsweise Annahme einer Deutung weder eine mögliche Bereicherung noch ein Wachstum an Einsicht, sondern Niederlage, Kastration und ein Anwachsen der Macht eines Gegners bedeutet hätte, der so erlebt wurde, dass er sicherlich den so gewonnenen Vorteil ausnutzen würde. So barg die Möglichkeit, dass der Analytiker Recht haben könnte und jedes diesbezügliche Zugeständnis ihrerseits, Gefahren, die um jeden Preis vermieden werden mussten. Und da auch die Annahme einer Deutung eines solchen Widerstands in den Bereich einer solchen Gefahr fiel, hatten wir eine Situation vor uns, bei der sich die Schlange in den Schwanz beißt.

Ich will dennoch nicht behaupten, dass die Patientin nicht analysierbar war. Ich weiß nur nicht, wie dieses Widerstandsmuster durch Deutungen hätte überwunden werden können. Nach meiner Erfahrung kommt es fast ausschließlich bei Frauen vor, und ich vermute, dass der Deutungsvorgang in diesen Fällen die unbewusste Bedeutung einer Vergewaltigung hat – zumindest erfährt die Patientin unbewusst die Annahme einer Deutung so, als wäre sie gezwungen, sich einer Vergewaltigung zu fügen.

Wenn eine weitere Spekulation erlaubt ist, würde ich bei solchen Patientinnen auch von einer beträchtlichen Erotisierung der analytischen Situation ausgehen, die zu einem starken Widerstand gegen einen tief verdrängten masochistischen Wunsch, vergewaltigt zu werden, führt. Das Gefühl, dass ihr die Masturbation aufgezwungen wurde, mag der entwicklungsgeschichtliche Kern dieser Phantasie sein. Doch will ich mit all dem keineswegs behaupten, dass diese Patientin, objektiv gesehen, nicht analysierbar war, denn ich bin mir bewusst, dass ein anderer Analytiker sie von ihrer Erythrophobie hätte befreien können.

Wenn ich weiter oben berichtete, dass die Patientin fast drei Jahre lang in psychoanalytischer Behandlung war, dann beinhaltete diese Feststellung an sich noch nicht allzu viel faktische Information. Zwei allgemeine Bemerkungen erscheinen mir deshalb an dieser Stelle sinnvoll. Erstens deckt der Begriff »Psychoanalyse« heute ein so breites Spektrum von Techniken ab, dass die Aussage, eine Patientin sei »in Analyse« gewesen, nicht präziser ist, als die Aussage eines Chirurgen, er habe einen Patienten »operiert«.

Die Situation wird etwas klarer, wenn darüber hinaus gesagt wird, dass die klassische Technik angewandt wurde. Aber die faktische Information, die daraus abgeleitet werden kann, ist wenig mehr, als dass dem Patienten wahrscheinlich die Gelegenheit gegeben wurde, täglich auf dem Rücken liegend eine Stunde lang frei zu assoziieren. Damit wüssten wir aber noch nicht, in welchem Maße der Patient von dieser Möglichkeit tatsächlich Gebrauch gemacht hat; darüber hinaus, und das ist weit wichtiger, wüssten wir nicht, welche Bereiche durch Deutungen erfasst wurden, ganz zu schweigen davon, welche Deutungen vom Patienten aufgenommen werden konnten.

Ich stimme daher nicht mit jenen, vor allem von Franz Alexander (1956) vertretenen Analytikern überein, die die klassische Technik für unveränderbar halten. Man könne daher, führt sie in einem bestimmten Fall nicht zum Erfolg, so über sie sprechen, als wenn man, spricht eine Krankheit nicht auf Penicillin an, sagt, man solle ein anderes Antibiotikum geben. Die klassische Technik ist ein subtiles Instrument. In fast allen psychoanalytischen Schriften sind nicht genügend Details veröffentlicht, um zu verdeutlichen, ob sie tatsächlich richtig eingesetzt wurde.

Die klassische Technik ist letztendlich ein Vorgehen, das durch eine Vielzahl von Variablen bestimmt wird. Bei jeder Deutung sieht sich der Analytiker einer enorm großen Anzahl von Auswahlmöglichkeiten in Bezug auf den Inhalt und das Timing gegenüber. Wir können im besten Fall formal festlegen, welchen Kriterien eine Deutung entsprechen muss, um psychoanalytischen Maßstäben zu entsprechen. Aber jeder, der einmal technische Seminare besucht hat, sollte wissen, dass sich Psychoanalytiker nur selten einig darüber sind, was die richtige Technik ist, selbst wenn sie sich an die Grundsätze der klassischen Schule halten.

Zweitens führt diese Situation manchmal zu falschen Schlussfolgerungen – nämlich, dass jede Meinungsverschiedenheit über die Struktur der Störung eines Patienten und folglich über die verlässlichste oder geeignetste Technik beweise, dass die Psychoanalyse keine Wissenschaft sei. Dazu ist zu sagen, dass auch andere Wissenschaften Phasen durchlaufen haben, in denen die Forschung nicht eindeutig sagen konnte, wie in der Praxis vorzugehen sei. Die Subtilität des Problems, wie man ihm in der Psychoanalyse begegnet, die Anzahl an Variablen und die Unmöglichkeit, experimentelle Methoden anzuwenden – all dies schafft eine Situation, die sich von der in jeder anderen Wissenschaft unterscheidet.

Die Tatsache, dass man sich in bestimmten Fällen auf eine von mehreren Deutungsmöglichkeiten beschränken muss, ist bereits an sich ein Zeichen größeren Fortschritts, selbst wenn gegenwärtig nicht bestimmt werden kann, welche Wahl die beste Lösung ist. Dieser Mangel an Sicherheit hinsichtlich der zweckmäßigsten und wirkungsvollsten Deutung macht die praktische Anwendung der Psychoanalyse zu einem aufregenden Abenteuer. Die sich daraus ergebende Schwierigkeit stellt jedoch eher eine Herausforderung für den wissenschaftlichen Einfallsreichtum dar als eine Widerlegung ihrer Wissenschaftlichkeit.

Selbst wenn die Psychoanalyse eines Patienten erfolgreich war, hat man rückblickend oft das Gefühl, dass sie sich anders entwickelt hätte, könnte man die Analyse nochmals beginnen. Doch dieser Eindruck ist das Ergebnis dessen, dass man in diesem besonderen Fall etwas hinzugelernt hat. Man lernt selten aus Erfahrung, ohne Einsicht in mögliche bessere Vorgehensweisen hinsichtlich des Gegenstandes seines Lernens zu gewinnen. In Wirklichkeit gibt es keinen Grund, zu leugnen oder sich dafür zu schämen, dass die Psychoanalyse in größerem Maße eine Kunst ist als andere auf wissenschaftlicher Einsicht beruhende Techniken.[18]

---

[18] Ich bin mir bewusst, dass man dieser Ansicht mit folgendem Argument begegnen kann: Sicherlich hat das psychoanalytische Vorgehen noch nicht den Grad an Genauigkeit erreicht, den man in der Chirurgie beobachten kann. Wenn der Chirurg von einer Blinddarmoperation spricht, bezieht er sich auf ein genau definiertes Ereignis. Solange er sich an die Regeln hält, lässt sich der Zustand des durch die Operation betroffenen Bereichs vorhersagen. Selbst wenn ein solcher Grad von Präzision in der Psychoanalyse bisher unerreichbar ist, kann der Zustand des analysierten Patienten

Um zu meiner Patientin zurückzukommen, möchte ich wiederholen, dass ich diesen Bericht keineswegs mit dem Ziel präsentiert habe, zu zeigen, dass das unbefriedigende Ergebnis unvermeidbar war, obwohl die Stimmen derer, die die Erythrophobie für eine Störung halten, die nicht als eine reine Neurose betrachtet werden sollte, nicht selten sind. Fenichel (1931, S. 100, 187) und Nunberg (1932, S. 156) betrachten sie als mit paranoiden Zuständen nah verwandt (siehe auch Yamamura 1940, S. 200; Hitschmann 1943, S. 445). Bergler jedoch sieht die Betonung des paranoiden Faktors als »Entschuldigung für der Mangel an therapeutischem Erfolg« (Bergler 1944, S. 45). In der Tat berichten Weiss (1933), Bien (1930), Stekel (1931) und Heyer (1949) von beeindruckenden therapeutischen Erfolgen, oft schon nach relativ kurzen Behandlungsperioden.[19]

Bei der Bewertung der psychoanalytischen Technik stößt man auf eine besondere Schwierigkeit, insofern als fast jedes Symptom – oder besser: Syndrom – in einer von drei verschiedenen Formen oder Ebenen auftreten kann. Hier sei auf Freuds Klassifikation der klinischen Formen hingewiesen, unter denen dem Analytiker Eifersucht begegnet (rivalisierend oder normal, projiziert oder wahnhaft), wobei Freud mit Blick auf eine einzelne Emotion einen allgemein gültigen Aspekt der Psychopathologie beschrieb.

Mir ist aufgefallen, dass sich bei der Untersuchung von Patientinnen mit Anorexia nervosa drei Gruppen unterscheiden lassen. Eine ist einfach neurotisch und gehört wahrscheinlich zur Gruppe der Hysterien. Häufig leidet eine solche Patientin ungefähr neun Monate an der Krankheit und erholt sich dann. Offensichtlich beruht die Anorexie hier auf einer neurotischen Identifizierung mit der Schwangerschaft.

Eine Patientin, die zur zweiten Gruppe gehört, wurde von Schur und Medvei (1937) beschrieben. Ihre Anorexie dauerte sechzehn Jahre lang, während derer ihr Gewicht zeitweise auf unter 27 kg sank. Keine medizinische Behandlung half. Später suchte sie Hilfe bei einem »Homöopathen«, der eine Vaginalmassage anwandte. Nach drei Jahren dieser Behandlung hatte die Patientin knapp 9 kg zugenommen und ihre Periode hatte sich trotz der vorangegangenen 16 Jahre mit ausbleibender Regelblutung wieder normalisiert. Sie wurde sportlich aktiv und konnte als geheilt angesehen werden.

---

annähernd bestimmt werden, wenn man sicherstellt, dass die Anforderungen, die Freud spezifiziert hat, erfüllt sind. Diese sind: Rekonstruktion der Säuglings- und Kindheitsperiode, Einsicht in die Übertragungsreaktionen und die Ich-Widerstände. Ich kann gefahrlos zusätzliche Anforderungen außer Acht lassen, weil sie notwendigerweise erfüllt sein werden, wenn diese beiden Ziele erreicht worden sind.

[19] Es mag erwähnenswert sein, dass besonders in der älteren psychiatrischen Literatur von Fällen berichtet wird, die den Eindruck hervorrufen können, dass Erythrophobie ein einer Psychose naher Zustand ist (Caspar 1846; Breton 1896; Pitres und Régis 1897).

Dann gibt es jene Patientinnen, die unheilbar sind – es sein denn, die neuen Beruhigungsmittel und Stimulanzien sollten sich auch in diesen Fällen als heilsam erweisen. Vor Jahren hatte ich die Gelegenheit, einen solchen Fall zu verfolgen. Keine Art von Psychotherapie oder medizinischer Behandlung hatte irgendeine spürbare Wirkung. Die Krankheit begann damit, dass sie sich bei ihrem ersten Geschlechtsverkehr in der Hochzeitsnacht übergeben musste, wonach es ständig bergab ging, bis sie an einer wahrscheinlich unbeabsichtigten Überdosis eines Schlafmittels starb.

Wir können an diesen drei Ebenen die wohlbekannte Klassifizierung der Neurose, des Borderline-Syndroms und der Psychose erkennen. Man sollte jedoch nicht vergessen, dass auch eine Gruppe von funktionellen Psychosen, die heute durch den einen Begriff der »Schizophrenie« abgedeckt wird, in drei verschiedenen Formen auftreten kann, wie sich an der Unterscheidung zwischen der »hysterischen Psychose«, ein Begriff, der bedauerlicherweise in der modernen Psychiatrie in der Regel keine Beachtung mehr findet, der »Notfallpsychose« [emergency psychosis] der schizoiden Persönlichkeit,[20] die gewöhnlich als Schizophrenie fehldiagnostiziert wird – der so viele Psychiater ihre Reputation verdanken, weil sie »die Schizophrenie durch Psychotherapie geheilt haben« – und der echten »Prozess-Schizophrenie« [process schizophrenia] zeigen lässt.

Ich schlage versuchsweise vor, dass auch die Erythrophobie in diesen drei Formen auftreten kann.[21] Der erwähnte psychologische Test legte deutlich nahe, dass die Störung dieser Patientin in die Gruppe der Neurosen fiel. Wenn dies so war, dann muss meine Technik fehlerhaft gewesen sein (obwohl auch das nur unter dem Vorbehalt gilt, den ich später erörtern werde). Doch bei erneuter Durchsicht des Materials muss ich Zweifel anmelden, ob nicht hinter der so offensichtlichen, wenn auch durch ungewöhnlich starke Widerstände charakterisierten Neurose eine weit bösartigere Störung lauerte.

Wir sprechen von der Weisheit des Körpers, aber es gibt auch eine Weisheit des psychischen Organismus. Wenn ein Patient einen so starken Widerstand zeigt – ungeachtet der Frage, ob die richtige Technik angewandt wurde –, kann das auch eine nur allzu berechtigte Maßnahme sein, ein Ich zu schützen, das nicht stark oder solide genug ist, der Macht der Es-Abkömmlinge zu widerstehen, wenn sie einmal Zugang zu den vorbewussten oder bewussten Systemen erhalten haben.

Der psychologische Bericht enthält einen Hinweis darauf, dass die Patientin eine Abneigung gegen Introspektion hegte. Sie war kein Mensch, deren allge-

---

[20] Berzes (1935) ausgezeichnetes Konzept einer schizoiden Psychose hat in der Psychiatrie leider keine Akzeptanz gefunden.

[21] Pitres und Régis (1897) unterschieden drei Grade der Krankheit: (1) *ereuthose simple*; (2) *ereuthose émotive*; (3) *ereuthose obsédante* (*ereuthophobie*).

meine Persönlichkeitsmerkmale einen solchen Mangel rechtfertigten, wie man ihn gewöhnlich bei Verwahrlosten und häufig bei narzisstischen Persönlichkeiten findet, die besonders begabt sind, in überlegener und erfolgreicher Weise mit der Realität umzugehen. Beide Gruppen behaupten beharrlich, dass es über ihr inneres Leben nicht viel zu berichten gäbe. Diese Patientin hatte meiner Meinung nach eine ausgezeichnete Fähigkeit zur Selbstbeobachtung und sie lieferte eine Fülle von Material. Doch sie nutzte dies alles nicht, um mehr über sich selbst zu erfahren. Das muss gute Gründe gehabt haben, die in einer schwerwiegenderen versteckten, latenten Pathologie zu suchen sein könnten.

Die Erythrophobie hat ein Merkmal, das besondere Aufmerksamkeit erfordert. Der große Nutzen, den eine Phobie bietet, besteht darin, dass sie eine innere Gefahr in eine äußere umwandelt, gegen die sich der Patient durch Flucht oder andere Maßnahmen wehren kann. Seltsamerweise bietet der phobische Mechanismus bei der Erythrophobie diesen Vorteil nicht. Obwohl es Versuche gibt, die Gefahr zu externalisieren, insoweit das Erröten als ich-dyston erfahren wird – subjektiv sozusagen als von außerhalb des psychologischen Selbst eindringend – erlebt der Patient die unmittelbare Ursache der Gefahr als innerhalb der Grenzen der psychobiologischen Einheit liegend, was eine Flucht unmöglich macht. So wird man bei der Erythrophobe um den prinzipiellen Vorteil gebracht, den die Störung leisten sollte.

Es gibt natürlich auch noch andere Formen von Phobie, bei denen die Externalisierung der Gefahr gleichermaßen wenig erfolgreich sein kann. Patienten, die fürchten, dass sie auf der Straße von dem unbezähmbaren Drang überwältigt werden könnten, ihren Darm zu entleeren, oder wegen eines Herzinfarkts zusammenzubrechen, können wenigstens auf Schutzmaßnahmen zurückgreifen. Aber der Patient mit Erythrophobie kann jeder Zeit einer Angstattacke ausgeliefert sein. Es scheint, dass Phobien wie die Agoraphobie, deren Auftreten auf bestimmte, gut definierte Situationen beschränkt ist, für Persönlichkeitstypen der hier diskutierten Art ungenügenden Schutz bieten. Der unter Erythrophobie leidende Patient scheint sich der jederzeit drohenden Triebgefahr übermäßig bewusst zu sein. Er braucht deshalb einen Wächter, dessen wirksamer Schutz jederzeit eingerichtet werden kann, unabhängig davon, wie sich die äußere Situation darstellt. Es ist die Verinnerlichung der Quelle der vermeintlichen Gefahr, die der Erythrophobie ihre besondere Färbung verleiht.

In diesem Zusammenhang ist auch zu bemerken, dass die Erythrophobie eine der wenigen Phobien ist, die das Selbst des Patienten in keiner Weise rationalisieren kann. Der an Agoraphobie leidende Patient könnte schließlich zu seiner Verteidigung sagen, dass die Straße sich manchmal als ein gefährlicher Ort erweist, und fast jeder andere Typ von Phobie enthält einen Kern möglicher realer Gefahr, ungeachtet wie absurd und bizarr sie auch sein mag. Die Erythrophobie jedoch verfügt nicht über solche Rationalisierungen. Sie lässt auf einen maßlosen Masochismus schließen und auf ein Leben in Furcht vor Ereignissen, die unter keinen Umständen irgendeine tatsächliche Gefahr mit sich bringen und gegen die es dennoch keine wirksame Schutzmaßnahme gibt. Auch ist zu bedenken, dass diese Neurose so strukturiert ist, dass sie praktisch keinen Bereich des täglichen Lebens auslässt. Nur die Einsamkeit – wenn überhaupt – bleibt davon unberührt.

Der Wunsch der Patientin, sich zu quälen, wurde auch in ihrer Neigung sichtbar, Situationen zu schaffen, für die es keine Lösungsmöglichkeit gab: Wenn man ihr keine Privilegien gestattete, fühlte sie sich ungeliebt und zornig. Wurden ihr diese jedoch gewährt, dann fühlte sie sich schuldig und machte sich Sorgen, wie andere sich fühlen würden. Wenn die Familie sie dafür lobte, dass sie ein sehr gutes Essen zubereitet hatte, ärgerte sie sich. Wenn aber das Essen, das sie gekocht hatte, für selbstverständlich genommen wurde, fühlte sie sich vernachlässigt und ausgenutzt. Sie schloss keine Bekanntschaften, weil sie Angst hatte, dass man sie für dissozial hielt, doch machte sie sich Sorgen, dass sie, weil sie Bekanntschaften mied, erst recht als dissozial erscheinen könnte.

Ich muss hier von einem technischen Fehler berichten, dessen ich mich in der frühen Phase der Behandlung der Patientin schuldig gemacht habe, weil er etwas Licht auf ihre endgültige gesellschaftliche Gesundung werfen könnte.

Einige Patienten haben die Angewohnheit, am Ende der Stunde auf dem Weg zur Tür noch Fragen zu stellen. Ich habe es mir zur eisernen Regel gemacht, eine solche Frage nicht zu beantworten – es sei denn, sie verrät, dass der Patient sich in einer Notsituation befindet. Ich mache stattdessen den Vorschlag, das Thema in der nächsten Sitzung zu besprechen. Die Notwendigkeit einer solchen Regel wird niemand bezweifeln. Fragen, die beim Hinausgehen gestellt werden, hat der Patient für gewöhnlich zurückgehalten. Sie beziehen sich auf emotional ziemlich wichtige Themen. Wenn sie gestellt werden, ist sich der Patient nicht bewusst, dass er den Analytiker, indem er ihn überrascht, in Wirklichkeit in eine Falle locken will.

Diese Patientin deutete einmal, kurz bevor sie durch die Tür ging, auf ein Gemälde an der Wand meiner Praxis und fragte, ob es von Cézanne sei. Ich verneinte – und fügte bedauerlicherweise hinzu: »Aber es wurde von jemandem gemalt, von dem ich hoffe, dass er eines Tages genauso berühmt sein wird.« Ich habe oft über die möglichen Gründe für diesen Fehler nachgedacht. Ich glaube nicht, dass er aus einer Gegenübertragung heraus passiert ist, sondern aufgrund der Gefühle, die ich für den Künstler hegte, der das Gemälde gemalt hatte. Die Patientin hatte mich offenbar überrumpelt, so dass nur schwach getarnt, das Unbewusste des Analytikers das Arbeitsfeld betrat durch eine jener trickreichen Kombinationen von Umständen, vor denen die eigene Analyse den Analytiker schützen soll. Man kann sich wohl vorstellen, dass ich sorgfältig nach einem Zeichen suchte, welche Folgen mein Fehler für die Patientin gehabt haben könnte. Aber mir fiel nichts auf und als ich bei passenden Gelegenheiten versuchte, die Frage anzusprechen, sagte mir die Patientin regelmäßig, dass sie nicht wüsste, was meine Bemerkung anderes für sie hätte bedeuten sollen als das, was sie beinhaltete.

In Anbetracht all dieser Umstände kann man sich leicht meine Überraschung vorstellen, als ich, acht Jahre nachdem die Behandlung beendet worden war, die folgende Antwort auf einen Brief erhielt, in dem ich mich nach dem Befinden der Patientin erkundigt hatte:

> Seitdem wir uns das letzte Mal getroffen haben, ist viel Zeit vergangen. Ich habe heute vor sieben Jahren geheiratet (mein Mann ist unterwegs, daher schreiben wir einander Briefe statt zu feiern) und habe in der Folge drei Kinder bekommen, einen jetzt 6 Jahre alten Jungen und zwei Mädchen, fast 5 und 21 Monate alt.
> Wir haben viereinhalb Jahre in X gewohnt und leben seit fast drei Jahren hier draußen.
> Ich bin einigermaßen glücklich verheiratet, liebe es, Mutter zu sein, bin aktiv in der *League of Women Voters*, bei Schulaktivitäten, habe bis vor kurzem einem Komitee angehört, das für die *Mental Health Association* lokale Jugendgerichte untersucht und führe ein durchschnittliches gesellschaftliches Leben, mit Ski, Schwimmen und Tennis, wenn es die Jahreszeit erlaubt.
> Habe noch die meisten der alten emotionalen Probleme, kann aber mit ihnen umgehen. Ich nehme an, dass die Analyse geholfen hat, sonst wäre ich nicht da, wo ich jetzt bin – habe aber nicht das Gefühl, dass ich sie jemals fortsetzen würde. Ich bin mehr als zufrieden mit dem was kommen wird und habe das Gefühl, dass ich meinen Job zumindest angemessen werde verrichten können – ich beziehe mich dabei natürlich auf meine Kinder. Mein Sohn hat viele Persönlichkeitsmerkmale, die den meinen ähnlich sind – die Mädchen haben all die soziale Anmut von Perle Mesta.[22]
> Verzeihen Sie mir, dass ich nicht eher geschrieben habe, aber Briefeschreiben gehört zu den vielen Dingen, die ich aufschiebe, weil mir Zeit und Neigung dazu fehlen!

Wir begegnen hier einem wirklich erstaunlichen Problem. Eine Patientin, die keine einzige Deutung akzeptiert hat, deren Behandlung deshalb, aus analytischer Sicht, ein Fehlschlag war, war zu all den Handlungen fähig geworden, die ihr völlig unerreichbar schienen und hatte so die Erfüllung all ihrer Wünsche erreicht, jedenfalls so weit sie durch äußere Umstände erfüllt werden konnten. Ehe und Mutterschaft waren die brennendsten Wünsche dieser Patientin gewesen und sie hatte, als sie die Behandlung abbrach, jede Hoffnung auf ihre Erfüllung aufgegeben. Darüber hinaus hatte sie es erreicht, gesellschaftlich eine wichtige Rolle zu spielen und hohes Prestige zu gewinnen, was auf der Liste ihrer Ambitionen nicht gefehlt hatte und im Licht ihrer Symptome besonders unerreichbar schien.

---

[22] Perle Mesta (1889–1975) war eine damals bekannte amerikanische Society-Lady und US-Botschafterin.

Der Brief klang so, als ob ihn jemand geschrieben hätte, der ein reiches Leben führte – die Enge und der zwanghafte Masochismus, die trotzige Selbstverachtung waren offensichtlich verschwunden, wenigstens von der Oberfläche. Wirklich verwirrend war für mich, dass die Patientin zudem zu verstehen gab, dass sich das Hauptsymptom nicht merklich verändert hatte. Wenn sie schrieb: »Ich nehme an, dass die Analyse geholfen hat«, dann hatte sie wohl Recht; aber der Analytiker kann nicht viel mehr hinzufügen. Ihre soziale Gesundung und ihre psychoanalytische Behandlung standen natürlich in einem Zusammenhang; aber in welchem Verhältnis sie zueinander standen, liegt auch jetzt noch im Dunkeln.

Die Sache wird noch rätselhafter, wenn man bedenkt, dass, wären die Behandlung dieser Patientin und die Entwicklung danach typisch für eine psychoanalytische Therapie – oder könnte man entsprechende Verläufe jedem Patienten garantieren – die Praxis des Analytikers überlaufen wäre. Welcher Patient wäre nicht bereit, den mit seiner Neurose verbundenen Schmerz zu ertragen, wenn seine am meisten geschätzten Ambitionen und Wünsche im Hinblick auf die äußere Realität dennoch erfüllt werden würden? Natürlich bezieht sich dies hauptsächlich auf narzisstische Wünsche. Der zu zahlende Preis wäre, von einigen Ausnahmen abgesehen, nicht zu hoch.[23]

Seltsamerweise muss zugegeben werden, dass ich mich berechtigt fühlen würde, sie als geheilt zu bezeichnen, hätte die Patientin geantwortet, dass ihr Symptom sich zurückgebildet habe, dass sie sich beim Geschlechtsverkehr ziemlich frei und ungehemmt fühle, es aber vorziehen würde, nicht zu heiraten oder nicht die Gelegenheit dazu gehabt habe. Unter den gegenwärtigen Bedingungen kann die Patientin aber, trotz des erstaunlichen klinischen Erfolgs, vom psychoanalytischen Gesichtspunkt aus nicht als erfolgreich behandelt betrachtet werden.

Trotz der Notwendigkeit einer erneuten Analyse sind, will man die gegenwärtige Fähigkeit der Patientin, gut zu funktionieren, richtig einschätzen, dennoch einige Überlegungen angebracht. Ihre überraschende funktionale Gesundung ließe sich vielleicht verstehen, würden wir die Ereignisse, die zwischendurch in ihrer unmittelbaren Umgebung vorgefallen sein mögen, kennen. Es mag sich lohnen, hier von zwei Fällen zu berichten, die Licht auf unser Problem werfen könnten. Einer hatte sich im Leben eines Patienten ereignet, der über Jahre gezögert hatte, sexuelle Beziehungen aufzunehmen, obwohl es genügend Möglichkeiten dazu gegeben hätte. Sobald er gehört hatte, dass ein

---

[23] Man fühlt sich hier an Bárányi erinnert, der den Nobelpreis bekam, nachdem Freud es abgelehnt hatte, ihn als Schüler zu akzeptieren, weil »er mir zu abnorm« erschien (Jones 1962, Bd. 2, S. 228). [Jones zitiert an dieser Stelle einen Brief Freuds an Ferenczi, der jedoch laut der Briefausgabe von Falzeder/Brabant (1996, S. 153) nicht vom 31. Oktober 1916, sondern vom 31. Oktober 1915 stammt (Anm. der Ü.).]

Mädchen, an dem er als Kind sehr hing, verheiratet war, hatte er seinen ersten Geschlechtsverkehr.

Der andere Fall war ganz ähnlich. Ein Patient, sexuell extrem gehemmt, bekam von den Mädchen, um die er warb, fast immer einen Korb. Während ich im Urlaub war, hatte sich ein erheblich älteres Mädchen, das in seine Familie aufgenommen worden war, als er ein kleiner Junge war, verlobt. Er wurde ziemlich deprimiert und hatte das Gefühl, dass er sich eine Mätresse besorgen müsse. Noch am selben Abend machte er einer jungen Frau Avancen, die er schon eine ganze Weile kannte und mit der er mehrere Male erfolglos versucht hatte, eine sexuelle Beziehung aufzunehmen. An jenem Abend gab sie nach und später heirateten sie.

Es ist ziemlich offensichtlich, was in beiden Fällen geschehen sein muss. Die Untreue einer inzestuös geliebten Person setzte sie frei, jetzt ihrerseits untreu zu werden. Die Neuordnung der unbewussten Kräfte, ausgelöst durch Ereignisse im äußeren Leben, machte es ihnen möglich, voranzugehen und zu tun, was sie unbewusst für unmöglich gehalten und wovon sie gefürchtet hatten, dass es eintreten könnte.

Es gibt reale Ereignisse unterschiedlichen Grades, die manchmal den Fortschritt eines Patienten erleichtern. Bei einem schizophrenen Patienten wurde eine relative Verbesserung seines Zustands nach dem Verlust eines Elternteils beobachtet (Stärcke 1921). Ich bin mir sicher, dass viele andere Beispiele dieser Art beobachtet worden sind. Man kann die Möglichkeit nicht ausschließen, dass ein gleichwertiges Ereignis oder Ereignisse in der Umgebung der Patientin vorgefallen waren, die eine Hemmung hätten beseitigen oder eine vermehrte Aktivität hervorrufen können. Wenn ich raten müsste, würde ich vermuten, dass das auslösende Ereignis die Verlobung ihres Bruders gewesen sein könnte, falls sie tatsächlich stattgefunden hat.

Man muss auch bedenken, dass die Patientin während ihrer Behandlung die Gelegenheit gehabt hatte, eine riesige Menge von Phantasien, Erinnerungen, Schuldgefühlen und anderes mehr zur Sprache zu bringen. Obwohl sie offensichtlich mit dem, was sie meinen Mangel an Anteilnahme nannte, unzufrieden war, könnte die Tatsache, dass sie nicht zurückgewiesen oder bestraft worden war, eine mildernde Wirkung auf ihre Schuldgefühle gehabt haben.

Weiterhin – und ich zögere, diesen Punkt vorzubringen – kann ich mich des Eindrucks nicht erwehren, dass meine unangebrachte Bemerkung zu den persönlichen Hoffnungen, die ich über den Künstler hegte, dessen Gemälde die Neugier der Patientin geweckt hatte, vielleicht mit ihrer Gesundung im Zusammenhang stand. Ich zögere, dem, was unbestreitbar ein technischer Fehler war, eine sozial heilsame Wirkung zuzuschreiben zu einer Zeit, in der die Psychopathologie des Analytikers fast schon als Instrument ehrlicher Technik empfohlen wird. Wenigstens einige Arbeiten zur Gegenübertragung (vgl. Tower 1956) scheinen eine solche Charakterisierung der gegenwärtigen Phase der psychoanalytischen Technik zu rechtfertigen.

Offenbar begann das alles mit Clara Thompson (1938, S. 307), die von der heilsamen Wirkung auf die Gesundung eines Patienten berichtete, als Folge davon, dass sie eine Kindheitserinnerung, die der Patient ihr wenigstens einmal, wenn nicht sogar dreimal erzählt hatte, vergaß.[24] Es ist daher eine Warnung angebracht, weist man auf ein klinisches Zusammenfallen des Agierens des Analytikers mit der Möglichkeit einer Verbesserung des Zustandes der Patientin hin. Zu einer Zeit, in der einige Analytiker ihre Technik mit rein pragmatischen Grundsätzen begründen wollen, im Sinne von »Nichts ist erfolgreicher als der Erfolg« (Alexander und French 1946, S. 40), ist in der Diskussion über wohltuende Wirkungen, die ein unbestreitbarer Fehler auf die späteren Veränderungen eines Patienten haben mag, äußerste Vorsicht geboten.

Wie dem auch sei, meine Bemerkung muss in meiner Patientin den Appetit auf Rivalität geweckt haben und in der Tat übertraf sie den Künstler, in den ich so viel Hoffnung gesetzt hatte. Er ist letztlich nicht so berühmt geworden wie Cézanne. Die Patientin aber erreichte es, sich ihre am meisten gehegten, größten Sehnsüchte zu erfüllen. Sie übertraf damit die höchsten Erwartungen, die ich vielleicht im Hinblick auf ihre klinische Gesundung hätte hegen können, und »führte mich« dabei gleichzeitig »vor«.

Diese Patientin ist tatsächlich auch in anderer Hinsicht einzigartig. Ich kann mich an keinen Patienten erinnern, der jemals berichtet hätte, dass alle seine Wünsche so glänzend in Erfüllung gegangen wären, wie es ihr gelungen zu sein scheint. Da ist etwas fast Unheimliches an diesem Füllhorn von Segnungen, mit der das Schicksal sie überschüttet hat. Wenn wir uns an Freuds frühe Feststellung erinnern, dass die kathartische Behandlung die Funktion hat »hysterisches Elend in gemeines Unglück zu verwandeln« (1895d, S. 312), dann müssen wir sagen, dass diese Patientin dazu nicht in der Lage war, sondern dass sie eher an ihrem neurotischen Leiden festgehalten hat, um alltägliches Glück zu erreichen.

Aus ihrer kurzen Mitteilung lässt sich über die gegenwärtige Struktur ihrer Persönlichkeit keine verlässliche Schlussfolgerung ziehen. Man kann vermuten, dass sich das zurückbehaltene Symptom von dem unterscheidet, wegen dessen sie Behandlung aufgesucht hatte. Man könnte auch darüber spekulie-

---

[24] Die Gegenübertragung wurde von Freud klar als psychischer Prozess im Analytiker definiert, der für den psychoanalytischen Prozess schädlich ist. Es läuft auf nicht weniger als eine Perversion von Theorie und Praxis hinaus, wenn sie als höchst effektiv für die Förderung der Heilung des Patienten verkündet wird. Ich könnte scherzhaft sagen, dass wir nicht weit von dem Punkt entfernt zu sein scheinen, wo Kandidaten angeraten wird, ihre Lehranalysen wieder aufzunehmen, weil sie gegenüber ihren Patienten keine Gegenübertragungen ausbilden.

ren, dass das Selbst die Fähigkeit erworben hat, mit dem gleichen Symptom in einer konstruktiveren Weise umzugehen. Natürlich schließen sich diese beiden Möglichkeiten nicht gegenseitig aus, beide könnten bis zu einem gewissen Grad zutreffen. Trotzdem neige ich dazu, von einem Vorhandensein von Prozessen auszugehen, die psychopathologischen Prozessen näher stehen als die beiden erwähnten.

Ich glaube tatsächlich, dass der bewundernswerte Erfolg der Patientin nicht trotz ihres neurotischen Symptoms erreicht wurde, sondern paradoxerweise gerade deswegen. Es kostete sie wahrscheinlich eine große innere Anstrengung, ihre Wünsche zu realisieren, aber der im Symptom liegende Schmerz könnte der Preis gewesen sein, den sie weiterhin für ihre übermäßigen Schuldgefühle bezahlte. Ich kann mir gut vorstellen, dass sie, hätten die inneren Zweifel, die ihr Symptom mit sich brachten, nachgelassen, sie dadurch ironischerweise vielleicht unfähig geworden wäre, ihre Aktivitäten so erfolgreich auszuüben. So vermuten wir, dass sie nun das Schuldgefühl von der verbotenen Befriedigung isoliert.

Ich würde den Unterschied zwischen dem alten und dem angenommenen neuen Zustand mit dem Unterschied zwischen einer Sepsis und einer lokalen Infektion vergleichen. Wenn Keime in den Organismus gelangen, ist die Belastbarkeit insgesamt reduziert. Wenn eine Pathologie einen begrenzten Bereich beeinträchtigt, kann ein einzelnes Glied gelähmt sein. Ganz allgemein gibt es eine Gruppe von Patienten, deren Psychopathologie genau so strukturiert ist. Ich beobachtete einmal eine Frau, die in extremem Ausmaß an einer Angst vor Schlangen litt, und doch behauptete, ein sehr befriedigendes Sexualleben zu haben, ohne Hemmungen in Bezug auf den Penis oder den vollen Orgasmus. Man erzählte mir auch einmal von einer Prostituierten, die an Hypsophobie litt und deshalb tatsächlich ihren Beruf nicht ausführen konnte, wenn ein Kunde in einem Zimmer oberhalb des vierten Stocks wohnte.

Solche Patienten sind interessant, weil in ihnen das Symptom offensichtlich nicht der Funktion dient, verbotene Aktivitäten zu verhindern. Es ist fraglich, ob solche Phobien als echte neurotische Symptome betrachtet werden sollten. Wir können solche »atypischen« Neurosen der Primitivität des Ichs zuschreiben, dessen Forderungen zu vergleichsweise niedrigen Kosten freigekauft werden können. Wenn man Einheiten in Teilaspekte zerlegt und sie dann beständig voneinander getrennt hält, kann das Selbst den Widerstand haargenau ausrichten und so im Großen und Ganzen sein Funktionspotenzial schützen.

So können sexuelle Beziehungen mit Männern dadurch möglich werden, dass der gefürchtete präödipale mütterliche Aspekt des Penis auf Schlangen verschoben wird, oder Promiskuität wird dadurch ermöglicht, dass der befürchtete Orgasmus auf das Höhengefühl verlagert wird. Die Fähigkeit, derart wirksam das, was zusammengehört, zu zergliedern, setzt ein so archaisches Ich voraus, dass diese Gruppe von Patienten möglicherweise ganz aus den Neurosen herausfällt.[25]

Die Patientin, die hier zur Diskussion steht, fällt, glaube ich, nicht in diese Gruppe. Ihre Phobie hatte sich voll auf die Struktur ihres Selbst ausgewirkt; ihre gute Leistung war nicht Ausgangspunkt sondern Endpunkt. Wenn überhaupt, dann stand sie wohl jener Gruppe von Patienten nahe, die die Existenz eines Symptoms eher leugnen, als seine Bedeutung zu akzeptieren. Die Tatsache, dass sie gegen praktisch jede Deutung, die ich ihr gab, protestierte, schließt nicht aus, dass die Deutungen eine Wirkung auf sie hatten. Vom analytischen Prozess wird aber nicht nur eine Auswirkung auf das Symptom erwartet, sondern auch die Zunahme von Erkenntnis. Dies konnte sie nicht erreichen. Hier gab es eine definitive Grenze des funktionalen Potenzials des Selbst der Patientin.

Es ist nicht klar, welches Ausmaß ihre Selbsterkenntnis wenigstens auf vorbewusstem Niveau während der Behandlung erreichte und ob sie nur daran gehindert wurde, den letzten Schritt hin zu einer Selbstbeurteilung zu tun, die wahrscheinlich ihren narzisstischen Stolz in schmerzlicher Weise gebrochen hätte. Wäre das der Fall gewesen, würde mich das sehr überraschen. Es gibt Patienten, von deren Besserung man durch ihre enorm verbesserte Funktionsfähigkeit erfährt, und die doch, wenn man ihnen in der psychoanalytischen Situation zuhört, kaum erahnen lassen, dass sich etwas verändert hat. Im Fall dieser Patientin gab es jedoch nirgendwo Anzeichen für eine Veränderung, so dass ich, als sie die Behandlung beendete, den Eindruck hatte, dass sie dieselbe Frau geblieben war, die ich anfangs getroffen hatte.

Trotzdem können sich Deutungen, auch wenn das Selbst sie zurückgewiesen hat, auf das Verdrängte auswirken. Ich neige dazu, dies mit dem Effekt zu vergleichen, den das Angstsignal auf das Es hat. Das Selbst weiß nicht, was der Grund für die Angst ist. Angst wird mobilisiert, um den drohenden Vorstoß des Verdrängten in Zaum zu halten. Das Ich reagiert auf die Gefahr dieses Schubs sozusagen mit einem Schuss ins Blaue; doch es trifft sein Ziel öfter, als dass es danebenschießt.

So gesehen kann eine Deutung, auch wenn sie abgelehnt wird, den Effekt einer Warnung haben, die vom Patienten so verstanden wird, als ob damit gesagt wird: Wenn Du Dich so verhältst oder fühlst, wie du es tust, oder wenn Du dieses oder jenes Symptom hast, dann könnten die Leute denken, dass dies oder das in Dir vorgeht. Freud (1910b, S. 113f.) dachte früher, dass sich der

---

[25] Die Psychopathologie dieser Gruppe von Patienten kann nicht durch einen Mechanismus erklärt werden, den Alexander als die Bestechung des Über-Ichs beschrieben hat.

Neurotiker, würde die Bedeutung der Symptome allgemein bekannt werden, gehemmt fühlen könnte, sie zu zeigen, so wie Damen bei einer Gartenparty nicht mehr sagen, dass sie Blumen pflücken gehen, ist erst einmal allgemein bekannt geworden, dass dies ein Vorwand ist, um zu verbergen, dass man auf die Toilette geht.

Wenn durch den analytischen Prozess das Verdrängte mehr Auftrieb bekommt und die gewohnten Abwehrmechanismen nicht mehr stark genug sind, das widerspenstige Verdrängte an seinem Ort zu halten, stehen dem Subjekt, allgemein gesagt, zwei Alternativen zur Verfügung – nämlich die Inhalte des Verdrängten zu erinnern, das heißt zu verbalisieren, oder sie zu agieren. Blos (1963) lenkte kürzlich unsere Aufmerksamkeit auf die Tatsache, dass bestimmte Typen des Agierens konstruktiv sind oder wenigstens eine Phase konstruktiven Handelns einleiten. Gleichermaßen kann ein Patient es vorziehen, sich eher dem zuzuwenden, was auf sozialer Ebene als gesundes Handeln erscheint, als mit höchst unangenehmen und demütigenden Erinnerungen konfrontiert zu werden.[26]

Ich konnte das an einem Patienten beobachten, dessen Störung erheblich war. Er antwortete auf meine Deutung mit Ablehnung und Skepsis, doch seltsamerweise begann er – sehr langsam, aber beständig – sich merklich anders zu verhalten, als er das vorher getan hatte. Ein Vergleich des Anfangsstadiums mit dem Endresultat zeigte einen enormen Unterschied im Hinblick auf die vielen Dinge, die er jetzt tun konnte, im Vergleich zu dem, was er vorher aufgrund von Hemmungen nicht tun konnte.

Doch das alles fand – wie in der analytischen Situation deutlich beobachtet werden konnte – vor einem Hintergrund statt, der das Weiterleben seiner alten Persönlichkeit zeigte. Es ließ sich nicht übersehen, dass die alten Konflikte ihre Besetzungen behalten hatten. Alles, was erreicht worden war, war eine neue, an eine alte verfallene Struktur geklebte Fassade. Die beiden waren ziemlich isoliert voneinander, was der Grund dafür gewesen sein könnte, warum er fähig war, in der Gegenwart ein neues Leben aufzubauen, das streng von seiner Vergangenheit abgekoppelt war.

Es war auch ziemlich klar, wie ihn die neue Fassade davor schützte, die Geheimnisse der Geschichte seiner Kindheit und Jugend zur Kenntnis zu nehmen. Das zugrunde liegende Prinzip war: »Ich möchte lieber vernünftig handeln, als der Wahrheit über mich selbst ins Gesicht zu sehen.«

Die Information, die ich von der Patientin acht Jahre nach der Beendigung der Analyse erhielt, ist außerordentlich wichtig, insoweit sie einige der neu-

---

[26] Es besteht kein Einwand dagegen, solches Verhalten als »agieren« zu bezeichnen, solange man sich dessen bewusst ist, dass die Pathologie solcher Handlungen nicht dadurch geringer wird, dass sie sich in die soziale Realität einfügen.

en Prinzipien widerlegt, die ein paar Analytiker einzuführen versuchten, um die Technik, auf der Freuds Arbeit beruhte, zu »verbessern«. Ein Prinzip wie »Nichts ist erfolgreicher als der Erfolg« hat keinen Platz bei einer psychoanalytischen Herangehensweise. Wenn überhaupt, dann hat der Erfolg der Patientin sie davon abgehalten, einen weiteren Schritt auf dem Weg des »Erkenne dich selbst« zu gehen.

Das gilt auch für den zweiten Patienten, den ich erwähnt habe. Wenn sein erster Schritt in Richtung Anpassung, den er ohne eine entsprechende Einsicht machte, frustriert worden wäre, hätte er sicherlich die Hoffnung verloren und sich von Versuchen, sich selbst besser kennen zu lernen, wie auch von weiteren Vorstößen in Richtung Realität abgewendet. Aber er hätte genauso gut herausfinden können, dass Anpassung ohne Einsicht zwecklos ist, worauf sich seine Abwehr hätte auflösen können.

Wie dem auch sei, es ist anzuerkennen, dass es Patienten gibt, die nicht anders können als sich anzupassen oder erfolgreich zu sein, deren Selbst nicht stark genug ist, die Wahrheit zu ertragen. Der Analytiker darf nie zu einem Evangelisten werden: Einsicht in psychologische Prozesse, für den Analytiker ein Ziel an sich, wird von Patienten für gewöhnlich aus rein therapeutischen Gründen angestrebt. Es ist eines der vielen offensichtlichen Paradoxien, die ich in der Wissenschaft vom menschlichen Geist [mind] gefunden habe, dass meiner Erfahrung nach gerade die Patienten, die weniger an ihrer Therapie als an dem Vergnügen, das mit zunehmender Selbsterkenntnis verbunden ist, interessiert sind, eine bessere Chance haben zu gesunden als diejenigen, die sich an das halten, was Psychoanalyse auf der sozialen Ebene zu bieten hat – eine Therapie.

Es ist wichtig, noch einmal hervorzuheben, dass in Fragen des menschlichen Geistes [mind] der pragmatische, utilitaristische Standpunkt zum Scheitern verurteilt ist. Nur jene, die die wirklichen Ziele der Analyse nicht kennen, würden die Patientin, deren Schicksal ich dargestellt habe, in den Statistiken der psychoanalytischen Erfolge und Misserfolge als »geheilt« führen – und tun dies, obwohl offensichtlich ist, dass keine strukturelle Veränderung der Persönlichkeit erreicht wurde.

Aus dem Amerikanischen übersetzt von
Mario Engelhardt und Edda Hevers

Bemerkungen zur Technik der psychoanalytischen Behandlung Pubertierender nebst einiger Überlegungen zum Problem der Perversion[1]

Diese Arbeit ist ein Versuch, ein idealtypisches Modell für die Behandlung pubertierender Patienten zu entwerfen. Ich selber habe die hier vorgeschlagene Technik niemals angewendet und kann auch nicht den Anspruch erheben, eine solche Technik meistern zu können. Ich lege daher nur eine Konstruktion vor, die auf Zufallsbeobachtungen und theoretischen Überlegungen beruht.

Die Grundlage, auf welcher der Entwurf basiert, ist zwar begrenzt, angesichts der beträchtlichen Meinungsverschiedenheiten über die psychoanalytische Behandlung von Pubertierenden (Gitelson 1948) ist es wohl dennoch von Wert, dem vorzutragenden Modell einige Beachtung zu schenken. Die Literatur zeigt, dass Analytiker, die sich über andere Fragen der psychoanalytischen Technik einig sind, auf diesem Gebiet widersprechende Stellungen beziehen. Einige lehnen grundsätzlich eine psychoanalytische Behandlung von Patienten in der Pubertät ab, da die Psychoanalyse sich für diese Altersgruppe nicht eigne; sie raten, statt dessen psychotherapeutische, allgemein helfende oder erzieherische Maßnahmen zu ergreifen. Von denen, die die Psychoanalyse – allerdings in modifizierter Form – für die Behandlung von Pubertierenden benutzen, haben einige über gute therapeutische Erfolge berichtet, allerdings auch über die unangenehme Überraschung unvorhergesehener Misserfolge, ja selbst beträchtlicher Verschlimmerungen im Zustandsbild der Patienten. Diese Gruppe von Analytikern meint, das Kernproblem liege in der richtigen Auswahl der zu behandelnden Patienten. Es gibt allerdings auch eine Minorität, die in der Frage der Behandlung von Jugendlichen eine optimistische Stellung einnimmt.

Der Meinungsstreit, dem man hier begegnet, erinnert an die Problematik der Kinderanalyse (A. Freud 1945). Bei der Entwicklung der Psychoanalyse machte man schon früh die Beobachtung, dass das Alter allgemein für die Be-

---

[1] Die Arbeit »Notes on the problems of technique in the psychoanalytic treatment of adolescents. With some remarks on perversions«, erschienen in *The Psychoanalytic Study of the Child* (13, 1958, S. 223–254), wurde vom Verfasser revidiert und ins Deutsche übersetzt. [Rechtschreibung und Zitatnachweise wurden für den Nachdruck behutsam modernisiert.]

handlungsmöglichkeit eine entscheidende Rolle spielt. Es war klar, dass mit dem Alter die seelische Flexibilität, die eine Voraussetzung der psychoanalytischen Behandlung ist, nachlässt und dass schließlich ein Punkt erreicht wird, an dem reorganisierende Prozesse von selbst kleinstem Ausmaß nicht mehr erzielt werden können.[2]

Im Allgemeinen erwarten wir eine größere – oder in anderen Worten: eine tiefergehende – klinische Wirkung bei jüngeren Patienten als bei älteren. In einer frühen Schrift glaubte Freud, dass Patienten nahe oder über 50 nicht mehr für eine psychoanalytische Behandlung zugänglich seien, während Patienten in der Vorpubertät als günstige Kandidaten angesehen wurden (Freud 1905a [1904], S. 22). Man kann aus Freuds *Studien über Hysterie* und *Die Traumdeutung* ersehen, dass er damals nicht zögerte, Pubertierende zu behandeln, und zwar in einer Art, die der kathartischen nahe stand. »Die Plastizität der seelischen Vorgänge« und die Erziehbarkeit bestimmten anscheinend die Auswahl der Patienten (Freud 1905a [1904], S. 21). Plastizität, Elastizität und Erziehbarkeit sind aber in gewissem Sinne kennzeichnend für die Pubertät. Trotzdem bestehen beträchtliche Zweifel über die Behandelbarkeit von Patienten, die sich in dieser Entwicklungsphase befinden.[3]

So eindeutig die Definition der Pubertät im Sinne der biologischen Reifung ist, so schwer ist es, eine befriedigende Definition im Sinne der Psychologie und der Persönlichkeitsentwicklung zu geben. Während die biologischen Prozesse bei allen Rassen und in allen sozialen Gruppen die gleichen sind (möglicherweise mit Ausnahme des Beginns), ist die Variationsbreite der psychologischen Vorgänge enorm. Hierauf richtete Bernfeld (1932), dem die Erforschung der Psychologie der Pubertät so viel verdankt, in seinen Untersuchungen das Hauptinteresse. In der Tat schließen die Syndrome innerhalb unserer eigenen Gesellschaft Extremformen ein. Bernfelds These (1929) vom sozialen Topos und seinem Einfluss auf die Formen der Psychopathologie kann bei der klinischen Erforschung der Pubertät mit großem Nutzen angewendet werden. Die

---

[2] Freud hatte den klinischen Eindruck, dass Frauen im Alter von Dreißig, im Gegensatz zu gleichaltrigen Männern, oft Zeichen einer solchen »psychischen Starrheit und Unveränderlichkeit« zeigen, dass »Wege zu weiterer Entwicklung [sich nicht] ergeben« (Freud 1933, S. 144). Allerdings kann eine Einschränkung in der Fähigkeit, sich zu ändern, zwischen dem 3. und 4. Jahrzehnt allgemein beobachtet werden.

[3] Wenn ich dem Pubertierenden Elastizität und Erziehbarkeit zuschreibe, so wird dem widersprochen werden. Ich meine jedoch, dass tiefgreifende, reorganisatorische Prozesse charakteristisch für einen weitverbreiteten Pubertätstypus sind, d. h. das Potential der Veränderbarkeit in der Pubertät ist im allgemeinen hoch. Was die Umgebung aber so häufig missmutig beobachtet, ist, dass die Richtung der Veränderung ihren Absichten zuwiderläuft. Die Plastizität als solche ist aber in den meisten Fällen erhöht.

Pubertätszeit kann konfliktlos verlaufen, wenn sich gegen heterosexuellen Geschlechtsverkehr kein innerer Einwand erhebt und die Triebbefriedigung durch günstige Umweltbedingungen gesichert ist. Diese Phase kann aber auch im Selbstmord enden, wenn der Widerstand gegen und die Furcht vor Impulsen und Phantasien über heterosexuelle oder Ersatzbefriedigungen so heftig sind, dass das Ich des Pubertierenden mit den neuen Beanspruchungen, die der körperliche Reifungsprozess an den psychischen Apparat stellt, in keiner Weise fertig werden kann. Obwohl die Verlaufsformen sehr verschiedenartig sind, denkt man doch im Zusammenhang mit der Pubertät gewöhnlich an die stürmisch verlaufende, in der das Verhalten des Pubertierenden nicht voraussagbar ist und seine Stimmung zwischen Übermut und Enthusiasmus einerseits und Melancholie andererseits hin- und herschwankt (Bernfeld 1938). Wir nehmen gewöhnlicherweise an, dass der Pubertierende großen inneren Leiden unterworfen und eine Quelle der Besorgnis für diejenigen ist, die für sein Wohlergehen verantwortlich sind. Die Neigung zu stürmischen Konflikten kann in der Tat als ein normaler Bestandteil dieser Phase angesehen werden. Wie immer diese Neigung sich manifestiert, es ist nicht schwer, ihren Ursprung aufzufinden. In fast allen Fällen macht die Persönlichkeit des Pubertierenden einen Prozess der Reorganisation durch, der den psychischen Apparat einem außerordentlich großen Stress aussetzt. Anteile der Persönlichkeit, die sich sozusagen verdichtet und verfestigt hatten, werden aufgelockert, neue Strukturen müssen gebildet werden (A. Freud 1946, S. 159, 163). Der Ausgang dieses Prozesses hängt von Imponderabilien ab. Das Gefühl eines bevorstehenden Verhängnisses oder die selbstquälerische Präokkupation mit der Unsicherheit der Zukunft, über die manche Jugendliche berichten, reflektieren einen objektiv gegebenen Tatbestand dieses Lebensabschnittes.

An dieser Stelle möchte ich jedoch lediglich einen bestimmten Aspekt dieses reorganisatorischen Prozesses hervorheben. Es scheint ausreichend bewiesen zu sein, dass die grundlegenden Konflikte, die das Schicksal eines Menschen bestimmen, oder das Wechselspiel grundlegender psychischer Kräfte, welches das Leben eines Menschen beherrscht, in fast allen Fällen während des Übergangs von einer der prägenitalen zur ödipalen Phase oder während des Übergangs von der ödipalen Phase zur Latenzzeit determiniert werden. Ich wiederhole damit nur die Erfahrung, die in unzähligen Analysen bestätigt wurde, dass die Konflikte der Infantilzeit und der frühen Latenz schicksalbestimmend sind. Es ist höchst unwahrscheinlich, dass diese grundlegenden Konflikte später eine erhebliche Änderung erfahren, wohl aber, dass die *klinische Form*, in der sie sich beim Erwachsenen manifestieren werden, oft erst während der Pubertät festgelegt wird. Die Grundformen, in denen eine Psychopathologie in Erscheinung treten kann, sind die der Neurose, Perversion, Verwahrlosung, Psychose und deren Äquivalente in der Form von Charakterstörungen.

Diese Behauptung bedarf einer Einschränkung. Es gibt Fälle, bei denen sich schon vor der Pubertät oder vor der Vorpubertät eine spezifische Psychopathologie fest ausgebildet hat und bei denen man eine gleichförmige Pathologie von den Jahren der frühen Kindheit bis ins Erwachsenenalter verfolgen kann. Die Neurose eines Erwachsenen kann in der Kindheit mit einer schweren Phobie anfangen, die sich während der Latenzzeit in eine Zwangsneurose umwandelt, während der Pubertät zu einer Mischform wird und sich in dieser Form wesentlich unverändert im Erwachsenenalter erhält. Unschwer können äquivalente Entwicklungsfolgen für Verwahrlosung und Perversionen aufgestellt werden. Ich weiß von einem Fall, in dem ein Patient im zweiten Lebensjahr homosexuell verführt wurde und sich die Homosexualität zeitlebens unverändert erhielt. Es gibt also zweifelsohne Fälle, bei denen sich pathologische Formen ohne Veränderung von den prägenitalen Phasen an durch die Pubertät bis ins Erwachsenenalter erhalten. Ich habe jedoch den Eindruck, den ich allerdings nicht statistisch erhärten kann, dass dies nicht auf die Mehrzahl der zur Beobachtung kommenden Fälle zutrifft. Man beobachtet, dass sich die im Erwachsenenalter meistens unverändert bleibende Psychopathologie erst in der Pubertät oder in der Vorpubertät bildete. Dieser Punkt ist für die Wahl der psychoanalytischen Technik in der Pubertätsbehandlung wichtig.

Kommt ein Jugendlicher mit einer scharf umrissenen, fest etablierten Form von Psychopathologie – einer schweren Neurose, einer Schizophrenie, einer voll ausgebildeten Verwahrlosung oder Perversion, der er mit Ausschluss aller anderen sexuellen Befriedigungsmöglichkeiten frönt – in die Behandlung, dann braucht seine Psychoanalyse keine Technik, die sich im Wesen von der unterscheidet, die bei der Behandlung von Erwachsenen, die an denselben Krankheitsformen leiden, anzuwenden ist. Bei der Behandlung solcher Pubertierender kann man eigentlich nicht von einer besonderen Problematik, die für die Wahl der Technik entscheidend wäre, sprechen. Bei pubertierenden Patienten aber, deren Zustand zwar keinen Zweifel an der Notwendigkeit einer Behandlung lässt, deren Psychopathologie hingegen noch im Flusse ist, erhebt sich ein pubertätsspezifisches Problem der analytischen Technik. Bei vielen dieser Fälle kann man nämlich beobachten, dass die Form der Psychopathologie im Laufe von Wochen oder Monaten, manchmal von Tag zu Tag, mitunter im Laufe derselben psychoanalytischen Sitzung von einem Typus zum anderen wechselt. Die Symptome solcher Patienten können zu einem gegebenen Zeitpunkt neurotisch sein, zu einem anderen nahe an eine Psychose heranreichen. Dann wieder können plötzlich delinquente Akte vom Patienten verübt werden, die von einer Phase sexueller Perversionen gefolgt werden. So kann der Patient im Einklang mit den psychobiologischen Besonderheiten dieser Entwicklungsphase in schneller Folge eine Mannigfaltigkeit psychopathologischer Formen zeigen. Bei der Behandlung eines solchen Patienten muss man die inneren und äußeren Bedingungen im Auge behalten, unter denen die Selbstbeobachtung so exzessiv ansteigt, dass der Pubertierende zu einem wahren *heauton timoroumenos* wird, und jene, unter denen die Funktion der Selbstbeobachtung durch unbeherrschbare Leidenschaften außer Kraft gesetzt wird, um nur ein Beispiel aus der reichen Klinik der Pubertätspsychologie anzuführen. Gleichzeitig mit der Skizzierung solcher Extreme müsste man aber auch die technischen Maßnahmen anführen, mit deren Hilfe solchen extremen klinischen Manifestationen zu begegnen ist. Die Häufigkeit der symptomatischen Veränderungen bei einer großen Zahl pubertierender Patienten beweist, dass nicht *eine* Technik den Ansprüchen der Pubertätsanalyse Genüge tun kann. Deswegen werde ich jetzt die Verschiedenheit der analytischen Techniken bei der Behandlung der psychopathologischen Hauptformen darstellen und dann die Möglichkeit ihrer Anwendung bei der Behandlung pubertierender Patienten prüfen.

Bei der Besprechung therapeutischer Techniken, die auf eine Strukturveränderung der Persönlichkeit abzielen, ist es nützlich, drei Gebiete zu unterscheiden: (1) die Technik der Gewinnung des Materials, aus dem Schlussfolgerungen über die unbewussten Anteile der Persönlichkeit gezogen werden; (2) die Struktur der Widerstände, der Formen der Abwehr und die daraus sich ergebenden technischen Maßnahmen; (3) die Struktur der Übertragung und deren Behandlung. Obwohl diese drei Gebiete nicht voneinander isoliert sind, sondern sich gegenseitig bedingen und Teilerscheinungen der Persönlichkeitsstruktur sind, hat es Vorteile, sie einzeln zu betrachten.[4]

Die Behandlungstechnik der gewöhnlichen Neurose, die klassische Methode, wie sie Freud entwickelt hat, ist am besten bekannt; ihr wurden auch die meisten Untersuchungen gewidmet. Bei ihr bedarf es keiner besonderen Anstrengung, um das zu untersuchende Material sicherzustellen. Gründe für die relative Leichtigkeit, mit der das psychische Material gewonnen werden kann, sind hauptsächlich die folgenden:

1. Das Unbehagen, das dem Patienten durch seine Erkrankung bereitet wird, zwingt ihn, den Anforderungen der Behandlung genüge zu tun.
2. Die Funktion der Selbstbeobachtung ist bei neurotischen Erkrankungen nicht beeinträchtigt; auch bleiben bei den Neurosen die Repräsentanzen der inneren und äusseren Realität voneinander getrennt, wenn auch beide durch neurotische Projektionen und Verschiebungen zeitweilig vermischt werden. Die Fähigkeit, sich selbst zu beobachten und kritisch zu distanzieren, ist jedoch stark genug, um immer wieder solche Vermischungen und Verwechslungen aufzuheben.
3. Bei Neurosen wird der Konflikt verinnerlicht, und die Erkrankung wird nicht durch eine Veränderung äußerer Bedingungen aufgehoben, d. h.,

---
[4] Ich werde diesem Schema nur andeutungsweise folgen.

Wunscherfüllungen führen im Allgemeinen nicht zu symptomatischen Heilungen. Im Gegenteil, die Erfüllung unbewusster Wünsche kann sogar die Symptome verschlimmern, da Befriedigungen dieser Art angsterregend wirken und im Allgemeinen von unbewussten Schuldgefühlen begleitet werden.

Die Verinnerlichung des Konflikts also zieht die Aufmerksamkeit des Patienten auf sein Innenleben; seine Fähigkeit, sich selbst zu beobachten, ermöglicht ihm, innere Prozesse aufs Feinste zu unterscheiden und zu zergliedern und die Schmerzhaftigkeit der Erkrankung zwingt ihn, der analytischen Forderung, seine Selbstbeobachtungen zu verbalisieren, nachzukommen.

Der therapeutische Prozess wird gefördert, er beruht sogar hauptsächlich auf der Auftriebskraft des Verdrängten, das seine Abkömmlinge in das Bewusstsein des zu Analysierenden entsendet. Durch die horizontale Lage, die der Patient während der Analyse einnimmt, wird dieser Vorgang gefördert[5], zumal die Ablenkung durch äußere Reize eliminiert ist und der Analysand unter optimalen Bedingungen seine volle Aufmerksamkeit auf das zentrieren kann, was immer das Bewusstseinsfeld kreuzt. Unter solchen Bedingungen ist der Analytiker in der Lage, alle Bereiche der Persönlichkeit zu untersuchen, insbesondere die Widerstände und die Formen der Abwehr, die der Patient gegen das Auftauchen des Verdrängten und damit auch gegen den Heilungsprozess mobilisiert.

Das therapeutische Hauptwerkzeug der für die Neurosen bestimmten Technik ist die Deutung, und zwar die Deutung des Verdrängten, des Verdrängenden (die unbewussten Ich-Anteile) und des Über-Ichs. Die Deutung vermittelt Einsicht und ermöglicht die Rekonstruktion der Geschichte des Patienten. Von der großen Menge der Assoziationen, die der Patient produziert, verdienen diejenigen, die sich direkt oder indirekt auf den Therapeuten beziehen, ein besonderes Interesse. Sie beleuchten die Übertragung, in der die bezeichnendsten Konflikte und unbewusste Erinnerungen – gewöhnlich in entstellter Form – in Erscheinung treten. Im Idealfalle saugt die Übertragung die gesamte Neurose auf und wird zum Schlachtfeld, auf dem es zur Auflösung der Neurose kommt. Bei der Behandlung der Neurose entwickelt sich die Übertragung spontan und benötigt weder Stimulation noch Manipulation (Freud 1937a, S. 78). Die Deutung bleibt das ausschließliche Werkzeug des Verfahrens.

Durch Einsicht in die Struktur seiner Persönlichkeit und die Entwicklungsgeschichte seiner Erkrankung entrinnt der Patient dem Zwang der Neurose; er erlangt die Freiheit der Wahl, sein Leben innerhalb der Begrenzungen zu gestalten, die die Realität und seine Konstitution (Begabung) festlegen. Sei-

---

[5] G. Klein (1956, S. 160–164) hat auf die den psychoanalytischen Prozess fördernden physiologischen Faktoren der horizontalen Lage hingewiesen.

ne Persönlichkeit ist nun befähigt, Versagungen ohne Wiederaufflackern der Symptome zu ertragen.

Die psychoanalytische Technik, die nach der Erwachsenenanalyse am besten erforscht ist, ist die der Kinderanalyse. Die Struktur der kindlichen Persönlichkeit erfordert grundlegende Abänderungen der klassischen Technik. In Anna Freuds frühem Buch über die Technik der Kinderanalyse (1927) wird die kinderanalytische Technik aus der Struktur der Persönlichkeit des Kindes abgeleitet. Diese Studie ist mit Recht als der erste Versuch einer vergleichenden psychoanalytischen Technologie anzusehen, denn die Autorin vergleicht konsequent die Erwachsenentechnik mit derjenigen, die dem kindlichen Seelenleben angepasst ist.[6] Seither haben sich die analytischen Kenntnisse auf beiden Gebieten, der Psychologie des Erwachsenen und der des Kindes, erweitert, die Technik der Kinderanalyse hat sich entsprechend geändert.[7]

Einige der für die Kinderanalyse kennzeichnenden technischen Maßnahmen leiten sich von der Tatsache ab, dass beim Kinde die Funktion der Selbstbeobachtung noch nicht voll entwickelt ist, und von der (daraus entspringenden) relativen Unfähigkeit einer verlässlichen Unterscheidung zwischen Innenleben und Außenwelt. Das Ausmaß der Selbstbeobachtung, ihre verschiedenen Formen und die Integration dieser Funktion in den verschiedenen Entwicklungsphasen wären eine eigene Untersuchung wert, die jedoch hier nicht durchgeführt werden kann. Es möge daher genügen, festzustellen, dass die Fähigkeit der Selbstbeobachtung beim Kinde nicht genügend ausgebildet ist, um die klassische Technik bei dessen Analyse anwenden zu können. Daher muss das psychische Material in einer modifizierten Form gewonnen werden. Wie bekannt, geschieht dies durch die Spieltechnik und das Erzählenlassen von Tagträumen, um nur zwei Maßnahmen zu nennen. Jede Situation, die dem kindlichen Niveau angepasst ist und die zur Verbalisierung der Gefühle führen kann, ist willkommen, wobei dem Therapeuten eine aktive Rolle zufällt, wie z. B. das Erzählen von Geschichten, um einen Anreiz für Phantasieproduktionen des Kindes zu setzen.

Das Kind produziert im Allgemeinen unter geeigneten Bedingungen mit Leichtigkeit Phantasien und kleidet sie in seine Erzählungen. Da es dem Primärprozess verhältnismäßig näher steht als der Erwachsene, enthüllt es ge-

---

[6] Die vergleichende Technologie scheint mir ein vielversprechendes, bisher aber vernachlässigtes Gebiet der Psychoanalyse zu sein.

[7] Siehe etwa die in diesem Heft abgedruckte Darstellung einer Kinderanalyse durch B. Bornstein. Da ich selbst keine Erfahrung auf diesem Gebiet habe, stützt sich das im Folgenden dargestellte Schema der Kinderanalyse auf die Literatur und auf Diskussionen mit Kollegen. Es ist derzeit schwer, eine Abstraktion der Technik der Kinderanalyse zu geben. Das hier wiedergegebene Schema, das hauptsächlich das Kind auf der Höhe der ödipalen Phase im Auge hat, kann deshalb fehlerhaft sein.

wöhnlich mehr von seinem Verdrängten als dieser. Seine große Neigung, Angst zu entwickeln, mobilisiert aber ebenso leicht und schnell seinen Abwehrapparat. Deswegen können gewöhnlich die unbewussten Inhalte nicht dem Kind so gedeutet werden, dass es sie akzeptieren kann. Es kann vorkommen, dass das Kind unbewusste Inhalte in die äußere Realität projiziert. Der Kinderanalytiker kann dann ohne Schwierigkeit diese unbewussten Inhalte richtig erraten; trotzdem kann es unmöglich sein, dem Kinde das Projektive seiner Furcht oder seines Hasses einsichtig zu machen.

Das Problem der Übertragung hat in der Kinderanalyse eine besondere Bedeutung. Für das Kind ist der Analytiker eben ein anderer Erwachsener, der den Status, der in der Eigenschaft liegt, ein Erwachsener zu sein, mit allen anderen seiner Umgebung teilt. Der Analytiker besitzt deswegen nicht den einzigartigen und mit keinem anderen vergleichbaren Platz in der Welt des Kindes, den er in der Analyse des Erwachsenen einnimmt, und er ist deswegen für das Kind mehr als nur ein Brennpunkt der Übertragung (A. Freud 1927). Für das Kind bedeutet der Erwachsene (und daher auch der Analytiker) Autorität, Hilfe, Wissen und Liebe. Da die ödipalen Impulse noch nicht der Verdrängung anheimgefallen sind, können nicht alle Reaktionen und Verhaltensweisen, die das Kind in seiner Beziehung zum Analytiker entwickelt, in ihrer Genese als Abkömmlinge der Beziehung zu den Eltern angesehen werden.

Außerdem hat die Entwicklung des kindlichen Über-Ichs noch keineswegs eine solche Höhe erreicht, dass man sich auf die Wirksamkeit seiner Funktionen verlassen kann. Im besten Falle ist diese »Stufe im Ich« gerade dabei, sich zu entwickeln. Das kindliche Ich, das noch nicht von einem soliden Über-Ich unterstützt wird und dem die spätere synthetische Funktion noch fehlt, toleriert konfliktlos Widersprüche. Auch werden Regressionen noch mit Leichtigkeit in Gang gesetzt. Das kindliche Ich kann auf die Konfrontation mit dem Verdrängten hin in die Befriedigung regressiver Triebbetätigungen zurückfallen oder sich mit Abscheu und Entsetzen von ihnen abgestoßen fühlen. Psychoanalytische Deutungen können bei Kindern ganz andersgeartete Wirkungen haben als bei Erwachsenen (A. Freud 1928). Das Kind kann aus der wohlwollenden, neutralen und sich jedes Verbotes enthaltenden Haltung des Analytikers den Schluss ziehen, es sei erlaubt, verdrängte Impulse tatsächlich in Handlungen umzusetzen, ein Verhalten, das natürlich auch von der jeweiligen Entwicklungsphase des Kindes und von Faktoren des einzelnen Falles abhängt.

Während beim Erwachsenen eine innere Struktur, die des Über-Ichs, die Hauptquelle aller Verbote ist, ist es die Angst vor Bestrafung oder vor Liebesverlust, die das Kind von der Ausführung verbotener Handlungen abhält. Deswegen hat der Kinderanalytiker auch die Funktion des Erziehers, die er bei der Analyse des Erwachsenen peinlichst vermeidet (A. Freud 1928).

All dies hat zur Folge, dass der Übertragungsdeutung in der Analyse des Kindes eine ganz andere Funktion zukommt als in der des Erwachsenen. Die Technik der Kinderanalyse muss eben in Betracht ziehen, dass das Kind notwendigerweise im Laufe der Analyse neue Strukturen bilden muss.

Die Technik der Kinderanalyse ist durch wesentliche Merkmale einer Entwicklungsphase bedingt. In anderen Fällen wird es die Natur der Erkrankung sein, die die Anwendung der klassischen Technik unmöglich macht. Im Wesentlichen sind es zwei Krankheitsgruppen, die die Entwicklung spezieller Techniken notwendig machen. Es sind dies die Verwahrlosung und die Gruppe der Schizophrenien. Wenn ich nun Modelle von Techniken skizziere, die man häufig bei diesen zwei Erkrankungen anwenden kann, so werde ich sie hauptsächlich mit Bezug auf die Struktur des Ichs besprechen, die den klinischen Äußerungen der zwei Erkrankungsgruppen zugrunde liegt. Eine psychoanalytische Technik gewinnt ihren Sinn erst, wenn sie auf die Struktur des Ichs bezogen wird; sie kann nur selten aus der Symptomatologie einer Erkrankung abgeleitet werden (Loewenstein 1958, S. 202).[8]

Ich wende mich nun einer dritten psychoanalytischen Technik zu, die ziemlich gut systematisiert ist, hauptsächlich durch die großartigen Bemühungen von August Aichhorn (1951 [1925]). Die technische Schwierigkeit der Behandlung von Verwahrlosten leitet sich von der Tatsache ab, dass dem typischen Verwahrlosten jegliches Interesse, sich zu ändern, fehlt. Seine Symptome lassen nicht ihn, sondern seine Umgebung leiden.[9] Er hat kein Bedürfnis und keine Motivation, dem Psychoanalytiker zu enthüllen, was in ihm vorgeht. Hinzu kommt, dass er im Psychoanalytiker einen Repräsentanten der Gesellschaft sieht, gegen die seine Aggressionen gerichtet sind. Daher begegnet er dem Analytiker mit Misstrauen und Furcht. Selbst wenn der Delinquent sich dem Analytiker anvertrauen wollte, er könnte doch fast nichts anderes mitteilen als unerfüllte Wünsche und seine Pläne, wie er sich Wunscherfüllungen verschaffen wird, da entsprechend den Defekten in der Struktur seines Über-Ichs die Fähigkeit, sich selbst zu beobachten, nur wenig entwickelt ist oder schwer geschädigt wurde.

Daher kommt es, dass man selbst unter optimalen Bedingungen, die in der Praxis natürlich niemals gegeben sind, erst eine strukturelle Veränderung in der Persönlichkeit des Verwahrlosten herbeiführen muss, ehe man etwas Näheres über das dynamische Wechselspiel seiner psychischen Kräfte und die Entwicklungsgeschichte seiner Persönlichkeit in Erfahrung bringen kann. Wenn

---

[8] Ein Symptom wie Stehlen z. B. ist als solches fraglos ein Akt von Verwahrlosung und es kann auch symptomatisch für eine Ich-Struktur, die durch charakteristische Merkmale der an echter Verwahrlosung Leidenden gekennzeichnet ist. Stehlen kann aber auch auf einer Neurose beruhen oder innerhalb einer Schizophrenie auftreten.

[9] Dies trifft oft auch auf Symptome des Kindes zu (siehe A. Freud 1945).

man in der Initialphase der Analyse einen Verwahrlosten auf die analytische Couch legt, um ihn frei assoziieren zu lassen, so würde er im typischen Falle entweder einschlafen[10] oder berichten, dass ihm nichts einfällt.

Obwohl solche Reaktionen die Zeichen des Widerstands tragen, sind sie doch in weit stärkerem Ausmaß als Folgen eines Defekts in der Struktur der Persönlichkeit anzusehen. Deswegen muss die erste Phase der Behandlung das Ziel haben, den Verwahrlosten analysierbar, d. h. neurotisch zu machen. Wenn dies geschehen ist, dann ist die Gesellschaft vor seinen Aggressionen geschützt, er wird in seiner Behandlung kooperieren und der klassischen Technik zugänglich sein.

Wie aber kann ein Verwahrloster in einen Neurotiker verwandelt werden? Die theoretische Antwort ist einfach: Indem man jene Prozesse in die Wege leitet, die zur Bildung einer Über-Ich-Struktur führen. Wenn es dem Analytiker gelingt, den Verwahrlosten in eine starke Gefühlsabhängigkeit zu bringen und ihn Versagungen ertragen zu lassen, so zwingt er den Patienten, sich jenem Prozess zu unterwerfen, dem er sich während der ödipalen Phase widersetzte, nämlich der Identifizierung mit der autoritativen Person. Wenn eine solche Identifizierung stattgefunden hat, wird es dem Verwahrlosten unmöglich geworden sein, seine asozialen Impulse zu befriedigen. Zuerst wird er lernen, solche Impulse in der Schwebe zu halten, ohne sie zur Abfuhr kommen zu lassen, und später werden – gemäß den grundlegenden Gesetzmäßigkeiten, denen der psychische Apparat folgt – diese unerfüllten Begierden einem Verdrängungsprozess verfallen.

Die klinische Erfahrung lehrt, dass unter solchen Bedingungen die Verdrängungsarbeit ihr Ziel nicht völlig erreicht und dass der abgewehrte Impuls in der Form neurotischer Symptome wiederkehrt. Diese entstellte Rückkehr des aggressiven Impulses in der Gestalt des neurotischen Symptoms macht nun den Patienten der klassischen Technik zugänglich. Eine detaillierte Darstellung der einzelnen technischen Maßnahmen, die erforderlich sind, um dieses Ziel zu erreichen, würde den Rahmen dieser Arbeit sprengen. Hier möge der Hinweis genügen, dass der Analytiker dem Patienten partielle Wunscherfüllungen in einer Form gewährt, die ihn nicht weiter und tiefer in impulsives Verhalten hineintreibt, aber doch verstärkend auf die positive Übertragung wirkt. Der Analytiker wird zu einer akzeptablen Über-Ich-Figur, wenn er dem Verwahrlosten zunächst beweist, dass seine eigenen Kenntnisse, wie man ungestraft delinquente Impulse befriedigen kann, denen des Verwahrlosten überlegen sind; dass, wenn er wollte, er ungestraft Befriedigungen der Art, wie sie der

---

[10] Ich hatte einen Verwahrlosten in Behandlung, der über das äußere Beiwerk der analytischen Therapie Bescheid wusste und wünschte, auch einmal auf der Couch zu liegen, um mir mitzuteilen, was in ihm vorgehe. Nach wenigen Minuten war er eingeschlafen.

Verwahrloste sucht, erhalten könnte, dann aber demonstriert, dass er Befriedigungen sozialer Art den unsozialen vorzieht, woraus ja der Patient selber einen Vorteil zieht, indem der Analytiker sich dem Wohl des Verwahrlosten widmet. Da der Verwahrloste im Allgemeinen nicht frei von Schuldgefühlen ist, sondern von archaischen, besonders grausamen Schuldgefühlen, die tief verdrängt sind, erfüllt ist, muss diese archaische Last erleichtert und durch verlässlichere Sicherheitsschranken ersetzt werden. Verbote müssen in der Behandlung von Verwahrlosten gegeben werden, aber diese Verbote dürfen nie das Toleranzniveau des Patienten überschreiten. Ja, Verbote können zu einem wesentlichen Bestandteil der Technik werden.

Ein weiteres Merkmal der in dieser Phase der Verwahrlostenbehandlung anzuwendenden Technik ist die Beschränkung der Deutungen auf ein unvermeidbares Minimum, da die Abwehrmechanismen nicht zerstört oder aufgehoben, sondern im Kampfe gegen aggressive Impulse verstärkt werden sollen. Was ist nun in der Verwahrlostenbehandlung das Äquivalent der Deutung, die doch das wichtigste Werkzeug der klassischen Technik ist? Der in der Behandlung von Verwahrlosten erfahrene Analytiker ist in der Lage, anscheinend triviale Äußerungen des Patienten (verbale wie mimische oder solche der Gestik) als Hinweise auf die jüngsten Missetaten des Verwahrlosten und seine Pläne für die Zukunft zu verwenden. Beides hält der Verwahrloste natürlich als Geheimnis zurück. Indem der Analytiker die geheimen Gedanken des Patienten verbalisiert, erzeugt er im Verwahrlosten die Vorstellung, allwissend zu sein. Diese Illusion der Allwissenheit ist wahrscheinlich einer der stärksten Antriebe zur Ausbildung einer positiven Übertragung.[11] Hier ist ein anderer Faktor gegeben, der den Verwahrlosten dazu veranlassen wird, den Analytiker als Über-Ich-Figur zu akzeptieren, was mit der Entwicklung von Angst und dem früher erwähnten Wechsel des Symptombildes einhergehen wird. Wenn dies geschehen ist, kann die zweite Phase der Behandlung einsetzen.

Die Persönlichkeitsstruktur des Schizophrenen unterscheidet sich von der des Verwahrlosten gänzlich, daher muss auch die Technik der Behandlung von Schizophrenen anders geartet sein. Auch bei den Schizophrenen beobachtet man einen Sieg des Lustprinzips über das Realitätsprinzip. Dabei kommt es aber zu schweren Funktionsstörungen der Wahrnehmung und des Denkens.

---

[11] Vgl. Freud (1906c, S. 12): »Den Hauptunterschied haben wir schon genannt: Beim Neurotiker Geheimnis vor seinem eigenen Bewußtsein, beim Verbrecher nur vor Ihnen; beim ersteren ein echtes Nichtwissen, obwohl nicht in jedem Sinne, beim letzteren nur Simulation des Nichtwissens. Damit ist ein anderer, praktisch wichtiger Unterschied verknüpft. In der Psychoanalyse hilft der Kranke mit seiner bewußten Bemühung gegen seinen Widerstand, denn er hat ja einen Nutzen von dem Examen zu erwarten, die Heilung; der Verbrecher hingegen arbeitet nicht mit Ihnen, er würde gegen sein ganzes Ich arbeiten.«

Die Schranke zwischen Ich und Es ist geschwächt, und daher bemächtigen sich verdrängte Wünsche der Denk- und Wahrnehmungsfunktion in einem Ausmaß, dass die intakte Funktion des Realitätsprinzips nicht mehr gewährleistet ist.

Um die Voraussetzungen der Psychoanalyse Schizophrener besser zu verstehen, ist es nützlich, zunächst einige Unterschiede zwischen Verwahrlosung und Schizophrenie herauszustellen. Beim Verwahrlosten bleiben die Wahrnehmungs- und Denkfunktionen als solche unversehrt und funktionstüchtig, aber sein Wollen, seine Willenshandlungen oder, allgemeiner ausgedrückt, seine psychomotorischen Systeme sind gestört. Unbehindert von einem ausgebildeten Über-Ich bemächtigt sich das Lustprinzip der Willenssphäre, wobei die Störung durch die erhebliche Intelligenz und die ausgezeichnete Beobachtungsgabe unterstützt wird, die ja die Voraussetzung vieler Arten von Verwahrlosung sind. Die ganze Energie des Verwahrlosten ist auf die sofortige Erfüllung seiner Wünsche gerichtet. Der Verwahrloste und der Schizophrene versagen in der Einschränkung, Zügelung oder Bewältigung des Lustprinzips. Im Falle der Verwahrlosung sind aber die Wünsche umschrieben und wären im Wesentlichen erfüllbar, wenn die Gesellschaft nicht gegen sie Einspruch erhöbe. Dass der Verwahrloste keine Befriedigung erlangt, ist an Gegebenheiten der Gesellschaft gebunden, die ihm seiner Meinung nach Wunschbefriedigungen vorenthält. Wenn er all das Geld und alle Mädchen, die er sich wünscht, besitzen könnte, dann würde er keine asozialen Akte begehen. Die aggressiv-feindseligen Akte des Verwahrlosten werden bei völliger Intaktheit der grundlegenden Ich-Funktionen ausgeführt, ja setzen diese Intaktheit sogar voraus.[12]

Auch der Schizophrene lebt in einer Realität, die er nicht akzeptieren kann. Aber er versucht, seine Konflikte durch eine Verfälschung des Wahrnehmens und Denkens zu lösen. Seine unangepassten, »verrückten« Handlungen sind das Resultat fehlerhaften Wahrnehmens und Denkens. Ein Schizophrener kann etwa einen Mord begehen, weil eine Halluzination ihm befiehlt, es zu tun. Die unterschiedlichen Folgen, die die Fixierung an das Lustprinzip beim Schizophrenen und beim Verwahrlosten hat, werden am eindrucksvollsten durch die autoplastische und alloplastische Natur der beiden Erkrankungen charakterisiert.

In der Diskussion der Technik der psychoanalytischen Behandlung der Schizophrenie müssen zwei Phasen unterschieden werden. (1) Die akute Phase, in der die gesamte Persönlichkeit des Patienten von der Krankheit überschwemmt wird und in der es daher dem Patienten unmöglich ist, selbst virtu-

---

[12] Man verzeihe die vereinfachte Darstellung, die nicht die Folgen der Über-Ich-Pathologie für das Ich des Verwahrlosten in Betracht zieht, seine Neigung zu Perversionen und zur Homosexualität und seine Allmachtsgefühle.

ell eine kritische Haltung seinen Symptomen gegenüber einzunehmen; (2) die chronische Phase, in der die Symptome ihre akuten Qualitäten verlieren und virtuell das Ich des Patienten imstande wäre, zumindest eine (psychische) Distanz zwischen sich und das Symptom zu bringen, d. h. die schizophrene Symptomatik hat die Macht verloren, sich über das ganze Ich zu entfalten, und eine Objektivierung des Symptoms ist potentiell vorhanden. Die erforderlichen Techniken sind phasengebunden und daher verschieden.

Die zweite Phase lässt in einer überraschend großen Zahl von Fällen eine Technik zu, die eine oberflächliche Ähnlichkeit mit der klassischen Technik hat. Der Patient erträgt das Liegen auf der Couch ohne Schaden und verfolgt seine freien Assoziationen. Der Deutungsinhalt, die Deutungsfolge, die Handhabung der Übertragung unterscheiden sich aber in ihrem Wesen von der klassischen Technik. Die Unterschiede sind hier nicht von Belang. Die Technik aber, die dem Zweck dient, den Patienten aus der akuten Phase herauszubringen, ist für die Zwecke der Pubertätsanalyse von entscheidendem Interesse.

Das Problem ist, wie man mit einem Patienten umgehen soll, der sich nicht nur von der Außenwelt abgewendet hat, sondern auch innerlich alles Interesse an ihr verloren hat, weil sie für ihn unerträglich schmerzhaft geworden ist. Verschiedenartige Techniken sind für die Behandlung der Schizophrenen in der akuten Phase vorgeschlagen worden. Diejenige, die auch in kritischen Phasen der Behandlung Pubertierender angewendet werden kann, soll hier kurz besprochen werden.

Die Enttäuschung, die den Patienten zum Rückzug von der Realität zwingt, betrifft immer einen Konflikt mit einem anderen Menschen. Selbst wenn der unmittelbare Anlass ein bestimmtes Ereignis ist – wie ein finanzieller Verlust, eine bevorstehende Prüfung oder dergleichen –, findet man regelmäßig dahinter die Unfähigkeit, ein menschliches Wesen zu lieben oder zu ihm Vertrauen zu haben.[13] Die Welt, von der der Nichtschizophrene je nach den Umständen Liebe und Zärtlichkeit oder Hass und Unfreundlichkeit erwartet, wird für den Schizophrenen eine, von der er *nur* Hass und Unfreundlichkeit erwartet.[14]

Die initiale Technik, die angewendet werden muss, um die Barriere, die der Schizophrene durch seinen Rückzug um sich geschaffen hatte, zu durchbrechen, zielt in erster Linie auf die Eliminierung all dessen, was auch nur im Entferntesten die Erwartungen und Überzeugungen des Patienten bestätigen könnte. So wichtig die Vermeidung seelisch schädlicher Noxen auch sein mag, sie genügt gewöhnlich nicht, um dem Kranken das Gefühl zu geben,

---

[13] Wenn die Liebesfähigkeit tatsächlich erloschen ist, der Defekt also ein bleibender ist, dann ist natürlich der Patient unbehandelbar geworden.

[14] Siehe Kogerer (1934). Ich verdanke Herrn Dr. Laci Fessler den Verweis auf Kogerers Buch. Dort wird der Zustand, den ich im Auge habe, zutreffend »Vertrauenskrise« genannt.

dass die primäre Gleichung, die er für die Beziehung zwischen Selbst und Welt aufgestellt hat oder die ihm aufgezwungen wurde, falsch sei. Es muss auch ermöglicht werden, dass er ausgiebigst solchen Situationen ausgesetzt wird, die den Beweis enthalten, dass die Voraussetzungen seiner Grundhaltung falsch sind. Was zur Erfüllung dieser Zwecke unternommen wird, variiert natürlich von Patient zu Patient und muss in jedem individuellen Fall von Neuem gefunden werden. Da der Patient die Umwelt missdeutet, falsch versteht und falsche Schlussfolgerungen aus den Ereignissen in seiner Umwelt zieht, ist es keine leichte Aufgabe, alles und jedes zu vermeiden, was für den Patienten eine feindliche Bedeutung annehmen kann. Wenn die Stimme des Therapeuten eine Klangqualität hat, die beim Patienten eine unangenehme Erinnerung an des Vaters gebieterische Stimme hervorruft, so wird der Therapeut keine Aussicht haben, die akute Krise des Patienten zu überwinden. Auch muss bedacht werden, dass der Schizophrene Aggression auch dort fühlt, wo sie, zwar in Wirklichkeit vorhanden, für die Wahrnehmung des Normalen aber unterschwellig geworden ist (Freud 1922 [1921]). Es kann eine nervöse Geste des Therapeuten, die weder ihm noch einem normalen Beobachter als bemerkenswert erscheint, die aber letztlich seiner unbewussten Ungeduld entsprungen ist, vom Schizophrenen als Ausdruck von Feindseligkeit erlebt werden und die Vertrauenskrise in den Augen des Kranken rechtfertigen. Bekanntlich reagieren viele akut Schizophrene mit unglaublicher Sensitivität auf das Unbewusste ihrer Umgebung. Man kann nun in vielen Fällen die klinische Erfahrung machen, dass die akute Qualität eines Zustandes allmählich schwindet, wenn alle vom Kranken als feindlich erlebten Äußerungen vermieden werden und ihm beständig über längere Zeit nur solche Reizsituationen begegnen, die er als Ausdruck von Liebe und Zärtlichkeit erlebt. Dann kann sich der Patient wieder der Welt zuwenden, die Art der Zuwendung aber wird natürlich durch die Pathologie seiner Erkrankung bestimmt sein. Seine Beziehung zum Therapeuten wird aber der Kristallisationspunkt sein, um den sich andere menschliche Beziehungen freundlicher Natur organisieren werden. Wenn sich ein Zustand halbwegs stabilisierter Beziehungen etabliert hat, setzt die zweite Phase der Behandlung ein, deren Technik in diesem Zusammenhang von geringerem Interesse ist.

In der Technik der Behandlung der akuten Phase wird die Übertragung wie auch die Widerstandsanalyse in einer von der klassischen Technik radikal abweichenden Art gehandhabt. Da der Schizophrene im akuten Schub unter der vollen Gewalt des Verdrängten steht, ist es gewöhnlich leicht, ausreichende Informationen über den Inhalt des akuten Konflikts zu erhalten. Die zusätzlichen Berichte der Umgebung des Patienten erleichtern es, die Faktoren, die in der Außenwelt liegen und die den seelischen Konflikt des Patienten mit verursachen, zu lokalisieren. Die Widerstände dürfen nicht berührt werden, da dies die Einbrüche des Verdrängten in das Ich nur intensivieren und zu weiteren Regressionen Anlass geben würde. Die positive Übertragung muss aktiv eingeleitet und gefördert werden, und die zentrale therapeutische Aufgabe beruht zunächst nicht in der Eliminierung jener Faktoren, die den normalen Verkehr zwischen den Systemen und Provinzen der erkrankten Persönlichkeit stören, sondern in der Ausschaltung der Komponenten, die die Kommunikation zwischen dem Kranken und der Realität unmöglich machen.

Ich hätte nun, um meinem ursprünglichen Schema der psychischen Erkrankungsgruppen Genüge zu tun, die Technik der Analyse der Perversionen zu skizzieren. Merkwürdigerweise ist keine eigene, für die Behandlung von Perversionen bestimmte Technik entwickelt worden, sondern es wurde die klassische Technik im großen und ganzen auch für die Behandlung dieses Erkrankungstypus verwendet, obwohl die Ich-Struktur des Neurotikers und die des Perversen wesentliche Unterschiede zeigen.

Ursprünglich hatte Freud (1905d) die Perversionen in einer klinisch eindeutig umrissenen Gruppe zusammengefasst, indem er eine Gegensätzlichkeit in der Dynamik der beiden Erkrankungstypen zum kardinalen Unterscheidungsmerkmal machte und die Perversion das Negativ der Neurosen nannte. Die einer Perversion gewidmete spätere Studie Freuds von 1919, die paradigmatisch für die psychoanalytische Perversionsforschung geworden ist, beruhte aber klinisch auf den perversen Phantasien neurotischer Patienten, was verständlich ist, da in jeder Psychoanalyse eines Neurotikers eine erhebliche Zahl sexueller Phantasien, die für perverse Impulse pathognomisch sind, zur Sprache kommt. Die Hauptquelle der Informationen über Ursprung und Entwicklung der Perversionen, die dem Psychoanalytiker zur Verfügung steht, besteht ja in der Analyse neurotischer Phantasien. Die Struktur einer Persönlichkeit, die perverse Impulse durch die Bildung neurotischer Symptome abwehrt, ist jedoch von der Persönlichkeitsstruktur desjenigen, der die sexuelle Abweichung akzeptiert und befriedigt, ganz verschieden. Was aber die Beobachtung manifester Perversionen betrifft, hat der Psychoanalytiker nur die Gelegenheit, deren Psychologie bei Patienten zu untersuchen, bei denen die Störung Schuldgefühle (gewöhnlich von beträchtlichem Ausmaß) hervorruft. Sonst würde ja der Perverse nicht nach einer Behandlung verlangen. Das Schuldgefühl ist aber Zeichen einer Neurose. Warum im Falle der Neurose Versagungen manchmal ausschließlich zu neurotischen Symptomen und in anderen Fällen zusätzlich zu manifesten Perversionen, die von Schuldgefühl begleitet sind, führen, hat noch keine befriedigende Erklärung gefunden (vgl. Freud 1937). Wie dem auch sei, die Behandlung von Perversionen bei vorwiegend neurotischen Persönlichkeiten erfordert keine Modifizierung der klassischen Technik, da in solchen Fällen das sexuelle Symptom auf die Therapie wie ein neurotisches reagiert. Auch die Perversionen Schizophrener erfordern, falls sie überhaupt behandelbar sind, keine Technik, die sich von derjenigen unterscheidet, mit der man andere schizophrene Symptome behandelt.[15]

Wer den Abwandlungen psychoanalytischer Techniken seine besondere Aufmerksamkeit schenkt, wird sich in erster Linie für die Perversen im engeren Sinne interessieren. Bei diesem Syndrom beobachten wir ein mehr oder weniger »normales«, unneurotisches Ich, das aber unerschütterlich darauf beharrt, dass es sich volle geschlechtliche Befriedigung nur durch eine einzelne Variation einer fast grenzenlosen Reihe möglicher abweichender Sexualbetätigungen verschaffen kann. Der Antrieb zu dieser Betätigung und deren Ausführung verursachen weder Angst noch Schuldgefühl. Da diese Abweichung ich-synton und voll integriert ist, ist sie der klassischen Technik nicht zugänglich. Der Patient hat keinen Grund, eine Behandlung aufzusuchen, und selbst wenn er durch die Auflage eines Gerichtes dazu gezwungen wäre, würde er keine Motivation verspüren, eine Veränderung seiner inneren Antriebe herbeizuführen. Das würde es ihm unmöglich machen, sich der Forderung der psychoanalytischen Grundregel des freien Einfalls zu fügen und sich an sie zu halten.

Um einen Patienten zu heilen, der an einer solchen Störung leidet (und nur unter dieser Bedingung kann die Technik, die spezifisch für die Behandlung von Perversionen erforderlich ist, studiert werden), muss vorerst das Symptom ich-fremd werden. Das heißt, es muss ein Konflikt zwischen dem Selbst des Patienten und seinem Verlangen nach der perversen Sexualbefriedigung erzeugt werden. Um Ich und Perversion zu entzweien, ist eine andere als die klassische Technik erforderlich. Manche Analytiker verbieten dem Patienten, das perverse Verlangen zu befriedigen, sobald die Übertragung ein ausreichendes Intensitätsniveau erreicht hat. Ich zweifle aber, ob diese technische Maßnahme ausreicht, wenn die Perversion wirklich integriert worden ist. Außerdem kann ein solches Verbot beim Patienten eine unerträgliche Angst hervorrufen.[16]

Es fehlen uns eben noch wichtige Einsichten in die Struktur der Perversion. Ich habe den Eindruck, dass die Erforschung der Perversionen besonders dadurch erschwert wird, dass wir fast gar nichts über die Psychologie des Orgasmus wissen. Über die Biologie des genitalen Phänomens ist mehr bekannt. Das intensive Verlangen nach orgastischer Befriedigung ist ganz verständlich angesichts der normalen Lust, die sie bereitet, und der enormen Unlust im Fal-

---

[15] Die Perversion dient dem Schizophrenen oft als Sicherheitsventil, das die Anpassung an die Umwelt in anderen Bereichen erleichtert, ja diese oft erst möglich macht. Das therapeutische Ziel soll sich dann natürlich nicht allein auf die sexuelle Funktionsstörung erstrecken.

[16] Dies würde möglicherweise nur beim neurotischen Perversen der Fall sein (Loewenstein 1958, S. 202) und nicht bei dem Typus, den ich hier im Auge habe, der sich wahrscheinlich – trotz starker Übertragung – nicht lange an das Verbot halten würde.

le ihres Fehlens. Das biologische Wissen um diese Zusammenhänge verliert aber an Bedeutung, wenn man beobachtet, dass das Befriedigungserlebnis vorbehaltlos an eine starre und unbeeinflussbare Kombination von Bedingungen gebunden ist, die nichts mit der Biologie des Vorgangs zu tun haben. Trotz der eingeschränkten Variationsbreite von Nahrungsmitteln, die der Durchschnittsmensch ohne Ekel zu sich nehmen kann, wird ein ausgehungerter Mensch durch fast alle Nahrungsmittel befriedigt werden. Bei der Befriedigung des Sexualtriebs ist dies ganz anders. Selbst wenn man vom Einfluss der Tradition und Ethik absieht, darf man den Schluss ziehen, dass es wahrscheinlich vielen Menschen nur möglich ist, das genitale Verlangen lediglich in einer einzigen Form zu befriedigen. Einem großen Prozentsatz mögen zwei zur Verfügung stehen. Mehr als dies wird wohl schon eine Ausnahme sein.

Die Gruppe der echten Perversionen ist sogar noch bemerkenswerter, da alle Möglichkeiten geschlechtlicher Befriedigung abgelehnt werden außer einer, obwohl diese die soziale Stellung und die gesellschaftlichen Erfolgschancen des Betreffenden aufs Äußerste gefährden kann. Trotz der Möglichkeit und des Angebotes vieler anderer Befriedigungswege bleibt bei ihnen das körperliche Verlangen selbst über lange Zeiträume hinweg unbefriedigt, falls die Realität die besonderen Bedingungen vorenthält, nach denen sie verlangen. Dieser klinische Befund beweist, dass der Orgasmus (abgesehen von seiner biologischen Bedeutung) eine Bedeutung und Funktion haben muss, wenn seine Stellung und Funktion im Selbst in Betracht gezogen wird, die jenseits von Lustgewinn und Spannungsminderung liegen. Mit anderen Worten: Die klinische Tatsache, dass bei einer Person ein befriedigender Orgasmus ausschließlich in einer einzigen Form zustande kommen kann (im Gegensatz zu den allgemeinen biologischen Prinzipien), setzt voraus, dass die Bedeutung des Orgasmus nicht in bloße psychobiologische Prozesse aufgelöst werden kann.

Ehe ich eine Hypothese über die Bedeutung des Orgasmus aufstelle, muss ich einige Bemerkungen einschieben, die zunächst ohne Beziehung zu dem uns hier beschäftigenden Problem zu stehen scheinen. Der Mensch akzeptiert einen Inhalt unter zwei diametral entgegengesetzten Bedingungen als wahr: erstens unter den Erfordernissen des logisch-wissenschaftlichen Denkens, das in unumstößlichen mathematischen Formulierungen kulminiert. Die Mathematik bewahrt in ihrer Anwendung auf die Beobachtungen der Wirklichkeit die Wissenschaft vor Verfälschungen, die entweder durch die Unzulänglichkeiten unserer Vernunft als solcher oder durch die Einmischung von Gefühlen und Illusionen zustande kommen könnten. In der Form der Mathematik hat der menschliche Verstand sich eine Art Wachhund geschaffen, der in bestimmten Gebieten der Wissenschaft verlässlich vor Irrtum schützt.

Das diametral entgegengesetzte Kriterium ist die Überzeugung aufgrund stärkster Gefühle; ein ausgezeichnetes Beispiel hierfür ist der Glaube an die

Bibel. Der Bibelgläubige ist womöglich vom Wahrheitsgehalt der Bibel noch intensiver überzeugt als der Wissenschaftler von der Richtigkeit der mathematisch fundierten Schlussfolgerungen. Die Heilige Schrift erfüllt aber die Gebote der Logik nicht. Sie widerspricht sich selbst an einer Unzahl von Stellen. Ihre Begriffe sind überhaupt nicht oder unzureichend definiert und lassen mehr oder weniger willkürliche Deutungen zu.

Die Tatsache, dass dieser Befund bei fast allen Schriften erhoben werden kann, die Völker als heilig angesehen haben und die dieselbe Kraft besitzen, intensive Überzeugungen zu wecken, lässt vermuten, dass jeder Versuch, den Text von Widersprüchen zu reinigen oder die Widersprüche mit den Erfordernissen logischen wissenschaftlichen Denkens halbwegs zu versöhnen, den Bann verringern würde, in dem heilige Schriften die Geister halten. Deswegen darf man zusammenfassend sagen, dass das Unlogische des Textes eine Voraussetzung seiner hypnotischen Wirkung ist. Dies soll aber nicht so verstanden werden, als ob hier das Unlogische des Textes eine Voraussetzung seiner hypnotischen Wirkung ist. Dies soll aber nicht so verstanden werden, als ob hier das Unlogische mit hypnotischer Überzeugungskraft gleichgesetzt werden würde. Das Widersprüchliche ist nur ein Element unter vielen in religiösen Schriften, das in der menschlichen Seele den Eindruck unumstößlicher Wahrheit hinterlässt. Damit hängt es wohl zusammen, dass noch nie eine Schrift, die den Anforderungen mathematisch-wissenschaftlichen Denkens Genüge tun würde, eine der Bibel vergleichbare Wirkung auf den menschlichen Geist entfaltet hat. Während die Wirkung mathematisch-wissenschaftlicher Schriften durch eine Änderung der Form nicht affiziert wird (die Symbole können willkürlich abgeändert werden, solange die Struktur der Definitionen erhalten bleibt), wird der Effekt heiliger Schriften gewöhnlich geschwächt, wenn man beginnt, ihre Form zu modifizieren.

Es ist evident, dass die Überzeugung absoluter Wahrheit, die unabhängig von der Wahrscheinlichkeit oder Unwahrscheinlichkeit des angeblichen Wahrheitsgehaltes ist, von der Erweckung bestimmter Gefühle abhängt. Die aktuelle Sequenz im psychologischen Realvorgang ist nicht gesichert. Ist der Primärfaktor die heilige Schrift, die Überzeugungen schafft, die ihrerseits auf bestimmte Gefühlskonstellationen treffen oder sie vielleicht hervorrufen; oder beherrscht den Menschen ein gefühlsmäßiger Wunsch, der Befriedigung erheischt und unter dessen Wucht ein äußeres kulturelles Gebilde zum Träger absoluter Wahrheit erhöht wird? Beide Sequenzen erscheinen durchaus möglich und mit Grundeigentümlichkeiten der menschlichen Persönlichkeit vereinbar, klinisch wird man wohl auch Fälle beider Sequenzen und Neigungen, jeweils auf Grund individueller Umstände, verwirklicht finden.

Wenn ich nun die Gegenüberstellung von mathematisch-wissenschaftlichen Schriften und heiligen Texten für einen Augenblick wieder aufnehme, so liegt es auf der Hand, dass jene den sekundären (Denk-)Prozessen und diese dem Primärprozess nahestehen. Die Darstellung realer Vorgänge in der Sprache der Mathematik ist ja ein Maximum an Abstraktion, das der Sekundärprozess vollbringen kann. Es ist nicht wahrscheinlich, dass der menschliche Verstand je einen höheren Grad der Abstraktion erreichen wird. Wenn auch der Primärprozess sowohl den Ursprung der meisten religiösen Schriften beherrscht wie auch die Beziehung des Gläubigen zu seinem Glauben, so darf dennoch nicht vergessen werden, dass hier keineswegs der Primärprozess in einer unverhüllten Form in Erscheinung tritt. In der Rationalisierung besitzt der menschliche Verstand einen wirkungsvollen Mechanismus, mit dem die Resultate primärprozesshaften Denkens der Vernunft akzeptabel gemacht werden können. Durch Rationalisierungen werden die Qualitäten des Primärprozesses verschleiert. Wir suchen aber nach archaischeren Formen, in denen der Mensch seine Überzeugungen absoluter Wahrheit erlebt. Descartes' berühmtes *cogito, ergo sum*, das den Anfangsschritt oder, wenn man so will, das Endprodukt seines Suchens nach einer unwiderlegbaren Wahrheit bildete, ist nichts Primäres, sondern das genetische Endergebnis einer langen Entwicklung. Wenn Säugling oder Kleinkind die Fähigkeit hätten, ihre Erlebnisse in Worte zu fassen, würden beide unwiderlegbare Wahrheiten niemals auf eine solch dünne Evidenz aufbauen. Sie würden eher sagen: »Ich erlebe Lust, daher existiere ich.« Da die größte Lust, die dem menschlichen Organismus zugänglich ist, die orgastische Lust ist, schlage ich als Hypothese vor, es sei unter Umständen auch eine der Funktionen des Orgasmus, etwas als unumstößliche Wahrheit sicherzustellen. Wenn das Ich aber zu so archaischen Mitteln greifen muss, um sicherzustellen, dass etwas wahr ist, dann muss diese Wahrheit etwas betreffen, das irrationaler ist als das, was in religiösen Texten als wahr bewiesen werden soll.

Die Perversionen, bei denen die Selektivität der für den Orgasmus erforderlichen Bedingungen so eindringlich zum Vorschein kommt, wären ein Gebiet, auf dem diese Hypothese getestet werden könnte. Meine klinischen Erfahrungen mit Perversionen sind zwar begrenzt, ich gewann aber in der Analyse eines fetischistischen Patienten den Eindruck, dass dieser Perversion ein Prinzip oder ein allgemeiner Gesichtspunkt zugrunde liegt. Im Gegensatz zu Freud (1927b) glaube ich, dass der Fetischist nicht verleugnen will, dass das Weib kein Glied hat, also – in der Sprache des Unbewussten – kastriert sei; es scheint mir, dass der Fetischist bereit ist anzuerkennen, dass manche Menschen kein Glied haben, dass er dies aber mit einer Einschränkung tut, nämlich dass dieser Zustand ein reversibler sei. Seine Verleugnung betrifft nur die Unveränderlichkeit der weiblichen Anatomie. In der unbewussten Vorstellung des Fetischisten ist das Glied additiv ein Organ oder – besser – bloß ein Ding, das dem Organismus hinzugefügt oder von ihm entfernt werden kann, aber nicht ein im Organischen Verwurzeltes, dem ganzen Organismus Eingeordnetes. Wenn Haare das fetischistische Objekt werden, dann wird dies besonders evident. Dasselbe kann aber auch in der Beziehung des Gläubigen zum Idol, von dem die Bezeichnung Fetisch stammt, beobachtet werden. Ein Idol, das seine Dienste nicht zur Zufriedenheit verrichtet, wird von seinem Anbeter weggeworfen und durch ein anderes ersetzt. Auf einer niedrigen Stufe der Religionsbildung ist der Gott in der Form eines Idols ersetzbar – ein Gedanke, der westlicher Religiosität fremd ist. Der perverse Fetischist modifiziert ein Element der Realität, indem er das Glied zu einem akzessorischen Anhängsel degradiert. Ich verfüge nur noch bei einer zweiten Perversion über Material, anhand dessen ich einen äquivalenten Gedankengang verfolgen konnte. Der männliche Masochist scheint sich in seiner Perversion »beweisen« zu wollen, dass der Orgasmus selbst im Falle der Kastration erlebt werden kann. Die Kastrationsangst des Masochisten ist gut bekannt. Im Umgang mit der Realität ist er gegenüber allem überempfindlich, dem eine Kastrationsbedeutung unterstellt werden kann, in der pervertierten Sexualhandlung unterwirft er sich aber gerade den Bedingungen, die symbolisch oder in prägenitalen Formen die Kastration darstellen. In der häufigen Phantasie oder dem aktuellen Versuch, durch Erhängen einen Orgasmus herbeizuführen, tritt die kastrative Bedeutung besonders klar hervor, der ganze Körper übernimmt die Rolle des bedrohten Phallus.[17] Im Augenblick des Orgasmus erhält der Masochist die erneute Versicherung, dass er trotz Kastration sich den Penis oder, was dem gleich kommt, die orgastische Fähigkeit erhalten kann. Eine der vielen Schwierigkeiten, die man bei der Behandlung einer masochistischen Perversion zu überwinden hat, ist wahrscheinlich der innere Widerspruch, der in dieser Perversion enthalten ist, nämlich der Versuch, die gleichzeitige Existenz zweier sich gegenseitig ausschließender Tatsachen zu beweisen oder, mit anderen Worten, zu beweisen, dass ein Vorgang sich ereignet und gleichzeitig nicht ereignet. Es ist, als ob der Masochist zum Ausdruck bringen wollte: »Ich bin kastriert und ich habe einen Penis.«[18] Dies ist tatsächlich das Maximum an beruhigender Versicherung, das jemand, der an starker Kastrationsangst leidet, erhalten kann, gleichzeitig aber auch das Maximum trotzigen Triumphes über den Angreifer (Freud 1927b).

Der Hauptpunkt meiner Hypothese hebt auf die Verbindung ab, die beim Perversen zwischen einer spezifischen unbewussten Überzeugung über einen Realitätsfaktor und dem Orgasmus geknüpft ist. Demgemäß erhält der Perverse das Höchstmaß an unbewusster Überzeugung, das man sich über den

---

[17] Masochismus wurde als eine Abwehr oder Verleugnung der Kastration dargestellt, da sich der Masochist den verschiedensten Prozeduren unterwirft, die ausgenommen, welche eine Bedrohung des Gliedes enthalten könnten (vgl. Reich 1932).

[18] Vgl. Nunbergs Deutung der Reaktion eines Patienten auf die Beschneidung. Es schien, als ob der Patient zu sagen versuchte: »Selbst die Kastration kann mich nicht meiner Männlichkeit berauben.« (Nunberg 1949, S. 16)

Bestand eines Wirklichkeitszusammenhanges verschaffen kann.[19] Was ist aber das wesentliche Merkmal des Wirklichkeitszusammenhanges, für den der Perverse ein solch archaisches und überzeugendes Beweisverfahren benötigt? Es scheint, dass es sich regelmäßig auf ein Detail der sexuellen Situation bezieht. Ich nehme an, dass es sich bei jedem Perversionstypus um ein anderes Detail der Grundsituation des menschlichen Geschlechtsverkehrs handelt. Beim Fetischisten würde es sich auf Grund meiner Hypothese um den Beweis handeln, dass der Penis ein ersetzbarer, hinzugefügter Apparat ist, beim männlichen Masochisten, dass die orgastische Funktion des Penis auch bei seiner Zerstörung erhalten bleibt. Indem der Perverse den Orgasmus in einer Realitätssituation erlebt, die mit seiner unbewussten Überzeugung in Einklang steht, bestätigt und erhärtet er die Überzeugung, dass die Wirklichkeit in der Tat so beschaffen ist, wie er sie sich wünscht, um angstfrei zu sein.

Von den vielen Einwänden, denen meine hier aufgestellte Hypothese über die Funktion des Orgasmus begegnen wird, will ich lediglich zwei aufgreifen.

Von wo sollte der Orgasmus seine Macht erhalten, Überzeugungen zu schaffen oder zu bestärken? Ich stelle mir vor, dass dieser Mechanismus in seiner Entstehung weit zurück zu frühen Entwicklungsstufen reicht, bis zu einer Zeit, in der Lust und Wirklichkeit gleichgesetzt wurden. Freud spricht von der »Entfremdung zwischen dem Subjektiven und dem Objektiven« (1925c, S. 14), die sich während der Einsetzung des Realitätsprinzips entwickelt, besonders bei der Entwicklung des wirklichkeitsangepassten Denkens. Der mit der Bewusstseinsfunktion versehene Ich-Anteil ist gezwungen, in der Realität nicht nur wahrzunehmen, sondern womöglich auch als wahr anzuerkennen, was im schärfsten Widerspruch zu Inhalten steht, die im Unbewussten als volle Wahrheit repräsentiert sind. Das Ich steht dann zwei Gefahrensituationen gegenüber: Es hängt von quantitativen Faktoren ab, ob es gezwungen wird, die psychische Realität, wie sie im Unbewussten repräsentiert ist, zu akzeptieren – was auf eine Psychose hinauslaufen kann –, oder die äußere Wirklichkeit, wie sie wirklich ist, was unerträgliche Angst zur Folge haben mag. Wenn es dem Ich aber gelingt, im Orgasmus der Realität eine Struktur zu geben, die mit den unbewussten Inhalten übereinstimmt, dann entgeht er beiden Alternativen.

Im Orgasmus ist die Entfremdung zwischen dem Subjektiven und dem Objektiven vorübergehend aufgehoben. Das Selbst ist im Augenblick des Orgasmuserlebnisses gezwungen, die jeweilige Welt, die sich ihm darbietet, als wahr zu akzeptieren, da in diesem Augenblick das Maximum an Lust, dessen die psychobiologische Einheit fähig ist, erlebt wird und der alten Gleichung zufolge das Lustvolle das Wirkliche ist. Metapsychologisch haben wir es hier

---

[19] Ich brauche hier nicht auf die Gegenströmung hinzuweisen, den unbewussten Zweifel, der solche Anstrengungen erst erforderlich macht.

mit einer Art des infantilen Lust-Ichs zu tun, das »alles Gute sich introjizieren, alles Schlechte von sich werfen« will (Freud 1925c, S. 13). Wenn nun äußere und innere Realität zusammenfließen, wie es im Augenblick des Orgasmus geschieht, dann werden die Realität, wie sie im Unbewussten repräsentiert ist, und die spezifische äußere Realität, die das Lusterlebnis verursacht, zu einer Einheit. Der Perverse gibt der äußeren Realität eine Struktur, die identisch mit seiner (unbewussten) psychischen Realität ist, und in diesem Augenblick scheint das Ich, in einer archaischen Art und Weise, sich einen unwiderlegbaren Beweis geholt zu haben, dass die Wirklichkeit so ist, wie das Unbewusste behauptet (und es sich wünscht).[20]

Was bedeutet aber der Orgasmus für einen Menschen, der frei von Perversionen ist? Die Frage ist äußerst schwer zu beantworten, da ein Mensch, dessen geschlechtliches Verhalten den Ansprüchen der biologischen und sozialen Realität entspricht, keinen Anlass hat, die Psychoanalyse zu jenen Tiefen des Unbewussten vordringen zu lassen, in denen eine Antwort auf diese Frage gefunden werden kann. Ich glaube, dass Ferenczi (1924) zu Recht dem männlichen Geschlechtsverkehr die Bedeutung einer Rückkehr in den Mutterleib beimaß. Es ist durchaus denkbar, dass unter normalen Bedingungen der Orgasmus auch die Funktion hat, zu bezeugen, dass die allererste Versagung, der Anlass größten Schmerzes, der Trennung vom mütterlichen Organismus, sich niemals ereignet hat (vgl. Nunberg 1949, S. 17; Freud 1923b, S. 296, 298).

Meiner These zufolge wäre der Orgasmus die intensivste Form der Bejahung, derer der Mensch fähig ist. Sein Antipode wäre der Schlaf, der, zwar lebensnotwendig, unter diesem Gesichtspunkt die stärkste Verneinung des Lebens und der Wirklichkeit wäre. Hier wird man wohl den Einwand erheben, dass ich den Orgasmus auf einen Abwehrvorgang reduziere, indem ich ihm sozusagen eine Funktion der Bejahung zuweise. Diese Schlussfolgerung liegt allerdings nicht in meiner Absicht. Orgasmus ist eine Wunscherfüllung, und seine affirmative Funktion würde, eigentlich fast immer, den Bereich des Präverbalen betreffen. Die Wahrheit, die durch den Orgasmus bejaht werden soll, ist nicht in Worte gekleidet und nicht notwendigerweise explizit in Phantasien dargestellt. Die Wirklichkeitssituation, die mit dem Orgasmus verschmilzt,

---

[20] Zu einem gewissen Grade entwickelt meine These nur einen Aspekt, der bereits in Freuds Begriff von der »sexuellen Überschätzung des Sexualobjektes« enthalten ist (Freud 1905d, S. 49ff.). Wenn man den Begriff der sexuellen Überschätzung zu Ende denkt, dann stößt man auf gewissermaßen wahnhafte Elemente, die ihr anhaften. Freud selbst spricht sowohl von »logischer Verblendung« und »Urteilsschwäche«, die man psychisch »angesichts der seelischen Leistungen und Vollkommenheiten des Sexualobjektes« beobachtet, als auch von »der gläubigen Gefügigkeit gegen die von letzterem ausgehenden Urteile« (1905d, S. 49f.).

den Charakter unumstößlicher Wahrheit erwirbt, würde dem Perversen zum Gegenbeweis der Existenz jener spezifischen Wirklichkeit werden, die ihm als eine Realitätsbedingung *sine qua non* erscheint, wenn der Orgasmus unter anderen als den von seiner Perversion geforderten Bedingungen stattfände. Die Frage, warum dem Perversen diese Versicherung unentbehrlich ist, braucht uns hier nicht zu beschäftigen, da die Feststellung, dass der Orgasmus (möglicherweise) die Eignung besitzt, unbewusste Überzeugungen über die Gewissheit von Realitätsbezügen zu schaffen, zu bestätigen oder zu bejahen, hier lediglich dazu dienen soll zu erweisen, um wieviel entscheidender und verantwortungsvoller die Psychoanalyse des Pubertierenden ist als die eines Menschen in einer anderen Entwicklungsphase.

In der Pubertät fällt die Entscheidung, welche Gewissheiten schließlich mit dem Orgasmus assoziiert werden. Zum ersten Orgasmus kommt es in der Pubertät, und im Laufe der Adoleszenz, wenn der Orgasmus einen Dauerplatz im Leben des Einzelnen erhält, fällt auch die Entscheidung über die Dauerform, in der sein Geschlechtsleben sich abspielen wird.[21] Ich habe den Eindruck, dass die Bedingungen, unter denen der erste Orgasmus vorfällt, in vielen Fällen ebenso schicksalsschwere Folgen haben können wie frühe Traumen der Infantilperiode.

Noch ein anderer Umstand sei hier erwähnt. Eine voll integrierte Perversion teilt einen wichtigen Faktor mit der Psychose. Im Augenblick des Orgasmus wird eine Wirklichkeit, die wahnhaft ist, bejaht. Dies erinnert an die Psychose des Traums, die Freud als »von kurzer Dauer, harmlos, selbst mit einer nützlichen Funktion betraut« charakterisiert hat (Freud 1940 [1938], S. 97). In der Tat kann der Perverse leicht an die Grenze der Psychose gelangen, wenn äußere oder innere Bedingungen ihn daran hindern, seinen sexuellen Drang zu befriedigen. Dieser Umstand ist für die Behandlung Jugendlicher von Wichtigkeit, er enthält aber ein kaum lösbares Problem. Die klinische Erfahrung lehrt, dass ein verzögerter Einsatz der Selbstbefriedigung oder ihr völliges Ausbleiben im Allgemeinen ein schlechtes prognostisches Zeichen ist (ausgenommen der Umstand, dass der heterosexuelle Geschlechtsverkehr früh einsetzt). Masturbation ist für eine gesunde Pubertät unerlässlich, aber die Masturbation in der Pubertät begünstigt die Entwicklung und Integrierung perverser Phantasien.[22] So kommt es, dass der Analytiker Hemmungen abbauen soll, die der Masturbation des Jugendlichen im Wege stehen, aber gleichzeitig der Ausbreitung perverser Phantasien zuvorkommen und jene inneren Bedingungen herstellen

---

[21] Siehe allerdings Freud in einer Fußnote aus dem Jahre 1915: »Die Entscheidung über das endgültige Sexualverhalten fällt erst nach der Pubertät.« (Freud 1905d, S. 44)

[22] Vgl. aber Freud (1912c, S. 342), wo er Stekel recht gibt, dass Masturbation »schwere Perversionsneigungen unschädlich« macht.

muss, die das Phantasieleben des Jugendlichen in die Richtung des heterosexuellen Verkehres leiten.

Wenn der Analytiker einen Jugendlichen psychoanalytisch zu behandeln hat, stehen ihm die folgenden Techniken zur Verfügung. Mit der klassischen Technik kann er den Schaden wiedergutmachen, der in Form der Hemmungen und neurotischen Symptome besteht und der durch eine die Entwicklung der Triebe schädigende Realität verursacht wurde. Mit der Technik der Analyse von Verwahrlosten ist er instandgesetzt, die Risse und Lücken im Über-Ich des Jugendlichen zu schließen, um dadurch dessen antisoziale Impulse zu hemmen; mit der Technik der Behandlung der akuten schizophrenen Phase vermag er den Jugendlichen mit der Umwelt zu versöhnen, wenn diese für ihn unerträglich schmerzhaft geworden ist, so dass er sich von ihr zurückzieht und sich seinem Es fast wehrlos überlässt. Indem der Analytiker bei den Jugendlichen einen Konflikt zwischen dem Ich und den perversen Impulsen stiftet oder wach hält, bemüht er sich danach, im Unbewussten die Besetzung heterosexueller Objekte und der Genitalfunktion zu sichern.

Die Grundaufgabe der Analyse Pubertierender – und damit ihre große Schwierigkeit – besteht in der Synthese dieser vier Techniken. Anders ist es, wenn – wie eingangs gesagt – die Psychopathologie des Adoleszenten festgefügt und starr ist und er mit einer Symptomatologie zur Behandlung kommt, die ihn eindeutig und verlässlich als zu einer der vier großen, vorher skizzierten Gruppen gehörend kennzeichnet. Ansonsten muss die Technik der Behandlung mit der jeweiligen Phase, in der die Symptome des Patienten sich gerade befinden, korreliert werden, denn die Symptomatologie des Pubertierenden kann sich so tief und wesenhaft ändern, dass das Risiko eines Misserfolges beträchtlich ist, falls der Analytiker auf einer Technik beharrt, die der anfänglichen klinischen Diagnose entspricht. Ich vermute, dass der weitverbreitete Pessimismus über die Erfolgsaussichten der Analyse Pubertierender die Folge des häufig starren Festhaltens an ein und derselben Technik während des gesamten Behandlungsverlaufes ist. Um die Angemessenheit einer flexiblen Technik zu demonstrieren, will ich einen hypothetischen Behandlungsverlauf vorlegen.

Ein Junge von 15 Jahren kommt wegen Kopfschmerzen in Analyse, also wegen eines neurotischen Symptoms. Hier ist die klassische Technik indiziert. Schnell entwickelt sich eine intensive Übertragung; der Patient reagiert günstig auf die Behandlung. Er entdeckt, dass der seinen Kopfschmerzen zugrunde liegende Konflikt durch die Verdrängung aggressiver Impulse gegen den Vater verursacht wurde. Im Zuge der Milderung oder Heilung der Kopfschmerzen entwickelt sich zunehmend Angst. Sein Strafbedürfnis wird nicht mehr durch das schmerzhafte körperliche Symptom befriedigt; er zeigt jetzt Kastrationsangst und befürchtet Wiedervergeltung seiner Aggression. Nun werden seine Ängste analysiert und damit reduziert, aber es kommt jetzt zur

Auslösung von Aggressionen. Er wird streitsüchtig und rebelliert zu Hause, sucht sich andere Freunde, verkehrt mehr mit den zur Verwahrlosung neigenden Schulkameraden. Er beteiligt sich auch aktiv an kleineren Delikten. Die Reduktion hemmender Faktoren in Wechselwirkung mit der Abwehr gegen verstärkte passive Wünsche, die teilweise durch die positive Übertragung geweckt wurden, hat zur Entwicklung einer Pseudomaskulinität geführt, was in aggressiven Akten zum Ausdruck kommt. Analysiert man nun im Einklang mit der Technik der Neurosenanalyse die passiven Wünsche des Patienten, dann treibt man ihn mehr und mehr in die Verwahrlosung, da seine passiven Wünsche gefährlich sind und von ihm nicht akzeptiert werden können. Deren Analyse schwächt lediglich die Abwehr und steigert die Intensität angsterregender Wünsche; der Patient kann dadurch zu kompensatorischem Ausagieren gezwungen werden.

Das Gleichgewicht wird aber in der analytischen Situation wiederhergestellt, wenn der Analytiker vorübergehend in der Behandlung die Rolle einer freundlichen Über-Ich-Figur übernimmt, bei der der Patient seine passiven Wünsche in einer narzisstisch-sublimierten Weise befriedigen kann. In dieser Phase wird die therapeutische Situation dadurch strukturiert, dass der Analytiker geeignete Verbote gibt, um die Schuldgefühle des Patienten zu verringern. Die Technik wurde also zu einer abgeändert, die der Analyse von Verwahrlosten nahe steht, ja vorübergehend sogar mit ihr identisch sein kann.

Nehmen wir an, dass die Änderung der Technik eine günstige Wirkung hat und dass das delinquente Verhalten des Patienten ein Ende findet. Der Patient kann jetzt auch die passiven homosexuellen Wünsche eher akzeptieren, da sie sublimiert wurden und einem akzeptablen, unambivalent geliebten Über-Ich-Vertreter gelten. In Reaktion auf die Deutungen des Analytikers verliebt sich der Patient in ein Mädchen und wird in dieser Beziehung aktiv. Es kommt zu Liebkosungen, er wird sexuell stimuliert, fühlt sich erfolgreich und in bester Stimmung.

Nun verlässt ihn das Mädchen und der Patient kommt in eine Depression. Während er mit dem Mädchen aktiv war, enthielt er sich der Masturbation, und nun widerstrebt er der Regression zu der früheren Art der Triebbefriedigung. Er ist starken sexuellen Spannungen ausgesetzt. Da das Mädchen ihn zugunsten eines älteren Jungen verlassen hat, werden homosexuelle Ängste und Rivalität entfacht. Wieder beginnt er, zu Hause ein provokantes Benehmen zu zeigen. Seine Eltern schelten ihn aus; seine Schulerfolge lassen erheblich nach, und er versäumt ein paar analytische Sitzungen. Er befindet sich in einem Konflikt mit dem Vertreter des Über-Ichs und hat das Gefühl, dass sein Ich-Ideal – der Analytiker – darin versagt hat, ihn gegen unerträgliche Versagungen zu schützen. Als er wieder beim Analytiker erscheint, ist er deprimiert, klagt über Symptome, die stark an Depersonalisation erinnern, und zeigt deutliche Anzeichen hypochondrischer Einstellungen. Er verbringt die meiste Zeit mit Tagträumen und fühlt sich fast völlig unfähig, soziale Beziehungen aufrechtzuerhalten.

Wenn nun der Analytiker die für die Phase der Verwahrlosung geeignete Technik fortsetzt, wird die Störung des Gleichgewichts, die sich ja auch auf die therapeutische Situation erstreckt, nur verstärkt werden, und der Patient wird sich zunehmend zurückziehen. Die Realität ist für ihn jetzt nichts anderes als eine unerträgliche Versagung, und der Konflikt, der dem Patienten eine halbwegs adäquate Realitätsbeziehung unmöglich macht, hat eine ähnliche Struktur wie die Konflikte, die bei schizophrenen Psychosen beobachtet werden. Dementsprechend erinnert die Symptomatologie an psychotische Syndrome: Depersonalisation, Hypochondrie, Zurückgezogenheit. Sollte nun der Analytiker versuchen, weiterhin als Über-Ich zu fungieren, dann enthält auch die therapeutische Situation für den Patienten nichts als Versagungen und unterscheidet sich in nichts von dem, wie ihm die Welt im Allgemeinen jetzt erscheint. Die therapeutische Situation müsste sodann an dem allgemeinen Prozess des Sich-von-der-Welt-Zurückziehens, an dem der Patient jetzt leidet, zerschellen.

Auch eine Rückkehr zur klassischen Technik würde nichts nützen. Die positive Übertragung ist unter das optimale Niveau abgesunken, und jede Bezugnahme auf unbewusste Inhalte würde beim Patienten Abscheu hervorrufen.

Der Patient befindet sich jetzt in einer für ihn und die Behandlung nicht unbedrohlichen Situation; eine neuerliche Abänderung der Technik ist notwendig geworden. Der Analytiker muss jetzt dem Patienten Befriedigungen anbieten, die sein Interesse an der Welt stimulieren. Zunächst handelt es sich darum, sein Interesse an der therapeutischen Situation wiederherzustellen. Allerdings können die dazu notwendigen praktischen Schritte nicht beschrieben werden, da diese völlig von den Bedürfnissen des Patienten abhängen, die dem Analytiker aus dem bisherigen Verlauf bekannt geworden sind. Die Analysenstunde kann nun aktiv vom Analytiker mit dem Erzählen von Geschichten ausgefüllt werden oder mit Plaudereien. Was immer in der Stunde vorfällt, soll für den Patienten lustvoll sein, ohne seine Schuldgefühle zu erregen. Es soll ihm das Gefühl vermitteln, dass er noch immer vom Analytiker akzeptiert wird und ihm willkommen ist. Erste Anzeichen für einen Stillstand im Rückzug des Patienten sind seine Bereitwilligkeit, zur Behandlung zu kommen, das Vergnügen, das er aus der mit dem Therapeuten verbrachten Zeit gewinnt. Dass der Rückzug in sein Gegenteil umgeschlagen ist, kann sich auch darin zeigen, dass der Patient die Masturbation wieder aufnimmt und sich somit Sexualbefriedigung gestattet.

Selbst wenn der Patient unter dem Einfluss dieser veränderten Technik wieder eine reibungslose Beziehung zur Umwelt hergestellt hat, kann er dennoch ein Symptom zeigen, das noch einen Hinweis auf die überwundene regressive

Phase enthält. Die Enttäuschung, die er durch die Untreue des geliebten Mädchens erlitt, war für ihn traumatisch. Spuren dieses Traumas und der dadurch erfolgten Regression scheinen dann in einem inneren Entfremdungsgefühl in der Beziehung zum weiblichen Geschlecht auf. Daher beginnen jetzt die Inhalte seiner sexuellen Phantasien prägenitale, hauptsächlich auf das männliche Geschlecht gerichtete Züge zu haben. Sie zeigen eine oral-sadistische Tendenz. Der Patient ist nun in eine perverse Phase eingetreten. Wollte man jetzt auf einer Technik beharren, deren Angelpunkt die Erfüllung der Wünsche des Patienten und die Vermeidung von Schuldgefühlen ist, riskierte man in dieser Phase die Fixierung an eine Perversion.

In den meisten Fällen dieser Art wird die Analyse der Abwehrfunktion solcher Phantasien und Triebimpulse, der zugrunde liegenden verdrängten Kindheitskonflikte und der Kastrationsängste genügen, um diese Phase zu beenden. Sollte aber die Lust, die aus den perversen Phantasien oder Praktiken gewonnen wird, so groß sein, dass eine rein interpretierende Technik nicht ausreicht, dann muss vorübergehend ein Keil zwischen Ich und Es getrieben und ein Konflikt geschaffen werden. Das Ich muss der Gruppe von Phantasien entfremdet werden, die zu integrieren es in Begriff ist. Angst ist eine wirkungsvolle Waffe, mit der das Ich einen Einfluss auf das Es ausüben kann, und es kann nun notwendig werden, eine Technik einzusetzen, die die Angst des Patienten erhöht. Wenn die Gefahr besteht, dass das Ich eine Perversion integriert, dann muss sie in ein neurotisches Symptom verwandelt werden. Ist dies aber geschehen, dann sind wir zur Ausgangssituation zurückgekehrt. Der Patient ist wieder in einer neurotischen Phase. Hoffen wir, dass es sich dieses Mal nicht um ein körperliches Symptom handelt, sondern um eine gut abgegrenzte Psychoneurose, und dass deren Behandlung mit der klassischen Technik nicht zu den Komplikationen führt, die ich soeben beschrieben habe.

Der geschilderte hypothetische Fall braucht sich in dieser oder einer ähnlichen Weise niemals in der klinischen Praxis abzuspielen. Die Phasen sind nicht so reinlich voneinander zu scheiden, wie ich es getan habe. Das Überkreuzen oder Zusammengewürfeltsein dessen, was ich als einzelne Phasen getrennt habe, macht es in der klinischen Praxis so schwer, den richtigen Zeitpunkt für eine Modifikation der Technik zu wählen. Bei der Wahl des Zeitpunktes, an dem eine Technik geändert werden soll, muss aber noch eine andere Überlegung entscheidend sein. Bei meinem hypothetischen Fall hätten die delinquenten Symptome verhindert werden können, wenn die klassische Technik bereits abgeändert worden wäre, bevor die Symptome der Verwahrlosung sich voll entwickelt hatten. Wäre die dem neuen Syndrom angepasste Technik bereits beim ersten Anzeichen der bevorstehenden Änderung des Symptombildes angewendet worden, hätte man dem Patienten vielleicht die doch nicht ganz ungefährliche Phase der Verwahrlosung ersparen können. Dasselbe gilt auch für die darauffolgenden Phasen wechselnder Symptome. Die ideale Technik würde einen besonderen klinischen Scharfsinn voraussetzen, der es ermöglicht, den Phasenwechsel immer vorauszusehen, bevor er zu einem Wechsel im Verhalten des Patienten gegenüber seiner sozialen Umwelt führt. Eine antizipierende Abänderung der Technik würde es ermöglichen, dass der Patient mit einem Minimum an Agieren durch die Behandlung geht und die »dramatischen« Ereignisse auf die Behandlungssituation beschränkt bleiben, ohne die Anpassungsvorgänge des Patienten im Realkontakt mit seiner sozialen Umwelt zu stören.

Es muss weiter betont werden, dass die Umstellung des Analytikers auf die unterschiedlichen Behandlungstechniken nicht nur phasengebunden ist, also nicht nur von den auffälligen klinischen Änderungen abhängt, die der jugendliche Patient in der Entfaltung seines Krankheitsbildes im Gesamtverlauf der Behandlung zeigt. Umschaltungen der Technik sind sogar im Ablauf einer Analysenstunde geboten. Ein jugendlicher Patient kann am Anfang einer Analysenstunde ganz unter der Herrschaft seiner neurotischen Symptome stehen. Diese können aber, manchmal unvermittelt, Verwahrlosungsimpulsen weichen. Verharrt man nun in der Behandlung von Jugendlichen bei ein und derselben Technik, obwohl der Patient verschiedene Formen der Psychopathologie zeigt, dann müssen unvermeidbarerweise die Widerstände unbewältigt bleiben, oder sie können in ihrer Intensität unter das optimale Niveau sinken und dadurch den Patienten bedrohlichen Gefahren aussetzen.

Es gibt nun noch eine fünfte Form der Psychopathologie, auf die ich mit Absicht erst jetzt zu sprechen komme. In ihrer reinsten Form kann sie beim Genie beobachtet werden. Man hat die psychopathologischen Erscheinungen, die, wie bekannt, bei genialen Menschen in Hülle und Fülle in Erscheinung treten (Lange-Eichbaum 1927), jeweils mit den wohlbekannten Kategorien psychiatrischer Diagnostik klassifiziert – was ja gelegentlich auch zutreffend sein kann.[23]

Im Allgemeinen müssen aber die psychopathologischen Erscheinungen im Leben hervorragend begabter Menschen wie der Genies aus der Struktur des schöpferischen Aktes erklärt werden, der ja überhaupt nicht an den herkömmlichen Kategorien seelischer Erkrankungen gemessen werden kann. Man macht häufig die Beobachtung, dass eine erhebliche Anzahl Jugendlicher durch Phasen geht, in denen sie einen geradezu genialischen Anstrich haben. Es handelt sich dabei um etwas wie eine Wiederholung einer früheren Kindheitsphase, wenn das Kleinkind täglich etwas Neues an der Welt entdeckt und überraschend originelle Bemerkungen und Beobachtungen macht. Wenn der Jugendliche neue Wertwelten entdeckt und durch die Berührung mit für ihn neuen Syste-

---

[23] Wie z. B. im letzen Abschnitt von Hölderlins Lebenslauf oder im Falle Strindbergs.

men seinen Ausblick auf die Welt reorganisiert, wird seine Intellektualität aufs intensivste stimuliert. Er geht durch eine Art Sturm-und-Drang-Periode, in der das Schöpferische oft in originellster, wenn auch noch unreifer Form, durchbricht. Die intellektuellen und künstlerischen Stürme, die man so häufig in der Jugendzeit beobachten kann, erinnern sicher an vieles, was auch beim genialen Erwachsenen zur Beobachtung gelangt. Aber selbst wenn eine Pubertät ohne solche intensiven Ausbrüche verläuft, ist sie doch gewöhnlich in Bezug auf das Schöpferische aufgelockerter als andere Entwicklungsphasen des Menschen, es sei denn, dass Stumpfheit und Unbeteiligtheit vorherrschen, was im Allgemeinen als ein sehr schlechtes prognostisches Zeichen angesehen werden muss.

Ich habe in diesem Zusammenhang das Genieproblem aufgegriffen, weil ich glaube, dass wir besser imstande wären, die geistige Entwicklung und das Schöpferische des Jugendlichen zu schützen, sicherzustellen und zu fördern, wenn wir mehr über die Psychologie des Genies wüssten. Ebenso wie die letzte Entscheidung über die Form der Sexualität des Erwachsenen in die Pubertät fällt, werden auch das Potential, die Trieb- und Durchsetzungskraft der manifesten Intelligenz und des Schöpferischen, wie sie später beim Erwachsenen vorhanden sind, bereits in dieser Phase entschieden. Ich bin nicht sicher, ob Jokl (1950) recht hat, wenn er den Schluss zieht, das Schöpferische könne durch die Analyse niemals gefährdet oder geschädigt werden. Jokl zitiert einen Brief Freuds, in dem dieser schreibt, dass ein wirkliches Talent durch die Analyse nicht geschädigt werden könne, denn die Analyse würde dem Patienten bloß helfen, sich von Schwierigkeiten zu befreien.[24] Kann an dieser Behauptung auch noch angesichts des Fortschritts der analytischen Ich-Psychologie mit derselben Sicherheit festgehalten werden? Es gibt gewiss außerordentliche Begabungen, denen kein Umwelteinfluss etwas anhaben kann, aber dieser Typus kommt wahrscheinlich nie in Analyse. Wenn ein Jugendlicher eine psychoanalytische Behandlung braucht, ist dies allein schon ein Zeichen, dass er zu jenen gehört, die durch ungünstige Umwelteinflüsse eingeengt, gehemmt oder geschädigt werden können. Außerdem vermute ich, dass Freud wohl stillschweigend eine Einschränkung als gegeben voraussetzte, nämlich, dass seine Behauptung nur zutreffe, wenn eine Behandlung sachgemäß oder den Besonderheiten des Falles angepasst durchgeführt werde; denn wie könnte es anders verstanden werden, wenn er in seinem Brief hinzufügt, dass Jokl in dem betreffenden Falle besonders vorsichtig sein solle.

Das Problem des Schöpferischen bürdet der Analyse von Jugendlichen eine besonders große und prekäre Verantwortung auf – es sei denn, man huldigt ei-

---

[24] Es scheint mir von allgemeiner Bedeutung zu sein, dass Freud, als er von Gustav Mahler und Bruno Walter konsultiert wurde, sich in seinen therapeutischen Maßnahmen auf eine Psychotherapie beschränkte. Über Letztere siehe Walter (1947) und Sterba (1951).

nem primitiven Glauben an Vererbung und verneint die Wirksamkeit von Umwelteinflüssen –, da die schöpferisch-produktiven Funktionen um diese Zeit noch nicht integriert sind. Um Ausmaß und Schwere des in diesem Zusammenhang aufgeworfenen Problems zu ermessen, muss man nur daran erinnern, dass wir eben noch keine verlässliche und eindeutig festgelegte Technik der Analyse Pubertierender im Allgemeinen besitzen und dass es der Analytiker in der klinischen Praxis kaum jemals mit einem Menschen zu tun hat, dessen Begabung wahrhaft genial und daher unverwundbar ist. Schließlich muss man noch bedenken, dass es dem Analytiker nicht nur obliegt, das Schöpferische im jugendlichen Patienten vor Verkümmerung zu schützen, sondern es solcherart zu aktivieren, dass sein Potential einmal zur maximalen Entfaltung kommt.

Zwar kennt man noch nicht die für eine Entfaltung des Schöpferischen optimalen Bedingungen, aber man darf mit Sicherheit annehmen, dass eine von den zahlreichen Variablen die Anwesenheit von Konflikten ist. Über Intensität und Struktur der Konflikte, die für die Entwicklung des Schöpferischen am günstigsten sind, ist jedoch nichts bekannt. Zöge man aus dieser Tatsache unseres Unwissens allein den Schluss, dass Psychotherapie oder Psychoanalyse das schöpferische Potential des Jugendlichen schädigen könnten und deswegen wo immer möglich vermieden werden sollten, so wäre dies eine Vorsicht am falschen Platz. Es ist zwar wahr, dass man noch nicht weiß, welches therapeutische Milieu für das schöpferische Wachstum am geeignetsten ist, aber wir wissen, dass die soziale Umwelt und die inneren Konflikte des Jugendlichen die schöpferischen Keime leicht ersticken lassen, wenn sie den Fügungen des Zufalles überlassen bleiben, während jedoch die Möglichkeit besteht, dass eine vorsichtig geführte Psychoanalyse dieses Schicksal abwendet.

Ich habe den Eindruck, dass sich während der Pubertät oft eine enorme psychische Spannung aufbaut, die dann dem Schöpferischen während vieler Jahre als Grundlage dient. Ebenso aber findet man, dass ähnlich gelagerte Konflikte, die bei den einen ein schöpferisches Spannungspotential schaffen, bei anderen eine wahre Verwüstung anrichten und beim Erwachsenen zu einem Erlöschen der schöpferischen Funktion führen. Jeder kennt den Typus Jugendlicher, der aufgeweckt, vielversprechend und mit einer blühenden Phantasie begabt in die Pubertät eintritt, sie aber zwanghaft eingeschränkt, innerlich verkümmert und gebrochen verlässt. Umgekehrt kann die Pubertät einen scheinbar talentlosen Jugendlichen aufrütteln und ihn mit der Entfaltung schönster Begabungen in das Erwachsenenalter treten lassen. Kann nun die Psychoanalyse auf diese Entwicklung Einfluss nehmen und die verheerenden Folgen mancher Pubertätsverläufe verhindern? Goethe, der als der Ideal-Typus des schöpferischen Menschen gelten darf, ging durch eine besonders stürmische Pubertät hindurch, in deren Verlauf, meiner Ansicht nach, zwei kurzdauernde psychotische Zustände nicht zu übersehen sind. Aber in dieser krisenhaften Zeit oder kurz danach sieht man plötzlich eine besondere künstlerisch-lyrische Fähigkeit erblühen. Es wäre falsch zu sagen, die Pubertät habe Goethe zum Genie gemacht. Sehr wahrscheinlich hätte auch ohne diese zwei Episoden das Schöpferische in Goethe zu Außerordentlichem geführt. Dennoch muss es als etwas sehr Bedeutungsvolles und Allgemeingültiges angesehen werden, dass eine ganz hervorragende lyrische Sprachbegabung aus den Trümmern dieser zwei höchst bedrohlichen Episoden erwuchs. Ich würde nicht zögern, eine allgemeine Schlussfolgerung daraus zu ziehen.

Es erhebt sich die Frage, ob es einen funktionalen Zusammenhang zwischen den Konflikten und Lösungen der ödipalen Phase und denen der Pubertät gibt. Jones (1922) hat dieser Frage eine Studie gewidmet und die Parallelität der beiden betont. Zweifelsohne existieren solche Parallelen. Man findet sogar Extremfälle, in denen des Menschen Schicksal knapp nach dem Höhepunkt der Ödipusphase schon besiegelt war. Wie bereits erwähnt, entwickelt sich in solchen Fällen früh eine festumrissene Psychopathologie, die sich durch die Latenz mit wechselnder Stärke fortsetzt. Schon am Beginn der Pubertät wird ein fixiertes Symptombild vorgefunden, das sich zeitlebens erhält. Man kann einen solchen Verlauf besonders klar bei Patienten beobachten, die in früher Kindheit homosexuell verführt wurden und die ihr sexuell abweichendes Verhalten bis zur Pubertät ohne Unterbrechung fortsetzen. In solchen Fällen kann der rein technische Aspekt der Pubertätsanalyse vereinfacht sein, da die Wahrscheinlichkeit einer Symptomschwankung herabgesetzt ist, obwohl sie auch in solchen Fällen nicht ausgeschlossen ist. Ich habe jedoch den Eindruck, dass die anderen Pubertätsverläufe, in denen tiefgreifende reorganisatorische Prozesse vor sich gehen, häufiger sind. Beide Verlaufstypen können auch in der schöpferischen Entwicklung von Genies beobachtet werden. Mozart ist das erstaunlichste Beispiel der ersteren. Seine musikalische Begabung, im Alter von vier Jahren entdeckt, wächst ununterbrochen bis ans Lebensende. Er ist beim Eintritt in die Pubertät bereits ein vollendeter Meister. Goethe zeigt die andere Verlaufsform. Trotz früher Zeichen des Schöpferischen hätte man wohl seine Außerordentlichkeit nicht vor dem Ende seiner Pubertät ahnen können.

Die Pubertät gewährt dem Menschen eine zweite (und in den meisten Fällen letzte) Chance. Sie gewährt ihm eine Frist, die Lösungen, die er während der Latenzzeit in direkter Reaktion auf den ödipalen Konflikt gefunden hat, zu revidieren. Manche der in der Latenzzeit gebildeten Strukturen der Persönlichkeit werden im Laufe der Pubertät aufgelöst. Vielleicht kann man diesen Prozess mit einer Verflüssigung vergleichen. Gewiss sind beim Pubertierenden auch regressive Züge zu beobachten, ich ziehe es aber vor, das Freiwerden von Kräften, die an Struktur gebunden waren, und die darauffolgende Reorganisation in der Form neuer Identifizierungen und der Besetzung neuer Objekte hervorzuheben. Wenn Verflüssigungsprozesse und Restrukturierung erfolgen, dann ist der Verlauf der Pubertät ein stürmischer. Mit oder ohne Analyse müssen Schwankungen im Gesamtverhalten erwartet werden. Es hängt dann von inneren dynamischen Konstellationen, von der Art und Schwere der Versagungen, von Versuchungen und Befriedigungen in der äußeren Realität ab, ob plötzliche Delikthandlungen, schöpferische Ausbrüche oder Perioden eines allgemeinen Rückzugs eintreten und miteinander abwechseln.

Um solche Sequenzen nicht dem Zufall zu überlassen, um schädliche Folgen von Konflikten, die im Grunde konstruktive Funktionen besitzen, zu vermeiden, sollte jede stürmische Pubertät einer analytischen Behandlung unterzogen werden. Aber selbst unter optimalen Bedingungen wird es der Analyse während der Pubertät nicht gelingen, der Psychopathologie des Patienten für immer ein Ende zu setzen; wie man auch von der Kinderanalyse nicht mehr erwarten kann, als dass sie das Ich des Kindes stärkt, so dass es mit einer weniger ausgeprägten Psychopathologie auf spätere Ansprüche reagieren wird, als es sonst der Fall wäre. Die endgültige, manifeste Psychopathologie hängt vom Schicksal ab, dem der Erwachsene ausgesetzt ist, die Entscheidung aber, in welcher Art er auf spätere Versagungen reagieren wird, fällt meistens in der Pubertät. Das Ziel der Analyse von Pubertierenden wird es daher sein, die Bildung einer fixierten, rigiden Ich-Reaktion auf Konflikte zu vermeiden. Denn fast regelmäßig beobachtet man (es könnte fast statistisch normal genannt werden), dass ein Mensch am Ende der Pubertät ein rigides Reaktionssystem der Konfliktlösung erworben hat. Es steht ihm nur ein einziges Reaktionsmodell zur Verfügung, wenn Beanspruchungen das für ihn optimale Toleranzniveau überschreiten.

Wenn die Ich-Struktur am Ende der Pubertät fähig ist, solche Beanspruchungen mit verschiedenartigen Reaktionen zu beantworten, anstatt an eine fixiert zu sein, scheint die allgemeine Prognose viel besser zu sein. Das Ausmaß des subjektiven Leidens, das unter solchen Bedingungen zu erwarten ist, wird viel geringer und die Breite der zu erwartenden Anpassungsfähigkeit viel größer sein. Auch wird dann eine gewisse Aussicht bestehen, dass das Individuum sich die Fähigkeit, puberale Phasen wiederzuerleben, bewahrt hat. Goethe sagte zu Eckermann (1836, S. 538): »Geniale Naturen [...] erleben eine wiederholte Pubertät, während andere Leute nur einmal jung sind« und erwähnte eine Periode wiederauflebender Pubertät, die er im Alter von 65 Jahren erlebt hatte. Es war sicher nicht die einzige seines Erwachsenenlebens gewesen. Die schöpferische Wirkung einer puberalen Renaissance beim Genialen ist oft von größter Intensität. Aber hat nur das Genie das Vorrecht solcher Renaissancen? Oder ist das Vorrecht an eine spezielle psychobiologische Konstitution gebunden? Vielleicht sind da auch ganz andere Kräfte am Werke: die Art und Weise, wie ein Individuum durch die körperliche Pubertät gegangen ist, und das Ausmaß an Angst, Leiden und Trauma, das er in dieser Phase erdulden musste. Möglicherweise kommt es beim Durchschnitt während der ersten Pubertät zu einem erschöpfenden Verbrauch des energetischen Vorrates, den zur Verfügung zu haben Voraussetzung weiterer Pubertätsperioden wäre und der verbleiben muss, wenn der Mensch die Fähigkeit behalten soll, unter geeigneten Bedingungen weitere Pubertäten zu produzieren.

Als ich die Technik der Kinderanalyse skizzierte, erwähnte ich, dass die Beziehung des Analytikers zum Kinde notwendigerweise die Grenzen einer rein therapeutischen überschreitet. Wenn nun die Funktionen des Analytikers dem pubertierenden Patienten gegenüber dahin erweitert werden, dass er auch für die spätere maximale Entfaltung der schöpferischen Fähigkeiten des Jugendlichen verantwortlich ist, so erfordert dies vielleicht auch einen Schritt über die Grenze der Therapie hinaus, wie sie gewöhnlich in der Psychoanalyse definiert ist. Denn des Patienten spätere schöpferische Produktivität wird, wie ich meine, von der während der Adoleszenz erfolgenden unbewussten Entwicklung und Integrierung schöpferischer Ziele abhängen. Während der Pubertät wird – meist unbewusst – ein neuer Horizont oder Plan entwickelt, dessen Konkretisierung das Individuum während seiner erwachsenen Jahre anstreben wird. Obwohl der Plan und auch die Sehnsucht nach seiner Konkretisierung sich nicht unabhängig von der ödipalen Phase entwickeln, obliegt es dem Analytiker nicht nur, die Hindernisse, die deren Entfaltung im Wege stehen, zu beseitigen, sondern vielleicht auch für deren größtmögliche Expansion und Intensivierung zu sorgen, was eine viel größere Aktivität erheischen kann, als sie im Allgemeinen im Rahmen einer psychoanalytischen Behandlung geboten erscheint.

Der klinische Alltag lässt uns nur selten solche anziehenden Probleme wie die zuletzt besprochenen zukommen. Deswegen will ich zur täglichen Praxis zurückkehren und eine Frage, die oft gestellt wird, kurz besprechen.

In der überwiegenden Mehrzahl der Pubertätsfälle, in denen der Analytiker konsultiert wird, handelt es sich um Patienten, die an einer so schweren Psychopathologie leiden, dass man zögert, analytisch einzugreifen. Was soll unter so extremen Bedingungen geschehen?

Ich hatte einmal mit einem 16-jährigen zu tun, der ein Grenzfall war, unfähig, seine Probleme anzuerkennen. Jedes Ansprechen seiner Schwierigkeiten, wie vorsichtig es auch vorgenommen wurde, wurde mit sofortigem Ressentiment beantwortet. Es wurde evident, dass es zu einem Bruch zwischen Patient und Therapeut führen würde, falls man weiterhin versuchen wollte, ihn an seine Schwierigkeiten zu erinnern. Es schien ratsam, die Therapie abzubrechen. Trotzdem setzte ich einen regelmäßigen Kontakt über mehr als zwei Jahre fort, obwohl nichts anderes möglich war, als mit dem Patienten nur über Oberflächliches und Triviales zu sprechen. Ich hatte den Eindruck gewonnen, dass ein unbeschwerter Kontakt eine wohltuende Wirkung auf das von verheerenden

Symptomen zerklüftete Ich des Patienten haben würde und es ihm erleichterte, wenigstens ein Minimum an Anpassung aufrechtzuerhalten, wobei ich es mir angelegen sein ließ, ihn mit keinerlei Verpflichtungen zu belasten oder auf seine Provokationen in einer Art zu reagieren, die es ihm erlaubt hätte, meine Beziehung zu ihm als ambivalent zu erleben. Diese therapeutische Beziehung gewährte ihm etwas wie eine Entlastung; sie wirkte wie ein Ruhepunkt, um den herum sich doch Ich-Anteile funktionsfähig erhalten konnten und der regressive Tendenzen aufhielt. Drei Jahre, nachdem der Patient diese quasi-Therapie verlassen hatte, verlangte er spontan nach einer regulären Analyse. Ich glaube nicht, dass dies der Fall gewesen wäre, wenn ich ihn als unbehandelbar entlassen oder versucht hätte, ihm eine Therapie aufzuzwingen.

Man hört gelegentlich gegen die Analyse Pubertierender den Einwand, dass eine solche häufig den Patienten davon abhielte, später als Erwachsener in Psychoanalyse zu gehen. Ich konnte tatsächlich etwas derartiges bei einem schwer gestörten Jugendlichen beobachten. Ich hatte mit ihm über zweieinhalb Jahre wöchentliche Gespräche. Die Therapie half ihm über die vielen Krisen hinweg, die seine Pubertät durchzogen. Die therapeutischen Maßnahmen wurden mit der stillschweigenden Absicht unternommen, dass der Patient in regelrechte Psychoanalyse gehen werde, sobald das akute Stadium seiner Probleme und Konflikte abgeklungen wäre. Als dies der Fall war und ihm geraten wurde, in Analyse zu gehen, verwarf er aber den Rat, obwohl er früher, als er sich einmal besonders elend fühlte, nach einer analytischen Behandlung verlangt hatte. Jetzt, da es ihm die Hilfe, die er erhalten hatte, ermöglichte, eine scheinbar adäquate Anpassung aufrechtzuerhalten, weigerte er sich, in Behandlung zu gehen. Es wäre besser gewesen, wenn ich ihm während der akuten Krisen seiner Adoleszenz weniger Beistand gewährt oder eine regelrechte Analyse riskiert hätte.

Angesichts der gegenwärtigen Einsicht in die Psychologie der Pubertät würde ich im Zweifelsfalle eher zugunsten eines regelrechten analytischen Verfahrens plädieren als für Ersatzmaßnahmen.

Ich hoffe, dass mein Entwurf eines idealtypischen Modells der Analyse Pubertierender nicht von der analytischen Behandlung solcher Patienten abschrecken wird. Ich wollte lediglich einen Abriss der Richtungen geben, in denen die Therapie sich bewegen kann, und der Mannigfaltigkeit der Probleme, auf die man stößt, wenn man nach einer verlässlichen Technik sucht, die dieser Entwicklungsphase halbwegs gerecht werden soll.

Trauma, Traum, Angst und Schizophrenie – Eine Anmerkung[1]

Es ist seit langem bekannt, dass Angstträume Vorboten ernsthafter psychischer Störungen sein können.[2] Es wäre jedoch falsch, daraus zu schließen, dass in solchen Fällen die Träume selbst ein eine Psychose verursachendes Trauma auslösen könnten. Psychoanalytischem Denken liegt die Annahme näher, dass sich während der Nacht durch einen solchen scheinbar traumatischen, angsterregenden Traum eine latente, sich bereits entwickelnde Krankheit bemerkbar macht, die dem Träumer im Wachzustand noch nicht bewusst ist. Ähnliches wurde schließlich auch bei physischen Störungen beobachtet: Symptome einer physischen Krankheit, die sich erst später manifestiert, erscheinen im manifesten Trauminhalt zu einer Zeit, in der sich jemand noch völlig gesund fühlt (z. B. Sully 1893).

Ein Psychoanalytiker, der darin geschult ist, die Bedeutung solcher Vorboten zu erkennen, kann in der Tat – wenn auch selten – in der Lage sein, einem Patienten das Leben zu retten, indem er ihm nahe legt, einen Spezialisten aufzusuchen, auch wenn eine solche Konsultation noch gar nicht nötig scheint.

Mehr noch, akzeptiert man Freuds Traumtheorie, muss man davon ausgehen, dass ein Traum niemals die Ursache eines Traumas sein kann: Ereignisse werden erst dann traumatisch, wenn die Reizstärke ein bestimmtes Niveau übersteigt; das Angstsignal würde den Träumer sofort erwachen lassen, sobald sich die affektive Gesamtbesetzung der Traumelemente dem traumatischen Niveau nähert. Verständlicherweise ist die Fähigkeit eines Menschen, Reize auszuhalten, begrenzt, der Träumer scheint jedoch in dieser Hinsicht besonders gut geschützt zu sein.

Die klinische Erfahrung bietet reichlich Bestätigung dafür, dass gerade im Schlafzustand die Angst regelmäßig eingreift, um jeden Zustand zu beenden, der zu einer Bedrohung für die Integrität des psychischen Apparates werden könnte.[3]

---

[1] [Erstveröffentlichung als »A note on trauma, dream, anxiety and schizophrenia« in *The Psychoanalytic Study of the Child*, 21, 1966, S. 17–50.]

[2] Einige Autoren (Sanctis 1899) nahmen an, dass solche Träume die eigentlichen Gründe für die Störungen seien. Freud diskutierte den Zusammenhang zwischen Träumen und Geisteskrankheiten bereits in der *Traumdeutung* (Freud 1900, S. 92–97; siehe auch Freud 1933, S. 16).

[3] Dem Schlafenden stehen auch andere Abwehrmechanismen zur Verfügung wie das Urteil: »Das ist schließlich nur ein Traum«. Welche Bedingungen bestimmen, ob dieses Urteil getroffen wird oder Angst ausbricht, ist bislang nicht ausreichend ge-

Es sei auch daran erinnert, dass – laut Freud – die Angstträume von Patienten, die unter einer traumatischen Neurose leiden, die Funktion haben, die Wirkungen des Traumas zu verringern, dass sie also Stufen auf dem Weg zur Heilung sind. In dieser Hinsicht lässt sich der Traum sogar als eine *anti*traumatische Kraft verstehen – eine Annahme, die mit Roberts Theorie der heilenden Kraft der Träume in Übereinstimmung stünde (Freud 1900, S. 83).[4]

Was die Traumatisierung angeht, ist der Träumer in einer günstigeren Lage als ein wacher Mensch, der ohne Warnung der zufälligen Komplexität einer plötzlich auf ihn einstürmenden äußeren Realität ausgesetzt ist. Der folgende Fall mag als typisches klinisches Beispiel dienen:

Ein Patient – ein junger Mann von achtzehn Jahren – erlitt, als er in der U-Bahn saß, eine schwere Angstattacke, als ein blinder Bettler, dessen Augenhöhlen leer waren, den Wagen betrat und vorüberging. Der Patient war im Allgemeinen durch eine Reihe vorübergehender, aber ziemlich gut integrierter Zwänge gegen Angstgefühle gut geschützt und es war nicht leicht, ihn in der Behandlung davon zu überzeugen, in welchem Ausmaß ihm viele seiner Symptome als Schutz gegen die Angst dienten.

Der erwähnte Vorfall war einer von wenigen in der frühen Phase seiner Behandlung, in denen er sich einer Angsterfahrung ausgesetzt sah, ohne das Erlebte als reale Gefahr rationalisieren zu können. Die Bedeutung der Attacke ist ziemlich offensichtlich: Es war ein Fall von Kastrationsangst. Der Anblick der leeren Augenhöhlen muss den Gedanken geweckt haben: Manchmal sind Männer eben doch kastriert – ein Gedanke, der bis dahin verdrängt war. Die Angstattacke des

---

klärt. Freud dachte, dass das Urteil, es handle sich nur um einen Traum, getroffen wird, wenn die Zensur einen Traum hat passieren lassen, der hätte unterdrückt werden sollen. Das Urteil diene dann der Abmilderung der aufkommenden Angst (Freud 1900, S. 493; siehe auch Freud, 1901a, S. 693f.). Mein Eindruck ist, dass die Überraschung des Träumers über eine unerwartete Wendung in den manifesten Ereignissen des Traums manchmal eine ähnliche Funktion hat. Das Gefühl der Überraschung kann dann, wenn die Überraschung selbst der Inhalt eines latenten Traumgedankens ist, eines der Darstellungsmittel sein. Mit dem Fortschreiten der Analyse und wachsender Toleranz gegenüber dem Verdrängten könnte der Träumer mit Überraschung reagieren, wo er früher mit Angst aufgewacht wäre. Überraschung erlaubt die Anerkennung eines unwillkommenen Vorboten des Verdrängten unter dem Deckmantel der Ungläubigkeit. Sie steht für den Protest und ihre Wirkung ist milder als die der Verneinung (siehe Freud 1925c).

[4] Nach Ferenczi (1934) ist jeder Traum ein Versuch, die ungelösten Folgen eines vergangenen Traumas zu erledigen. Ferenczis Vorschlag einer traumatolytischen Funktion von Träumen – eine Verallgemeinerung von Freuds Kommentaren zur Funktion von Träumen bei traumatischen Neurosen (1920) – wurde kürzlich in einer Abhandlung von Stein (1965) wieder aufgenommen. Ich werde später einen Vorschlag machen, der in dieselbe Richtung geht.

Patienten wurde nicht durch Themen hervorgerufen, die zu jener Zeit im Zentrum der Behandlung standen. Seine Kastrationsängste waren dennoch lebendig genug, um zufällig durch einen derart grausigen Anblick ausgelöst zu werden.

Genetisch gesehen könnte sein Angstanfall entweder auf einem frühen Trauma beruhen, auf dem ersten Anblick der weiblichen Genitalien, oder darauf, dass eine frühe Phantasie sich plötzlich als Wirklichkeit erwies. Im Allgemeinen wird, wie ich glaube, zwischen diesen Alternativen nicht klar unterschieden. Üblicherweise scheint man den Schluss zu ziehen, dass solche Reaktionen im Erwachsenen stets die Wiederholung eines Kindheitstraumas anzeigen, auch wenn es sich dabei oft um eine sich erfüllende Wunschphantasie handelt.

Wenn wir das nun auf den Schlafzustand übertragen, dann finden wir eine andere ökonomische Verteilung. Sollten Vorstellungen [imagery], die ganz real etwas mit Kastration zu tun haben, besetzt werden, so stehen dem Träumer adäquate Fluchtwege zur Verfügung. Verschiebung, Ersatzbildung oder Verkehrung ins Gegenteil können dann sogar einen angenehmen oder emotional neutralen Traum zur Folge haben. Sollten sich jedoch all diese Mechanismen als nicht ausreichend erweisen, dann würden in der Regel das Angstsignal oder akute Angst das Phantasiegebilde beenden.

Hier taucht jedoch eine Frage auf, die eine allgemeinere Betrachtung rechtfertigt. Man weiß aus klinischer Erfahrung, dass es bei Kindern und Erwachsenen zu Träumen kommt, die nicht durch Angst unterbrochen werden. Die Anerkennung dieser Tatsache führte zur Unterscheidung zwischen dem Albtraum und dem einfachen Angsttraum (vgl. Jones 1949). Das charakteristische Merkmal des ersteren ist die lang anhaltende Lähmung des Träumers, während er schweren Gefahren ausgesetzt ist und schreckliche Angst erlebt. Beim *pavor nocturnus* hält der Albtraum sogar dann noch an, wenn das Kind schon aufgestanden ist und Schutz bei seinen Eltern sucht. Einige Autoren, einschließlich Stern, schreiben dem *Albtraum* und dem *pavor nocturnus* eine traumatisierende Wirkung zu. Seltsamerweise findet man in Freuds Werk, soweit ich weiß, nirgendwo die Analyse eines wirklichen Albtraums. In seinen Schriften wird der Angst die Weck-Funktion in den Träumen zugeschrieben und durch diese ausgeübt. Freud erklärte die motorische Lähmung des Träumers im Traum als »Sensation der gehemmten Bewegung, die so nahe an Angst streift«, als Darstellung eines energischen »Nein« (Freud 1900, S. 341–343).

Nach Jones' Ansicht werden Albträume durch Schuldgefühle wegen »verdrängter inzestuöser Wünsche, die nach imaginärer Befriedigung streben« verursacht (Jones 1949, S. 343). Man kann daraus schließen, dass im Albtraum streng verbotene Impulse besonders intensiv sind und deshalb nach einer besonders schweren Bestrafung und einem besonders energischen »Nein« verlangen. Doch dies beantwortet noch nicht die Frage, ob die Angst selbst ein Trauma auslösen kann oder eben nicht.

Wir merken, dass die Formel, die Angst weckt den Träumer und schützt ihn so gegen die Traumatisierung, angesichts des lähmenden Albtraums zu einfach ist. An diesem Punkt müssen wir die Frage jedoch offen lassen, vor allem wegen der vom klassischen phobischen Patienten häufig geäußerten Überzeugung, dass seine Hemmungen mit einer überwältigenden Angstattacke begannen. Er wird uns versichern, dass er durchaus in der Lage wäre, allein auszugehen, in ein Flugzeug zu steigen oder sich einer beliebigen anderen Aktivität hinzugeben, die ihm jetzt durch die erzwungenen Sicherheitsvorkehrungen unmöglich gemacht worden sind – hätte er nicht einen verheerenden Angstanfall erlitten, als er sich einer derartigen Situation aussetzte. Hat nicht in diesen Fällen die Angstattacke den Patienten traumatisiert?

Wir wenden uns nun Freuds letzter Angsttheorie von 1926 und ihrer leichten Modifizierung von 1933 zu. Freuds Angsttheorie wurde so oft und so gründlich diskutiert, dass sie keiner ausführlichen Darstellung mehr bedarf. Es scheint dennoch nötig, sich auf einige wenige Punkte zu konzentrieren, über die man meiner Meinung nach streiten kann und die mir widersprüchlich erscheinen.

Eine angemessene Diskussion der Widersprüche und Unstimmigkeiten im Text von 1926 würde zu viel Raum einnehmen (obwohl er sowohl hinsichtlich des theoretischen Verständnisses von Angst als auch im Hinblick auf ihre technische Handhabung auf klinischer Ebene einen enormen Fortschritt bedeutete). Ich werde deshalb versuchen, das Problem in verkürzter Form darzustellen.[5]

Mein Hauptanliegen in diesem Zusammenhang ist die Unterscheidung zwischen Trauma und Gefahr, ein Unterschied, der nicht nur von theoretischer, sondern auch von praktischer Bedeutung ist.

Freuds Veröffentlichung von 1926 rückte die Funktion der Angst als Signal ins Zentrum, und dieser Teil der Theorie scheint allgemein anerkannt und angenommen worden zu sein. Tatsächlich sind einige der unbeantworteten Fragen auf diesem Gebiet von nur sekundärer Bedeutung. Es scheint, dass die Meinungen der Psychoanalytiker geteilt sind, z. B. hinsichtlich der Erscheinungsformen des Angstsignals. Einige meinen, dass dieses in der Regel bewusst ist, andere, einschließlich meiner selbst, vertreten die Ansicht, dass es in den meisten Fällen unterschwellig am Werk ist. Es erscheint mir sinnvoll, dem ein Spektrum zugrunde zu legen, das alle Grade einer Angstattacke umfasst, vom Auslöser einer Phobie am einen Ende des Spektrums bis zur unterschwellig funktionierenden Signalangst am anderen Ende, einer Signalangst, die es dem Ich ermöglicht, die Verteilung der Besetzungen automatisch, d. h. ohne Ablenkung von seinen wichtigsten Zielen, durch bewusstes Erwachen zu regulieren.

---

[5] Aus demselben Grund muss eine Erörterung der Beiträge von Schur (1953, 1958) und Stern (1951, 1953a, 1953b), mit deren beider Ansichten über die Angst ich nur zum Teil übereinstimme, verschoben werden.

Am einen Ende bricht die Signalfunktion angesichts einer überwältigenden Triebanforderung, die vom Verdrängten her durchzubrechen droht, zusammen. Außerordentliche Maßnahmen müssen daher getroffen werden, um außerordentliche Wünsche zu bannen. Am anderen Ende sind die aktuellen Gefahren von geringer Bedeutung, sodass das Ich, um die gefährlichen Situationen zu beherrschen, in der Lage ist, sich auf Automatismen zu verlassen. Ich folge hier Freuds Neigung, sich auf den Sprachgebrauch zu verlassen. Es ist bezeichnend, wie oft die Phrase »*Ich habe Angst, dass ...*« [i. O. dtsch.] gebraucht wird, ohne dass der Sprecher wirklich irgendeine Angst empfindet. Ich kann keinen begründeten Einwand gegen die Annahme entdecken, dass in solchen Situationen ein unterschwelliges Angstsignal anzunehmen ist, das automatisch die Aktivierung von Mechanismen oder Aktionen mit dem Ziel, Gefahren zu vermeiden oder ihre Folgen zu neutralisieren, einleitet.

Ein anderes Problem ist die Frage, ob das Angstsignal erst dann produziert wird, wenn die Gefahr eine vorbewusste oder bewusste Repräsentation gefunden hat, zumindest in Form von Abkömmlingen verdrängter Bewusstseinsinhalte. Auch hier gehen die Meinungen anscheinend auseinander. Ich selbst neige zu der Auffassung, dass Angst auch entstehen kann, ohne dass Verdrängtes in irgendeiner Weise in das Gebiet des Ichs eindringt.

Wie dem auch sei, auf eine andere Art von Problemen trifft man bei jener Angst, die als physiologisch oder automatisch beschrieben wird, als »aus den ökonomischen Bedingungen der Situation neu erzeugt« (Freud 1926a, S. 160), oder die »nicht als Signal geweckt wird, sondern neu mit frischer Begründung entsteht« (Freud 1933, S. 100f.). Freud führte als Beispiele für diesen Typ von Angst die Geburtsangst und die Angstneurose an.[6]

Nun haben wir auf der einen Seite die Signalangst, die vom Ich produziert wird mit dem Ziel, Gefahr und folgende Traumatisierung zu verhindern. Auf der anderen Seite haben wir die automatische Angst, die dem psychischen Apparat aufgezwungen wird durch die ökonomische Bedingung des unangemessenen Anwachsens eines Zustroms von Erregung, mit dem man mit den üblichen Mitteln nicht fertig wird und bei dem sich das Lust-Unlust-Prinzip als nicht ausreichend erweist (Freud 1933, S. 99).

Die Unstimmigkeit entsteht meiner Ansicht nach dadurch, dass Freud das Auftauchen von Angst einmal der Gefahr und einmal dem Trauma zuschreibt, wohingegen die Position, die er 1926 behauptete und 1933 wiederholte, gerade auf der konzeptionellen Unterscheidung zwischen den beiden beruhte.

---

[6] An einem Punkt (1926a, S. 165) scheint Freud zu verstehen zu geben, dass alle Beispiele von »unzweckmäßiger« Angst – die die voll ausgebildete Angstattacke mit einschließt, die bei einem Erwachsenen zur Phobie führt – zu diesem Typ von Angst gehören (siehe auch Freud 1926a, S. 198).

Diese Unstimmigkeit deutet sich in Freuds Terminologie auch dadurch an, dass er die Geburt mal als Trauma und – öfter noch – als ein Geschehen oder Ereignis versteht.[7] Was hier aber zur Debatte steht, ist ein realer Sachverhalt. Nicht die Theorie allein, sondern auch die Beobachtung kann entscheiden, ob die Geburt ein Trauma ist oder nur eine Gefahr. Spitz (1965) widerspricht vehement der Vorstellung, die Geburt sei ein traumatisches Ereignis.[8] Sicherlich kann sie zu einer schweren Verletzung oder sogar zum Tod führen. Das Neugeborene kann in einen Schockzustand geraten etc., aber unter als normal zu bezeichnenden, durchschnittlichen oder optimalen Geburtsbedingungen kann man etwas beobachten, das meiner Meinung nach die Auffassung vom grundsätzlich traumatischen Charakter der Geburt widerlegt: Sobald man das Neugeborene gesäubert, angezogen und in die Krippe gelegt hat, fängt es in der Regel an, spontan die Mundzone zu bewegen [mouthing]. Es beginnt mit der Zungenspitze die Lippen entlangzufahren und, soweit das experimentell zu erfassen ist, erreicht der Rhythmus dieser Bewegungen einen Höhepunkt, wohingegen die Bewegungen des Saugreflexes streng strukturiert und gleichmäßig sind (vgl. Eissler 1938).[9]

Wenn man mir auch den Vorwurf machen wird, dass ich aus der Erwachsenenperspektive heraus argumentiere, möchte ich dennoch behaupten, dass diese Spontanbewegungen an der Mundzone eine lustvolle Aktivität darstellen. Es ist kaum vorstellbar, dass ein Organismus, der so zart, verletzbar und empfindsam wie der eines Neugeborenen ist, sich einer solchen Aktivität zuwenden würde, unmittelbar nachdem er etwas erlitten hat, das in irgendeiner Weise als traumatisch zu beurteilen wäre.

Warum die Geburt unter durchschnittlichen Bedingungen nicht als traumatisch erlebt wird, hat Freud wiederholt mit der Zweckmäßigkeit der Geburtsangst erklärt: »So hat wahrscheinlich während der Geburt die Richtung der Innervation auf die Atmungsorgane die Tätigkeit der Lungen vorbereitet, die Beschleunigung des Herzschlags gegen die Vergiftung des Blutes arbeiten wollen« (Freud 1926a, S. 164f.). Es ist gerade die Angst, die *verhindert*, dass

---

[7] Es ist bezeichnend, dass Freud in seinen *Vorlesungen zur Einführung in die Psychoanalyse* nie vom Geburtstrauma spricht.

[8] Schon frühe Rezensenten von Ranks Buch (1929 [1924]) äußerten Zweifel, dass der Geburt als solcher bereits eine traumatische Wirkung zugeschrieben werden kann (siehe Sachs 1925, S. 108). Für eine Erörterung der »Biological Economy of Birth« siehe Greenacre (1945). Siehe ebenfalls Winnicott (1957 [1949]).

[9] [Anm. d. Ü.: In dem zitierten Text von 1938 beschreibt Eissler diese Bewegungen als »Spontanbewegungen an der Mundzone« oder genauer als »Spontanbewegungen der Zunge […]. Die Bewegungen bestehen in einem leichten, spielerischen Gleiten der Zunge über die Schleimhaut der Mundhöhle, von Zeit zu Zeit auch über die der Lippen, bei jeweils geschlossenem oder offenem Munde« (Eissler 1938, S. 82)]

die Geburt zum Trauma wird, und die so schon bei ihrem frühesten Auftreten ihre Funktion als Schutz gegen die Traumatisierung unter Beweis stellt. Mehr noch, Freud (1926a) betont zu Recht, dass die Angst im Unterschied zu Schmerz und Trauer »ein besonderer Unlustzustand mit *Abfuhraktionen auf bestimmte[n] Bahnen*« ist (Freud 1926, S. 163, Hervorh. K. E.). Ist es nicht diese Entlastungsfunktion, die aus biologischer Sicht das automatische Einsetzen der Angst zu einem wünschenswerten, wenn auch oft unangemessenen, letzten Ausweg der Gefahrenbekämpfung im Dienst der Abwehr von Traumatisierung macht?

Dies gilt auch für die Angstneurose, die Freud als einen toxischen Zustand aufgefasst hat, der durch Frustration oder durch eine wenig wirkungsvolle Entladung von Libido hervorgerufen wird.[10]

Freud selbst beschreibt die Angst in der Aktualneurose als etwas, das »der ersten und ursprünglichen Gefahrsituation entspricht« (Freud 1926a, S. 171). Wenn auch der Nutzen der automatisch auftretenden Angst bei der Aktualneurose nicht so offensichtlich ist wie bei der Geburt, so kann man doch feststellen, dass der psychische Apparat wahrscheinlich Schaden nehmen würde, vielleicht sogar einen dauerhaften, wenn er ununterbrochen einem physischen Drang ausgesetzt wäre, der aus bestimmten Gründen nicht befriedigt werden konnte, selbst bei Ablauf der dazu notwendigen biologischen Prozesse. Hier, denke ich, schützt die Angst vor Traumatisierung, (1) weil sie einer Entladungsfunktion dient und (2) weil sie den psychischen Apparat vor ständiger Erregung durch eine Reizquelle schützt, die ihm fremd bleibt.

Die überraschende Unstimmigkeit liegt darin, dass Freud am Ende des Textes noch einmal das Trauma als Quelle der automatischen Angst anführt: »Die Angst ist die ursprüngliche Reaktion auf die Hilflosigkeit im Trauma« (Freud 1926a, S. 199f.; siehe auch 1933, S. 99f.). In einer Passage über die traumatischen Neurosen sagt er sogar, dass Angst »aus den ökonomischen Bedingungen der Situation neu erzeugt wird« (Freud 1926a, S. 160) – und meint damit das Durchbrechen des äußeren Reizschutzes und das Andrängen übergroßer Erregungsmengen an den seelischen Apparat – obwohl er 1920 gezeigt hatte, dass in der traumatischen Neurose gerade die *Abwesenheit* von Angst Vorbedingung für die Traumatisierung ist.

Freud definiert das Trauma als die Erfahrung von Hilflosigkeit, als die Folge einer übermäßigen Reizeinwirkung (die nicht verringert werden kann); Ge-

---

[10] Im Allgemeinen bestreiten Psychoanalytiker die Existenz von »Aktualneurosen« (siehe Reich 1927; Nunberg 1932; Fenichel 1945). Doch selbst wenn sie Recht hätten, könnte Freuds Konzept dennoch in die Diskussionen um eine Theorie des Traumas und der Angst passen. Die Angst von Asthma- und Herzpatienten könnte überdies Freuds Unterscheidung zwischen der Angst in Psychoneurosen und in Zuständen gestörten Gleichgewichts als Folge physischer Faktoren rechtfertigen.

fahr definiert er andererseits mit der Erwartung einer solcher Hilflosigkeit. Es ist jedoch fraglich, ob in der Situation der Geburt, zu einer Zeit, da das Baby übermäßiger Stimulation ausgesetzt ist, Angst – die automatisch durch beschleunigte Atmung und Herzschlag die Erregung reduziert – das Neugeborene dennoch in einen Zustand traumatischer Hilflosigkeit versetzt. Außerdem glaube ich nicht, dass Freuds Definition des Traumas klinisch haltbar ist, wenn sie auch für das Verständnis der frühen Entwicklungsphasen zweifellos äußerst hilfreich ist. Hilflosigkeit kann zur libidinösen Befriedigung aktiv gesucht werden; und außerdem hat nicht jede Situation von Hilflosigkeit ein Trauma zur Folge.

Darüber hinaus kann auch eine Willenshandlung zu einer Traumatisierung führen. Ich erinnere mich an einen Patienten, der in seiner Kindheit ein schweres Trauma erlitt, als er mit seiner Schaufel den Vater stieß und dieser ohnmächtig wurde. Es mag sein, dass sich der Patient hilflos fühlte, als der Vater zusammenbrach, doch zog er sich das Trauma nicht wegen dieses Gefühls zu, sondern durch die Handlung und ihre Folgen, die vorausgegangen waren und das Gefühl erst hatten entstehen lassen.

Schließlich gibt es klinische Hinweise darauf, dass es zur Traumatisierung kommen kann, ohne dass sich das Subjekt dessen bewusst ist. Freud selbst stellte dies am Modell der Entwicklung einer traumatischen Neurose dar:

> Es ereignet sich, daß ein Mensch scheinbar unbeschädigt die Stätte verläßt, an der er einen schreckhaften Unfall, […] erlebt hat. Im Laufe der nächsten Wochen entwickelt er aber eine Reihe schwerer psychischer und motorischer Symptome, die man nur von seinem Schock, jener Erschütterung oder was sonst damals gewirkt hat, ableiten kann. Er hat jetzt eine »traumatische Neurose«. (Freud 1939, S. 171)

Es gibt hier keinen Hinweis auf Angst; als unmittelbare Reaktion auf das Trauma wird stattdessen von Furcht berichtet. In der Tat, Furcht, Stupor, Lähmung, Schock und verwandte Phänomene sind die Anzeichen einer schweren Traumatisierung des psychischen Apparates.

Wenn ein phobischer Patient behauptet, er sei durch die langandauernde und übermäßige, unerträgliche Hilflosigkeit seines ersten Angstanfalls traumatisiert worden, wenn Patienten dabei bleiben, dass sie unter Schlaflosigkeit leiden, weil sie durch Träume mit langandauernder Lähmung in einem Zustand äußerster Angst traumatisiert worden seien, dann sind solche Behauptungen aus ihrer subjektiven Sicht richtig.

Metapsychologisch muss man dies jedoch anders erklären. Hätte der phobische Patient keinen Angstanfall erlitten, würde er (wenigstens beharrt darauf sein Unbewusstes) Frauen auf der Straße vergewaltigt haben oder er wäre aus dem Flugzeug gesprungen, mit dem er geflogen war, während der an Schlaflosigkeit Leidende davon geträumt hätte, mit seiner Mutter zu schlafen und seinen Vater zu töten. Das wären die Traumata gewesen, vor denen die beiden durch ihre Angst geschützt wurden. So zeigen auch diese beiden Fällen, dass Angst eine Reaktion auf eine gefährliche Situation ist und als solche das Individuum gegen Traumatisierung schützt.

An einem Punkt, glaube ich, beschreibt Freud das Trauma mit denselben Begriffen: die Mutter zu vermissen, ist für den Säugling dann »eine traumatische [Situation], wenn er in diesem Moment ein Bedürfnis verspürt, das die Mutter befriedigen soll« (1926a, S. 203). Damit ist gesagt, dass es traumatisch ist, einem unbefriedigten Drang, Wunsch oder Begehren ausgeliefert zu sein. Nur wenn eine Wiederholung droht, setzt Angst ein; die traumatische Situation selbst enthält andere Empfindungen als Angst. Sicherlich, Angst schützt keineswegs immer vor einer Traumatisierung. Der Strom der Erregung kann ein solches Ausmaß erreichen, dass der psychische Apparat trotz der Angst Schaden nimmt. Aber dann wird, soweit ich es anhand von Beobachtungen an Opfern von Konzentrationslagern erkennen konnte, nicht weiter Angst produziert, und es tauchen Phänomene anderer Art auf. Die Lebensumstände in einem Konzentrationslager waren außergewöhnlich, völlig verschieden von der »durchschnittlich erwartbaren Umwelt« (Hartmann 1939), und die folgende Verallgemeinerung kann daher nicht auf sie angewendet werden. Es scheint ein generelles Merkmal der Neurosen zu sein, dass eine Verschiebung von der Sorge um eine Gefahr zur Sorge hin um die Angst stattfindet. Vielleicht ist einer der vielen Unterschiede zwischen Tier und Mensch der, dass das Tier durch seine verlässlichen Instinkte auf die Gefahr eingestellt ist, während der Mensch die relative Freiheit besitzt, sich von den Bedrängnissen der äußeren Realität zu lösen, was ihm wiederum erlaubt, sich statt dessen den Bedrängnissen der inneren Welt zuzuwenden, sein Augenmerk auf Subjektives zu richten und die objektive Realität außer Acht zu lassen. Das Hauptanliegen des Neurotikers besteht darin, frei von Angst zu leben, so als ob die Abwesenheit von Angst auch die Abwesenheit von Gefahr garantiere. (Das Studium der Geschichte vermittelt den Eindruck, dass die Menschheit in dieser Hinsicht zu bestimmten Zeiten dem Verhaltensmuster des Neurotikers gefolgt ist.)

Angst kann den psychischen Apparat ebenso wenig traumatisieren, wie es die Abwehrmechanismen können. Beide mögen mit einem reibungslosen Funktionieren des Ichs interferieren, sie können sogar die Festigkeit des Ichs untergraben, aber der Schaden, den sie anrichten können, sollte von jenem unterschieden werden, der durch ein Trauma hervorgerufen werden kann.[11]

---

[11] Das Argument, dass man unter Angsteinwirkung sogar sterben kann, scheint für die Vorstellung einer traumatischen Auswirkung von Angst zu sprechen. Doch wenn Angst zum Tode führt, deutet das immer auf eine Herzkrankheit. Dasselbe kann schließlich auch beim Sexualverkehr passieren, und niemand würde diesen deshalb ein Trauma nennen.

Der psychische Apparat kann nur durch ein übermäßiges Einströmen von Reizen, die entweder dem Es oder äußeren Quellen entstammen, traumatisiert werden.[12]

Um meine These weiter zu untermauern, möchte ich ein Gedicht über einen interessanten Vorfall zitieren, der psychologisch nicht leicht zu entschlüsseln ist:

Eine Legende hat ihre poetische Darstellung in einer berühmten deutschen Ballade gefunden: *Der Reiter und der Bodensee*.[13] Die Ballade handelt von einem Reiter, der im Winter die Ufer des Bodensees zu erreichen versucht. Er überquert eine weite baumlose menschenleere Ebene und erreicht endlich ein Dorf. Als er sich nach dem See erkundigt, findet er heraus, dass er gerade, ohne es zu wissen, den vereisten See zu Pferde überquert hat. In dem Augenblick, als er dies erfährt, stirbt er:

> Es stocket sein Herz, es sträubt sich sein Haar
> dicht hinter ihm grinst noch die grause Gefahr
> Es sieht sein Blick nur den grässlichen Schlund,
> sein Geist versinkt in den schwarzen Grund.
> Im Ohr ihm donnert's wie krachend Eis
> wie die Well' umrieselt ihn kalter Schweiss.
> Da seuftzt er, da sinkt er vom Ross herab,
> da ward ihm am Ufer ein trocken Grab.
>
> [Gustav Schwab]

Hier wird ein Mann tödlich getroffen, als er von der Größe der Gefahren erfährt, denen er ausgesetzt war, *die er jedoch ohne sie zu dem Zeitpunkt zu kennen, erfolgreich überstanden hat*. Die Intuition des Dichters lässt das Opfer nun wie halluzinierend das Trauma erleben, das er sicherlich erlitten hätte, hätten die Dinge ihren gewohnten Lauf genommen. Wiederum begegnen wir der Abwesenheit von Angst. Stattdessen haben wir es mit einer Überlastung des psychischen Apparats aufgrund der Einwirkung äußerer Reize zu tun – die in diesem Fall das Ergebnis von Projektionen sind. Ein weiteres generelles Problem taucht hier auf. Der Reiter hätte bei der Nachricht von seiner außergewöhnlichen Tat ebenso gut mit einem Gefühl von Allmacht reagieren können. Trotz Gefahr und möglicher Traumatisierung zu überleben führt auch zu einem Gefühl des Triumphes, was therapeutisch genutzt werden kann, wie ich selbst einmal beobachten konnte.

---

[12] Diese Definition von Trauma ist natürlich nicht ausreichend, denn die Traumatisierung hängt auch von der Bedeutung der Reize ab. Dennoch sollte die Umwandlung der quantitativen Definition in eine qualitative keine Schwierigkeiten bereiten. Des Weiteren wird auf die Betrachtung des Über-Ichs verzichtet.

[13] Vgl. Schur (1953, S. 18), der jedoch eine andere Schlussfolgerung aus der Ballade zieht.

Eine hysterische, etwas primitiv wirkende Frau mittleren Alters kam aufgewühlt aus dem Urlaub zurück. Auf ihrem Weg nach Hause legte sie eine kurze Essenspause ein, als ihr Auto, das sie außerhalb des Restaurants geparkt hatte, angefahren und völlig zerstört wurde, wobei der Verantwortliche Fahrerflucht beging. Seit dieser Zeit musste sie ständig daran denken, was ihr wohl passiert wäre, wenn sie sich zur Zeit des Unfalls in dem Wagen befunden hätte. Sie war ängstlich, zittrig und äußerst nervös. Als ihr Interviewer etwas trocken bemerkte »seltsam, wenn mir so was zustößt, habe ich das Gefühl, dass mir nichts passieren kann, dass ich unzerstörbar bin«, beruhigte sie sich auf der Stelle und war von ihrer Angstreaktion befreit.

Die Geschichte des Trauma-Konzepts in der Psychoanalyse wurde in bewundernswerter Weise von Khan (1963) dargestellt. Man gewinnt den Eindruck, dass dieses Konzept in der Psychoanalyse möglicherweise etwas überstrapaziert wird, dass sich die Tendenz entwickelt hat, alle nicht konstitutionell bedingten Krankheitszustände als durch Traumata verursacht zu betrachten. Zurzeit scheint es kaum möglich zu sein, zu einer befriedigenden Definition zu kommen. Maßlos kompliziert wird die Sache dadurch, dass Traumata in der Entwicklung des Kindes nicht nur unvermeidbar, sondern unverzichtbar für sein Überleben sind. Ihre Rolle lässt sich, so gesehen, mit der einer Infektion in der körperlichen Entwicklung vergleichen. Ein Kind, das in einer keimfreien Umgebung aufgewachsen ist, würde als Erwachsener innerhalb kürzester Zeit Opfer irgendeiner tödlichen Infektion werden. Mehr noch, wir kennen Beispiele von Menschen, deren Lebensgeschichten schwerste Traumatisierungen im Säuglingsalter und in der Kindheit aufweisen, und die doch als Erwachsene die größten Leistungen vollbracht haben. Isaac Newton (vgl. More 1962) ist hier für mich immer das beeindruckendste Beispiel. Leider ist hier nicht genug Raum, um auf seine Lebensgeschichte einzugehen. Wenn das Prinzip des psychischen Determinismus irgendeine allgemeine Gültigkeit hat, dann kann man nicht umhin, eine gewisse Verbindung zwischen Traumatisierung und späterer Größe zu sehen.[14]

Man mag hier an Alexanders Konzept der »gutartigen Traumata« [benign traumata] denken (Alexander & French 1946, S. 164), aber dieser Begriff ist insofern eine Fehlbezeichnung, als das Konzept des Traumas untrennbar mit Beschädigung verbunden ist.

Vielversprechender ist Ernst Kris' Erinnerung daran, dass »der weitere Lebensweg zu bestimmen scheint, welche Erfahrung als eine traumatische Bedeutung erlangen wird« (Kris 1956, S. 73),[15] In einem Fall wie Newton

---

[14] Siehe Freud (1928). Autobiographische Einschübe in Freuds *Traumdeutung* weisen darauf hin, dass er sich der produktiven Rolle gewisser Traumata, die er in der Beziehung zu seinem Vater erlitten hatte, für sein eigenes Leben bewusst war.

[15] Das beste Beispiel dafür ist die Rekonstruktion der frühkindlichen Entwicklung des Wolfsmannes, worauf ich später zurückkommen werde.

waren die traumatischen Ereignisse seiner Kindheit und Jugend jedoch derart dramatisch, dass man von einer sofortigen Auswirkung ausgehen muss – was natürlich einer förderlichen Wirkung späterer Ereignisse nicht widerspricht. Ich neige eher zu der Annahme, dass sich bereits in der frühen Reaktion auf Traumata ein grundlegendes Muster andeutet, welches das spätere Leben des Menschen dominieren wird.

Es scheint, dass man bei einigen Menschen die Traumatisierung mit dem Pfropfen, der Veredelung von Pflanzen, vergleichen kann. Um den Stamm zur Fortpflanzung des edlen Sprosses zu zwingen, muss ihm zuerst eine Verletzung, ein schweres Trauma, beigebracht werden. Damit es jedoch zu einem »produktiven Trauma« kommt, wird bei der Kunst des Pfropfens zu der Verletzung des Baums noch etwas hinzugefügt. Was das aber jeweils ist, das nun bestimmte Kinder sich soweit regenerieren lässt, dass sie zu höchster Kreativität befähigt sind, während es andere zerstört, ist bisher so wenig verstanden worden wie der Prozess der Kreativität selbst.

Die Bedeutung des Traumas wurde von Freud im klinischen Zusammenhang in einem seiner späteren Texte nochmals betont: »Es ist kein Zweifel, daß die traumatische Ätiologie der Analyse die weitaus günstigere Gelegenheit bietet« (Freud 1937a, S. 64). Es ist aber nicht wirklich klar, warum ein durch ein Trauma verursachter Schaden sich leichter heilen lässt als ein durch die Stärke der Triebe verursachter.

Vielleicht wirkt das Trauma unter optimalen Bedingungen wie eine Sperre – das heißt, es hat eine hemmende Wirkung auf die weitere Entwicklung einer Ich-Funktion. Sobald die Sperre entfernt ist, kann sich diese Funktion entfalten. Im Unterschied dazu sind Ich-Funktionen, die sich unter dem Einfluss kaum gezähmter prägenitaler Triebe entwickelt haben, schwach ausgebildet und daher kann ihr ursprünglich mögliches Optimum nicht wiederhergestellt werden. Wie auch immer, im Hinblick auf den prognostischen Wert, den Freud hier dem ätiologischen Faktor zuschreibt, ist es in klinischer Hinsicht wichtig, die Bedeutung des Traumas nicht so überzustrapazieren, dass es seine klinische Anwendbarkeit verliert. Es gibt andere zufällige Krankheitszustände nichttraumatischen Ursprungs wie zum Beispiel die Inhalte von Identifikationen – vor allem solche aus früher Zeiten – die nicht weniger bedeutungsvoll sind.[16]

---

[16] Ich frage mich, ob sich der Rahmen der klinischen Diskussion nicht konstruktiv erweitern ließe, berücksichtigte man im Zusammenhang der Ziele der Therapie auch die Verbesserung der Lebensfähigkeit. Das Ziel der psychoanalytischen Therapie ist die Veränderung der Ich-Struktur. Es ist bekannt, dass sich diese bei einigen Patienten überhaupt nicht verändern lässt oder wenn, dann nur in einem begrenzten Ausmaß. Doch ein Patient kann unter bestimmten Umständen lebensfähiger werden, ohne dass eine Strukturveränderung stattgefunden hat. Was psychoanalytische Prognosen betrifft, kann die Wirkung eines Traumas besser verstanden werden, wenn sie

Wir kehren nun zur Ausgangsfrage zurück, ob sich ein Traum traumatisch auswirken kann oder nicht, müssen jedoch noch einen weiteren Gesichtspunkt berücksichtigen. Freuds Traumpsychologie basiert auf einer Annahme, die durch eine enorme Anzahl von Beobachtungen bestätigt worden ist und die auf verschiedene Weise beschrieben werden kann: a) der manifeste Traum enthält niemals mehr als seinen latenten Inhalt; b) die Traumarbeit kann die Vorgaben erst nutzen, wenn der Träumer eingeschlafen ist; c) die Elemente des manifesten Traums enthalten nicht mehr als das, was schon vor dem Einsetzen der Traumarbeit psychische Repräsentanz gefunden hat oder in Form innerer oder äußerer Reizeinwirkung hinzugekommen ist; d) die Traumarbeit kann zum Inhalt des Traums nichts Eigenes hinzufügen; e) der Output (der Traum) ist niemals größer als der Input (Tagesreste, frühere Erfahrungen und aktuelle Erregungen).

Insofern fehlt es dem Traum also grundsätzlich an Originalität in dem Sinne, dass er keine wahrhaft neuen Inhalte erschafft. Trotz der scheinbar originellen Erscheinung des manifesten Traums erweist sich sein Inhalt in der Traumanalyse regelmäßig als eine Zusammensetzung bereits vorgeformter Elemente.[17]

Wenn der Traum also tatsächlich so vollständig an die Vergangenheit gebunden ist, dass die stille Traumarbeit nichts anderes erschafft als eine Kombination von Elementen, die bereits latent im psychischen Apparat vorkommen, dann verringert schon allein das die Wahrscheinlichkeit einer traumatischen Wirkung, da Neuheit oder Überraschung als die formalen Qualitäten angesehen werden können, die mit den Reizmustern verbunden sind, die tatsächliche oder potentielle Traumata bewirken. Für traumatische Ereignisse gilt in den meisten Fällen, dass es für sie, wie schon gesagt, in der Erfahrung des Subjekts keine Vorläufer gibt, zumindest nach dem von Freud im Zusammenhang mit den Kriegsneurosen entworfenen Modell – einem Modell, in dem er den entscheidenden Bezug in quantitativen Termini formuliert hat.

Es ist ja gerade der Mangel an Erfahrung, der den Säugling, und später das Kind, besonders anfällig für Traumatisierungen macht. Je erfahrener ein

---

daran gemessen wird, was die Therapie hinsichtlich der Lebensfähigkeit des Patienten erreichen kann. Natürlich müsste zuerst die entsprechende Metapsychologie im Vergleich zu der einer strukturellen Veränderung erforscht werden.

[17] Vgl. Freud (1900, S. 151): »die zweite [Instanz] sich nur abwehrend, nicht schöpferisch gegen den Traum verhält«; oder »Es gibt ja Träume, in welchen die kompliziertesten Geistesoperationen vor sich gehen, begründet und widersprochen [...] wird wie im wachen Denken. [...] wenn man auf die Deutung solcher Träume eingeht, erfährt man, daß das alles *Traummaterial* ist, nicht Darstellung intellektueller Arbeit im Traum.« (Freud, S. 317f.) So zeigt die Analyse eines Traums regelmäßig, dass das, was als ein originelles Urteil oder als eine andere Art von origineller intellektueller Arbeit erscheint, sich tatsächlich aus latenten Traumgedanken zusammensetzt.

Mensch ist, desto weniger leicht wird er Opfer eines Traumas (vorausgesetzt, der psychische Apparat ist nicht in einer spezifischen Weise vorbelastet).

Freud behauptet, dass der Traum nichts Neues schafft, da alle Traumelemente auf die latenten Traumgedanken zurückgeführt werden können; dies gilt jedoch nicht für jene Wahrnehmungen, die den manifesten Traum ausmachen. Sicherlich können einige Wahrnehmungselemente auf Vorläufer zurückgeführt werden – das heißt auf frühere Wahrnehmungen. Aber die endgültige *Gestalt* [i. O. dtsch.] oder Serie von *Gestalten*, die den manifesten Traum ausmachen, sind neu. All die Bilder, die man in einem Kaleidoskop sehen kann, bestehen aus denselben Elementen, doch jede Drehung des Kaleidoskops erschafft eine neue *Gestalt*, die sich grundsätzlich von der vorhergehenden oder der darauf folgenden unterscheidet.

Das Verfahren, dem das Wahrnehmungsmaterial in der Traumarbeit unterworfen wird, lässt sich auf folgende Weise veranschaulichen: Nehmen wir an, ein Mann mit verbundenen Augen zerschneidet willkürlich die Reproduktion eines Gemäldes. Danach sammelt er die Teile ein, wirft sie durcheinander und fügt sie mit immer noch verbundenen Augen planlos wieder zusammen. Das Ergebnis ist eine neue *Gestalt* und es kann sein, dass eine solche neue Kombination grauenhaft aussieht. Natürlich geht Traumarbeit nicht in einer so extremen, ja barbarischen Weise vor. Dennoch wird sich die endgültige Traum*gestalt* – vor allem da sie sich aus bereits vorher vorhandenen Wahrnehmungselementen zusammensetzt – von allem unterscheiden, was der Träumer je wahrgenommen oder sich vorgestellt hat. Ausnahmen bilden natürlich jene seltenen Fälle, in denen der manifeste Traum die exakte Reproduktion einer früheren Erfahrung darstellt; »getreue und unvermengte Reproduktionen realer Szenen bringt der Traum hingegen nur sehr selten« (Freud 1901a, S. 672).

Freud war sich der Originalität des Wahrnehmungsinhalts des manifesten Traums bewusst:

> Durch die Verdichtungsarbeit des Traumes erklären sich auch gewisse Bestandteile seines Inhaltes, die nur ihm eigentümlich sind und im wachen Vorstellen nicht gefunden werden. Es sind dies die *Sammel-* und *Mischpersonen* und die sonderbaren *Mischgebilde*, Schöpfungen, den Tierkompositionen orientalischer Völkerphantasie vergleichbar, [...] Traumkompositionen [die] in unerschöpflichem Reichtum immer neu gebildet werden. (Freud 1901a, S. 664)[18]

---

[18] Fairerweise muss man auch den in Träumen gebildeten Neologismen zugestehen, genauso neuartig und ursprünglich zu sein, und anerkennen, dass sie in den meisten Fällen vor ihrem Auftauchen im Traum nicht repräsentiert waren. Vgl. Freud (1900, S. 469): »An diesem Frühstücksschiffe ist aber nur der Name vom Traume neugebildet. Das Ding hat existiert.«

Die Originalität der durch Träume ermöglichten Wahrnehmung würde es erlauben, sich vorzustellen, dass das Bild eines Kentauren – das behaupte ich sicher nicht als erster – zuerst in einem Traum gesehen wurde. Der vorgeschichtliche Mensch könnte in seinen Träumen leicht das Bild von menschlichen und tierischen Körpern vermischt haben und, sozusagen zufällig, ein neues Bild geschaffen haben, das sich für sein mythologisches Denken als wertvoll erwiesen hat.[19]

Der Ausdruck »Zufall« sei hier erlaubt. Bei der Aufstellung der Gesetze, denen die Traumphantasie folgt, verwies Freud darauf, dass die Traumarbeit in verschiedenster Weise auf zufällige Faktoren zurückgreift. Die endgültige Form hängt von zufälligen Eindrücken ab, die der Träumer – zum größten Teil unbeabsichtigt – während des Tages aufgenommen hat. Diese relative Wahllosigkeit der Traumarbeit im Hinblick auf die Wahrnehmungen und Ereignisse des Vortages sind jedoch nicht zu verwechseln mit der vermuteten Abwesenheit jedes erkennbaren Gesetzes oder jeder Regelhaftigkeit, die die meisten Traumpsychologen vor 1900 vertreten haben.

Sobald einmal anerkannt ist, dass in der Form des manifesten Traums fast regelmäßig etwas Neues – nämlich eine neue *Gestalt* – geschaffen wird, mag die Idee, dass ein Traum eine traumatische Wirkung haben kann, weniger unwahrscheinlich erscheinen, trotz seines wunscherfüllenden Charakters und der Leichtigkeit, mit der während des Schlafes Angst auftritt. Und tatsächlich findet man in Freuds Werk selbst ein Beispiel für einen traumatischen Traum. Wenigstens muss man das aus verschiedenen erklärenden Behauptungen schließen, die Freud dem Traum des Wolfsmannes hinzugefügt hat, die besagen, dass dieser Traum für den vier Jahre alten Jungen traumatisch war. Interessanterweise ist dies aber auch ein Traum (wie ich glaube der einzige unter all den von Freud publizierten und analysierten Träumen), in dem der Inhalt des manifesten Traums *mehr* umfasst als die Summe beziehungsweise die Verdichtung des latenten Traummaterials.

Der traumatische Aspekt des Traumes wird durch die Art und Weise, in der Freud den Traum einführt, deutlich, nämlich dadurch, dass er das Trauma, das der Patient erlitt, als er im Alter von dreieinviertel Jahren von seiner Schwester verführt wurde, als gleich wirksam bezeichnet wie der Traum: »Der Vorfall aber, der diese Scheidung [der Kinderzeit in zwei Phasen] gestattet, war kein äußeres Trauma, sondern ein Traum, aus dem er mit Angst erwachte.« (Freud 1918, S. 53) In der Tat, der Traum wirkte auf das Kind *als* Trauma, nicht nur

---

[19] Ein solcher Schluss setzt natürlich beim frühen Menschen ein reizgebundenes (eidetisches) Wahrnehmungssystem voraus. Wenn man von einem ganz anders strukturierten Modell ausgeht – nämlich, dass der Primärprozess freien Zugang zum Wahrnehmungssystem hatte – dann wäre das erste Bild eines Kentauren wahrscheinlich der Inhalt einer Halluzination gewesen, hervorgebracht durch eine Verdichtung im System *Ubw*.

auf eine Art und Weise, die mit einem Trauma *vergleichbar* wäre. Das Verhaltensmuster des Kindes wandelte sich vom aggressiven hin zum neurotischen Typus: es litt an Ängsten, die sich später zu einer Zwangsneurose entwickelten.

Aber hat die Traumarbeit oder der Traum an sich hier etwas »Neues« hervorgebracht? Bekanntlich umfasste der latente Inhalt des Traumes des Wolfsmannes das Wiederaufleben einer frühkindlichen Erinnerung und den Wunsch nach passiver Befriedigung durch den Vater.

> Der Stärke dieses Wunsches gelang es, die längst vergessene Erinnerungsspur einer Szene aufzufrischen, die ihm zeigen konnte, wie die Sexualbefriedigung durch den Vater aussah, und das Ergebnis war Schreck, Entsetzen vor der Erfüllung dieses Wunsches. (Freud 1918, S. 62)

Es ist dieses »Ergebnis«, dass das neue Element, das nicht im latenten Material enthalten sein kann, ausmacht.

In der Tat stellt Freud ausdrücklich fest: »Er [der Patient] hatte während des Traumes eine neue Phase seiner Sexualorganisation erreicht. [...] Er entdeckte die Vagina und die biologische Bedeutung von männlich und weiblich« (ebd., S. 73f.); und weiter: »Wir haben ja annehmen müssen, *daß er während des Traumvorganges* verstanden [hat], das Weib sei kastriert.« (S. 110, Hervorh. K. E.) Es besteht kein Zweifel daran, dass laut Freuds Interpretation der Traum selbst nicht nur eine Einsicht vermittelte, die das Kind vorher nicht hatte, sondern auch eine psychische Struktur schuf, die vorher, selbst zu der Zeit als das Kind einschlief, noch nicht vorhanden war. Der »Traumvorgang« produzierte in diesem Fall etwas Neues und hatte – nicht zuletzt aus diesem Grund – eine tief traumatische Wirkung. Man mag hier einen Widerspruch zu den bereits erwähnten allgemeinen Behauptungen Freuds sehen, am besten zusammengefasst in der Behauptung, »die Traumarbeit sei nicht schöpferisch, sie entwickle keine ihr eigentümliche Phantasie, sie urteilt nicht, schließt nicht« (Freud 1901, S. 680).

Der dem Traum unterstellte Mangel an Kreativität steht auch im Widerspruch zu dem, was viele kreative Menschen berichtet haben. Sicherlich sind subjektive Zeugnisse über die Kreativität der Träume mit Vorsicht zu behandeln, da die meisten Menschen, besonders die kreativen, den Traum nicht nur als psychologisches Phänomen sehen, sondern ihm »Bedeutungen« zuschreiben und ihn als geheimnisvoll wahrnehmen. Auch Goethes Bericht über perfekt ausformulierte Gedichte, die er nach dem Aufwachen nur noch niederzuschreiben brauchte, kann als Widerlegung jenes Teils von Freuds Traumtheorie verstanden werden. Goethes Bericht kann jedoch in wenigstens dreierlei Hinsicht interpretiert werden: 1) Der Dichter versuchte im Leser ein bestimmtes, narzisstisch besetztes Bild seiner selbst zu erzeugen, weshalb er sich einen Zug zuschrieb, der nicht wirklich existierte oder doch zumindest nicht so, wie er uns glauben machen wollte. 2) Goethe berichtete auch, dass ihm beim freien

Assoziieren, so wie wohl auch uns, würden wir einen Spaziergang machen, ohne jede Mühe Gedichte einfielen, ganz so, wie sich bei den weniger Begabten in solchen Situationen Tagträume einstellen. Dass Tagträume dieser Art einen wichtigen Teil des latenten Traumgehalts ausmachen und sogar en bloc im manifesten Traum reproduziert werden, ist bekannt. In diesem Sinne wäre Goethes Bericht über das Träumen perfekter Gedichte klinisch kein Problem: Wenn das stimmt, dann würde der Traum nur Inhalte reproduzieren, die der Träumer bereits während des Tages geformt hatte, ob es ihm nun bewusst war oder nicht. (3) Es ist vorstellbar, dass sich ein hochkreativer Mensch prinzipiell von einem Durchschnittsmenschen unterscheidet; dass es dem Genie, als der Verkörperung von Kreativität, nicht gelingt, diese aus seinen Träumen herauszuhalten, dass sie in diesem Fall selbst während des Schlafes ihre Besetzung nicht einbüßt, sondern durchgehend selbst die Traumarbeit durchzieht.

So manches Genie hat behauptet, es sei ihm nicht einmal annähernd möglich, seine Kreativität zu kontrollieren, als Erwachsener hätte es seiner schöpferischen Funktion oder Funktionen gegenüber niemals Autonomie erlangt, sondern sei ihr Anhängsel geblieben und in gewisser Weise sogar von ihnen versklavt worden. So könnte es durchaus sein, dass bei einigen wenigen Auserwählten Traum und Traumarbeit nicht an ihre biologische Funktion gebunden sind, sondern sich stattdessen jenem exklusiven Ziel unterwerfen, zu dem das Leben dieser außergewöhnlichen Individuen bestimmt zu sein scheint.

Ich nehme an, der Leser wird sich, je nach persönlicher Vorliebe, die eine oder andere dieser drei Möglichkeiten aussuchen. Lewin hat sich mit dieser Frage in zwei aufschlussreichen Arbeiten (1958, 1962) befasst, ohne sich festzulegen, ob der Traum seiner Meinung nach mehr erschaffen kann als das, was ihm latent zugrunde liegt. Das klinische Material, das er vorstellt, zeigt drei Typen. Descartes' Traum scheint dem Analytiker prinzipiell die geringste Schwierigkeit zu bereiten, da die schöpferische Bedeutung in der Wirkung lag, die der Traum in der Folge auf den Philosophen hatte. Freuds grundlegende Annahmen über den Prozess, der dem Traum zugrunde liegt, stehen keineswegs im Widerspruch zur Genialität des erwachten Träumers, wenn er den manifesten Traum für seine besonderen schöpferischen Absichten nutzt.

Wie Lewin überzeugend darlegte, hatte die Eigenart der Besetzungen und ihre speziellen Störungen in Descartes' Träumen tiefgreifende Auswirkungen auf seine Philosophie hinsichtlich seiner Teilung des Universums in *res cogitans* und *res extensa*. Schöpferische Menschen nutzen bei der Verfolgung ihrer grundlegenden Ziele fast jede Erfahrung, und so wird auch der Traum zu einer Quelle schöpferischer Anregung.

Anders ist die Situation bei Professor Hilprechts Traum. In diesem Fall verlangt eine Autoritätsfigur von ihm, drei Fragmente aus den Schätzen des Museums zusammenzufügen. Als er es tut, fügen sie sich wirklich zu einem richtigen Ganzen, genauso wie es von der Figur im Traum behauptet worden war. Hatte die vorbewusste mentale Aktivität des Träumenden die Verbindung zwischen den Fragmenten wahrgenommen? Hatte er selbst die Phantasie, dass sie zusammengehören? Der Leser des zwanzigsten Jahrhunderts scheut davor zurück, hier ein übernatürliches Ereignis anzunehmen. Stellte die Traumarbeit eine Verbindung zwischen den unterschiedlichen Elementen her, die vorbewusst nie bestanden hatte? Dieses Ergebnis würde definitiv über Freuds theoretische Annahmen hinausgehen.[20]

Das dritte Beispiel in Dr. Lewins Abhandlungen ist Kekulés Traum, der diesem die Lösung für ein Rätsel zeigte, das schon lange in seinem Kopf herumspukte – nämlich die Strukturformel des *Benzolrings*. In diesem Fall können wir akzeptieren, dass die Traumarbeit wirklich schöpferisch tätig gewesen sein könnte, ohne dass es deshalb nötig wäre, Freuds Theoriegebäude verlassen zu müssen.

Auf der Wahrnehmungsebene führt die Traumarbeit, wie schon erwähnt, fast immer zur Erschaffung neuer Konfigurationen. Es ist denkbar, dass sich in Kekulés Traum frühere Wahrnehmungselemente – durch eine Reihe von Mechanismen, über die die Traumarbeit verfügt – so anordneten, dass sie zufällig die gesuchte Lösung eines intellektuellen Problems lieferten. So gesehen unterschied sich der manifeste Traum psychologisch überhaupt nicht von einem gewöhnlichen Traumverlauf. Sein Inhalt lieferte vielleicht zufällig das »fehlende Glied« in einer überbesetzten Gedankenkette, die bereits Teil des Wachbewusstseins des Träumers gewesen war. Die wahrnehmbaren Elemente des Trauminhalts entstammten den latenten Trauminhalten; sie durchliefen dann den bekannten Prozess der Zerlegung und des Wiederzusammensetzens, bis sich eine neue Konfiguration ergab, die für den Träumer – nur im Hinblick auf seine spezifische Bedeutung – mehr Sinn machte, als es ein Traum gewöhnlicherweise vermag.[21]

---

[20] Newbolds Untersuchung des Traums (Newbold 1947 [1896]) zeigt auch, dass Hilprechts Traum nicht mehr beinhaltete als das, was schon in den Traumgedanken vorhanden war.

[21] Unter den Tagesresten gibt es auch jene große Gruppe von Denkregungen, die durch »zufällige Abhaltung« nicht zu Ende gebracht wurden (Freud 1900, S. 560). Das könnte Tartinis Traum erklären helfen, in dem der Teufel für ihn (»mit einem unausdrückbaren Charme«) eine Sonate spielte, die er sich am Tag vorher zu schreiben abgerackert hatte (Flammarion). [Anm. d. Ü.: Das Zitat ist nicht ausgewiesen. Bei Freud (Freud 1900, S. 618) findet sich lediglich ein kurzer Hinweis auf »den Teufel in Tartinis Sonatentraum« ohne weitere Quellenangabe] Der Schlaf kann die »zufälligen Abhaltungen« des Tages wegräumen. Ungehindert können sich dann alle Gestalten entfalten, deren Samen während des Tages gesät wurden. Ich glaube, dies gilt besonders für akustische *Gestalten* [i. O. dtsch.], für Melodien, die in den anfänglichen Klängen bereits latent vorhanden waren.

Im Traum des Wolfsmannes geht es nicht nur um eine Neuanordnung der Wahrnehmungselemente, obwohl gerade sie die Ursache des Schreckens waren, der das Kind ergriff. Die traumatische Wirkung rührte aus der Bedeutung, die mit den Wahrnehmungselementen verbunden wurde. Diese neue Bedeutung wurde durch einen einfachen Prozesses erzeugt. Die beiden psychischen Inhalte (die Erinnerung an den elterlichen Beischlaf und die libidinöse Sehnsucht nach dem Vater), die anscheinend niemals »zusammen gesehen« worden waren, wurden während der Traumarbeit zusammengezogen. In diesem Moment war auf der gedanklichen Ebene etwas passiert, das auf der Wahrnehmungsebene oft geschieht, wenn Sammel- und Mischfiguren entstehen: zwei oder mehr Bilder werden auf eine Weise zusammengebracht, die Freud an Galtons Verfahren zur Herstellung von Mischphotografien erinnerte (Freud 1900, S. 299, 499).

Das Begehren nach dem Vater und die vorhergehende Beobachtung des elterlichen (oder tierischen) Geschlechtsverkehrs wurden zu einer neuen Vorstellung [imagery] von sexueller Befriedigung verschmolzen – um den Preis eines hoch besetzten Organs. Dieses neue Bild [picture], das wegen seines furchtbaren Inhalts im Traum nie erklärt wurde, ist gleichbedeutend oder identisch mit der Einsicht, die zusammenfassend *Kastrationskomplex* genannt wurde. Es ist wichtig, sich vor Augen zu halten, dass die Erklärung des Traums des Wolfsmannes nicht der Einführung eines bis dahin übersehenen Mechanismus bedarf. Die wohlbekannten Mechanismen der Traumarbeit können offensichtlich unter seltenen Umständen zu einem ungewöhnlichen Ergebnis führen – ungewöhnlich insofern, als sie über die Grenzen des Einflussbereichs der latenten Traumgedanken hinausreichen.

Es sollte jedoch betont werden, dass hier nicht die Angst zum traumatischen Ereignis wurde, sondern der latente Trauminhalt und dass die Angst mobilisiert wurde, um diesen nicht ins Bewusstsein treten zu lassen.

Die klinischen Probleme, die durch traumatische Kindheitsträume verursacht werden, sind vielfältig. Haben solche Träume nicht deshalb eine dauerhafte Wirkung auf den weiteren Verlauf der Ichentwicklung, weil die Traumatisierung zu einer Zeit stattfindet, in der sich das kindliche Selbst – schon durch den Höhepunkt des Ödipuskomplexes verwundbar – auch aufgrund des Schlafes in einer ungünstigen Lage befand? Ist der darauf folgende Verlauf einer Neurose unterschiedlich, je nachdem, ob die als auslösende Faktoren wirkenden inneren Traumata während des Schlafs oder im Wachzustand einwirkten? (vgl. Stein 1965).

Hier ist es angebracht, den Leser daran zu erinnern, dass der Wolfsmann manchmal (meines Erachtens zu Unrecht) als unter einer entweder paranoiden oder schizophren Psychose leidend diagnostiziert wurde. Sicherlich, er durchlebte gelegentlich psychotische oder psychoseähnliche Zustände; der klinische Befund spricht jedoch dagegen, dass bei ihm eine der größeren chronischen Psychosen vorlag. Dennoch hatte die Struktur seines Ichs offensichtlich Schwachpunkte, die ihn verletzbarer machten, als es im Sinne einer durchschnittlichen Psychopathologie zu erwarten gewesen wäre. Lag die Ursache dieser Verletzbarkeit darin, dass er das entscheidende Trauma im Traum erlitten hatte? Können Traumata, die durch innere Reize herbeigeführt werden, unter solchen Umständen (so selten sie auch sind) irreparable Schäden hinterlassen, wenigstens in einem umgrenzten Bereich des psychischen Apparats?

Ich würde nun gerne eine zufällige Beobachtung erörtern, die ich einem Freund verdanke, weil sie für das hier diskutierte Thema relevant sein dürfte.

Ein paar Tage nachdem die Deutschen Österreich besetzt hatten, entschlossen er und seine Frau sich plötzlich, Österreich noch am gleichen Abend zu verlassen und zu Freunden nach Italien zu fahren. Reisende, die das Land verließen, wurden an der Grenze nach Wertsachen durchsucht: erlaubt war nur die Mitnahme eines Koffers mit den notwendigen Dingen für den täglichen Gebrauch und Geld bis zu einem Betrag von ungefähr vier Dollar. Während sie packten, fragte ihn seine Frau, ob sie einen mit Juwelen besetzten Goldring mitnehmen könnte, ein Erbstück, an dem sie sehr hing. Aus Angst vor Unannehmlichkeiten an der Grenze lehnte er das energisch ab. Als sie am nächsten Morgen die Grenze erreichten, ließen die deutschen Grenzsoldaten sie ohne Fragen oder Durchsuchung passieren; an der italienischen Grenzstation sagte man ihnen jedoch, dass seit der vorigen Nacht Juden die Einreise verboten sei und dass sie zurückkehren müssten. Daraufhin ersuchte er um die Erlaubnis, durch Italien bis zur Schweizer Grenze reisen zu dürfen, anstatt in Italien zu bleiben, wie sie es ursprünglich geplant hatten. Nach einer langen Wartezeit teilte man ihnen mit, dass ihnen ihr Ersuchen gewährt würde, wenn sie Italien sofort über die andere Grenze verlassen würden. Dies erforderte den Kauf neuer Fahrkarten und da er kein italienisches Geld hatte, brachte ihn der Grenzbeamte zur Wechselstube. Dort wollte er die Schweizer Franken eintauschen, die er glaubte mitgenommen zu haben. Doch der Kassierer gab ihm die Münzen zurück und erklärte ihm, dass er französische Francs mitgenommen hätte, die zu der Zeit nur wenig Wert hatten, und keine Schweizer Franken, für die der Wechselkurs viel höher war. Offenbar hatte er in der Nacht zuvor einen Fehler gemacht und die zwei Währungen verwechselt. Daraufhin bot er dem Kassierer einige wichtige Dokumente als Sicherheit für die wenigen Lire an, die er benötigte. Der Kassierer, der zunächst bereit schien, die Dokumente als Pfand zu akzeptieren, änderte seine Meinung mit der Begründung, dass diese keinen kommerziellen Wert hätten.

Er war in dem Moment ganz objektiv in einer schwierigen Lage: mit dem Offizier im Rücken, der mit einem wiederholten »*avanti! avanti!*« drohend Druck auf ihn ausübte und dem Kassierer vor ihm, der sich standhaft weigerte, weiter zu verhandeln. Die Situation entspannte sich jedoch ganz unerwartet, als seine Frau, die ihm, ohne dass er es gemerkt hatte, gefolgt war, ohne ein

Wort das Erbstück – das er ihr am Abend vorher mitzunehmen verboten hatte – auf den Wechseltisch schob. Es wurde natürlich gerne als Sicherheit akzeptiert und die beiden Flüchtlinge konnten ihre Reise ohne weitere Vorkommnisse fortsetzen.

Trotz des glücklichen Ausgangs des Vorfalls, der leicht in einer Tragödie hätte enden können, und obwohl er während der kritischen Minute keinerlei Angst oder irgendein anderes ungutes Gefühl empfunden hatte, geschah es in den folgenden Jahren immer wieder, dass ihm der ganze Vorfall in unangenehm lebhafter Weise wieder in den Sinn kam. Er hörte dann das »*avanti!*« des Grenzbeamten, der hinter ihm stand, und hatte für ein paar Sekunden eine schmerzhafte Spannungsempfindung, die diesen Momenten etwas beängstigend Unheimliches verlieh, das ihm ansonsten fremd war. Tatsächlich schien ihm diese spätere Empfindung erheblich schmerzhafter zu sein als die Gefühle, die er durchlebt hatte, während sich der Vorfall gerade ereignete. Wann immer ihm der Vorfall in den Sinn kam, verfolgte er ihn in Gedanken nie bis zum Moment der glücklichen Lösung. Die Erfahrung endete stattdessen in der verstörenden Frage: Was hätte ich getan – was wäre passiert – wenn meine Frau den Ring *nicht* mitgenommen hätte?

Vielleicht habe ich die Nachwirkung zu dramatisch beschrieben. Die unerfreuliche Erinnerung an die vergangene Erfahrung hielt nur ein paar Momente an und wirkte sich niemals störend auf das aus, was er gerade tat. Doch die ungewöhnliche innere Anspannung und das unheimliche Gefühl waren nicht wegzudiskutieren. Zweifellos wurde er während der kurzen Zeitspanne, in der er sich, ohne einen Ausweg zu sehen, in ernsthafter Gefahr befand, traumatisiert. In der Wiederkehr der Erinnerung kann man ein Äquivalent zum Angsttraum in der traumatischen Neurose erkennen.

Der Grund, warum ich diesen Vorfall hier so genau schildere, liegt jedoch in der Art und Weise, wie diese »traumatische Neurose« en miniature beendet wurde. Eines Tages, ganz ohne irgendeine Vorwarnung, kam es dem Mann plötzlich in den Sinn, dass er dem Kassierer als Sicherheit den neben ihm stehenden Koffer hätte geben können, da der Wert selbst eines Teils seines Inhalts ausgereicht hätte, als Sicherheit für den benötigten Geldbetrag zu dienen. Von dem Augenblick an, in dem ihm diese durchaus realitätsgerechte Lösung einfiel, wurde er frei von den unangenehmen Empfindungen, die ihn bis dahin sporadisch heimgesucht hatten. Die Erinnerung an das Ereignis hatte ihre Macht verloren.

Dies ist eine ziemlich überraschende Wendung. Im Nachhinein eine praktikable Lösung gefunden zu haben, änderte nichts an dem Gefahrenpotenzial, dem er ausgesetzt war und auf das er inadäquat reagiert hatte. Auch bekümmerte ihn die Frage nicht weiter, warum ihm eine so naheliegende Lösung zu der Zeit, in der sie als möglicherweise lebensrettende Maßnahme dringend erforderlich gewesen wäre, nicht eingefallen war. Wie auch immer, von da an hörte die Gefahr, in der er sich befunden hatte, auf, ihn zu beunruhigen. Die Entdeckung – lange nach den besagten Ereignissen – dass er sich und seine Frau *hätte* retten *können,* selbst wenn der Ring nicht so unerwartet auf dem Wechseltisch aufgetaucht wäre, machte den Schaden, den das Trauma verursacht hatte, rückgängig; er reagierte also so, als hätte er die *rettende Idee in dem Augenblick gehabt,* in dem er real in Gefahr war.

Freud hat darauf aufmerksam gemacht, dass Denken eine Art Probehandeln ist. Dies war natürlich im Hinblick auf zukünftige Handlungen gemeint. Der menschliche Geist hat die Fähigkeit, zukünftige Eventualitäten vorwegzunehmen, er speichert Pläne und Entwürfe, auf deren Grundlage notwendige Handlungen aufbauen können. In unserem Beispiel lief ein entsprechender Prozess ab, nur *umgekehrt:* Der Mann verhielt sich so, als ob die ihm verspätet einfallende Lösung tatsächlich einen rückwirkenden Effekt auf den Vorfall gehabt hätte, der sich Jahre zuvor ereignet hatte.

Aus behavioristischer Perspektive müsste man dies als höchst irrational bezeichnen. Im Hinblick auf die Arbeitsweise des psychischen Apparats aber kann man es als einen höchst heilsamen Prozess sehen. Diese klinische Beobachtung erscheint mir wichtig. Sie zeigt, wie ein bewusster innerer Prozess eine traumatische Wirkung aufheben kann. In der psychoanalytischen Behandlung besteht ja unsere Methode, Traumata zu heilen, darin, die unbewusste Bedeutung von Ereignissen dem Subjekt bewusst zu machen.

In der Analyse hätte wahrscheinlich die Hemmung des Mannes im Zentrum gestanden. Der Masochismus, die Schuldgefühle wegen seiner Flucht, die Aggression gegen seine Frau und die selbstzerstörerischen Implikationen – all dies wäre durchgearbeitet worden. Ich weiß jedoch nicht, ob das tatsächlich die unangenehme Empfindung zum Verschwinden gebracht hätte, denn, bis zu einem gewissen Grad, hatte er dadurch, dass er sein eigenes Leben und das seiner Frau unnötig in Gefahr gebracht hatte, reale Schuld auf sich geladen.

Obwohl das angeführte klinische Beispiel nicht oft vorkommen mag und deshalb auch nicht als typisch gelten kann, ist es doch bemerkenswert, dass es sich überhaupt ereignete. Die Tatsache, dass es offensichtlich mentale Prozesse gibt, die den Schaden, der durch ein Trauma verursacht wurde, beheben können, ohne auf die Aktivierung eines Abwehrmechanismus zurückgreifen zu müssen (denn der Mann hatte weder den Preis der Verleugnung noch den einer erneuten Verdrängung bezahlen müssen, um sich von dem Trauma zu befreien), regt dazu an, nach Bereichen zu suchen, in denen die gleiche Wirkung auf typischere Weise erzielt wird.

Eine breitere Herangehensweise an das Problem sollte uns davon überzeugen können, dass es Prozesse geben muss, bei denen Struktur zerstört wird. Die Frage, die sicherlich die meisten Analytiker beschäftigt, ist die, wie sich Strukturen bilden; die Entwicklung einer gesunden Persönlichkeit verlangt jedoch auch, dass sich in Wachstumsphasen Struktur auflöst. Anna Freud (1961, S. 26f.), die gezeigt hat, dass das erinnerte Trauma in Wirklichkeit eine große Anzahl ähnlicher Ereignisse überdeckt, spricht in diesem Zusammenhang von einer »teleskopischen« Erfahrung. Von da aus ist es nur noch ein Schritt hin zu der Annahme, dass nicht alle Traumata ihre Bedeutung behalten. Freuds Metapher der verschiedenen Schichten Roms (1930a, S. 426–429), die an derselben Stelle erhalten geblieben sind – er verwendete diese Metapher als Allegorie für ein grundlegendes Element des menschlichen Geistes –, ist wahrscheinlich nicht befriedigend, wie er selbst bereits in seiner Schrift *Der Untergang des Ödipuskomplexes* flüchtig andeutete (Freud 1924c).

Man muss sich die Entwicklung des psychischen Apparats wie das Wachstum eines Knochens vorstellen, als einen Prozess, bei dem sich an der Oberfläche eine neue Struktur bildet, während sich die alte darunter auflöst. Verdrängung ist einer der Mechanismen, durch die Abfallprodukte, die den Wachstumsprozess stören würden, ins Unbewusste verlagert werden – ein Mechanismus, der diesen Prozess aber auch behindern kann. Klinische Befunde sprechen für die Annahme, dass obwohl ein Großteil des Vergangenen im Verdrängten gespeichert bleibt, dies nicht für seine Gesamtheit gilt und dass ein Teil der einstmals existierenden Strukturen unwiederbringlich zerstört wird, ganz so wie Osteoklasten[22] einen Teil des Knochenaufbaus zerstören. Das trabekuläre System,[23] das mit seinen vielen Hohlräumen einen Teil des inneren Raums des Knochens bildet, lässt sich als Analogie für das Verdrängte benutzen. So gesehen würde dieses, selbst wenn es zur Gänze bekannt wäre, doch keine komplette Aufzeichnung der Vergangenheit beinhalten, sondern stattdessen Lücken [Lacunae][24] aufweisen, die die Bedeutung von Knotenpunkten hätten.

Es wird inzwischen allgemein akzeptiert, dass das Studium der Träume für jegliches Bemühen, die frühen Entwicklungsphasen zu rekonstruieren, eine

---

[22] [Osteoklasten sind mehrkernige Zellen, die durch Fusion von einkernigen Vorläuferzellen aus dem Knochenmark entstehen. Sie gehören zum mononukleär-phagozytären System. Ihre Hauptaufgabe ist die Resorption von Knochengewebe (Anm. d. Hrsg.).]

[23] [Anm. d. Ü.: Das Bälkchensystem im Inneren der Knochen, lat. trabs oder trabes – »Balken«.]

[24] Forschung könnte diese Sicht bestätigen, auch wenn sie extrem kompliziert wäre. Personen, über deren Entwicklung es Langzeitstudien gibt, wie sie heute an verschiedenen Zentren durchgeführt werden, müssten in späteren Jahren beständig einer tiefen Hypnose unterzogen werden. In diesem Zustand ließe sich überprüfen, welche Erinnerungen in der Verdrängung erhalten geblieben sind und welche nicht. Des Weiteren gibt es bei alten Leuten, besonders wenn sie eine Dementia simplex entwickeln, eine Tendenz, frühe Gedächtnisinhalte zu erinnern, so dass es hier einen weiteren Zugang gibt, der es möglich macht, eine umfassende Karte des Verdrängten zu zeichnen.

der Hauptquellen darstellt. Die Tatsache, dass Träume so leicht vergessen werden, wurde mit dem Widerstand gegen das Verdrängte erklärt (von dem Träume ja so viel enthalten, wenn auch in entstellter Form). Jüngste experimentelle Traumforschung hat nun festgestellt, dass die nächtliche Traumproduktion so reich und weitreichend ist, dass es, wäre ein Patient in der Lage, seine gesamte nächtliche Traumproduktion zu erinnern, nahezu unmöglich wäre, analysiert zu werden. Sein Traumbericht allein würde erheblich mehr Zeit in Anspruch nehmen, als für die gesamte psychoanalytische Sitzung vorgesehen ist.

Das widerspricht natürlich nicht der Auffassung, dass *einige* Träume des Widerstands wegen vergessen werden, aber man kann schwerlich weiterhin behaupten, dass es in jedem Fall am Widerstand liegt, wenn Träume vergessen werden. Hier wendet sich das Interesse des Analytikers vom erinnerten dem vergessenen Traum zu, und es taucht die Frage auf: Was passiert in jenen Träumen, die nicht aufgrund des Widerstands, sondern aus anderen bislang noch unbestimmt gebliebenen Gründen vergessen werden?

Wir wissen jetzt, dass Sokrates objektiv falsch lag, als er in der *Apologie* vom Schlafe dessen sprach, »der ungestört ist selbst durch Träume«: Unter natürlichen Bedingungen gibt es einen solchen Schlaf nicht. Subjektiv jedoch hatte er Recht. Es gibt Tage, an denen man morgens besonders erfrischt und munter aus dem Schlaf erwacht, mit dem Gefühl tief und von Träumen ungestört geschlafen zu haben. Und wirklich wurde der Schlafende in solchen Nächten nicht durch Träume gestört, obwohl er welche hatte. Die Erinnerung an sie ist verschwunden, wenn sich denn überhaupt eine Erinnerung gebildet hat. Es gibt etwas Rätselhaftes an der Erinnerung der Träume und man hat, soweit ich weiß, bis jetzt keine Erklärung dafür gefunden. Es ist kein Fall bekannt geworden, bei dem die Psychoanalyse die Erinnerung an einen lange zurückliegenden Traum wiederhergestellt hätte, ohne dass ihn der Träumer, nachdem er ihn geträumt hatte, wenigstens kurz erinnert hatte.

Wenn Freud schreibt, ein Patient könne sich »an einen Traum erinnern, der vor drei, vier oder mehr Tagen vorgefallen ist und bis dahin in der Vergessenheit geruht hat« (Freud 1900, S. 525), dann bezieht er sich auf diese Ausnahme.[25] Zugleich weist er aber damit darauf hin, dass ein Traum, der nicht relativ bald nach seinem Auftreten in eine bewusste Erinnerung umgewandelt wird, unwiederbringlich verloren ist. Die Situation ist hier völlig anders als bei der Erinnerung an äußere Ereignisse oder an irgendeine Erfahrung, die man im Wachzustand gemacht hat. Noch Jahre nach seinem Auftreten kann die Erinnerung an eine Phantasie oder an ein äußeres Ereignis wiederkehren,

---

[25] Einer meiner Patienten bestand einmal darauf, dass er einen Traum, den er zum ersten Mal während der Sitzung erinnerte, zehn Tage zuvor geträumt habe. Ich bezweifele ernsthaft, dass eine solche Behauptung stimmen kann.

selbst wenn dieses spezielle psychische Ereignis unmittelbar, nachdem es aufgetreten war, verdrängt wurde oder sich zu der Zeit nur unterschwellig bemerkbar machte, ohne danach jemals wieder bewusst geworden zu sein.[26]

Aus all dem schließe ich, dass Träume ganz generell nicht dazu »gedacht« sind, erinnert zu werden, und dass solche, die dann doch erinnert werden, zu einer speziellen Gruppe von Träumen gehören, die genau das Ziel, für das sie in Wirklichkeit bestimmt sind, nicht erreicht haben. Ich schlage vor, dass das Erinnern eines Traumes in den meisten Fällen anzeigt, dass er seine Funktion der Wunscherfüllung nicht zufriedenstellend erfüllt hat.[27] Dies könnte einer der Gründe dafür sein, warum es im Allgemeinen nicht leicht ist, diese in den Träumen aufzudecken.

Nun zielt eine der Hauptbestrebungen organischen wie psychischen Lebens darauf ab, einen durch eine traumatische Verletzung hervorgerufenen Schaden rückgängig zu machen, die psychobiologische Unversehrtheit wiederherzustellen. Mit zunehmender Differenzierung ist dieses Ziel zwar immer schwerer zu erreichen, die Tendenz dazu bleibt aber bestehen. Wenn man sich Freuds Modell der Kinderträume ansieht (von dem wir inzwischen wissen, dass es eher selten vorkommt, weil durch die Differenzierung des psychischen Apparats schon früh Konflikte entstehen [Freud 1900, S. 136]), kann man beobachten, dass hier der Traum ganz offensichtlich genau diese Funktion hat.

Ein dreijähriges Mädchen war enttäuscht, weil ihr ihre erste Bootsfahrt über einen See nicht lange genug dauerte. Am nächsten Morgen sagte sie: »Heute Nacht bin ich auf dem See gefahren« (Freud 1900, S. 135). Dieses Beispiel ist besonders aufschlussreich, weil das Kind das von ihm berichtete Abenteuer nicht als Traum bezeichnete, sondern als ein wirklich stattgefundenes Ereignis. In der Kindheit sind Enttäuschungen Keimzellen für Traumata oder tatsächliche Traumata, abhängig von ihrem Ausmaß. Als dieses Kind am folgenden Morgen erwachte, war die Enttäuschung des vorangegangenen Tages wie ausgelöscht, die Realität hatte den gewünschten Verlauf genommen, das Trauma war beseitigt.

---

[26] Sicherlich trifft das nicht auf alle psychischen Inhalte zu, die bewusst gebildet und dann verdrängt werden oder die von Anfang an unterschwellig gebildet wurden. Aber das sollte nicht daran hindern, den grundsätzlichen Unterschied zwischen Erinnerungen, die ihre Quellen im Schlaf oder im Wachzustand haben, anzuerkennen. Der Unterschied spiegelt sich möglicherweise auch im psychoanalytischen Verfahren, das auf die Rekonstruktion der mannigfaltigen psychischen Ereignisse aus dem Säuglingsalter und der Kindheit abzielt, aber niemals auf die Rekonstruktion der Träume aus jener Zeit. Der unwiederbringliche Verlust der meisten Träume ist vielleicht das stärkste Argument gegen Freuds Rom-Metapher.

[27] Die Behandlung häufig erinnerter orgastischer Träume würde uns zu weit vom Thema wegführen.

Zwei Einwände sind hier zu erwarten. Zunächst hätte im Sinne meines Vorschlags so ein Traum überhaupt nicht erinnert werden dürfen. Das mag wohl stimmen. Hypothetisch würde ich behaupten, dass sich eine leichte Spur von Angst in den Traum gemischt hat, in welchem die Träumerin ganz allein das tat, was sie am Tag zuvor unter elterlichem Schutz getan hatte. Weiterhin könnte man an die aggressiven Implikationen des Traums denken und den damit verbundenen Schatten von Schuld. Beides könnte dazu geführt haben, dass der Traum sein Ziel einer idealen Wunscherfüllung verfehlte.

Wahrscheinlich wird man auch behaupten, dass es sich bei dem Beispiel um einen simplen Fall von Verleugnung oder Verdrängung handele, wie wir sie reichlich aus klinischer Erfahrung kennen. Das Kleinkind verleugnet oder verdrängt die Erinnerung an Tagesereignisse und ersetzt sie durch eine befriedigendere. Das mag auch in diesem Fall so gewesen sein. Aber ich vermute, dass solche Träume ziemlich häufig vorkommen, ohne überhaupt erinnert zu werden, und von da ist es nur ein kleiner Schritt zu der Behauptung, dass während des Schlafes die Tagesreste und der selig machende Traum gleichzeitig auftauchen und sich so gegenseitig neutralisieren, wie es positive und negative elektrische Ladungen tun, sodass am nächsten Morgen tatsächlich beide einfach weg sind: die Erinnerung an die Enttäuschung genauso wie der selig machende Traum. In diesem Sinne wäre eine Struktur durch die Bildung einer zweiten einfach aufgehoben worden; letztere wiederum hätte sich selbst im Prozess der Annullierung der ersteren erschöpft.

Auf einer ganz anderen Ebene vollzog sich bei meinem Reisenden etwas Ähnliches, als nämlich sein psychischer Apparat aufhörte, Gefühle von Angst und Unbehagen zu entwickeln, als ihm die rettende Idee in den Sinn kam – dass er ja doch in einer vergangenen Situation unbestimmter, aber doch ernster Gefahr die Mittel zur Rettung zur Hand gehabt hatte.

Heutzutage, da man weiß, dass sich der prozentuale Anteil des REM-Schlafs am gesamten Schlafvolumen mit dem Alter verändert (Roffwarg et al. 1966), fühle ich mich etwas sicherer hinsichtlich meines Vorschlags. Im Neugeborenen macht der Anteil des REM-Schlafs am gesamten Schlafvolumen 50 % aus; im Alter fällt dieser Anteil auf 13,8 % (oder etwas mehr) ab. Doch je älter wir werden, desto weniger leicht können wir traumatisiert werden. Ich habe bewusst gesagt, *können*, da Traumatisierung zum Leben dazugehört. Studien älterer Patienten, die an *dementia simplex* leiden, haben mich davon überzeugt, dass sie keine Traumata mehr erleiden können. Seltsamerweise verlieren sie zugleich die Angst vor dem Tod.[28]

---

[28] Ich frage mich, ob die Untersuchung solcher Patienten nicht eine Reduzierung auf unter 13,8 % aufzeigen würde. Jedenfalls zeigt die von Roffwarg et al. veröffentlichte Kurve, dass, würden wir lange genug leben, der REM-Schlaf wohl ganz verschwinden würde.

Wenn wir hören, dass der prozentuale Anteil von REM-Schlaf in der Adoleszenz und im frühen Erwachsenenalter leicht ansteigt (von 18,5 auf 22 %), kann das kaum als Argument gegen meinen Vorschlag dienen. Die Behauptung jedoch, dass REM-Schlaf *in utero* reichlich vorkommt[29], wo der Foetus so gut gegen Traumatisierung geschützt ist, scheint ein gewichtiges Gegenargument zu sein. Roffwarg et al. schlagen nun die geniale Theorie vor, dass »der REM-Mechanismus als endogene Reizquelle dient«, dass er die »strukturelle Reifung und Ausdifferenzierung sensorischer und motorischer Schlüsselbereiche im zentralen Nervensystem« unterstützt, sowohl, um sie »auf den enormen Ansturm von Reizen des postnatalen Milieus vorzubereiten, als auch, um zu ihrem weiteren Wachstum nach der Geburt beizutragen«.

Diese Theorie wurde noch nicht bewiesen, aber nehmen wir einmal an, dass sie richtig ist. REM wäre dann eine *in utero* eingebaute Reizquelle für das Wachstum wichtiger Zentren im Gehirn. Nach der Geburt wird diese Stimulation durch »den enormen Ansturm von Reizen« aus exogenen Quellen übernommen und REM wäre quasi ohne Funktion. Es wäre jedoch für einen Mechanismus nicht ungewöhnlich, wenn er entsprechend der dynamischen Veränderung der Gesamtsituation, in die er eingebunden ist, eine andere Funktion übernehmen würde. Im pränatalen Lebensabschnitt stimuliert REM angeblich zentrale Bereiche und bereitet sie für ihre spätere Aufgabe, den Umgang mit exogenen Reizquellen, vor. Nach der Geburt würde der Mechanismus, meiner Ansicht nach, das Großhirn gegen Überlastung schützen und so seine heilsame Wirkung den neu entstehenden Anforderungen entsprechend weiter ausüben.[30]

Noch ein weiteres Argument lässt sich zugunsten meiner These anführen. Wir vergessen manchmal, dass der Alterungsprozess nicht geradlinig verläuft. Wir stehen morgens nicht nur biologisch jünger auf als wir es waren, bevor wir einschliefen, wir fühlen uns auch so. Im Lichte der Behauptung Freuds, der Schlaf sei eine Regression in den Mutterleib, ist dies nicht überraschend. Nach einem guten Nachtschlaf sagen wir, dass wir uns wie »neugeboren« fühlen. Das ist aber nur nach einem ungestörten Schlaf so. Kann es, von den physiologischen

---

[29] Frühgeburten zeigen einen hohen Prozentanteil von REM-Schlaf, was zu der Annahme geführt hat, dass REM bereits *in utero* vorkommt. Dennoch wäre es nicht verwunderlich, wenn man herausfände, dass REM zum ersten Mal dann auftaucht, wenn das Großhirn massiv stimuliert wird.

[30] Ein weiterer Einwand, den zu diskutieren verfrüht sein könnte, ließe sich angesichts der Tatsache erheben, dass kein manifester Unterschied zwischen Träumen aus einer frühen REM-Phase (die normalerweise vergessen werden) und Träumen aus späten REM-Phasen in den Morgenstunden (diese werden von Patienten in der Psychoanalyse normalerweise viel besser erinnert) beobachtet werden konnte.

Faktoren einmal abgesehen, sein, dass der Grad an Verjüngung, den wir beim Erwachen verspüren, dem Maß entspricht, in dem der Traum seine Funktion erfüllt hat – was in diesem Zusammenhang bedeuten würde, dem Maß, in dem psychische Struktur sich aufgelöst hat.[31]

Ich wende mich jetzt dem letzten klinischen Problem zu, das ich in diesem Artikel besprechen möchte.

Eine Frau, die seit Anfang zwanzig wegen chronischer Schizophrenie mit relativ gutartigem Verlauf bei mehreren Psychoanalytikern in Behandlung war, erzählte, dass ihre Mutter ihr in der früheren Kindheit den Penis abgeschnitten hätte. Die Störung der Patientin hatte nie zuvor Wahnvorstellungen und Halluzinationen hervorgerufen. Mehr noch, die vermutete Erinnerung wurde in einer Weise erwähnt, die sich nicht paranoid oder wahnhaft anhörte, sondern eher so, wie ein Patient eine Deckerinnerung berichtet, von der der Zuhörer weiß, dass sie wegen ihrer inneren Widersprüche nicht stattgefunden haben kann. Die Tatsache, dass die Patientin nicht erkannte, dass das, was sie da erinnerte, unmöglich war, resultierte nicht aus intellektuellem Unvermögen. Ihr

---

[31] Ob jeder Traum ein Versuch ist, ein Kindheitstrauma abzuarbeiten, wie Ferenczi in einem posthum veröffentlichten Artikel (1934) vorschlug, scheint fraglich. Der Analytiker mag diesen Eindruck gewinnen, da im Verlauf des analytischen Prozesses, wenn dieser beim Patienten greift, unterdrückte Erinnerungen an Kindheitstraumata erneut besetzt werden. Wenn Stein schreibt: »Der Traum hat […] eine wesentliche Funktion im Anschluss an das Trauma« (1965, S. 73), scheint er Ferenczi zu folgen. Doch dann betont er die Reaktion des Schlafenden, wenn dieser aus seiner Angst erwacht und mit den Worten reagiert: »›Es war nur ein Traum – es ist alles nur Einbildung.‹«, an welchem Punkt Stein als »tiefste Triebkomponente« den »Wunsch nach Wiedergewinnung der Omnipotenz durch Verinnerlichung des ängstigenden Ereignisses« sieht (1965, S. 74). An dieser Formulierung scheint mir in zweierlei Hinsicht Kritik angebracht: (1) Streng genommen, unter der Voraussetzung, dass Freuds Terminologie weiterhin gilt, ist dies keine Triebkomponente, sondern eher die Erfüllung eines hochgradig libidinös besetzten Ich- oder Selbstanteils. (2) Ungeachtet der Möglichkeit, dass in untypischen Fällen dieser narzisstische Anteil zum Antrieb eines Traumes werden kann, hat diese Auslegung den Beigeschmack, so zu argumentieren, wie Freud es beispielhaft in seiner Erörterung des (sekundären) Krankheitsgewinns der Neurose umschrieb: »Das ist dann so richtig oder so falsch, wie wenn man die Ansicht vertritt, der Kriegsverletzte habe sich das Bein nur abschießen lassen, um dann arbeitsfrei von seiner Invalidenrente zu leben.« (1926a, S. 126) Meinem Vorschlag nach würden manche Träume die Erinnerungen an manche Traumata gänzlich auslöschen. Jene Traumata, deren Erinnerung im Verdrängten erhalten geblieben sind und die eine so tiefgreifende Wirkung auf spätere Träume haben, wären solche, die der traumatolytischen Wirkung des Träumens widerstanden haben, entweder aufgrund von quantitativen Faktoren oder durch die Kraft besonderer, der traumatischen Situation oder der traumatisierten Person eignenden Umstände oder aufgrund einer Störung des Traummechanismus selbst (siehe unten).

Denken war normalerweise einwandfrei und ihre Intelligenz überdurchschnittlich.[32] Einmal sagte ich der Patientin, dass das Ereignis, das sie da »erinnerte«, auf keinen Fall stattgefunden haben könne, da Kastration ein schweres Verbrechen sei: hätte ihre Mutter dieses Verbrechen begangen, dann wäre darüber sicherlich in den Zeitungen berichtet worden. Davon einmal abgesehen, sei sie eine Frau und kein kastrierter Junge. Das letztere Argument überzeugte sie nicht, aber sie gab zu, dass das erste Argument ein überzeugender Beweis dafür sei, dass ihre Erinnerung falsch gewesen sein müsse.

Sie behauptete tatsächlich nie wieder, dass das Ereignis stattgefunden hatte. Ihre ambivalenten Gefühle der Mutter gegenüber wurden dennoch durch den Beweis, dass ihre wichtigste »Rechtfertigung« für die Wutausbrüche ihrer Mutter gegenüber eigentlich unhaltbar war, überhaupt nicht beeinflusst. Die Richtung, in die ihre Assoziationen gingen, veränderte sich ebenfalls nicht.

Die Tatsache, dass diese hochintelligente Frau, die scharf beobachtete und in der Regel Ereignisse in ihrer Umgebung korrekt erfasste, von der Kastration wie von etwas sprach, das wirklich passiert war, überzeugte mich davon, dass sie davon als Kind geträumt haben musste, damals aber nicht in der Lage gewesen war, zwischen Traum und Wirklichkeit zu unterscheiden (vgl. Piaget 1929). In der Tat hat die Menschheit den längsten Teil ihrer Geschichte hindurch nicht streng zwischen Wirklichkeit und Traum unterschieden, und es ist immer noch eine offene Frage, was uns diese Unterscheidung ermöglicht.

Die Annahme, dass das Kind, das die Latenz mit einer Prädisposition zur Schizophrenie verlässt, unter einer Störung des Traum-Mechanismus von der Art gelitten hat, wie ich sie umrissen habe, würde helfen, ein paar der hervorstechenden Merkmale zu erklären, die einige der Patienten zeigen, die unter dieser Störung leiden.

Der Leser mag sich an meinen Vergleich zwischen Ich-Bildung und Knochenwachstum erinnern. Die Bildung der Ich-Struktur des Typs von Patienten, die ich meine, kann man mit der Pathologie vergleichen, die zu Osteopetrose (»Marmorknochenkrankheit«) führt, eine angeborene Störung, in der die Knochen hart, aber brüchig, dicht und sklerotisch sind und eine durchgehende Masse bilden, ohne innere Zwischenräume, wie sie ein gesunder Knochen aufweist. Im Zuge der Analogie könnte man sagen (obwohl dies nicht ganz korrekt ist), dass in dieser Störung die Osteoklasten ihre Aufgabe der Resorption nicht erfüllt haben. Ein vergleichbarer Vorgang findet sich in der Schizophrenie. *Alle* vergangenen Strukturen sind bewahrt; wenn das Individuum die Pubertät erreicht, wird es von einer Last, die nie reduziert

---

[32] Diese Patientin stand der Patientengruppe nahe, die Stein (1965) beschrieb, abgesehen davon, dass sie schizophren war. Auch sie hatte in ihrer Kindheit an Mittelohrentzündung gelitten.

worden ist und mit der es nicht mehr fertig wird, erdrückt. Sein Ich kann nicht länger wachsen.[33]

Im Fall der gerade erwähnten Patientin wurde in der Tat beobachtet, dass der manifeste Traum tatsächlich ein schweres Trauma hervorrief; aber dies passierte bei einem Kind, dessen Abwehrmechanismen schon seit der frühen Kindheit nicht mehr richtig funktionierten, sodass man es als eine Ausnahme betrachten muss. Es ist alles in allem ziemlich bemerkenswert, dass sich bei diesem Kind keine Angst oder *Pavor nocturnus* entwickelte; dass es im Unterschied zu jenen Kindern, bei denen die Traumfunktion selbst nicht Opfer einer Krankheit wurde, nicht erwachte. Bei diesem Kind zeigte der Traum keine seiner »osteoklastischen« Funktionen; ganz im Gegenteil, er *fügte* noch Struktur *hinzu*, so dass es uns nicht erstaunt, zu hören, dass sich die Patientin am Ende der Pubertät fast paralysiert fühlte.[34]

Ich frage mich, in welchem Maß die Wahnvorstellungen des schizophrenen Patienten – seine feindselige Einstellung der Welt gegenüber, seine unerbittlichen Anschuldigungen – auf die Träume seiner frühen und späteren Kindheit zurückgehen. Es könnte sein, dass das Kind, das später unter dieser Krankheit leidet, durch seinen REM-Schlaf keine Erleichterung erfährt; dass die meisten seiner Träume seinen psychischen Apparat nur aufs Neue verletzen.

Es ist möglich, dass eine Psychopathologie klinischen Ausmaßes generell auf *Störungen des Traum-Mechanismus* zurückgeht – dass dies der im Zentrum stehende, eigentliche organische Kern ist. In Anbetracht der fast unglaublichen Fortschritte, die die moderne Forschung in der Physiologie und Pathophysiologie des Traums gemacht hat, gibt es Grund zur Hoffnung, dass diese Störungen eines Tages konkret veranschaulicht werden können. Dann wird der Psychiatrie zum ersten Mal eine verlässliche Nosologie zur Verfügung stehen, so wie sie andere Bereiche der Medizin mit dem Fortschritt der pathologischen Anatomie erlangt haben.

Aus dem Amerikanischen übersetzt von
Mario Engelhardt und Edda Hevers

---

[33] Diese Beschreibung sollte natürlich ganz allgemein verstanden werden.
[34] Hier muss man sich natürlich die Traumtheorie von W. Robert von 1886 ins Gedächtnis rufen, in der so viel von dem funktionellen Teil der Theorie Freuds vorweggenommen worden war, wenn auch der Traum für Robert grundsätzlich ein somatischer Prozess war. Roberts Theorie hat im Wesentlichen nichts mit dem Trauma zu tun, aber seine Behauptung, dass jemand, der vom Träumen abgehalten wird, schließlich wahnsinnig würde (Robert 1868, S. 10; vgl. Freud 1900, S. 83) macht sein Werk im Hinblick auf jüngste experimentelle Forschung besonders interessant (Fisher 1965).

Zu einigen theoretischen und technischen Problemen hinsichtlich der Bezahlung von Honoraren für die psychoanalytische Behandlung[1]

Die früheste medizinische Hilfe, die Menschen einander geleistet haben, bestand wahrscheinlich in magischen Ritualen. Sie wurde nicht durch einen Spezialisten gewährt, sondern durch eine Person, die auch mit vielen anderen für die Gemeinschaft wichtigen Funktionen betraut wurde. In späteren Phasen des kulturellen Fortschritts wurde der Kampf gegen Krankheiten allmählich Spezialisten anvertraut: Hippokrates war die berühmteste unter jenen frühen Gestalten, die man »Ärzte« in modernem Sinn nennen kann. Als der Schutz der Gesundheit sich zu einer spezialisierten Funktion entwickelte, wurde ärztliche Behandlung belohnt. Ärzte erhielten von Königen und anderen Mächtigen reiche Entlohnung. Doch blieben die Tätigkeit des Heilens und die Wohltätigkeit lange miteinander verflochten, besonders während der christlichen Ära. Es ist noch nicht so lange her, dass das Bild des Arztes immer noch von einer Art Heiligenschein umgeben war – was implizierte, dass er seine Heilkünste ohne Honorar leisten würde. Bereits im Eid des Hippokrates, der da lautet: »Rein und fromm werde ich mein Leben und meine Kunst bewahren«,[2] gibt es darauf einen deutlichen Hinweis.

Als Freud zu praktizieren begann, unterschied sich die Art und Weise, wie ein Arzt finanziell belohnt wurde, von der üblichen Bezahlung anderer Berufstätiger. Er hätte am Ende des Jahres eine Rechnung für alle seine ärztlichen Dienste während der vorangegangenen zwölf Monate geschickt. Bei den täglichen Besuchen in der Praxis des Psychoanalytikers war weder eine tägliche noch eine jährliche Rechnungstellung praktikabel, und so bedarf die monatliche Rechnungstellung – die das einzige Detail der psychoanalytischen Technik zu sein scheint, in der alle Analytiker übereinstimmen, auch wenn

---

[1] [Erstveröffentlichung unter dem Titel »On some theoretical and technical problems regarding the payment of fees for psychoanalytic treatment« im *International Review of Psychoanalysis*, 1, 1974, S. 73–101.]

[2] [Anm. d. Ü.: Die moderne Fassung in der Übersetzung von Hans Diller lautet: »Ich werde meinen Beruf mit Gewissenhaftigkeit und Würde ausüben.«]

viele Probleme und Zweifel mit ihr verbunden sind – keiner besonderen historischen Untersuchung.³

»Menschliche Klugheit gebietet dann, nicht große Summen zusammenkommen zu lassen, sondern nach kürzeren regelmäßigen Zeiträumen (etwa monatlich) Zahlung zu nehmen« (Freud 1913a, S. 464), und er fügte hinzu, dass das nicht die übliche Praxis unter Ärzten in Europa war. In dieser frühen Veröffentlichung zur Technik, aus der ich gerade zitiert habe, machte Freud gewisse andere Bemerkungen, die klar den einzigartigen Platz anzeigen, den die Bezahlung von Honoraren in der Psychoanalyse einnimmt: Sie ist mehr als der Transfer eines gegebenen Geldbetrags von einer Person zur anderen. Sie ist Bestandteil der Behandlung mit möglicherweise entscheidenden Folgen für deren Verlauf.

Erstens warnte Freud davor, ein zu niedriges Honorar zu verlangen, weil es in den Augen des Patienten den Wert der Behandlung herabsetzen würde (1913a, S. 464). Eine solche Aussage trifft auf jede Art von Behandlung oder Dienstleistung zu. Sie beschreibt, was eine allgemeine menschliche Haltung zu sein scheint. Doch während auf anderen Spezialgebieten die Wirkung der Behandlung nicht von dem Wert abhängt, die der Patient ihr zumisst, kann in einer psychoanalytischen Behandlung die Geringschätzung des Patienten, die sich aus einem niedrigen Honorar ergibt, lange Zeit unentdeckt bleiben. Es kann deshalb den Fortschritt verzögern und sogar gegen jede Deutung immun machen, insofern es durch einen Realitätsfaktor unterstützt wird.

Freud warnte auch vor einer kostenlosen Behandlung, und dies nicht nur um den Analytiker vor einer ungebührlichen Last zu schützen, sondern auch, weil manche »der Widerstände des Neurotikers […] durch die Gratisbehandlung enorm gesteigert« werden (1913a, S. 465). Mit diesem letzten Satz fasste Freud seine klinischen Erfahrungen aus einem Jahrzehnt zusammen, währenddessen er sich »durch etwa zehn Jahre täglich eine Stunde, zeitweise auch zwei, Gratisbehandlungen gewidmet« habe (ebd.). Aber Freud anerkannte auch die Ausnahmen von seiner Regel: gelegentlich konnte auch eine Gratisbehandlung zu exzellenten Ergebnissen führen.⁴

Kurz gesagt, Freud schrieb der Zahlung des Honorars eine regulierende Wirkung zu. Ohne sie rückt »das ganze Verhältnis […] aus der realen Welt heraus; ein gutes Motiv, die Beendigung der Kur anzustreben, wird dem Patienten entzogen« (1913a, S. 465f.).

---

³ Dennoch habe ich eine Ausnahme zur Regel bei Menninger (1958, S. 128) gefunden, der sich auf »monatliche« oder »wöchentliche Rechnungen« des Psychoanalytikers bezieht.

⁴ Halpert (1972, S. 124) bedauert zurecht, dass Freud den Unterschied in der Persönlichkeit dieser beiden Patientengruppen nicht herausgearbeitet hat.

In der gerade zitierten Schrift ging Freud auf einige der unbewussten Bedeutungen nicht ein, die die Bezahlung von Honoraren für den Patienten haben mögen – prägenitale oder kastrierende Implikationen sowie eine Fülle damit zusammenhängender Phantasien und Übertragungsreaktionen, wie sie aus der klinischen Erfahrung so gut bekannt sind. Stattdessen stellte er etwas dar, was man die »psychoanalytische Mechanik« einer Transaktion zwischen Analytiker und Patient nennen könnte, diktiert in erster Linie durch die Art der Gesellschaft, in der wir leben. Ich werde mich so weit wie möglich auf diese Mechanik beschränken, möchte aber zunächst ein paar kurze Bemerkungen zum gesellschaftlichen Faktor machen.

Während der sechzig Jahre, die seit Freuds Schrift vergangen sind, hat sich das Verhältnis zwischen Arzt und Patient dramatisch verändert. Einerseits ist die Medizin durch ihre unerwartet großen Fortschritte zu einem integralen und unverzichtbaren Teil der Gesellschaft geworden, andererseits wird medizinische Behandlung heute mehr oder weniger als selbstverständlich betrachtet. Die Behandlung einer Krankheit ist nicht mehr nur ein Wunsch, eine Hoffnung oder ein Segen; sie wird als ein Recht betrachtet, auf das der Patient einen gerechten Anspruch zu haben meint. Gleichzeitig hat das Verhältnis zwischen Arzt und Patient an persönlicher Bedeutung verloren. Man könnte sagen, es ist »kommerzialisiert« worden – allein schon dadurch, dass der diagnostische Apparat und die Medizintechnik eine Mauer zwischen dem Kranken und seinem Heiler errichtet haben.

So trägt das Honorar des Arztes weder den Beigeschmack des Unmoralischen, das ihm früher angehaftet haben mag, mit sich, noch ist es Ausdruck der Dankbarkeit des Patienten für das einzigartige Geschenk, das er von einer Person, die er für unersetzbar hielt, erhalten haben mag. Besonders in den Vereinigten Staaten – wo Geld aufgrund des fehlenden Feudalismus generell nicht als Dreck, mit allen damit verbundenen Implikationen, sondern als Wert betrachtet wird – wurde das Arzthonorar ein Preis, der zu bezahlen ist, so wie man für jede andere Dienstleistung oder Ware bezahlt.[5]

Es mag dem zeitgenössischen Leser, dem Mediziner wie dem Nicht-Mediziner, daher fremd erscheinen, wenn er die folgende Feststellung Freuds liest:

> Der Analytiker stellt nicht in Abrede, daß Geld in erster Linie als Mittel zur Selbsterhaltung und Machtgewinnung zu betrachten ist, aber er behauptet, daß mächtige sexuelle Faktoren an der Schätzung des Geldes mitbeteiligt sind. Er kann sich dann darauf berufen, daß Geldangelegenheiten von den Kulturmenschen in ganz ähnlicher Weise behandelt werden wie sexuelle Dinge, mit derselben Zwiespältigkeit, Prüderie und Heuchelei. Er ist also von vornherein entschlossen, dabei nicht mit-

---

[5] Ich kann mich irren, wenn ich eine solche Generalisierung vornehme, denn Kubie (1950, S. 135) spricht stattdessen davon, dass Arzt und Patient sich so verhalten, als ob »Geld nicht existierte«.

zutun, sondern Geldbeziehungen mit der nämlichen selbstverständlichen Aufrichtigkeit vor dem Patienten zu behandeln, zu der er ihn in Sachen des Sexuallebens erziehen will. (Freud 1913a, S. 464)

In zweierlei Hinsicht ist diese Feststellung nicht länger gültig.

Heute ist kaum noch jemand prüde. Das gesellschaftliche Klima hat sich verändert: Während vor zwanzig Jahren das Erstinterview mit einer unverheirateten Studentin bei der Frage, ob sie schon einmal Geschlechtsverkehr hatte oder nicht, einen schwierigen Punkt erreichte, weil sie sich bei der Andeutung, dass sie welchen gehabt haben könnte, hätte angegriffen fühlen können, ist es jetzt umgekehrt: Sie könnte sich durch die Unterstellung, dass sie noch keinen hatte, angegriffen fühlen.

Genauso wenig gibt es einen Grund für »Prüderie« hinsichtlich der grundsätzlichen Notwendigkeit eines Honorars für eine medizinische Leistung, in Frage steht einzig seine Höhe. Einige Analytiker leugnen vielleicht, dass das ein Problem ist, und setzen das Honorar in Übereinstimmung mit dem gängigen Satz oder im Verhältnis zum Einkommen des Patienten fest, wenn ein höheres Honorar erforderlich wäre. Andere jedoch mögen das Honorar durchaus als einen »psychologischen« Faktor betrachten, wie Freud es getan hat.

Aber was ist ein »sehr niedriges Honorar«? Ein ärztliches Honorar kann im Verhältnis zum sozialen Umfeld gesehen niedrig und doch für den einzelnen Patienten zu hoch sein. Was ist die psychologische Definition eines »richtigen« Honorars? Eine solche Definition würde das Maß der finanziellen Verantwortlichkeit des Patienten allein in psychologischen Begriffen festlegen. Freud soll einmal gesagt haben, dass das Honorar so hoch sein sollte, dass es dem Patienten ein wenig wehtut. Das heißt, der Patient sollte einer optimalen Frustration unterworfen werden.[6] Möglicherweise meint Freud hier jedoch die Frustration frühkindlicher Wünsche.

Es ist nicht schwer, im Ansatz zu beschreiben, was eine optimale Frustration ist. Sie beraubt den Patienten eines Vergnügens, das er ansonsten genossen hätte. Das entgangene Vergnügen oder die entgangene Befriedigung sollten jedoch nicht lebenswichtig für ihn sein – weder in objektiver noch in subjektiver Hinsicht. Ein extremes Beispiel wäre ein Patient, der hungern müsste, um das Honorar bezahlen zu können. Er könnte kaum analysiert werden. Ein hungriger Mensch kann unter keinen Umständen analysiert werden, da er nur Vorstellungen assoziieren kann, die durch seine unmittelbare physische Not bestimmt sind. Dieses Problem wird gewöhnlich unter der Überschrift »aku-

---

[6] Vgl. Menninger (1958, S. 32): »Die Analyse wird nicht gelingen, wenn der Patient weniger zahlt, als er sich vernünftigerweise leisten kann.« Der Einfluss, den die Höhe des Honorars auf den Fortschritt der Behandlung hat, ist von vielen geleugnet worden (siehe Liévano 1967; Schonbar 1967, S. 277; Allen 1971, S. 136).

ter Konflikt« behandelt. In diesem Fall wäre der akute Konflikt mit einem starken aggressiven Gefühl gegen den Analytiker verbunden, der sich in dem Maße nicht in unbewusste Elemente auflösen ließe, wie er auf realen Faktoren beruht, gleichgültig wie sehr sich daran auch neurotische Elemente geheftet haben mögen. Es gibt Patienten, die bereit sind, Opfer zu bringen, die sogar Grundbedürfnisse einschließen, um ihre psychoanalytische Behandlung zu sichern. Meines Erachtens sollte ein Analytiker eine Behandlung unter solchen Umständen jedoch nicht in Betracht ziehen, weil sie masochistische Befriedigungen einer solchen Größenordnung verschaffen würde, dass eine erfolgreiche Behandlung kaum zu erwarten ist.

Die Anwendung des Prinzips der optimalen Frustration hat ihre Grenzen bei der Mittellosigkeit und beim Reichtum. Im ersten Fall müsste das Honorar so niedrig sein, dass der Patient, würde er das normale Honorar kennen, die analytische Behandlung entweder als Geschenk betrachten oder sich wegen der geringen Höhe nicht ernst genommen fühlen würde. Im Falle der Reichen müsste ein als einigermaßen frustrierend erlebtes Honorar über das hinausgehen, was sozial angemessen ist, weshalb es nicht in Frage kommt.

II

(a) In seiner Schrift *Wege der psychoanalytischen Therapie* (Freud 1919a) äußerte sich Freud über die Aussichten psychoanalytischer Kliniken für Arme. In der Folge wurden 1920 in Berlin (siehe Deutsche Psychoanalytische Gesellschaft 1930) und zwei Jahre später in Wien (Hitschmann 1932) psychoanalytische Kliniken eröffnet. Sie boten regelmäßige psychoanalytische Behandlung für bedürftige Patienten an. In Wien waren einige der Patienten so arm, dass ihnen das Ambulatorium das Fahrgeld für die Hin- und Rückfahrt zur ambulanten Klinik oder zur Praxis des Arztes geben musste. Selbst unter so extremen Bedingungen wurden psychoanalytische Behandlungen erfolgreich durchgeführt.

In zwei Vorworten Freuds zu Veröffentlichungen über das Berliner Institut wird deutlich, dass er in der Frage der Psychoanalyse für Bedürftige während des vergangenen Jahrzehnts seine Meinung grundlegend geändert hatte. Ihre Machbarkeit war für ihn nun selbstverständlich. So schreibt er 1923, dass »diese Hilfeleistung auch der großen Menge jener zuteil werden [sollte], die zu arm sind, um den Analytiker für seine mühevolle Arbeit selbst zu entlohnen« (Freud 1923c, S. 441). Sieben Jahre später würdigte er den Beitrag des Instituts »unsere Therapie jener großen Menge von Menschen zugänglich zu machen, die […] nicht imstande sind, die Kosten ihrer Behandlung aufzubringen«. Und es sei eines der Ziele dieser Institution »unsere Kenntnis der neurotischen Erkrankungen und unsere therapeutische Technik durch Anwendung und Erprobung unter neuen Verhältnissen zu vervollkommnen« (Freud 1930b, S. 572), womit er indirekt seiner früheren Vorhersage, man werde »genötigt sein, in der Massenanwendung unserer Therapie das reine Gold der Analyse reichlich mit dem Kupfer der direkten Suggestion zu legieren« widersprach (Freud, 1919a, S. 193).[7] Eitingon, der Gründer des Berliner Instituts, sagte, Freuds Prophezeiung traf nicht zu, »weil wir kein Metall zu solchen Legierungen haben« (Eitingon 1930, S. 72). 1930 waren am Institut 117 Patienten in Analyse. Mehr noch, jedes Mitglied der Deutschen Psychoanalytischen Gesellschaft, das in Berlin lebte, war verpflichtet, einen Institutspatienten kostenlos zu behandeln. Die gleiche Regel wurde in späteren Jahren auch in Wien eingeführt.

Dr. Kronold, der jahrelang am Psychoanalytischen Ambulatorium in Wien gearbeitet hat, war so freundlich, mich über einige der dort beobachteten negativen Auswirkungen kostenloser Behandlung zu informieren. Agieren – wie Fehlstunden und das verspätete Erscheinen zum Termin – waren zwei hervorstechende Merkmale, die mit dem Behandlungsrahmen in Zusammenhang gebracht wurden, die aber der Deutung zugänglich waren. Des Weiteren war der Wunsch, Dankbarkeit durch ein Weihnachtsgeschenk zum Ausdruck zu bringen, eine häufige Komplikation. Im Allgemeinen dauerten die Behandlungen etwas länger als in einer Privatpraxis. Ähnliche Erfahrungen machte man, glaube ich, auch in anderen Einrichtungen.

Trotz der Erfolge der freien psychoanalytischen Kliniken würde ich gerne ein paar Vorbehalte anbringen. Es ist möglich, dass die Art von Störungen, die unter solchen Umständen mit der psychoanalytischen Technik (im engeren Sinne) behandelt werden können, zahlenmäßig begrenzt ist. Ich erinnere mich z. B. an einen jungen Mann, der in August Aichhorns Beratungsdienst kostenlose Behandlung suchte. Es war bald klar, dass sein Lebensstil hauptsächlich von Armut bestimmt wurde. Das Mitleid ausnutzend, das er tatsächlich wecken konnte, indem er sich als Opfer sozialer Ungerechtigkeit darstellte, schlug er für sich so viele Vorteile heraus, wie er konnte. In seinem Fall hätte eine kostenlose psychoanalytische Behandlung per se eine Befriedigung solcher Art und solchen Ausmaßes bedeutet, dass sie mit einer konstruktiven psychoanalytischen Situation nicht zu vereinbaren gewesen wäre. Unter diesen Bedingungen war eine vor-analytische Behandlungsphase nötig, die den

---

[7] Ich glaube nicht, dass sich Freuds klinisches Urteil von 1913 über Honorare in der privaten Praxis dadurch geändert hat, dass anerkannt wird, dass die Analyse von Bedürftigen eine Möglichkeit ist, die psychoanalytische Technik zu verbessern und sein Wissen zu erweitern. Die zitierten Passagen beweisen nur, dass er seine Meinung über die Analysierbarkeit von Bedürftigen geändert hatte. Ich würde vermuten, dass Freud seine Einsicht in die Struktur der gesellschaftlichen Realität vertieft hatte, besonders während des Ersten Weltkriegs.

Charaktermangel korrigierte, der in erster Linie erzieherische Maßnahmen erforderte und in einer kostenlosen Behandlung nicht zugänglich gewesen wäre.[8] Mit der jüngsten Ausweitung des Betätigungsfeldes der Psychoanalyse werden viele andere Syndrome als nur die klassischen Neurosen in psychoanalytische Behandlung genommen, und ich frage mich, ob bei Störungen, die nicht zu den Übertragungsneurosen zählen, eine kostenlose Behandlung einem erfolgreichen Behandlungsverlauf nicht Hindernisse in den Weg stellt.

An dieser Stelle möchte ich ein paar Worte zum Begriff der Armut sagen. Jemand mag wenig Geld haben und es mag ihm in der Tat an vielem fehlen, aber das heißt nicht notwendigerweise, dass er die Sichtweise eines Armen hat. Die untere Mittelschicht leidet Mangel, aber sie eignet sich nicht seine Sichtweise an. Um die tatsächliche Bedeutung dieser Sichtweise zu verstehen, muss man bestimmte Gegebenheiten in der Struktur des Ichs beachten. Die Psychologie der extrem Armen ist durch eine Lebensperspektive gekennzeichnet, in der die Möglichkeit, wählen zu können, fast vollständig fehlt. Was immer diesen Leuten zustößt, wird durch Notwendigkeiten beherrscht, die durch die Außenwelt aufgezwungen werden. Das Ich steht nicht einer Welt gegenüber, in der es Alternativen gibt oder in der eine individuelle Wahlmöglichkeit wenigstens möglich ist. Was geschieht, was geschehen wird, wird allein durch die eisernen Regeln der Lebensbedingungen bestimmt und die sind nicht Teil des handelnden Selbst.

Es ist verständlich, dass solche psychologischen Bedingungen einen Zustand schaffen, in dem das Treffen von spontanen Entscheidungen mit kriminellen Handlungen zusammenzufallen droht. Wenn nun ein Mensch, der durch die Unmöglichkeit, eine eigene Wahl zu treffen, schwer verstümmelt ist, eine Neurose ausbildet, die keine Übertragungsneurose ist, sondern eher eine psychosomatische Störung oder eine Charakterneurose, ist es sehr wahrscheinlich, dass bei einer solchen Persönlichkeitsstruktur eine psychoanalytische Behandlung nicht angewandt werden kann. (Da ich die Frage der Honorare im Rahmen der unmodifizierten psychoanalytischen Technik diskutiere, ist es nicht notwendig, dieses Problem an diesem Punkt weiter zu verfolgen.)

In der Mittelklasse, selbst in den unteren Grenzregionen, an der man ernsthaftem Mangel ausgesetzt ist, sind die Aussichten grundsätzlich andere. Auch in dieser Gruppe sind die Möglichkeiten, eigene Entscheidungen zu treffen, nicht sehr groß, aber was erhalten geblieben ist, ist das Bewusstsein, dass man überhaupt selbst wählen kann, dass es möglich ist, einen Zustand zu erreichen, in dem Wahlmöglichkeiten existieren, und die Hoffnung, dass ein solcher Zu-

---

[8] Kubie (1950, S. 140f.) hat jedoch beobachtet, dass die Ausnutzung der »Großzügigkeit eines Analytikers aus neurotischen Gründen« erfolgreich analysiert werden kann.

stand wirklich eines Tages erreicht werden wird, sei es durch Anstrengung oder durch Glück. Ein Ich, das noch in der Lage ist, durch solche Hoffnungen genährt zu werden, ist durch Verletzungen, die durch ernsten und dauerhaften Mangel verursacht werden, noch nicht unwiederbringlich verstümmelt. Hier kann, solange der Patient an einer Krankheit leidet, die in ihren Bereich fällt, die psychoanalytische Technik angewandt werden. Das gilt selbst dann, wenn das Honorar niedrig oder die Behandlung kostenlos ist.

Die Übertragungsprobleme, die sich daraus ergeben, sollten für einen kompetenten Analytiker nicht unüberwindbar sein (vgl. Huffer 1963). Dennoch muss man hier zwischen den Analytikern, die durch eine entsprechende Institution (die das Honorar festsetzt) eingesetzt werden und jenen, die gering bezahlte Behandlungen aufgrund eigener Entscheidung und in der eigenen privaten Praxis anbieten, unterscheiden. Die zu erwartenden Übertragungsprobleme sollten in jedem Fall unterschiedliche sein.[9] Das Problem einer vom *New York Psychoanalytic Treatment Center* angebotenen Behandlung zu niedrigem Honorar ist oft diskutiert worden. Ich erinnere mich an keinen Fall, in dem dieses Setting nennenswerte Schwierigkeiten gemacht hätte.

Ich habe trotzdem manchmal das Gefühl, dass wir uns in unserem Urteil über die Auswirkungen relevanter externer Faktoren auf den Verlauf einer psychoanalytischen Behandlung etwas zu sicher sind. Der späte Dr. Federn erwähnte in einem seiner Seminare, dass viele Patienten dazu neigen, nicht über das zu sprechen, was in Gegenwart des Analytikers vor sich geht, oder über die Dinge, bei denen sie sicher sind, dass sie ihm bekannt sind. Sie tun so, als ob es, kurz gesagt, nicht nötig wäre, das zur Sprache zu bringen, wessen sich ihrer Meinung nach der Analytiker sicher bewusst ist. Allein aus diesem Grund kann ich mir gut vorstellen, dass die Patienten vieler Behandlungszentren der Vereinigungen die Frage des Honorars gar nicht erst ansprechen. Es könnte jedoch durchaus ein anderer Eindruck entstehen, wenn man bei passender Gelegenheit direkt nachfragen würde, wie der Patient die finanzielle Regelung empfindet.

Darüber hinaus möchte ich noch eine kurze klinische Vignette zu Freuds Behauptung über die Geringschätzung von Dingen, die man billig bekommt, anführen. Acht Jahre lang hatte ich einen jungen Mann eine Stunde wöchentlich in kostenloser psychotherapeutischer Behandlung. In der Regel vereinbarte ich den Termin telefonisch, sobald ich wusste, wie mein Plan für die folgende Woche aussehen würde. Es geschah immer wieder, dass er mir nicht Bescheid sagte, wenn er nicht in der Stadt und damit außer Reichweite war. Genauso rief er mich nach seiner Rückkehr nicht an, sondern wartete darauf,

---

[9] Als Lampl (1930, S. 36) seine Erfahrungen zusammenfasste, betonte er die Schwierigkeit, die auftauchte, als ein Patient aus der Klinik zur Behandlung in die private Praxis eines Analytikers übernommen wurde. Seiner Meinung nach war eine Behandlung in den Räumen des Instituts vorzuziehen.

dass ich es tat. Wiederholt machte ich ihn darauf aufmerksam, wie befremdlich sein Verhalten sei. Als ich ihn einmal nach seiner Rückkehr in die Stadt endlich erreichte, konnte er sich hinsichtlich des nächsten Termins nicht entscheiden, weil er mit Arbeit ausgelastet war. Ich bat ihn mich anzurufen, sobald er wüsste, wann er Zeit hätte, zu kommen; er hat niemals mehr angerufen.

Es ist bemerkenswert, dass sich ein Patient auf eine solche Weise von seinem Therapeuten trennt, nachdem er sich intensiv über acht Jahre an einer Behandlung beteiligte, die ihm obendrein sehr geholfen hatte, auch wenn sie unter schwierigen Umständen stattfand. Ungeachtet der zweifellos schweren Störung seiner Objektbeziehungen hatte ich das Gefühl, dass ein für seine Behandlung zahlender Patient sich nicht in einer so gleichgültigen Weise verhalten hätte. Seine inneren Reaktionen waren keineswegs gleichgültig; er war ein sehr sensibler Mensch. Eine der Bedeutungen seines auffälligen Verhaltens war, da bin ich sicher, der Ausdruck von Verachtung für etwas, das er kostenlos bekommen hatte.

Doch hatte ich in meiner Praxis auch die Gelegenheit, eine dem entgegengesetzte Erfahrung zu machen. Eine junge Frau, die derart unter ihrer Störung gelitten hatte, dass sie anderthalb Jahre freiwillig in einer staatlichen Institution verbrachte, bat mich um eine Konsultation. Eine Zeitlang war sie sachkundig in einer Universitätsklinik stationär behandelt worden, aber nichts schien gegen ihre bizarre klinische Symptomatik zu helfen, die eine agoraphobische Kernneurose verdeckte. Sie war sich sicher, dass ich nichts für sie tun konnte, weil sie kaum von der Unterstützung leben konnte, die sie von ihrer Familie bekam. Da ich gerade erst mit meiner privaten Praxis begonnen hatte und über freie Zeit verfügte, war ich froh über die Gelegenheit, eine Stunde meines Tagesplans zu füllen. Deshalb sagte ich ihr, dass ich sie kostenlos in Analyse nehmen würde.

Zu meiner Überraschung erschien die Patientin am nächsten Tag ohne Begleitung in meiner Praxis. Viele Jahre lang war sie durch ihre Unfähigkeit, ihr Zuhause ohne Begleitung verlassen zu können, eingeschränkt gewesen. Offensichtlich erwiderte sie das, was sie als ein großes Geschenk ansah, durch ein noch größeres. Wenn solche überraschenden Reaktionen der Besserung gleich am Anfang der Behandlung auftreten, dann sind sie gewöhnlich Anzeichen eines Widerstands, der vorgibt, dass eine Analyse letzten Endes gar nicht notwendig ist. In diesem Fall war es nicht so. Paradoxerweise war das Verschwinden des Symptoms ein Zeichen für ihren Wunsch, die Hilfe des Analytikers zu bekommen. Ein paar Wochen später verbrachte sie den ersten Abend frei von Angst. Zu ihrer Verwunderung verfiel sie jedoch in eine Depression und stellte fest, dass sie die Angst brauchte. Von diesem Augenblick an nahm ihre Behandlung einen fortschreitend günstigen Verlauf. Dass keine Honorare gezahlt wurden, verursachte an keinem Punkt Schwierigkeiten.

Die Frage der Honorare ist im Hinblick auf den reichen Patienten schwer zu klären. Er ist nicht nur ökonomisch, sondern auch psychologisch in einer Lage, die der des armen Patienten entgegengesetzt ist. In der äußeren Welt stehen ihm alle Optionen offen. Es gibt eine Fülle von Alternativen – alle verlockend und einladend. Die sich daraus ergebende Einstellung, sich alles kaufen zu können, was er sich wünscht, ist Keimzelle und Brutstätte einer Vielzahl von Symptomen.

Extremer Reichtum kann eine Analyse verunmöglichen. Von einem solchen Fall hat mir Theodor Reik erzählt. Ein amerikanischer Millionär, der an einer schweren Zwangsneurose litt, kam nach Wien, um eigens von ihm behandelt zu werden. Reik sah seinen Patienten jedoch nie, weil letzterer – obwohl er ihm das vereinbarte Honorar regelmäßig zukommen ließ – ihn zwar gelegentlich per Telefon etwas fragte, aber nicht ein einziges Mal in seiner Praxis erschien. Dies ist ein extremes und daher untypisches Beispiel; aber es kann, gerade deshalb, einige gewöhnlich verborgene Facetten der Psychopathologie des Reichtums aufzeigen. Die nicht gänzlich unberechtigte Furcht eines Reichen besteht in seiner auf wiederkehrender Erfahrung beruhenden Überzeugung, dass seine Gesellschaft einzig aus monetären Gründen gesucht wird. Es ist deshalb wichtig, dem Unbewussten des Patienten zu vermitteln, dass Geld in seiner Beziehung zum Analytiker von zweitrangiger Bedeutung sein wird. Der beste Weg, um dies zu erreichen, besteht darin, nicht um das zurzeit übliche maximale Honorar zu ersuchen. Da der Reiche die Qualität einer Dienstleistung und die Höhe des dafür gezahlten Honorars oft mit einander in Verbindung bringt, kann es passieren, dass er, wenn ihm nicht das höchste Honorar berechnet wird, es als ein Zeichen dafür interpretiert, dass er nicht den besten Service erhält. Dies scheint jedoch eine psychoanalytisch leichter zu nehmende Hürde zu sein als die stillschweigende Annahme, dass das Interesse des Analytikers primär auf finanziellen Erwägungen beruht. Auf jeden Fall halte ich es unter solchen Umständen für einen schweren Fehler, über das, was aktuell als Maximum gilt, noch hinauszugehen.

Eine besondere Schwierigkeit entsteht bei der Behandlung der Söhne reicher Leute. Die wenigen Patienten mit diesem Hintergrund, die ich bis jetzt gesehen habe, litten an schweren Ich-Störungen und gaben besondere technische Probleme auf. Ein relativer Erfolg wurde erreicht, wenn ich sie eine Zeitlang behandelte, ohne ein Honorar von ihren Vätern anzunehmen. Nur dadurch war ich in der Lage, sie dazu zu bringen, zu glauben, dass ich wirklich an ihrer Genesung und nicht am Reichtum ihrer Eltern interessiert war. Es ist verständlich, dass diese Kinder, die bis dahin kaum Kontakt mit ihren Eltern hatten und stattdessen der Fürsorge von bezahlten Angestellten anvertraut waren – selbst wenn letztere sich hingebungsvoll um sie kümmerten – nicht einmal einen kleinen Teil der aufrichtigen positiven Übertragungsgefühle entwickeln konnten, die das absolute Minimum für eine psychoanalytische Behandlung sind.

Ich möchte diesen Abschnitt nicht beenden, ohne von einer persönlichen Erfahrung zu berichten, die mich außerordentlich überrascht hat. Jahrelang arbeitete ich in einer psychiatrischen Abteilung und der ambulanten Klinik einer angesehenen Universität im Mittleren Westen. Patienten verschiedener sozialer Klassen wurden dort behandelt. Ich weiß nicht, wie hoch der prozentuale Anteil an kostenlosen Behandlungen war, weil diese Information nicht auf den Krankenblättern verzeichnet wurde, aber er muss erheblich gewesen sein. Ich hatte nie irgendwelche Schwierigkeiten, mit diesen Patienten in Kontakt zu kommen, ganz gleich, welcher Schicht sie angehörten, welcher Herkunft sie waren oder welches Einkommen sie hatten. Als ich mich in privater Praxis niederließ, bot ich einer Gesellschaft, die Arme behandelte, meine kostenlosen Dienste an. Zu meiner Überraschung war ich nicht in der Lage, die mir überwiesenen Patienten zu behandeln. Ich kam, um mit ihnen arbeiten zu können, nicht ausreichend in Kontakt, und ich konnte, wie ich zugeben muss, keine Empathie entwickeln – das heißt, ich konnte mich nicht in die Persönlichkeit des Patienten versetzen. Ich ziehe daraus den Schluss, dass es hinsichtlich der psychotherapeutischen Behandelbarkeit einen wesentlichen Unterschied gibt zwischen einer Person, die, selbst wenn sie arm ist, nicht die Psychologie des Armen entwickelt hat, und einer Person, deren Armut ein wesentlicher Teil ihrer Persönlichkeit geworden ist (vgl. Hollingshead & Redlich, 1958).

(b) Ich wende mich nun der Erörterung der technischen Probleme zu, auf die man stößt, wenn das Honorar von einer dritten Person bezahlt wird. Die dritte Person kann ein Verwandter des Patienten sein – gewöhnlich ein Elternteil oder der Ehepartner – oder eine nicht-persönliche Quelle, wie eine Versicherungsgesellschaft oder eine staatliche Einrichtung. Die Schwierigkeiten in diesen beiden Fällen sind ziemlich unterschiedlich und müssen getrennt behandelt werden (siehe Halpert, 1972, S. 131).

Je nach Umständen dürfte eine Regelung des ersten Typs zu keinen besonderen Problemen führen. Der Patient kann seine Behandlung sogar besonders gewissenhaft und mit Hingabe verfolgen, gerade weil er für ihre Finanzierung nicht persönlich verantwortlich ist. Ich habe das bei Heranwachsenden beobachtet, denen geraten wurde, sich wegen einer akuten, oft verzweifelten Lage behandeln zu lassen, von der sie geglaubt hatten, dass sie praktisch unlösbar sei, und die dann zu ihrer Überraschung mit Hilfe der Behandlung gelöst wurde. Die ganze Behandlung hindurch blieb ein Rest von Dankbarkeit erhalten, die als eine verlässliche Schranke gegen das Agieren diente.

Ein lästiges Problem kann durch die Forderung entstehen, dass Sitzungen, zu denen der Patient nicht erschienen ist, bezahlt werden müssen. Selbst Eltern, die durch den Analytiker darüber informiert wurden, dass er ihnen solche Stunden berechnen würde, reagieren entrüstet, wenn sie herausfinden, dass ihnen Stunden in Rechnung gestellt werden, ohne dass sie über die versäumten Stunden informiert wurden. Der Analytiker kann, wenn er in den Augen seines Patienten kein Verräter sein will, die Eltern natürlich nicht wissen lassen, wie viele Behandlungsstunden der Patient versäumt hat. Ich habe von einem Fall gehört, in dem der Analytiker über einen ziemlich langen Zeitraum unter solchen Umständen Zahlungen erhalten hatte. Als die Eltern davon erfuhren, weckte es in ihnen erhebliches Misstrauen und Verdacht. Die Frage der Bezahlung für versäumte Stunden werde ich später wieder aufnehmen. Generell lässt sich jedoch an dieser Stelle sagen, dass es wohl besser wäre, den Eltern die versäumten Stunden nicht in Rechnung zu stellen. In einigen Fällen könnte es sogar das Verantwortungsgefühl des Heranwachsenden stärken, wenn man ihm sagt, dass sein Fernbleiben seinem Therapeuten Schaden zufügt.

Die durch einen Dritten bezahlte Behandlung kann bestimmte technische Probleme aufwerfen. Das häufigste scheint mir der unbewusste oder manchmal vorbewusste Wunsch des Patienten zu sein, der Person, die für seine Behandlung bezahlt, Schaden zuzufügen. Das kann eine schwierige Situation hervorrufen, der aber gewöhnlich begegnet werden kann und die nicht zu einem unüberwindbaren Widerstand führen sollte.

Bei einem gewissen Typ junger Männer, deren Psychopathologie sich in einem Gefühl von »Leere« äußert und deren Passivität die einzige ihnen zur Verfügung stehende Abwehr gegen eine beträchtliche Aggression ist, kann das allerdings doch zu kritischen Situationen führen. Solche Analysen kommen oft erst dann in Gang, wenn der Patient seinen eigenen finanziellen Beitrag leistet. Erst dann wird er beginnen, die Mauer zu durchbrechen, mit der er sich umgeben hat und dadurch kommt etwas Bewegung in die Therapie. Ich kenne einen Psychoanalytiker, der in der Analyse von jungen Leuten, deren Behandlungen von ihren Familien bezahlt wurden, so schlechte Erfahrungen gemacht hatte, dass er sich dazu entschloss, unter solche Bedingungen keine Analyse mehr durchzuführen.

Wenn die Behandlung von einem Familienmitglied bezahlt wird, besteht natürlich das Risiko, dass diese Person die Zahlung einstellt. Im Falle eines jungen Erwachsenen löste ein Analytiker das Problem des damit verbundenen finanziellen Risikos dadurch, dass er die Person, die die Verantwortung für das Honorar übernahm, eine in diesem Sinne verpflichtende Erklärung unterschreiben ließ. Diese Maßnahme hatte anscheinend keine negative Auswirkung auf die folgende Behandlung. Eine solche Vorkehrung mag vom finanziellen Standpunkt aus betrachtet notwendig sein, weil der Analytiker nur unter außergewöhnlichen Umständen in der Lage ist, die Behandlung fortzuführen, wenn der Vater die Bezahlung einstellt. Ein solches Vorgehen ist aber für mich – zugegebenermaßen aus emotionalen Gründen – nicht mit der Würde des Analytikers vereinbar.

Ich hatte in Fällen, in denen die Behandlung durch Dritte bezahlt wurde, erhebliche Schwierigkeiten und zwar vor allem bei der Behandlung straffälliger männlicher Heranwachsender. Zu meiner Überraschung begannen die Väter, sich fast regelmäßig der Behandlung ihrer Söhne zu widersetzen, wenn sich die ersten Zeichen einer nahenden Lösung des Delinquenz-Syndroms zeigten. Seltsamerweise hatte ich bis dahin den Respekt und das Vertrauen des Vaters, aber es schien so, dass er keinen Beweis der Tatsache ertragen konnte, dass sich sein Sohn nicht wie ein Delinquent benehmen musste. Die daraus folgende Konsequenz, dass die Delinquenz des Sohnes vermieden werden kann– und daher hätte *vermieden werden können* – weckt offensichtlich in den Vätern von delinquenten Söhnen ein ernsthaftes Schuldgefühl.

Man muss daher damit rechnen, die Behandlung eine Zeitlang ohne Kompensation durchzuführen, und kann nur hoffen, dass sich der Patient an diesen Dienst, den man ihm einmal erwiesen hat, erinnern und den Analytiker später – nachdem er ein integriertes Mitglied der Gesellschaft geworden ist – entschädigen wird.

Soweit ich es beobachten konnte, kommt es im Allgemeinen zu keinen ernsteren Verwicklungen, wenn das Honorar für einen Patienten vom Ehepartner bezahlt wird. In unserer Gesellschaft ist es gewöhnlich der Ehemann, der die Mittel zur Verfügung stellt. Aber im Falle einer Scheidung kann es zu einer unerfreulichen Wendung kommen. Je nach Umständen kann der Ehemann es ablehnen, weiter zu zahlen, und ich weiß keine Lösung für einen solchen Fall. In so einer Situation ist die Therapie für den Patienten besonders wichtig und der Analytiker hat möglicherweise keine andere Wahl, als die Last des Opfers in Form einer stark reduzierten Bezahlung auf sich zu nehmen.

Ein Fall hat mich belehrt, dass man in dieser Hinsicht vorsichtiger sein sollte, als ich es vorher für nötig gehalten hätte. Ein Ehemann wandte sich an mich und bat mich inständig, seine Frau in Behandlung zu nehmen. Sie selber schien eher zu zögern, erklärte sich aber schließlich einverstanden, wohl weil ihr Mann insistierte. Die Behandlung nahm einen überraschend guten Anfang, weil die Patientin sich bewusst war, wie dringend sie eine Behandlung brauchte. Als sich jedoch herausstellte, dass der Ehemann nicht willens war, für die Behandlung seiner Ehefrau aufzukommen, sondern stattdessen forderte, dass sie die Behandlung aus dem Fond eines Verwandten bezahlte, den sie verwaltete, ergaben sich ernsthafte Komplikationen. Wohlgemerkt, dies hätte keinen Rechtsbruch zur Folge gehabt, aber es brachte die Patientin in eine für sie fast unerträgliche Lage. Obwohl die Analyse selbst unter diesen erschwerten Umständen fortgeführt werden konnte, kam ich zur Einsicht, es sei besser, jeweils bereits im Vorfeld sicherzustellen, ob der Ehemann bereit ist, die Therapie der Ehefrau zu bezahlen.

Die Schwierigkeiten, die daraus entstehen können, dass ein Dritter die Behandlung bezahlt, sind so vielfältig, dass ich nicht sicher bin, ob ich zumindest auf die typischen Fälle hingewiesen habe. Es spricht einiges dafür, diese Art der Bezahlung möglichst zu vermeiden. Andererseits sehe ich keinen Grund, unter solchen Umständen die Behandlung prinzipiell abzulehnen. Wenn man im Vorgespräch, also noch vor der endgültigen Entscheidung, gesunden Menschenverstand und Vorsicht walten lässt, sollte man in der Lage sein, die Fälle auszuwählen, die nicht zu späteren Überraschungen führen werden. Dennoch, die Möglichkeit einer Scheidung mit den damit verbundenen Komplikationen kann nie ausgeschlossen werden.

Das Problem der Bezahlung von versäumten Stunden, das ich zuvor erwähnt habe, verdient eine besondere Erörterung. Freud selber hatte in dieser Frage eine strikte Haltung. Er hielt kategorisch an dem »Prinzip des Vermietens einer bestimmten Stunde« fest (1913a, S. 458)[10] und empfahl, den Patienten dazu zu verpflichten, verloren gegangene Zeit zu bezahlen, was auch immer der Grund für sein Fernbleiben gewesen sein sollte. Ich werde diese Technik als »Regel der festen Stunde« bezeichnen. Freud machte die überraschende Erfahrung, dass es bei dieser Regelung kaum zu »interkurrenten Erkrankungen« kam und kaum Zeit verloren ging (1913a, S. 459)[11] Bei »unzweifelhaften organischen Affektionen« unterbrach er die Behandlung und fühlte sich »berechtigt, die frei gewordene Stunde anders zu vergeben«. Die unterbrochene Analyse setzte er erst wieder fort, wenn er »eine andere Stunde frei bekommen« hatte (ebd.). Freud sagt nichts über die Dauer, die er im Falle einer »interkurrenten Erkrankung« zu warten bereit war. Sein technischer Rat wurde 1913 geschrieben und ich frage mich, ob er diese Technik auch in späteren Jahren, als Analysen län-

---

[10] Der von Freud gebrauchte deutsche Ausdruck *vermieten* klingt harscher als das englische Wort »leasing«. Dennoch schreibt Menninger (1958, S. 28): »Das Geld, das der Patient dem Psychoanalytiker zahlt, bezahlt er *nicht* für seine ›Zeit‹ [Hervorh. K. E.], sondern für die professionellen Dienste des Arztes«. Menninger hat natürlich Recht, wenn man die Aussage wörtlich nimmt. Aber Freuds Formulierung zielte darauf, den Beruf des Analytikers von anderen abzugrenzen, etwa von dem des Rechtsanwalts, wo sich die Entlohnung oft nach dem Erfolg bemisst, oder des Chirurgen, wo das Honorar entsprechend der erbrachten Leistung variiert. Andererseits wird der Analytiker ausschließlich im Verhältnis zur aufgewendeten Zeit bezahlt, wobei die Entlohnung natürlich auch von seiner Erfahrung und seinem Ansehen abhängt.

[11] Es könnte lohnenswert sein, die Aufmerksamkeit auf eine Fehlübersetzung von Freuds Originaltext auf derselben Seite zu lenken. Freud hatte bemerkt, dass, vor der Anwendung der strikten Regel, eine Unterbrechung, für die der Patient nicht verantwortlich schien, immer dann auftrat, wenn die analytische Arbeit »inhaltsreich« wurde. Freud nannte eine solche Unterbrechung »eine unverschuldete Pause« [i. O. dtsch.], was übersetzt wurde als »a break for which he (the analyst) cannot blame himself« [für die er [der Analytiker] sich nicht die Schuld geben kann (Freud 1917–1920, S. 127)]. Der Kontext lässt jedoch keinen Zweifel daran, dass das, was Freud meinte, eine Pause war, für die der Patient nicht verantwortlich schien.

ger dauerten und viele seiner Patienten aus dem Ausland kamen, immer noch angewandt hat.

Freuds frühe Abhandlung erweckt jedenfalls den Eindruck, dass er glaubte, jede Unterbrechung der Behandlung sei ein Anzeichen von Widerstand. 1925 fügte er deshalb der *Traumdeutung* (1900, S. 521) eine Fußnote hinzu, in der er deutlich machte, dass diese Aussage[12] nur als Warnung verstanden werden sollte. Er zählte Fälle auf, die zu einer Unterbrechung der Behandlung führen, aber nicht mit einem Widerstand in Verbindung gebracht werden können. Aber wie viel »störende Wirkung ihm eingeräumt wird«, hänge, wie er schreibt, vom Widerstand ab, »der sich unverkennbar in der bereitwilligen und übermäßigen Ausnützung einer solchen Gelegenheit« zeige (Freud 1900, S. 521). Diese zweifellos korrekte klinische Beobachtung macht die Frage des Honorars für versäumte Stunden jedoch noch komplizierter.

Ich selbst habe eine ziemlich überraschende Beobachtung gemacht, die, wie ich annehmen muss, auch von vielen anderen gemacht worden sein wird, bedenkt man die Häufigkeit mit der ich ihr begegnet bin – nämlich dass die meisten Patienten die Regel der festen Stunde insofern als eine Ungerechtigkeit empfinden, als sie zahlen müssen, was sie als eine Strafe für die versäumte Stunde betrachten, während für den Analytiker gleiches nicht gilt, wenn *er* eine Stunde ausfallen lässt. Es wurde nie ganz klar, was genau der Patient vom Analytiker unter solchen Umständen erwartet. Dass dem Analytiker Einkommen entzogen wird, wenn *er* einen Patienten nicht in der für ihn reservierten Zeit sieht, wird in der Regel vom Patienten nicht als eine ausreichende Bestrafung wahrgenommen oder überhaupt als eine Strafe. Ich weiß nicht, wie viele Analytiker diese Regel zurzeit anwenden. Meinem Eindruck nach neigen jüngere Analytiker eher dazu, sie anzuwenden, als ältere.[13] Man hört auch von Kompromissen und ich werde, um mich nochmals kurz zu fassen, solche Regelungen »gentlemen's agreements« nennen.[14] Eine solche Übereinkunft kann dem Patienten das Recht zugestehen, dann nicht bezahlen zu müssen, wenn der

---

[12] [»Was immer die Fortsetzung der Arbeit stört, ist ein Widerstand« (Freud 1900, S. 521).]

[13] Die Regel der festen Stunde wird von Kubie (1950, S. 136), Haak (1957, S. 193) und Menninger (1958, S. 33) empfohlen. Laut Kubie bewirken vom Analytiker nicht in Rechnung gestellte Sitzungen, dass der Patient unangenehme Sitzungen ausfallen lässt, aber wenn »die Behandlung ihren Lauf genommen hat«, sei eine rigide Befolgung der Regel unnötig. Haak erzielte exzellente Resultate, als er auf ein »strenges Zahlungsregime« zurückgriff. Glover (1955, S. 319) berichtet über die Antworten einer Umfrage: Eine große Anzahl von Analytikern bekennt sich zu der Standardregel, für versäumte Stunden eine Bezahlung zu verlangen, aber nur etwa die Hälfte hielt sich daran.

[14] Fromm-Reichmann (1950, S. 67) sprach sich dagegen aus, dem Patienten unter allen Umständen versäumte Stunden in Rechnung zu stellen.

Analytiker rechtzeitig über den zu erwartenden Stundenausfall informiert wurde, wenn das Fehlen auf höhere Gewalt zurückging oder wenn das Versäumen der Stunde nichts mit einem Agieren zu tun hatte (Schonbar 1967, S. 277).

Die strikte Befolgung der Regel der festen Stunde kann im Patienten starke Aggression hervorrufen. Wenn man glaubt, dass ein solcher Anstieg von Aggression auf Seiten des Patienten ein erwünschtes Ziel ist, dann wird die Regel natürlich durchgesetzt. Das Gegenargument wäre, dass eine Aggression für gewöhnlich nicht erfolgreich analysiert werden kann, wenn sie nicht deutlich durch die innerpsychischen Konflikte des Patienten bedingt ist, sondern – wenigstens dem Eindruck nach – durch die Realität hervorgerufen wird. Die Entscheidung zwischen der »Regel der festen Stunde« und dem »gentlemen's agreement« hängt auch vom allgemeinen Stil der Technik des jeweiligen Analytikers ab. Dieser Stil wird stärker von Unwägbarkeiten bestimmt als von der Befolgung bestimmter Regeln. Deshalb weichen die Stile der Technik der einzelnen Analytiker stark voneinander ab, auch wenn man sich hinsichtlich bestimmter Regeln einig ist.

Wenn der Behandlungsstil des Analytikers eher distanziert ist und er konsequent darauf achtet, seine eigenen Emotionen auszuschließen, wenn er in technischer Hinsicht, wie von Freud 1913 empfohlen, durchwegs das »Spiegelmodell« anwendet, dann wird er sich in Einklang damit auch an die Regel der festen Stunde halten. Wenn er aber einem eher liberalen Stil folgt und der Abstand zwischen Therapeut und Patient geringer ist,[15] dann würde es dem Patienten wohl als inkonsistent erscheinen, wenn nicht auch die Bezahlung der Stunden liberal gehandhabt wird.

Betrachtet man das Problem aus der Sicht des Patienten, dann muss man zugestehen, dass es Patienten gibt, die einfach nicht in der Lage wären, sich an die Regel der festen Stunde zu halten. Macht man sie zur Bedingung, dann würde sie zu unnötigen Komplikationen, langen Umwegen und sogar zur Entfremdung zwischen Analytiker und Patient führen. In Extremfällen könnte sie sogar eine vorzeitige Beendigung der Analyse zur Folge haben, was bei einem »gentlemen's agreement« hätte vermieden werden können. Es gibt zweifellos Patienten, die zu infantil, zu sensibel, zu fixiert auf ein prägenitales Niveau sind, um fähig zu sein, von Anfang an die Frustrationen zu ertragen, die mit dieser Regelung einhergehen. Ich glaube nicht, dass man damit rechnen kann, den Widerstand eines solchen Patienten durch eine Vorschrift zu brechen, die er fast unumgänglich als einen autoritären Gewaltakt empfinden muss. Tara-

---

[15] Fenichel (1941, S. 74) schreibt über den den Analytiker umgebenden Raum und die damit ausgedrückte Distanz. Einige seiner Patienten, die bereits in Analyse gewesen waren, erklärten sich überrascht von der »Freiheit« und »Natürlichkeit«, die er als Analytiker ausstrahlte (siehe auch S. 25). Glover (1955, S. 308f.) präsentiert einschlägiges Material zum Problem der Distanz. Vgl. auch Greenson (1967, passim).

chow jedoch berichtete von Patienten, die sich zurückgewiesen fühlten und sich ernstlich beklagten, wenn er ihnen versäumte Termine nicht in Rechnung stellte. Sie fühlten sich für diese bestimmte Zeit aus dem Leben des Psychoanalytikers »ausgestoßen«. »Sie hätten nur zu gern gezahlt, um mich sozusagen auch für diesen bestimmten Zeitraum in ihrem Leben haben zu können.« (Tarachow 1963, S. 121f.) Laut Tarachow war das eine bewusste Reaktion, ohne Verringerung des Kontakts mit der Realität.

Die Regel der festen Stunde sollte jedenfalls nicht absolut starr befolgt werden. Ich kannte einen Patienten, der bei seinem Analytiker Abendtermine hatte und dessen Familie Weihnachten bereits am Vorabend des Festes feierte. Jahrelang kämpfte er mit seinem Therapeuten darum, an diesem Abend zu Hause bleiben zu können, aber der Analytiker bestand darauf, dass der Patient zum gewohnten Termin kommen oder die abgesagte Stunde bezahlen solle. Wenn es auch für so eine Rigidität an bestimmten Wendepunkten einer psychoanalytischen Behandlung Gründe geben mag, so sollte sie doch Grenzen haben.

Es besteht generell Übereinstimmung darüber, dass technische Regeln an die Persönlichkeitsstruktur des Patienten anzupassen sind. Man sollte daher darüber nachdenken, ob die Entscheidung über das zu wählende Vorgehen nicht von der Toleranz und der Ichstärke des Patienten abhängig gemacht werden sollte (vgl. Schonbar 1967, S. 278). Einige Analytiker könnten die Regel der festen Stunde aber auch als eine Art Lackmustest für die Analysierbarkeit des Patienten betrachten. Wenn ein Patient, so könnte man argumentieren, die Frustration dieser Regelung nicht ertragen kann, dann sollte man ihn überhaupt nicht analysieren, weil ein solcher Mangel an Disziplin auf schweren Narzissmus und Agieren hinweisen würde. Meiner Meinung nach lässt sich eine solche Schlussfolgerung klinisch nicht bestätigen. Es gibt Patienten, bei denen es in der Anfangsphase der Behandlung oft zum Agieren kommt, was sich aber später verliert. Es scheint mir daher das Beste zu sein, die Frage der versäumen Stunden nicht gleich zu Beginn anzusprechen, sondern zu sehen, wie sich die Geschichte des Patienten entfaltet. Es entsteht kein Schaden, wenn die Regel der festen Stunde erst später, nach ein oder zwei Fällen von ungerechtfertigtem Fernbleiben, eingeführt wird.[16] Wenn der Patient entdeckt, dass es sein Agieren ist, das zu seiner Abwesenheit geführt hat, sollte es nicht zu schwer sein, Verständnis für die Regelung zu wecken und bei ihrer strengen Anwendung zu bleiben.

---

[16] Haak (1957, S. 193f.) rechtfertigt ein »strenges Zahlungssystem«, das er »als einen wesentlichen und dynamisch wirksamen Faktor des psychoanalytischen Prozesses« betrachtet, mit dem er »nur therapeutisch günstige Erfahrungen« machte. Dennoch haben mich seine Argumente – deren Diskussion eine willkommene Gelegenheit bieten würden, sich mit einigen Grundsätzen der Psychoanalyse auseinanderzusetzen – von der Überlegenheit seiner Technik nicht überzeugt.

Die Regel der festen Stunde kann, vor allem in den Vereinigten Staaten, zu fast lächerlichen Situationen führen. Viele Analytiker sagen ihren Patienten zu Beginn des Jahres, gerade wenn sie selber in die Winter- oder Frühlingsferien gehen wollen, dass sie von ihnen erwarten, dass sie ihrerseits ihre Ferien in die selbe Zeit legen (siehe Menninger 1958, S. 36). Für eine verheiratete Frau mit Kindern, die in verschiedene Schulen gehen, ist es kaum möglich, ihre Ferienzeiten mit der Zeitplanung des Analytikers in Einklang zu bringen, besonders dann, wenn die Analyse ihres Mannes gerade erst beginnt.

Darüber hinaus sind auch die persönlichen Gefühle des Analytikers zu berücksichtigen. In seiner Erörterung der Wirkung der, wie ich sie genannt habe, Regel der festen Stunde, wies Freud daraufhin, dass der Analytiker, wenn er dieser Regel folgt, »kaum je in die Lage [kommt], eine Muße zu genießen, deren man sich als Erwerbender zu schämen hätte« (Freud 1913a, S. 459). Man mag hinter dieser subtilen Ironie eine abwehrende, versteckte Andeutung spüren und vermuten, dass er über die Vorstellung eines unverdienten Einkommens nicht ganz glücklich war. Er verwies damit auf einen wunden Punkt, der, je nach eigenen Empfindlichkeiten, in der Tat ein peinliches Gefühl hinterlassen kann. Für einige mag es nicht ganz einfach sein, für zwei oder drei Wochen eine Stunde am Tag für sich zu haben, obwohl ihnen für diese Zeit ein beträchtlicher Geldbetrag gezahlt wird. Einmal wollte ich einem Kollegen eine oder zwei Stunden berechnen, die er hatte ausfallen lassen, weil eine Krankheit dazwischen gekommen war. Als er mir – ohne dabei aggressiv zu sein – sagte, dass er selber seinen Patienten unter solchen Umständen keine Rechnung stelle, ließ ich die Sache fallen; dafür könnte man mich leicht kritisieren.

Es ist anzunehmen, dass die Entscheidung des Analytikers entweder für die Regel der festen Stunde oder für ein »gentlemen's agreement« auch von seiner eigenen Einstellung zum Geld abhängt.[17]

(c) Ich möchte jetzt kurz zwei Situationen erörtern, in denen es, wie ich glaube, legitim ist, Patienten wenigstens eine Zeitlang kostenlos analytisch zu behandeln.[18] Es gibt einen Typ schizoider Persönlichkeit, der dringend psy-

---

[17] Schonbar (1967, S. 278) hat dazu eine einschlägige Bemerkung gemacht: »Der Therapeut wählt sehr wahrscheinlich das System, das am besten seinen persönlichen Vorlieben entspricht, und obwohl dieses zweifellos die Natur des therapeutischen Verhältnisses beeinflusst, scheint klar, dass, trotz gegenteiliger Behauptungen, die Gründe für die Wahl weniger mit dem Wohlergehen des Patienten zu tun haben [...]. Sicherlich spielt seine [des Therapeuten, K.E.] Persönlichkeit allein dadurch eine Rolle, dass er wahrscheinlich die Strategie wählt, die am besten zu ihm passt.« Vgl. auch Glover (1955, S. 21ff., 75).

[18] Fromm-Reichmann (1950, S. 67f.) nennt »das alte psychoanalytische Konzept« – nämlich dass ein finanzielles Opfer eine Voraussetzung für eine erfolgreiche Psychotherapie ist – »ein bedauerliches Missverständnis, hervorgerufen durch irrefüh-

choanalytischer Behandlung bedarf und bereit ist, sich ihr zu unterziehen – vorausgesetzt, er kann sie bekommen, ohne ein Honorar zahlen zu müssen. Die Rationalisierungen einer solchen Forderung variieren. Da ist zum Einen das Gefühl des Abscheus bei dem Gedanken an eine Vermischung dessen, was diese Patienten das Spirituelle, Ätherische oder Unkörperliche nennen – was ihre tiefsten Gefühle enthüllt – mit, nennen wir es »unreinen« Elementen, in diesem Fall Geld. So ein Patient ist zweifellos nicht fähig, zu Beginn auch nur das geringste Vertrauen unter Bedingungen aufzubringen, in denen er für das Privileg, über sich reden zu können, bezahlen muss. Und es gibt den Patienten, der eine Analyse benötigt und der dafür auch geeignet wäre, der aber denkt, er habe der Gesellschaft so viel gegeben oder sein Charakter oder seine Persönlichkeit seien so bemerkenswert, dass er nicht nur berechtigt ist, eine kostenlose Behandlung zu bekommen, sondern dass er sie auch verdient.

Im ersten Fall ist es die Sensibilität des Patienten, um nicht zu sagen seine Fragilität, die eine Behandlung in der Form eines Geschenks erfordert. Im zweiten Fall würde die Notwendigkeit, ein Honorar bezahlen zu müssen, eine narzisstische Verletzung von solcher Schwere bedeuten, dass der Patient unter dem Eindruck einer derartigen Verpflichtung keine Behandlung beginnen würde. In beiden Fällen sind natürlich tief sitzende Ängste am Werk. Hat ein solcher Patient einmal eine Analyse begonnen, dauert es nicht allzu lange, ihm Einsicht in seinen Widerstand und die selbstzerstörerischen Impulse hinter seinem merkwürdigen Verhalten zu vermitteln. Er wird dann wahrscheinlich einer Bezahlung des Analytikers zustimmen. Da sich an diesem Punkt die Übertragungssituation jedoch schon zu sehr verwickelt hat, um wieder entflochten werden zu können, ist es ratsam, ihn an einen anderen Analytiker zu überweisen. Mehr noch, infolge der anfänglichen Nachgiebigkeit des Analytikers ist die Übertragung zu libidinös geworden, um überhaupt noch die

---

rende Lehren unserer modernen Kultur«. Wie bereits erwähnt, hatte Freud schon 1919 eine neue Meinung vorgestellt, die durch klinische Beobachtungen in den 1920er Jahren bestätigt wurde. Ich glaube jedoch, dass Fromm-Reichmann selbst ein Opfer »irreführender Lehren unserer modernen Kultur« wurde, wenn sie von der »Erwünschtheit nomineller Zahlungen« spricht, die »womöglich für die Aufrechterhaltung des Selbstwertgefühls des Patienten aufrecht erhalten werden sollten, der nicht etwas für nichts erhalten möchte« spricht. Hier lassen sich die Fallgruben des soziokulturellen Ansatzes beobachten. Wenn ein Patient den Respekt vor sich selbst verliert, weil er etwas für nichts erhalten hat, gehört dies in den Bereich der Psychopathologie. Wenn die Selbstachtung die Annahme von etwas für nichts nicht ertragen kann, dann gehört diese Haltung analysiert und sollte nicht durch die Vereinbarung eines symbolischen Preises verschleiert werden. Was eine Gesellschaft als »Tugend« betrachtet, sollte ebenso im Patienten analysiert werden, wie das, was man »Laster« nennt. Es sind in der Tat gerade die Tugenden des Patienten, in deren Analyse man oft die tiefsten Quellen seiner Psychopathologie entdeckt.

Aussicht auf einen Erfolg versprechenden Behandlungsverlauf garantieren zu können.

Es gibt eine weitere Störung, die es erfordert, die Frage der Zahlung des Honorars anders zu behandeln als gewohnt. Bei einigen depressiven Patienten hat die Störung eine Art und ein Ausmaß erreicht, dass es nicht ratsam ist, mit ihnen Honorare zu besprechen. In einer echten Depression ist die gesamte Persönlichkeit vom Krankheitsprozess absorbiert. Im Hinblick auf die fast vollständige Entfremdung des Patienten von der Welt würde die Notwendigkeit der Bezahlung eine Last bedeuten, die über die Grenze seiner Kraft geht. (Ich wiederhole hier das, was Paul Federn in seinen Technik-Seminaren oft diskutiert hat.) Das Thema des Honorars muss in solchen Fällen mit der Familie des depressiven Patienten besprochen werden, da ein Handeln, auf welchem Gebiet des Lebens auch immer, für ihn zu einem unerträglichen Stress geworden ist. Die zusätzliche Aufgabe, ein Honorar zahlen zu müssen, käme an sich schon einer Ausweitung und Verschlimmerung der Krankheit gleich. Jede Handlung, die eine solche Verschlimmerung verursacht, ist mit den grundlegenden therapeutischen Aufgaben nicht zu vereinbaren. Ein Honorar zahlen zu müssen, stellt natürlich in allen Fällen eine zusätzliche Belastung dar. Bei den üblichen Neurosen, die einer psychoanalytischen Behandlung bedürfen, trägt diese Belastung jedoch nicht an sich dazu bei, die Störung zu verstärken.

Dies ist der geeignete Ort, das delikate und schwierige Problem zu erörtern, was zu tun ist, wenn die finanzielle Situation des Patienten es ihm nicht erlaubt, die Behandlung weiterzuführen. In den Fällen einer Depression ist die Antwort klar. Die Behandlung eines depressiven Patienten darf aus Gründen, die im Einflussbereich des Analytikers liegen, niemals abgebrochen werden. Meines Erachtens sollte nicht einmal die Zahl der Sitzungen, an die sich der Patient gewöhnt hat, verändert werden. Bevor die Behandlung eines depressiven Patienten beginnt, muss der Analytiker entscheiden, ob er bereit ist, die Opfer zu bringen, die möglicherweise von ihm verlangt werden.

Es sollte klar sein, warum diese spezielle Gruppe von Patienten besondere Rücksichtnahme erfordert. Erstens besteht bei ihnen, wenn das letzte halbwegs positive Band zu dieser Welt, die Übertragung, zerrissen ist, immer die Gefahr eines Selbstmords. Zweitens würde die Unterbrechung der Behandlung aus einem äußeren Grund für den Patienten eine solche Qual zur Folge haben, dass ein Therapeut nicht dazu bereit sein sollte, Anlass eines solch intensiven, vermeidbaren Schmerzes zu sein. Der Einwand gegen diesen Vorschlag wird lauten, dass, lässt man sich auf solche, tatsächlich im Unbewussten eines jeden Patienten lauernden Wünsche ein, man nur die orale Abhängigkeit des depressiven Patienten befriedigt und damit zu einer Verstärkung seiner Störung beiträgt. Selbstverständlich wäre das bei einem Patienten richtig, dessen Depression, wie es häufig der Fall ist, Teil einer (wenn die alte Terminologie erlaubt ist) »Psychopathie« ist. Das gilt aber nicht für echte Depressionen.

Es gibt eine weitere, gesondert zu berücksichtigende Gruppe von Patienten, deren Behandlung nie aus finanziellen Gründen abgebrochen werden darf. Ich kann mir nicht vorstellen, dass ein Analytiker die Analyse eines Kindes abbricht, weil seine Eltern das Honorar nicht zahlen können. Dasselbe sollte für Heranwachsende und Spät-Adoleszente gelten. Der Abbruch einer Beziehung, die für diese Patienten so wertvoll ist und in der der Analytiker nicht nur Übertragungsobjekt ist, sondern teilweise, oder sogar vorwiegend, auch reale Bezugsperson – und das aus finanziellen Gründen –, hätte mit Sicherheit eine schädliche Auswirkung auf den Patienten. Um es so einfach wie möglich zu sagen: Das Ich des Kindes sowie das Über-Ich des Heranwachsenden befinden sich noch in einem Prozess kräftigen Wachstums und der Strukturierung – das macht sie besonders verwundbar den Härten der Realität gegenüber. Die Trennung eines Heranwachsenden von seinem Analytiker wegen einer Einstellung der Zahlung hätte sehr wahrscheinlich eine Schädigung des Über-Ichs des Ersteren zur Folge. Das Trauma der Trennung – besonders, wenn finanzielle Gründe es erzwungen hätten – würde den Heranwachsenden aller Wahrscheinlichkeit nach zu einem Zyniker machen, eine Folge, die mit den Verantwortlichkeiten, die ein Analytiker mit dem Beginn einer Behandlung übernimmt, nicht vereinbar ist.[19]

An diesem Punkt scheint mir eine allgemeine Bemerkung über die Motive des Analytikers, einen Patienten in Analyse zu nehmen, angebracht. Es ist nicht notwendig, alle Möglichkeiten aufzuzählen; sie gehen vom Interesse an der Forschung bis hin zu finanziellen Interessen. Die Praxis zeigt, dass mit wenigen Ausnahmen, neben dem Wunsch, den Patienten zu heilen, eine Vielzahl von Motiven am Werk ist. Wichtig ist, dass das neben dem therapeutischen vorherrschende Motiv, oder das, ohne das der Analytiker niemals einen Patienten unter welchen Umständen auch immer annehmen würde, das Entscheidende ist.

In der psychologischen Bewertung der Motive eines Analytikers ist jedoch ein Punkt besonders zu berücksichtigen. Es wäre wohl nicht einfach, einen Analytiker zu finden, der einen Patienten annimmt, ohne ein Honorar zu verlangen, oder der sich mit einem symbolischen Honorar zufrieden gibt. Das

---

[19] In einer ausgezeichneten, anregenden Abhandlung umriss Freudenberger (1971) die notwendigen Abweichungen von der klassischen analytischen Technik bei der Behandlung schwer gestörter Jugendlicher und Spät-Adoleszenter. Solche Abweichungen schließen auch neue Techniken der Honorarvereinbarung ein. Obwohl sich Freudenbergers Abhandlung in erster Linie mit Psychotherapie befasst, habe ich den Eindruck, dass seine Technik auch für einige jugendliche Patienten geeignet ist, die in eine eingehende psychoanalytische Therapie genommen werden.

wird in den meisten Fällen eine Frage der wirtschaftlichen Notwendigkeit sein und sollte daher nicht unter dem Aspekt der Psychologie des Analytikers, der hier zur Diskussion steht, betrachtet werden. Es gibt natürlich Analytiker, die reich sind und die deshalb dem ihnen bezahlten Honorar nicht viel Aufmerksamkeit widmen. Kubie (1950, S. 140) berichtet, dass »fast jeder Psychoanalytiker« Patienten »für wenig oder nichts« mitträgt und, wenn sein Terminkalender voll ist, einen armen Patienten »an einen anderen Psychoanalytiker weiterleitet, dessen Terminkalender es ihm ermöglicht, ihn zu übernehmen«. Ich frage mich allerdings, wie viele reguläre psychoanalytische Behandlungen tatsächlich kostenlos in Privatpraxen durchgeführt werden. Es könnte von Vorteil sein, wenn psychoanalytische Gesellschaften den Vorschlag machten, dass ihre Mitglieder jeweils wenigstens einen Patienten gratis behandeln – und das nicht wegen der sozialen Implikationen, sondern auch zum Wohle des Analytikers selbst. Ich erwarte einen solchen Nutzen in zweierlei Hinsicht: Es würde das Verständnis des Analytikers der unterschiedlichen sozialen Klassen in seiner Gesellschaft erweitern und ihn vor einer einseitigen Sicht auf die sozialen Strukturen und ihres Einflusses auf den Einzelnen bewahren. Außerdem würde es ihn in die Lage versetzen, Erfahrungen mit Analysen zu sammeln, bei denen der Faktor Honorar als motivierende Kraft keine Rolle spielt (weder im Patienten noch im Analytiker). Das würde nicht nur zur Verfeinerung der psychoanalytischen Technik beitragen, sondern auch die eigene Freiheit des Psychoanalytikers festigen und erhalten und ihn von dem Einfluss befreien, den der finanzielle Faktor nach und nach auf ihn ausüben kann, selbst wenn er mit einem altersgemäßen Idealismus zu praktizieren begonnen hat.

Wenn ein Analytiker allerdings nur dann bereit ist, einen Patienten zu behandeln, wenn ihm das höchste gängige Honorar bezahlt wird, kann das auf ein pathologisches Verhältnis seinerseits zum Geld – und daher auch zu seinem Patienten – hinweisen. Ein ausgewogenes Verhältnis zum Geld würde seitens des Analytikers die Bereitschaft einschließen, gelegentlich ohne oder gegen ein nur geringes Honorar zu behandeln.

Doch wenn wir das Problem im Allgemeinen behandeln, ist es wichtig zu beachten, dass, wie immer der Analytiker die Frage der Honorare handhabt, er es nicht vermeiden kann, aus seinem Beruf narzisstische Befriedigung zu ziehen (vgl. Greenson 1967, S. 396–408). Es versteht sich von selbst, dass jeder Beruf, der kompetent ausgeübt wird, das Minimum an Befriedigung verschaffen muss, das man *Funktionslust* (Karl Bühler) nennt – eine Lust, die daraus erwächst, dass man aktiv ist. Es gibt dabei verschieden Grade: Wenn die Funktionslust zu intensiv wird, kann sie sich schädlich auf die Kompetenz des Analytikers auswirken. Ich glaube, ein Analytiker sollte Analysen nicht allein deshalb durchführen, weil ihm diese Aktivität Befriedigung verschafft, und man sollte nicht vergessen, dass die Funktionslust auch bei optimaler Intensität eine narzisstische Lust ist. Des Weiteren wird jeder zustimmen, dass, was immer der Analytiker in einer Behandlungssituation tut, welche Technik auch immer er für die geeignetste hält, die Wahl davon abhängig sein sollte, was für den Patienten am besten ist. Das gilt sicherlich nicht nur für den Psychoanalytiker, sondern auch für Ärzte im Allgemeinen und andere Berufe. Für den Analytiker gilt dies aber in besonderem Maße. Berufe beeinflussen eine Vielzahl von Lebensbereichen derjenigen, denen sie dienen. Aber die Psychoanalyse dringt in alle Bereiche der Existenz eines Patienten ein. Man kann fast sagen, dass die Verantwortung des Analytikers die gesamte Existenz des Patienten umfasst. Dieser großen Verantwortung entspricht das weite Spektrum der Techniken. Es gibt im Kontakt zwischen Analytiker und Patient kein Detail, das, unter den richtigen Umständen, keine technische Bedeutung hat. Ein exzellenter Chirurg kann unhöflich zu seinen Patienten sein, aber dieser Mangel steht der Genesung des Patienten nicht im Wege. Indessen hatte, wie ich entdeckte, in einem Fall selbst ein so triviales Detail wie die Größe des Behandlungsraums des Analytikers einen schädlichen Einfluss auf die Behandlung des Patienten, die so lange blockiert blieb, bis die Bedeutung dieses Faktors ans Licht kam.

Diese umfassende Bedeutung des technischen Aspekts macht den Beruf des Psychoanalytikers zu einem, dem sich der eigene Narzissmus sehr viel stärker unterzuordnen hat als das in anderen Berufen der Fall ist. Ich bin mir bewusst, dass eine solche Behauptung leicht missverstanden werden oder sogar scheinheilig wirken kann, da es keinen Hinweis darauf gibt, dass Analytiker im Wesentlichen weniger narzisstisch sind als Menschen, denen man in anderen Berufen begegnet. Damit ist nur gemeint, dass Analytiker sich ihres Narzissmus in stärkerem Maße bewusst sein müssen und diesen bei ihrer Arbeit stärker zu zügeln haben, als dies in anderen Berufen notwendig ist.

Sich ganz in den Dienst des Patienten zu stellen, führt beim Analytiker im Unterschied zu anderen Berufen dazu, dass die Frage des Honorars keine rein sachliche mehr ist. Wenn sich herausstellt, dass die Zahlung der Honorare allein durch die Bedürfnisse des Analytikers bestimmt wird und nicht auch zum Vorteil des Patienten ist, wäre die Frage berechtigt, ob es richtig ist, dass sich der Analytiker für seine Dienste bezahlen lässt. Freud scheint sich diese Frage gestellt zu haben, auch wenn er sie nie ausgesprochen hat. Wenigstens hatte ich das Gefühl, dass sie den Hintergrund der oben zitierten Passage über die Auswirkungen kostenloser Behandlung bildete, der zu der Schlussfolgerung führte: »Manche der Widerstände des Neurotikers werden durch die Gratisbehandlung enorm gesteigert« (1913, S. 465).

Wenn der Grundsatz so formuliert wird, dass er besagt, die psychoanalytische Technik sollte so strukturiert sein, dass sie die narzisstischen Bedürfnisse des Analytikers außer Acht lässt, erhält sie schärfere Kontur. Es könnte sein, dass Freud etwas Derartiges im Sinn hatte, als er die übliche und ziemlich mechanische Transaktion zwischen Verkäufer und Käufer als einen in dynamischer Hinsicht bedeutsamen Prozess in die psychoanalytische Technik einbaute.[20] Daraus kann geschlossen werden, dass der Analytiker, indem er ein Honorar verlangt, den Grundsatz, dass jedes technische Detail auf die Förderung des Wohlergehens des Patienten eingestellt zu sein hat, nicht verletzt. Ein Honorar zu verlangen, würde demnach die optimale Atmosphäre für die Genesung des Patienten schaffen und gleichzeitig die narzisstischen Bedürfnisse des Analytikers befriedigen.

Diese Regel hat jedoch offensichtlich ihre Grenzen. Lionel Blitzsten argumentierte offen, dass die narzisstischen Bedürfnisse des Analytikers befriedigt werden müssen, wenn er seine Arbeit optimal erledigen können soll. Ich stimme dem zu; es gibt keinen Grund sich zu schämen, wenn ein Analytiker die Behandlung eines Patienten ablehnt, wenn ihm kein hohes Honorar gezahlt wird, wenn die Behandlung wahrscheinlich ziemlich mühselig sein wird und ihn ungewöhnlich anstrengenden Situationen aussetzen würde. Es gibt also durchaus klinische Situationen, in denen die narzisstische Befriedigung des Analytikers über den Rahmen der Funktionslust und des Erwerbs des Lebensunterhalts hinausgeht. Glover warnt davor vorzugeben, »dass Verabredungen über Honorare […] nichts mit den eigenen Erfordernissen und der Bequemlichkeit des Analytikers zu tun haben« (Glover 1955, S. 20).

Man kann zu Recht fragen, wie aufrichtig und offen ein Analytiker im Hinblick auf seine eigenen Gefühle in Geldangelegenheiten dem Patienten gegenüber sein sollte. In Freuds Schriften gibt es mindestens ein Beispiel, bei dem er sich an den Grundsatz maximaler Offenheit zu halten scheint. Es findet sich in seiner *Psychopathologie des Alltagslebens* (1901, S. 246f.) und ist in mehrerer Hinsicht interessant. Er hatte einem Patienten versprochen, ihm Bücher über Venedig zu geben, da der Patient vorhatte, seinen Osterurlaub in dieser Stadt zu verbringen. Er hatte es jedoch vergessen, »denn ich war mit der Reise meines Patienten, in der ich eine unnötige Störung der Behandlung und eine *materielle Schädigung* des Arztes erblickte, nicht recht einverstanden« [Hervorh. K. E.]. Als der Patient ihn an sein Versprechen erinnerte, tat er so, als ob er die Bücher schon herausgesucht hätte. Dann ging er in seine Bibliothek, um sie zu holen. Als er aber zurückkam, musste er beschämt feststellen, dass er sich in der Eile bei der Auswahl des einen der beiden vertan hatte.

»[…] da ich dem Patienten so häufig«, fährt Freud fort, »seine eigenen Symptomhandlungen vorgehalten habe, kann ich meine Autorität vor ihm nur

---

[20] Menninger hat recht, wenn er darauf hinweist (1958, S. 29), dass diese Transaktion niemals mechanisch war; in fast allen Fällen ist sie mit unbewussten Elementen befrachtet. Doch ich glaube, dass in keinem anderen Fall sowohl der Geldverkehr als solcher als auch jedes seiner Details einen mit der psychoanalytischen Behandlung vergleichbaren psychologischen Einfluss auf die Gesamtsituation hat.

retten, wenn ich ehrlich werde und ihm die geheim gehaltenen Motive meiner Abneigung gegen seine Reise kundgebe« (ebd.). Daraus können wir erfahren, dass sich Freud 1907, als er diese Episode der ersten Ausgabe der *Psychopathologie* hinzufügte, noch nicht an die Regel der festen Stunde hielt. Aber wichtiger noch zeigt sie, dass Freud selbst einer Technik der unbedingten Ehrlichkeit seinen Patienten gegenüber folgte, besonders in Geldfragen. Bei der Gelegenheit behauptet Freud auch, dass er als Folge seiner Beschäftigung mit der Psychoanalyse kaum noch in der Lage war, Notlügen zu gebrauchen. Man kann diese Episode auch als Beispiel für das Ausmaß anführen, in dem die Befriedigung des Narzissmus des Analytikers durch seine Arbeit reduziert wird.

Es ist nicht zu erwarten, dass jeder Analytiker ein so hohes Maß an Offenheit erreichen kann. Es ist auch die Frage, ob das immer zum Vorteil des Patienten wäre. Man wüsste daher gerne, zu welchem Grad an Ehrlichkeit dem Analytiker in der Besprechung des Honorars mit dem Patienten zu raten wäre. Ich kenne einen Analytiker, der Patienten in der Reihenfolge annimmt, in der sie um eine Behandlung ersuchen. Unter solchen Bedingungen wird die Höhe des Honorars zweitrangig und die einzig entscheidende Frage ist die der Analysierbarkeit. Das ist ein Luxus, den sich nur wenige Analytiker leisten können. Es kann für einen Analytiker schwer sein, einen Patienten zurückzuweisen, weil er selbst das Minimalhonorar nicht zahlen kann. Schilder antwortete einmal einem Patienten, der eine starke Übertragung ausgebildet hatte und dringend wünschte, von ihm analysiert zu werden, aber das volle Honorar nicht bezahlen konnte, dass er sich nicht in der Lage fühle, zu einem geringeren Honorar weiterzumachen, weil das jüngeren Kollegen gegenüber unfair wäre, deren Praxen von den mittleren Einkommensgruppen abhängig seien. Das war eine elegante Antwort und es wurde eine Lösung gefunden. Der Bewerber leistete Ratenzahlungen und für den Rest verschuldete er sich. Schilders Antwort, die er in Wien gegeben hatte, lässt sich nur bedingt auf die Vereinigten Staaten übertragen, da Analytiker im Anschluss an ihren Hochschulabschluss noch mehrere Jahre psychiatrischer Praxis hinter sich haben und oft höhere Honorare fordern als erfahrenere Kollegen.

Es kann einem Patienten unnötigen Schmerz zufügen, wenn man ihm sagt, dass ihm aus ökonomischen Gründen eine Analyse bei dem Therapeuten verweigert wird, von dem er behandelt zu werden wünscht. Vielleicht ist es in einem solchen Fall vorzuziehen, einen »Mangel an freien Stunden« als Entschuldigung anzugeben. Ich bin mir dabei allerdings nicht sicher, inwieweit mein Vorschlag durch persönliche Empfindlichkeiten bedingt ist.[21] Schonbar (1967,

---

[21] Fines Diktum: »Wenn der Patient sich das Honorar des Therapeuten nicht leisten kann, dann sollte er an einen anderen Therapeuten überwiesen werden, der ihn zu einem geringeren Satz behandelt« (1971, S. 104) scheint mir in keiner Weise klinisch zufriedenstellend zu sein.

S. 277) informiert ihre Patienten über ihr reguläres Honorar und spricht dann mit ihnen über ihre finanzielle Situation. Ich vermute, dass viele Psychoanalytiker so vorgehen, weil es eine vernünftige Vorgehensweise zu sein scheint. Wenn sich der Analytiker dann aber entscheidet, den Patienten für ein ermäßigtes Honorar zu behandeln, wie Schonbar es laut ihrem Bericht in einigen Fällen gemacht hat, könnte dies dann doch intensive Übertragungsphantasien hervorrufen, deren Analyse auf starken Widerstand stoßen kann.

Im Allgemeinen habe ich schlechte Erfahrungen gemacht, wenn ich nach der Festsetzung des Honorars der Bitte des Patienten um eine Herabsetzung entsprochen habe und Kompromisse eingegangen bin. Ich war mehr als erstaunt, wenn es einmal keine ungünstigen Konsequenzen hatte, wenn solche Kompromisse durch einen Einbruch der finanziellen Verhältnisse des Patienten während der Behandlung nötig geworden waren. Generell würde ich daher vorschlagen, dass die Behandlung nicht zu einem niedrigeren Honorar begonnen werden sollte, als zunächst festgesetzt wurde.

Und dann ist da noch die Frage, wann mit dem Patienten über das Honorar gesprochen werden sollte. Manchmal wird man am Telefon danach gefragt. Da ich eine gestaffelte Honorartabelle für Beratungsgespräche habe und jeden Patienten über die Höhe des Honorars für eine solche Konsultation selbst entscheiden lasse, muss ich mich auf kein Honorar festlegen, bevor ich den Patienten gesehen habe.

Wenn ein Patient von einem Berufskollegen zur Behandlung überwiesen wird, gibt der, der überweist, für gewöhnlich an, was für ein Honorar der Patient zahlen kann. Unter diesen Umständen muss auch auf die Frage der Analysierbarkeit nicht weiter eingegangen werden. Ich versuche, das erste Treffen so kurz wie möglich zu halten, gerade lange genug für den Patienten und mich selber, um herauszufinden, ob eine Abneigung oder ob die Hoffnung besteht, gut zusammenarbeiten zu können. Unter solchen Umständen wird die Honorarvereinbarung zu einer eher zwanglosen Angelegenheit.

Anders ist es, wenn ein Patient, dessen Analysierbarkeit nicht schon vorher geklärt worden ist, wegen einer Behandlung anfragt. Das erfordert gewöhnlicherweise nicht eine, sondern mehrere Sitzungen. Schonbar (1967, S. 277) stellt die Diskussion über das Honorar generell zurück »bis ans Ende des Erstgesprächs«. Ich selbst bespreche oder beantworte die Frage des Honorars erst dann, wenn ich mit dem Patienten im Laufe mehrer Gespräche ausreichend vertraut geworden bin. Da es nicht leicht ist, festzustellen, ob ein Patient analysierbar ist, versuche ich die Erstgespräche im Sitzen so flüssig wie nur möglich zu halten. Mein Eindruck ist, dass die Festsetzung des Honorars in diesen ersten Interviews eine leicht hemmende Wirkung auf den freien Fluss der Kommunikation hat. Ich versuche darum, sie zurückzustellen. Mir ist jedoch durchaus bewusst, dass ich in diesem Punkt falsch liegen könnte.

(d) Der bereits erwähnte Kompromiss Schilders – dem Patienten Teilzahlungen zu gestatten – geht häufig daneben.²² Es kann leicht passieren, dass die Verpflichtung, nach Beendigung der Behandlung weiter zahlen zu müssen, beträchtlichen Ärger, wenn nicht Wut, verursacht, was dazu führen kann, dass der Patient sein früheres Versprechen nicht einhält. Auch scheint mir die Aussicht, nach der Beendigung der Behandlung einen größeren Geldbetrag zahlen zu müssen, den Patienten mitunter dazu zu veranlassen, die Behandlung zu einem ihm geeignet scheinenden Zeitpunkt abzubrechen – zu einem Zeitpunkt also, an dem sich noch nicht der volle Nutzen der Behandlung erwiesen hat. Er rationalisiert dann die Weigerung, seine Schulden zu bezahlen, mit dem Argument eines angeblichen Behandlungsfehlers.

Eine Frage, für die keine Regel aufgestellt werden kann, über die daher jeder Analytiker nach eigenem Gutdünken und entsprechend seiner Vorlieben entscheiden muss, hat damit zu tun, auf welche Art und Weise man Schulden eintreibt. Natürlich widerspricht es dem Berufsethos nicht, zu diesem Zweck ein Inkassobüro zu beauftragen. Ich ziehe es vor, eine Rechnung zu schicken; bekomme ich keine Antwort, lasse ich eine zweite folgen, die als zweite Mahnung gekennzeichnet ist. Dies wiederhole ich ein paar Mal und wenn dann immer noch nichts passiert, gebe ich es auf. Solche finanziellen Schwierigkeiten haben ganz offensichtlich mit Übertragungsproblemen zu tun. Meiner Erfahrung nach haben sie in aller Regel ihre Ursache in Fehlern bei der Handhabung der Übertragung. Deshalb widerstrebt es mir, die Zahlung von Schulden anders als durch eine freundliche Erinnerung zu erreichen.²³

Besondere Aufmerksamkeit ist dem Patiententyp zu widmen, der die Behandlung mit einer Schuld verlässt, weil er für den letzten Monat oder für die letzten zwei Monate der Behandlung nicht gezahlt hat. Manchmal ist das ein Racheakt. Ein Patient, der in einen anderen Staat umziehen musste, und deshalb die Behandlung vor der Genesung abbrach, war gerade von einem Freund betrogen worden. Er hatte das Gefühl, hereingelegt worden zu sein und, offensichtlich um das Vertrauen in seine Männlichkeit zurückzugewinnen, machte er nun seinen Therapeuten zum Dummen und bezahlte den letzten Behandlungsmonat nicht. Ein anderer Patient – ein Suchtkranker, der, wie mir schien, zur Gruppe der Schizophrenen in ambulanter Behandlung gehörte – brach die Behandlung, die einen unbefriedigenden Verlauf genommen hatte, ab. Als er Schluss machte, blieb eine etwa ein halbes Jahr alte Monatsrechnung unbezahlt. Ich hatte sie übersehen und so keine Zahlungserinnerung geschickt.

---

[22] Kubie (1950, S. 139) scheint davor zu warnen, dass sich der Patient für den Analytiker verschuldet, und Menninger (1958, S. 33) sieht darin ein »Handicap«, das sich »verheerend« auswirken kann.

[23] Tarachow (1963, S. 132) berichtet, dass »er Patienten verklagt und ihre Schulden hat eintreiben lassen«.

Ein paar Wochen später rief er mich an und fragte, ob er mir nicht Geld schulde. Als ich verneinte, erinnerte er mich an diese unbezahlte Rechnung, was ich aber erst abgleichen musste. Er hat die Rechnung nie bezahlt. Ich denke, dass er enttäuscht darüber war, dass ich die Zahlung nie eingefordert hatte, und sicherstellen wollte, dass ich mich, konfrontiert mit dem Verlust, verletzt fühlen würde.[24]

Ein anderer Patient erzählte mir, dass er, als sein Therapeut am Anfang eines Monats starb, nachdem er die vorherige Monatsrechnung bezahlt hatte, der Witwe des Therapeuten nie das Honorar für die vier Stunden gezahlt hat, die er dem Nachlass des Verstorbenen schuldete. Er beharrte darauf, dass er auch die letzte Rechnung nicht bezahlt hätte, wäre sie noch ausständig gewesen und wies es von sich, dass er irgendein Gefühl von Trauer um seinen plötzlich verstorbenen Therapeuten empfand. Erst viel später, als ein Freund ihn an eine Depression erinnerte, die er zu jener Zeit hatte, erinnerte er sich daran, dass er durch den Verlust seines Therapeuten tatsächlich tief berührt worden war. Die Nichtbezahlung seiner Schuld war die kaum verhüllte Rache für das, was er als ein von seinem Therapeuten absichtliches Verlassenwerden erlebt hatte.[25]

Dass ein kleiner Geldbetrag am Ende nicht bezahlt wird, kommt relativ häufig vor. Im Allgemeinen ist die Ursache ein Rest von ungelöster Übertragung. Oft ist es eine magische Geste, die dazu dient, ein lang andauerndes, schützendes Band zum Analytiker herzustellen, und für gewöhnlich dient es auch dem Zweck, für den es gedacht ist. Das trifft besonders auf den Borderlinefall zu, dessen Zukunft immer unsicher ist. In solchen Fällen sollte man nicht versuchen, dieses Agieren eines magischen Rituals seitens des Patienten zu stören.[26] Die Tatsache, dass solche Patienten einen archaischen Mechanismus aktivieren müssen, um ein angemessenes Funktionieren sicherzustellen, sollte nicht als Zeichen eines Behandlungsfehlers betrachtet werden. Ich bin mir nicht si-

---

[24] Wahrscheinlich ist es einer ganzen Reihe von Analytikern passiert, dass sie am Ende des Monats bei der Berechnung des Honorars einen Fehler gemacht haben. Es wäre lohnenswert, die daraus folgende Reaktion des Patienten zu studieren. Interessant ist es, festzustellen, dass Tarachow (1963, S. 109) berichtet: »Ich wurde von Patienten lautstark darauf hingewiesen, dass ich ihnen eine Sitzung zu wenig berechnet hatte.« Der Patient tadelte den Analytiker dafür, »zu vergessen zu haben, dass ich gekommen war, um Sie zu sehen«.

[25] Gedo (1963) bringt die Nichtbezahlung von Honoraren mit der Beziehung zu Übergangsobjekten in Verbindung. Nach meiner Erfahrung geht es in solchen Fällen um Konflikte aus späteren Entwicklungsphasen.

[26] Tarachow (1963, S. 131) warnt davor, diese Technik bei einem Neurotiker oder einem Psychopathen anzuwenden, empfiehlt sie aber »bei bestimmten Arten von Borderline-Problemen«. Er fügt jedoch hinzu, dass es Borderline-Patienten gibt, auf die sich eine solche Vereinbarung schädlich auswirkt.

cher, ob solchen Patienten damit gedient wäre, würde die Übertragung ganz aufgelöst werden – wenn das überhaupt möglich wäre.[27]

Man hört oft, dass man keinen Patienten in Behandlung nehmen sollte, dessen Ehepartner zur gleichen Zeit ein höheres Honorar an seinen oder ihren Analytiker zahlt. Es ist sogar schon passiert, dass der Ehepartner, der mit einer Behandlung begann, während sich der andere schon in Therapie befand, sich weigerte, das Honorar anzugleichen, so dass die Behandlung abgebrochen werden musste. Meiner Erfahrung nach ist dies nicht gerechtfertigt: Die Tatsache, dass das Honorar des Ehepartners höher ist, hat nicht den angenommenen Effekt. In den Fällen, die ich beobachten konnte, war die Behandlung der Person, die das geringere Honorar zahlte, erfolgreicher als die des anderen, aber ich bin mir sicher, dass das ein Zufall war.

Eine Frage, die meines Erachtens selten diskutiert wurde, betrifft die Änderung des Honorars während der Behandlung. Es gibt drei Situationen, die den Analytiker dazu veranlassen können, ein höheres Honorar als das anfänglich festgesetzte zu fordern. In Hinblick auf die Inflationsspirale können allein schon die wirtschaftlichen Verhältnisse ein höheres Honorar erforderlich machen. Soweit ich herausfinden konnte, führt das manchmal zu ernsten Komplikationen. Andere warten lieber, bis der Patient danach fragt, was aber lange Zeit dauern kann. Ich selbst denke, dass dann, wenn einmal eine Honorarvereinbarung getroffen wurde, nur aufgrund der Bedürfnisse des Analytikers keine Erhöhung gefordert werden sollte. Es scheint mir gewissermaßen gegen die Spielregeln zu sein, wenn der Analytiker mitten in der Behandlung, in der sich zu dieser Zeit eine Übertragung ausgebildet hat, um eine Vertragsänderung ersucht, um nicht zu sagen, fordert. Angemessener wäre es vielleicht, wenn dem Patienten bereits zu Beginn der Behandlung gesagt würde, dass man ihn möglicherweise ersuchen wird, ein höheres Honorar, das dann dem Wertverlust des Geldes durch die Inflation entspräche, zu zahlen. Da ich das niemals ausprobiert habe, kann ich nicht darüber berichten, welche Auswirkung ein solches anfängliches Übereinkommen hätte, aber ich würde erwarten, dass in einigen Fällen ein solcher Vorbehalt im Patienten ein Gefühl der Unsicherheit hervorrufen könnte, die Erwartung eines Traumas, gegen das schwer anzukämpfen wäre.

---

[27] Allen (1971, S. 133) berichtet von der Erfahrung eines Analytikers, der nicht in der Lage war, eine lange ausstehende Schuld einer früheren Patientin einzutreiben, dem es aber schnell gelang, ihr zu schreiben: »Glauben Sie nicht, dass es für Sie an der Zeit ist, sich abzunabeln?« Es wird nicht berichtet, welche Auswirkung diese Art von Erinnern auf die Patientin hatte, aber man fragt sich, warum der Analytiker über diese Frage nicht nachgedacht hat, als die Patientin noch bei ihm in Behandlung war. Man kann sich auch fragen, ob es fair ist, eine unanalysierte Übertragung zum Eintreiben einer Schuld zu benutzen.

Eine andere Situation, die die Forderung nach höheren Honoraren nahelegt, entsteht dann, wenn sich das Einkommen des Patienten im Laufe der Behandlung erheblich steigert. Gewöhnlich erkennt der Patient an, dass solche Veränderungen generell dem heilsamen Effekt der Behandlung auf seine Fähigkeit, mit der Realität umzugehen, zugeschrieben werden können. Im Allgemeinen entstehen keine Schwierigkeiten, wenn das Honorar dann an das neue Einkommensniveau angepasst wird. Besonders dann, wenn das ursprüngliche Honorar unter dem Durchschnitt liegt, sagen viele Analytiker dem Patienten vor Behandlungsbeginn zurecht, dass er mehr bezahlen müsse, sobald sich seine finanziellen Verhältnisse gebessert haben.

Eine dritte und schwierigere Situation entsteht, wenn sich herausstellt, dass der Patient seine wahre finanzielle Lage ursprünglich verschwiegen hat, um zu einer günstigeren finanziellen Regelung zu kommen.[28] Ein Patient versuchte, das Verhältnis seines Analytikers zum Geld dadurch auszutesten, dass er seine finanzielle Situation falsch darstellte. Der Patient war selbst höchst begierig darauf, viel Geld zu verdienen, und blickte mit Verachtung auf diejenigen, die in finanziellen Fragen nicht versiert waren. Er wollte einen Analytiker, der wohltätig und nicht nur am Geld interessiert war und gleichzeitig dem Ideal des Patienten hinsichtlich Cleverness und Gerissenheit in finanziellen Angelegenheiten entsprechen sollte. Selbstverständlich wird der Therapeut unter solchen Umständen von dem Patienten ein Honorar verlangen, das dessen Vermögen entspricht.

Dennoch ist Vorsicht angeraten. In dem gerade erwähnten Fall stellte sich heraus, dass der Patient Jahre zuvor traumatisiert worden war, als er unter schrecklichen Umständen gelebt hatte und keinen Analytiker hatte finden können, der bereit gewesen wäre, ihn für das geringe Honorar, das er damals zu zahlen vermochte, zu behandeln. Als er mir sein wahres Einkommen verschwieg, versuchte er herauszufinden, ob ich ihm damals, als er hilflos nach einem Therapeuten gesucht hatte, geholfen hätte. Seine Verheimlichung schien unter anderem ein Versuch zu sein, eine alte Wunde zu heilen.

Wenn man das Honorar zu früh an den realen finanziellen Möglichkeiten ausrichtet, kann das Schuldgefühl, das durch die frühere Verheimlichung entsteht, der eigentlichen Analyse entgehen. Ich vermute, dass es in solchen Fällen besser wäre, zu warten, bis der Patient von sich aus die Situation anspricht. Es ist unwahrscheinlich, dass der Analytiker bei dieser Technik einen Verlust erleidet; stattdessen wird er vielleicht entdecken, dass der Patient später bereit sein wird, ihn rückwirkend für den Verlust zu entschädigen, der im Anfangsstadium der Behandlung angefallen ist. War die Verheimlichung des Patienten

---

[28] Tarachow (1963, S. 132f.) berichtet von einem solchen Fall und wie er damit umging.

ein Akt nicht-neurotischer Aggression, der ohne oder nur ganz minimal von Schuldgefühlen begleitet war, dann sollte man natürlich keine Kompromisse eingehen und eine sofortige Erstattung einfordern.[29]

Ein ganz anderes Problem, das nichts mit einer wirklich psychoanalytischen Frage zu tun hat, sondern eher mit gesellschaftlicher Gewohnheit, ist das der Behandlung von medizinischen Kollegen und ihren Angehörigen. Wie man weiß, riet Freud dazu, von solchen Patienten genauso ein Honorar zu nehmen wie von jedem anderen auch. In Freuds Zeiten war es ziemlich ungewöhnlich, von einem Kollegen oder einem seiner Familienmitglieder Geld für die medizinische Hilfe zu verlangen, und er wurde damals ernstlich für diesen Bruch des hippokratischen Eides gescholten. Emil Raimann (1872–1949), Professor für Psychiatrie in Wien, der 1913 Freuds Einleitungsartikel zum ersten Band der neu gegründeten *Zeitschrift* besprach, war erbost über Freuds Umgang mit Honoraren – so sehr, dass er Freuds Praxis, Geld von Kollegen und ihren Familienmitgliedern zu nehmen, eigens betonte. Das von Freud über analytische Honorare Gesagte war ihm Grund genug, die Psychoanalyse aus dem »therapeutischen Lexikon« zu streichen (»dass die Psychoanalyse aus dem therapeutischen Lexikon zu streichen sein wird« [i. O. dtsch.]).

Die Frage der Honorare war das einzige Thema, das Raimann zur Besprechung auswählte, obwohl Freuds Abhandlung viele andere Themen erörterte und ihm drei Nummern des ersten Bandes der *Zeitschrift* vorlagen. Natürlich erwähnte er nicht einmal, dass Freud für eine lange Zeit Patienten kostenlos behandelt hatte. Am Ende der Besprechung verkündete er, dass es mit Blick auf die »finanziellen Implikationen« wahrscheinlich »unnötig« sein würde, zukünftige Bände der Zeitschrift zu besprechen.

Erwähnenswert ist auch, dass sich Raimann bei einer anderen Gelegenheit desselben Themas bediente, um die Psychoanalyse und Freud zu diskreditieren. Bei der öffentlichen Anhörung einer amtlichen Kommission zur Untersuchung »militärischer Pflichtverletzungen« wurde Freud 1920 aufgefordert, seine Meinung über die elektrische Behandlung von Kriegsneurosen abzugeben, die von Wagner-Jauregg, dem damaligen Chef der Psychiatrie der Universitätskliniken in Wien, angewandt worden war. Am zweiten Tag der Anhörung, als Freud nicht mehr anwesend war, startete Raimann, ein Schüler Wagner-Jaureggs, als zweiter Sachverständiger einen Angriff gegen die Psychoanalyse, der in folgendem Vorwurf gipfelte: »[…] der psychoanalytischen Behandlung Grenzen gesetzt sind. Eine dieser Grenzen besteht in der Geldfrage. Psychoanalysieren kann man unbemittelte Kranke nicht, es ist nicht einmal möglich, die Frau eines Arztes so zu behandeln.« Als der vorsitzende

---

[29] Nach Glover (1955, S. 319) hatte nur ein Drittel der Analytiker, die seinen Fragebogen beantwortet haben, im Laufe der Analyse ihr Honorar erhöht.

Beamte nach den Gründen dafür fragte, soll Raimann eine etwas merkwürdig klingende Erklärung gegeben haben. Er sagte, dass jede Behandlung nicht nur physische, sondern auch psychische Wirkungen hätte, und im Erfolgsfall »spielen die Kosten mit«. »Wenn jemand nicht mehr zahlen kann, so erklärt er sich eben für gesund. In dem betreffenden Artikel von Prof. Freud ist das nicht klar ausgesprochen, es lässt sich aber kaum anders deuten.« Obwohl das Protokoll jener Anhörung Raimanns Aussage etwas ungenau wiedergeben haben mag, ist es dennoch klar, dass er wieder die Art und Weise, wie die Familie eines Arztes behandelt wurde, als ein Zeichen für die Unglaubwürdigkeit, um nicht zu sagen, Abenteuerlichkeit der Psychoanalyse anführte.[30]

Als Freud es rechtfertigte, von Familienmitgliedern eines Arztes ein Honorar zu verlangen, fügte er den schon erwähnten psychologischen Gründen einen wirtschaftlichen hinzu – nämlich die »Entziehung eines ansehnlichen Bruchteiles seiner für den Erwerb verfügbaren Arbeitszeit (eines Achtels, Siebentels, u. dgl.) auf die Dauer von vielen Monaten« (Freud 1913a, S. 465) – eine Dauer, die heute nicht in Monaten, sondern in Jahren auszudrücken wäre. Hier wurde der wirtschaftliche Gesichtspunkt offen ausgesprochenen. Freud verglich die Verminderung der Verdienstmöglichkeit im Falle von zwei oder drei Gratisbehandlungen mit der »Wirkung eines schweren traumatischen Unfalles« (Freud 1913a, S. 465)[31] (vgl. Kubie 1950, S. 142–44).[32]

Obwohl die Frage der kostenlosen Behandlung von Ärzten und ihren Familien im gegenwärtigen amerikanischen Milieu von geringer Bedeutung zu sein scheint, waren die Erfahrungen, die ich in diesem Zusammenhang gemacht habe, so überraschend, dass zwei davon es wert sind, hier erwähnt zu werden. Sicherlich macht die Häufigkeit, mit der man mit der Bitte konfrontiert wird, jemanden zu behandeln, der denselben Beruf hat, für einen Analytiker unmöglich – jedenfalls, wenn eine volle Analyse nötig ist –, den Teil des hippokratischen Eids zu befolgen, der die Annahme von Honoraren von Kollegen und ihren Familienmitgliedern verbietet. Aber für gewöhnlich vertrete ich die Einstellung, dass man das leicht tun kann, wenn eine Psychotherapie angezeigt ist, die eine oder höchstens zwei Sitzungen in der Woche erfordert. Das Seltsame, das ich dabei beobachten konnte, war der Widerstand, den diese Technik offenbar hervorrufen kann.

Ein gut situierter Arzt kam zu mir, weil er eine sporadische Psychotherapie brauchte. Er erhob Einspruch dagegen, dass ich von ihm kein Honorar annahm.

---

[30] Offensichtlich wurde Freud schon 1897 dafür kritisiert, von der Frau eines Kollegen ein Honorar anzunehmen (siehe Freud 1887–1904).
[31] Freud könnte generell seine Meinung zu dieser Frage geändert haben. Zwei Beispiele von kostenlosen Analysen sind bekannt, die er in späteren Jahren durchführte.
[32] [Anm. d. Ü.: Freud spricht an dieser Stelle nur von einer möglichen zweiten Gratisbehandlung.]

Obwohl der Kompromiss ausgehandelt wurde, dass er nach seinem Ermessen einer von mir vorgeschlagenen Organisation Geld spenden würde, empfand er einen Widerwillen gegen dieses Arrangement. Da ich dachte, dass es negative Auswirkungen hätte, wenn ich dem Patienten erlaubte, meine Grundsätze zu missachten, bestand ich auf meiner Forderung. Der Patient war insgesamt unzufrieden mit der Behandlung, und als er abbrach, schien das finanzielle Arrangement die geringste Rolle dabei zu spielen.

Einige Zeit später kam er sehr aufgeregt zurück. Ein unvorhergesehenes Ereignis hatte zu einer echten Krise in seinem Leben geführt. Es bestand kein Zweifel, dass der Patient jetzt dringend Hilfe benötigte und wenn auch nur, um ihm unmittelbar beizustehen und ihn zu trösten. Deshalb sagte ich, dass ich ihm diesmal nicht meine Grundsätze aufzwingen, sondern mich der von ihm erbetenen finanziellen Regelung fügen würde. Der Patient schien zufrieden zu sein, und der nächste Termin wurde festgelegt. Doch, bevor er ging, kam er aus der Halle zurück und sagte: »Wissen Sie, das Schöne daran, dass Sie ein Honorar annehmen, ist, dass ich Ihnen jetzt sagen kann, dass ich nicht wiederkommen werde.« Und tatsächlich habe ich diesen Patienten nie wieder gesehen. Ich kann nicht erklären, warum meine Bereitschaft, seine Bedingungen zu akzeptieren, dazu geführt haben sollte, dass er die Behandlung, die er nicht nur mehr denn je benötigte, sondern die er auch ganz begierig war, zu bekommen, abbrach. Ich muss daraus schließen, dass mich der Patient, aus welchem Grund auch immer, nicht verlassen hätte, wenn ich nur stur genug an meiner früheren Technik festgehalten hätte.

Die einzige Vermutung, die ich anbieten kann, ist, dass eine grundlegende, tief sitzende Ambivalenz in dem Patienten wirksam war. Diese Episode erinnert mich an eine weitere: Eine Patientin antwortete einmal auf eine Deutung: »Sie können unmöglich wissen, wie Recht Sie haben.« Hier ist die grundlegende Ambivalenz der Patientin in einem einzigen Satz verdichtet.

Es gibt offensichtlich Patienten, die sich gerade dann veranlasst fühlen, einem »eine zu verpassen«, wenn man dabei ist, etwas Konstruktives für sie und mit ihnen zu tun. Die oben erwähnte Patientin litt an einer periodischen Schizophrenie-ähnlichen Psychose mit relativ langen freien Intervallen. Sie war in einer relativ guten Phase, als sie die Bemerkung machte. Ihre ungewöhnlich starke Ambivalenz war durch ihr Sozialverhalten und ihre Objektbeziehungen gut belegt. Aber der schon erwähnte Arzt zeigte keine besonderen Anzeichen von Ambivalenz und seine Symptome legten keineswegs eine ernstere Störung nahe.

Die andere hier erwähnenswerte Erfahrung machte ich mit dem Sprössling eines Analytikers. Auch in diesem Fall sagte ich dem Patienten, dass ich für die nötigen gelegentlichen psychotherapeutischen Gespräche kein Geld verlangen würde. Die Antwort des Vaters darauf war extrem negativ. Er reagierte mit heftigem Zorn, fast Wut, gefolgt von ziemlich ernsthaften Anschuldigungen gegen den Therapeuten. Ich war nicht in der Lage, herauszufinden, was dieser negativen Reaktion zugrunde lag, die derart schwerwiegend war, dass sie mich damals erheblich beunruhigte und beschämte.

Ich frage mich, ob diese Verwicklungen nicht auch soziologische Gründe haben. Ich erinnere mich an die wunderbare Antwort, die in irgendeiner Komödie ein reicher Mann einer ehrgeizigen Person gab, die ihm anbot, ihm einen Gefallen zu tun: »Es tut mir leid, junger Mann, aber ich bin nicht reich genug, ihre Gefälligkeit anzunehmen.« Bei anderen Gelegenheiten habe ich bemerkt, dass man leicht Verdacht erregt, wenn man für Dienste, für die man für gewöhnlich zahlen muss, nichts in Rechnung stellt.

Wie auch immer, in diesen letzten beiden Fällen habe ich klar die falsche Technik angewandt. Der richtige Weg scheint mir zu sein, es dem Patienten zu sagen, wenn man das Gefühl hat, dass eine kostenlose Behandlung angemessen wäre, und ihn dann entscheiden zu lassen, welche Vorgehensweise er vorziehen würde. Welche Entscheidung auch immer der Patient dann trifft, seine Wahl ist bei passender Gelegenheit zu deuten. Auch musste ich mir eingestehen, dass meine Haltung nicht frei von Heuchelei war. Da ein Analytiker sich nicht in jedem Fall an den Eid des Hippokrates halten kann, warum sollte er sich bei kleinen Beträgen gezwungen fühlen, sich auch dann streng an ihn zu halten, wenn er dadurch den Patienten gegen sich aufbringt.

(e) Auch sollte der Patient erwähnt werden, der ein Honorar anbietet, das für sein Einkommen zu hoch ist (Glover 1955, S. 22; Menninger 1958, S. 32). Generell sollte man das Opfer, das ein Patient zu bringen bereit ist, um eine Behandlung zu ermöglichen, abwägen. Manche Patienten sind bereit, weite Entfernungen zurückzulegen, um den Analytiker ihrer Wahl zu sehen, obwohl in ihrer Nähe ein anderer zur Verfügung stünde. Das damit verbundene masochistische Element wird später zu Widerständen von solcher Intensität führen, dass sie eine Behandlung unmöglich machen. Die realen Entbehrungen, die der Patient durch die Behandlungsvereinbarungen erleidet, befriedigen seinen Wunsch nach Bestrafung und werden dadurch zum Hindernis für die eigentlich nötige Analyse seiner Schuldgefühle, die sich durch Deutungen nicht beseitigen lassen, da das Honorar, das er zahlt, einem Akt der Selbstbestrafung gleichkommt.[33]

---

[33] Mowrer (1963) hat diese Möglichkeit zur Rationalisierung dafür benutzt, die Behandlung von Neurosen in der Verschwiegenheit der privaten Praxis ganz zurückzuweisen und stattdessen für Gruppentherapie zu plädieren. Siehe jedoch Davids (1964), der in einer theoretischen Abhandlung auf der Grundlage von Festingers (1957) Theorie der kognitiven Dissonanz zu beweisen versucht, dass damit zu rechnen ist, dass die Honorar-Situation eine günstige Wirkung auf den Behandlungsverlauf hat.

Ein Patient aus einer wohlhabenden Familie bot an, jedes Honorar zu zahlen, das der Analytiker verlangen würde. Es stellte sich heraus, dass das vom Patienten angebotene Honorar, hätte der Analytiker es akzeptiert, ein tiefes Loch in den Treuhandfond gerissen hätte, aus dem der Patient sein Einkommen bezog. Es wurde schnell klar, dass der Patient der Meinung war, dass kein Opfer zu groß wäre für die gewaltige Veränderung, die sich für ihn sicher aus der Behandlung ergeben würde. Die Erwartungen des Patienten waren natürlich unrealistisch und die Annahme seines Angebots hätte einige der irrationalen Einstellungen bestätigt, die sich hinter seiner Bereitschaft, jedes Opfer für seine Behandlung zu bringen, verbargen.

Da das Ergebnis einer Analyse immer unsicher ist, sollte man versuchen zu vermeiden, dass ein Patient ein Honorar bezahlt, das seine Ersparnisse in Gefahr bringt.[34]

Einer der Mechanismen der geschäftlichen Transaktion zwischen Analytiker und Patient hat mit der Art und Weise zu tun, wie der Patient informiert wird, was er dem Analytiker am Ende des Monats schuldet. Das wird den meisten, besonders Analyse-Fremden, extrem trivial vorkommen, doch hat es, wie jedes andere Detail des Behandlungsprozesses, eine psychologische Bedeutung. Die Angelegenheit erfordert keine langen Diskussionen, da in der Praxis trotz dieser psychologischen Implikationen die unterschiedlichen Formen mit keinerlei Schwierigkeiten verbunden sind.

In Wien stellten viele Analytiker keine Rechnungen. Sie legten es in die Verantwortung des Patienten, das monatliche Honorar korrekt auszurechnen. Dies so völlig dem Patienten zu überlassen, kann in einigen Fällen von Vorteil sein, da es das Feld der Übertragung erweitert. Freud selbst überreichte seinen Patienten ein kleines Stück Papier mit dem jeweiligen Namen, der Zahl der Sitzungen und dem geschuldeten Geldbetrag – alles mit der Hand geschrieben.[35]

In den Vereinigten Staaten schicken Analytiker ihre Rechnungen mit der Post (vgl. Wilmer 1967, S. 801) oder überreichen sie dem Patienten direkt. Ersteres erscheint mir etwas formell. Ich würde erwarten, dass es für den Patienten

---

[34] Menninger (1958, S. 32) spricht sich dagegen aus, dass der Patient erwarte, »für seine Analyse aus seinem laufenden Einkommen zu bezahlen«. Kubie (1950, S. 137) rät dazu, dass die Entscheidung, ob aus dem Einkommen oder aus dem Kapital oder aus beidem zu zahlen ist, nach sorgfältigem Studium der finanziellen Situation des Patienten von beiden, Analytiker und Patient, getroffen werden sollte. Andererseits meint Glover (1955, S. 23), dass die Zahlung von Honoraren aus dem Einkommen vorzuziehen sei.

[35] In Freuds Fall wurden solche Rechnungen als in Ehren gehaltene Schätze behalten. Man sollte bei handgeschriebenen Rechnungen aber immer an die verschiedenen Bedeutungen denken, die es für den Patienten haben kann, wenn er etwas besitzt, das die persönliche Handschrift seines Analytikers trägt.

ein Zeichen dafür wäre, dass der Analytiker Geldgeschäfte aus seiner Praxis heraushalten will – als sei es etwas, das primär nichts mit dem persönlichen Verhältnis des Patienten zu seinem Therapeuten zu tun hat. Mit anderen Worten: Der Patient könnte es so verstehen, dass der Analytiker von diesem Aspekt ihrer Beziehung nichts wissen will. Wie Menninger bemerkt, ziehen es einige Analytiker vor, dem Patienten die Rechnung persönlich zu übergeben, da »es hilfreich ist, auf diese Weise zu sagen ›Das ist die Realität. Das ist es, was es Dich kostet‹« (Menninger 1958, S. 128).

Einige Patienten haben mich dafür kritisiert, ihnen die Rechnung ohne Briefumschlag präsentiert zu haben. Ich fürchte, sie hatten recht, aber mein Mangel an *Savoir vivre* hatte keine ernsthaften Konsequenzen. Eine Patientin, die sehr auf Manieren achtete, drückte ihre Missbilligung dadurch aus, dass sie mir ihren Scheck auf die gleiche Weise aushändigte. Jedes Mal wies sie eigens darauf hin und beklagte sich darüber, dass ich sie zwingen würde, sich unhöflich zu verhalten. Wie man an diesem Beispiel lernen kann, gibt die Art und Weise, wie der Analytiker selbst bei kleinen Dingen vorgeht, dem Patienten die Möglichkeit, sich von seinen Eigenheiten ein Bild zu machen. Es ist beeindruckend, wie weit manche Patienten in dieser Hinsicht gehen. Ein Patient überprüfte das Datum, an dem sein Scheck gebucht wurde, um festzustellen, wie schnell ich gewohnt war, ihn einzulösen. Er versuchte so herauszufinden, ob ich besonders an Geld interessiert sei oder nicht.

Es ist vorgekommen, dass ich gelegentlich dem Patienten seine Rechnung nicht am ersten Tag des Monats, sondern erst am zweiten oder dritten Tag, wenn nicht noch später, übergeben habe (vgl. Schonbar 1967, S. 281). Dies geschah zufällig und war keineswegs aus klinischen Gründen so geplant, aber ich war überrascht vom Reichtum an Übertragungsphantasien, mit denen einige Patienten auf diese kleine Abweichung von der Regel reagierten.

Einige Analytiker lassen ihre Rechnungen von Sekretärinnen auf der Maschine schreiben und scheinen sich nicht bewusst zu sein, dass sie so die Identität ihres Patienten einem Außenseiter verraten. Ich betrachte das als einen Bruch der Vertraulichkeit und denke, dass dies unter allen Umständen vermieden werden sollte. Sicher ist es nicht immer möglich, die Identität eines Patienten zu schützen, da er etwa auch anrufen und seinen Namen hinterlassen kann. Aber während der Analytiker für ein solches unvermeidbares Leck nicht verantwortlich ist, kommt ihm im Fall der getippten Rechnungen bei der Verletzung eines grundlegenden Elements des psychoanalytischen Vertrags eine aktive Rolle zu.

Es wir immer wieder darüber diskutiert, wie ein Patient sein Honorar zahlt, vor allem, wie schnell oder wie langsam er dies tut. Ein Patient bezahlte das Honorar regelmäßig am Ende der letzten Stunde des Monats (bevor ich überhaupt die Gelegenheit hatte, ihm die Rechnung zu übergeben) – eine Zwangshandlung, die so gut rationalisiert werden konnte, dass ihre Analyse keine einfache Sache war.

Es gibt Patienten, die aus verschiedensten Gründen die Zahlung verzögern. Einer davon ist, den Analytiker zu testen: Sie warten geduldig darauf, wann und wie er das Thema anspricht oder ob er ärgerlich wird. Es gibt natürlich auch viele andere Motive. Da sie unbewusst sind oder bewusst aus der Behandlung herausgehalten werden, tauchen sie in den Träumen des Patienten auf, so dass man sich am leichtesten im Zusammenhang der Traumdeutung dem Thema nähert. Die Initiative zu übernehmen, indem man den Patienten auf seine säumige Zahlungsweise aufmerksam macht, birgt Risiken, da man auf diese Weise den spontanen und ich-syntonen freien Fluss der Assoziationen stört. Das ist auch einer der Gründe, warum es einige Analytiker vorziehen, ihre Rechnungen mit der Post zu schicken, da sie glauben, mit der persönlichen Übergabe eine solche Störung zu riskieren. Ich pflege die Rechnung auf einen Tisch an der Seite des Patienten zu legen. So liegt es ganz an ihm, ob er darauf im Laufe der sich ergebenden Assoziationen reagiert oder die Rechnung mehr oder weniger automatisch und ohne weiter auf sie einzugehen an sich nimmt, wie es die meisten Patienten tun.

Bewertet man die Zeit, die ein Patient braucht, um das Honorar zu zahlen, so sind dabei Klassenunterschiede zu berücksichtigen. Es gibt Gruppen in der Oberschicht, bei denen es Tradition ist, Rechnungen erst am Ende des Monats zu bezahlen. Ein Zahlungsverzug kann deshalb, selbst wenn er für die meisten Patienten eine psychologische Bedeutung hat, für andere psychologisch neutral sein. Um die Zwecke, für die der Patient die Zahlung des Honorars benutzt, deuten zu können, sollte man unklare Situationen vermeiden.

Ein ernstes Problem, das nur indirekt mit den psychoanalytischen Mechanismen der Honorarzahlung zu tun hat, sollte hier, wenn auch nur kurz, erörtert werden. Ich finde, dass eine der unangenehmsten klinischen Situationen dann entsteht, wenn die Störung des Patienten eine regelmäßige Analyse verlangt, seine finanziellen Mittel aber nur für eine Psychotherapie ausreichen. Es gibt hinsichtlich dieser Frage zwei Schulmeinungen. Die eine besagt, dass die Maßnahmen, wie unzureichend auch immer sie sein mögen, so organisiert sein sollten, dass sie der finanziellen Lage des Patienten entsprechen. Die andere besagt, dass nur Maßnahmen, die den klinischen Erfordernissen entsprechen, in die Wege geleitet werden sollten. Im ersten Fall ist die Begründung, dass lindernde Maßnahmen besser sind als gar keine, während man im zweiten Fall davon ausgeht, dass es unfair wäre, von einem Fachmann zu verlangen, Halbheiten, von deren Unangemessenheit er überzeugt ist, durchzuführen, so wie es auch dem Patienten gegenüber unfair wäre, ihn einer Behandlung auszusetzen, von der er kaum profitieren kann – und ihn dafür auch noch zahlen zu lassen. Mir sind in der Tat Fälle untergekommen, bei denen es auf lange Sicht besser gewesen wäre, nicht einzugreifen, als Kompromisse einzugehen und zu Notbehelfen zu raten. Ohne Zweifel sind aber auch Fälle bekannt, die fast hoffnungslos aussahen und denen doch weitgehend durch Maßnahmen geholfen werden konnte, von denen kein Analytiker erwartet hätte, dass sie auf längere Sicht den Erfordernissen gerecht würden. Dennoch scheinen diese zumindest das Schlimmste abgewendet und manchmal sogar mehr als das bewirkt zu haben. Aber natürlich gilt es auch zu bedenken, dass auf Anraten eines Psychoanalytikers durchgeführte halbe Sachen den ganzen Berufsstand in Misskredit bringen können.[36]

III

Ich werde mich nun einem anderen Aspekt des Problems zuwenden. Man hat mir einmal eine Geschichte erzählt, für deren Wahrheitsgehalt ich zwar nicht garantieren kann, die mir aber dennoch vorgefallen zu sein scheint. Nach einer längeren und erfolgreichen Behandlung reduzierte einmal ein Analytiker die Anzahl der Wochenstunden, stellte dem Patienten jedoch den gleichen monatlichen Betrag wie vorher in Rechnung. Als ihn der Patient um eine Erklärung bat, sagte er ihm, dass er ihm nun die Zeit in Rechnung stelle, die er damit verbringe, über ihn nachzudenken. Die Taktik wurde angeblich jedes Mal wiederholt, wenn die Anzahl der Sitzungen weiter reduziert wurde, bis der Patient überhaupt nicht mehr kam.

Ich finde, die Geschichte hat hinsichtlich des darin gezeigten Einfallsreichtums einen gewissen Charme. Ich berichte sie hier, weil es sich um einen Fall handelt, bei dem die Wirkung der Einstellung des Analytikers zum Geld deutlich sichtbar wird.[37] Da es schwierig ist, so etwas zu untersuchen, hört man bei Untersuchungen zur Gegenübertragung wenig über dieses Problem (Schonbar 1967, S. 278), aber es wäre sehr interessant zu erfahren, in welchem Maße sich der Reichtum eines Patienten auf die Technik eines Analytikers auswirkt.

Die Frage, die ich hier aufwerfe, muss in einem breiteren Kontext gese-

---

[36] Moore (1968) hat die Motive studiert, die Psychoanalytiker dazu verleiten können, halbherzig zu behandeln. Kubie widmete dem Problem der »Gefahren palliativer Psychotherapie« einen ganzen Abschnitt (1950, S. 28–31).

[37] Genauso würde ich nicht zögern, die folgende anstößige Technik des Umgangs mit dem Honorar als Auswuchs des subjektiven Verhältnisses des Analytikers zum Geld zu betrachten: In diesem Fall wurden Patienten, die nicht in der Lage waren, das volle Honorar zu bezahlen, gebeten, die Hälfe zu bezahlen, wobei die Sitzungen auf 25 Minuten verkürzt wurden. Aber ich bin nicht sicher, ob diese Technik auf Fälle psychoanalytischer Therapie beschränkt blieb oder auch bei Psychoanalysen angewandt wurde.

hen werden. Maus[38] hat überzeugend nachgewiesen, dass in primitiven Gesellschaften die Ichstruktur eines Gruppenmitglieds von seiner Stellung in der sozialen Hierarchie abhängt. Die Grenze zwischen Gruppenmitglied und Gruppe ist nicht so starr wie in den nachfolgenden Stadien der gesellschaftlichen Entwicklung. Daher wird jemand, der einen Platz auf einer höheren Stufe einnimmt, nicht nur von der Gemeinschaft so betrachtet, als sei er mit einer anderen Struktur ausgestattet, sondern die Struktur des Selbst scheint sich tatsächlich in Abhängigkeit von der sozialen Position zu verändern. Ein deutsches Sprichwort »Mit dem Amt kommt der Verstand« [i. O. dtsch.] spiegelt eine uralte Wahrheit wieder.

Auf der gegenwärtigen Zivilisationsstufe sollten wir dazu fähig sein, einen Menschen so zu sehen, wie er wirklich ist, und von Äußerlichkeiten wie Reichtum, Ansehen und der sozialen Stellung absehen. Ich denke jedoch, dass sich auch beim modernen Menschen generell die archaische Haltung wiederfindet, die Persönlichkeit mit Äußerlichkeiten zu vermischen. Gelegentlich wird das offenkundig – zum Beispiel, wenn ein Angriff auf den Präsidenten als Beleidigung des höchsten Staatsamtes bezeichnet wird. Die hierarchische Stellung an sich kann als unabhängige Variable, die Ehrfurcht verbreitet, dienen, ohne Rücksicht darauf, was für eine Art von Mensch der Träger des Amtes wirklich ist.

Die Psychoanalyse eines berühmten Menschen oder von jemandem, der berühmt zu werden verspricht, birgt wahrscheinlich bestimmte Gefahren für die Gegenübertragung des Analytikers. Er mag nicht nur versucht, sondern sogar verführt worden sein, an dem *Mana* teilzuhaben, das im Patienten liegt. Da der Analytiker eine allzu große narzisstische Befriedigung aus der Behandlung dieses bestimmten Patienten ziehen kann, könnte die sich daraus ergebende Lockerung der Ichgrenzen einen schädlichen Einfluss auf den Behandlungsverlauf haben. Die Mischung aus Nähe und Ehrfurcht könnte sogar dazu führen, dass der Analytiker versucht, das *Mana* des Patienten in Kanäle zu leiten, die ihm durch seine eigenen Ideale und Ziele nahe gelegt werden – was ein Missbrauch der Übertragungssituation wäre.

In der modernen Gesellschaft ist Geld die allgemeinste Konkretisierung von *Mana* und aufgrund der Gegenübertragung, die im Analytiker entstehen kann, ziehe ich, wenn auch mit Vorsicht, den Schluss, dass ein sehr reicher Mensch eine geringere Chance hat, eine angemessene Analyse zu bekommen, als einer mit bescheidenen Mitteln. Außerdem versteht es sich von selbst, dass ohne gründliche Bearbeitung der irrationalen Einstellung zum Geld während der Ausbildungsanalyse in der Beziehung des Analytikers zu seinen Patienten kein gesunder Umgang mit den Honoraren erwartet werden kann. Da irrationale

---

[38] [Anm. d. Ü.: Eissler meint hier wohl den französischen Soziologen und Ethnologen Marcel Mauss.]

Einstellungen zum Geld von der Gesellschaft entweder durch Überbewertung oder Unterbewertung seiner Bedeutung gerechtfertigt sind, ist es sehr wahrscheinlich, dass das gesamte komplexe Problem Geld nur selten in befriedigender und ausreichender Weise behandelt wird.

Ich möchte hier eine technische Abhandlung über Honorare anführen, die mir trotz ihrer Verdienste Gelegenheit gibt, auf die mit diesem schwierigen Problem verbundenen Fallstricke hinzuweisen. Allen (1971) hat sechs Fallvignetten vorgestellt, in denen er die Vor- und Nachteile aufzeigte, die es hat, auf der Zahlung von versäumten Stunden zu bestehen oder zu erlauben, dass sie nicht bezahlt werden. Einer der Patienten befand sich in regulärer Analyse, vier waren in Psychotherapie und in einem Fall wird die Art der Therapie nicht angegeben. Es wäre eine Herausforderung, die Technik des Autors im Detail zu diskutieren, aber es wird wohl genügen, wenn ich zusammenfasse, dass der Autor die Honorarfrage dazu benutzt, den Patienten zu erziehen. Es werden »selektive Festigkeit« und »selektive Toleranz« auf der Basis dynamischer und genetischer Überlegungen eingesetzt mit dem Ziel, »die Realität einzugrenzen und anzuerkennen, Struktur zu vermitteln, Ich und Über-Ich zu stärken«, wodurch sich der Therapeut als »Modell für die Identifizierung« anbietet (Allen 1971, S. 140).

Diese erzieherische Bedeutung kann historisch als Erweiterung der generellen Bemerkungen Freuds in seiner Einführung in das Thema gesehen werden. Ich bezweifle, dass die Prinzipien des Autors als akzeptables Modell psychoanalytischer Technik, wie sie sich seitdem entwickelt hat, eingesetzt werden können. Sicherlich eignet sie sich hervorragend für die Behandlung von Patienten mit dubioser Charakterstruktur, wie sie eine Reihe der in der Abhandlung erwähnten Patienten aufweisen.

So hatte ein Patient, der aus offensichtlich realistischen Gründen Termine abgesagt hatte, tatsächlich die Zeit dafür genutzt, »es sich gut gehen zu lassen«. Der Analytiker sagte – ganz zu Recht – er würde dem Patienten die verlorene Zeit in Rechnung stellen, wogegen der Patient protestierte. Obwohl der Autor es nicht ausdrücklich schreibt, machte er offensichtlich die Bezahlung zur Bedingung für die Fortsetzung der Behandlung. Er schrieb:

> Wenn ich sie ihm nicht in Rechnung gestellt hätte, wäre ich als schwach und zerstörbar betrachtet worden. Wäre ich angesichts seiner Drohung, die Behandlung abzubrechen, zurückgewichen, wäre ich in seinen Augen genauso korrumpierbar gewesen wie seine Mutter und er selbst. (ebd., S. 136)

Natürlich gibt es keinen realistischen Grund zurückzuweichen, wenn einmal eine legitime Forderung erhoben worden ist. Aber es erscheint eher angebracht, dem Patienten den betreffenden Betrag weiter zu stunden, bis er bereit ist, aus eigenem Antrieb zu zahlen, als ihm ein Ultimatum zu stellen. Damit versperrt man jede weitere Möglichkeit, verdrängtes Material weiter aufdecken zu können; andererseits stellt die Notwendigkeit zu zahlen, wenn sie nicht erzwungen, sondern aufgeschoben wird, weiterhin einen Stimulus dar, auf den das Verdrängte mit Träumen und Phantasien reagiert. Wenn Allen schreibt, dass er in der Behandlung einer Patientin, die eine Stunde versäumt hatte, sagte, »dass ich genug Respekt für sie empfand, um erwarten zu können, dass sie reif und verantwortungsvoll handeln würde, weshalb ich darauf bestünde, dass sie die versäumte Stunde bezahle« (ebd., S. 138), würde ich das »psychoanalytische Heuchelei« nennen, die unvereinbar mit der Behandlungstechnik für einen neurotischen Patienten ist, selbst wenn dieses Manöver sich als erfolgreich erwies und die Patientin »wirklich begeistert darüber zu sein schien, dass sich zum ersten Mal in ihrem Leben jemand ›genügend dafür interessierte‹, ihr Grenzen zu setzen« (ebd., S. 138).

Obwohl Freud die psychoanalytische Behandlung gelegentlich als *Nacherziehung* [i. O. dtsch.] bezeichnete, kann das nicht als Rat gemeint gewesen sein, Maßnahmen von direkt erzieherischem Charakter in die psychoanalytische Technik einzuführen. Es war eher ein Hinweis auf einen erzieherischen Effekt, der durch Deutung, die zu Einsicht führt, bewirkt wird – ein Effekt, den frühere erzieherische Maßnahmen während der Entwicklungsjahre des Patienten hätten bewirken sollen.

Die Tatsache, dass ein Analytiker im Zusammenhang mit Honoraren vom Analysieren aufs Erziehen umschaltet, mag als ein Beispiel dienen für etwas, was wahrscheinlich für alle Analytiker gilt – nämlich, dass wir nicht immer in der Lage sind, unsere Einstellung zum Geld frei von dem zu halten, was man unvernünftige Einflüsse nennen könnte.

Aber das muss nicht so sein. Eine Abhandlung wie die von Hilles (1971), bislang wohl die gründlichste Analyse der spezifischen Probleme und Schwierigkeiten, die in einer Behandlung dadurch entstehen, dass ein Patient Honorare bezahlen muss, verkörpert den analytischen Zugang in optimaler Weise. Die Therapeutin wusste genau, dass der Patient bei einem früheren Therapeuten Schulden hatte, aber sie ließ sich nicht zu moralisierendem Hochmut oder autoritären Forderungen verleiten; stattdessen analysierte sie beständig die Gewohnheit des Patienten hinsichtlich der Erledigung oder Nichterledigung von Zahlungen. Es wird kein Zufall sein und ist wahrscheinlich hoch signifikant, dass diese eindringliche Analyse nicht das Ergebnis einer in einer Privatpraxis durchgeführten Psychoanalyse war, sondern im Rahmen einer staatlichen Klinik durchgeführt wurde. Ist es möglich, dass es da einen Schleier von unbeabsichtigtem Geheimnis gibt, welches das Dreieck verdeckt: den Analytiker in privater Praxis, das Honorar und den Patienten?

Ich habe den Eindruck, dass im Laufe der Zeit das Interesse am Geld – und wenn ich nicht irre, besonders unter den jüngeren Analytikern – eine Bedeutung angenommen hat, die sich als schädlich für die Verbesserung der psychoanalytischen Technik erwiesen hat.

IV

Mit dem Problem der Honorare und ihrer Funktion in der psychoanalytischen Behandlung verbindet sich eine interessante geschichts-soziologische Frage. Wenn es wahr ist, dass die Bezahlung der Honorare für eine psychoanalytische Behandlung nicht dazu dient, die narzisstischen Bedürfnisse des Therapeuten zu befriedigen – oder besser: sein Bedürfnis nach Selbsterhaltung – sondern darüber hinaus ein integraler, vielleicht sogar wesentlicher Bestandteil des Behandlungsverlaufs ist, dann könnte dies das Argument gewisser marxistischer Soziologen bestätigen, die die Entdeckung und Entwicklung der Psychoanalyse mit einer bestimmten Phase des Kapitalismus verbinden (siehe Bernfeld et al. 1970). Die Psychoanalyse war schließlich ursprünglich eine Behandlung für Leute, die zum »Establishment« gehörten. Brody (1970) hat eine interessante statistische Studie über Freuds Patienten angefertigt, deren Anzahl er – soweit das aus Freuds Schriften rekonstruiert werden kann – mit 133 angab. Nur von 26 konnte er die soziale Schicht identifizieren. Er teilte sie der Oberschicht zu, wobei kein Versuch unternommen wurde, zwischen Oberschicht und Mittelschicht zu unterscheiden. In einem Fall irrte sich Brody – nämlich im Falle Katharinas (Freud 1893a, S. 184–195) –, die fraglos der Unterschicht angehörte und Freud als Testfall dafür gedient haben könnte, dass die Mechanismen, die Hysterie bedingen, unabhängig von der Gesellschaftsschicht sind (wenn er einen Zweifel darüber gehabt hätte).[39]

Aber das ursprüngliche gesellschaftliche Umfeld der Psychoanalyse war zweifellos das der reichen oder mittleren Oberschicht. In dieser Hinsicht könnte man sie mit der um die Jahrhundertwende empfohlenen Behandlung der Tuberkulose vergleichen. Nur gut Situierte konnten sie sich leisten.

Es ist nicht möglich, hier den historischen Voraussetzungen der Psychoanalyse nachzugehen. Dass sowohl der *Zeitgeist* [i. O. dtsch] als auch das Wirtschaftssystem – die schließlich enge Verbündete sind – bei der Geburt der Psychoanalyse Pate standen, ist offensichtlich. Sucht man aber nach den spezifischen gesellschaftlichen Bedingungen, die den Entdeckungen Freuds möglicherweise den nötigen Hintergrund geliefert haben, wäre man gut beraten, sich stattdessen der Lockerung der religiösen Bindungen zuzuwenden, dem allgemeinen Niedergang der Religion und der Abnahme der sexuellen Impulsivität. Ob Letzteres auferlegten Zwängen oder einer tatsächlichen Schwächung geschuldet war, muss hier nicht erörtert werden. Jedenfalls wäre

---

[39] Schließlich hatte Freud eine wesentliche Anregung für seine Untersuchung von Charcots Klinik bekommen, die der Unterschicht diente, und Bernheim, dessen Behandlungstechnik Freud beeinflusste, hatte ihm gesagt, dass seine Behandlung im Krankenhaus eine größere Chance auf Erfolg hätte – soll heißen, unter Patienten, die der Unterschicht angehörten (Freud, 1925, S. 44f.).

es wenige Jahrzehnte früher zwei Menschen kaum möglich gewesen, allein in einem Raum zusammen solche heiklen Fragen zu diskutieren, wie sie in der Psychoanalyse üblich sind, und dabei auch noch den Mindestabstand einzuhalten, den die psychoanalytische Situation erfordert.[40] Es ist durchaus möglich, dass dieses sexuelle Klima mit den wirtschaftlichen Bedingungen zusammenhing. Wie dem auch sei, wenn die Psychoanalyse in ihrer klassischen Form nur unter der Bedingung erfolgreich angewendet werden konnte, dass sich der Analysand von einem Teil seines Geldbesitzes trennte, wie Freud es 1913 in etwa formulierte, dann würde die marxistische Sicht darin eine Unterstützung für die Behauptung finden, dass die Psychoanalyse und das Wirtschaftssystem zur Zeit ihrer Entstehung zusammenhingen. Es würde, wenn es wahr wäre, in hohem Maße die Argumente derer stärken, die in ihr ein Produkt bürgerlicher Dekadenz und des späten Kapitalismus in Form des Finanzkapitalismus sehen.[41]

Wie Freud schon 1919 in seiner Empfehlung für psychoanalytische Kliniken angedeutet hat, wissen wir heute, dass Honorarzahlungen nur für jene Patienten notwendig sind, die ausreichend über Mittel verfügen und dass selbst die Mittellosen trotz ihrer Armut für eine psychoanalytische Behandlung zugänglich sind. Demnach scheint zwar die Entdeckung der Psychoanalyse durch das zeitgenössische Wirtschaftssystem begünstigt worden zu sein; das, was sie herausgefunden hat, ist aber keineswegs an eine spezifische gesellschaftliche Schicht gebunden und nur für sie gültig.

Durch die wirtschaftliche Entwicklung ist jedenfalls eine neue Komplikation entstanden. Die Zahl der Patienten, deren Behandlung durch Krankenkassenleistungen oder staatliche Einrichtungen bezahlt werden, nimmt zu. Es geschieht immer häufiger, dass jemand, der die Mittel hat, eine psychoanalytische Behandlung zu bezahlen, diese, gewöhnlich teilweise, von einer Institution bezahlt bekommt. Chodoff (1972) hat in beeindruckender Weise

---

[40] Jede Geschichtsperiode legt bestimmte Beschränkungen auf. Die Versuche von Masters und Johnson z. B. waren zur Zeit der *Drei Abhandlungen zur Sexualtheorie* und für Jahrzehnte danach nicht durchführbar. Wenn Freud das Sexualleben des Menschen nicht experimentell untersuchte, lag das nicht notwendigerweise an Widerständen, sondern an Einschränkungen, die automatisch wirksam sind, weil sie Gegebenheiten der Geschichte und der Gesellschaft sind.

[41] Manche Aussagen, die man in der Literatur findet, könnten zur Verteidigung dieser Theorie verwendet werden: »Manchmal ist es klug, Gesundheit als eine Form von Kapital zu betrachten, um so die Verwendung eines bestimmten finanziellen Betrags für die Bezahlung der Behandlung zu rechtfertigen.« (Kubie 1950, S. 138). »Wenn Geld ein ernsthaftes Problem darstellt, ist die Psychoanalyse gewöhnlich nicht die Behandlung der ersten Wahl. Der Patient sollte nicht erwarten, für seine Analyse aus seinem laufenden Einkommen zu bezahlen […]; sie ist eine Investition, keine bloße Ausgabe.« (Menninger 1958, S. 32)

die möglichen Komplikationen beschrieben, die mit bezahlter psychiatrischer Behandlung einhergehen (vgl. auch Richma & Bezeredi 1963; Myers 1963; Glasser 1965; Wykie 1965; Goldberg & Kovac 1971) – Komplikationen, die umso mehr für die Analyse gelten. Halpert (1972), der das Glück hatte, einen Patienten zu analysieren, dessen Behandlung zuerst von seinem Vater und später von *Medicaid* bezahlt wurde, machte wertvolle Beobachtungen, die ich nur bestätigen kann. Es ist schwerer, die Auswirkungen zu bekämpfen, die sich daraus ergeben, dass eine Institution für die Behandlung aufkommt, als wenn die Bezahlung von jemandem übernommen wird, der dem Patienten persönlich bekannt ist, besonders wenn er ihm nahe steht. Im letzteren Fall ist die Situation klarer definiert und die sich daraus ergebenden Schuldgefühle, die implizite Aggression und die parasitären Vorstellungen sind, jedenfalls im Normalfall, analysierbar. Ist eine Institution beteiligt, dann bleibt die Quelle, von der die Honorare bezahlt werden, sozusagen anonym und der Patient ist Empfänger von etwas, von dem er glaubt, dass er ein »Recht« darauf habe. Doch trotz dieses Eindrucks, ein Vorrecht zu genießen, hat er das Gefühl, schlauer zu sein als andere, oft sogar, die Institution überlistet zu haben.

Im Gegensatz dazu ist es, wenn die Familie des Patienten seine Behandlung bezahlt, stillschweigend oder ausgesprochen Ziel der Behandlung, dem Patienten zu helfen, von dieser Quelle unabhängig zu werden. Einer Institution gegenüber besteht dieses Ziel nicht. Halpert beschreibt den Unterschied kurz und bündig:

> Wenn ein Elternteil oder der Ehepartner für einen erwachsenen Patienten bezahlt, sind der Konflikt, die Phantasien und die dadurch ausgelösten Kindheitserinnerungen, die mit Gefühlen von Gier, Mangel, Schuld und Abhängigkeit verbunden sind, real und unmittelbar. Sie werden in der Übertragung lebendig. Zahlt aber eine anonyme, ungreifbare dritte Partei [...] das Honorar zum großen Teil oder ganz für einen erwachsenen Patienten, dann werden diese Gefühle und Konflikte sowohl von der Realität als auch von der Gegenwart abgezogen sein und der Widerstand wird verstärkt. (Halpert 1972, S. 131)

Er glaubt tatsächlich, dass Patienten, deren Hauptabwehrmechanismen Isolierung und Intellektualisierung sind, solange nicht analysierbar sind, wie das volle Honorar von einer Einrichtung bezahlt wird (ebd., S. 132).

Allen sah kein Problem darin, dass Institutionen die Honorare bezahlen. Er sagte seinen Patienten, dass sie weiterhin die alleinige finanzielle Verantwortung hätten und dass erhaltene Zahlungen ihren Rechnungen gutgeschrieben würden. »Auf diese Weise trägt der Patient weiterhin die Verantwortung für die Bezahlung, und das Verhältnis besteht ausschließlich zwischen dem Patienten und der dritten Partei, nie aber zwischen dem Therapeuten und der dritten Partei.« (Allen 1971, S. 135)

Ich kann mir nur schwer vorstellen, dass eine so einfache Manipulation von Äußerlichkeiten ein Problem »lösen« kann, das notwendigerweise eine erhebliche Auswirkung auf die Übertragung und die unbewusste Vorstellungswelt haben muss. Ich neige dazu anzunehmen, dass die vorher erwähnte Untersuchung von Halpert weit tiefer in jene Bereiche eindrang, an denen das Skalpell der Psychoanalyse ansetzen sollte.

Wie auch immer, Chodoff (1972), der sich des Netzes von Komplikationen, die sich aus Zahlungen von Dritten wie beispielsweise Versicherungen oder anderen Einrichtungen ergeben, bewusst ist, sieht keinen Grund, zu glauben, dass die unter solchen Umständen erzielten Ergebnisse »in keinster Weise denen unterlegen seien, die in einem Setting, in dem direkt bezahlt wird, erreicht werden können« (Chodoff 1972, S. 56). So interessant und wichtig diese Aussage ist; viel wird von den Maßstäben abhängen, an denen sich der Psychoanalytiker orientiert – besonders, ob er in erster Linie am Verschwinden von Symptomen interessiert ist oder ob es ihm um das geht, was hinter den Symptomen steckt. Es ist gut möglich, dass es zu einer unmerklichen Absenkung der Standards psychoanalytischer Technik kommt, wenn Zahlungen durch Dritte (durch Versicherungen) sich weit genug verbreiten, so dass sie zum üblichen Weg der Finanzierung von psychoanalytischen Behandlungen werden. Natürlich lässt sich eine solche Aussage, wenn sie denn stimmen sollte, nicht auf individuelle Fälle anwenden, die trotz der Bezahlung durch Dritte genauso gut analysierbar sein können wie jeder andere Fall auch, und sie ist sicherlich nicht auf psychotherapeutische Techniken anwendbar.

Hier scheint mir eine allgemeine Überlegung angebracht zu sein. Für viele scheint die Einrichtung einer staatlichen medizinischen Versorgung nur eine Frage der Zeit zu sein. Die Behandlung einer Krankheit ist zu einem Recht geworden – fast zu einem jener »unveräußerlichen Rechte«, derer kein Bürger jemals beraubt werden sollte. In den Vereinigten Staaten befinden wir uns jedoch zur Zeit in einer Übergangsperiode, in der die Gesellschaft einander ausschließende Aufgaben zu bewältigen hat – einen sterbenden Organismus auf seinem Weg ins Grab zu begleiten und die Geburtswehen eines neuen zu ertragen. Übergangsperioden bergen ihre ganz eigenen Schwierigkeiten. Ich habe den Eindruck, dass Komplikationen des hier besprochenen Typs, die sich ab jetzt zunehmend bemerkbar machen werden, der direkte Ausdruck eines gesellschaftlichen Übergangszustandes sind, der seine Schatten auf praktisch alle Bereiche des Berufslebens vorauswirft. Sobald ein neuer, ausgewogener Gleichgewichtszustand (so vorübergehend er auch sein mag) erreicht ist, werden viele dieser Komplikationen keine Rolle mehr spielen.

Wenn einmal ein nationales Gesundheitsprogramm aufgebaut ist, muss man damit rechnen, dass mit Blick auf die enormen Kosten, die mit einer individuellen Behandlung verbunden sind, anfangs eine reguläre psychoanalytische

Behandlung nicht eingeschlossen sein wird. Es ist wenig wahrscheinlich, dass man das volle Gehalt eines Arztes für die Betreuung von zehn Patienten ausgeben wird, deren Behandlung sich über eine Periode von, sagen wir mal, vier Jahre erstrecken würde, da das unter optimalen Bedingungen auf eine Betreuung von 2,5 Patienten pro Jahr hinauslaufen würde. Wahrscheinlicher ist, dass zu Beginn nur solche Therapien staatlich gefördert werden, die sich auf so begrenzte Ziele beschränken, wie sie zur Zeit durch eine medikamentöse Behandlung, durch psychoanalytische Psychotherapie oder irgendeine andere Art von Psychotherapie erreicht werden.

Klinische Erfahrungen werden jedoch zeigen, dass es eine Kerngruppe von Patienten gibt, denen durch solche Techniken nicht geholfen werden kann. Ich stelle mir vor, dass es Ausschüsse geben wird, die die Patienten auswählen werden, die gegen Kurztherapien in der Tat immun sind und ganz eindeutig eine richtige Psychoanalyse benötigen. In solchen Fällen könnte ein Kompromiss vereinbart werden, der vom Patienten verlangt, ein seinen finanziellen Möglichkeiten entsprechendes Honorar zu zahlen, das dann durch eine Versicherung oder eine andere öffentliche Institution ergänzt werden würde. Im Falle einer staatlichen medizinischen Versorgung sehe ich jedoch einen möglichen Verlust dadurch voraus, dass die Störungen eines Patienten durch die Anwendung einer einfachen Psychotherapie zwar klinisch behoben werden könnten, ihm aber eine intensive Psychoanalyse gewährt werden sollte, da seine Fähigkeiten, mit denen er wertvolle Beiträge für die Gesellschaft leisten könnte, möglicherweise nicht zum Tragen kämen, wenn sie nicht durch eine längere Tiefenanalyse geweckt und frei gesetzt würden.

Ein öffentliches Gesundheitssystem wird, wenn es reguläre psychoanalytische Behandlungen mit einschlösse, meines Erachtens bestätigen, dass die Zahlung von Honoraren kein integraler Bestandteil des psychoanalytischen Settings ist, wie es in der Vergangenheit bereits wiederholt gezeigt wurde.

Die psychoanalytische Situation ist eine Modellsituation, die im Wesentlichen historisch keiner Veränderung unterliegt. Soweit ich erkennen kann, müssen nur zwei gesellschaftlich relevante Bedingungen erfüllt sein: Es darf erstens kein Zweifel darüber bestehen, dass die Vertraulichkeit dessen, was der Analysand dem Analytiker mitteilt, garantiert ist – das heißt, keine staatliche Macht darf das Recht haben, den Analytiker zu zwingen, Aussagen zu machen, die die Angelegenheiten seines Patienten betreffen (das macht die Praxis der Psychoanalyse in Diktaturen wahrscheinlich unmöglich). Zweitens muss in der Gesellschaft die Fähigkeit zur Selbstbeobachtung ein gewisses Niveau erreicht haben.

Die Art und Weise, wie der Analytiker für seine Arbeit entschädigt wird, ist jedoch eine historische Variable, und es ist wichtig, darauf hinzuweisen, dass diese Variable nur eine Randbedeutung hat. Obwohl sie sich sicherlich auf die psychoanalytische Situation auswirkt, gibt es keinen Grund, nicht davon auszugehen, dass sie durch die psychoanalytische Technik gemeistert werden kann. Andererseits sind aber die beiden zuvor genannten gesellschaftlich bedingten Faktoren zentral und für die psychoanalytische Situation unverzichtbar.

Der variable Faktor der Honorarzahlung ist vom gesellschaftlichen Klima abhängig. Die Frage des Honorars wird für den Analytiker und den Patienten in einer Gesellschaft, deren Metabolismus vorrangig auf Erfolg beruht, und in der Geld, Reichtum und Überfluss einen hohen gesellschaftlichen Stellenwert einnehmen, andere Implikationen haben als in einer Gesellschaft, in der das Gemeinwohl Vorrang hat gegenüber dem individuellen Gewinn und in der gemeinschaftliches Handeln zum Schutz des Individuums als selbstverständlich erachtet wird. Es ist durchaus möglich, dass in einer zukünftigen Gesellschaft die in unserer Zeit seltene Sensibilität eines Patienten, für den die Enthüllung der persönlichsten Bereiche seines Wesens nicht mit einer finanziellen Abmachung zu vereinbaren ist, der allgemein akzeptierte Standard sein wird. In einer solchen Gesellschaft sollte dies aber kein Hindernis für die Analyse der Widerstände sein. In so einer Gesellschaft könnte der Widerstand beim Patienten in Form eines Bedauerns auftreten, dass er dafür keine Honorare bezahlen darf, gerade so, wie es zurzeit viele Patienten bedauern, dass die Spielregeln es nicht erlauben, dem Analytiker Geschenke zu machen. Psychoanalyse könnte in einer solchen Gesellschaft umso besser gedeihen.

Der Leser wird bemerkt haben, dass die Frage der Honorare unter zwei Gesichtspunkten erörtert worden ist. Der eine befasst sich vorrangig mit den psychoanalytischen Implikationen der verschiedenen Formen, in denen Honorare gezahlt werden; es ist ein Gesichtspunkt, der die Bedürfnisse des Psychoanalytikers vernachlässigt. Der andere zieht den Ehrgeiz des Psychoanalytikers und seinen Wunsch, Geld zu verdienen, in Betracht. Wenn auch die beiden Gesichtspunkte nicht getrennt voneinander diskutiert wurden, so hoffe ich doch, dass ich in keinem Fall daran zweifeln ließ, auf welchen Punkt ich mich jeweils bezogen habe.[42]

---

[42] Im vorangegangenen Text habe ich mich gehütet die Frage zu stellen, welche Rolle Geld in den unbewussten Motivationen der Psychoanalytiker tatsächlich spielen mag. Ich wäre mit einer solchen Frage nicht nur über die Grenzen dieser Abhandlung hinausgegangen, sondern hätte auch ein bisher nicht untersuchtes Gebiet betreten, zu dem beizutragen ich mich nicht in der Lage fühle. Schonbars (1967, S. 278) Kommentar scheint mir wichtig und würde eine genaue Untersuchung verdienen. Sie schreibt: »Die Tatsache, dass die analytische Gemeinschaft einen hohen Anteil an Aufsteigern aus sozialen Minderheiten hat, wie die Tatsache ihrer ambivalenten Stellung in Medizin und Psychologie mag die Sorge erhöhen, wie viele symbolische Bedeutungen der Umgang mit Geld für den Praktizierenden haben könnte.« Sie erörtert Möglichkeiten der Gegenübertragung und den Schutz, den sowohl ein stren-

Danksagung

Der Verfasser bringt zum Ausdruck, wie dankbar und verpflichtet er sich Frau Phyllis Rubinton, der Bibliothekarin des New York Psychoanalytic Institute, für ihre unschätzbare Hilfe fühlt.

Addendum

Erst kürzlich fiel mir eine Art, Honorare für analytische Behandlungen zu bezahlen, auf, die, obwohl selten angewandt, nicht ganz uninteressant ist. Es kommt zuweilen vor, dass mittellose Künstler die Honorare für die Behandlung mit Produkten ihrer Kunst bezahlen, gewöhnlich mit Gemälden. Hört man zum ersten Mal davon, könnte man geneigt sein, das durchaus als vertretbare Lösung einer schwierigen finanziellen Situation zu akzeptieren. Ich würde jedoch vermuten, dass diese Lösung Gefahren birgt. Offensichtlich betrifft es Künstler, die nicht erfolgreich darin sind, verkäufliche Produkte hervorzubringen. Wenn ein Psychoanalytiker sie dennoch statt Geld annimmt, muss das für

ges Honorarsystem bietet als auch eines, das lockerer ist. Dies sind Bemerkungen, die nachdenklich stimmen und deren Gültigkeit ich nicht beurteilen kann. Jedenfalls beziehen sich gängige Karikaturen von Analytikern und Witze über sie häufig auf eine angebliche Geldgier, mit der Andeutung, dass die Häufigkeit von Sitzungen und die Länge der Behandlung dem Zweck größerer Verdienste dienen. Der Verdacht, dass Häufigkeit und Länge mit Hintergedanken verbunden sind, ist natürlich das Ergebnis eines Missverständnisses, aber soweit ein heimliches finanzielles Interesse dabei eine Rolle spielt, mag man fragen, ob nicht ein satirischer Geist, wie es häufig passiert, die Wahrheit getroffen hat. Schließlich wäre es nicht überraschend, wenn die Beschränkung, der der Psychoanalytiker durch die psychoanalytische Technik unterworfen ist, und das gleichzeitige Defizit hinsichtlich narzisstischer Befriedigungen zu einer kompensierenden Überbewertung oder übergroßer Sorge hinsichtlich des Geldes führen würden. (Nachdem ich das Manuskript abgeschlossen hatte, war Dr. Paul Kramer so freundlich, meine Aufmerksamkeit auf Dr. Greensons Aussage in den *Psychiatric News* vom 6. Dezember 1972 zu lenken, der die Gewohnheit vieler Analytiker kritisiert, einen Patienten nach dem anderen zu sehen ohne Pause, die gebraucht wird, um »seine (des Analytikers) Gedanken, Phantasien und Verwirrungen durchzuarbeiten«. Diese »Drehtür-Politik« sei, so behauptet Greenson, »primär durch finanziellen Gewinn motiviert«. Er kritisiert die Profession wegen ihres Verhältnisses zum Geld. »So viele von uns sind bequem geworden und wollen es auch weiterhin bequem haben.« Es geht aus dem Bericht nicht hervor, ob Dr. Greensons Behauptung als Hypothese verstanden werden sollte oder ob sie ein Ergebnis tatsächlicher Befragungen ist. Jedenfalls verdient es sein Kommentar – eine der wenigen Erklärungen zu den Auswirkungen finanzieller Motive auf das Verhalten von Psychoanalytikern – in diesem Zusammenhang zitiert zu werden.)

den in Analyse befindlichen Künstler eine reale Bedeutung haben: Entweder zieht der Analytiker eine persönliche Befriedigung aus dem Kunstwerk oder er glaubt, dass es in Zukunft wertvoll sein wird.

In der Tat haben Ärzte gelegentlich fast ein Vermögen damit gemacht, dass sie die Werke eines unbekannten Künstlers, der später berühmt wurde, angenommen haben. Dadurch wird aber die reale Situation unklar, nicht nur durch die Phantasien des Patienten, sondern auch wegen der tatsächlichen Unschärfe der realen Situation.

Ernster jedoch wiegt die Tatsache, dass etwas, das der Patient produziert hat und das er verständlicherweise als einen Teil seiner Selbst oder seines Körpers betrachtet, zum Besitz des Analytikers wird; dass es von diesem berührt und, in der Phantasie des Patienten, bewundert wird. Ich könnte natürlich viele andere Komplikationen aufzählen, die darzulegen in diesem Kontext aber nicht nötig ist, weil sich jede als eine Belastung der Übertragungssituation erweist, die dadurch unbeherrschbar wird. Zusätzlich ist zu erwarten, dass Probleme, die mit dem Widerstand des Patienten als Künstler verbunden sind, nicht angemessen analysiert werden können.

Ein anderes Problem, das häufiger vorkommen mag als das gerade erwähnte, betrifft die Bezahlung von psychoanalytischen Honoraren mit nicht deklariertem abgabenpflichtigem Geld. Bis zu einem gewissen Grad beteiligen sich in den Vereinigten Staaten alle Analytiker stillschweigend an solchen Machenschaften, da viele Menschen nicht ihren vollen Anteil an den Einkommensteuern bezahlen. So landet ein Anteil, auch wenn er gering sein mag, des Geldes, das der Regierung der Vereinigten Staaten gehört, in den Kassen der Psychoanalytiker. Das gilt natürlich für alle Ärzte, aber in der Psychoanalyse ist sich der so bezahlte Arzt dessen bewusst. Indem er das Honorar akzeptiert, unterstützt er einen illegalen Gewinn des Patienten bzw. hat er bewusst Anteil daran. Da es in den Vereinigten Staaten ein landläufiger Zeitvertreib ist, die Steuern zu minimieren, und nicht daran teilzunehmen sogar als ein Anzeichen von Zwangsverhalten oder Hemmung gesehen werden könnte, ist es nicht ratsam, auf einer peinlich genauen Bezahlung der Steuern zu insistieren, bevor man das Honorar annimmt.

Die Situation ist eine andere, wenn das Honorar mit »Schwarzgeld« bezahlt wird. Der Patient bezahlt dann üblicherweise bar, mit der Folge, dass der Therapeut das ausnutzen wird und seinerseits keine Steuern auf die bar erhaltenen Honorare zahlt. Wenn der Therapeut das akzeptiert, dann muss das die psychoanalytische Situation beeinträchtigen und das ist inakzeptabel. Dennoch wüsste ich nicht, auf welcher Grundlage die Bezahlung eines Honorars in bar abgelehnt werden könnte. Dem Patienten muss jedoch vermittelt werden, dass das »Geschäft« nicht zustande kommen wird. Es mag sogar ratsam sein, prinzipiell die Annahme eines Honorars abzulehnen, wenn der Patient es aus einer heimlichen (und unversteuerten) Geldquelle zahlt.

Eine interessante Frage ist die, ob man von einem Callgirl, das man analysiert, ein Honorar annehmen sollte. Ich würde vermuten, dass die Analyse eine weit bessere Aussicht auf Erfolg hätte, wenn die Bezahlung bis auf eine Zeit verschoben würde, in der die Patientin eine neue Berufswahl getroffen hat.

Aus dem Amerikanischen übersetzt von
Mario Engelhardt und Edda Hevers

Über mögliche Wirkungen des Altersprozesses auf die psychoanalytische Berufsausübung – Ein Essay[1]

Freud schrieb in einem Brief an Max Eitingon, dass dieser »das eigentlich schönste und inhaltreichste Jahrzehnt«, das von fünfzig bis sechzig, noch vor sich habe (Freud 1960, S. 388). Der Anlaß des Briefes war der Tod von Eitingons Mutter. Eitingon war damals 49 Jahre alt, Freud war 73, und seine eigene durch hohes Alter hinfällige Mutter stand ein halbes Jahr vor ihrem Tode. Es lässt sich rekonstruieren, warum die Bemerkung über das »schönste und inhaltreichste Jahrzehnt« in die Beileidsbezeugung an den Freund und Schüler geriet. Im selben Brief gesteht Freud, dass seine noch lebende Mutter ihm »den Weg zur ersehnten Ruhe, zum ewigen Nichts« sperre. Eine solche Äußerung verlange eine deutliche Korrektur, dass dies nicht für Eitingon gelte, dessen Mutter ihm ja auch den Weg zum ewigen Nichts geöffnet hatte.

Daher war möglicherweise Freuds Loblied auf das 6. Jahrzehnt stärker ausgefallen, als es sonst der Fall gewesen wäre. Für ihn selbst war das 6. Jahrzehnt in der Tat ein segensreiches gewesen. Es fing mit *Gradiva* an und endete mit den *Vorlesungen*. Dazwischen lagen *Leonardo*, die Aufsätze über Technik und die Metapsychologie sowie die großartige *Geschichte einer infantilen Neurose*. Man konnte kaum mehr von einem Jahrzehnt erwarten oder verlangen. Da Freud ein relativer Spätling war, was das Finden seines genialen Wirkungskreises betraf, so mag dies zu einer Verschiebung schöpferischer Höhepunkte geführt haben.

Wie dem auch sei, die Psychobiologie des Genies unterscheidet sich von der des Durchschnittsmenschen. Das Genie findet fast immer seine wahre Erfüllung im Alterswerk, was sicher für den Durchschnittsmenschen nur selten gilt, wie talentiert er auch sein möge. Es ist daher eine berechtigte Frage, in welcher Art der Altersprozess die professionelle Betätigung des Psychoanalytikers beeinflusst.

Vorerst soll aber ein Problem der Methode geklärt werden. Es werden von vielen Forschern Systeme aufgestellt, in denen Phasen des erwachsenen Alters spezifische Haltungen, Wirkungsweisen und Aufgaben zugeordnet werden, wie es mit Kindesalter, Latenzzeit, Pubertät und Adoleszenz auf gesicherten

---

[1] [Zuerst erschienen in: Sebastian Goeppert (Hrsg.) (1975): *Die Beziehung zwischen Arzt und Patient*. München (List), S. 109–121.]

empirischen Grundlagen getan wird. Ich halte dies für methodologisch unberechtigt. In den frühen Lebensabschnitten geben Biologie und primäre Anforderungen der Realität die Leitlinien einer notwendigen Entwicklung. Die Leitlinien der Latenzzeit, Pubertät und Adoleszenz werden zusehends durch die Erfordernisse der Kultur und Geschlechtsreifung bestimmt. Der Erwachsene aber soll mehr oder weniger frei sein. Im Idealfall sind die inneren Prozesse autonom und nicht mehr wie in den vorhergehenden Phasen durch unmittelbare biologische und soziokulturelle Faktoren determiniert.

Dies ändert sich, sobald der Altersprozess sich physiologisch und psychologisch bemerkbar macht, denn mit dem Altern reißt ein biologischer Faktor, der für diese Altersstufe charakteristisch ist, einen Teil der unmittelbaren Steuerung des psychischen Geschehens an sich. Aber auch für diese Phase ergibt sich ein buntes klinisches Bild, das sich kaum auf einen gemeinsamen Nenner bringen lässt, denn die Reaktionen auf den Altersprozess hängen von der vorhergehenden Lebensgeschichte ab. Wenn der Ödipuskonflikt »untergegangen« ist und das Realitätsprinzip integriert wurde, sollte die Anpassung an das Altern mehr oder weniger konfliktlos vor sich gehen. Wir wissen, dass dies relativ selten der Fall ist und das Altern für eine große Zahl von Menschen, wahrscheinlich die überwiegende Mehrheit, konflikterregende Wirkungen hat. Der Psychoanalytiker sollte aufgrund seiner eigenen Analyse und deren Fortsetzung durch Selbstanalyse imstande sein, das Altern ohne psychopathologische Konflikte zu ertragen. Klinische Erfahrung zeigt, dass dies nicht immer der Fall ist. Nur wenige Analytiker folgen Freuds Regel der Wiederaufnahme der eigenen Analyse nach einem fünfjährigen Intervall. Auch macht sich wahrscheinlich die Majorität der Analytiker einer Vernachlässigung der Selbstanalyse schuldig, was auch Freud sich selber vorzuwerfen hatte.[2] Man kann von einer Analyse, die zwanzig, dreißig oder mehr Jahre zurückliegt, kaum erwarten, dass sie dem Ich gewährleistet, die ganz neuen und daher ungewohnten Anforderungen, die der Altersprozess sowohl physiologisch wie psychologisch mit sich bringt, ohne die Bildung neuer psychopathologischer Erscheinungen zu ertragen. Es kann kaum als Einwand gegen den therapeutischen Wert der Psychoanalyse dienen, wenn die Lehranalyse der Vergangenheit nicht die gewünschte Fernwirkung hat, den alternden Analytiker vor psychopathologischen Reaktionen zu schützen.

Das vorgeschlagene Thema dieses Essays (es soll sich hier nur um einen skizzenhaften Versuch handeln) hat zwei Aspekte: die Wirkung des Alterns auf den Psychoanalytiker und die Wirkung dieses Vorganges im Therapeuten auf den Patienten. Eine große Anzahl von Problemen müsste dabei in Betracht ge-

---

[2] »Im Laufe der Zeit habe ich aufgehört, mich selbst interessant zu finden, was gewiß analytisch inkorrekt ist.« (Freud zit. n. Schur 1966, S. 22)

zogen werden. Abgesehen von etwaigen Funktionsänderungen, die das Altern im Psychoanalytiker verursachen mag – das bloße Erscheinungsbild eines alternden Mannes wird eine wesentlich andere Stimmungslage im Behandlungszimmer verbreiten als das eines Therapeuten, der einer jüngeren Altersgruppe angehört. Die Gefühlsatmosphäre, die in einem Raume herrscht, ist eine von den vielen Imponderabilien, die sehr häufig eine Wirkung auf den analytischen Prozess haben mögen, ohne dem Patienten zu Bewusstsein zu kommen. Die biologische Erscheinung des Analytikers kommt allerdings schnell zur Sprache. Es gibt ja Patienten, die bei der Wahl ihres Therapeuten nach fest umrissenen Gesichtspunkten verfahren. Manche bestehen darauf, von einem Therapeuten ihres eigenen Geschlechts behandelt zu werden. So wird auch gelegentlich die Zugehörigkeit des Therapeuten zu einer bestimmten Altersklasse gefordert. Solche Faktoren sind der Analyse mehr oder weniger leicht zugänglich, da sie bewusst sind oder dem Bewusstsein nahe stehen. Ganz anders steht es um Vorgänge, die sich im Unbewussten des Analytikers abspielen, mit dem Altersprozess in Verbindung stehen und von dort ihren automatischen Einfluss auf das Unbewusste des Patienten haben können.

Freud (1912b, S. 381) vergleicht die Kommunikation zwischen Patienten und Analytiker mit Mikrofon und Lautsprecher eines Telefons. Wie im Telefon elektrischer Strom wieder in Schallwellen umgewandelt wird, so wird im Unbewussten des Arztes das Unbewusste des Kranken wiederhergestellt. Etwas ähnliches gilt auch zum Teil für manche Kommunikationsformen, die sich gelegentlich zwischen dem Unbewussten des Arztes und dem des Patienten entwickeln. Das Unbewusste des Arztes kann das Unbewusste des Patienten affizieren. In der klassischen Analyse ist es eine Grundregel, dass der Psychoanalytiker im Hintergrund bleiben und Persönliches nicht zur Mitteilung an den Patienten gelangen soll. Trotzdem ist es meistens unvermeidlich, dass das Unbewusste des Arztes das Unbewusste des Patienten erreicht. So bilden Gang, Aussehen, Wohnungseinrichtung, Händedruck und eventuell auch die Schrift und besonders die Stimme des Analytikers eine Gruppe von Faktoren, die diesen Vorgang unterstützen. Es sei betont, dass ich hier nicht die Wirkung der Gegenübertragung auf den Patienten im Auge habe. Es handelt sich vielmehr um strukturelle Gegebenheiten im Unbewussten des Analytikers, die unter Umständen eine durchaus tiefgehende Wirkung auf den Patienten haben können. Ich stelle diese Überlegung voran, da später untersucht werden soll, ob Struktureigentümlichkeiten des alternden Therapeuten den psychoanalytischen Prozess fördernde oder hemmende Wirkungen auf das Unbewusste des Patienten ausüben.

Der Altersprozess lässt sich nicht in einfacher Form darstellen. Ich will unter den vielen Faktoren hier nur das Anwachsen des Narzissmus hervorheben. Das Schicksal des durch das Altern gesteigerten Narzissmus wird entscheiden, ob das Altern des Therapeuten auf die Ausübung der Psychoanalyse förderlich oder qualitätsherabsetzend wirkt.

Wenn der Narzissmus des Alternden einseitig zu einer Erhöhung der Besetzung des Über-Ichs und des Ichideals führt, dann besteht die Gefahr von Rigidität, Zwanghaftigkeit, Intoleranz und Altersdepression. Die Ungeduld mit dem Patienten wird sich steigern, die Anpassung an die stetig wachsenden Erfordernisse der klinischen Situation wird leiden, und der Therapeut wird von dem Patienten erwarten, dass er sich der psychoanalytischen Technik bedingungslos unterwirft. Die Erwartung des Analytikers, dass der Patient sich vor seiner Autorität beugen wird, erhöht die Wahrscheinlichkeit, dass der Patient passive Einstellungen entwickelt. Die dadurch verursachte unwillkürliche Einschüchterung wird den Kreis der Assoziationen des Patienten empfindlich einschränken.

Das narzisstisch übersteigerte Ich des alternden Analytikers wird Bewunderung von Seiten des Patienten erwarten und ein ehrfürchtiges, respektvolles Aufblicken des Jüngeren zum Älteren provozieren. Es besteht dann die Gefahr, an die Bartemeier (1952, S. 250) erinnert, dass der Analytiker die bewundernden Bemerkungen des Patienten als bare Münzen annimmt, kritisch-feindselige aber hostiler Übertragung zuschreibt, eine Gefahr, die sicher nicht nur für den alternden Analytiker gilt, bei ihm aber im Falle einseitiger Ich-Besetzungen erhöht ist.

Die erhöhten narzisstischen Besetzungen im Ich des alternden Analytikers mögen, wie ich es in einem Falle beobachten konnte, zu der Behauptung führen, dass die gewöhnlichen Regeln der psychoanalytischen Technik, an die er sich in früheren Jahren hielt, für ihn keine Geltung mehr hätten. Sicher mag die vermehrte Erfahrung, die eine lange Praxis mit sich bringt, und das erhöhte Vertrauen des Alternden in sein Können dem Analytiker eine gewisse Freiheit gewähren, eine technische Neuerung zu erproben. Im eben erwähnten Falle aber erschien es eher, dass ein leichter Abbau der Über-Ich-Funktionen in dem gealterten Analytiker zu einem Allmachtsgefühl geführt hatte, demzufolge erprobte Regeln der Praxis für ihn keine Gültigkeit mehr hätten. Ich hörte auch einen sehr erfahrenen alten Analytiker behaupten, seine Analysen hätten bei halb so langer Dauer größere Erfolge als diejenigen jüngerer Kollegen.

Ich will nicht weiter auf die möglichen schädlichen Wirkungen eingehen, die das Altern auf die psychoanalytische Praxis haben mag, sondern mich den günstigen zuwenden; denn wenn auch das Altern gewöhnlich als ein Defizitphänomen angesehen wird, was vom körperlichen Standpunkt sicher richtig ist, so gilt dies nicht notwendigerweise im seelischen Bereich.

Der Zuwachs an narzisstischen Besetzungen mag mehr oder weniger über die Gesamtpersönlichkeit verteilt sein. Wenn man dazu das Nachlassen leidenschaftlichen Triebbegehrens nimmt, so ergibt sich eine Verringerung der

Neigung zu Konflikten, denn das Über-Ich und Ich rücken unter solchen ökonomischen und strukturellen Bedingungen näher. Die Spannung zwischen den zwei Provinzen lässt nach, was sich in einer Herabsetzung des Gewissensdruckes äußert. Freud hat auf die Manifestation von Zügen, »die dem Charakterbild des Vaters angehörten«, im alten Goethe verwiesen (Freud 1939, S. 233). Hier wird es deutlich, dass etwas Verstecktes, das wahrscheinlich den Kern des Über-Ichs gebildet hatte, dem Ich als Forderung oder Drohung gegenüberstand und Abwehr aktivierte, im Alter in das Ich aufgenommen wurde. Es mag dies als Harmonisierung der Persönlichkeit angesehen werden. Die dadurch gewonnene narzisstische Sicherheit und relative Unverwundbarkeit wird es im günstigsten Falle dem alternden Menschen ermöglichen, Illusionen aufzugeben, die er früher über sich selbst gebildet hatte. Er weiß endgültig, wie weit er es im Leben bringen wird, und erkennt unabänderliche Begrenzungen an; ehrgeizige Ziele früherer Lebensabschnitte werden reduziert und durch Ziele ersetzt, die mit der Realität harmonieren. Mit der Verringerung seines Ehrgeizes verringert sich auch die Angst vor Misserfolg und damit der therapeutische Ehrgeiz, dieser Erzfeind des psychoanalytischen Prozesses. Der Analytiker steht dann der Krankheit des Patienten mit größerer Toleranz gegenüber. Sie ist nicht mehr der Feind, der bekämpft werden muss, sondern es wird ihr die Existenzberechtigung voll und ganz eingeräumt. Wenn die Notwendigkeit gesund zu werden, die vom Patienten manchmal als ein ihm von außen auferlegter Zwang oder als eine Forderung des Therapeuten erlebt wird, ausgeschaltet ist, mag dies eine bedeutende Erleichterung für den Kranken bedeuten, wodurch dessen Gesundung gefördert wird. Bei sehr kranken Patienten habe ich eine klinische Wirkung dieser Art beobachtet, nachdem ich ihnen versichert hatte, dass sie die Therapie fortsetzen könnten, auch wenn sie nicht gesunden und dass, was manchmal noch wichtiger ist, die Analyse keineswegs mit ihrer Gesundung beendet werden muss.

Wenn nun das, was ich die »Stimmungslage« der Analyse nenne, von solcher Art ist, dass eine solche Versicherung nicht in Worte gekleidet zu werden braucht, sondern dem Patienten direkt übermittelt wird, so bereitet dies eine für sehr kranke Patienten therapeutisch günstige Atmosphäre. Die »Gesundungserwartung« wäre also ein Faktor, der im Unbewussten des Analytikers wirksam ist und die Stimmungslage der Analyse färbt. Er wird vom Unbewussten des Patienten aufgenommen, unabhängig von den verbalen Mitteilungen des Psychoanalytikers und von seinen bewußten Einstellungen. Wenn ich hier gegen eine Gesundungserwartung Stellung nehme, so darf dies nicht mit einer pessimistischen Einstellung verwechselt werden. Eine solche würde sich wohl in fast allen Fällen therapeutisch ungünstig auswirken. Es handelt sich hier eher um eine Einstellung dem Menschen gegenüber, die jenseits der

Kategorien von Gesundheit und Krankheit steht, im Menschen also nur das Menschliche sieht, das durch das Krankhafte in ihm nicht tangiert wird. Der Akzent des inneren Blickfelds, das der Analytiker vom Patienten hat, ist unter diesen Bedingungen von dessen Krankheit weggerückt. Der Mensch als solcher wird das zentrale Interesse des Therapeuten. Das extreme Gegenteil wäre, im Patienten den Träger einer Krankheit zu sehen, was durch betonten therapeutischen Ehrgeiz nahegelegt wird. Wenn dem alternden Analytiker der klinische Erfolg weniger bedeutet als früher, mag er in der Tat innerlich dem Patienten gegenüber toleranter werden, als er es in der Vergangenheit war.

Das Altern verringert die Neigung zur Aktivität und steigert den Drang nach Erkenntnis. Die Einstellung zum Zeitablauf hat sich geändert. Man denke an die schnellen Heilungen in den *Studien zur Hysterie* mit der Möglichkeit einer unendlichen Analyse, die vom alternden Freud in Erwägung gezogen wurde. Wenn die Widerstände eines Patienten den Fortgang der Behandlung ernstlich gefährden, so mag sich der Analytiker fragen, was zu tun sei, um die Stockung wieder in Fluß zu bringen, oder die Frage aufwerfen, was der Grund der Schwierigkeit sei. Analytisch gesehen sollten die zwei Reaktionen zu demselben Endeffekt führen, denn dem Analytiker stehen ja keine anderen Möglichkeiten zur Verfügung, als die Widerstände zu deuten und deren Genese aufzudecken. In klinischer Praxis scheinen die zwei Einstellungen aber verschieden auf. Dies zeigt sich besonders deutlich, wenn der Widerstand die Form des Agierens annimmt. Es geschieht vielleicht öfter, als man aus der Literatur entnehmen kann, dass der Analytiker sich durch feindseliges Agieren des Patienten provozieren lässt und mit einer Gegenaggression antwortet, die sich auf eine vorübergehende negative Reaktion im Analytiker, also auf einen inneren Prozess, beschränken mag und scheinbar keine äußere Manifestation erfährt. Auch wenn vom Patienten diese Reaktion nur unterschwellig bemerkt und nicht bewusst wird, so läuft es doch auf eine Belastung des psychoanalytischen Prozesses hinaus.

In meiner Erfahrung stößt man bei längeren und erfolgreichen Analysen, wenn der psychoanalytische Prozess die tieferen Schichten der Persönlichkeit erreicht, auf eine breite paranoide Schicht. Der Patient ist in dieser Phase seiner Behandlung besonders verwundbar. Sein psychischer Zustand ist der Freilegung einer offenen Wunde vergleichbar. Seinem Zustand zufolge neigt er zu paranoiden Reaktionen und demgemäß zu paranoidem Agieren. Es mag dann vorkommen, dass der Analytiker in einem Augenblick, da er auf den Angriff nicht vorbereitet war, die psychoanalytische Haltung verliert und seinem Temperament gemäß reagiert. Selbst wenn sich seine Reaktion auf eine Fehlleistung oder einen Unmut in seiner Stimme beschränkt, so bleibt dies nicht ohne Folge. Wir geben gewöhnlich dem Patienten eine Erklärung für eine eigene

Fehlreaktion und erwarten, dass er seinerseits der Analyse seiner Empfindlichkeit gegenüber der Entgleisung des Therapeuten zugänglich ist. In meiner Erfahrung setzen aber Fehlreaktionen des Analytikers, wenn sie sich in kritischen Phasen ereignen, Dauerspuren im Patienten. Der verursachte Schaden lässt sich dann durch die Analyse nicht wieder völlig gutmachen.

Unter günstigen Umständen ist der alternde Analytiker gegen solche Fehlreaktionen besser geschützt, als er es in früheren Jahren war. Es besteht dann eine Chance, dass er sich nicht über seinen Patienten »ärgern« wird, sondern das paranoide Agieren des Patienten als neues Material, das verspricht, ein Anlass zu tiefen, neuen Ansichten zu werden, willkommen heißt. Erhöhte Toleranz und Verringerung des therapeutischen Ehrgeizes machen dies möglich.

Jeder Patient bietet dem Analytiker eine Erweiterung seines seelischen Horizontes. Da die Patienten des alternden Analytikers im allgemeinen jünger sind als er, kann der Analytiker, indem er einen jüngeren Lebensabschnitt im Patienten miterlebt, Jugend wieder erleben. Der Patient wird dadurch mehr als der Repräsentant einer Aufgabe, er fällt nicht mehr gänzlich in den Bereich der Arbeit, sondern wird zum willkommenen Gast, der das Wiedererleben einer entschwundenen Vergangenheit gewährt.

In einem besonders wichtigen Bereich scheint der Altersprozess eine typische Schwierigkeit des analytischen Berufes zu erleichtern. Die Haltung des Analytikers ist verhaltensmäßig gesehen eine passive, und tatsächlich reagieren viele Analytiker auf die ihnen auferlegte Passivität mit psychosomatischen Symptomen, unter denen Nostalgie einen besonderen Platz einnimmt. Psychologisch sollte die rezeptive Seite des psychoanalytischen Berufes keineswegs eine passive sein, sondern die Verinnerlichung maximaler Aktivität bedeuten. Dies gelingt nur wenigen, aber der Altersprozess, der zusehends die motorischen Impulse und Abfuhren in das psychomotorische Feld verringert, erleichtert die Umwandlung rezeptiven Zuhörens in aktives Miterleben und ein aktives In-sich-Aufnehmen. Aktives oder passives Zuhören auf Seiten des Analytikers sind aber sicher Faktoren, die entscheidend auf die Gefühlsatmosphäre der analytischen Situation wirken. Ich vermute, dass der Unterschied der zwei Einstellungen in Stimme und Verhalten des Analytikers indirekt zum Vorschein kommt und dass aktives Zuhören des Analytikers die innerliche Partizipation des Patienten am psychoanalytischen Prozess wesentlich steigert.

Ein anderes Phänomen, das häufig, vielleicht sogar regelhaft im Altern auftritt, ist die Spontanerinnerung tief verdrängter oder vergessener Kindheitserlebnisse. Das Altern bringt die eigene Kindheit viel näher. Man kann dies daran ersehen, dass alte Leute das Kind oft viel besser verstehen als jüngere. Die Fähigkeit, sich unmittelbar in die Kindheitserlebnisse des Patienten einfühlen zu können, soll nicht mit der Fähigkeit, das Unbewusste zu erraten, also der Deutungsfunktion, verwechselt werden. Es handelt sich hier um zwei verschiedene Variablen. Die Fähigkeit der unmittelbaren Einfühlung zusammen mit dem Realfaktor des Alters des Therapeuten erhöht die Wahrscheinlichkeit, dass beim Patienten eine positive Großvater-Übertragung im Vordergrund stehen wird (vgl. Ferenczi 1939, S. 494). Dadurch mögen die aggressiven Qualitäten eines rasanten Ödipus-Konfliktes auf ein Niveau herabgesetzt werden, das den Patienten der Therapie zugänglich macht.

Im Mittelpunkt des Altersprozesses steht aber selbstverständlich die Einstellung zum Tod. Solange der Tod nicht als Notwendigkeit des Lebens integriert wird, sondern als Konflikt auslösender Feind im psychischen Haushalt des Analytikers repräsentiert ist, kann der alternde Analytiker dem Patienten keineswegs sein Bestes geben. Er ist ja dann in einer Situation, die der des Patienten vergleichbar ist, denn er hat es noch nicht zuwege gebracht, Unabänderliches im menschlichen Leben als berechtigten Anteil desselben anzuerkennen. Wir stoßen hier wieder auf das Problem von Aktivität und Passivität. Das Leben erfordert zwei gegensätzliche Einstellungen: höchste Aktivität in jenen Lebenslagen, zu deren Lösung Abänderungen und Veränderungen notwendig sind, und andererseits ein Sich-Beugen und Akzeptieren dessen, was dem menschlichen Schicksal als unabwendbar auferlegt ist. An dieser Zweiteilung der menschlichen Existenz scheitern die meisten Neurotiker. In eine kurze simplifizierende Formel gebracht: wo sie aktiv sein sollten, werden sie durch Schuldgefühl und Angst gelähmt, wo ein passives Sich-Beugen erfordert ist, kompensieren sie mit Rebellion und einem Sich-Aufbäumen. Die Todesangst der meisten Neurotiker ist durch die Auffassung des Todes als eines passiven Vorganges verursacht. Beim Manne handelt es sich meistens um die Angst vor der homosexuellen Überwältigung. Daher kommt die große Anziehungskraft des Selbstmordes, der als ein aktiver Vorgang veranschaulicht wird, als ob man den Tod um seinen Triumph betröge, wenn man sich aktiv das Leben nimmt.

Verständlicherweise entwickeln die Patienten des alternden Psychoanalytikers zahlreiche Phantasien, Befürchtungen sowie Wünsche über den Tod des Therapeuten. Es gibt alternde Psychoanalytiker, die die fortwährende Beschäftigung mit dem Tode des Therapeuten nicht gut vertragen und die deswegen eine psychotherapeutische Praxis vorziehen, in deren Verlauf sie weniger über ihren bevorstehenden Tod zu hören bekommen.

Wenn der Analytiker aber das eigene Todesproblem gelöst hat, so kann gerade die Art und Weise, wie er auf des Patienten Todeswünsche und -befürchtungen reagiert, eine große erzieherische Wirkung ausüben. Wenn der Patient wahrnimmt, dass er seine Befürchtungen und Wünsche uneingeschränkt zum Ausdruck bringen kann, ohne eine negative oder ängstliche Reaktion beim Therapeuten auszulösen, und wenn dieser befähigt ist, über seinen eigenen Tod rational und ohne narzisstische Überbewertung zu sprechen, dann kann der bloßen Wahrnehmung einer solchen Haltung, unabhängig von der therapeutischen

Wirkung der Analyse der Befürchtungen und Wünsche, ein hoher erzieherischer und heilender Wert zukommen. Es wird dem Patienten dadurch praktisch demonstriert, nicht nur wie weit man dem Unabänderlichen der menschlichen Existenz angstfrei begegnen kann, sondern auch wie es integriert werden kann. Die Existentialisten scheinen mir nicht recht zu haben, wenn sie, wie es manche tun, behaupten, dass der existentielle Horror ein abdingbares Element menschlichen Seelenlebens darstellt. Als gedanklicher Inhalt ist er kaum abwendbar, aber gerade der alternde Analytiker kann erweisen, dass Einsicht und Disziplin solche Gedankeninhalte ertragbar machen, ohne die Vitalsphäre zu affizieren.

Bloß vor Einem muss gewarnt werden. Im Allgemeinen gereicht es dem Patienten zum Schaden, wenn der Patient durch die Persönlichkeit des Analytikers überbeeindruckt wird. Manche Aspekte der Übertragung und der Persönlichkeit des Patienten bleiben dann unanalysiert, da Übertragung und Wirklichkeit nicht auseinandergehalten werden können. Eine dem Tode gegenüber stoische Haltung, die nicht auf Abwehr beruht, sondern die Gefühlslebendigkeit erhält, mag einem Patienten als heroisch erscheinen und dadurch sein eigenes Selbstgefühl herabsetzen, ja sogar Schuldgefühle provozieren. Solche Reaktionen mögen natürlich aus der Übertragungsneurose des Patienten erwachsen. Sie mögen aber auch durch einen ungelösten Rest eines Konfliktes im Analytiker verursacht sein, und der Therapeut muss sich, wenn seine Haltung im Patienten auffallend intensive Reaktionen auslöst, daraufhin prüfen, ob ein ungelöster Rest eines eigenen Konflikts ihn dazu veranlasst hat, seine Haltung zu »überspielen«.

Hier muss einer der Umstände im Leben des alternden Analytikers bedacht werden, von dem nicht gesagt werden kann, ob er sich günstig oder ungünstig auf seine Berufsausübung auswirken wird. Der erfolgreich Alternde zahlt einen Preis für das Privileg, älter zu werden, als es der durchschnittlichen Lebensdauer entspricht. Er verliert allmählich diejenigen, die ihm im Laufe des Lebens lieb geworden sind und im Alter nahestehen. Das »Um-sich-herum-Sterben« ist eine Belastung selbst für einen Menschen, der mit dem Nahen des eigenen Todes ins Reine gekommen ist. Die allmähliche Verarmung an Liebesobjekten wird zu einer stärkeren Besetzung der Berufsausübung, also der Patienten führen. Die größere Bedeutung, die der Patient dadurch im libidinösen Haushalt des alternden Analytikers einnimmt, mag zu einer hingebungsvollen, von Ambivalenz gereinigten Beziehung zum Patienten führen. Der Therapeut mag dann auf nicht-narzisstischer, objektlibidinöser Grundlage fast völlig in seiner Arbeit aufgehen, was eine optimale Wirkung auf die Qualität seiner therapeutischen Arbeit haben kann.

Andererseits mag diese Überbesetzung des Patienten der Therapie schaden, denn der Patient mag spüren, dass er zu einem wichtigen Liebesobjekt des Therapeuten, in seltenen Fällen sogar zu einem fast ausschließlichen geworden ist. Die optimale Distanz des Analytikers zum Patienten mag verloren gehen und die Gefühlsatmosphäre mag zu einer Fixierung des Patienten an die Behandlungssituation führen. Als ein Analytiker, der Freud einen Patienten geschickt hatte, sich nach dem Fortgang von dessen Analyse erkundigte, soll Freud geantwortet haben: »Miserabel, ich habe den Patienten so gerne.« Freud hat die Forderung der Abstinenz in der psychoanalytischen Kur wiederholt aufgestellt (1919a, 187f.; 1915a, S. 313f.; 1916b, S. 365). Die Abstinenzforderung besteht nicht nur für den Patienten, sondern auch für den Analytiker. Wenn der Analytiker zu große Befriedigung aus seiner Arbeit zieht, so ist die daran geknüpfte Schädlichkeit durchaus mit derjenigen vergleichbar, die ein Zuwenig an Befriedigung verursachen mag. Es wird dem alternden Analytiker wahrscheinlich öfters schwer fallen, das rechte Maß an Beteiligung zu halten. Allerdings muss in Betracht gezogen werden, dass das »richtige« Maß von Patient zu Patient variiert. Ein Intensitätsgrad der Gefühlsbeteiligung des Therapeuten, der für die Kur des einen Patienten zu hoch sein mag, wird für die eines anderen zu niedrig sein. Es mag sich hier um einen Faktor handeln, der für die Auswahl derjenigen Patienten, die sich am besten für eine Analyse durch einen alternden Analytiker eignen, maßgebend ist. Ich vermute, dass es eine Gruppe sehr kranker Patienten gibt, deren Analyse durch den alternden Analytiker eine höhere Erfolgschance hat als durch einen jüngeren, da sie besonders starke Beteiligung des Therapeuten erfordern. Das Altern des Analytikers hat selbstverständlich auch seine Schattenseiten. Vor allem ist in diesem Zusammenhang das Nachlassen der Gedächtniskraft zu erwähnen. Auch Freud, der, wie mir scheint, ein analytisches Idealgedächtnis besaß, entging dieser Schwächung nicht. In seinem Vorwort zur *Neuen Folge der Vorlesungen* sagt Freud, dass er Vorlesungen, die er im Wintersemester 1916/17 hielt, während des vorhergehenden Sommers entworfen hatte und dann »wortgetreu« vortrug. »Ich besaß damals noch die Gabe eines phonographischen Gedächtnisses.« (Freud 1933, S. 3) Hier würde es sich also um die Einbuße einer außerordentlichen, überdurchschnittlichen Leistungsfähigkeit des Gedächtnisses handeln.

Am Ende eines Briefes, vier Jahre später, in dem er Thomas Mann seine Josefsphantasie über Napoleon mitteilte, schrieb Freud: »Meine Tochter mahnt mich daran, daß ich Ihnen diese Deutung des dämonischen Mannes bereits mitgeteilt, nachdem Sie hier Ihren Aufsatz vorgelesen.« (Freud 1960, S. 426f.) Dies war etwas mehr als 3 ½ Monate vorher geschehen. Freud registriert dieses Versagen seines Gedächtnisses nicht, als ob es sich um eine Fehlleistung gehandelt hätte. Es muss wohl als Beispiel einer leichten Altersvergesslichkeit dienen.

Der Analytiker wird diesem Schicksal teilweise begegnen können, indem er während oder nach der Stunde Aufzeichnungen macht. Aber auch dieses Hilfsmittel wird das Nachlassen der Gedächtnisleistung nicht völlig kompensieren können.

Eine andere Schwierigkeit mag sein, dass das Einfühlungsvermögen in jüngere Patienten erschwert ist, wenn der historische Prozess zu einem besonders eklatanten »generation gap« geführt hat. Gerade in unserer Zeit sind moralische Werte einem Umwertungsprozess unterworfen, den mancher Analytiker nicht mehr integrieren kann. Ich glaube, es wäre verfehlt, sich zu zwingen, mit den Jungen jung zu sein. Es erscheint mir unter solchen Umständen weiser zu sein, den Patienten an einen jüngeren Kollegen zu verweisen.

Es ist schwer zu entscheiden und hängt sicher von individuellen Imponderabilien ab, wann der Analytiker aufhören soll, analytische Praxis auszuüben. Er mag auf dem Gebiete der Psychotherapie noch Hervorragendes leisten, aber nicht mehr die innere Spannkraft besitzen, das Totalmaterial einer längeren Analyse in sich aufzunehmen. Dies mag in vielen Fällen eintreten, wenn der Vergreisungsprozess einsetzt. Es ist schwer, die Linie zwischen dem alten Mann und dem Greis zu ziehen. Es ist auch eine Frage, ob die Vergreisung, selbst bei sehr hohem Alter, eine biologische Notwendigkeit ist und nicht, sogar vielleicht in erster Linie, von psychologischen oder, vorsichtiger ausgedrückt, psychosomatischen Vorgängen abhängt. Rohracher schreibt: »Bei Menschen, die ständig sehr viel geistig arbeiten, scheint das altersbedingte Absinken des Vigors [des Gehirns] viel langsamer einzutreten als bei Faulen oder Dummen.« (Rohracher 1967, S. 62)

Die »Faulen oder Dummen« werden aber wahrscheinlich von Anfang an unter der Herrschaft eines anderen endokrinen Systems gestanden haben als die »ständig viel geistig arbeitenden Menschen«, die daher vor einem katastrophalen Absinken der Geistesstärke genetisch besser geschützt sind. Psychoanalytiker bilden eine Gruppe, die durch Selektion zustande gekommen ist und die im Allgemeinen durch geistige Unruhe, Neugierde und erhöhte mentale Aktivität charakterisiert ist. Eine Vergreisung ist, außer bei exzessiv hohem Alter, ein unwahrscheinliches Ereignis als Abschluss im Leben eines Analytikers. Natürlich mögen Krankheiten einen Analytiker zwingen, sich sogar vorzeitig ins Privatleben zurückzuziehen. Das Akzidentelle soll aber hier nicht in Betracht gezogen werden. Im Allgemeinen wird das Altern den Psychoanalytiker nicht veranlassen müssen, den Ruhestand seiner Berufsausübung vorzuziehen.

Ich habe hier nicht die Psychologie der alternden Psychoanalytikerin in Betracht gezogen. Der psychoanalytische Beruf ist meiner Ansicht nach besonders auf die Psychologie der Frau zugeschnitten. Zumindest ist mir kein anderer Beruf bekannt, in dem so viele Frauen so Hervorragendes geleistet hätten wie im Bereich der Psychoanalyse. Es scheint mir, dass man bei Frauen, ihrem Temperament und Charakter entsprechend, viel öfter als beim Manne die rezeptive Haltung der Berufsausübung als eine subjektiv exquisit aktive vorfindet. Die biologischen Dispositionen des Mannes lassen ihn doch mehr motorischen Abfuhren zuneigen. Die unbewusste Idealphantasie des Mannes ist wahrscheinlich die heldenhafte Tat. Die Idealphantasie der Frau aber ist Schwangerschaft und Geburt, exquisite passive Zustände höchster Aktivität. Ich vermute, dass die Frau das Altern in noch höherem Maße konstruktiv im analytischen Prozess wird verwenden können als der Mann.

Indem ich meinen Gedankengang überblicke, fürchte ich, dass ich den positiven Beitrag des Alterns für die Ausübung der Analyse überzogen habe. Es mag fast so klingen, als ob ich dem Analytiker ein schnelles Altern empfehlen würde, damit er den Höhepunkt seiner Berufsausübung rascher erreiche. Dies würde mich mit Recht dem Vorwurf aussetzen, aus der Not eine Tugend gemacht zu haben. Das Altern ist unter allen Umständen ein Prozess, der nicht zu empfehlen ist, selbst wenn er in einer oder anderer Hinsicht Erleichterung bringt. Die ewige Jugend, die manche Religionen ihren Göttern zuschreiben, wird berechtigterweise ein offener oder geheimer Wunsch der meisten Menschen bleiben.

Meine Absicht war, daran zu erinnern, dass das Altern, was den Psychoanalytiker betrifft, nicht unbedingt als ein berufliches Defizitphänomen anzusehen ist.

Der verleumdete Therapeut –
Über ein ungelöstes Problem
der psychoanalytischen Technik[1]

Das klinisch-theoretische Fundament der Psychoanalyse ist die Dyade von Therapeut und Analysand. Sie wird durch die Übertragung des Patienten zusammengehalten. In der Idealsituation der klassischen Analyse ist die Übertragung ein Gebilde, das aus vergangenen Erfahrungen des Patienten und aus Phantasien über den Therapeuten erwächst. Damit eine unverzerrte Übertragung zustande kommt, sollte der Patient so wenig wie möglich über den Analytiker wissen; dieser sollte für ihn tabula rasa sein, so sauber und fest wie die Oberfläche eines Spiegels, dessen Glätte die getreue Wiedergabe eines Bildes gewährleistet.

Selbst unter idealen Bedingungen ist dieses Ziel nicht zu erreichen. Die Praxisräume des Analytikers, die Art, wie er sich kleidet, bewegt, spricht oder gestikuliert – alles wird zum Ausdrucksmittel persönlicher Eigenheiten. Jeder Patient macht sich, bewusst oder unbewusst, ein Bild von seinem Analytiker, das teils auf realen Beobachtungen und teils auf Schlüssen darauf beruht. Bei einigen Patienten finden wir ein erstaunlich zutreffendes Bild von der Person des Analytikers, andere bleiben ungerührt, als ob ihnen am Analytiker und seinem Wohnraum nichts Eigentümliches auffiele.

Ein Analytiker, von dem ich erzählen hörte, ging in seinem Bemühen um die Ausschaltung verunreinigender Faktoren so weit, dass er von seinen Patienten verlangte, sie sollten ihn beim Betreten und Verlassen der Praxis nicht anschauen. Es würde sich lohnen, die Aporien einer Technik zu untersuchen, die den Patienten überhaupt nicht mit dem Therapeuten bekannt werden lässt. In psychoanalytischen Ambulatorien könnte man es einrichten, dass der Analysand seinen Analytiker nie zu Gesicht bekommt. Der Ausgang eines solchen Experiments ist nicht leicht vorherzusagen; sicher ist nur das therapeutische Scheitern. Zumindest ergäbe das Ganze ein passendes Thema für eine kafkaeske Kurzgeschichte.

Ich lasse die Gegenübertragung als unvermeidliche Quelle einer Verunreinigung der Übertragung beiseite, weil ich entgegen heutigem Sprachgebrauch, aber im Einklang mit der Freud'schen Definition des Begriffs (1910b; 1915a) in der Gegenübertragung eine Reaktion sehe, die der Technik abträglich ist und unter allen Umständen vermieden werden sollte.

---

[1] [Erstveröffentlichung im *Jahrbuch der Psychoanalyse*, 27, 1991, S. 9–28.]

Im Folgenden rede ich von einer Quelle der Verunreinigung, die nicht regelmäßig zur Wirkung kommt. Anna Freud bemerkte einmal, dass objektive Kenntnisse des Patienten über seinen Analytiker die Analyse erheblich erschweren. Vielleicht dachte sie dabei an die Frage, die sie ihrem Vater stellte, als eine Flucht vor den Nazis hoffnungslos schien: »Wäre es nicht besser, wenn wir uns alle das Leben nähmen?« (Schur 1973, S. 587)[2]

Hier also hat man eine weitere Quelle der Verunreinigung: Informationen, die der Analysand jenseits eigener Beobachtung von außen erhält. Dieser Faktor muss in Freuds Analysen eine enorme Rolle gespielt haben, da seine Analysanden zu einer Fülle von Mitteilungen über das Leben ihres Analytikers Zugang hatten – was übrigens einer der Gründe dafür sein mag, dass seine Lehranalysen so oft eine Fortsetzung bei anderen Analytikern brauchten.

In minimalem Umfang werden äußere Informationen häufig durch Nachforschungen des Patienten ins Spiel gebracht. Viele Patienten schlagen in Mitglieder- und Adressenverzeichnissen die Ausbildung ihres Therapeuten nach. Gewöhnlich haben solche Informationen keine nennenswerten Folgen. Manchmal jedoch kann man aus der Analyse der Neugier des Patienten, der Erwartungen, Befriedigungen und Enttäuschungen, die er bei seinen Nachforschungen erlebt hat, das Grundmuster der voraussichtlichen Übertragung ableiten.

Eva Rosenfeld, eine Analysandin Freuds, erzählte mir, wie sie einmal durch »äußere« Information über ihren Analytiker, die ihr ungefragt zugekommen war, in eine fast unerträgliche Lage geriet. Man hatte ihr mitgeteilt, dass bei Freud das Karzinom wieder ausgebrochen sei, was man ihm bisher verschwiegen habe. Sie blickte mit schrecklicher Unruhe ihrer nächsten Sitzung entgegen und konnte sich erst nach schwerem Kampf dazu durchringen, die Wahrheit zu sagen. Freud erklärte, dass nichts der Befolgung der Grundregel im Weg stehen dürfe.[3]

So kann der Patient Dinge über den Analytiker erfahren, von denen dieser selbst keine Ahnung hat. Das geschieht insbesondere durch Klatsch, Fehldarstellung, üble Nachrede, Verleumdung oder wie man die Untergruppe der Kategorie nennen mag. Ich werde diese Möglichkeit an zwei Beispielen aus meinem eigenen Erleben besprechen und dabei die willkommene Gelegenheit nutzen, die betreffenden Entstellungen richtigzustellen.

---

[2] Dieses biographische Detail hätte meines Erachtens zu Anna Freuds Lebzeiten, und vielleicht noch einige Zeit darüber hinaus, nicht veröffentlicht werden dürfen, auch wenn sie die Veröffentlichung – sie war ein sehr entgegenkommender Mensch – autorisierte.

[3] Eine etwas andere Version derselben Geschichte findet sich bei Jones (1962, S. 185).

In seiner Freud-Biografie lobt mich Peter Gay (1988, S. 784f.)[4] für »den Fleiß und die Sorgfalt«, mit der ich die Arbeit des Sigmund-Freud-Archivs durchgeführt und »zahllose Quellen gesammelt« hätte. Zugleich aber geißelt er mich für eine Meinung, die ich angeblich hege. Er schreibt: »Dr. Eissler hat oft und offen die Ansicht vertreten, dass nichts – ich wiederhole: *nichts* – veröffentlicht werden solle, was von Freud nicht zur Veröffentlichung bestimmt war.« (Hervorhebung i. O.) Gay käme ganz sicher in Verlegenheit, wenn er gedrängt würde, auch nur ein einziges Beispiel beizubringen, wo ich eine derartige Ansicht geäußert habe. Tatsächlich habe ich selbst zwei Texte publiziert, die Freud nie und nimmer in seine gesammelten Werke hätte aufnehmen lassen: einen in meinem Besitz befindlichen Jugendbrief an einen Freund (Eissler 1972) und fünf Aphorismen (Freud 1871a), die er mit fünfzehn Jahren für eine Schülerzeitung seiner Klasse verfasste.

Weiterhin erwähnt Gay (ebd.) »die Geheimhaltungssucht«, der ich »so leidenschaftlich« frönte, dass ich von mir aus entschlossen sei, jedermann den Zugang zu den Beständen des Sigmund-Freud-Archivs zu verwehren. Ihm selbst aber wurde 1984 bei einem Gespräch mit mir, in dem er mich um Erlaubnis zur Einsicht in den Briefwechsel zwischen Freud und Oskar Pfister bat, eine Fotokopie dieser Briefe angeboten unter der Bedingung, dass er sie ediere.[5] Zunächst schien er mit dem Vorschlag einverstanden zu sein, später jedoch lehnte er ihn, wie ich vom Verlag gehört habe, ab.

Neben seinen direkten Vorwürfen gibt Gay eine Fehldarstellung, wo er auf die *Brautbriefe* Freuds zu sprechen kommt, die Anna Freud meiner Obhut anvertraut hat und die er hatte benutzen wollen. Er nennt die Unzulänglichkeit dieser Briefe den »vielleicht schlimmsten Verlust«, den meine Politik verschuldet habe (ebd.), und verschweigt dem Leser dabei einen Sachverhalt, von dem er unterrichtet worden war: dass nämlich Anna Freud die *Brautbriefe* bis zum Jahre 2000 gesperrt hat.

Er zieht ferner meine Fairness in Zweifel, wenn er fragt, wie Harold Blum, der jetzige Direktor des Archivs, wissen könne, dass diese Korrespondenz »die großartigste Sammlung von Liebesbriefen in der Geschichte der westlichen Kultur« sei (ebd.). Wusste er durch die Lektüre der ausgewählten Stücke, die zum einen Jones in seine Biografie aufgenommen und die zum an-

---

[4] [Anm. d. Ü.: Im amerikanischen Original des Buches (Gay 1988) findet sich an der angegebenen Stelle – innerhalb der Danksagungen, vor deren letztem Absatz – eine lange Passage über die Politik des Sigmund-Freud-Archivs, die in der deutschen Ausgabe (Gay 1989) fehlt.]

[5] Das Archiv hatte damals das Prinzip, keine Verwendung einzelner Freudbriefe durch Forscher zuzulassen, sondern nach dem mit der Freud-Jung-Korrespondenz (1974) begründeten Modell auf wissenschaftlichen Ausgaben der verschiedenen Briefwechsel Freuds zu bestehen.

deren Ernst Freud veröffentlicht hat, nicht selbst, wie großartig diese Briefe sind?

Schließlich ignoriert Gay das Vorwort der ungekürzten Ausgabe von Freuds Briefen an Fließ (Freud 1985), wo mir der Herausgeber überschwänglich dafür dankt, dass ich die Veröffentlichung ermöglicht habe. Gays Einbildung, ich »frönte der Geheimhaltungssucht«, wird durch Tatsachen, die er kennen konnte, widerlegt.

Kaum hatte ich den Schlag überwunden, den Gay dem Vertrauen einiger Patienten zu mir zugefügt hatte, da wurden sie Zeugen einer neuen Attacke, diesmal nicht so sehr gegen mein Urteilsvermögen, sondern gegen meinen Charakter. In der Anna-Freud-Biografie von Elisabeth Young-Bruehl steht zu lesen, dass Anna Freud 1971, als sie bei Gelegenheit des 27. Internationalen Psychoanalytischen Kongresses zum ersten Mal seit 33 Jahren wieder für eine Woche nach Wien kam,

> ihre düstere wie ihre launige Stimmung mit[brachte]. Sie entfloh dem auf die Stunde genauen Terminplan, den Kurt Eissler als ihr selbsternannter Manager für sie vorbereitet hatte – eine Rolle, in der sie ihn nicht haben wollte, die sie ihm aber auch nicht abschlagen konnte –, und ging ins Museum [...]. (Young-Bruehl 1988, S. 402)

Es bedarf kaum der Erwähnung, dass Anna Freud, eine Schlüsselfigur in der psychoanalytischen Bewegung und der Internationalen Vereinigung, einen Großteil ihrer Tage ausgefüllt hatte mit Gremiensitzungen, Podiumsdiskussionen und dem Anhören von Vorträgen; unter diesen Umständen wird die Idee, ich hätte einen genauen Terminplan für sie vorbereitet, zu einer lächerlichen Absurdität. Young-Bruehl selbst berichtet von einigen Unternehmungen Anna Freuds in Wien, die ich nicht hätte vorausplanen können und deren Details mir ersichtlich unbekannt waren: eine Privatvorführung für sie in der Spanischen Reitschule, Begegnungen mit Vertretern des österreichischen Unterrichtsministeriums, mit Angehörigen der B'nai-B'rith-Loge ihres Vaters, mit ehemaligen Schulkameradinnen und mit Emigrantenfreunden aus Europa und Amerika (ebd., S. 403). Darüber hinaus besuchte Anna Freud, wie ich sicher weiß, ihr geliebtes ehemaliges Landhaus Hochroterd, verbrachte einen Nachmittag in der Villa von Dr. Solms, dem Präsidenten der Wiener Psychoanalytischen Vereinigung, bei einer Zusammenkunft mit Funktionären des Kongresses (zu der ich nicht geladen war) und nahm – im Gegensatz zu Young-Bruehls Schilderung – an dem Empfang teil, den die Stadt Wien für die Kongreßbesucher veranstaltete.

Der Leser wird sich mit Recht wundern, dass mir die Einzelheiten von Anna Freuds Aufenthalt in Wien so gut bekannt sind. Die Erklärung ist einfach genug: Als ich in Wien eintraf, hatte ich keine Ahnung von Anna Freuds Terminen, wurde aber von Dr. Solms gefragt, ob ich als ihr Begleiter fungieren wolle. Ich hatte keinen Grund, diese Bitte abzulehnen.[6] Meine Aufgabe bestand darin, Anna Freud vor Journalisten und Fotografen zu schützen, gegen die sie, wie Young-Bruehl weiß, eine heftige Abneigung empfand. Ich informierte Anna Freud über die Vereinbarung, und sie ließ mich Tag für Tag wissen, wo und wann ich sie erwarten sollte. So kam es, dass ich über jeden ihrer Schritte in Wien Bescheid wusste.[7]

Ich muss mich ferner gegen Young-Bruehls Behauptung verwahren, dass Anna Freud mir als Geldbeschaffer nicht trauen konnte, weil ich »die Neigung« hatte, meine »Rolle zu überschreiten« (ebd. S. 411). Ein Beleg für diese Aussage fehlt, und auch sie verdient keinen Glauben, da ich nie Gelegenheit hatte, meine Rolle zu überschreiten.

Im Vorbeigehen sollten noch einige weitere Irrtümer berichtigt werden. Zweimal sagte mir Anna Freud mit Nachdruck, sie wolle klargestellt sehen, dass sie entgegen einem oft wiederholten Gerücht nur bei ihrem Vater und nicht bei Lou Andreas-Salomé in Analyse gewesen sei. Die Darstellung Young-Bruehls lässt den Leser über diesen Punkt im Zweifel. Ferner war es nicht Anna Freud, die zum ersten Mal auf die Identifizierung mit dem Aggressor aufmerksam machte (ebd., S. 210), sondern Ferenczi (1932); Young-Bruehl zitiert ein berühmtes Schopenhauer-Wort, als ob es von Freud stammte (S. 420f.); ein jüdischer Witz wird durch eine falsche Übersetzung ins Triviale verkehrt (S. 377); und zweimal verwechselt sie Freuds Geschwister.

Die Vorwürfe von Gay und Young-Bruehl bieten Gelegenheit für einige, wenn auch kursorische Bemerkungen über Klatsch und verwandte Äußerungen wie üble Nachrede oder Verleumdung. Es handelt sich um komplexe und weitverzweigte Phänomene. Psychoanalytischer Common Sense kann leicht die unbewussten Mechanismen und Triebkräfte, die dabei am Werk sind, rekonstruieren: Neid und Eifersucht, Rachebedürfnis, Zerstörungswünsche, Abwehr gegen Homosexualität und andere verbotene Sexualregungen, Projektion, Verleugnung eigener Untaten, narzisstischer Überkompensierung von Defekten usw. – das übliche Sortiment unbewusster Konstellationen, die belebt werden, wenn ein Mensch tut, was er nicht tun sollte. Der Klatsch übt eine eigentümliche Anziehungskraft aus, da er dem Klatscher und Verleumder

---

[6] Dr. Solms hat freundlicherweise die Richtigkeit meiner Erinnerung bestätigt.
[7] Das Gedächtnis ist launenhaft. Ich zum Beispiel erinnere mich an einen Spaziergang in die Innenstadt, bei dem Anna Freud Geschenke einkaufte, und an drei Örtlichkeiten, an denen ich mit ihr zu Abend aß. Dagegen sind mir zwei Mahlzeiten entfallen, die Anna Freud und ich mit Ilse Grubrich-Simitis hatten, wie sich diese erinnert. Seltsamerweise bleibt Ilse Grubrich-Simitis in Young-Bruehls Buch unerwähnt, obwohl sie Anna Freud nahestand, die ihr sehr dankbar war für ihre unermüdlichen Bemühungen um die Publikation der Bildbiografie Freuds (E. Freud et al. 1976), ein Band, den Anna Freud sehr schätzte.

das Gefühl einer erheblichen Macht über das Objekt seiner Feindseligkeit verleiht. In der Tat fehlt es vielen Verleumdeten nicht an Schläue und intrigantem Geschick, womit sie den von ihnen angestoßenen Prozess weitertreiben. Die Klatscher um des Klatschens willen scheinen aber in der Mehrheit zu sein.

Der Klatsch befriedigt auch ein Gruppenbedürfnis, das im allgemeinen unersättlich ist und mit immer neuen Geschichten und Einzelheiten gefüttert zu werden verlangt; Gesellschaft und Klatschkrämer stimulieren sich wechselseitig und sind so aneinander gebunden. Der exhibitionistische Lustgewinn, den der Klatscher durch das Kitzeln seiner Mitmenschen hat, ist beträchtlich.

Ein besonderes Problem ist die objektive Bestätigung oder Widerlegung von Klatschgeschichten und übler Nachrede: Was ist ihr Wahrheitsgehalt? Es würde die Forschung zur Psychologie des Klatsches erleichtern, wenn man mit Sicherheit bestimmen könnte, inwieweit eine Klatschgeschichte tatsächliche Vorfälle wiedergibt. Für eine solche Bestimmung braucht man gewöhnlich Verfahren, die aus der Psychologie herausführen. Young-Bruehl stützt sich auf eine Methode der Verifizierung, die unzureichend ist und vor der Biografen, die ernsthaft am Finden der Wahrheit interessiert sind, gewarnt werden müssen.

Sie hielt sich bei ihren Recherchen an eine mechanische, unpsychologische Regel. »Mitteilungen«, schreibt sie, »die ich in Interviews bekam, sind nicht verwendet worden, wenn sie nicht durch mindestens einen weiteren Interviewpartner bestätigt wurden.« (Young-Bruehl 1988, S. 12) Ihre Zwei-Informanten-Regel ist unzuverlässig, denn natürlich können auch zwei Informanten lügen, sich irren oder einem Vorurteil erliegen, wie eine umfangreiche Literatur über die Unzuverlässigkeit von Zeugen beweist. Auf der anderen Seite kann ein einziger aufmerksamer Zeuge, auch wenn ihm alle anderen Anwesenden widersprechen, doch recht haben.

Ein psychologisch gewitzter Biograf wird sich nie auf die Zwei-Zeugen-Regel stützen, sondern bei jedem Informanten die Wahrscheinlichkeit der Richtigkeit seiner Äußerungen abwägen. Zu diesem Zweck muss er sich ein Bild von der Persönlichkeit des Informanten machen, von seiner Beziehung zum Objekt der Biografie, muss Zeichen von Eifersucht, Enttäuschung und ähnlichen Regungen beachten, die alle die Information gefärbt, ja sogar einen Beweggrund zur Täuschung geliefert haben können. Wenn der Biograf das nicht vermag, muss er zumindest die Herkunft mündlicher Mitteilungen nennen. Young-Bruehl bietet lediglich eine Liste der von ihr interviewten Personen (ebd., S. 13f.) und verletzt geltende akademische Standards, indem sie die Quellen für bestimmte Angaben, die sie zitiert, verschweigt. Durch dieses Versäumnis werden weite Teile ihres Buches auf das Niveau einer Klatschkolumne herabgedrückt.

Es gibt verschiedene Arten des Klatsches – etwa, um nur eine zu nennen, das politische Gerücht, das in Zeiten sozialer Desintegration verhängnisvolle

Folgen haben kann. Ich beschränke mich hier auf die beiden Beispiele, die ich angeführt habe. Gewöhnlich gelangt Klatsch nicht zum Druck.

Solcher Klatsch ist ein soziologisches Phänomen von großer Bedeutung. In seiner Alltagsgestalt bildet er ein informelles, »nicht-amtliches« Kommunikationsnetz zwischen Mitgliedern einer Gruppe, das dem Verleumder eine Abfuhr seiner freischwebenden Aggression ermöglicht. Durch die Furcht, man könne selbst zur Zielscheibe des Klatsches werden, dient er als Warnung vor potentiellen Normbrüchen und hemmt potentielles Fehlverhalten. So schafft der Klatsch eine verborgene Eigenwelt, die in der Regel anonym und informell bleibt. Er kommt und geht, verursacht manchmal einen kurzfristigen Wirbel, wird aber gewöhnlich vom Zuhörer rasch ad acta gelegt.

Shakespeares geflügelter Satz »Wer den guten Namen mir entwendet, […] macht mich bettelarm« mag in einzelnen Fällen zutreffen, aber in der großen Mehrzahl stimmt er nicht. Stattdessen finden wir ein Phänomen, das ich als Gegenteil des typischen Traumes der Nacktheit (Freud 1900, S. 247–253) charakterisieren möchte. Der Träumende ist sich seiner mangelhaften Bekleidung bewusst und schämt sich heftig, aber andere Leute im Traum bewegen und benehmen sich so, als ob sie nichts davon merkten. In der Gruppensituation des Klatsches dagegen weiß jeder über den Inhalt der Diffamierung Bescheid außer dem Betroffenen selbst, der gewöhnlich von dem Gerede um ihn herum keine Ahnung hat. Die überstarke Verlegenheit des Träumers, eine Abwehr gegen exhibitionistische Lust, wird hier zur voyeuristischen Lust des Klatschers, der einen Menschen den Blicken anderer aussetzt.

Im typischen Fall bleibt das Opfer des Klatsches unberührt, und die anderen, Eingeweihten, wenn sie ihm begegnen, verhalten sich, als ob sie nichts Abträgliches über ihn erfahren hätten. Es gibt natürlich Variationen des Musters, und der Klatsch kann tragische Folgen haben, wie etwa Shakespeare es im *Othello* schildert. Im biblischen Fall von Susanna hätte der Rufmord zu ihrer Hinrichtung geführt, wenn sie nicht durch göttliches Eingreifen gerettet worden wäre. Die Verleumder beschuldigten sie derselben Tat, die sie ihr vergeblich hatten antun wollen. Wenn man sich aber vor Augen hält, in welchen Mengen täglich geklatscht wird und wieviel Energie Produzenten und Publikum dabei investieren, muss man zugeben, dass die tatsächliche, sichtbare Wirkung fast allen Klatsches gering ist.

Der Wahrscheinlichkeitsgrad des Klatsches – und das gilt auch für gedruckte Verleumdungen – bewegt sich zwischen zwei Extremen. Was jeweils verbreitet wird, kann sich mit realen Ereignissen decken und gibt dann die schiere Wahrheit wieder; oder es hat nichts mit der Realität zu tun. In den meisten Fällen werden Elemente beider Extreme vorhanden sein: gewöhnlich steckt ein Stück Wahrheit im Klatsch. Aber welche Art von Wahrheit? Nach Jung (1910) war das Gerücht über einen Lehrer, das in einer Klasse von 12- bis 13-jährigen

Mädchen umlief, die korrekte Deutung eines Traumes, den eines der Mädchen seinen Freundinnen erzählt hatte.

Es ist eher die Ausnahme, dass der Wahrheitsgehalt einer Klatschgeschichte oder eines Gerüchts so sauber bestimmt werden kann. Es gelang mir vor Jahren, einige Klatschgeschichten über mich in Erfahrung zu bringen. Ich war verblüfft zu sehen, dass der Klatsch, obwohl er keine Basis in der Realität hatte, dennoch Verweise – zumeist in entstellter Form – auf unbewusstes Material, wie unterdrückte Wünsche, Bilder und dergleichen enthielt. Das heißt, der Inhalt des Klatsches erschien als ein Abkömmling von etwas Verdrängtem. Sein faktischer Wahrheitswert war gleich Null, aber sein psychologischer Wahrheitswert war beträchtlich.

Es sieht so aus, als ob ein »guter« Klatscher in den meisten Fällen das Unbewusste seines Mitmenschen erahne – was nicht ausschließt, dass dabei gleichzeitig Projektion im Spiel ist. Andererseits kam mir einmal ein Stück Klatsch über mich zu Gehör, für das ich keine Entsprechung finden konnte. Es stammte von einer Frau des Typs, den ich als »pathologischen Klatscher« bezeichne. Ihr Klatsch enthielt nichts als Abkömmlinge ihres eigenen Unbewussten und spiegelten keinerlei – bewusstes oder unbewusstes – Material in mir wider. »Gute« Klatscher dagegen sind paranoide Persönlichkeiten mit einem besonderen Gespür für das Unbewusste in ihren Mitmenschen.

Die Art von Klatsch, für die keinerlei Äquivalent in der Realität anzutreffen ist, nenne ich Konfabulation.[8] Wenn ich mir ansehe, was Young-Bruehl über mich schreibt, muss ich sie eine Konfabulantin nennen: es enthält weder eine faktische noch eine psychologische Wahrheit. Dass ich Anna Freud einen Terminplan auferlegt hätte, passt überhaupt nicht zu mir. Es ist mir wesensfremd. Dasselbe gilt für ihre Behauptung, ich hätte die Neigung gehabt, meine Rolle zu überschreiten.

Eine Zeitlang war ich im Zweifel, ob ich dasselbe auch von der Fehldarstellung Gays sagen könnte oder ob nicht dieser mit seinem harschen Vorwurf vielleicht auf eine unbewusste Tendenz in mir reagierte. Mein Argwohn aber wurde zunichte, als ich in Young-Bruehls Buch (1988, S. 438) las, dass Anna Freud mich gebeten hatte, nach der vollständigen Ausgabe der Fließbriefe die weitere Publikation von Briefen ihres Vaters zu stoppen. Ich fand bei mir keine Spur einer Erinnerung an diese Bitte – sie war völlig vergessen. Wenn Gay recht gehabt hätte, zumindest in Bezug auf bewusste Wünsche oder Strebungen in mir, die eine Veröffentlichung von Freudbriefen zu hintertreiben suchten, dann hätte ich Anna Freuds Ansinnen eifrig zu diesem Zweck benutzt,

---

[8] Ob eine Klatschgeschichte geglaubt wird oder nicht, hat nichts mit ihrem Wahrheitswert zu tun. Konfabulationen finden oft einen erstaunlichen Glauben. Erfolg und Wahrheit sind in diesem Bereich unabhängige Variablen.

während doch meine Politik entgegengesetzt war. Dass ich ihr Ansinnen vergaß, macht mich geneigt, auch Gay für einen konfabulanten Verleumder zu halten. Es hätte wenigstens einen psychologischen Sinn ergeben, wenn der Verleumder das Unbewusste des Betroffenen oder ein Motiv, das er verbergen wollte, ans Licht gebracht hätte.

So haben Gay und Young-Bruehl miteinander gemeinsam, dass ihre falschen Aussagen Konfabulationen sind. In einer anderen Hinsicht aber besteht ein Unterschied zwischen ihnen. Ich bin nie mit Young-Bruehl zusammengetroffen und weiß nicht, warum ich bei ihr persona non grata bin – *dass* ich es bin, wird noch durch weitere abschätzige Bemerkungen über mich erhärtet (ebd., S. 432). Bei Gay sieht das anders aus. In seinem Fall habe ich einen Verdacht, warum er schlecht auf mich zu sprechen ist. Er schreibt, er müsse seine Leser »auf Lücken in dieser Biographie aufmerksam machen, für die ich nicht verantwortlich bin« (1988, S. 784). Und dann greift er *mich* als den Verantwortlichen für *seine* Lücken an. Hier geht der Autor in eine unangebrachte Defensive – schließlich kann man keinem Autor die Unzugänglichkeit oder das Fehlen von Quellenmaterial zur Last legen. Aber eine unangebrachte Selbstverteidigung, die zu einer unangebrachten Beschuldigung eines anderen führt, verdeckt einen Selbstvorwurf, und es ist in der Tat mein Eindruck, dass Gay Grund hat, sich Vorwürfe zu machen. Seine Entschuldigung für Lücken, für die er die Verantwortung zurückweist, lenkt ab von vorhandenen Mängeln in seiner Biografie.

Gay hat in seiner Biografie die Geschichte eines jüdischen Knaben von niedriger Herkunft, der durch Zufall in die Großstadt verschlagen wurde und dort erstaunliche Entdeckungen machte, geschrieben. Erst nach zwei Dritteln (S. 720) erfährt der Leser aus dem Munde von Leonard Woolf, dass Freud »eine Aura nicht von Ruhm, sondern von Größe hatte«. Man ist versucht, Schillers Wort: »Und wie er sich räuspert und wie er spuckt, das habt ihr ihm glücklich abgeguckt« zu zitieren. Gays Biografie ist die Geschichte eines Erfolges, aber nicht die Geschichte eines schöpferischen Geisteshelden. Charakteristischerweise hat Gay nicht das zündende Kindheitserlebnis Freuds erwähnt, als der sechsjährige »grenzenlos« erstaunt unter dem Eindruck der mütterlichen »Demonstration *ad oculos*«, dass »wir aus Erde gemacht sind und darum zur Erde zurückkehren müssen« (Freud 1900, S. 211). Man kann wohl sagen, dass Freud Zeit seines Lebens leidenschaftlich versuchte, das Unwahrscheinliche *ad oculos* zu demonstrieren. Nichts von Freuds Identifizierung mit Hamlet und Macbeth ist in der Biografie zu finden. Man rückt Freuds Seele nicht näher. Dies mag der Autor gespürt haben und deswegen benötigte er einen Sündenbock, den er in mir gefunden zu haben hoffte.

Was immer Young-Bruehls und Gays Motive gewesen sein mögen, ihre Vorwürfe, zwar persönlich verletzend, sind trivial und entbehren des Interesses. Dennoch lohnt es, sie zur Sprache zu bringen, weil sie zu einem Problem der psychoanalytischen Technik führen, das bisher unerörtert blieb, und für das ich keine Lösung gefunden habe.

An diesem Punkt muss man zwischen Klatsch und gedruckter Verleumdung unterscheiden. Klatsch kommt und geht und betrifft oft Uninteressantes. Die gedruckte Verleumdung dagegen schafft ein Faktum, das im Allgemeinen nicht an der Flüchtigkeit des Klatsches teilhat. Wie die Römer über die Diffamierung weise sagten: *Semper aliquid haeret* – das öffentliche Bild des Diffamierten wird immer in der einen oder anderen Weise beschädigt.

Aber die Römer fügten hinzu, man solle »dreist verleumden« (*audacter calumniare*), und ihr Rat ist von beiden Autoren beherzigt worden. So gibt sich Gay nicht damit zufrieden, dass ich meine sture Abneigung gegen Freud-Publikationen bei der einen oder anderen Gelegenheit geäußert hätte – nein, ich scheine es fast täglich gesagt zu haben, ohne auch nur eine Ausnahme einzuräumen. Young-Bruehl lässt mich Anna Freud nicht nur hie und da bedrängen – nein, ich habe mich zum Herrn über ihren ganzen Terminkalender aufgeschwungen und sie so sehr eingeschüchtert, dass sie nicht zu protestieren wagte. Ein derart wuchtiger Vortrag hilft, den Leser von der Richtigkeit der Verleumdung zu überzeugen, und brachte jedenfalls meine Patienten dazu, dass sie den Angriffen der Autoren Glauben schenkten. Nur zwei fielen aus dem Rahmen: Eine Patientin, die sich in analytischer Psychotherapie befand, erklärte es für ausgeschlossen, dass ich mich in dieser Weise gegen Anna Freud hätte verhalten können; und ein anderer psychotherapeutischer Patient, der sehr empfindlich auf Übertragungskonflikte reagierte, ersparte sich die Enttäuschung, indem er freundlicherweise die Verleumdung Young-Bruehls in ihr Gegenteil verwandelte und mein Geschick der Terminplanung für Anna Freud während ihres Aufenthalts in New York bewunderte.

Die technische Handhabung einer gedruckten Verleumdung in der psychoanalytischen Situation wird erschwert durch die innere Reaktion des betroffenen Therapeuten. Eigentlich hatte ich mir eingebildet, ich sei gegen das, was andere über mich denken oder sagen, immun. Durch Gay und Young-Bruehl habe ich gelernt, dass das nur teilweise der Fall ist. Es war mir gleichgültig, was die beiden über mich dachten oder redeten; aber als es in einen gedruckten Text einging, der aufgrund des Ansehens der Verleumder Glauben finden musste, erfasste mich ein Gefühl der Ohnmacht, verbunden mit einer subtilen Identitätsveränderung. Solche Folgen sind, wie ich noch darlegen werde, kaum zu vermeiden. Offenbar muss die innere Reaktion des diffamierten Therapeuten in Betracht gezogen werden, bevor man sich der Modalität der psychoanalytischen Technik zuwenden kann.

Dies ist eine ungewöhnliche Situation, denn im breiten Panorama der Konflikte, die in der Übertragungsbeziehung entstehen und toben, werden Position und Gestimmtheit des Analytikers fraglos vorausgesetzt. Der Analytiker befolgt unter allen Umständen die Regel des *tua res agitur*, d. h. die Situation kreist ausschließlich um den Patienten und seine Welt. Wenn aber die öffentliche Verleumdung des Therapeuten in das psychoanalytische Feld eindringt, wird das *tua res* zu *mea res*, und der Analytiker sieht sich plötzlich seiner persönlichen Welt gegenüber.[9] Die Welt des Patienten kippt für einen Moment aus der Perspektive. Bei der Verleumdung ist der Störfaktor nicht die gewohnte Verunreinigung der Übertragung durch Erscheinung, Eigenheiten und Wohnraum des Therapeuten, sondern ein Fremdkörper in dessen Leben, eine soziale Realität, die er ablehnt, die den Analysanden irreführt und an der zwangsläufig ein persönlicher Konflikt des Analytikers haftet.

Was eine »normale« Reaktion auf eine Verleumdung wäre, die im Druck fixiert wird, ist nicht ohne Weiteres zu bestimmen. Das soziale Bild des Geschädigten erleidet eine Verunstaltung, die dieser nicht beheben kann, die auf ihn zurückfällt und eine Spur in seinem Selbstbild hinterlässt. Im Kern handelt es sich um die Umkehrung eines paranoischen Mechanismus. Bei der Paranoia projiziert der Patient eine innere Struktur in die Außenwelt. Bei der Verleumdung »projiziert« die Außenwelt eine Struktur in das Selbstbild des Opfers, und der Verleumdete versucht vergeblich das Stigma abzuschütteln, das äußere Aggression seinem Selbstbild aufgedrückt hat.

Selbst wenn es der diffamierten Person gelingt, den Konflikt durchzuarbeiten und eine nicht-neurotische Lösung zu finden, muss dieses Gleichgewicht gestört werden, sobald der Konflikt durch den Patienten, der die Fehldarstellung als Tatsache in das psychoanalytische Feld einführt, wieder akut und aktuell wird. Es liegt hier keine Übertragungsreaktion vor: der Patient ist zum Träger einer Realität geworden, die einzig und allein den Analytiker betrifft. Der Unlösbarkeit des Konflikts im verleumdeten Therapeuten entspricht das Fehlen einer befriedigenden Technik. Was wäre die angemessene Art des Umgangs mit dem Bericht eines Patienten von einer verleumderischen Aussage über den Analytiker, die ihm durch eine anscheinend zuverlässige Quelle zur Kenntnis gekommen ist?

Welches Verfahren der psychoanalytische Common Sense vorschreibt, ist einigermaßen klar; es gibt nicht gar zu viele Alternativen. Man muss erkunden, welche Phantasien der Patient mit der Verleumdung verbindet, seine Gedanken und Assoziationen dazu, muss bestimmen, welche Elemente er für wahr oder falsch hält und seine subjektiven Gründe für das Aufbringen des Themas ermitteln. Aber damit hat man nicht die Komplikationen erfasst, die in der klinischen Situation stecken. Ein Beispiel zur Verdeutlichung:

---

[9] Gottlieb diskutiert in seiner Arbeit über die Analyse des Rattenmannes (1989, S. 45) einen vergleichbaren Vorfall, bei dem Freud zur Abwehr in Lachen ausgebrochen sein soll.

Einmal rief mich Muriel Gardiner an und entschuldigte sich für eine verheerende Äußerung über mich, die ihr eine fahrlässige Journalistin in einer vielgelesenen Zeitschrift zugeschrieben hatte, ohne dass sie je etwas dergleichen gesagt hätte. Es fiel mir auf, dass keiner meiner Patienten die Geschichte erwähnt hatte, obwohl ich annehmen musste, dass dem einen oder anderen die belastende Stelle zu Augen gekommen war. Manche Patienten haben wenig Bedenken, negative Gefühle und Urteile über den Analytiker, die zur Übertragung gehören, auszudrücken, während sie vor dem Ausdruck von real begründeter Feindseligkeit und Kritik zurückscheuen. Die negative Übertragung, so scheinen sie zu empfinden, wird im Lauf der Behandlung aufgehoben: wenn aber dieselben Gefühle eine Basis in der Realität haben, drohen sie eine bleibende Wunde zu hinterlassen, das Bild des Therapeuten zu entwerten und letztlich einen Bruch herbeizuführen. So wird die unwillkommene und angsterregende Schilderung, je nachdem, lieber unterdrückt, verdrängt, verleugnet oder verheimlicht.

Um diese Zeit brachte ein Patient Zweifel an meiner Zuverlässigkeit vor, und ich fragte mich, ob diese Reaktion möglicherweise auf die Diffamierung zurückgehe. In einem solchen Fall steht man einer besonderen Schwierigkeit gegenüber. Wenn der Zweifel des Patienten eine Übertragungsreaktion war, würde ihn meine Frage nach einer äußeren Quelle in die Irre führen und die psychoanalytische Situation verwirren. Wenn ich dagegen richtig geraten hatte, könnte die Betonung der sozialen Wirklichkeit andere Schwierigkeiten verursachen, wie das folgende Beispiel zeigt.

Ein Patient, der sich in einer prekären Übertragungssituation befand, war bei der Lektüre des Gayschen Buches enttäuscht, weil er meinen Namen nicht im Register entdeckte. Gays Angriff gegen mich steht am Ende des Bandes, und da die Sommerpause nahte, fürchtete ich, dass der Patient, wenn er die inkriminierende Passage in der Zeit meiner Abwesenheit las, in eine Depression geraten könne. Daher bemerkte ich, dass er bei der weiteren Lektüre meinem Namen noch begegnen würde. Als er zur nächsten Sitzung kam, war er empört über meine vermeintliche Dummheit, Gay den Zugang zu den Beständen des Archivs verwehrt zu haben; zugleich aber verübelte er mir, dass ich ihn zur Suche nach meinem Namen ermuntert hatte. Er hätte sich nie die Danksagungen am Ende der Biografie angesehen, wo er ihn schließlich fand. Ich hatte unnötig seine Neugier gereizt, und es wäre ihm ein Konflikt erspart geblieben, wenn ich nicht eingegriffen hätte. Die Kritik des Patienten war nicht unberechtigt. Ein zusätzliches Problem bei gedruckten Verleumdungen besteht darin, dass der Patient sie bereits kennen kann, während der Therapeut ganz ahnungslos ist. Zu der Zeit, als ich noch nichts von den Anwürfen Young-Bruehls wusste, äußerte eine ältere Patientin, die seit vielen Jahren in Psychotherapie war, auf freundliche Weise ihr Bedauern über meine unglückliche Einmischung in Anna Freuds Leben. Die positive Übertragung wurde durch diese Information nicht geschmälert, und ihre Reaktion beschränkte sich auf ein Bedauern, dass derart kränkende Dinge über mich veröffentlicht werden. Ich erwiderte natürlich in aller Unschuld, dass sie die Autorin missverstanden haben müsse, denn ich war mir sicher, dass eine solche Einmischung nie geschehen war.

Eine andere Frage ist, ob man den Patienten an die Wahrheit der Verleumdung glauben lassen sollte. Oder sollte ich einem Patienten sagen, dass Gay und Young-Bruehl Märchen verbreiten? Gewöhnlich verlangt die Richtigstellung einer Verleumdung komplizierte Erklärungen, aber in diesem Fall wären bloß zwei Sätze nötig gewesen: Gay hatte, erstens, die Herausgeberschaft eines Freud-Briefwechsels angetragen bekommen, und ich war, zweitens, Anna Freud als Begleiter zugewiesen worden. Es ist jedoch keine gesunde Lage, wenn der Analytiker in die Defensive gedrängt wird, und es gibt prinzipielle Einwände gegen Berichtigungen dieser Art.

Als Alternative kann man den Patienten für wahr halten lassen, was er will, und sich auf die Analyse seiner Reaktionen beschränken. Aber dieses Verfahren ist mit ernsten Risiken verbunden. Wenn ich wirklich gedacht und gehandelt hätte, wie die zwei Autoren behaupten, hätten meine Patienten objektive Gründe gehabt, an meiner Zuverlässigkeit als Therapeut zu zweifeln. Ein Mensch, der so dumme Ansichten hegt, wie Gay sie mir zuschreibt, und der sich so tölpelhaft benimmt, wie Young-Bruehl mich schildert, kann kaum erwarten, dass man ihn als einen vertrauenswürdigen Therapeuten akzeptiert. Aber selbst wenn ich dem Patienten die Wahrheit sage – wer sagt ihm, dass meine Version die Wahrheit ist? Angesichts der hohen Reputation von Gay und Young-Bruehl hätte der Patient das Recht zu vermuten, dass ich nach Ausflüchten suche und die von ihnen veröffentlichte Wahrheit vernebele. Was blieb mir anderes übrig, so würde der Patient mit gutem Grund fragen, wenn die beiden Autoren Recht hatten?

Eine weitere Möglichkeit wäre, die beiden Autoren wegen Verleumdung zu verklagen. Das Urteil, von dem ich annehme, dass es zu meinen Gunsten ausfiele, käme den Patienten zu Ohren und würde ihr Vertrauen in mich, wenn auch sehr verspätet, wiederherstellen. Aber ich muss gestehen, dass ich lieber von meinen Patienten für töricht oder taktlos gehalten werde, als mich auf ein Gerichtsverfahren einzulassen. Es scheint, dass hier die psychoanalytische Technik an eine Grenze stößt: gedruckte Verleumdung mag ein Realitätshindernis schaffen, das unüberwindlich ist. Möglicherweise sind bestimmte öffentliche Funktionen mit einer ungestörten psychoanalytischen Praxis unvereinbar.[10]

---

[10] Man mag vielleicht meinen, dass Richtigstellungen in Kultur- und wissenschaftlichen Zeitschriften die Dinge wieder ins Lot bringen könnten. Aber der Abdruck entsprechender Leserbriefe wird öfter verweigert als zugelassen und hat in jedem Fall nur eine Augenblickswirkung, während die in einem Buch veröffentlichte Verleum-

Bleibt noch ein letztes Problem von großer Tragweite. Angenommen, der Patient findet durch Glück selbst heraus oder entdeckt auf andere Weise, dass die Aussage über den Therapeuten, die er gelesen hat, unwahr ist; aber auch dann wird er mit einiger Berechtigung fragen: »Wie kommt es, dass gerade Sie zur Zielscheibe der Verleumdung werden?« Die zugrunde liegende Frage ist die, wie der Ruf eines Menschen entsteht. Mit anderen Worten: Ist ein Mensch nicht nur für seine Taten, sondern auch für seinen Ruf verantwortlich? Die moderne Viktimologie mag eine Antwort nahelegen – sie gibt dem Opfer die Schuld für das Verbrechen.[11]

Die destruktiven Bemerkungen von Gay und Young-Bruehl, zusammen mit der Klage eines Kollegen, dass ich eine Verwandte von ihm ungebührlich beeinflusst hätte, um mich selbst zu bereichern (Eissler 1978 [1955], S. 16ff.), könnten aus dieser Sicht für die Möglichkeit sprechen, dass mein Unbewusstes jene anderen dazu provozierte, verleumderische Behauptungen über mich in die Welt zu setzen. Aber beide Geschichten, ich wiederhole es, die von Gay wie die von Young-Bruehl, sind reine Konfabulationen.

Wo hätte man nach der subjektiven Quelle der Reputation eines Menschen zu suchen? Es scheint, dass die unsichtbaren Wurzeln des persönlichen Rufs ein Rätsel bleiben. Doch kann man argwöhnen, dass in der Verleumdung, der ich begegnete, mehr von meinem Unbewussten am Werk war, als ich habe aufdecken können. Man hat ein schärferes Auge für die Gemeinheiten seiner Mitmenschen als für die Abwege, auf denen das eigene Unbewusste wandelt.

Natürlich mangelt es nicht an Fällen, in denen klar ist, warum die Opfer des Klatsches einen schlechten Ruf haben. Ihre Reputation entspricht ihrem Verhalten. Obwohl diese Fälle kein psychologisches Problem aufzuwerfen scheinen, bezweifle ich auch bei Ihnen, dass sie auf eine schlichte Korrespondenz zwischen Verhalten und Klatsch zurückzuführen sind, denn es gibt gar nicht so seltene Beispiele, wo ein Mensch, der durch sein anstößiges Verhalten einen sehr schlechten Ruf verdient hätte, in der Wertschätzung seiner Mitmenschen sehr hoch steht. Andererseits vermute ich, allem gegenteiligen Anschein zum Trotz, dass die Verleumdung in Fällen, in denen ihr nichts in der äußeren Welt entspricht und sie dem Verleumdeten in jeder Hinsicht wesensfremd ist, gleichwohl ein Stück von seinem tiefsten Verdrängten widerspiegeln kann. Die

---

dung von einem breiten Publikum rezipiert wird, das kaum je auf die Richtigstellung stößt. Bemerkenswert ist auch, dass die üble Nachrede leichter Glauben findet und länger erinnert wird als die Richtigstellung.

[11] Darin liegt, seltsam genug, eine optimistische Erwartung. Während Verbrecher nicht behandelt werden wollen und jedenfalls niemand weiß, wie sie zu behandeln wären, werden sich potentielle Opfer nur allzu gern heilen lassen; und so kann man hoffen, dass wir eines Tages eine Welt ohne Verbrechen haben werden, weil es keine Menschen mehr gibt, die danach verlangen, Opfer eines Verbrechens zu werden.

Diffamierung stellte dann die Wiederkehr eines Verdrängten dar, das im Handeln, in der Symptomatik und Psychopathologie ihres Opfers keinen Ausdruck gefunden hat. Es gäbe also dieser Theorie zufolge kein pathologisches Klatschen – von der früher erwähnten Art. Ich bin aber nicht imstande, die Verbindungen zwischen dem tief Archaischen, Verdrängten und seiner Wiederkehr von außen in der Form der Verleumdung jedes Mal nachzuweisen, und kann nur die Hypothese vorschlagen, dass Verleumdung immer eine Mischung der Psychopathologie von Verleumder und Verleumdetem ist. Es klingt vielleicht weit hergeholt, dass die Phantasmagorie eines paranoiden Verleumders (denn nichts anderes ist Verleumdung in vielen Fällen) Abkömmlinge des fest verdrängten, klinisch sonst inaktiven und stummen Materials im Verleumdeten selbst enthalten soll. Aber der Gedanke ist nicht so abwegig, dass der begabte Verleumder annähernd zu erraten vermag, wie er das Opfer seiner Aggression am meisten verletzen kann. Und eben das, was den Verleumdeten am meisten reizt und trifft, könnte etwas sein, das zu seinem tiefsten Verdrängten gehört.

Ob diese Theorie richtig ist oder nicht, es bleibt sehr betrüblich zu sehen, dass von den Pforten der akademischen Welt, die als Bollwerk menschlichen Anstands gilt, die Unwahrheit das breite Publikum erreicht. Es sollte doch, um das Mindeste zu sagen, eine gesunde Distanz zwischen Sensationspresse und Wissenschaft geben.

Um mit einer weniger düsteren Note zu enden, zitiere ich einige angebliche Sätze von Leonardo da Vinci, auf die mich Emanuel E. Garcia freundlicherweise aufmerksam gemacht hat:

> Das Urteil eines Feindes ist oft gerechter und nützlicher als das Urteil eines Freundes. Der Haß sitzt im Menschen fast stets tiefer als die Liebe. Der Blick eines Hassenden ist schärfer als der Blick eines Liebenden. Der wahre Freund ist wie du selbst. Der Feind aber ist verschieden von dir, und das ist seine Stärke. Der Haß wirft Licht auf vieles, was der Liebe verborgen bleibt. Merke dir das, und verachte nicht den Tadel deiner Feinde. (Mereschkowski 1901, S. 177)

Aus dem Amerikanischen übersetzt von Michael Schröter

Die Ermordung von wie vielen seiner Kinder muss ein Mensch symptomfrei ertragen können, um eine normale Konstitution zu haben?[1]

Der Leser mag über diese Fragestellung erstaunt sein. Ich selber habe sie noch in keinem Lehrbuch der Psychiatrie oder Konstitutionspathologie abgehandelt oder gar beantwortet gesehen, und trotzdem handelt es sich hier um eine Frage von großer praktischer Bedeutung, wie ich es im Folgenden auseinandersetzen will.

Es mag nicht allen Psychiatern bekannt sein, dass sich innerhalb der freundschaftlichen Beziehungen zwischen der Bundesrepublik und den Vereinigten Staaten eine Art heimlicher (oder nicht so heimlicher) Fehde zwischen manchen amerikanischen Psychiatern und manchen deutschen Gerichten abspielt. Die Fehde wiederholt sich in fast monotoner Weise, wenn ein hier in den Vereinigten Staaten lebendes Opfer der nationalsozialistischen Verfolgungen, gewöhnlich jemand, der beträchtliche Zeit in Konzentrationslagern verbracht hatte, Wiedergutmachungsansprüche für nervöse Leiden, die auf keiner körperlichen Ursache beruhen, erhebt. Der Vorgang, soweit er zu meiner Beobachtung gekommen ist, spielt sich folgendermaßen ab: Der vom Deutschen Konsulat zugezogene Psychiater erklärt das Leiden als nicht durch die Verfolgung, sondern durch Anlage bedingt. Das Gericht stimmt mit dem Psychiater überein. Der Antragsteller legt Berufung ein und wird wieder abgewiesen. Die klagende Partei wird hier in Amerika meistens von einer für diese Zwecke gegründeten Wohlfahrtsorganisation (United Restitution Organisation, abgekürzt URO) beraten. Klage und Berufung hängen oft von dem Gutachten des von dieser Organisation zugezogenen Psychiaters ab. So geschieht es fast regelmäßig, dass die Akte des Antragstellers ein oder mehrere Gutachten enthält, die die Anlagebedingtheit des Leidens behaupten und ebenso viele, die für Verfolgungsbedingtheit eintreten. Auch findet man regelmäßig ein Gutachten, das von einem deutschen durch das Gericht berufenen Obergutachter verfasst wurde, der sich fast regelmäßig der Ansicht des Vertrauensarztes des Konsulats anschließt. Der Ablauf fängt an, recht monoton zu werden. Es ist voraussagbar, was man in den jeweiligen Gutachten vorfinden wird, und auch über den Gerichtsentscheid braucht man nicht mehr in Spannung zu sein.

---

[1] [Erstveröffentlichung in *Psyche – Z Psychoanal*, 17 (5), 1963, S. 247–291. Die Rechtschreibung wurde behutsam modernisiert.]

Ich dachte nun, dass es vielleicht zweckdienlich wäre, wenn ich den nächsten mir von der URO zur Begutachtung zugestandenen Fall genauer untersuche, als es sonst bei der Vorbereitung eines Gutachtens üblich ist, und das Resultat meiner Untersuchung der Öffentlichkeit vorlege, um die Hauptpunkte der Divergenz möglichst klar herauszuarbeiten. Es ist merkwürdig, dass in einer Zeit, in der das wissenschaftliche Denken in der westlichen Welt in Vollblüte steht, empirische Fragen, die diesseits metaphysischer Problemstellungen stehen, anhaltend diametral entgegengesetzte Beantwortungen finden.

Für das Gericht ist, falls ein verfolgungsbedingtes Leiden vorliegt, letztlich die Frage der Minderung der Erwerbsfähigkeit entscheidend. Diesen Punkt werde ich nicht besprechen, da es sich für mich ausschließlich um die Frage der Verfolgungsbedingtheit psychischer Erkrankungen handelt. Ebenso werde ich keine diagnostischen Fragen wie die Unterscheidung von Neurose, Angstneurose, chronisch reaktiver Entwurzelungsreaktion, vegetativer Dystonie, erlebnisbedingter Persönlichkeitsumwandlung, erlebnisbedingter Sensibilisierung usw. behandeln. Die praktische Erfahrung zeigt, dass solche diagnostischen Unterscheidungen in den meisten Fällen mehr von der Schule, aus der der Psychiater stammt, als von den Eigentümlichkeiten des Falles abhängen. Ich glaube, es hieße die gegenwärtige Lage der psychiatrischen Diagnostik zu verleugnen, wenn man die Entscheidung *Verfolgungsbedingtheit oder Konstitution* von solchen diagnostischen Unterscheidungen abhängig machen wollte. Damit möchte ich aber keineswegs innerhalb der Psychiatrie einem diagnostischen Nihilismus das Wort reden, vielmehr anerkenne ich die Dringlichkeit einer allgemein akzeptierten psychiatrischen Diagnostik.

Aus der ersten Akte, die mir von der URO zugesandt wurde, ergab sich folgende Sachlage. Der Antragsteller B. hatte, als er von der URO einvernommen wurde, folgende Angaben gemacht: Er wurde in Litauen im Jahre 1909 geboren und lebte vor Ausbruch des Krieges in Vilnius. Dort besaß er eine Schuhmacherwerkstätte. Er heiratete im Jahre 1930 und hatte zwei Kinder.[2] Er verdiente vor Ausbruch des Krieges 80 Zloty die Woche und beschäftigte dauernd zwei Schuhmacher in seiner Werkstatt; er war vor dem Kriege nie krank gewesen und arbeitete ständig. Der Ort, in dem er lebte, wurde 1941 von den Deutschen besetzt. Im September wurde ein Ghetto errichtet und B. wurde gezwungen, dorthin zu übersiedeln. Ende 1943 wurde das Ghetto liquidiert und B. in – insgesamt sechs verschiedene – Konzentrationslager verschickt. Er hatte verschiedene Aufgaben zu verrichten, wie z. B. das Bauen von Straßen und Schützengräben, Feldarbeiten, Kohleabladen, Waldarbeiten. Gelegentlich wurde er in seinem Beruf verwendet. Als er in ein in Deutschland gelegenes Konzentrationslager kam,

---

[2] B. machte unterschiedliche Angaben über seine Kinder. In Wirklichkeit hatte er vier Kinder. Zwei starben kurz nach der Geburt und zwei wurden im Ghetto umgebracht.

musste er Sträflingskleider tragen und erhielt eine Häftlingsnummer. In einem der letzten Konzentrationslager wurden von der SS Hunde auf ihn und andere Häftlinge gehetzt.[3] Einige der Verfolgten wurden zerbissen. Es wurden ihm vier Zähne ausgeschlagen.[4] In einem Konzentrationslager wurde B. so heftig auf den Kopf geschlagen, dass er blutige Verletzungen davontrug und das Bewusstsein verlor. Er war sechs Wochen auf der Revierstube. Es war geplant, ihn und andere vor der Befreiung zu erschießen. In einem Lager blieben nur 30 Mann von 1000 am Leben. Im letzten Konzentrationslager waren alle Häftlinge krank. Bei der Verladung auf einen Zug, der die Gefangenen nach Tirol bringen sollte, wurde B. von den Amerikanern befreit. Während seiner Inhaftierung zog sich B., wie er meinte, folgende Krankheiten zu: Arthritis, Nervosität, Kopfschmerzen und Magenkrankheit. B. hielt nicht nur die Verletzungen für seine körperlichen Leiden verantwortlich, sondern auch die Tatsache, dass er sehr schlechte und spärliche Kost erhielt und bei jeder Witterung in dürftigster Kleidung Arbeiten verrichten musste. Nach seiner Befreiung kam B. nach einer Zwischenstation in ein D.-P.-Lager [Displaced Persons-Lager], wo er bis zum Jahre 1950 blieb. Er wurde dort vom Lagerarzt behandelt und war auch im Krankenhaus. Nach seiner Einwanderung in die USA im September 1950 war er in ständiger Behandlung, jeweils in einem Krankenhaus oder bei Privatärzten. Er gab an, er sei nur beschränkt arbeitsfähig und sein Gesundheitszustand lasse keine dauernde Tätigkeit zu; er verdiene 60 Dollar die Woche.

Soweit B.s persönliche Darstellung, wie sie, von der URO vorbereitet, dem Gericht unterbreitet wurde. Aus Dokumenten geht hervor, dass B. einen Monat vor Auflösung des Konzentrationslagers als arbeitsunfähig in ein anderes verschickt und dort ins Krankenrevier aufgenommen wurde. Ein Krankenhaus bestätigte, B. seit seiner Ankunft in New York bis zum Jahre 1954 behandelt zu haben. Er hatte anfangs Schmerzen im Unterbauch, die von selber aufhörten. Der Patient klagte während der ganzen Zeit über Kopfschmerzen und Knochenschmerzen. Röntgen des Schädels war negativ wie auch die neurologische Untersuchung. Der Eindruck war, das seine Kopfschmerzen durch starke Angst, verbunden mit den vorhergegangenen Erfahrungen in Europa, verursacht wurden. Ein Arzt bestätigte im Jahre 1957, dass B. die letzten vier Jahre wegen Angstzuständen, Magengeschwür, rheumatischer Diathese und sekundärer Anämie bei ihm in Behandlung war. Der Arzt schätzte die Minderung der Arbeitsfähigkeit auf 35%. Ein Röntgenspezialist fand im Jahre 1959 eine Schwellung der Schleimhaut im oberen Teil des absteigenden Duodenums, was mit großer Wahrscheinlichkeit für ein atypisch gelegenes Geschwür sprach, obwohl keine *Nische* gefunden wurde. Die Untersuchung durch den Hals-Nasen-Ohren-Spezialisten (1960) verlief im wesentlichen negativ. Eine leichte Schallempfindlich-

---

[3] Während der späteren Unterredung verwies B. auf eine feine Narbe am Unterarm, um seinen Bericht zu erhärten.

[4] Das innerfachärztliche Gutachten des Konsular-Vertrauensarztes vermerkt das Fehlen von zwei Zähnen.

keitsstörung in den oberen Tonlagen war in keiner Weise mit den Verfolgungen verbunden. Der begutachtende Internist berichtet u. a.: zwei Narben – eine 7 cm lange, nicht ganz gerade strichförmige Narbe in der linken Schädelregion und eine 2 cm lange, ebenso strichförmige Narbe an der linken Stirn. Zwei Zähne im rechten Oberkiefer fehlen. Schwerhörigkeit auf dem rechten Ohr; wahrscheinlich auf arteriosklerotischer Grundlage beruhender, dem Alter entsprechender Herzmuskelschaden.

Von größerer Wichtigkeit ist das Gutachten des vom Deutschen Konsulat zugezogenen Psychiaters, auf das wir später noch zurückkommen werden. In der Vorgeschichte wird – außer den bereits erwähnten Umständen – bemerkt, dass B.s Eltern[5], seine zwei Schwestern und vier Kinder durch die Verfolgung ums Leben kamen. Dann folgt eine Aufzählung von Ereignissen während der Verfolgungszeit. In den ersten drei Lagern wurde er nie »ernsthaft« geschlagen. In einem späteren Lager wurde er »schwer geschlagen und auf den Kopf getreten«. Später wird erwähnt, dass er auf einem Transport nach Tirol »viel geschlagen, aber nicht ernsthaft verletzt wurde«. Weiter werden die hauptsächlichsten Ereignisse nach der Befreiung geschildert. B. blieb sechs Wochen lang bei einem Bauern und wollte nicht in ein Krankenhaus, da er sich nicht überzeugen konnte, dass er wirklich frei war.

Von Wichtigkeit sind hier die Angaben über die Arbeit nach der Ankunft in den Staaten. B. arbeitete zuerst drei bis vier Monate als Schuhmacher, später in einer Mützenfabrik. Er verlor Zeit durch seine Magenbeschwerden, blieb jeden Monat vier bis sechs Tage zu Hause. Außer den Magenbeschwerden, die seit seiner Befreiung bestanden, klagte B. über Schmerzen in den Schultern und in der linken Brust sowie über tägliche Kopfschmerzen, die von hinten nach vorne ausstrahlten und deren Dauer ein paar Stunden betrage; sie verschwanden dann, erschienen aber oft wieder am selben Tag. Sein Schlaf sei gestört. Seit dem Kriege habe er kaum jemals mehr als drei Stunden geschlafen. Er wache nach einer Stunde wieder auf. »Er lehnt Ohrenbeschwerden ab.« »Er meint, er sei nicht nervös.«

Über den Geisteszustand wird berichtet, »dass B. in sehr einfacher Weise Auskunft gibt. Er ist nicht deprimiert, übertreibt nicht, scheint im Ganzen etwas hilflos. Er zeigt keine Gedächtnisstörung, ist völlig orientiert« etc.

Von dem Bericht über den Körperzustand ist erwähnenswert, dass er älter aussieht, als es seinem Alter entspricht. Weiter wurde Schwerhörigkeit auf dem rechten Ohr festgestellt. (Dieser Befund wurde vom Ohrenspezialisten nicht bestätigt.) Sie beruhe nicht auf Verletzung des Nervensystems. Der Gutachter konnte deren Ursache nicht bestimmen, ebenso wenig wie die der Magenbeschwerden.

»Was seinen seelischen Zustand angeht«, fährt der Vertrauensarzt fort, »so handelt es sich hier sichtlich um einen minderbegabten Menschen, der jetzt auf

---

[5] In Wirklichkeit war die Mutter früh verstorben.

die Schwierigkeiten in diesem Lande mit einem nervösen Spannungszustand reagiert, welcher die Ursache seiner Kopfschmerzen ist und welcher möglicherweise auch die Ursache oder eine Teilursache seiner Magenschmerzen darstellt. Dieser Spannungszustand kann nicht als verfolgungsbedingt angesehen werden, sondern ist die Reaktion eines entsprechend veranlagten Menschen auf die zur Zeit vorliegenden Umstände.«

Sodann wird die Möglichkeit organischer Schädigung des Nervensystems ausgeschlossen. »Im übrigen scheint es mir«, fährt der Gutachter fort, »daß seine Kopfschmerzen seine Arbeitsfähigkeit nicht meßbar beeinträchtigen. Er gibt selbst an, daß die Ursache für den Verlust von Arbeitszeit wesentlich auf seinen Magenbeschwerden beruht.« Über die Schlafstörung wird gesagt, »daß er wie viele andere Menschen seine Schlafzeit erheblich unterschätzt. Sein Allgemeinzustand steht im Widerspruch zu der Angabe, daß er nur drei Stunden schläft.« Diagnose: Minderbegabte Persönlichkeit mit reaktivem Spannungszustand. Nicht verfolgungsbedingt. Keine Erwerbseinschränkung.

Im Jahre 1960 nahm der Ärztliche Dienst des Landesentschädigungsamtes Stellung zu B.s Fall. Die vertrauensärztlichen Gutachten wurden als gültig anerkannt. Obwohl in einem Befund aus dem Jahre 1945 (B. war im D.-P.-Lager hospitalisiert worden) über B. vermerkt wurde, dass er sich in gutem Ernährungs- und Kräftezustand befinde, »kann man doch einen allgemeinen Erschöpfungszustand in den ersten Jahren nach der Inhaftierung für wahrscheinlich halten, wobei auch eine seelische Erschöpfung nach Verfolgung mitberücksichtigt wurde«. Da dieser nur vorübergehend war, wurde eine »durchschnittliche, verfolgungsbedingte Gesamt-MdE-30 % ab Haftende bis 31. Dezember 1948« vorgeschlagen. Die Stellungnahme endet mit dem Vermerk: »Ab 1. Januar 1949 hat in Übereinstimmung mit dem Gutachten ein Verfolgungsleiden nicht mehr vorgelegen.« Im Jahre 1961 wurde B. auf Ersuchen der URO von einem Psychiater untersucht. Dieser kam zu ganz anderen Schlussfolgerungen. Er fand bei der Untersuchung B.s zwei Krankheitsbilder: (a) nervös-seelische Störungen, die er unter dem Namen eines Konzentrationslager-Syndroms zusammenfasste. »Diese Störungen sind mit größter Wahrscheinlichkeit als durch die nationalsozialistischen Gewaltmaßnahmen im Sinne der Entstehung verursacht anzusprechen.« (b) Eine Herzmuskelschwäche. »Diese Erkrankung ist, wenn auch anlagebedingt, als abgrenzbare Verschlimmerung anzusehen.« Die verfolgungsbedingte Minderung der Erwerbsfähigkeit betrage 40,5 %. Diese Schlussfolgerung wurde in einem ausführlichen über sechs Seiten langen Gutachten begründet, in dem psychiatrische Literatur zitiert wurde, die nachweist, dass Dauerschäden durch Erlebnisse in Konzentrationslagern verursacht werden können. B.s Minderbegabtheit wird anerkannt, aber als krankheitsverursachend ausgeschlossen. Die Anlagebedingtheit von B.s jetzigen Leiden wird als unmaßgeblich angesehen.

Im Jahre 1962 entschied das Landesgericht gegen B.s Ansprüche. Die Ansichten der Vertrauensärzte, »daß dieser keine Erwerbsminderung verursachende Spannungszustand die Reaktion eines entsprechend veranlagten, minderbegabten Menschen auf die Zeitumstände ist«, wurden als zutreffend anerkannt. Als weitere Begründung wurde angeführt:

Der Anspruch auf Schaden wurde von B. erst im Jahre 1957 angemeldet und nicht im Jahre 1950, als B. den Schaden an Freiheit anmeldete. Ein Mensch, der so schwer geschädigt wurde, hätte keine Anmeldefristen verstreichen lassen. Dies sei ein Indiz, dass B. bis zum Jahre 1957 der Auffassung war, keinen erheblichen verfolgungsbedingten Gesundheitsschaden davongetragen zu haben. Deswegen sei auch die Ansicht des Vertrauensarztes, dass die Symptome »erst in den USA durch Umwelteinflüsse bedingt entstanden« sind, der Ansicht des Privatgutachters, dass die Störungen seit der Haftzeit bestünden und durch die Verfolgung verursacht wurden, vorzuziehen. Auch gehe aus dem Befund des D.-P.-Hospitals hervor, das B. sich »offenbar schnell und gut erholt hat und ein erheblicher verfolgungsbedingter Gesundheitsschaden bereits im Herbst 1945 nicht mehr bestanden hat.« Das Gericht verwies weiter auf Umstände, die dafür sprächen, dass B.s Angaben nicht zuverlässig seien und der Wahrheit nicht entsprächen. Um Wiederholungen zu vermeiden, werde ich diese Umstände später genauer besprechen.

Zum Schluss sprach sich das Gericht auch gegen die Auffassung des Privatgutachters über die Herzmuskelschädigung aus und schloss sich der Ansicht der Vertrauensärzte an, da vor dem Jahre 1960 kein derartiger Schaden konstatiert wurde.

Es tut mir leid, dass ich den Leser mit dieser langatmigen Aufzählung trockener Details bemühen muss. Er hat sicher interessantere Krankengeschichten zu Gesicht bekommen, aber dieser Auszug aus den vorliegenden Unterlagen hat den Vorteil, dass er das typische Bild eines mittelschweren Falles, wie er dem Psychiater sehr häufig nach Aktenlage zur Begutachtung vorgelegt wird, darstellt. Man darf B. als einen den Durchschnitt repräsentierenden Fall ansehen.

Ich gehe nun zu meinem eigenen Bericht über, werde aber vermeiden, bereits Erwähntes zu wiederholen: Ich traf B. dreimal und sprach auch mit seiner Frau. Er erscheint wohlgenährt, aber blässlich und sieht vielleicht älter aus, als es seinem Alter entspricht. Die Verständigung mit ihm ist nicht leicht. Seine Muttersprache ist jiddisch und sein Deutsch nicht gut. Er kann nicht schreiben und liest nur jiddische Zeitungen und englische Straßenbezeichnungen. Er ist ein ungebildeter Mann, ein bisschen unwirsch. Er erweckt den Eindruck, nicht gerne gefragt zu werden. Anfangs bleibt er in seinen Antworten eher kurz. Er braucht Zeit, bis er auftaut. Aber nach relativ kurzer Zeit scheint er zu ermüden und zieht sich wieder zurück. Er ist orientiert, aber sein Gedächtnis, wie es schon aktenmäßig aus der widersprüchlichen Anzahl seiner Kinder hervorgeht, ist nicht verlässlich.[6]

Wenn er auf Widersprüche zwischen jetzigen und vergangenen Angaben aufmerksam gemacht wird, zuckt er die Achseln, als ob er sagen wolle, er könne es nicht erklären, es sei eben so. Ein Versuch seinerseits, Widersprüche zu korrigieren, ist kaum bemerkbar. Ich bin solchen Haltungen öfters begegnet. Man findet sie häufig bei primitiven Menschen niedriger Bildung. Bei Unterredungen mit diesem Typus Mensch wird ein Intellektueller gewöhnlich ungeduldig und neigt dazu, in der Widersprüchlichkeit ein Zeichen verminderter Intelligenz zu sehen. Zu Unrecht. Das Ausmaß an Widersprüchlichem, das der menschliche Verstand ertragen kann, ist von imponierender Größe. Beim Intellektuellen handelt es sich meist um verfeinerte, sozusagen sublimierte Widersprüche. Er hat sich an sie gewöhnt und nimmt sie nicht als Widersprüche wahr. Die Rationalisierung ist der Mechanismus, mit dem er sie überbrückt, wenn er darauf aufmerksam gemacht wird. B. hat sein Leben ohne geistige Anregung in einem kulturell anspruchslosen Milieu verbracht. Ich glaube, seine genuine Intelligenz war einmal recht gut. Aber auch die Intelligenz muss aktiviert oder geübt werden, um nicht Atrophien vergleichbare Veränderungen zu erleiden. (Psychologen verneinen die Existenz solcher Prozesse.)

B. berichtet, dass er und seine Familie im Ersten Weltkrieg von Litauen nach Minsk flohen. Die Mutter starb bald nach der Ankunft. B. behauptet, sie sei mit seinem drei oder vier Jahre jüngeren Bruder verhungert. Beim Erzählen vom Tode der Mutter werden B.s Augen feucht. Es war der einzige Moment, in dem er beim Erzählen seiner Lebensgeschichte Rührung zeigte. Der Vater wollte nicht bei den Kommunisten bleiben und ging nach Vilnius. Ursprünglich hatte der Vater ein Fuhrwerk und ein Pferd, in Vilnius aber war er Lastträger. B. besuchte zwei jüdische Schulen und war zwei Jahre in einem amerikanischen Heim für Flüchtlingskinder. In jungen Jahren wurde er von der älteren Schwester zu einem Schuhmacher in die Lehre gegeben. Er erhielt

---

[6] Ich dachte an die Möglichkeit von Arteriosklerose. Ich bat Herrn Dr. M. Silbermann um eine neurologische Untersuchung des Antragstellers. Ich möchte hier Herrn Dr. Silbermann für seine große Freundlichkeit, meiner Bitte nachgekommen zu sein, herzlichst danken. In einem ausführlichen Gutachten gelangt Dr. Silbermann zu folgender Diagnose: Spätfolgen einer Kopfverletzung, kompliziert durch Gehirnerschütterung, schwere Avitaminose und hochgradige Gefühlserschütterung (emotional shock). Ob die rein organische Auffassung Dr. Silbermanns oder meine, der zufolge die Hauptsymptome B.s psychogen sind, die richtige ist, ist für die folgenden Ausführungen nicht relevant. Wahrscheinlich sind B.s Symptome durch zwei Kausalreihen zu erklären. Die Gedächtnisstörung ist kaum psychogener Natur und anscheinend durch die schweren Kopfverletzungen, die B. im Konzentrationslager erlitt, zu erklären.

Kost und Logis. Der Vater war alt und krank und musste in einem Altersheim leben. B. arbeitete von sechs Uhr früh bis elf oder zwölf Uhr nachts. Er erhielt fünf Zloty die Woche. Im Jahre 1930 heiratete er ein armes Mädchen. Sie aß bei ihrer Mutter, und er arbeitete. Als der Meister starb, übergab dessen Witwe ihm die Werkstatt, da er am längsten und treuesten dort gearbeitet hatte. Nun besserten sich seine Lebensbedingungen. Er zog mit seiner Frau in das Haus, verdiente 80 Zloty die Woche und hatte die Witwe zu unterhalten. B. lebte bis zum Jahre 1941 unter gesicherten Verhältnissen, arbeitete erfolgreich, war zufrieden und schien für die Jahre der Entbehrung reichlichst belohnt. Er hatte vier Kinder. Zwei Kinder starben im Ghetto, und zwei Kinder wurden von den Deutschen erschossen. Die älteste Tochter war zwölf, der Junge sechs oder sieben. Die zwei kleineren waren vier und zwei Jahre alt. (Seine Frau teilte mir später mit, dass die zwei jüngeren Kinder bald nach der Geburt starben, aber auch hier war es nicht leicht, genaue Angaben zu erhalten.[7]) Die Eltern waren mit den Kindern fünf Tage im Gefängnis. Sie wurden geschlagen und erhielten kein Essen. Zwanzig Personen waren in einer Stube eingesperrt. Man suchte einen Schuhmacher, und so kam B. mit seiner Familie heraus an einen Ort, den er das zweite Ghetto nennt, wo er drei Jahre verblieb. Im Jahre 1943 wurde das Ghetto liquidiert. Die Kinder wurden erschossen und er kam in ein Konzentrationslager. Von da an war er von seiner Frau getrennt und wurde erst nach dem Kriege wieder mit ihr vereint. Er ging durch viele Lager, bis er befreit wurde. In einem Lager – B. nennt es das Vernichtungslager – wurde er schwer misshandelt. Wann immer Essen verteilt wurde, wurde der Empfänger mit dem Werkzeug, das die »Kapos« in der Hand hielten, auf den Kopf geschlagen. Nach der Befreiung blieb er fünf Jahre in einem Lager. Er arbeitete dort als Schuhmacher. HIAS brachte ihn nach Amerika und unterstützte ihn anfangs. Er wohnte zehn Monate lang im jüdischen Viertel Manhattans. Dann traf seine Frau einen Landsmann aus Vilnius, der ihnen die Wohnung in Brooklyn, in der sie jetzt leben, verschaffte. Drei oder vier Monate nach seiner Einwanderung fand er Arbeit als Schuhputzer und verdiente 30 Dollar wöchentlich. Er ist nicht genau in seinen Angaben, wo sein Arbeitsplatz war. Nach zwei Jahren fand er Arbeit in einem Schuhgeschäft. Dort verdiente er 36 Dollar für die Dauer von fast einem Jahr, dann lernte er das Kappenmachen. Seine Frau verschaffte ihm eine Stelle in einer Fabrik. Zwanzig Wochen lang verdiente er nichts, danach zwei Jahre lang 40 Dollar. Als der Besitzer starb, verlor er die Arbeit und ging in die Gewerkschaft, von der er zur Arbeit geschickt wurde. Seine Arbeit ist unregelmäßig und seine Frau verdient als Putzfrau mit. Er

---

[7] B. konnte nicht erklären, warum er in einer früheren Angabe nur von zwei Kindern gesprochen hatte und warum er nun den Tod aller vier Kinder in die Zeit der Verfolgung verlegte.

verdient jetzt 60 Dollar in der Woche. Er hat eine Wohnung mit Wohnzimmer, Küche und zwei Schlafzimmern; eines ist vermietet, so dass die Wohnung ihn nur 30 Dollar kostet. Über sein Leben in Amerika spricht er sich positiv aus.

In Europa folgte er den Regeln jüdischer Orthodoxie. Jetzt bedeutet ihm Religion viel weniger. Er besucht die Synagoge nur an den hohen Feiertagen.

Seine Hauptklagen sind Kopfschmerzen, Schmerzen in der linken Brustseite und in den Fingern. Er legt regelmäßig ein mit kaltem Wasser getränktes Handtuch unter seine Kappe, um die Kopfschmerzen zu lindern. Ich glaube, ich kann hier abbrechen. Eine genauere Beschreibung der Magen-Darm-Beschwerden ist für den folgenden Gedankengang nicht erforderlich.

Ich werde nun anhand dieses Falles einige Grundprobleme in der Psychiatrie der durch Verfolgungen Geschädigten besprechen.

Das Problem der Simulation

Der Leser wird sich erinnern, dass das Gericht in diesem Falle den Verdacht, ja sogar die Vermutung geäußert hat, dass B. unwahre Angaben gemacht hat. Wir werden später die Indizien, die zu dieser Behauptung geführt haben, im Einzelnen zu prüfen haben; aber vorerst ein paar allgemeine Worte zum Problem der Simulation. Der Neurotiker stand seit jeher oft im Verdacht der Simulation, und noch heute wird Hysterie von manchen mit Simulation fast gleichgestellt. Vom theoretischen Standpunkt aus handelt es sich hier um ein Kernproblem der Psychiatrie. Wieso wissen wir, dass Geisteskranke und Nervöse ihre Symptome nicht simulieren? Das Problem der Simulation spielte auch eine zentrale Rolle in der Armee. In der privaten Praxis, wenn ein Patient Zeit und Geld für seine Heilung ausgibt und die Erkrankung ihn am Genuss des Lebens hindert, wird – stillschweigend – angenommen, dass die Symptome echt sind. Im Heeresdienst, während des Krieges, mag das neurotische Symptom eine lebensrettende Rolle spielen. Meiner Ansicht nach spielt die Frage der Simulation keine praktische Rolle in der Armee. Da der Simulant eine der größten Gefahren für die Moral und den Erfolg des Truppenkörpers ist, soll er so schnell wie möglich entfernt werden. Ein Neurotiker, so sehr er die Truppe belasten mag, erweist sich als viel weniger gefährlich als ein Simulant. Die meisten Psychiater, die ich in der amerikanischen Armee befragte, behaupteten, dass sie ganz sicher seien, Simulation sofort erkennen zu können. Ich bezweifle dies. Eine verlässliche Diagnose des Simulierens ist ein psychiatrisches Kunststück. Es sind Fälle bekannt, wo selbst das Geständnis angeblicher Simulation als falsch erwiesen wurde. Die Indizien, die gewöhnlich als Beweis der Simulation angeführt werden, sind psychiatrisch nicht haltbar. Außerdem ist auch die Simulation eine Krankheit. Selbst wenn das Gericht im Falle von B. Recht hätte, dass der Antragsteller simuliere oder lüge, so wäre zu untersuchen, ob es sich um einen vor der Zeit der Verfolgung bereits bestehenden Charakterdefekt handelt oder nicht. Falls der Charakterdefekt eine Folge der Erlebnisse im Konzentrationslager war, es also erwiesen wäre, dass das Ethos eines Menschen – das von einem gewissen Standpunkt aus gesehen Wertvollste, was ein Mensch besitzt – dadurch, dass er ständiger Ungerechtigkeit preisgegeben wurde, zerstört wurde, so hätte eine so geschädigte Persönlichkeit im Sinne des Naturrechts Anspruch auf eine besondere Kompensation.

Auf jeden Fall kann meine Einstellung zur Simulation in der Armee, ob sie nun berechtigt oder unberechtigt ist, in der Zivilpraxis nicht angewendet werden. Für das Gericht ist es von außerordentlicher Bedeutung zu wissen, ob Simulation vorliegt oder nicht.

Ich hatte einmal Gelegenheit in einer Broschüre zu blättern, die ihren Weg in die deutsche Armee des Zweiten Weltkrieges gefunden hatte. Sie war in der Form eines religiösen Traktates gedruckt und fing tatsächlich mit religiösen Ausführungen an, änderte aber allmählich ihren Ton und begann darüber zu berichten, wie ein Soldat eine Geisteskrankheit simulieren könne. Es handelte sich offenbar um Literatur, die in ungemein geschickter Tarnung heereszersetzendes Material verbreiten sollte. Dieses Traktat muss von einem sehr begabten Psychiater geschrieben worden sein. Es enthielt tatsächlich, ich möchte sagen, diabolische Ratschläge, die so fein gesponnen waren, dass selbst ein erfahrener und kluger Psychiater unvermeidlicherweise in die Irre geführt werden musste, falls ein Soldat sich streng an die dort gegebenen Ratschläge hielt. Ich muss zugeben, dass, wenn ein entsprechend begabter Patient den Kurs eines solchen Fachmannes besucht hat, die psychiatrische Untersuchung hoffnungslos ist. Das einzige Verfahren, das unter solchen Umständen zur Wahrheitsfindung führen mag, wäre die Befragung in tiefer Hypnose oder durch Narkoanalyse. Aber selbst dies mag zu fraglichen Resultaten führen.

Es ist ausgeschlossen, dass B. in vergleichbarer Weise instruiert wurde; auch würde die Befolgung von Ratschlägen von der Art, wie sie in der erwähnten Broschüre gegeben wurden, einen Grad von geistiger Geschicklichkeit erfordern, über den B. sicher nicht verfügt. Wir dürfen sicher sein, dass gangbare Indizien in B.s Falle angewendet werden können. Da fällt es natürlich gleich auf, dass, wenn ich B. nach seiner Mutter frage, seine Augen feucht werden, dass er aber über den Tod seiner Kinder in beiläufiger Weise spricht. Das wäre doch ein eigenartiger Simulant, der stärkere Affekte zeigt, wenn es sich um einen Verlust aus der Jugendzeit handelt, der aber eher affektlos bleibt während der Erzählung eines Ereignisses, das wohl als das schwerste Trauma, das einen Vater treffen kann, angesehen werden muss. Nun sind aber die Affekte eines Menschen die Kernindizien, die der Psychiater bei Diagnosestellung und Bewertung eines Falles verwendet.

Ich erinnere mich eines sonderbaren Gesprächs aus der Armeezeit. Ein Offizier brachte beim Mittagstisch die gewohnten Vorwürfe gegen die Psychiater vor. Sie ließen sich von den Soldaten in die Irre führen, unterstützten Feigheit und Selbstsucht und glaubten sentimentale und erlogene Geschichten. Ich erwiderte, es sei schwer an Lüge zu glauben, wenn ein Soldat in Tränen ausbreche und alle Zeichen seelischen Schmerzes zeige. »Oh, das beweist gar nichts«, erwiderte der Offizier, »ich kann jederzeit in Tränen ausbrechen, ich bin Schauspieler.« In der Tat, hier haben wir eine andere Beschränkung psychiatrischer Verlässlichkeit. Der vollkommene Schauspieler, der Mensch, der die seltene Fähigkeit hat, willentlich weinen zu können, hätte auch eine ungeheure Chance, selbst einen erfahrenen Psychiater in die Irre zu führen. Vergessen wir aber nicht, dass Thomas Mann bei der grandiosen Beschreibung eines Menschen, der ein sehr begabter Simulant war (und die erfolgreiche Simulation setzt große Begabung voraus), es offen lässt, ob Krull nicht tatsächlich das Opfer eines epileptischen Anfalls war. Nun wissen wir, dass hervorragende schauspielerische Begabung ein selten vorkommendes Talent ist und die Verwirrung in der Beziehung jenes Offiziers zu den menschlichen Affekten war das Resultat seines eigenen psychischen Defekts. Seine Fähigkeit, jederzeit weinen zu können, gehört in den Bereich der Psychopathologie. Ich würde vermuten, dass er an einem ungestillten Kummer litt, den er nicht wahrhaben wollte. Seine Behauptung hatte wahrscheinlich den verborgenen Sinn, dass, wenn jemand jederzeit weinen kann, wie er, dies nur Simulation und nicht echt sein könne; ein nicht geringer Trost für einen, der ständig weinen will. Seine Negierung weinender Soldaten läuft ja tatsächlich auf die Behauptung hinaus, dass andere keinen Grund zum Weinen haben. In der Armee fiel mir auch auf, dass mein Vorgesetzter, ein erfahrener Kliniker, der die psychiatrische Ambulanz des Ausbildungslagers führte, kaum je die Diagnose der Simulation stellte, während gleichzeitig im Lazarett ein junger Arzt, ein Anfänger in der Psychiatrie, fast von allen Patienten als Simulanten sprach.

Die Diagnose Simulation enthält also nicht nur einen Bezug auf das Objekt der Diagnose, sondern auch auf das Subjekt. In unserem Falle handelt es sich aber um eine Affektäußerung von diskreter Intensität bei einer Gelegenheit, die dem über 50-jährigen ungebildeten Mann unmöglich als für den Psychiater bedeutungsvoll bekannt sein kann.

Nun wollen wir uns den vom Gericht vorgebrachten Indizien zuwenden.

a) Das Gericht machte bei Abweisung von B.s Klage auf Anspruch wegen Gesundheitsschadens geltend, dass B. bei der ersten Geltendmachung von Entschädigungsansprüchen im Jahre 1950 nur Anspruch wegen Schadens an Freiheit angemeldet habe. Ebenso habe B. in einem gleichzeitig erhobenen Beihilfsantrag »die vorgelegte Frage nach sonstigen Schädigungen mit einem Strich versehen und damit zu verstehen gegeben [...], dass er außer der Haft keine weiteren Schäden erlitten hat«. Der Anspruch wegen Gesundheitsschaden erfolgte erst im Jahre 1957. Es sei unverständlich, dass ein Gesundheitsschaden, der so erheblich sei, wie B. jetzt behauptet, nicht schon früher, bei

Gelegenheit des Anspruchs auf Freiheitsentschädigung erhoben wurde. Nun ist es schwer, von B. genaue Angaben über Details, die zwölf Jahre zurückliegen, zu erhalten, und die erste Geltendmachung fand noch im D.-P.-Lager statt, eine Situation, für die Zeugen nicht zu finden sind.

b) Um das Misstrauen gegen B.s Wahrhaftigkeit zu erhärten, verweist das Gericht auf Angaben B.s, die zueinander in Widerspruch stehen. Beim Vertrauensarzt des Konsulats klagte er über Kopfschmerzen, schlechten Schlaf und Magenbeschwerden, beim Privatgutachter führte er noch andere Störungen an, nämlich Schwindel, Zittern, Anfälle von Weinkrämpfen und Angstträume. Warum habe der Kläger nicht bereits beim Vertrauensarzt einen Schadenanspruch für diese Symptome geltend gemacht? Möglicherweise hat das Gericht übersehen, dass zwei Jahre zwischen den zwei Untersuchungen verstrichen sind. Der Privatgutachter schrieb: »Der Antragsteller klagt *noch jetzt* [Hervorh. K. E.] über [...]« (es folgen die inkriminierten Symptome), und es geht aus dem Gutachten nicht hervor, ob der Privatgutachter sich bemüht hat, die genaue Zeitfolge und -dauer festzustellen. Möglicherweise handelt es sich um Symptome, die seit der Untersuchung durch den Vertrauensarzt hinzugekommen sind.

Auch beanstandet das Gericht, dass B. dem Vertrauensarzt mitgeteilt hat, dass er nicht nervös sei, während er in einem Fragebogen zwei Jahre vorher »Nervosität als Verfolgungsleiden« geltend gemacht hat.

Ich finde den letzten Einwand des Gerichtes besonders bezeichnend für die historische Situation. Soweit ich in Erfahrung bringen konnte, wurde der Fragebogen nicht von B., sondern von der Sekretärin der URO ausgefüllt, die ganz richtigerweise aus den Attesten des Privatarztes und des Hospitals, die beide besagen, dass B. an Angstzuständen leidet, den Schluss zog, dass man solche Patienten nervös nennt.

Ich befragte B. ausdrücklich, ob er nervös sei. Es stellte sich heraus, dass er den Ausdruck nicht kennt. Das Gericht nahm anscheinend nicht zur Kenntnis, dass B. überhaupt kein Deutsch versteht. Der Vertrauensarzt scheint auch keine besondere Einfühlungsgabe besessen zu haben und vergewisserte sich nicht, ob B. seine Sprache verstünde. Auch hatte ich bemerkt, dass B., wenn er ermüdet oder sich langweilt, auf Fragen einfach ja oder nein zu sagen pflegt, um endlich mit der Untersuchung fertig zu werden. Es ist durchaus möglich, dass auch der Privatgutachter Worte gebrauchte, die B. nicht verstand, und dass er daher Fragen bejahte, die objektiv nicht bejaht hätten werden sollen.

Nun sollte man vielleicht angesichts der Kommunikationsschwierigkeiten die Angelegenheit als hoffnungslos aufgeben und zugeben, dass die Eruierung des objektiven klinischen Bildes unmöglich ist. Dies wäre ein Fehlschluss. Es gibt, wenn man B. richtig beobachtet, Indizien, die mir verlässlich erscheinen. B., wie so viele andere Menschen seiner Kulturentwicklung, kann nämlich subjektive Zustände darstellen, wenn man sie ihn agieren lässt. Die abstrakte

Darstellung, die einem gebildeten Intellektuellen selbstverständlich ist, geht B. nicht leicht von der Hand.

Als ich B. fragte, was los sei, ging er schnell zur konkreten schauspielerischen Darstellung über. Zuerst führte er mir vor, wie er bei der Arbeit sitzt, dann ging er zu den Bewegungen über, die er bei der Arbeit ausführt; plötzlich weist er nach rückwärts und übermittelt die Tatsache, dass sich jemand nähere; darauf zuckt er zusammen, unterbricht die Arbeit, und hebt die Hände in die Höhe. Er stellte das durch triviale Reize Erschrecktwerden eines in die Arbeit versunkenen Menschen dar. Ein gebildeter Mensch hätte gesagt, »wenn ich bei der Arbeit sitze, und jemand geht plötzlich vorüber, so erschrecke ich«. Wir mögen dann die Aussage glauben oder nicht. Wenn aber eine Person wie B. das Erschrecken konkretisierend vorführt, dann kann ich sicher sein, dass es ein Mensch ist, der an Schreckerlebnissen leidet. Wenn weiter B. seine Kappe abzieht (er behält gewöhnlich seine Kappe während des Gesprächs auf dem Kopf) und mir vorführt, wie er ein nasses Handtuch hineingibt, um seine Schmerzen zu lindern, dann weiß ich, dieser Mensch leidet an quälenden Kopfschmerzen. Wenn B. mir vorführt, wie er nachts schläft und seine Frau ihn aufweckt, wie er auffährt und sie ihn fragt, warum er geschrien hat, dann weiß ich, dass er Angstträume hat. Ob er zittert, konnte ich nicht sicher feststellen, aber die Trias Schreckhaftigkeit, Kopfschmerzen und Angstträume ist eine solide Basis für ein psychiatrisches Krankheitsbild und dessen Diskussion.

Die Ausführungen des Gerichts zeigen die erschreckende Entfremdung zwischen der Justiz und denen, die Gerechtigkeit suchen, die Unmöglichkeit des Richters, das Mindestmaß der für das Verständnis des Du erforderlichen Einfühlungsvermögens aufzubringen und die Mentalität der klagenden Partei zu verstehen. Die Akten machen deutlich, dass B. Hochdeutsch nicht gut versteht, dass er Deutsch nicht lesen und schreiben kann, dass er also die beim Gericht vorliegenden Fragebögen unmöglich selber ausfüllen konnte. Wie sollte ein Mensch wie B., dem es an Scharfsinn und Erfahrung gebricht, die für das Verstehen und die Beurteilung der komplizierten Rechtsbelänge einer modernen Gesellschaft notwendig sind, wissen, was seine Rechte sind? Ein Individuum, unkundig sowohl der Landessprache des Staates, in dem es lebt, als auch der Sprache des Landes, gegen das es Ansprüche erhebt, ist doch vollkommen von der Organisation abhängig, die dazu geschaffen wurde, die Rechtsansprüche B.s und seiner Leidensgenossen zu vertreten. Die komplizierten Formulare sind in deutscher Sprache verfasst, seine eigene Aussage wurde natürlich auch ins Hochdeutsche übertragen. Da er nicht lesen kann, unterschrieb er alle Dokumente im Vertrauen auf das Wissen und die Einsicht anderer.

Ich habe bei der URO spezielle Informationen über den Unterschied zwischen B.s Erklärungen vom Jahre 1950 und 1957 eingeholt. Es ergab sich das folgende Bild:

Als die Wiedergutmachungsfrage aufkam, herrschte Unsicherheit, wie weit die Kompensationsbereitschaft der Bundesrepublik gehen werde. Es war damals die Tendenz vorherrschend, Entschädigung für Freiheitsentzug und grobe körperliche Schädigung, wie den Verlust eines Gliedes, zu verlangen. Ob dieses Vorgehen der Organisation berechtigt war oder nicht, steht nicht zur Frage, wohl aber die Tatsache, dass das Gericht Schwergeschädigte gesetzeswidriger Handlungen bezichtigt, obwohl aus dem vorliegenden Aktenmaterial, selbst wenn es nur mit geringem psychologischem Verständnis gelesen wird, hervorgeht, dass das Vorliegen einer solchen Handlungsweise höchst unwahrscheinlich ist. Aus dem Gutachten, das der Vertrauensarzt über B. schrieb, kann man ersehen, wie fast zwangsneurotisch genau B. die Quälereien in jedem Konzentrationslager separiert und angibt, dass er in dem einen nicht ernsthaft geschlagen und im anderen viel geschlagen wurde. Das hat B. nicht spontan angegeben, sondern das muss das Resultat der Befragung durch den Psychiater gewesen sein. Welcher Simulant würde so peinlich genau die Differenzen der Quälereien, denen er unterworfen wurde, feststellen? Wir finden im Gutachten auch den Vermerk, dass B. die Frage nach Ohrbeschwerden verneinte. Da B. wegen akuter Mittelohrentzündung im D.-P.-Lager hospitalisiert wurde, wären Klagen über Ohrenschmerzen naheliegend gewesen. Die Persönlichkeit, wie sie in den Akten aufscheint, gibt keinen Anlass, an Simulation zu denken, und dies wird auch in der persönlichen Bekanntschaft mit B. bestätigt. Das Gericht aber ist unfähig, sich B.s Beziehung zu seiner Umwelt lebendig zu veranschaulichen, und die Folge ist, dass die Justiz, indem sie sich auf den Buchstaben des Gesetzes beruft, ohne den wahren Tatbestand zur Kenntnis zu nehmen, in eine Scheinjustiz verfällt, die auch im Sinne des Naturrechts nur Ungerechtigkeit genannt werden kann.

Ganz abgesehen von B.s Fall, bei dem, soweit ich es eruieren konnte, kein Tatbestand der Simulation oder absichtlicher Falschangabe vorlag, muss man annehmen, dass ein bestimmter, wenn auch kleiner Prozentsatz derjenigen, die Wiedergutmachung verlangen, übertreibt oder sich sogar falscher Angaben schuldig macht. Das Gericht, soweit ich es ersehen konnte, scheint durch dieses Problem in den meisten Fällen präokkupiert und vertritt sogar die Einstellung, dass Widersprüche oder erwiesene Unaufrichtigkeit oder Lüge den Kläger eines Anspruches berauben. Meiner Ansicht nach hat die Entschädigungskammer festzustellen, ob der Kläger eine Dauerschädigung erlitten hat oder nicht. Eine Lüge würde ja nicht beweisen, dass der Kläger *nicht* geschädigt wurde. Wenn jemand das Opfer eines unerhörten Verbrechens geworden ist, der Verbrecher endlich ertappt wurde und das Opfer in seiner Anklage den Schaden übertreibt, würde der Richter daraus den Schluss ziehen, dass das Opfer überhaupt nicht geschädigt wurde?

Mehrere Umstände sind hier zu berücksichtigen. Ich habe in der amerikanischen Armee beobachten können, dass Soldaten, die erwiesenermaßen schwere Neurotiker waren, a) ohne Zweifel ihre Symptome im Gespräch mit dem Psychiater übertrieben und b) sich dessen später sogar rühmten, ja behaupteten, sie seien gar nicht krank gewesen und hätten den Psychiater hereingelegt.

Zu a) ist zu bemerken, dass jene neurotischen Soldaten dachten, der Arzt werde ihnen nicht glauben, wenn sie ihm den wahren Sachverhalt mitteilten, oder dass das wirkliche Leiden nicht zur Entlassung aus dem Heere berechtigte. Die Übertreibung erwuchs aus einer Angst, die manchen Soldaten um seine Entlassung aus dem Heere brachte, obwohl eine erwiesene Neurose vorlag.

Zu b) muss bemerkt werden, dass mancher Soldat die Beschämung über seine Entlassung aus dem Heer wegen einer Neurose durch Prahlen kompensierte. Er zog die Rolle des geschickten Betrügers der des seelisch Erkrankten vor.

Vergleichbare Gesichtspunkte müssen bei der Beurteilung mancher Opfer der Konzentrationslager berücksichtigt werden. Manche mögen fürchten, dass ihre Symptome nicht ausreichen, um sie rentenberechtigt zu machen, und dies mag eine gelegentliche Quelle der Übertreibung seelischer Leiden werden. Weiterhin muss berücksichtigt werden, dass eine große Anzahl der Rechtsuchenden nicht die Fähigkeit hat, innere Zustände zu verbalisieren. Sie fühlen sich nicht nur geschädigt, sondern auch fremd in einer Welt, aus der sie für Jahre herausgerissen wurden. In der Beschreibung eines allgemeinen Unwohlseins und einer Störung der Allgemeinbeziehung zur Welt greifen sie zu leicht fassbaren und ihnen aus dem Alltag bekannten Kategorien. Viele Schädigungen werden außerdem von dem Geschädigten gar nicht als solche erkannt. B. würde es z. B. nicht einfallen zu beklagen, dass er seine Religion im Konzentrationslager verloren hat. Er weiß gar nicht, dass dieser Verlust im Kerne seiner Seelenstörung stecken mag.

Die starke Reaktion des Gerichtes auf angebliche Simulation und seine Präokkupation in dieser Frage wirkt irgendwie absurd, wenn man die Verbrechen berücksichtigt, für deren Wiedergutmachung die Geschädigten vor Gericht gehen. Man müsste annehmen, dass die meisten derjenigen, die lange Zeit in einem Konzentrationslager waren, intensive Rachegefühle hegen. Ob diese bewusst oder unbewusst sind, steht hier nicht zur Frage.

Das Verzeihen ist nicht jedermanns Sache, und es ist fraglich, ob viele Menschen wirklichen Verzeihens überhaupt fähig sind. Ja, man fragt sich unwillkürlich, ob, falls ein Vater die Ermordung seiner Kinder verzeiht, dies nicht in den Bereich der Psychopathologie fällt.

Nun ist das heutige Deutschland durch eine Kluft vom nationalsozialistischen Deutschland getrennt, und es ist objektiv unsinnig, einem gegenwärtigen deutschen Gericht gegenüber Gefühle zu hegen, die nationalsozialistischen Verbrechen zuzurechnen sind. Es ist aber bekannt, wie furchtbar schwer es sogar für den aufgeklärten Intellektuellen ist, hier nicht auf die Kohärenz der Geschichte eines Volkes zu reagieren. Es gibt bekanntlich eine große Anzahl von Menschen auf der ganzen Welt, die sich nach der tiefen Enttäuschung vom Deutschland der Nationalsozialisten weigern, dem neuen Deutschland gegenüber Objektivität zu wahren, und nicht zögern, auch das gegenwärtige Deutschland als einen Nachfahren des nationalsozialistischen Deutschlands anzusehen. Um wie viel mehr müssten solche Einstellungen unter den ehemaligen Insassen des Konzentrationslagers verbreitet sein. Ja, man müsste vermuten, dass, nachdem ihnen Jahre hindurch das Menschsein überhaupt abgesprochen und ihnen nicht einmal der Wert eines nützlichen Haustieres gelassen wurde und sie wie Ungeziefer behandelt wurden, sie der Möglichkeit beraubt wurden, je einer deutschsprachigen Institution wieder einen sittlichen Wert zuzusprechen. Daraus würde sich ergeben, dass Aufrichtigkeit und Ehrlichkeit einer solchen Institution gegenüber prinzipiell nicht in Frage käme, da mit einer solchen Haltung die Wiedereinsetzung und Anerkennung des deutschen Volkes als einer sittlichen Macht verbunden wäre. Zu meinem Erstaunen habe ich in keinem Falle auch nur ein Anzeichen einer solchen Einstellung gefunden; ja, ich kann mich nicht erinnern, dass bei einer psychiatrischen Untersuchung jemals starke Gefühle des Ressentiments oder überhaupt Ressentiment zum Ausdruck kamen. Falls nicht die Aggressivität dieser Menschen durch das tiefe, jahrelange Leiden zerbrochen wurde und sich nicht ein chronischer masochistischer Zustand entwickelt hat, müsste man erwarten, dass das Verlangen nach Rache in irgendwelchen Einstellungen relevant werden müsste.

Bei einer Beurteilung der Gesamtlage sollte selbst erwiesene Simulation nicht den Kläger seines Anspruchs verlustig gehen lassen, wenn nicht erwiesen ist, dass keine Schädigung vorliegt. Die Tatsache der Simulation würde dies aber keineswegs erweisen. Die Empörung, die das Gericht zum Ausdruck bringt, wenn es vermutet, beim Kläger Widersprüche oder unwahre Angaben entdeckt zu haben, spricht wieder für eine höchst unpsychologische Einstellung, ein Nicht-Verstehen-Können, wie die Welt eines Konzentrationslager-Opfers aussieht, und auch für einen moralischen Purismus, der mir deplatziert erscheint. Da ich hier für Simulation zu plädieren scheine, muss ich ausdrücklich betonen, dass ich in meiner Gutachtertätigkeit für die URO nur einem einzigen Falle begegnet bin, bei dem meiner Ansicht nach Simulation vorlag. Ein gewissenhafter Psychiater wird die Möglichkeit der Simulation im Auge behalten, aber deswegen nicht die Psychologie der Simulation aus den Augen verlieren und bei der Feststellung einer Simulation deren Wurzeln nachgehen, um zu eruieren, ob nicht gerade das, was wir Simulation nennen, der Ausdruck tiefster Schädigung, verursacht durch den jahrelangen Aufenthalt in einer rechtlosen Gesellschaft, ist.

Die Brückensymptome

Wenn das Gericht den Unterschied zwischen B.s Aussagen aus den Jahren 1950 und 1957 betont und auch aus anderen Indizien den Schluss zieht, dass B.s Symptome erst nach seiner Übersiedlung in die Staaten ausgebrochen sind, so hängt dies mit einem anderen Irrtum zusammen, auf den man häufig in der psychiatrischen Literatur stößt. Es ist ein *weitverbreitetes Vorurteil*, dass zum Beweis eines kausalen Zusammenhangs zwischen den gegenwärtigen Symptomen eines Kranken und den Erlebnissen der Verfolgungszeit der *Nachweis von Brückensymptomen*, d. h. Symptomen, die die Zeitspanne zwischen Befreiung und Ausbruch der gegenwärtigen Krankheit füllen, erforderlich sei. Die dieser Hypothese zugrundeliegende Idee ist, dass der Kausalzusammenhang zwischen einem traumatisierenden Ereignis und dem Symptom durch die unmittelbare Aufeinanderfolge beider erwiesen sei; dass aber, wenn ein ursächliches Ereignis und die Erkrankung nicht unmittelbar aufeinander folgten, wenigstens Brückensymptome die beiden verbinden müssten. Eine solche Hypothese ist willkürlich und entbehrt der Wahrscheinlichkeit. Es ist erlaubt, hier biologische Vorgänge zum Vergleich heranzuziehen.

Um eine Allergie zu entwickeln, muss der Organismus erst durch ein Antigen sensibilisiert werden. Das Antigen würde hier dem Trauma entsprechen, das klinisch erst sehr viel später, wenn der Organismus entsprechend gereizt wird, zu Symptomen führen mag. Auch der tuberkulöse Primärinfekt mag fast symptomlos verlaufen und erst Jahrzehnte später zu schweren klinischen Erscheinungen führen.

Im Bereich der Psychopathologie findet man reichlich Bestätigungen desselben Prinzips. Das traumatisierende Ereignis führt selten sofort zu klinischen Manifestationen. Wenn es zum Ausbruch einer akuten Psychose als scheinbarer Reaktion auf eine Liebesenttäuschung des Erwachsenen kommt, so weiß jeder Psychiater, dass die Ursachen für die Erkrankung keineswegs in diesem zeitlich dem Ausbruch unmittelbar vorausgehenden Ereignis zu suchen sind, sondern dass dieses bloß die Valenz eines *agent provocateur* besitzt, während die wahren Ursachen in Noxen viel früherer Entwicklungsphasen zu suchen sind.

Ähnliche Prozesse sind auch bei den Opfern der Konzentrationslager im Spiel. Selbst wenn B. tatsächlich Kopfweh, Schreckhaftigkeit und Angstträume erst nach seiner Ankunft in den Staaten entwickelt hätte (was in diesem Falle höchst unwahrscheinlich ist), so wäre es widersinnig, die wirkliche Ursache seiner Symptome in der verhältnismäßig leichten Belastung durch Anpassungsschwierigkeiten an eine neue Umgebung zu suchen.

Es ist durchaus möglich, dass in gewissen Fällen der akute Ausbruch von Symptomen zurückgehalten wird, solange die Realität dem ehemaligen Häftling die Illusion einer glücklichen Zukunft erlaubt. Durch zwei verschiedene

Mechanismen würde die Latenz der Symptome gewährleistet werden. Die Entbehrungen einer unzureichenden Gegenwartslage, wie die des D.-P.-Lagers, gibt dem Patienten die Möglichkeit, sein Unwohlsein zu rationalisieren; er kann in die Unlust der Gegenwartssituation die Ursachen des inneren Schmerzes projizieren und gleichzeitig an der Illusion festhalten, dass er in der neuen Heimat einen paradiesischen Zustand vorfinden wird. Solange der Patient an der Fiktion: »In Amerika wird alles besser werden« festhalten kann, erspart er sich das bewusste Unlusterlebnis der latent in ihm existierenden Krankheit. Die Hoffnungen, die er auf Amerika setzt, sind irreal und können nicht erfüllt werden, da sie psychologisch aus dem Wunsch nach Heilung einer seelischen Krankheit erwachsen sind. Diese kann natürlich durch keinen Ortswechsel erreicht werden. Die neurotischen Symptome, über die so viele Patienten nach der Ankunft an ihrem endgültigen Reiseziel klagen, sind keineswegs die Reaktion auf Schwierigkeiten der Anpassung an das neue Milieu, wie viele Psychiater es fälschlicherweise annehmen (die Straußsche Entwurzelungs-Depression), sondern sind in Wirklichkeit das Manifestwerden einer seit langem existierenden seelischen Erkrankung, die das Selbst des Patienten durch geschickte Illusionsbildung bis dahin im latenten Zustand halten konnte. Wenn der Patient eine Lösung seines Konflikts nicht mehr in die Zukunft projizieren kann, weil er weiß, dass er an dem Ort bleiben wird, an dem er sich befindet, und dass sich nichts wesentlich Neues mehr in seiner Umgebung abspielen wird, über das die Illusion einer zukünftigen Konfliktlösung gesponnen werden kann, dann muss das Selbst letztendlich Farbe bekennen und sich eingestehen, dass das Leben unerträglich geworden ist.

Trauma oder Anlage

Das Hauptproblem aber, um das auch die eingangs erwähnte Fehde geht, besteht in der Frage, ob ein Leiden wie das, an welchem B. leidet, anlagebedingt sei oder durch die im Konzentrationslager erlittenen Traumen verursacht wurde.

Im Falle von B. zögerten weder der Vertrauensarzt noch der Internist noch das Gericht, in seinen jetzigen Symptomen eine anlagebedingte Reaktion auf Anpassungsschwierigkeiten an die neue Heimat zu sehen.

Ohne weitere Überprüfung können wir aufgrund theoretischer Überlegungen sagen, Psychiater, Internist und Gericht haben Recht: B.s Leiden sind durch seine Konstitution verursacht, oder besser *auch* durch seine Konstitution. Es gibt kaum etwas, das sich im psychobiologischen Organismus abspielt, das nicht anlagebedingt ist. Von der einfachen Farbwahrnehmung bis zum tuberkulösen Primärprozess spielen eine Unmenge konstitutioneller Faktoren eine Rolle, wie es ja bereits beim Farbenblinden ganz klar ist, von dem wir sagen, dass er aufgrund seiner Anlage eben nicht grün und rot wahrnehmen kann. Beobachtungen an eineigen Zwillingen haben auch die Wichtigkeit anlagebedingter Faktoren bei Infektionskrankheiten erwiesen. Wenn also in einem Gutachten ein Symptom als anlagebedingt erklärt wird, so ist es eine bedeutungslose Aussage, da dies bereits vor der Untersuchung des Patienten anzunehmen war. Die Biologie erfordert, dass, wenn von anlagebedingten Faktoren die Rede ist, die Penetranz der Anlage angegeben werde. Die Farbe der Iris z. B. ist durchaus anlagebedingt; ich denke, der Biologe würde sie als hundertprozentig anlagebedingt ansehen. Bei einer Infektionskrankheit wie der Tuberkulose ist natürlich von einer so starken Beteiligung der Anlage nicht die Rede. Es ist kaum glaublich, wie schwer sich der Jurist in solchen biologischen Grundtatsachen zurechtfinden kann. Ich habe noch kein deutsches Gericht gefunden, das ein Gutachten des Vertrauensarztes zurückgeschickt hätte mit der Anfrage, wie groß die Penetranz des Anlagefaktors in dem jeweiligen Falle sei.

Weiter würde man meinen, dass ein Gutachter seine Konklusionen zu beweisen sucht. Anlagefaktoren sollten sich doch in der Aszendenz und Deszendenz nachweisen lassen. Das Studium der Deszendenz ist durch B.s unglückliches Schicksal unmöglich gemacht worden. Soweit man über seine Vorfahren erfahren kann – und es ist herzlich wenig –, erfährt man nichts, das Anlass zu der Annahme vererbter Psychopathologie geben könnte. Aber selbst falls wir wüssten, dass sich unter B.s Vorfahren ein Hysteriker oder ein schwerer Zwangsneurotiker befand, so könnte man daraus noch keinen ausreichenden Schluss auf B. selber ziehen.

Was ist hier eigentlich mit dem anlagebedingten Faktor gemeint? Das menschliche Leben spielt sich innerhalb eines Feldes fortwährender Beanspruchung ab. Diese Beanspruchung erfolgt von zwei Seiten: von der Innenwelt und von der Außenwelt. Die Beanspruchung der Innenwelt ist am deutlichsten durch die Triebe repräsentiert. Periodisch stellt der Organismus in Form des Hungergefühls Anforderungen. Wenn wir sie nicht erfüllen, gehen wir zugrunde. Die Beanspruchungen, die die Innenwelt an uns stellt, will ich nicht weiter besprechen, sondern wende mich gleich den Beanspruchungen durch die Außenwelt zu. Sie ist schon in der Wahrnehmung gegeben. Sinnesorgane werden fast ständig während des Wachlebens durch Reize in einem Zustand der Erregung gehalten; Reize rufen Gefühle und Gedanken hervor, die schließlich zu Handlungen führen. Dies gilt aber nicht nur für die Wahrnehmung an sich; das ganze sozial-kulturelle Milieu stellt ununterbrochen Anforderungen an uns und setzt damit den psychischen Apparat in Bewegung. In der Beobachtung von Menschen stellt man nun fest, dass diese sich in Bezug auf das Ausmaß der Beanspruchung, die sie störungsfrei ertragen können, unterscheiden. Berechtigterweise mag man in dieser Relation auch das Wirken eines Anlagefaktors sehen, obwohl der Umweltfaktor in den meisten Fällen dabei vielleicht in noch größerem Ausmaß zur Geltung kommt. Wenn ein junger Mann, der im elterlichen Milieu immer verwöhnt wurde, nie körperlichen Anstrengungen ausgesetzt war und dann im Heeresdienst völlig versagt, werden wir nicht sofort an einen Anlagefaktor denken, sondern zuerst vermuten, dass er durch das Versagen des elterlichen Milieus für diese Art der Beanspruchung nicht vorbereitet war. Andererseits weiß man, dass, obwohl manche Menschen eine fast unerschöpfliche Resistenz gegen Beanspruchungen durch die Außenwelt haben, doch jeder Mensch eine Belastungsgrenze hat. Es gibt Situationen, in denen diese obere Grenze quantifizierbar ist.

Im letzten Krieg hat die amerikanische Heeresleitung herausgefunden, dass Dienst im Kampfgelände an den individuellen Soldaten so hohe psychische Anforderungen stellt, dass man nicht erwarten kann, dass er unbegrenzt Frontdienst leisten kann. Jeder Soldat würde nach längerer oder kürzerer Zeit den Punkt erreichen, an dem er aus Erschöpfung oder Angst oder Hoffnungslosigkeit zusammenbräche. Deswegen wurde angeordnet, dass jeder Soldat nach einer gewissen Zahl von Frontdiensttagen ins Hinterland versetzt werden müsse. Im Zivildienst nun steht uns kein so gut definierter Maßstab wie Zahl der Tage im Frontdienst zur Verfügung, um die Beanspruchbarkeit eines Individuums zu bemessen. Wir können uns aber doch durch das Studium einer Lebensgeschichte ein ungefähres Bild von der Fähigkeit eines Menschen, Beanspruchungen der Außenwelt widerstehen zu können, machen. B.s Lebensgeschichte gibt uns die Möglichkeit. Was er uns erzählt, klingt nicht ungewöhnlich, erlogen oder sonderlich entstellt. Er erzählt es uns auf wiederholtes Nachfragen, und man merkt in ihm etwas von Erstaunen, weil es ihm nicht ganz einsichtig ist, warum man ihn nach Kindheit und Jugend befragt.

B.s Schicksal ist ein typisch jüdisches Schicksal. Flucht in der Kindheit, früher Verlust der Mutter und eines Geschwisters, Hunger, Unruhe und Unsicherheit. Mit 13 Jahren fängt schon die Arbeit an, und er arbeitet getreulich über Jahre hinweg, den ganzen Tag und einen erheblichen Teil der Nacht. Ja, man muss sagen, falls sich hier Anlagefaktoren zeigen, so war er damals in Besitz einer Anlage, die ihn disponierte, weit größere Beanspruchungen symptomfrei zu ertragen, als sie irgendein Junge seines damaligen Alters heutzutage in Westdeutschland oder den Staaten zu tragen bereit wäre. Wo gibt es noch Menschen, die von der Pubertät an bis in die frühen Zwanziger für das Lohnäquivalent von fünf Zloty in der Woche siebzehn Stunden arbeiten könnten! Man wird zugeben, die Veranlagung, Versagungen zu ertragen und die Beschwerden des Lebenskampfes ohne Krankheitszeichen auf sich zu nehmen, war bei B. ganz hervorragend ausgebildet, und dies sogar unter dem Eindruck eines erheblichen Traumas, wie es der Hungertod seiner Mutter und seines Bruders darstellte. Als er heiratete und seine Lebenslage sich so günstig gestaltete, war er ein heiterer Mensch. Dies klingt wahrscheinlich. Auch die Tatsache, dass der frühe Tod zweier Kinder anscheinend zu keinen krankhaften Erscheinungen führte, spricht deutlich zugunsten der Annahme, dass B. sowohl durch seine Anlage als auch durch Umwelteinflüsse genügend vorbereitet war, um die im Leben unvermeidlichen Durchschnittsversagungen und Beanspruchungen in normaler Weise verarbeiten zu können.

Wir müssen uns nun dem Begriff des Traumas zuwenden. Jeder psychobiologische Organismus kann geschädigt werden. Wenn einem Organismus Beanspruchungen, die seine Toleranzgrenze übersteigen, auferlegt werden, so verlieren manche seiner Funktionen ihre frühere Leistungsfähigkeit. Wir sprechen dann von Traumen. Es mag sich dabei um Reizeinwirkungen handeln, die einmalig erfolgen, aber so intensiv sind, dass sie zerstörend oder schädigend wirken, oder um Reizeinwirkungen, die an und für sich erträglich sind, aber durch die Dauer ihrer Einwirkung ihren deletären Effekt erzielen. Reize können aber auch eine traumatische Wirkung entfalten, wenn sie einen bereits geschädigten Organismus treffen. Die normale oder unvermeidliche Erschütterung einer Wagenfahrt mag schwere Folgen für einen Patienten haben, der an einer fortgeschrittenen Knochenerkrankung leidet. Die Erschütterung wirkte traumatisch, aber diese Wirkung war nur möglich durch die bedeutend herabgesetzte Resistenz des Organismus. Man muss also bei der Beurteilung von Schäden die Relation der Resistenz des Organismus zu der Intensität der Reizeinwirkung feststellen.

Als B. von den Nationalsozialisten ins Ghetto gebracht wurde, war seine Resistenz gegen Reizeinwirkungen durchschnittlicher Intensität normal. In den darauffolgenden Jahren wurde er von seiner Frau getrennt und wusste nichts über ihren Verbleib; zwei Schwestern und deren Gatten und Kinder wurden ermordet; sein Vater und seine zwei Kinder wurden ermordet; er war über Jahre hinweg unterernährt, ohne entsprechende Kleidung extremen Witterungseinflüssen ausgesetzt, musste körperliche Arbeiten verrichten, für die er ungeübt und unvorbereitet war, wurde wie ein Sträfling behandelt, wurde von Hunden gehetzt, bis zur Bewusstlosigkeit auf den Kopf geschlagen und getreten, mit Erschießen bedroht, aller bürgerlichen Rechte, allen Schutzes beraubt, beschimpft, erniedrigt, und in eine, man darf wohl sagen, tierische Existenz gezwungen. Jedes einzelne der hier angeführten Ereignisse stellt ein Trauma dar. Jede einzelne Reizeinwirkung, von der durch kein Vergehen oder Verbrechen oder andere strafwürdige Tat gerechtfertigten Freiheitsentziehung, bis zur Ermordung der Kinder, ist eine die Belastungsfähigkeit des Durchschnittsmenschen übersteigende Reizeinwirkung. Das Gericht scheint sich dieses Tatbestandes irgendwie bewusst gewesen zu sein, denn B. wurde neben einer Haftentschädigung in der Höhe von 6.450 DM »ein auf die Zeit vom 1. Mai 1945 bis 31. Dezember 1948 begrenztes Heilverfahren für allgemeinen körperlichen und seelischen Erschöpfungszustand nach Haft« »sowie eine Kapitalentschädigung in Höhe von 1.347 DM« zuerkannt.

Die Klinik dieser sogenannten Erschöpfungszustände liegt im Argen. Niemand weiß genau, was sie psychiatrisch darstellen sollen. Das Gericht bezweifelt in B.s Fall sogar das Vorhandensein eines solchen, da in der Akte des D.-P.-Hospitals, wo B. einige Monate nach seiner Befreiung wegen einer Ohrenerkrankung behandelt wurde, der Vermerk steht: »36-jähriger Mann in gutem E(rnährungs)- und K(räfte)-Zustand. Bis auf starke Zahnschäden an den inneren Organen kein krankhafter Befund.«

Nun, das Gericht und seine Psychiater sind sich darin einig, dass der status quo des Patienten nach einem dreieinhalbjährigen Heilverfahren wieder hergestellt war; ein medizinisches Meisterstück muss es wohl gewesen sein. Berechtigterweise kann die Frage erhoben werden, welche traumatischen Einwirkungen die Verfassung eines Menschen so weit erschüttern mögen, dass ein Dauerschaden hervorgerufen wird, d. h., Restitution nicht mehr möglich ist. Man könnte vermuten, dass B. im Konzentrationslager schädlichen Beanspruchungen ausgesetzt war, die qualitativ und quantitativ als maximal angesehen werden müssen. Man mag zwar sagen, dass vielleicht diejenigen, die im Konzentrationslager ums Leben kamen, vor ihrem Tod größeren Leiden ausgesetzt waren als B. Das ist schwer zu wissen. Was soll man über eine Welt sagen, in der man allen Ernstes diskutieren muss, ob die Qual, der eigenen Hinrichtung entgegensehen zu müssen, größer oder kleiner ist als das Bewusstsein, dass die eigenen Kinder ermordet wurden? Die Fragestellung ist nicht unwichtig, denn wenn wir uns entschließen, B. als das Opfer der größten denkbaren Traumen, die sich noch dazu über eine lange Zeitperiode erstreckten, anzusehen und er nach dreieinhalb Jahren wieder sein früheres Gleichgewicht erlangen konnte, so müssten wir wirklich die menschliche Anlage als unerschöpfbar in ihrer Fähigkeit, Traumen zu ertragen, ansehen.

> Wenn man hört, dass General Pershing, als er mitten in der Nacht von einem Sergeanten telefonisch benachrichtigt wurde, dass seine Frau und drei Töchter in einem Feuer ums Leben kamen, erwiderte: »Sonst etwas, Sergeant?« (»Is that all – is that everything«, The New York Times, 16. Juli 1948), so mag man den Fehlschluss ziehen, dass es Anlagen gibt, die ohne obere Limitierung einen Menschen befähigen, Beanspruchungen symptomfrei zu ertragen. Im Falle General Pershing muss gesagt werden, dass wir ja nur von dem scheinbaren Fehlen von Gefühlsäußerungen, soweit diese im Verhalten aufscheinen, wissen, die Anekdote aber nichts über die Psychologie der inneren Prozesse mitteilt. Auf diese kommt es aber an. Wir hören dann auch, dass er vom Begräbnis seiner Familie *his hair whitened and his face lined* zu seinem Posten zurückkehrte.

Die Schlussfolgerung, dass es keine obere Grenze für das Ertragen psychischer Traumen gibt, scheint höchst unberechtigt zu sein. Können das Gericht und seine Psychiater den Schluss gezogen haben, dass die Traumen, die B. ertragen musste, nicht das Maximum dessen überstiegen haben, was zu ertragen eben ein Durchschnittsmensch üblicherweise die Fähigkeit besitzen soll? Wegen dieser Möglichkeit ist es berechtigt, die eingangs gestellte Frage aufzuwerfen, die Ermordung von wie vielen Kindern kann die normale Konstitution symptomfrei ertragen? Schließlich müsste es doch eine obere Grenze geben, und wenn das Gericht und seine Psychiater behaupten, dass nach dreieinhalb Jahren B.s früherer seelischer Zustand wiederhergestellt war, so wäre es deren Pflicht anzugeben, welche Art der Reizeinwirkungen Dauerschäden des psychischen Apparates zurücklassen.[8]

Die Argumentation der Richter und der Vertrauensärzte gerät von da an in unentwirrbare Widersprüche. Auf der einen Seite wird die Behauptung aufgestellt, dass die Anlage des Patienten stark genug war, die schwersten Traumen des Konzentrationslagers so gut zu ertragen, dass nach dreieinhalb Jahren die Gesundheit völlig wiederhergestellt war. Auf der anderen Seite wird behauptet, dass die vergleichsweise milde Belastung, die durch die Anpassungsschwierigkeiten an ein neues Milieu gegeben sind, genügten, um neurotische Dauersymptome hervorzurufen. Falls dieser Beurteilung überhaupt eine Berechtigung zugesprochen werden kann, so wäre ja die Schlussfolgerung bündig, dass B., der vor seiner Inhaftierung keine Anpassungsschwierigkeiten zeigte, eben nach der Traumatisierung im Konzentrationslager in seiner Anpassungsfähigkeit so weit geschädigt wurde, dass er die vergleichsweise geringe Belastung der Anpassung an das neue Milieu nicht mehr symptomfrei ertragen konnte. Ich bewege mich hier in einer rein deduktiven, rationalen Argumentation und möchte mich jetzt einem praktischen Gesichtspunkt zuwenden.

Ist es nicht auffallend, dass weder das Gericht noch die Vertrauensärzte die Frage aufwerfen, was denn überhaupt die Folgen der im Konzentrationslager erlebten Traumen waren? Die Ermordung der Kinder wird vom Psychiater nur einmal erwähnt. Die Frage, ob er noch an die Kinder denke, wie ihm ein Leben ohne die Kinder erscheine und die ganze Vielfalt der Probleme, die an diesem Verlust hängen, werden überhaupt nicht in Betracht gezogen. Der Arzt verhält sich hier wie der Hysteriker, der so vieles als »non arrivé« ansieht. Ja, die Tatsache, dass dieser Mann den Rest seines Lebens mit einem Kainszeichen für

---

[8] Dem Raffinement der modernen experimentellen Psychiatrie ist es gelungen, durch völligen Reizentzug in der Versuchsperson in relativ kurzer Zeit eine Psychose zu erzeugen. Es handelt sich auch hier um Maximalbelastungen des psychischen Apparates, deren Struktur sich aber gänzlich von denen der Konzentrationslager-Traumen unterscheidet. Außerdem sind die Experimente zeitlich begrenzt, um einen Dauerschaden zu vermeiden. Es ist aber denkbar, dass ein dreieinhalbjähriger Aufenthalt in einer reizfreien Umgebung den psychischen Apparat noch schwerer schädigen mag als B.s furchtbare Erlebnisse und Entbehrungen.

die Verbrechen, die andere an ihm begangen haben, in Form zweier Narben an sichtbarster Stelle – er ist glatzköpfig und daher sind die Narben besonders auffallend – verbringen muss, fehlt überhaupt in der psychiatrischen Diskussion. Die Sachlage ist umso erschreckender, als schon Einfühlungsvermögen allein auf den richtigen Weg führen würde. Zweifelt vielleicht der Psychiater oder einer der Richter, was *seine* Reaktion wäre, wenn ihm zustieße, was B. zustieß und er festgenommen, in Häftlingskleider gesteckt wird, bei jeder Witterung spärlich bekleidet und mit geringster Nahrung schwerste körperliche Arbeit strafweise verrichten muss, seine Kinder ermordet werden, er mit Hunden gehetzt, mit Erschießen bedroht, mit Füßen auf den Kopf getreten und misshandelt wird, so dass er durch zwei Narben verunstaltet bleibt? Wäre er wirklich ein solcher Stoiker, dass er nach dreieinhalb Jahren zu seinem Alltag zurückkehren und da fortfahren könnte, wo er vor acht Jahren stand? Es ist unvorstellbar. Falls irgendjemand dies von sich glauben sollte, so ist er entweder ein Heuchler oder das Opfer einer Illusion oder bar jeder Selbsterkenntnis. Ich habe Autos gesehen, die durch Zusammenstöße über alle Maßen zertrümmert waren und doch nach zwei Wochen in ihrem alten Glanze über die Highways jagten; aber der Mensch kann das nicht, zumindest nicht mit der Prägung und Auffassung, die die Menschen in der westlichen christlichen Kultur aufweisen.

Ich kann mir gut vorstellen, was jener Psychiater oder jener Richter, falls er unter solchen Bedingungen drei Jahre im Konzentrationslager verbracht hätte und seine dadurch verursachte Angst als anlagebedingt erklärt worden wäre, zu sagen hätte. Er würde aufschreien in dem Gefühl, neuerlich Misshandlungen erdulden zu müssen, und er wäre sicher, ein Opfer unerhörter Verfolgungen zu sein. Es bleibt vorderhand ein Rätsel, wieso es zu einer so schweren Störung des Einfühlungsvermögens bei gebildeten Intellektuellen kommen kann.

Das spezifische Konzentrationslager-Trauma

Es ist von verschiedenen Seiten auf die besonderen Aspekte der Konzentrationslager-Traumen hingewiesen worden. Es mag zuerst scheinen, als ob Menschen möglicherweise in der Vergangenheit vergleichbaren Traumen ausgesetzt worden sind. Das Entführen von Familien, das Verschleppen von größeren Bevölkerungsteilen sind oft wiederholte Motive in der Geschichte der Menschheit. Dass man eine Gruppe auf Grund eines traditionellen Merkmals brandmarkt, ihre Kinder tötet und die Erwachsenen Jahre hindurch quält, bis zur Erschöpfung arbeiten lässt oder hinrichtet, ist allerdings selbst in der Geschichte, die so überreich an den erdenklichsten Manifestationen der Grausamkeit ist, eher selten. Wie dem auch sei, nur der, glaube ich, kann halbwegs zu einem Verständnis der Psychologie des Konzentrationslager-Opfers gelangen, der das Einzigartige und Unvergleichbare der sich dort ereigneten Traumatisierung erfasst hat. Es können hier nicht alle Aspekte dieses Einzigartigen besprochen werden, und so will ich nur einiges dessen, was mir als psychologisch markant auffiel, in Betracht ziehen.

Wenn ein Ethnologe von den Eingeborenen gefangen und zu Tode gequält wird, so wird er auch in der erbärmlichsten Lage nicht notwendigerweise seinen Selbstrespekt verlieren. Er mag bis zum letzten Augenblick ein berechtigtes Gefühl der Überlegenheit über seine Peiniger bewahrt haben. Anders bei den Opfern der Konzentrationslager. Die Verfolger erschienen dort als die Vertreter des Rechts. B. wurde in Sträflingskleider gesteckt, eine Maßnahme diabolischer Menschenkenntnis. Es ist das beste Mittel, das Opfer zu demoralisieren und des Selbstrespekts zu berauben. Der religiöse Märtyrer ist gegen eine solche Verletzung geschützt; auch Verfolgte, die durch ihre politische Überzeugungsstärke gegen Demoralisierung in einem gewissen Ausmaß geschützt waren, befanden sich in einer psychologisch vorteilhafteren Lage. Zumindest am Anfang; man unterschätze aber nicht den Einfluss der Zeit und das resultierende Gefühl der Hoffnungslosigkeit. Ich kannte eine Frau, die sich in einem Konzentrationslager an ein anderes Mädchen anschloss. Die unzertrennliche Freundschaft erleichterte ihnen das Ertragen der Qualen. Alles, was sie hatten, wurde geteilt. Als sie einmal wegen Mehrarbeit ein Stück Brot als Vergünstigung erhielt, konnte sie, von Hunger gepeinigt, der Versuchung nicht widerstehen und verzehrte das Brot allein. Sie litt noch nach fünfzehn Jahren an einem Schuldgefühl und Selbstvorwürfen. Das Ethos eines Menschen musste unter diesen Bedingungen zerfallen, und der Peiniger wurde der moralisch Überlegene.

Mit dem Schuldgefühl berühren wir den zweiten Faktor. Beobachtungen in der amerikanischen Armee während des Zweiten Weltkrieges haben erwiesen, dass das Schuldgefühl des Überlebens zumindest ein ebenso starker Faktor in der Verursachung der Neurose war wie die Angst. Wieder ist es die Einfühlung, die uns belehren wird, dass ein Vater, der das Konzentrationslager überlebt hat, aber seine zwei Kinder den Feinden überlassen musste und weiß, dass sie ermordet wurden, niemals wieder so schlafen kann, wie er es zu ihren Lebzeiten tat. Er weiß, sie sind tot, aber seiner Phantasie ist bezüglich der Umstände, unter denen sie ums Leben kamen, keine Schranke gesetzt.[9] Es ist nicht nur das

---

[9] Hier soll auch einer Gelegenheitsbeobachtung gedacht werden, die sich auf Personen bezieht, die zwar den Nationalsozialisten entkamen, aber ihre Eltern in Konzentrationslagern verloren. Der schwere Verlust wurde hier unter verhältnismäßig günstigeren Bedingungen erlitten, und doch ist auch hier ein Konflikt eröffnet, der schwerlich zur Ruhe kommen kann. Es ist das Unheimliche des Ungewissen, Undefinierbaren, des Verschwindens von Liebesobjekten unter Bedingungen, von denen nur bekannt ist, dass sie grässlich waren, die aber der Bildung von archaischen Phan-

quälende Schuldgefühl des Menschen, sondern auch die Scham, die Erniedrigung ertragen zu haben. Es ist zweifelhaft, ob man den Fall jenes Mannes, der nach seiner Befreiung aus dem Konzentrationslager Selbstmord beging, als psychopathologisch im engeren Sinn des Wortes ansehen soll.

Man hat ein bestimmtes Syndrom an den Konzentrationslager-Überlebenden entdeckt, und die Debatte über die Berechtigung und Klinik des Symptombildes fängt an. Ich kann zu dieser Frage keine Stellung nehmen. Mir ist aber bei allen Patienten, die mir zur Begutachtung geschickt wurden, besonders bei Männern, aufgefallen, dass sie ihre Berichte über die Erlebnisse im Konzentrationslager auf ein Minimum einzuschränken versuchen. Es dauert gewöhnlich sehr lange, bis sie selbst dieses Minimum preisgeben, und es wird nur zu klar, dass sie lieber über ihre Symptome als über deren Ursache sprechen. Dies war ganz anders in der Armee, wo ich den Berichten unzähliger Soldaten über den Effekt von Belastungen, die ihrer Ansicht nach ihre Resistenz überschritten, zuhören musste. Die Erlebnisse, die zu den nervösen Störungen führten, wurden im Detail erzählt, und die Neigung zur Übertreibung war offenbar. Das Konzentrationslager-Opfer verhält sich diametral entgegengesetzt. Selbst die Bereitwilligkeit, über das gegenwärtige Leiden zu sprechen, ist eingeschränkt, und das persönliche Erlebnis im Konzentrationslager wird fast wie ein Geheimnis gehütet. Angeblich fällt diese Schranke weg, wenn Leute, die im Konzentrationslager waren, sich treffen. Dann werden Erinnerungen ausgetauscht. Auch ist mir aufgefallen, dass ehemalige Insassen von Konzentrationslagern dazu neigen, Menschen, die dasselbe Schicksal haben, zu heiraten. Es scheint, dass jemand, der im Konzentrationslager gewesen ist, sich als von anderen wesensverschieden erlebt; er scheint sicher zu sein, dass er von jemandem, der nicht im Konzentrationslager war, nicht verstanden werden kann.

Ich möchte dies mit einer Beobachtung, die ich in einem ganz anderen Zusammenhang gemacht habe, vergleichen. Gegen Ende des Krieges wurde ich einer Division zugeteilt, die sich in Europa an schweren Kämpfen beteiligt hatte und sich vorübergehend in den Staaten zur Vorbereitung für die Verschiffung zur asiatischen Front befand. Ich war nun für diese Gruppe ein Neuankömmling. Obwohl ich zwar höflich und liebenswürdig behandelt wurde, fühlte ich mich wie ein völlig Fremder, in einem Grade, wie ich es weder vorher noch nachher je erlebt habe. Das Erleben und Überleben größter Gefahren hatte ein unsichtbares Band engster und unaus-

---

tasien und archaischem Schuldgefühl Vorschub leisten und keine Grenze setzen. Es wäre möglich, dass dem Selbst das Abbrechen in der Kontinuität selbstnaher oder sogar selbstidentischer Objekte unter solchen Verhältnissen, die ja von ganz anderer Valenz als die des normalen Sterbens sind, eine Aufgabe gestellt wird, die für den Traumatisierten unlösbar ist. Solche Aufgaben sind den Belastungen des Ichs vergleichbar, wenn es Amnesien in der eigenen Lebensgeschichte gegenübersteht, die auch die Festigkeit und Kontinuität des Ichs gefährdende Zäsuren darstellen.

gesprochener Zusammengehörigkeit zwischen den Gruppenmitgliedern geschaffen. Es gab keine Tür in dieser unsichtbaren Wand, durch die jemand, der die Gefahren der Gruppe nicht geteilt hatte, hätte durchgehen können. Ein wahrhaft gespenstisches Erlebnis, wenn man die offensichtliche Liebenswürdigkeit bedenkt, von der man umgeben war.

Die durch unvergleichliche Erlebnisse geschaffene Gemeinsamkeit hat bei den ehemaligen Konzentrationslager-Häftlingen selbstverständlich eine ganz andere Qualität als die bei der Kampfdivision beobachtete. Das Konzentrationslager-Opfer fühlt sich seelisch gebrandmarkt und ist überall ein Einsamer, wo er nicht mit Leidensgenossen zusammentrifft. Er hat möglicherweise recht. Etwas hat sich in ihm verändert, das nicht seinesgleichen hat, und die Menschheit teilt sich für ihn in zwei Gruppen: ehemalige KZler, und andere, die nicht wissen, was das Leben mit sich bringen kann und daher wirklich ist.

Es ist hier auch ein anderer Punkt zu erwähnen, den nicht nur der Vertrauensarzt in B.s Fall unbeachtet ließ, sondern dessen Bedeutung auch in den meisten Gutachten übersehen wird. Ich habe früher erwähnt, dass B. im Konzentrationslager seine orthodoxe jüdische Einstellung verloren hat. Freud hat öfters darauf hingewiesen, dass das Übermaß an neurotischen Erkrankungen in der modernen Zeit auch mit dem Rückgang der Gläubigkeit zu tun hat. Soviel ich weiß, stimmen eigentlich fast alle darin überein, dass die Religion einen besonderen Schutz gegen die Neurose bietet. Ich komme auf diese Tatsache später noch kurz zu sprechen. An dieser Stelle sei nur vermerkt, dass Beobachtung und Einfühlung bestätigen werden, dass der Durchschnittsmensch eines Minimums an Wohlergehen bedarf, um seine religiöse Einstellung zu bewahren. Eine intellektuell eingeschränkte sowie ambivalente Frau verlangte einmal von mir, ich solle ihr doch erklären, wieso es komme, dass, obgleich sie so viel in die Kirche gehe, um zu beten, es allen anderen Leuten besser gehe, ihre eigenen Lebensumstände sich aber ständig verschlechterten.

In dieser naiven Frage ist ein wichtiger Aspekt der Psychologie der Religion enthalten. Ich behaupte keineswegs, dass notwendigerweise das religiöse Element zerstört werden muss, wenn ein Mensch erlebt, was B. erdulden musste. Ich bin mir wohl bewusst, dass, wie ich es später erwähne, dieselben Erlebnisse die Gläubigkeit eines Menschen erhöhen mögen. Das Heilige ist aber überdurchschnittlich, und ich antizipiere, dass statistisch ein Rückgang der Gläubigkeit bei den das Konzentrationslager Überlebenden gefunden würde. Bei B. finde ich, ist kein Grund anzunehmen, dass er unter normalen Bedingungen seine Gläubigkeit verloren hätte. Er ist kein Atheist, kein Feind Gottes geworden, er geht noch zur Synagoge, aber nur noch an den hohen Feiertagen. Die Religion ist eine Hülse geworden, eine Floskel, die aus Anstand dem Leben angehängt wird; sie ist nicht mehr eine Institution, die dem Leben Sinn verleiht und den Alltag beherrscht, wie es bei vorhandener Orthodoxie der Fall ist. Hier ist der

Kausalzusammenhang mit den Erlebnissen im Konzentrationslager klar, und B. kann nicht dafür verantwortlich gemacht werden, wenn er nach seiner Befreiung seinen orthodoxen Glauben nicht wiederfinden konnte. Dieser Verlust hat aber eine Neigung zur Neurosenbildung zur Folge; ja, man mag sogar einen Schritt weitergehen und vermuten, dass im Falle eines Menschen, der im Schutze orthodoxer Religiosität erwachsen wurde, die Zerstörung derselben als ein chronischer Dauerschaden angesehen werden muss, da sie eine Lücke zurücklässt. Wenn ein Mensch seinen Glauben durch philosophische oder wissenschaftliche Einsicht oder inneres Wachstum verliert, so befindet er sich in einer ganz anderen Situation als B. zur Zeit seiner Befreiung. Wir hören, dass er sich eine Zeitlang bei einem Bauern aufhielt, da er nicht an seine Befreiung glauben konnte. Diese Episode mag als Illustration zum Problem der Lücke angeführt werden. B. leidet natürlich nicht an einer Psychose; er hat seither die Veränderung in seiner Umgebung zur Kenntnis genommen, aber daraus kann nicht der Schluss gezogen werden, dass er einen Ersatz für die relative Immunität gegen Neurosenbildung, die die Religion ihm gewährt hatte, gefunden hat. Die Erinnerungen an die Vergangenheit machen es unmöglich, die verlorene Haltung wiederzufinden.

Nun erscheint mir nicht nur das Spezifische des Konzentrationslager-Traumas von vielen Gutachtern übersehen zu werden, sondern auch das Spezifische in der gestörten Funktion scheint nicht verstanden zu werden. Der Vertrauensarzt sagt mit Recht, dass B. seine Schlafzeit unterschätzt. Seine Frau berichtet, dass B. während des Tages oft schläft. Seine Schlafzeit wird höchstwahrscheinlich für seine körperliche Gesundheit ausreichen. Dies sagt aber noch nichts über die schreckhaften Träume, die B.s kurzen Nachtschlaf unterbrechen. In einem anderen Falle von Schlafstörung, der eine Mutter betraf, die mehrere Kinder in Konzentrationslagern verloren hatte, äußerte sich ein Gutachter dahingehend: »Eine große Anzahl von Menschen ist empfindlich und hat einen schlechten Schlaf. Eine ernsthafte Behinderung kann daraus nicht hergeleitet werden.« Es ist meiner Ansicht nach verfehlt, ein neurotisches Symptom bloß nach den Realfolgen einzuschätzen, die es in der Lebensweise des Patienten hat und zu behaupten, dass alle neurotischen Schlafstörungen an und für sich gleichwertig sind und sozusagen nur nach der Länge des Schlafentzuges bewertet werden sollen. Die Unhaltbarkeit dieses Standpunktes kann klinisch anhand des Angsttraumes erwiesen werden. Angstträume sind wohl ubiquitär. In der Mehrzahl der Fälle bleiben sie ohne Folgen. In anderen Fällen wiederum sind sie Symptome schwerer Erkrankung. Freud hat in der Krankengeschichte des »Wolfsmannes« das Beispiel eines Angsttraumes eines vierjährigen Knaben beschrieben, der die Grundlage einer folgenschweren Erkrankung bildete. Ich selbst konnte einen Erwachsenen beobachten, der den Inhalt eines Angsttraumes nicht überwinden konnte und in unheilbare seelische Unruhe, die schließlich zum Selbstmord führte, verfiel.

Migräneattacken haben bei vielen Patienten einen lösenden Charakter; eine Minderzahl von Patienten wird suizidal während des Anfalls. Neurotische Symptome müssen also auch im Sinne der Ätiologie bewertet werden. Einer der ausschlaggebenden Faktoren ist die Bedeutung des durch das Symptom abgewehrten unbewussten Inhaltes. Bei den Migräne-Patienten, die suizidal werden, stellt man fest, dass die Abwehr gegen einen intensiven mörderischen Impuls gerichtet ist, während es sich bei den anderen um viel harmlosere Impulse handelt.

Wenn man Freuds Unterscheidung des primären und sekundären Krankheitsgewinnes beachtet, mag man auch sagen, dass, je größer der sekundäre Krankheitsgewinn eines neurotischen Symptoms ist, desto weniger gefährlich die Erkrankung. Die Schlafstörung einer Mutter, die Kinder im Konzentrationslager verloren hat, ist eben ein psychologisches Phänomen, das sich grundsätzlich von der Schlafstörung einer Frau unterscheidet, die – wenn ich einen komplizierten psychiatrischen Sachverhalt vereinfachen darf – in aggressiver Weise von ihrem Gatten einen Pelzmantel erpressen will. Jener Gutachter wird wohl recht haben, wenn er sagt, dass viele neurotische Schlafstörungen keine »ernsthafte Behinderung« verursachen; wenn er aber die Schlafstörung der unglückseligen Mutter unter diesem Gesichtspunkte bewertet, so beweist er nur, dass er Psychiatrie wie eine mechanische Fertigkeit betreibt und der Vielfalt der Lebenserscheinungen eben nicht gerecht werden kann. Für den Banausen ist eine Schlafstörung so gut oder schlecht wie eine andere, und die Dimension der tragischen Verstrickung hat keinen Platz in seinem Weltbild.

Andere Erklärungsversuche

In der Besprechung des Grundproblems, ob der psychische Apparat des Erwachsenen eine Dauerschädigung auf traumatischer Grundlage erleiden kann oder nicht, mag es nützlich sein, alternative Erklärungen für B.s Zustand zu erwähnen. Die psychoanalytische Theorie würde die Wirkung solcher Traumen von der Verarbeitungsweise infantiler Erlebnisse abhängig machen. In der Tat, wir werden uns hier erinnern, dass B.s Augen bei der Erwähnung des Todes der Mutter feucht wurden und dies die einzigen Spuren der Rührung waren, die im Laufe der Gespräche beobachtet werden konnten. Ein psychoanalytisch orientiertes Gericht mag aufgrund dieses Indizes die Frage aufwerfen, ob die neurotische Reaktion auf die Ermordung der Kinder eine Folge einer unverarbeiteten Jugendreaktion auf den Tod der Mutter darstellt. Aber halt! Wir haben ja noch keine spezifische Reaktion auf das Trauma des Verlustes der Kinder festgestellt. B. hat ja in eher beiläufiger Weise über deren Verlust gesprochen. Er investiert mehr Energie in die Beschreibung seines Kopfwehs und seiner

Magenbeschwerden als in Klagen über ihre Ermordung. Also haben der Psychiater und das Gericht Recht gehabt, wenn sie die Traumen, die B. im Zuge der Verfolgungen erlitt, nicht weiter in Betracht zogen und die Beschwernisse der Gegenwart als Neurosen verursachend in den Vordergrund stellten? Schließlich hat ja außerdem die körperliche Untersuchung ergeben, dass B. keine Dauerschädigung körperlicher Natur erlitten hat.

Anders war es jedenfalls mit B.s Frau. Sie hatte zwar ein ähnliches Schicksal wie er; auch sie war schweren Misshandlungen ausgesetzt und erlitt öfters schwere Kopftraumen, eines mit Zahnverlust verbunden. Bei ihr zeigte sich aber bei zwei Aufnahmen eine pathologische Veränderung der EEG (fokale Dystrophie mit Andeutung von Krampfpotentialen), die von dem amerikanischen Neurologen als eine sehr wahrscheinliche Folge der erlittenen Traumatisierungen angesehen wurde. Diesmal war es der deutsche Obergutachter, der die Richtigkeit der Aussage von Frau B. bezweifelte, da in den ersten Krankengeschichten jegliche Angabe über Kopftraumen fehlte und diese erst im Entschädigungsantrag Erwähnung fanden. In diesem Fall konnte der Verdacht der Irreführung objektiv widerlegt werden, da die Krankengeschichte aus dem Lager ausdrücklich eine durch Misshandlungen erlittene Kopfverletzung erwähnt. Wenn der deutsche Obergutachter, entgegen der Ansicht zweier amerikanischer Neurologen, die die Patientin untersuchten, meint, die elektroencephalische Störung sei eine »konstitutionsbedingte Variante«, so kann man nur bedauern, dass man die ins Konzentrationslager Verschickten nicht vorher entsprechend neurologisch untersucht hat.

Wenn die Psychiatrie als eine wissenschaftliche Disziplin angesehen werden soll, dann müssen, wie in allen anderen Wissenschaften, Erklärungen für die beobachteten Phänomene beigebracht werden. Warum sollten die Anpassungsschwierigkeiten in den Staaten, wie die Vertrauensärzte und der ärztliche Dienst meinten, bei B. zu Kopfweh und Magenbeschwerden, Angstträumen und Schreckhaftigkeit führen? Schließlich könnten Belastungen so allgemeiner Natur, wie die vom Vertrauensarzt und dem Gericht als krankheitsverursachend angesehenen, ja irgendwelche andere Körpersysteme betreffen. Die Frage wäre nun, ob B., falls er nicht so schwere körperliche Traumen am Kopf erlitten hätte und die Narben sein Körperbild nicht verunstalteten, *auch* unter dem Druck der Anpassungsschwierigkeiten Kopfweh entwickelt hätte; oder, falls er im Konzentrationslager in einer der zu verrichtenden Arbeit entsprechenden Weise ernährt worden wäre, an Magen- und Darmsymptomen leiden würde? Das Mindeste, das der Vertrauensarzt, der B. übrigens nicht als einen Simulanten ansah, hätte annehmen müssen, wäre eine Regression zu der traumatischen Phase des Konzentrationslagers unter dem Druck der Schwierigkeiten, die B. angeblich in den Staaten zu bewältigen hatte, gewesen. Es wäre also hier »der richtunggebende Faktor«, den der Gesetzgeber ausdrücklich als entschädigungsberechtigt anerkannt hat, zu erwähnen gewesen. Meiner Ansicht nach aber lassen sich die Anpassungsschwierigkeiten, denen B. in den Staaten angeblich ausgesetzt war, bei Weitem nicht einmal mit den Schwierigkeiten vergleichen, die B. selbst in den D.-P.-Lagern nach seiner Befreiung ertragen musste und die er dem Gericht zufolge symptomfrei ertrug. Das Leben von B. und seiner Frau in den Staaten ist nicht schlecht. Er braucht nicht zu hungern und hat eine zufriedenstellende Wohnung. Vielleicht würde es ihm etwas bedeuten, wenn er in seinem erlernten Beruf weiterarbeiten könnte.

Aufgrund der Ansicht des Gerichts und der Psychiater müsste man aber annehmen, dass, falls B. eine Monatsrente von 500 Dollar erhielte, sein seelischer Zustand sich deswegen bessern würde, da ja unter diesen Bedingungen keine Anpassungsschwierigkeiten gegeben wären. Falls das Gericht dies ernsthaft glaubte und falls diese Ansicht richtig wäre, könnte man sogar erwarten, dass ihm eine solche Rente zugesprochen wird, da B. erwiesenermaßen vor seiner Internierung über ein gutes Anpassungspotential verfügte. Schließlich war die Notwendigkeit der Auswanderung und die angebliche Minderung seiner Anpassungsfähigkeit die direkte Folge der Verfolgungen, derer er ausgesetzt war.

Das Gericht und die Vertrauensärzte sind im Grunde Materialisten. Ich gebrauche hier das Wort nicht im objektiven Sinne einer empirischen, wissenschaftsgemäßen Haltung der Welt gegenüber, sondern als eine Bezeichnung für eine Haltung, die die Geltung nichtkörperlicher Werte verleugnet. Sie glauben anscheinend ernsthaft, dass ein voller Magen die richtige Medizin für eine tiefe Trauer ist und dass ein Vater, der B.s Schicksal erlebt hat, nur durch die tägliche Enttäuschung in seinem Berufsleben neurotisch erkranken kann. Ich bin davon überzeugt, dass eine noch so hohe Rente das Leiden B.s nicht vermindern, ja es möglicherweise sogar erhöhen würde. B.s Leben ist leer geworden. Wenn er fernsieht, weint er gelegentlich oder schläft ein. Ähnlich geht es ihm im Kino. Wenn er die kleinste Menge Alkohol zu sich nimmt, weint er auch. Er verbringt viel Zeit auf der Straße stehend und ins Leere schauend. Seine Frau erzählt mir, dass sie manchmal von den Kindern zu sprechen beginnen, aber schnell abbrechen. Sie haben das Einverständnis miteinander, die Vergangenheit nicht zu erwähnen. Es ist also der Druck der Vergangenheit, der auf beiden lastet, und diese Vergangenheit ist inakzeptabel. Ein Mensch steht hier zwei Möglichkeiten gegenüber, entweder er lebt den Affekt aus oder er verdrängt ihn. Falls B. und seine Frau ihr Leben affektadäquat führten, dann würden sie in ewige Trauer verfallen; wenn B. den Affekt verdrängt und seine Sorge auf das Unwichtigste verschiebt, dann kann er ein, wenn auch irgendwie gelähmtes, Leben weiterführen. Es handelt sich um ein Paradoxon: was in dieser Situation im Sinne des psychischen Lebens gesund wäre (adäquate Affektabfuhr), entfremdet ihn dem Leben; eine pathologische Reaktion (Verschiebung aufs Unwichtigste) wirkt lebenserhaltend. Die Griechen wussten eben etwas über den Menschen, was den Richtern und Vertrauensärzten unbekannt geblieben ist. Ihrer Enge und Beschränktheit wäre nie der Niobe-Mythos entsprungen. Eine seiner Dimensionen besagt, dass das Leben der Eltern endet, wenn sie Zeugen des Untergangs ihrer Kinder werden. Nun ist B. kein tiefgründiger Mensch, soweit es von außen beurteilt werden kann, und die Abwehrformen, die er entwickelt hat, schützen ihn vor geistiger Umnachtung. Aber je besser sich das Leben für B. gestalten würde, umso stärker würde die Vergangenheit an die Bewusstseinspforte pochen und umso mehr wäre er gefährdet. Falls B.s Symptome im D.-P.-Lager wirklich schwächer waren und erst in den Staaten intensiver wurden, so wäre dies durch das relative Wohlergehen B.s in den USA verursacht worden und nicht durch die Schwierigkeiten der Anpassung. Es müsste angenommen werden, dass die relative Schwere des Lebens im Lager schuldgefühlsverringernd und durch die äußere Beanspruchung vom inneren Konflikt ablenkend gewirkt hat. Die Verschiebung auf Kopf und Darm schützt ihn vor einem seelischen Zusammenbruch. Man müsste B. als glücklichen Menschen bezeichnen, wenn Kopfweh und Darmbeschwerden wirklich seine größten Unbilden wären. Wieweit das Gericht einer entseelten materialistischen Gesinnung – und wieder gebrauche ich den Terminus in herabsetzender Weise – zum Opfer gefallen ist, wird aus der früher zitierten Bemerkung ersichtlich, dass B.s relatives körperliches Wohlbefinden im Jahre 1945 beweist, dass er sich »offenbar schnell und gut erholt« hat und bereits um diese Zeit kein verfolgungsbedingter Gesundheitsschaden mehr bestand. Dieser Schluss vom körperlichen Befund auf die Seele erscheint mir als ein Missbrauch des von der Antike unterlegten Standpunktes »mens sana in corpore sano«, der geflissentlich missverstanden wird. Juvenal gebrauchte diese Redewendung, als er angesichts der Tatsache, dass der Mensch nicht wisse, was ihm gut tue, rät, die Götter um nichts anderes zu bitten als um einen gesunden Geist in einem gesunden Leib. Es gibt Familien, wie jeder Psychiater weiß, in denen Sorge und Depression zu Fettleibigkeit führen und die Magerkeit Zeichen des seelischen Wohlbefindens ist. Die Schlussfolgerung des Gerichtes ist also vom psychiatrischen Standpunkt mehr als fragwürdig. Wenn der Vertrauensarzt gewarnt hätte, B. keine zu hohe Entschädigungsrente zu gewähren, obwohl er Anspruch darauf hätte, da dies sein seelisches Gleichgewicht gefährden und auf seine neurotischen Leiden eine stimulierende Wirkung haben könnte, so wäre dies sinnvoll im Sinne einer salomonischen Gerechtigkeit gewesen. Wir leben aber nicht in einer biblischen Zeit sinnvoller Gerechtigkeit, in der des Richters Entscheidung aus der Bedeutung des Lebenszusammenhanges, in den ihn der Konflikt, den er entscheiden soll, hineingestellt hat, herauswächst, sondern in einer Zeit gesetzgebundener Gerechtigkeit, und diese billigt den Ersatz für den Gesundheitsschaden. B. ist seelisch schwer geschädigt worden, und was immer die Folgen eines günstigen Entscheids für seine Gesundheit sein mögen, ein solcher steht ihm zu. Wir können auch versichert sein, dass die von der Bundesrepublik Deutschland gewährten Renten die Bäume nicht in den Himmel wachsen lassen.

Leiden alle KZ-Opfer an Dauerschäden?

Wenn ich behaupte, dass die Konzentrationslager-Traumen die denkbar größten waren und das Maximum der menschlichen Durchschnitts-Belastungsfähigkeit überschritten, so nähere ich mich dem Standpunkt, dass alle das Konzentrationslager Überlebenden die Freiheit im Zustand einer Dauerschädigung wiedererlangten. Mit einer gleich zu besprechenden Ausnahme scheinen die klinische Beobachtung und theoretische Gesichtspunkte diese Schlussfolgerung nahe zu legen. Ich weiß zwar nicht, ob die Schwere des Konzentrationslagererlebens variierte, und möglicherweise gab es das eine oder andere außerhalb Deutschlands gelegene Konzentrationslager, das ohne Dauerschaden erträglich war. Ich weiß nicht genug über solche Einzelheiten, aber dieser Umstand würde keine wesentliche Einschränkung obiger Behauptung veranlassen. Die einzige Ausnahme, die ich zumindest theoretisch annehmen muss, wären manche tief religiöse oder künstlerisch außerordentlich begabte Menschen.[10] Beide Gruppen mögen unter besonderen inneren Bedingungen durch das Erlebnis und die Beobachtung unsäglichen Leidens anderer innerlich bereichert das Konzentrationslager verlassen haben. Das literarische Genie mag das Konzentrationslagererlebnis in einen großartigen Roman formen, der ohne die Hölle ungeschrieben geblieben wäre. Es wäre nicht das erste Mal, dass das Inferno die europäische Geisteswelt bereichert. Man kann aber vom Durchschnittsmenschen nicht erwarten, dass er nach seinem Gang durch das Inferno unverändert in eine bürgerliche Welt zurückkehrt. Ob man nun diese Dauerschädigung immer als Krankheit definieren kann, ist wesentlich eine juristische Frage. Viele der Geschädigten mögen gar nicht wissen, wie sehr sie geschädigt wurden. Die Frage der Ubiquität von durch die Traumatisierung im Konzentrationslager bedingten Dauerschädigungen ist schwer zu entscheiden, da die

---

[10] Allerdings muss ich hier eines psychiatrischen Paradoxons gedenken. Von der Beobachtung eines Falles her erscheint es mir möglich, dass eine bestimmte Form der Schizophrenie im Konzentrationslager relativ symptomfrei wurde, dass solche Kranke sich also im Zustand größter Gefahr psychisch erholen mögen. Ich habe eine ähnliche Beobachtung bei einem ehemaligen Patienten gemacht. Es scheint, dass die Konkretisierung schwerster Infantilängste in der Realität den Patienten der Notwendigkeit der Bildung eines irrationalen Verfolgers enthebt und dieser Umstand symptomentlastend wirkt. Beide Personen entwickelten natürlich ihre früheren Symptome wieder, sobald sie sich außerhalb der Gefahr befanden.

Aussagen der Betroffenen kein zuverlässiger Maßstab sind. Funktionsstörungen werden von manchen als solche gar nicht perzipiert werden; in anderen Fällen wird der wahre Kausalzusammenhang vom Subjekt unerkannt bleiben. Der Mechanismus der Verleugnung wird in vielen Fällen die Grundlage einer Scheingesundung bilden. Gesprächsweise schlug ein Kollege, Dr. Cremerius, einmal vor, dass jeder, der eine bestimmte Zeit im Konzentrationslager verbracht hatte, rentenberechtigt sein sollte. Ich kann diesem Vorschlag nur recht geben, besonders unter Berücksichtigung des folgenden Gedankenganges. Ich will an einem Beispiel die chronische Schädigung der psychischen Gesundheit durch das Konzentrationslager demonstrieren. Eine Mutter berichtete, dass ihr im Lager das einzige Kind entrissen wurde. Sie begann zu weinen und zu klagen, da sie wusste, dass sie ihr Kind niemals wiedersehen würde. Daraufhin wurde sie so lange geschlagen, bis sie zu klagen aufhörte.

Nun wissen wir, dass das Klagen und Weinen angesichts eines so furchtbaren Verlustes nicht nur als Ausdruck eines heftigen Gefühls verstanden werden muss, sondern dass solchen Affektausbrüchen auch eine psychobiologische Funktion zukommt. Die Abfuhr der Affekte steht auch im Dienste eines Versuches, den psychischen Apparat vor einer Überbelastung durch Erregungen zu schützen und allmählich die optimale Erregungshöhe wieder herzustellen. Man könnte den Vorgang mit der Ausschüttung von Antikörpern oder der Fieberbildung vergleichen. Wenn nun der erste Schritt in dem Verarbeitungsprozess, der möglicherweise zur Eliminierung des akuten Schadens führen könnte, gewaltsam unterbunden wird, so muss das Trauma einen Dauerschaden verursachen. Wir würden ja auch wie die Eskimos an einem Schnupfen zugrunde gehen, wenn man im Falle einer Infektion die in uns aktivierten Abwehrkräfte eliminierte.

Das eben angeführte Beispiel ist krass, aber paradigmatisch. Manifeste Gefühlsreaktionen auf Traumen gefährdeten den Traumatisieren im Konzentrationslager, und die Unterdrückung jeglicher Gefühlsabfuhr wurde eine Notwendigkeit der Selbsterhaltung. Wenn man nun neben Qualität und Intensität der Traumen auch die Unterbindung aller Gefühlsreaktionen, die im Sinne einer natürlichen Heilung hätten wirken können, berücksichtigt, dann muss man Dr. Cremerius' Vorschlag zustimmen. Ich vermute, dass die Menschen, auf die der Schatten des Konzentrationslagers durch Jahre hindurch gefallen ist, rettungslos verloren sind.[11]

---

[11] Ob diese extreme Auffassung durch die Eigenartigkeit des mir zur Begutachtung überwiesenen Materials begünstigt wurde, weiß ich nicht. Die meisten, die ich untersuchte, waren solche, die Kinder und nahe Verwandte im Konzentrationslager verloren hatten. Es wäre möglich, dass das Spezifische dieses Traumas mit ein Grund der besonders schlechten Prognose ist.

Subjektive und historische Faktoren in der Diagnose von Dauerschäden

Im vorigen Jahrhundert geriet eine demokratische Republik des Westens fast ins Wanken, weil ein Jude ungerechterweise des Hochverrats bezichtigt und verurteilt wurde. Es ist seither etwas über ein halbes Jahrhundert vergangen. Das Unrecht, das Dreyfus ertragen musste – selbst wenn er nicht rehabilitiert worden wäre – ist ein Sandkorn verglichen mit dem Leiden B.s. Wissenschaftlich ausgebildete akkreditierte Ärzte finden, dass sein jetziges Leiden durch eine konstitutionelle Schwäche bedingt sei, und das Gericht vermutet sogar Simulation. Man stelle sich doch vor: eine französische Polizeigruppe hätte sich am Ende des vorigen Jahrhunderts heimlich organisiert und einen Franzosen, weil er ein Jude war, entführt, seine Kinder umgebracht und ihn drei Jahre lang so behandelt, wie B. behandelt wurde. Hätte man um diese Zeitwende einen Richter oder Psychiater gefunden, der die psychosomatischen Symptome des Opfers je als anlagebedingt angesehen hätte? Und doch umfasste Zolas *J'accuse* nur neun Druckseiten.

Wenn Fehlbefunde und Fehlurteile von der hier besprochenen Art diskutiert werden, so hört man oft herabsetzende Bemerkungen über deren Urheber. Ob eine allgemeine Erklärung in der Persönlichkeit der Betreffenden gefunden werden kann, ist mir unbekannt. Im Einzelfall erhält man gelegentlich Evidenz für die Befangenheit des Gutachters. So schrieb einmal ein Vertrauensarzt in seinem Gutachten über eine Frau, die Sohn, Tochter, Schwiegersohn, zwei Enkelkinder und sechs Geschwister in Konzentrationslagern verloren hatte, dass sie während der Untersuchung ein bestimmtes Symptom entwickelte, sobald sie »von etwas Unangenehmem sprach, z. B. den Erlebnissen im KZ«. Wenn jemand im Zusammenhang mit der Konzentrationslagerexistenz einen Ausdruck wie »etwas Unangenehmes« gebrauchte, so sollte ihm jede weitere begutachtende Funktion entzogen werden. Ich glaube, dies bedarf keiner weiteren Diskussion. Ich brauchte eigentlich auch nicht hinzuzufügen, dass das Gericht keinen Anstoß an diesem Gutachter oder Gutachten nahm.

Über dieselbe Frau schrieb der deutsche Obergutachter, dass sie »bis Ende 1944 in keiner extremen Belastungssituation war, da sie in den Lagern als Arbeiterin tätig sein konnte und auch noch etwas bessere Verpflegungsmöglichkeiten hatte«. Beraubung von Freiheit und Eigentum, die Isolierung von der Familie, die Verwendung als Zwangsarbeiterin, die unbarmherzige Ausbeutung, all dies wird noch im Jahre 1961 von einem Akademiker in höchster Stellung als keine extreme Belastungssituation hingestellt.[12]

---

[12] In dem Gegengutachten wurde verlangt, dass es einer solchen Persönlichkeit nicht erlaubt sein sollte, menschliches Leiden zu bewerten, da ihm die Grundprinzipien der Humanität fehlen.

Derselbe Obergutachter verneinte die Verfolgungsbedingtheit der schweren Symptome, an denen die Frau litt, da sie »dem Erscheinungsbild der hysterischen Fehlhaltung zugehören« und »für derartige Symptombilder nach wie vor die vor allem von E. Kretschmer vertretenen Auffassungen, dass die seelische Belastung nur Gelegenheit ist, einer in der Persönlichkeit liegenden Zielsetzung zur pathologischen Entfaltung zu verhelfen«, gelten. Es klingt dann wie Heuchelei, wenn er schreibt: »Es ist *leider* nicht möglich, eine solche im *Willkürbereich* liegende Fehlhaltung in einen adäquaten ursächlichen Zusammenhang mit den seelischen Belastungen der rassischen Verfolgung zu bringen.« [Hervorh. K. E.] Wie viele Opfer des Konzentrationslagers hat Kretschmer untersucht? Ist es dem Obergutachter aufgefallen, dass die meisten Symptome jener Patientin vegetativer Natur waren? Wie viele Psychiater teilen noch Kretschmers Auffassungen der Hysterie? Lassen sich die außerordentlichen Ereignisse des Konzentrationslagers überhaupt mit irgendetwas vergleichen, das dem Psychiater in seiner Durchschnittspraxis vorgekommen ist?

In dem Falle dieser Frau konnte man besonders gut beobachten, wie das Gericht und der Obergutachter in ihrer Blindheit kooperieren. Der Obergutachter nahm als erwiesen an, dass bei der Patientin bis zum Jahre 1953 ein Erschöpfungszustand vorgeherrscht habe. Der erste Beleg einer Behandlung stamme aus dem Jahre 1957, woraus er den Schluss zog, dass keine sicheren »Brückensymptome« nachzuweisen seien. Was er aber übersah, war, dass im Jahre 1957 der behandelnde Privatarzt bestätigte, die Patientin seit »vier« Jahren behandelt zu haben; dass also ihre jetzigen Symptome sich chronologisch an den vom Obergutachter supponierten Erschöpfungszustand direkt anschlossen und gerade in diesem Falle die Existenz der geforderten Brückensymptome sogar aktenkundig erwiesen war. »Macht nichts« hat ein großer Deutscher in ähnlicher Situation seinen Heuchler ausrufen lassen, und das Gericht überging das Indiz mit Schweigen. Trotz all dieser bösen Erfahrungen kann man nicht sicher sein, ob es sich hier um bewusste Voreingenommenheit oder jene Beschränktheit handelt, von der wohl kein Mensch frei ist.

Man höre aber weiter. Mir wurde einmal von der URO ein 24-jähriger Mann zur Beratung geschickt. Sein Zustand war meiner Ansicht nach fälschlicherweise als Schizophrenie diagnostiziert worden. Ich erwähne ihn hier wegen der bizarren Schrecklichkeit gewisser Kindheitserlebnisse und deren noch bizarreren Bewertung durch den deutschen Obergutachter. Als Kind hatte der Patient während mindestens zweier Jahre mit seinen Eltern in einem Keller gelebt, in dem sich die Familie vor den Deutschen versteckt hielt. Das Überleben der Familie hing davon ab, dass absolute Stille im Versteck herrschte. Wenn die Verfolger nahe am Versteck vorbeikamen, hielt der Vater den Jungen am Hals, bereit, ihn zu erwürgen, falls er einen Laut von sich geben sollte.

Mir wurde später mitgeteilt, dass der Obergutachter die traumatische Wirkung der Kindererlebnisse bestritt. Er soll sich dahingehend geäußert haben, dass die »ganze Entwicklung« des jungen Mannes »nicht als vorwiegend reaktiv angesehen werden kann. Das würde allen klinischen Erfahrungen widersprechen. X. war noch recht klein, als er die Verfolgung erlebte, er dürfte kaum noch Erinnerungen an diese Zeit haben. Er erkrankte im 16. Lebensjahr.« *Difficile est satiram non scribere*, und ein Zyniker sollte auf Grund dieser bizarren Gelehrsamkeit verlangen, dass z. B. auch Päderastie mit Knaben in vorschulpflichtigem Alter gesetzlich erlaubt werde. Ist es wirklich um die Psychiatrie so erschreckend bestellt, oder sind dies individuelle Auswüchse in individuellen Situationen, in denen ein individuelles Vorurteil Vernunft und Menschlichkeit ausschließt?

Es ist interessant zu beobachten, wie das Einzelindividuum sich gelegentlich, wenn auch in einer pathologischen Form, gegen den ärztlichen Unverstand zur Wehr setzt. Den folgenden Fall hätte ich bei vielen anderen Gelegenheiten zitieren können. Er erscheint mir als besonders instruktiv.

Ein KZ-Opfer, dessen Mutter, Frau und vier Kinder im Zuge der Verfolgungen ums Leben kamen und der offenbar auch schweren Misshandlungen ausgesetzt war (da eine Impression der tabula interna der Schädelkapsel röntgenologisch nachgewiesen werden konnte), wird von einem Vertrauensarzt der Simulation verdächtigt; ein anderer erklärt, seine Neurose sei anlagebedingt. Er ist fast blind. Der Patient gibt an, von einem Lastwagen geworfen, dabei auf das Gesicht gefallen und während seiner Inhaftierung an einem Auge operiert worden zu sein. Der Befund des vertrauensärztlichen Augenspezialisten schließt eine Operation aus. Die Diagnose ist anlagebedingte maligne Myopie, nicht verfolgungsbedingt. Das Gericht hielt jede weitere Untersuchung durch Spezialisten für unnötig und wies die Klage ab.

Das bloße gewissenhafte Studium der Akten hätte das Gericht warnen sollen, so schnell eine Abweisung weiterer Untersuchungen zu beschließen, da der Befund des Konsular-Vertrauensarztes für innere Krankheiten angibt, dass »sich über beiden Augenbrauen je eine 1 cm lange, weißliche Narbe befindet«, der Befund des Ophthalmologen den Orbitalrand aber als *normal* beschreibt. Auch der Psychiater, der den Patienten untersuchte und den ophthalmologischen Befund vor sich hatte, ganz zu schweigen von dem Facharzt für innere Krankheiten, hätte durch diesen Widerspruch gewarnt werden sollen. Im Zuge der Vorbereitung einer Berufung wurde der Patient von einem Ophthalmologen untersucht, dessen Befund das Vorhandensein von Narben und einer Zyste in der Konjunktiva sowie eine postoperative chorioretinale Narbe in einem Auge ergab. Um seinen Befund zu erhärten, ließ der Ophthalmologe den Patienten von einem Retinaspezialisten untersuchen, der den Befund bestätigte. Außerdem bewies der neu hinzugezogene Ophthalmologe anhand von Zitaten aus der deutschen Fachliteratur, dass der Verlauf der malignen Myopie von äußeren Bedingungen, wie Arbeit und Ernährung, abhänge. Die URO schickte mir den Patienten zur Begutachtung. Er verweigerte jede Auskunft ohne Angabe von Gründen für sein eigenartiges Verhalten. Ein Studium der Vorgeschichte wird wohl klar machen, warum diesem Menschen ein Gespräch mit einem deutschsprachigen Arzt unmöglich geworden ist. Obwohl die von mir vermutete Abneigung des Patienten gegen deutschsprachige Ärzte nachfühlbar ist, ist es natürlich ebenso klar, dass der Patient eine gestörte Persönlichkeit ist, denn seine Verweigerung weiterer Untersuchungen, selbst wenn er von seiner eigenen Organisation zu einem deutschsprachigen Arzt geschickt wird, spricht deutlich gegen wohlgeordnetes Denken. Er wird auch als aggressiv und laut beschrieben. Er ist provokant und das Wenige, das ich bei unserem kurzen Beisammensein an ihm beobachten konnte, rief keineswegs Gefühle der Sympathie hervor. Ich habe den Eindruck, dass es sich hier um eine post-traumatische Persönlichkeitsveränderung handelt; die Impression der tabula interna ist Beweis genug, dass der Patient Opfer eines schweren Kopftraumas war.

Der Psychiater zog keine Schlussfolgerung daraus, da alle objektiven Befunde negativ waren, unter völliger Vernachlässigung der klinischen Beobachtung, dass schwere Kopftraumen, selbst wenn sie keine neurologischen Zeichen oder Symptome zurücklassen, deletäre Effekte auf die Organisation der Persönlichkeit haben mögen. Die psychische Misshandlung, die dieser Mensch von Seiten der untersuchenden Ärzte erleiden musste, hat ja noch das ihrige dazu getan, sein Gleichgewicht zu stören.

Man kann das schwere Schicksal, dass dieser Mensch nach seiner Befreiung erdulden musste, nicht typisch nennen. Wollen wir hoffen, dass es eine Ausnahme ist, aber eine Ausnahme, die zu denken gibt, denn hier ist sicher das ärztliche Grundprinzip des *nil nocere* nicht gewahrt worden, und der Patient müsste eigentlich eine Entschädigung erhalten für die Aufregungen und Erniedrigungen, die er im Zuge der Wiedergutmachung erlitten hat.

Es ist verständlich, dass angesichts der Tatsachen an Vorurteil oder persönliche Befangenheit gedacht wird. Aber das Problem sollte auch in einem weiteren Rahmen gesehen werden. Hier ist einer großen Zahl von Menschen etwas zugestoßen, wofür wir eigentlich keinen rechten Namen haben. Unrecht ist sicher ein Euphemismus. Es ist etwas, was über das menschlich Proportionierte hinausgeht, dem Ausdrücke wie Tragödie oder Katastrophe nicht gerecht werden. Nur wenige haben es überlebt. Merkwürdigerweise hat das Weltgewissen nirgends zu einem Dokument geführt, durch das die Wiedergutmachung, soweit diese materiell gefördert werden kann, eine legale Pflicht geworden wäre. Die Geschädigten haben keine Gelegenheit, ihre Klage vor einem internationalen Tribunal vorzubringen, und das Weltgewissen fühlt sich nicht verantwortlich, den Opfern eine Entschädigung zu garantieren. Es bleibt dem Zufall überlassen. Ich glaube, B.s Schicksal, wie das der vielen anderen, ist ein Zeichen der allgemeinen Abnahme des okzidentalen Ethos und der Moralität. Tatsache ist, dass, wenn jemand ein Haus oder eine Fabrik verloren hat, sein Schaden als größer angesehen wird, als wenn er seine Kinder verloren hat. Selbst eine in materiellen Werten versunkene Kultur, sollte man meinen, würde berücksichtigen, dass, wären die ermordeten Kinder am Leben geblieben, sie ihren Eltern Unterstützung und Schutz vor Armut gewährt hätten. Für den Verlust eines Kindes wird aber nur unter der Bedingung extremer Notlage eine Entschädigung gewährt, und der Verlust als solcher steht außerhalb des Bereichs der Wiedergutmachung.

Trauma und Psychose

Ich nähere mich hier einem besonders umstrittenen und schwer zu lösenden Problem. Bis zu welchem Grade kann der psychische Apparat durch psychische Traumen geschädigt werden? Von Dichtern, in den Sagen der Völker und in der Legende wurde immer wieder behauptet, dass Schreck und tragischer Verlust unheilbare geistige Umnachtung verursachen können. Die Vergangenheit hat gezeigt, dass in diesen Quellen Zusammenhänge des menschlichen Lebens gefunden und geahnt werden, die jenseits des Wissens der Schulpsychiatrie liegen. Natürlich hält nicht alles, was der Dichter, der Mythos und die Legende über den Menschen sagen, der wissenschaftlichen Überprüfung stand; aber ich bin fast überzeugt, dass die Leiden des Konzentrationslagers in manchen Fällen selbst nach Jahren zu schweren Erkrankungen, denen der Charakter der Psychose nicht abgesprochen werden kann, geführt haben. Wenn allerdings der Lebenskreis des Psychiaters so eng ist, dass er die Ängste und Schmerzen eines Konzentrationslager-Opfers nur durch Anlage erklären kann, so kann man sich vorstellen, wie aussichtslos es ist, wenn einer jener Unglücklichen eine der Schizophrenie ähnliche Geisteskrankheit entwickelt. Hier wird das Rüstzeug der psychiatrischen Erblehre natürlich mit umso größerer Sicherheit ins Feld geführt. Bei dieser Gelegenheit ereignet es sich auch manchmal, dass der Psychoanalyse Beachtung geschenkt und der Tatsache gedacht wird, dass die Psychoanalyse als Voraussetzung der Schizophrenie bestimmte Infantilkonflikte und Fixierungen an infantile Mechanismen gefunden hat. Dies würde zwar auch für die Neurosen stimmen, wird aber seltener als bei Psychosen ins Feld geführt. Nun hat Freud durch seine Arbeit über die traumatische Neurose das Begriffsfeld der Neurosenätiologie erweitert, ohne meiner Ansicht nach mit dem psychoanalytischen Grundschema in Widerspruch zu geraten. Prinzipiell muss festgestellt werden, dass, was für die traumatische

Neurose gilt, auch für die Psychose Geltung haben müsste. Wichtiger erscheint es mir aber festzustellen, dass bei jeder psychischen Erkrankung etwas aus der Vergangenheit und sogar die Gesamtvergangenheit mitvibriert. Wenn wir den Schaden, den ein Trauma verursacht, untersuchen, müssen wir natürlich die Stellen relativer Ich-Schwäche finden, die naturgemäß mit Kindheitserlebnissen in genetischem Zusammenhang stehen.

Nun erhält man von Berichten über Erlebnisse in den Konzentrationslagern den Eindruck, dass die ihnen zugrunde liegende Realität mit bestimmten Aspekten schizophrener Erlebnisweisen koinzidierte. Ein nicht so seltenes Symptom in der Schizophrenie ist ein Terrorerlebnis unter dem Eindruck eines vermeintlich herannahenden Weltunterganges. Die Wendung, die das Leben in den Konzentrationslagern genommen hat, ist aber dem Herannahen oder dem Ereignis eines Weltunterganges gleichzusetzen oder zumindest damit vergleichbar. Schrecklichste Kinderängste werden Ereignis, und Menschenfresser bedrohen wieder ein hilfloses, liebesverarmtes, hungerndes Selbst. Da der Inhalt schizophrener Ängste und Wahnbildungen im Konzentrationslager Realität angenommen hat, würde man vermuten, dass die bei den Überlebenden vorherrschende Psychopathologie zu psychotischen, schizophrengefärbten Symptomen führt. Eine solche Erkrankung wäre keineswegs mit der Schizophrenie identisch, da ja ihre Ätiologie und Struktur unterschiedlich wären. Warum nun die meisten diesem Schicksal entgangen sind und es bei Charakterstörungen, Neurosen, Depressionen oder psychosomatischen Störungen bleibt, mag oder mag nicht mit Faktoren der Erbpathologie und mit Dispositionen, die sich aus Infantilerlebnissen ableiten, im Zusammenhang stehen. Ich weiß es nicht. Wenn man aber meint, dass die Penetranz der Erbfaktoren bei diesen schweren Erkrankungen eine größere Rolle spielt als bei den leichteren Fällen, so ist es noch immer nicht ersichtlich, warum ein Mensch, nachdem die Gesellschaft ihm bestätigt hatte, dass seine archaischen Ängste nur allzu berechtigt sind, kein Anrecht auf Entschädigung hat, falls seine Persönlichkeit, nach Jahren vergeblichen Kampfes, schließlich zusammenbricht.

Es müssen hier aber zwei Bedingungsgruppen unterschieden werden, obwohl möglicherweise beide zu demselben gutachtlichen Entscheid führen. In der einen Gruppe von Fällen mag es sich um echte Schizophrenien handeln. Dann wäre es zu untersuchen, inwieweit die traumatische Phase des Konzentrationslagers, selbst wenn sie Jahre zurückliegt, symptomverschärfend wirkte oder sogar ein unerlässliches Zwischenglied in der Kausalkette, die zur Manifestation des Symptomenkomplexes führte, bildete. In der anderen Gruppe würde es sich um schizophrengefärbte Symptombilder primär traumatischer Ätiologie handeln. Hier in Amerika (und ich vermute etwas Ähnliches ist vielleicht auch in Mitteleuropa geschehen) hat der Schizophreniebegriff eine unvorhergesehene Inflation erlitten, da bizarres Verhalten oder ungewöhnliche

Symptome allein schon zu seiner Anwendung führen. Dies ist natürlich mit dem, was Bleuler im Sinne hatte, unvereinbar. Die von mir vorgeschlagene Unterscheidung würde eine Feinheit der Symptomanalyse erfordern, die heutzutage nur selten erfolgt und weit mehr als die einem Gutachten zur Verfügung stehende Zeit erfordert.

Wie dem auch sei, der psychotische Zusammenbruch, selbst im Falle echter Schizophrenie, ist kein unabänderliches Schicksal. Die Beweise dafür können hier nicht angeführt werden, aber soviel mag gesagt werden, dass die Widerstandskraft gegen psychotische Erkrankungen durch die Umwelt gestärkt oder geschwächt werden kann. Die Reduktion des Abwehrpotentials durch die psychische und körperliche Misshandlung im Konzentrationslager kann nicht geleugnet werden, aber es ist kaum zu erwarten, dass einer Aufforderung, mit der Diagnose Schizophrenie bei Opfern des Konzentrationslagers vorsichtig zu sein und sich nicht zu sehr auf den Symptomkomplex zu verlassen, Gehör geschenkt werden wird. Von Schizophrenie sollten wir doch nur sprechen, wenn wir sicher sind, dass auch ein endogener Faktor wesentlich beteiligt ist. Dass ein schizophrenieähnliches Zustandsbild unter andersgearteten Bedingungen in Erscheinung treten kann, sollte nicht geleugnet werden. Dass es im Ersten Weltkrieg zu keiner Zunahme der Erscheinungen aus dem schizophrenen Formenkreis kam, ist hier kein Beweis, da die Struktur der Traumen im Konzentrationslager wesensverschieden von Kriegsbelastungen war. Wie häufig die Entwicklung schizophrener oder schizophrenieähnlicher Erscheinungsbilder im Konzentrationslager war, wissen wir nicht, da deren Entwicklung von sicherem Tod gefolgt war und die Überlebenden ja eine Auslese derjenigen sind, deren Widerstandskraft groß genug war, um unter diesen Bedingungen für einige Zeit ein lebensfähiges Gleichgewicht zu gewährleisten, selbst wenn dem Zufall hier eine relevante Rolle zuerkannt werden muss. Falsch wie es ist, psychiatrische Erfahrungen der Vergangenheit ohne neuerliche Untersuchungen auf die Pathologie des Konzentrationslagers auszudehnen, kann nicht erwartet werden, dass ein so schwieriges Problem wie die Möglichkeit der Entstehung schizophrenieähnlicher Zustandsbilder durch den Einbruch ungeheurer Traumata in Kürze und eindeutig gelöst wird. Aber selbst falls es einmal sichergestellt sein sollte, dass diese Kranken echte Schizophrenien sind, so ist es doch nicht einsichtig, warum Menschen, deren latente Krankheit besondere Schonung, Liebe, Einsicht und Einfühlung erfordert hätte, nicht entschädigt werden sollen, wenn sie jahrelang den gegenteiligen Einflüssen ausgesetzt wurden. Trotz aller Meinungsverschiedenheit über die Pathologie der Tuberkulose scheint man sich doch einig, dass statistisch die Krankheit häufiger bei bestimmten Körpertypen in Erscheinung tritt, ohne dass darum Entschädigungen für eine im Konzentrationslager zugezogene Tuberkulose verweigert werden würden.

Ein psychiatrisches Dilemma und Bemerkungen zu einer Phänomenologie der menschlichen Grausamkeit

Hier muss aber auch die Psychologie der Gegenseite kurz berührt werden. Vom Wissenschaftler wird Objektivität verlangt und erwartet. Die Ergebnisse seiner Forschung sollen nicht das Endprodukt leidenschaftlichen Denkens sein. Wir wissen, dass nicht nur der Prozess der künstlerischen Produktion, sondern auch der der wissenschaftlichen Forschung von heftigen Gefühlen getragen werden kann. Die beiden unterscheiden sich unter anderem dadurch, dass das Endprodukt der letzteren sich auch unter objektivster, unleidenschaftlicher Nachprüfung bewähren soll. Es muss nun zugegeben werden, dass die Tage, an denen ich ein Opfer des Konzentrationslagers begutachten soll, schwarze Tage sind und ich das Schicksal dieser Menschen nicht mit jener Distanz, die in der Berufsarbeit bei aller Sympathie mit Kranken bewahrt bleiben soll, untersuchen kann. Dieses Moment der persönlichen Betroffenheit mag der Grund sein, warum sich tatsächlich nur wenige Psychiater bereit erklären, sich der URO bei der Bearbeitung ihrer Fälle zur Verfügung zu stellen. Die allgemeinen Faktoren, die bei dieser persönlichen Betroffenheit im Spiele sind, sind nicht rätselhaft. Da oft der Zufall in der eigenen Vergangenheit über Entkommen oder Vernichtung entschied, repräsentiert jedes Opfer des Konzentrationslagers Möglichkeiten des eigenen Schicksals, und es ist kaum vermeidbar, dass dies zu einem Gefühl der Schuld führt. Dieses mag bewusst sein oder unbewusst bleiben, aber es ist wahrscheinlich doch immer eine versteckte Einstellung von der Art vorhanden, als ob der andere das Verdienst habe, durch sein Erleiden von einem selbst das Verhängnis abgewendet zu haben.

Aber ganz abgesehen von der eigenen Verstrickung in einen historischen Prozess, dessen Opfer zu untersuchen die Pflicht des Psychiaters ist, es ist etwas Eigenartiges um den Zwang zur Folter und Vernichtung, der die Konzentrationslager beherrschte.

Aggression als solche ist tief im Organischen verankert. Im Laufe des Differenzierungsprozesses, dem tierische Strukturen unterworfen wurden, bildeten sich spezielle Organe aus, die der Selbsterhaltung dadurch dienen, dass ihnen die Funktion der Vernichtung der die Existenz des Organismus bedrohenden Feinde zuerteilt wurde. Es scheint, dass diese für die Erhaltung der eigenen Art und des eigenen Organismus unerlässliche Funktion, zumindest was die Menschengattung betrifft, unvermeidlich in den Dienst der Befriedigung von Aggressionen tritt, die entweder weit über das für die Selbsterhaltung notwendige Maß hinausgehen, oder dem Lustgewinn, unabhängig von jeder Selbsterhaltung, dienen. Die vielen Probleme, die mit der Klinik der Aggression verbunden sind, lasse ich beiseite und beschränke mich auf das Folgende.

Die christliche okzidentale Geschichte ist reichlich versehen mit Beispielen exquisiten Sadismus. Ein zynisch veranlagter Mensch wird es als politische Weisheit, ja Notwendigkeit ansehen, dass, wer die Macht hat, seinen Feind tötet. Es mag für die Selbsterhaltung notwendig sein. Man wird aber stutzig, wenn der Mächtige seinen Feind verhungern lässt. Dies steht nicht mehr im Dienste der Selbsterhaltung. Wenn einem nun gar im Haagschen Gevangenpoort gezeigt wird, dass die zum Verhungern Verurteilten in Zellen oberhalb der Küche ihrem Schicksal überlassen wurden, um ihren Tod besonders qualvoll zu gestalten, so muss man dies als einen besonderen Auswuchs menschlichen Sadismus anerkennen.[13] Ich stelle mir vor, dass die Idee dieser Kombination der Phantasie einer perversen Persönlichkeit entsprungen ist. Obwohl in ihr eine unerhörte Grausamkeit enthalten ist, mutet sie doch an, als ob es sich um eine stark erotisch unterfärbte Perversion handelt. Auch die unsagbaren Foltern, derer die Häretiker unterworfen wurden, sind das Produkt sadistischer Neigungen. Hier wieder vermeint man das Diktat eines sadistischen Über-Ichs zu spüren, das tatsächlich so überstark zur Wirkung kam, dass sich die Opfer selbst des Umgangs mit dem Teufel bezichtigten. Dann haben wir die destruktiven Ausschreitungen, die durch den Einfluss von Massensituationen zum Ausbruch kommen. Sie sind natürlich Legion in der Geschichte. Die furchtbaren Exzesse, die im Laufe des Dreißigjährigen Krieges die Bevölkerung Mitteleuropas auf ein Drittel reduzierten, entsprangen einer Kombination von Massensituationen und Forderungen eines sadistischen Über-Ichs. Massenausschreitungen geschehen aber unter einer der Hypnose ähnlichen Übermacht und exkulpieren zu einem gewissen Grade den Ausschreitenden.

Wir sehen also Grausamkeit im Dienst der Selbsterhaltung, aus Lust an Grausamkeit, Grausamkeit durch das Über-Ich erzwungen und durch Reduktion von Ich-Funktionen in der Massensituation.[14] Vielleicht ist es ein Vorurteil, wenn ich den Eindruck gewonnen habe, dass die Grausamkeit, die in den Konzentrationslagern zum Vorschein kam, in keine dieser Kategorien fällt. Ich habe zweimal während meiner Krankenhaustätigkeit mit Paranoikern zu tun gehabt, die sich durch den Ausdruck in ihren Augen von allen anderen Patienten, die ich je gesehen habe, unterschieden. Zu Zeiten, wenn ihre Erkrankung akut aufflackerte, schien ihr Blick von reinem Hass erfüllt. Es war erschreckend, in diese Augen zu blicken. Es war nichts von Wut oder Zorn in ihrem Blick. Der Anblick dieser Augen war ein kaum zu ertragendes Erlebnis. Nun hat der akute Hass, so bedrückend und angsterregend er auch

---

[13] Manche Historiker bestreiten dies und behaupten, dass die Zellen oberhalb der Küche angebracht wurden, um von den Angeklagten Geständnisse zu erpressen.

[14] Für ein eingehendes Studium der hier nur oberflächlich skizzierten Phänomenologie der Grausamkeit sei auf »Die Grundlagen der Psychoanalyse« von R. Waelder verwiesen (Waelder 1963).

sein mag, irgendwo etwas sehr Menschliches, obwohl wir geneigt sein mögen, im Widerspruch zu der Dichotomie, die das menschliche Gefühlsleben beherrscht, hier von einem unmenschlichen Hass zu sprechen. Man hat aber nicht den Eindruck, dass die Schergen, die die Insassen der Konzentrationslager quälten und töteten, von jenem unsagbaren Hass getrieben waren. Man gewinnt den Eindruck, dass das Quälen eine Selbstverständlichkeit geworden war. Man könnte hier von einer Folterfabrik sprechen: Das Quälen war Routine geworden. Aus zweiter Hand wurde mir einmal mitgeteilt, dass in einem Gefängnis Gestapo-Beamte, während sie ihre Opfer quälten, sich über Trivialitäten des Alltags unterhielten, wie man es von Beamten erwarten mag, die mit langweiliger Büroarbeit beschäftigt sind. Es ist vielleicht die Mechanisierung der Leidzufügung, die Entmenschlichung des Quälers im Sinne eines Zur-Maschine-Werdens, die die Ausschreitungen des Konzentrationslagers uneinfühlbar machen.

Wir haben hier von B. gehört, dass der Wärter, der das Essen austeilte, jeden auf den Kopf schlug. Es war anscheinend kein persönliches Ressentiment gegen das Einzelindividuum dabei vorhanden; das Quälen wurde eine Gewohnheitshandlung. Dies ist natürlich nur ein Aspekt der Ungeheuerlichkeit des Konzentrationslagers. Eine andere Art des Sadismus im Konzentrationslager ist durch das Bizarre gekennzeichnet. So soll es einmal geschehen sein, dass, um Weihnachten zu feiern, ein willkürlich ausgewählter Gefangener gehenkt wurde. Wenn ein Schizophrener sich eine solche Weihnachtsphantasie ausdenkt, bleibt sie qua Phantasie trotz ihrer Bizarrheit einfühlbar. Es gibt keinen Grund anzunehmen, dass die Realität von Psychotikern ausgeführt wurde, und wir stoßen hier wieder auf den Faktor der Uneinfühlbarkeit. Ich möchte hier noch einmal auf die früher erwähnte Mutter zurückkommen, die so lange geschlagen wurde, bis sie über den Verlust des Kindes zu klagen aufhörte. Das Töten der Kinder ist ein historisches Motiv, das oft in der Geschichte, der Mythologie und Kunst auftritt. Eine Mutter zu schlagen, weil sie über den Verlust ihres Kindes klagt, scheint mir ein neues Sujet in der Geschichte menschlicher Quälsucht zu sein.

Ich habe diese kurzen und unzureichenden Bemerkungen über die Phänomenologie der menschlichen Grausamkeit gemacht, um anhand der Uneinfühlbarkeit eine besondere subjektive Schwierigkeit zu beleuchten, der der Psychiater hier in seiner Tätigkeit als Gutachter begegnet. Unter normalen Bedingungen kann der Gutachter durch Einfühlung in den durch ein Trauma Betroffenen und durch Einfühlung in das Trauma eine ungefähre Relation zwischen den beiden rekonstruieren. Der Faktor X, den ich durch die Qualität der Uneinfühlbarkeit zu charakterisieren versuche, führt bei der einen Gruppe von Psychiatern zu der Einstellung des *non-arrivé*; sie beschäftigen sich überhaupt nicht mit den erlittenen Traumen und den Erlebnisweisen des Betroffenen; bei der anderen Gruppe führt derselbe Faktor zu der Einstellung, dass ein Mensch, der das Unvorstellbare und Uneinfühlbare erlebt hat, für immer an das Trauma fixiert bleiben muss, da ja nur das Verstandene, oder zumindest scheinbar Verstandene integriert und zum Hintergrund des Selbst reduziert werden kann. Ich möchte die Situation mit dem Zweifel mancher religiöser Menschen, wenn sie von großen Unglücksfällen ereilt werden, vergleichen. Sie werfen dann die Frage auf: »Wieso hat Gott dies zulassen können?« Solange der Leidtragende diesen Zweifel nicht lösen kann, bleibt er traumatisch an den Verlust fixiert. Ebenso ist der Gutachter gezwungen anzunehmen, dass der von einem uneinfühlbaren Trauma Betroffene für immer daran fixiert bleibt.

Was immer die Natur dieses Faktors X sein mag, ich würde meinen, dass, falls ein Psychiater die Geschichte der Konzentrationslager-Opfer mit der gewohnten beruflichen Distanz aufnimmt, diese objektive Haltung nur im Sinne eines Defektes verstanden werden könnte. Ich plädiere hier dafür, die Gefühlsreaktion der Unerträglichkeit als eine adäquate Reaktion beim Zuhören anzusehen. Der Psychiater, dem die gewohnte Distanz zum Untersuchungsobjekt hier fälschlicherweise als Objektivität angerechnet werden würde, kann nicht die Wirkung der Ungeheuerlichkeit des Konzentrationslagers verstehen, weil das Trauma des Konzentrationslagers jenseits des Vergleichbaren und Erfahrbaren steht.[15]

Die Wissenschaft befindet sich hier in einer eigenartigen Zwickmühle. Der Psychiater, der die Leidensgeschichte dieser Menschen objektiv anhört, kann sie nicht verstehen, da diese Leidensgeschichte etwas Unvergleichliches ist und niemand in unserer Generation Gelegenheit hatte, das Werkzeug der Empirie auf vergleichbare Beobachtungen anzuwenden. Der Psychiater, der – welches Motiv auch immer das maßgebende sei – sich mit dem Opfer so weit identifiziert, dass er das Einmalige an der Krankengeschichte erlebt, wird subjektiv reagieren. Nun mag man hier einwenden, dass dies keine für den Psychiater ungewöhnliche Situation ist. Wir kennen ja den Typus Psychiater, der die Bedeutung psychologischer Objektivität missversteht und innerlich dem Patienten zuhört, als ob dessen Bericht der Atmungskurve eines Kaninchens entspräche. Wir wissen, dass, um Psychologie zu betreiben, Einfühlung notwendig ist. Die Frage ist aber hier, ob die Einfühlung des Psychiaters angesichts der Ungeheuerlichkeit des Tatbestandes jene Grenze einhalten kann, die für die Wissenschaft die optimale ist, das heißt, ob die Mischung von Einfühlung und Distanz, die Verstehen und Beurteilen möglich machen, unter solchen Bedingungen erreichbar ist. Ich zweifle daran und muss aus dem Eigenerlebnis zugeben, dass die innere Kühle, die trotz aller Einfühlung bewahrt bleiben soll, in solchen Situationen von mir nicht aufgebracht werden kann.

---

[15] Ich muss den Schluss ziehen, der, wie ich glaube, nicht auf der Kurzsichtigkeit der geschichtlichen Gegenwart oder jüngsten Vergangenheit beruht, dass nämlich das Konzentrationslagertrauma etwas historisch Neues ist.

Versuch einer Lösung des Dilemmas

Ich bezweifle, dass die Gefühlslage des Psychiaters, der gezwungen ist, sich mit den Konzentrationslager-Opfern zu identifizieren, eine rationale Diskussion der klinischen Situation für ihn unmöglich macht. Eine starke Gefühlsreaktion muss schließlich den Psychiater nicht zum Fanatiker machen, und was immer der Gefühlshintergrund meiner Schlussfolgerung sei, sie ist schließlich in eine Form gekleidet, die sie verstehbar und diskutierbar macht. Wenn ich die Frage erhebe, ob die Konzentrationslagertraumen die quantitativ und qualitativ intensivsten sind, die vorstellbar sind, so kann diese Frage mit ja oder nein beantwortet werden, und es steht der Phantasie des Wissenschaftlers und Richters offen, meine Ansicht durch Exemplifikation zu widerlegen. Die Leiden Hiobs waren geringer, und in seinem Falle versuchte der Teufel sein Bestes.

Falls man aber dieser einen Bewertung zustimmen sollte, so muss man sich entscheiden, ob die Grundstruktur des Menschen die Annahme einer oberen Grenze der Belastungsfähigkeit durch Traumen zulässt oder nicht. Ich sehe nicht, wie hier ein Zweifel bestehen kann. Wir geben bei der Bewertung einer jeden Funktion die optimalen Grenzen der maximalen und minimalen Reizbelastung an, jenseits derer die Funktion geschädigt wird. Mir ist keine Ausnahme bekannt. Es gilt dies für den Wahrnehmungsapparat wie für die Wasserzufuhr, die der Organismus erfordert, für die Muskeltätigkeit wie für die Gehirnfunktion. Es wäre also wider jedes Erwarten, wenn sich herausstellte, dass diese Gesetzlichkeit auf die Gesamtfunktion des psychischen Apparates keine Anwendung fände. Die Variation dieser Grenzen von Individuum zu Individuum wird dadurch sicher nicht ausgeschlossen.

Wenn diese Behauptung der Maximalität der traumatischen Reizzufuhr und der Grenze der Belastbarkeit des psychischen Apparates angenommen wird, dann ist die Frage zu beantworten, wo die Schäden, die das Individuum erlitten hat, geblieben sind. Die Behauptung, die indirekt in der Beurteilung der Vertrauensärzte, der Obergutachter und des Gerichtes enthalten ist, dass nach einer variierenden Zahl von Monaten der rätselhafte Erschöpfungszustand verschwindet und der status quo wiederhergestellt ist, ist nicht stichhaltig, da, wenn das Individuum der Anpassung an ein neues Milieu ausgesetzt ist, ein Anlagefehler wie ein *deus ex machina* eingeschmuggelt wird, durch den die Erfüllung dieser Aufgabe ohne Symptombildung unmöglich gemacht werden soll. Ich finde in meiner Argumentationsreihe nicht den Punkt, an dem das Gefühlsmoment verwirrend eingegriffen hat, glaube aber, in der Argumentation der Gegenseite einige schwache Punkte zu entdecken, die für einen Gefühlskonflikt sprechen.

Nun weiß jeder, dass unser Wissen um Konstitution und Umwelt noch recht im Argen liegt, und es ist nicht ausgeschlossen, dass spätere Einsichten der

Gegenseite Recht gegeben werden. Gerade die psychoanalytische Untersuchung, die weder von den betreffenden Psychiatern noch von den Richtern als eine maßgebliche Methode angesehen wird, mag, wenn sie auf eine entsprechende Zahl von Konzentrationslager-Opfern angewendet wird, meinen Gedankengang widerlegen. Es ist denkbar, dass in traumatischen Situationen, wie in denen des Konzentrationslagers, eine große Anzahl von Menschen durch Mobilisierung tiefster masochistischer Quellen vor Dauerschädigungen des psychischen Apparates geschützt wird. Es ist fernerhin denkbar, so unwahrscheinlich dies auch sein mag, dass die Verurteilung zum Konzentrationslagererlebnis und das Überleben jenes außerordentlichen Schicksals in dem Überlebenden das Gefühl, eine Ausnahme zu sein, der die Welt etwas schulde, zurückließ (Freud). Im Gefühl der Ausnahmestellung würden sie auf kleinere Versagungen empfindlicher reagieren als vorher. Es sind sicher noch viele andere Konstruktionen möglich. Solange aber deren Existenz nicht erwiesen ist, muss man sich, meiner Meinung nach, an die Annahme der traumatischen Dauerschädigung halten, die noch immer die wahrscheinlichste Erklärung bleibt.

Wie vorhin gesagt, die medizinische Sachlage ist nicht eindeutig, und Freud hat zurecht betont, »dass das Wahrscheinliche nicht notwendig das Wahre sei und die Wahrheit nicht immer wahrscheinlich«. Wenn man aber das Unwahrscheinliche für Wahrheit hält, so muss dies begründet werden. In den Gutachten, in denen Anlage, Disposition, Simulation oder aktuelle Versagungen zur Erklärung der psychischen Symptome dieser Kranken herangezogen werden, habe ich keine überzeugende Begründung gefunden.

Die sittliche Bewertung der Anlage – Simulationstheorie

Es mag überraschend sein, wenn ich nun auch die Frage der Sittlichkeit eines solchen Gedankenganges aufwerfe. Die zu begutachtenden Opfer wurden zu Folterungen und Qualen letzten Endes wegen ihrer »Anlage« verurteilt. Das selektive Merkmal war ein angeblich rassisches, das in unserem Denken mit der Konstitution, dem Angeborenen, assoziiert ist. Man könnte erwarten, dass die Gesellschaft Menschen, die so viel wegen ihrer »Anlage« leiden mussten, vor einer Wiederholung schützt. Denn wie könnten diejenigen, die um Wiedergutmachung ersuchen, es anders als einen Vorwurf erleben, wenn ihre jetzigen Leiden als anlagebedingt angesehen werden? Die meisten derer, die das Konzentrationslager überlebten, fühlen sich berechtigterweise in ihrer Widerstandskraft geschädigt, müssen nun aber wieder den Vorwurf hören, dass es ihre Konstitution ist, die sie zu ihrem Leiden verurteilt, also indirekt das, was zum Vorwand ihrer Verfolgung genommen wurde. Es ist auch deprimierend wahrzunehmen, dass Menschen, die das Opfer größter Ungerechtigkeit und größten Machtmissbrauchs waren, im Zuge ihres Rechtsverfahrens eines Delikts wie der Simulation verdächtigt werden.[16] In B.s Fall hat das Gericht einen solchen Verdacht, meiner Ansicht nach, in leichtfertiger Weise und ohne beweiskräftige Unterlage ausgesprochen. Im Falle von B.s Frau hat sogar eine deutsche Universitätsklinik, eine Stelle, die die Patientin gar nicht untersucht hat, den Verdacht ausgesprochen, dass es sich um unwahre Angaben handelt. Ich kann nicht umhin, es als einen Akt der Unmoral hinzustellen, wenn im Zusammenhang mit den Folgen von Konzentrationslager-Traumen Anlage und Simulation als erklärende Momente herangezogen werden. Da wir über die Anlage des Menschen nur wenig wissen und da Simulation nur in den seltensten Fällen bewiesen werden kann, so wäre das Wenigste, was man erwarten würde, dass den Märtyrern der Konzentrationslager der Grundsatz »in dubio pro reo« zuerkannt wird. Dieser aber wird ihnen verweigert. Der historisch-psychologische Untergrund dieser Verweigerung ist nicht Gegenstand dieser Untersuchung, und ich will mich darauf beschränken, ganz allgemein darauf hinzuweisen, wie weit das Denken in solchen Begriffen wie Anlage und Simulation im Zusammenhang mit Opfern des Konzentrationslagers nicht nur die Folge eines wissenschaftlichen Irrweges ist, sondern auch ein Zeichen sittlicher Regression. Ich glaube aber, die sittliche Regression nicht nur in denen wahrzunehmen, die die Kühnheit haben, im Zusammenhang mit Opfern des Konzentrationslagers an Anlage und Simulation zu denken, sondern auch in der Tatsache, dass die Wiedergutmachung nicht eine Angelegenheit des Weltgewissens wurde. Es gibt menschliche Katastrophen – die Bomben über Hiroshima und Nagasaki erscheinen mir als das andere Ereignis desselben Typus – von solchem Ausmaß und von solcher Ungeheuerlichkeit, dass eine Einstellung, die die Schuld auf individuelle Stellen limitieren will, als inadäquat abgelehnt werden muss. Ich will hier nicht untersuchen, ob der Begriff der Kollektivschuld sich rational vertreten lässt oder ein Produkt des irrationalen, autistischen Denkens ist. Die Art der Beantwortung ist irrelevant, da die Anerkennung der Kollektivschuld eine Notwendigkeit für die weitere Existenz der Kultur geworden ist, so wie die Existenz des individuellen Schuldgefühls, ob rational oder irrational, eine Voraussetzung der Kulturentwicklung war. Dass diejenigen, die sich im engeren Sinne für die Wiedergutmachung eines Verbrechens, das sich nicht wiedergutmachen lässt, verantwortlich fühlen, dies in einer Art tun, die neue Wunden setzt und die alten zum bluten bringt, ist ebenso beschämend wie die Tatsache, dass

---

[16] Die meisten eidesstattlichen Erklärungen, wie es wohl von den deutschen Gerichten verlangt wird, enden mit dem ausdrücklichen Vermerk, dass die aussagende Partei sich der strafrechtlichen Folgen falscher Aussagen bewusst sei.

Ethik und Verantwortung noch immer eine nationale oder individuelle Angelegenheit geblieben sind und der Westen das Christentum noch nicht zu seiner logischen Vollendung weiterentwickelt hat, in der jeder Mensch sich für die Taten aller Mitmenschen verantwortlich fühlt, wie feinsinnige Ethiker es schon lange vorgeschlagen haben: was heißen würde, dass der Begriff der Kollektivschuld sich zu dem der Menschheitsschuld in jedem Falle der Verletzung ethischer Prinzipien wandeln muss.

Ich will diese Ausführungen nicht schließen, ohne eine Frage aufzuwerfen, für die ich keine bündige Antwort finde. Man sagt mir, dass im Allgemeinen die deutschen Behörden im Falle körperlicher Dauerschäden eine andere Einstellung haben und die hier beschriebenen Gegeneinstellungen in solchen Fällen kaum vorhanden sind. Warum wird nun der seelische Dauerschaden geleugnet?

Diejenigen, die der Bundesrepublik gegenüber Misstrauen und Skepsis hegen, werden vielleicht sagen, dass im Falle des körperlichen Schadens das Gesetz nicht wie im Falle des seelischen Schadens umgangen werden kann und dass die konservativen oder reaktionären Gerichte die liberalen Tendenzen des Gesetzgebers auf ein Mindestmaß beschränken wollen. Ich kann zu dieser Alternative nur sagen, dass sie mir unwahrscheinlich vorkommt, und dass mir eine der zwei folgenden Erklärungsmöglichkeiten wahrscheinlicher erscheint.

Die deutsche Psychiatrie war doch schon vor dem Ersten Weltkrieg konservativ und hat mit besonderer Hartnäckigkeit an alten Vorurteilen festgehalten, ja sogar geleugnet, dass Neurosen überhaupt Krankheiten sind.

Soweit ich mich erinnere, hatte ein Kranker, der an einer Unfallneurose oder an einer Neurose nach Hirntrauma litt, sehr geringe Chancen vor einem mitteleuropäischen Gericht. Falls diese einfache historische Bemerkung das Wesentliche trifft, wäre das Problem recht uninteressant. Ja, man müsste zugeben, dass hier eigentlich überhaupt kein Problem vorliegt. Eine nationale Einheit würde, was ja oft genug geschieht, an einer Tradition festhalten und den Fortschritt, den andere Länder in einem gewissen Gebiet zu verzeichnen haben, eben ablehnen. Mir schwebt aber vor, dass es sich hier möglicherweise um tiefere Bezüge handelt. Dass Menschen der Barbarei zum Opfer fallen und getötet werden oder körperlichen Schaden erleiden, ist eine bedauerliche Erscheinung, die nicht geleugnet werden kann und die zu unseren Erwartungsvorstellungen gehört. Dass aber die Psyche eines Menschen durch solche Vorfälle eine dauerhafte Veränderung erleiden mag, dass also nicht nur unser körperlicher Zustand, sondern auch das, was unser Selbst, unsere Persönlichkeit oder unsere Seele ausmacht, von einem Zufall wie der Verschickung in ein Konzentrationslager abhängen soll, mag sehr starke Ängste hervorrufen. Die Naturwissenschaft hat uns gelehrt, den Glauben an eine relative Autonomie des Körpers aufzugeben, und der wissenschaftlich orientierte Mensch musste es akzeptieren, dass die Anwesenheit dieses oder jenes Mikroorganismus den Unterschied zwischen Tod und Leben ausmacht. Vielleicht musste diese Kränkung des menschlichen Narzissmus, den Freud als maßgebenden Faktor in der Reaktion der Menschen auf den Fortschritt der Wissenschaft nachwies, zu einer Überbetonung der seelischen Autonomie führen. Gehört doch die Angst des Menschen, seiner Identität beraubt zu werden, die Bewusstheit um sich selbst zu verlieren oder wahnsinnig zu werden, zu den tiefsten Ängsten der Menschheit.

Gesamtbibliografie

Aeschlimann, J. (1980): *Rudolf Brun (1885–1969)*. Med. Diss. Zürich (Juris Druck).

Aichhorn, A. (1925 [1951]): *Verwahrloste Jugend. Die Psychoanalyse in der Fürsorgeerziehung*. Zehn Vorträge zur ersten Einführung. Mit einem Geleitwort von Sigmund Freud. Bern (Huber).

Aichhorn, Th. & Schröter, M. (Hrsg.) (2007): K. R. Eissler und August Aichhorn. Aus ihrem Briefwechsel 1945-1949. *Luzifer-Amor*, 40, S. 7–90.

Aichhorn, Th. & Schröter, M. (Hrsg.) (2016): August Aichhorn und Heinz Kohut. Aus ihrem Briefwechsel 1946-1949. *Luzifer-Amor*, 57, S. 14–46.

Alexander, F. (1921): Metapsychologische Betrachtungen. *Internationale Zeitschrift für Psychoanalyse*, VII, S. 270–285.

Alexander, F. (1925b): Metapsychologische Darstellung des Heilungsvorganges. *Internationale Zeitschrift für Psychoanalyse,* XI, S. 157–178.

Alexander, F. (1927): *Psychoanalyse der Gesamtpersönlichkeit. Neun Vorlesungen über die Anwendung von Freuds Ichtheorie auf die Neurosenlehre*. Leipzig, Wien, Zürich (Internationaler Psychoanalytischer Verlag).

Alexander, F. (1930): Zur Genese des Kastrationskomplexes. *Internationale Zeitschrift für Psychoanalyse*, XVI, S. 349–352.

Alexander, F. (1937 [1935]): Das Problem der psychoanalytischen Technik. *Internationale Zeitschrift für Psychoanalyse*, XXIII, S. 75–95.

Alexander, F. (1940a): A jury trial of psychoanalysis. *Journal of Abnormal and Social Psychology*, 35, S. 305–323.

Alexander, F. (1940b): *Psychoanalysis revised. Psychoanalytic Quarterly*, 9, S. 1–36.

Alexander, F. (1944): The indications for psychoanalytic therapy. *Bulletin of the New York Academy of Medicine*, 20, S. 319–332.

Alexander, F. (1946a [1942]): *Irrationale Kräfte unserer Zeit*. Stuttgart (Klett-Cotta).

Alexander, F. (1956): *Psychoanalysis and Psychotherapy*. New York (Norton).

Alexander, F.; French, T. M. et al. (1946): *Psychoanalytic Therapy: Principles and Application*. New York, NY (Ronald Press).

Allen, A. (1971): The fee as a therapeutic tool. *Psychoanalytic Quarterly*, 40, S. 132–140.

Angel, A. (1934): Einige Bemerkungen über den Optimismus. *Internationale Zeitschrift für Psychoanalyse*, XX.

Bak, R. C. (1946): Masochism in Paranoia. *Psychoanalytic Quarterly*, 15, S. 285–301.

Bartemeier, L. H. (1952): Opening Address. *International Journal of Psychoanalysis*, 33, S. 250.

Bechterew, W. v. (1897a): Die Erröthungsangst als eine besondere Form von krankhafter Störung. *Neurologisches Centralblatt*, XVI, S. 386–391.

Bechterew, W. v. (1897b): Neue Beobachtungen über die »Erröthungsangst«. *Neurologisches Centralblatt*, XVI, S. 985–989.

Benedek, T. (1925): Notes from the Analysis of a Case of Ereuthophobia. *International Journal of Psychoanalysis*, VI, S. 430–439.

Bergler, E. (1944): A New Approach to the Therapy of Erythrophobia. *Psychoanalytic Quaterly*, XIII, S. 43–59.

Bernfeld, S. (1923): Über eine typische Form der männlichen Pubertät. *Imago*, 9, S. 169–188.

Bernfeld, S. (1929): Der soziale Ort und seine Bedeutung für Neurose, Verwahrlosung und Pädagogik. *Imago*, 15, S. 299–312.

Bernfeld, S. (1932): Der Begriff der »Deutung« in der Psychoanalyse. *Zeitschrift für angewandte Psychologie*, 42, S. 448–497.

Bernfeld, S. (1938): Types of Adolescence. *Psychoanalytic Quarterly*, 7, S. 243–253.

Bernfeld, S. et al. (1970): *Psychoanalyse und Marxismus. Dokumentation einer Kontroverse*. Frankfurt a. M. (Suhrkamp).

Bertrin, G. (1907 [1906]): *Lourdes. Historisch-kritische Darstellung der Erscheinungen und Heilungen*. Straßburg (Le Roux).

Berze, J. & Gruhle, H.-W. (1929): *Psychologie der Schizophrenie*. Berlin (Springer).

Berze, J. (1935): Vom Schizoid. *Z. ges. Neurol. & Psychiat.*, CVIII, S. 600–621.

Berze, J. (1938): Forensisches zu den Schizoiden. *Wiener klinische Wochenschrift*. 51, S. 606–609.

Bibring-Lehner, G. (1935): Zum Thema das Übertragungswiderstandes. *Internationale Zeitschrift für Psychoanalyse*, XXI, S. 55–61.

Bien, E. (1930): *Die Angst vor dem Erröten*. Stuttgart (Enke).

Bien, E. (1933a): Zwei Defäkationsträume einer Ereuthophobin. *Psychoanalytische Praxis*, III, S. 173–175.

Bien, E. (1933b): Tagebuchblätter einer Zwölfjährigen. *Psychoanalytische Praxis*, III, S. 59–68.

Binswanger, L. (1945): Zur Frage der Häufigkeit der Schizophrenie im Kindesalter. *Zeitschrift für Kinderpsychiatrie*, 12, S. 33–50.

Bleuler, E. (1919): *Das autistisch-undisziplinierte Denken in der Medizin und seine Überwindung*. Berlin (Springer).

Blos, P. (1963): The Concept of Acting Out in Relation to the Adolescent Process. *Journal of the American Academy of Child Psychiatry*, II, S. 118–143.

Bornstein, B. (1945): Clinical Notes on Child Analysis. *The Psychoanalytic Study of the Child*, 1, S. 151–166.

Bornstein, B. (1949): The Analysis of a Phobic Child. Some Problems of Theory and Technique in Child Analysis. *The Psychoanalytic Study of the Child*, 3/4, S. 181–222.

Boucher (1890): *Une forme particulière d'obsession*.

Bow, W. F. (1836): On the Existence of Nervous Induction in Functional Process. *Lancet*, I, S. 927–932.

Breton, A. (1896): Un cas d'Èreutrophobie obsédante. *Gazette des Hopitaux*, XCVI, S. 1182–1184.

Breuer, J. & Freud, S. (1892): Über den psychischen Mechanismus hysterischer Phänomene. In: J. Breuer & S. Freud (1970 [1895]): *Studien über Hysterie*. Frankfurt a. M. (Fischer). S. 7–19.

Brody, B. (1970): Freud's case-load. *Psychotherapy*, 7, S. 8–12.

Brunswick, R. M. (1929): Ein Nachtrag zu Freuds »Geschichte einer infantilen Neurose«. *Internationale Zeitschrift für Psychoanalyse* (Sonderdruck). Leipzig, Wien, Zürich (Internationaler Psychoanalytischer Verlag).

Caspar, J. L. (1846): Biographie eines fixen Wahnes. In: *Denkwürdigkeiten zur medicinischen Statistik*. Berlin (Duncker & Humblot). S. 163–191.

Chodoff, P. (1972): The effect of third-party payment on the practice of psychotherapy. *American Journal of Psychiatry*, 129, S. 540–545.

Davids, A. (1964): The relation of cognitive-dissonance theory to an aspect of psychotherapeutic practice. *American Psychology*, 19, S. 329–332.

Deutsch, F. (1939): The associative anamnesis. *Psychoanalytic Quarterly*, 8, S. 354–381.

Deutsch, F. (1949): *Applied Psychoanalysis*. New York (Grune & Stratton).

Deutsch, H. (1927): Über Zufriedenheit, Glück und Ekstase. *Internationale Zeitschrift für Psychoanalyse*, 13, S. 410–419.

Deutsch, H. (1939): Über bestimmte Widerstandsformen. *Internationale Zeitschrift für Psychoanalyse*, 24, S. 10–20.

Deutsche Psychoanalytische Gesellschaft (1930): *Zehn Jahre Berliner Psychoanalytisches Institut (Poliklinik und Lehranstalt)*. Wien (Internationaler Psychoanalytischer Verlag).

Donath, J. (1912): Über Ereuthophobie (Errötungsfurcht). *Zeitschrift für Neurologie und Psychiatrie*, VIII, S. 352–360.

Eckermann, J. P. (1936 [1910]): *Gespräche mit Goethe in den letzten Jahren seines Lebens*. Hrsg. v. H. H. Houben. Leipzig (Brockhaus).

Eickhoff, F. (1999): In memoriam K. R. Eissler, M. D., Ph. D.: 2. Juli 1908 – 17. Februar 1999. *Jahrbuch der Psychoanalyse*, 41, S. 209–214.

Eisler, M. J. (1919): Ein Fall von krankhafter Schamsucht. *Internationale Zeitschrift für ärztliche Psychoanalyse*, V, S. 193–199.

Eissler, K. R. (1938): Zur genaueren Kenntnis des Geschehens an der Mundzone Neugeborener. *Zeitschrift f. Kinderpsychiatrie*, 5, S. 81–85.

Eissler, K. R. (1960): The efficient soldier. In: W. Muensterberger & S. Axelrad (Hrsg.): *The Psychoanalytic Study of Society*. New York (Int. Univ. Press). S. 39–97.

Eissler, K. R. (1964): Das Beste an der Menschheit. In: Eissler, K. R. (2013): *»Diese liebende Verehrung ...«. Essays zu Literatur, Kunst und Gesellschaft*. Frankfurt a. M. (Brandes & Apsel). S. 183–230.

Eissler, K. R. (1965): *Medical Orthodoxy and the Future of Psychoanalysis*. New York (Int. Univ. Press).

Eissler, K. R. (1968): Weitere Bemerkungen zum Problem der KZ-Psychologie. *Psyche – Z Psychoanal.*, 22, S. 452–463.

Eissler, K. R. (1980 [1971]): *Todestrieb, Ambivalenz, Narzissmus*. München (Kindler – Geist und Psyche).

Eissler, K. R. (1972): To Muriel Gardiner on her 70th Birthday. *Bulletin of the Philadelphia Association of Psychoanalysis*, 22, S. 110–130.

Eissler, K. R. (1974a): Zur Metapsychologie des Vorbewußten. Ein vorläufiger Beitrag zur psychoanalytischen Morphologie. *Psyche – Z Psychoanal.*, 28, S. 951-983.

Eissler, K. R. (1974b): Gedenkrede zur 30. Wiederkehr von Sigmund Freuds Todestag. *Jahrbuch der Psychoanalyse*, 7, S. 23–75.

Eissler, K. R. (1978 [1955]): *Der sterbende Patient. Zur Psychologie des Todes*. Stuttgart-Bad Cannstadt (frommann-holzboog).

Eissler, K. R. (1993): Bemerkungen über falsche Interpretationen von Freuds Verführungstheorie. *Psyche – Z Psychoanal.*, 47, S. 855-865.

Eissler, K. R. (2001): *Freud and the Seduction Theory: a brief Love Affair.* Madison Conn (Int. Univ. Press).

Eitingon, M. (1930): Ansprache bei der Einweihung der neuen Berliner Institutsräume. In: *Deutsche Psychoanalytische Gesellschaft*.

Federn, P. (1942): *Psychoanalysis of Psychosis*. Utica, NY (State Hospital Press). [Dtsch. (1956): *Ichpsychologie und die Psychosen*. Übers. v. W. Federn u. E. Federn. Mit einer Einleitung v. E. Weiss u. einem Nachwort v. H. Meng. Bern (Huber).]

Federn, P. (1956 [1929]): Das Ich als Subjekt und Objekt im Narzissmus. In: Ders.: *Ichpsychologie und die Psychosen*. S. 269–302. [Dtsch. (1956): *Ichpsychologie und die Psychosen*. Übers. v. W. Federn u. E. Federn. Mit einer Einleitung v. E. Weiss u. einem Nachwort v. H. Meng. Bern (Huber).]

Federn, P. (1956 [1943]): »Die Psychosen-Analyse«. In: Ders.: *Ichpsychologie und die Psychosen*. S. 107–151 [1943 zuerst erschienen als »Psychoanalysis of Psychoses« in der Zeitschrift *Psychiatric Quarterly,* 17, S. 3–19, 246–257, 470–487. Dtsch. (1956): *Ichpsychologie und die Psychosen*. Übers. v. W. Federn u. E. Federn. Mit einer Einleitung v. E. Weiss u. einem Nachwort v. H. Meng. Bern (Huber).]

Federn, P. (1956): Die paranoide Gewißheit. In: Ders.: *Ichpsychologie und die Psychosen*. S. 195–197. [Dtsch. (1956): *Ichpsychologie und die Psychosen*. Übers. v. W. Federn u. E. Federn. Mit einer Einleitung v. E. Weiss u. einem Nachwort v. H. Meng. Bern (Huber).]

Federn, P. (1978 [1956]): *Ichpsychologie und die Psychosen*. Frankfurt am Main (Suhrkamp).

Feldman, S. S. (1922): Über Erröten. *International Journal of Psychoanalysis*, VIII, S. 14–34.

Feldman, S. S. (1962): Blushing. Fear of Blushing and Shame. *Journal of American Psychoanalytic Association*, X, S. 368–385.
Fenichel, O. (1931): Perversionen, Psychosen, Charakterstörungen. Wien (Internationaler psychoanalytischer Verlag).
Fenichel, O. (1941): *Problems of Psychoanalytic Technique*. Albany, NY (Psychoanalytic Quarterly Inc.).
Fenichel, O. (1945): *The Psychoanalytic Theory of Neurosis*. New York (Norton).
Fenichel, O. (1985 [1941]): Das Ich und die Affekte. In: Ders.: *Aufsätze*. Bd. II. Hrsg. von K. Laermann. Frankfurt a. M., Berlin, Wien (Ullstein). S. 243–257.
Fenichel, O. (2001 [1941]): *Probleme der psychoanalytischen Technik*. Übers. E. Mühlleitner u. M. Giefer. Gießen (Psychosozial).
Ferenczi, S. (1910): *Introjektion und Übertragung. Eine psychoanalytische Studie* (Sonderabdruck aus dem Jahrbuch für psychoanalytische und psychopathologische Forschungen, 1. Band). Leipzig, Wien (Franz Deuticke).
Ferenczi, S. (1924): Versuch einer Genitaltheorie. Leipzig (Internationaler Psychoanalytischer Verlag).
Ferenczi, S. (1927 [1926]): Kontraindikationen der aktiven Psychoanalytischen Technik. In: Ders.: *Bausteine zur Psychoanalyse*. Bd. II Praxis. Leipzig, Wien, Zürich (Internationaler psychoanalytischer Verlag). S. 99–115.
Ferenczi, S. (1939 [1931]): *Kinderanalysen mit Erwachsenen. Bausteine zur Psychoanalyse. Bd. III.* Bern.
Ferenczi, S. (1934): Gedanken über das Trauma. *Internationale Zeitschrift für Psychoanalyse*, 20, S. 5–12.
Ferenczi, S. (1964 [1932]): Sprachverwirrung zwischen den Erwachsenen und dem Kind. In: Ders.: *Bausteine zur Psychoanalyse. Bd. III.* Bern-Stuttgart (Huber). S. 511–525.
Ferenczi, S. & Rank, O. (1924): *Entwicklungsziele der Psychoanalyse. Neue Arbeiten zur ärztlichen Psychoanalyse*. Leipzig, Wien, Zürich (Internationaler psychoanalytischer Verlag).
Festinger, L. (1957): *A Theory of Cognitive Dissonance*. Stanford (Stanford Univ. Press).
Fine, R. (1971): *The Healing of the Mind. The Technique of Psychoanalytic Psychotherapy*. New York (McKay).
Fisher, C. (1965): Psychoanalytic Implications of Recent Research on Sleep and Dreaming. *Journal of the American Psychoanalytic Association*, 13, S. 197–303.
Flammarion, C. (1947 [1917]): Dreams as »Reflected Impressions« of Waking Problems (aus: L'Inconnu et les problèmes psychique). In: R. L. Woods (Hrsg.). *The World of Dreams*. New York (Random House). S. 522–524.
Fließ, R. (1942): The metapsychology of the analyst. *Psychoanalytic Quarterly*, 11, S. 211–227.
Freeman, W. & Watts, J. W. (1945): Prefrontal lobotomy. The problem of schizophrenia. *American Journal of Psychiatry*, 101, S. 739–748.

Freeman, W. & Watts, J. W. (1949 [1942]): *Psychochirurgie. Intelligenz, Gefühlsleben und soziales Verhalten nach präfrontaler Lobotomie bei Geistesstörungen*. Stuttgart (Wissenschaftliche Verlagsgesellschaft).

French, T. M. (1938): Defense and Synthesis in the Function of the Ego – Some Observations Stimulated by Anna Freud's »The Ego and the Mechanisms of Defense«. *Psychoanalytic Quarterly*, 7, S. 537–553.

Freud, A. (1927): *Einführung in die Technik der Kinderanalyse*. Leipzig, Wien, Zürich (Internationaler Psychoanalytischer Verlag).

Freud, A. (1928): Zur Theorie der Kinderanalyse. *Internationale Zeitschrift für Psychoanalyse*, 14, S. 153–162.

Freud, A. (1946 [1936]): *The Ego and the Mechanisms of Defense*. New York (Int. Univ. Press). [Dtsch. (1980): *Das Ich und die Abwehrmechanismen. Die Schriften der Anna Freud I (1922–1936)*. München (Kindler).]

Freud, A. (1945): Indications for Child Analysis. *The Psychoanalytic Study of the Child*, 1, S. 127–150. [Dtsch: Indikationsstellung in der Kinderanalyse. In: Dies. (1980): *Die Schriften der Anna Freud IV (1945–1956)*. München (Kindler). S. 1011–1040.]

Freud, A. (1951a): *Negativism and Emotional Surrender*. Vortrag auf dem 17. Internationalen Psychoanalytischen Kongress in Amsterdam, Holland.

Freud, A. (1951b): Observations on Child Development. *The Psychoanalytic Study of the Child*, 6, S. 18–30.

Freud, A. (1952a): The Mutual Influences in the Development of Ego and Id – Introduction to the Discussion. *The Psychoanalytic Study of the Child*, 7, S. 42–50.

Freud, A. (1952b): *Studies in Passivity*. Vortrag auf der Versammlung der Detroit Psychoanalytic Society in Cleveland, OH, 25. Oktober 1952.

Freud, A. (1964 [1936]): *Das Ich und die Abwehrmechanismen*. München (Kindler).

Freud, A. & Burlingham, D. T. (1943): *War and Children*. New York (Medical War Books).

Freud, E., Freud, L. & Grubrich-Simitis, I. (Hrsg.) (1976): *Sigmund Freud. Sein Leben in Texten und Bildern*. Frankfurt a. M. (Suhrkamp).

Freud, S. (1871a): Zerstreute Gedanken. In: K. R. Eissler et al. (1974): *Aus Freuds Sprachwelt und andere Beiträge*. Jahrbuch der Psychoanalyse, Beiheft 2. Bern, Stuttgart, Wien (Huber). S. 101.

Freud, S. (1895d): *Studien über Hysterie*. GW I. S. 75–312.

Freud, S. (1895d) (zusammen mit J. Breuer): *Studien über Hysterie*, GW I. S. 75–312 [ohne Breuers Beiträge]. GW Nachtragsband. S. 221–310 [Breuers Beiträge].

Freud, S. (1894a): *Die Abwehr-Neuropsychosen. Versuch einer psychologischen Theorie der acquirierten Hysterie, vieler Phobien und Zwangsvorstellungen und gewisser hallucinatorischer Psychosen.* GW I. S. 59–74.

Freud, S. (1895g): Über Hysterie. Dreiteiliger Vortrag, gehalten im Wiener Medizinischen Doktorenkollegium am 14., 21. und 28. Oktober. GW Nachtragsband. S. 328–351.

Freud, S. (1900): *Die Traumdeutung.* GW II/III.
Freud, S. (1901a): *Über den Traum.* GW II/III. S. 643–700.
Freud, S. (1901b): *Zur Psychopathologie des Alltagslebens* (Über Vergessen, Versprechen, Vergreifen, Aberglaube und Irrtum). GW IV.
Freud, S. (1905a [1904]): *Über Psychotherapie.* GW V. S. 11–26.
Freud, S. (1905b): *Drei Abhandlungen zur Sexualtheorie.* GW V. S. 27–145.
Freud, S. (1905c): *Bruchstück einer Hysterie-Analyse.* GW V. S. 161–286.
Freud, S. (1905d): *Der Witz und seine Beziehung zum Unbewußten.* GW VI.
Freud, S. (1906): *Tatbestandsdiagnostik und Psychoanalyse.* GW VII. S. 1–15.
Freud, S. (1907): *Der Wahn und die Träume in W. Jensens »Gradiva«.* GW VII. S. 29–122.
Freud, S. (1908): *Der Dichter und das Phantasieren.* GW VII. S. 213–223.
Freud, S. (1909a): *Analyse der Phobie eines fünfjährigen Knaben.* GW VII. S. 241–377.
Freud, S. (1909b): *Bemerkungen über einen Fall von Zwangsneurose.* GW VII. S. 379–463.
Freud, S. (1910a): *Eine Kindheitserinnerung des Leonardo da Vinci.* GW VIII: 127–211.
Freud, S. (1910b): *Die zukünftigen Chancen der psychoanalytischen Therapie.* GW VIII. S. 104–115.
Freud, S. (1910c): Über den Gegensinn der Urworte. *GW VIII.* S. 214–221.
Freud, S. (1910d): Über einen besonderen Typus der Objektwahl beim Manne. *GW VIII.* S. 66–77.
Freud, S. (1910e): Über »wilde« Psychoanalyse. *GW VIII.* S. 118–125.
Freud, S. (1911 [1910]): *Psychoanalytische Bemerkungen über einen autobiographisch beschriebenen Fall von Paranoia (Dementia paranoides).* GW VIII. S. 239–320.
Freud, S. (1912a): *Zur Dynamik der Übertragung.* GW VIII. S. 364–374.
Freud, S. (1912b): Ratschläge für den Arzt bei der psychoanalytischen Behandlung. GW VIII: 375–387.
Freud, S. (1912c): Zur Einleitung der Onanie-Diskussion. Schlusswort. *GW VIII.* S. 331–345.
Freud, S. (1913a): Zur Einleitung der Behandlung (Weitere Ratschläge zur Technik der Psychoanalyse I). GW VIII: 454–478.
Freud, S. (1912–1913b): *Totem und Tabu.* GW IX.
Freud, S. (1913c): *Das Motiv der Kästchenwahl.* GW X. S. 23–37.
Freud, S. (1913d): Das Interesse an der Psychoanalyse. *GW VIII.* S. 389–420.
Freud, S. (1914a): *Zur Einführung des Narzißmus.* GW X. S. 137–170.
Freud, S. (1914b): *Zur Geschichte der psychoanalytischen Bewegung.* GW X. S. 44–113.
Freud, S. (1914c): *Erinnern, Wiederholen und Durcharbeiten.* GW X. S. 126–136.
Freud, S. (1915a [1914]): Weitere Ratschläge zur Technik der Psychoanalyse: III. Bemerkungen über die Übertragungsliebe. *GW X.* S. 305–321.
Freud, S. (1915b): *Zeitgemäßes über Krieg und Tod.* GW X. S. 323–355.

Freud, S. (1915c): *Triebe und Triebschicksale.* GW X. S. 210–232.
Freud, S. (1915d): *Die Verdrängung.* GW X. S. 248–261.
Freud, S. (1915e): *Das Unbewußte.* GW X. S. 264–303.
Freud, S. (1916a): *Vergänglichkeit.* GW X. S. 357–361.
Freud, S. (1916b): Einige Charaktertypen aus der psychoanalytischen Arbeit. *GW X.* S. 364–391.
Freud, S. (1916–1917a [1915]: *Metapsychologische Ergänzung zur Traumlehre.* GW X: 412–426.
Freud, S. (1916–1917b): Vorlesungen zur Einführung in die Psychoanalyse. *GW XI.*
Freud, S. (1917): *Eine Kindheitserinnerung aus »Dichtung und Wahrheit«.* GW XII. S. 13–26.
Freud, S. (1918): *Aus der Geschichte einer infantilen Neurose.* GW XII. S. 27–157.
Freud, S. (1919a [1918]): *Wege der psychoanalytischen Therapie.* GW XII. S. 181–194.
Freud, S. (1919b): *»Ein Kind wird geschlagen«.* GW XII. S. 195–226.
Freud, S. (1919c): *Das Unheimliche.* GW XII. S. 229–268.
Freud, S. (1920): *Jenseits des Lustprinzips.* GW XIII. S. 1–69.
Freud, S. (1921): *Massenpsychologie und Ich-Analyse.* GW XIII. S. 73–161.
Freud, S. (1922 [1921]): Über einige neurotische Mechanismen bei Eifersucht, Paranoia und Homosexualität. *GW XIII.* S. 193–207.
Freud, S. (1923a): *Das Ich und das Es.* GW XIII: 237–289.
Freud, S. (1923b): Die infantile Genitalorganisation. *GW XIII.* S. 291–298.
Freud, S. (1923c): Vorwort zu Max Eitingon: Bericht über die Berliner psychoanalytische Poliklinik. *GW XIII.* S. 441
Freud, S. (1924a [1923]): *Neurose und Psychose.* GW XIII. S. 385–391.
Freud, S. (1924b): Das ökonomische Problem des Masochismus. *GW XIII.* S. 371–383.
Freud, S. (1924c): *Der Untergang des Ödipuskomplexes.* GW XIII. S. 393–402.
Freud, S. (1924d): Der Realitätsverlust bei Neurose und Psychose. *GW XIII.* S. 361–368.
Freud, S. (1925a [1924]): *»Selbstdarstellung«.* GW XIV. S. 31–96.
Freud, S. (1925b [1924]): *Die Widerstände gegen die Psychoanalyse.* GW XIV. S. 99–110.
Freud, S. (1925c): *Die Verneinung.* GW XIV. S. 9–15.
Freud, S. (1926a [1925]): *Hemmung, Symptom und Angst.* GW XIV. S. 111–205.
Freud, S. (1926b): *Die Frage der Laienanalyse.* GW XIII. S. 207–286.
Freud, S. (1927a): *Der Humor.* GW XIV. S. 381–389.
Freud, S. (1927b): *Fetischismus.* GW XIV. S. 309–317.
Freud, S. (1928): *Dostojewski und die Vatertötung.* GW XIV. S. 397–418.
Freud, S. (1930a): *Das Unbehagen in der Kultur.* GW XIV. S. 419–506.
Freud, S. (1930b): Vorwort zur Broschüre Zehn Jahre Berliner Psychoanalytisches Institut. *GW XIV.* S. 572
Freud, S. (1930c): Ansprache im Frankfurter Goethe-Haus. *GW XIV.* S. 547–550.

Freud, S. (1931a): *Über libidinöse Typen.* GW XIV. S. 507–513.
Freud, S. (1931b): Brief an den Bürgermeister der Stadt Příbor. *GW XIV.* S. 561.
Freud, S. (1933): *Neue Folge der Vorlesungen zur Einführung in die Psychoanalyse.* GW XV.
Freud, S. (1937a): *Die endliche und die unendliche Psychoanalyse.* GW XVI. S. 59–99.
Freud, S. (1937b): *Konstruktionen in der Analyse.* GW XVI. S. 43–56.
Freud, S. (1939 [1934–1938]): *Der Mann Moses und die monotheistische Religion. Drei Abhandlungen.* GW XVI: 101–246.
Freud, S. (1940 [1938]): *Abriß der Psychoanalyse.* GW XVII. S. 63–138.
Freud, S. (1950): Entwurf einer Psychologie. *GW Nachtragsband.* S. 387–477.
Freud, S. (1960): *Briefe 1873–1939.* Ausgewählt u. hrsg. v. E. L. Freud. Frankfurt a. M. (Fischer). [Engl. (1960): *Letters of Sigmund Freud.* Selected and edited by E. L. Freud. Translated by T. & J. Stern. New York, NY (Basic Books)].
Freud, S. (1971): *»Selbstdarstellung«. Schriften zur Geschichte der Psychoanalyse.* Hrsg. und eingeleitet v. I. Grubrich-Simitis. Frankfurt a. M. (Fischer).
Freud, S. (1986 [1985]): *Briefe an Wilhelm Fließ 1887–1904.* Ungekürzte Ausgabe. Hrsg. v. J. M. Masson. Bearb. d. dt. Fassung v. M. Schröter. Transkription v. G. Fichtner. Frankfurt a. M. (Fischer).
Freud, S. & Jung, C. G. (1974): *Briefwechsel.* Hrsg. v. W. McGuire & W. Sauerländer. Frankfurt a. M. (Fischer).
Freudenberger, H. J. (1971): New psychotherapy approaches with teenagers in a new world. *Psychotherapy*, 8, S. 38–43.
Fromm-Reichmann, F. (1950): *Principles of Intensive Psychotherapy.* Chicago (Univ. of Chicago Press). [Dtsch. (1959): *Intensive Psychotherapie.* Übers. K. Hügel. Stuttgart (Hippokrates).]
Garcia, E. E. (2000): K. R. Eissler: Eine persönliche Anmerkung. *Jahrbuch der Psychoanalyse*, 42, S. 9-12.
Garcia, E. E. (2007): Bleibende Relevanz. Eine Einführung in die klinischen Beiträge von K. R. Eissler. *Luzifer-Amor*, 40, S. 91-107.
Gay, P. (1988): *Freud. A Life for Our Time.* New York (Norton).
Gay, P. (1989): *Freud. Eine Biographie für unsere Zeit.* Frankfurt a. M. (Fischer).
Gedo, J. (1963): A note on non-payment of psychiatric fees. *International Journal of Psychoanalysis*, 44, S. 368–371.
Gero, G. (1951): The concept of defense. *Psychoanalytic Quarterly*, 20, S. 565–578.
Gitelson, M. (1948): Character Synthesis. The Psychotherapeutic Problem of Adolescence. *American Journal of Ortho-Psychiatry*, 17.
Glasser, M. A. (1965): Prepayment for psychiatric illness. *American Journal of Psychiatry*, 121, S. 736–741.
Glover, E. (1931): The therapeutic effect of inexact interpretations. A contribution to the theory of suggestion. *International Journal of Psychoanalysis*, 12, S. 397–411.

Glover, E. (1943): The Concept of Dissociation. *International Journal of Psychoanalysis*, 24, S. 7–13.

Glover, E. (1947): Basic Mental Concepts: Their Clinical and Theoretical Value. *Psychoanalytic Quarterly*, 16, S. 482–506.

Glover, E. (1955): *The Technique of Psycho-Analysis*. New York (Int. Univ. Press).

Goethe, J. W. (1810): Das Tagebuch. In: Ders.: (1987): *Sämtliche Werke nach Epochen seines Schaffens*. Münchner Ausgabe. München (Hanser). S. 37–43.

Goethe, J. W. (1962): *Goethes Briefe I. Briefe der Jahre 1764–1786*. Hamburg (Wegner).

Goldberg, A. & Kovac, A. (1971): A new concept of subsidy in determining fees for service. *Social Casework*, 52, S. 206–210.

Goldstein, K. (1942): *Aftereffects of brain injuries in war*. New York (Grune & Stratton).

Gottlieb, M. R. (1989): Technique and Countertransference in Freud's Analysis of the Rat Man. *Psychoanalytic Quarterly*, 58, S. 29–62.

Greenacre, P. (1941): The Predisposition to Anxiety. *Psychoanalytic Quarterly*, 10, S. 66–94 u. 610–638 (2 Teile).

Greenacre, P. (1945): The Biological Economy of Birth. *The Psychoanalytic Study of the Child*, 1, S. 31–52.

Greenson, R. R. (1967): *The Technique and Practice of Psychoanalysis*. New York (Int. Univ. Press).

Haak, N. (1957): Comments on the analytical situation. *International Journal of Psychoanalysis*, 38, S. 183–195.

Halpert, E. (1972): The effect of insurance on psychoanalytic treatment. *Journal of American psychoanalytic Association*, 20, S. 122–133.

Hartmann, H. (1958 [1939]): *Ego Psychology and the Problem of Adaptation*. New York (Int. Univ. Press). [Dtsch. (1960): *Ich-Psychologie und Anpassungsprobleme*. Stuttgart (Klett-Cotta).]

Hartmann, H. (1939b): Psycho-analysis and the concept of health. *International Journal of Psychoanalysis*, 20, S. 308–321.

Hartmann, H. (1950): Comments on the psychoanalytic theorie of the ego. *The Psychoanalytic Study of the Child*, 5, S. 74–96.

Hartmann, H. (1997a [1950]). Bemerkungen zur psychoanalytischen Theorie des Ichs. Übers. v. H. D. Witzleben. In: Ders.: *Ich-Psychologie. Studien zur psychoanalytischen Theorie*. 2. Aufl. Stuttgart (Klett-Cotta). S. 119–144.

Hartmann, H. (1997b [1950]): Psychoanalyse und Entwicklungspsychologie. Übers. v. E. Goldner. In: Ders.: *Ich-Psychologie. Studien zur psychoanalytischen Theorie*. 2. Aufl. Stuttgart (Klett-Cotta). S. 106–118.

Hartmann, H. (1997c [1952]): Die gegenseitige Beeinflussung von Ich und Es in ihrer Entwicklung. Übers. v. W. Seemann. In: Ders.: *Ich-Psychologie. Studien zur psychoanalytischen Theorie*. 2. Aufl. Stuttgart (Klett-Cotta). S. 157–180.

Hartmann, H. & Kris, E. (1949 [1945]): Die genetische Betrachtungsweise in der Psychoanalyse. *Psyche – Z Psychoanal*, 3, S. 1–17.

Hartmann, H.; Kris, E. & Loewenstein, R. M. (1946): Comments on the Formation of Psychic Structure. *The Psychoanalytic Study of the Child*, 2, S. 11–38.

Hartmann, H.; Kris, E. & Loewenstein, R. M. (1949): Notes on the Theory of aggression. *The Psychoanalytic Study of the Child*, 3, S. 9–36.

Heyer, S. R. (1949): Erythrophobie. *Hippokrates*, V, S. 184–186

Hilles, L. (1971): The clinical management of the nonpaying patient. *Bulletin of the Menninger Clinic*, 35, S. 98–112.

Hitschmann, E. (1932): Zur Geschichte des Ambulatoriums. *Internationale Zeitschrift für Psychoanalyse*, 18, S. 265–271.

Hitschmann, E. (1943): Neurotic Bashfulness and Erythrophobia. *Psychoanalytic Review*, XXX, S. 438–446.

Hoche, A. (1897): Mitteilung an den Herausgeber. *Neurologisches Centralblatt*, XVI, S. 528.

Hoffer, W. (1949): Deceiving the Deceiver. In: Eissler, K. R. (Hrsg.): *Searchlights on Delinquency. New Psychoanalytic Studies*. New York (Int. Univ. Press). S. 150–155.

Hoffer, W. (1950): Development of the Body Ego. *The Psychoanalytic Study of the Child*, V, S. 18–23.

Hoffer, W. (1952): The Mutual Influences in the Development of Ego and Id Earliest Stages. *The Psychoanalytic Study of the Child*, VII, S. 31–41.

Hollingshead, A. B. & Redlich, F. C. (1958): *Social Class and Mental Illness*. New York (Wiley).

Huffer, V. (1963): Fee problems in supervised analysis. *Bulletin of the Philadelphia Association of Psychoanalysis*, 13, S. 66–83.

Ivy, A. C. (1944): What is normal or normality? *Quarterly Bulletin of Northwestern University Medical School*, 18, S. 22–32.

Jacobson, E. (1946): The Child's Laughter. *The Psychoanalytic Study of the Child*, II, S. 39–60.

Jokl, R. (1950): Psychic Determinism and Preservation of Sublimation in Classical Psychoanalytic Procedure. *Bulletin of the Menninger Clinic*, 14, S. 209–219.

Jones, E. (1922): *Some Problems of Adolescence. Papers on Psycho-Analysis*. Baltimore (Williams & Wilkens).

Jones, E. (1949 [1931]): *On the Nightmare*. London (Hogarth Press).

Jones, E. (1953–1957): *The Life and Work of Sigmund Freud*. 3 Bde. London (Hogarth Press).

Jones, E. (1962 [1957]): *Das Leben und Werk von Sigmund Freud*. Bd. 3. Bern, Stuttgart, Wien (H. Huber).

Jung, C. G. (1910): Ein Beitrag zur Psychologie des Gerüchtes. *Zentralblatt der Psychoanalyse*, 1, S. 81–90.

Katan, M. (1950): Schreber's hallucinations about the »little men«. *International Journal of Psychoanalysis*, 31, S. 32–35.

Khan, M. M. (1963): The Concept of Cumulative Trauma. *The Psychoanalytic Study of the Child*, 18, S. 286–306.

King, P. & Steiner R. (Hrsg.) (2000 [1991]): *Die Freud/Klein Kontroversen 1941–1945*. Stuttgart (Klett-Cotta).

Kirsner, D. (2000): *Unfree Associations*. London (Process Press).

Klein, G. S. (1956): Perception, Motives and Personality. In: *Psychology of Personality. Six Modern Approaches*. Hrsg. v. J. L. McCary. New York (Logos Press). S. 123–199.

Kogerer, H. (1934): *Psychotherapie*. Wien (Maudrich).

Kratter, O. (1932): Das Erröten in den Träumen eines Ereuthrophoben. *Psychoanalytische Praxis*, II, S. 195–199.

Kris, E. (1938): Laughter as an expressive process: Contributions to the psychoanalysis of expressive behavior. In: Ders.: *Psychoanalytic Explorations in Art*. New York (Int. Univ. Press). S. 217–239.

Kris, E. (1956): The Recovery of Childhood Memories in Psychoanalysis. *The Psychoanalytic Study of the Child*, S. 54–88.

Kris, E. (1977 [1939]): Die Inspiration. In: Ders.: *Die ästhetische Illusion. Phänomene der Kunst in der Sicht der Psychoanalyse*. Übers. v. P. Schütze. Frankfurt a. M. (Suhrkamp). S. 162–174.

Kris, E. (1977 [1949]): Vorbewußte Geistesvorgänge. In: Ders.: *Die ästhetische Illusion. Phänomene der Kunst in der Sicht der Psychoanalyse*. Übers. v. P. Schütze. Frankfurt a. M. (Suhrkamp). S. 175–194.

Kubie, L. S. (1950): *Practical and Theoretical Aspects of Psychoanalysis*. New York (Int. Univ. Press).

Kurzweil, E. (1989): Für Kurt R. Eissler. *Psyche – Z Psychoanal.*, 43, S. 1059-1070.

Lampl, H. (1930): *Die Sprechstunde der Poliklinik*. In: Deutsche Psychoanalytische Gesellschaft.

Lange-Eichbaum, W. (1956 [1927]): *Genie, Irrsinn und Ruhm*. Neu hrsg. v. W. Kurth. München, Basel (Reinhardt).

Lewin, B. D. (1952): Phobic Symptoms and Dream Interpretation. *Psychoanalytic Quarterly*, 21, S. 295–322.

Lewin, B. D. (1958): *Dreams and the Use of Regression* [The Freud Anniversary Lecture Series]. New York (Int. Univ. Press).

Lewin, B. D. (1962): Knowledge and Dreams. *Bulletin of the Philadelphia Association of Psychoanalysis*, 12, S. 97–111.

Lewy, E. (1941): The return of the repressed. *Bulletin of the Menninger Clinic*, 5, S. 47–55.

Liévano, J. (1967): Observations about payment of psychotherapy fees. *Psychiatric Quarterly*, 41, S. 324–338.

Loewenstein, R. M. (1958): Remarks on Some Variations in Psycho-analytic Technique. *International Journal of Psychoanalysis*, 39, S. 22–210 u. 240–242.

London, L. S. (1945): Psychopathology of Ereuthrophobia (Blushing). *Journal of Southern Medicine & Surgery*, CVII, S. 293–296.

Luzenberger, A. von (1911): Psychoanalyse in einem Falle von Errötungsangst als Beitrag zur Psychologie des Schamgefühls. *Zentralblatt f. Psychoanalyse*, I, S. 304–307.

Mahler, M. S. (1952): On Child Psychosis and Schizophrenia. Autistic and Symbiotic Infantile Psychoses. *The Psychoanalytic Study of the Child*, VII, S. 286–305.

Menninger, K. A. (1958): *Theory of Psychoanalytic Technique*. New York (Basic Books).

Mereschkowski, D. (1901): *Leonardo da Vinci. Historischer Roman*. Berlin (Knaur)

Moore, W. T. (1968): Some comments on the »unavailability« of psychoanalytic patients. *Bulletin Philadelphia Association of Psychoanalysis*, 18, S. 76–82.

More, L. T. (1962 [1934]): *Isaac Newton*. New York (Dover).

Morris, L. (1947): *Postscript to Yesterday*. New York (Random House).

Mowrer, O. H. (1963): Payment or repayment? The problem of private practice. *American Psychology*, 18, S. 577–580.

Myers, M. J. (1963): Doctor-patient relationship. *Canadian Psychiatric Association Journal*, 8, S. 60–69.

Newbold, W. R. (1947 [1896]): A Dream Detective Solves Professor Hilprecht's Famous Dream. In: R. L. Woods (Hrsg.). *The World of Dreams*. New York (Random House). S. 525–530.

Newton, I. (1872 [1726]): *Mathematische Principien der Naturlehre. Mit Bemerkungen und Erläuterungen*. Hrsg. von J. Ph. Wolfers. Berlin (Oppenheim).

Nunberg, H. (1930): Die synthetische Funktion des Ich. *Internationale Zeitschrift für Psychoanalyse*, 16, S. 301–318.

Nunberg, H. (1932): *Allgemeine Neurosenlehre auf psychoanalytischer Grundlage*. Bern, Berlin (Huber).

Nunberg, H. (1949 [1947]): *Problems of Bisexuality as Reflected in Circumcision*. London (Imago).

Nunberg, H. (1955 [1932]): *Principles of Psychoanalysis. Their Application to the Neuroses*. New York (Int. Univ. Press).

Piaget, J. (1929 [1927]): *The Child's Conception of the World*. New York (Harcourt Brace).

Piaget, J. (1978 [1926]): *Das Weltbild des Kindes*. Mit einer Einführung v. H. Aebli. Stuttgart (Klett-Cotta).

Pitres, A. & Régis, E. (1897): L'obsession de la Rougeur (Èreuthophobie). *Archives Neurologiques*, III, S. 1–26.

Plutarch (1953): *Griechische Heldenleben. Themistokles. Perikles. Alkibiades. Dion. Alexander. Agis*. Übers. v. W. Ax. Stuttgart (Kröner).

Raimann, E. (1915): Rezension: Internationale Zeitschrift für Psychoanalyse. In: *Wiener klinische Wochenschrift*, 28, S. 127.

Rank, O. (1929 [1924]): *The Trauma of Birth*. New York (Harcourt Brace).

Rapaport, D. (1951): *Organization and Pathology of Thought*. New York, London (Columbia Univ. Press).

Rapaport, D. (1977 [1942]): *Gefühl und Erinnerung*. Stuttgart (Klett-Cotta).

Reich, W. (1927): *Die Funktion des Orgasmus*. Leipzig, Wien, Zürich (Internationaler psychoanalytischer Verlag).

Reich, W. (1932): Der masochistische Charakter. *Internationale Zeitschrift für Psychoanalyse*, 18, S. 303–351.

Reik, T. (1935): *Der überraschte Psychologe. Über Erraten und Verstehen unbewusster Vorgänge.* Leiden (A. W. Sijthoff's Uitgeversmaatschappij N. V.).

Reik, T. (1936): *Surprise and the Psychoanalyst.* London (Kegan).

Richman, A. & Bezeredi, T. (1963): Health insurance prepayment for psychotherapy in private psychiatric practice. *Canadian Psychiatric Association Journal,* 8, S. 121–131.

Robert, W. (1886): *Der Traum als Naturnotwendigkeit erklärt.* Hamburg (Hermann Seippel).

Roffwarg, H. P. et al. (1966): Ontogenetic Development of the Human Sleep-Dream Cycle. *Science,* 152, S. 604–619.

Rohracher, H. (1967 [1939]): *Die Arbeitsweise des Gehirns und die psychischen Vorgänge.* München.

Rosen, J. N. (1946): A Method of Resolving Acute Catatonic Excitement. *Psychiatric Quarterly,* 20, S. 183–196.

Rosen, J. N. (1947): The Treatment of Schizophrenic Psychosis by Direct Analytic Therapy. *Psychiatric Quarterly,* 21, S. 3–17 u. 117–119.

Rosen, J. N. (1950a): The Survival Function of Schizophrenia. *Bulletin of the Menninger Clinic,* 14, S. 81–91.

Rosen, J. N. (1950b): *The Optimum Conditions for the Treatment of Schizophrenic Psychosis by Direct Analytic Therapy* (Vortrag vom 2. Juni 1950, New York Psychoanalytic Society).

Sachs, H. (1925): [Besprechung von] Otto Rank. Das Trauma der Geburt und seine Bedeutung für die Psychoanalyse. *Internationale Zeitschrift für Psychoanalyse* 11, S. 106–113.

Sachs, H. (1982 [1944]): *Freud. Meister und Freund.* Übers. v. E. Sachs. Frankfurt a. M. (Ullstein).

Sanctis, S. de (1899): *I sogni.* Turin (Spandre e Lazzari).

Schonbar, R. A. (1967): The fee as focus of transference and countertransference. *American Journal of Psychotherapy,* 21, S. 275–285.

Schur, M. & Medvei, C. V. (1937): Über Hypophysenvorderlappeninsuffizienz. *Wiener Archiv für Innere Medizin,* XXXVII, S. 67–98.

Schur, M. (1953): The Ego in Anxiety. In: *Drives, Affects, Behavior.* Bd. I. Hrsg. v. R. M. Loewenstein. New York (Int. Univ. Press). S. 190–220.

Schur, M. (1966): *The Id and the Regulatory Principles of Mental Functioning.* New York. [Dtsch. (1973): *Das Es und die Regulationsprinzipien des psychischen Geschehens.* Frankfurt a. M.]

Schur, M. (1973 [1972]): *Sigmund Freud. Leben und Sterben.* Franfurt a. M. (Suhrkamp).

Schwing, G. (1940): *Ein Weg zur Seele des Geisteskranken.* Zürich (Rascher).

Sechehaye, M.-A. (1947): La réalisation symbolique. (Nouvelle méthode de psychothérapie appliquée à un cas de schizophrénie). *Supplément de Revue Suisse de Psychologie et de la Psychologie appliquée,* 12. Mit einem Vorwort v. C. Odier. Bern (Huber). [Dtsch: (1955): *Die Symbolische Wunscherfüllung. Darstellung einer neuen psychotherapeutischen Methode und Tagebuch der*

Kranken. Mit einem Vorwort v. G. Meili-Dworetzki u. C. Odier. Übers. v. M. Christoffel u. C. Allemann. Bern, Stuttgart (Huber).]

Sechehaye, M.-A. (1950): *Journal d'une schizophrène. Auto-observation d'une schizophrène pendant le traitement psychothérapeutique*. Paris (Presses Univ. de France). [Dtsch. (1973): *Tagebuch einer Schizophrenen. Selbstbeobachtungen einer Schizophrenen während der psychotherapeutischen Behandlung*. Übers. v. E. Moldenhauer. Frankfurt a. M. (Suhrkamp).]

Sharpe, E. F. (1984 [1937]: *Traumanalyse*. Übers. v. U. Stopfel. Stuttgart (Klett-Cotta).

Spinoza (1975 [1677]): *Ethik*. Aus dem Lateinischen von J. Stern. Hrsg. v. H. Seidel. Leipzig (Reclam).

Spitz, R. A. (1965): *The First Year of Life*. New York (Int. Univ. Press).

Stärcke, A. (1921a): *Psychoanalyse und Psychiatrie*. Leipzig, Wien, Zürich (Internationaler Psychoanalytischer Verlag).

Stärcke, A. (1921b): Psycho-Analysis and Psychiatry. *International Journal of Psychoanalysis*, II, S. 361–415.

Stein, M. H. (1965): States of Consciousness in the Analytic Situation: Including a Note on the Traumatic Dream. In: *Drives, Affects, Behavior*. Bd. 2. Hrsg. v. M. Schur. New York (Int. Univ. Press). S. 60–86.

Stekel, W. (1912): N*ervöse Angstzustände und ihre Behandlung*. Berlin, Wien (Urban & Schwarzenberg).

Stekel, W. (1931): Zur Psychologie der Ereuthophobie. *Psychoanalytische Praxis*, I, S. 73–79.

Sterba, R. (1934): Das Schicksal des Ichs im therapeutischen Verfahren. *Internationale Zeitschrift für Psychoanalyse*, 20, S. 66–73.

Sterba, R. (1951): A Case of Brief Psychotherapy by Sigmund Freud. *Psychoanalytic Review*, 38, S. 75–80.

Stern, M. M. (1961): Anxiety, Trauma and Shock. *Psychoanalytic Quarterly*, 2, S. 179–203.

Stern, M. M. (1953a): Trauma, Projective Technique and Analytic Profile. *Psychoanalytic Quarterly*, 22, S. 221–252.

Stern, M. M. (1953b): Trauma and Symptom Formation. *International Journal of Psychoanalysis*, 34, S. 202–218.

Strauss, E. (1928): Das Zeiterlebnis in der endogenen Depression und psychopathischen Verstimmung. *Monatsschrift für Psychiatrie und Neurologie*, LXVIII, S. 640–656.

Sully, J. (1893): The Dream as a Revelation. *Fortnightly Review*, 53, S. 354.

Tarachow, S. (1963): *An Introduction to Psychotherapy*. New York (Int. Univ. Press).

Thompson, C. (1938): Development of Awareness of Transference in a Markedly Detached Personality. *International Journal of Psychoanalysis*, XIX, S. 299–309.

Thompson, N. L. (2012): The Transformation of Psychoanalysis in America: Emigré Analysts and the New York Psychoanalytic Society and Institute, 1935–1961. *J. Amer. Psychoanal. Assn.*, 60, S. 9–44.

Tower, L. E. (1956): Countertransference. *Journal of the American Psychoanalytic Association*, IV, S. 224–255.
Wälder, R. (1924): Über Mechanismen und Beeinflussungsmöglichkeiten der Psychosen. *Internationale Zeitschrift für Psychoanalyse*, 10, S. 393–414.
Wälder, R. (1930): Das Prinzip der mehrfachen Funktion. Bemerkungen zur Überdeterminierung. *Internationale Zeitschrift für Psychoanalyse*, 16, S. 285–300.
Wälder, R. (1934): Das Freiheitsproblem in der Psychoanalyse und das Problem der Realitätsprüfung. *Imago*, 20, S. 467–484.
Wälder, R. (1935): Ätiologie und Verlauf der Massenpsychosen. Einige soziologische Bemerkungen zur geschichtlichen Situation der Gegenwart. In: Ders.: (1980): *Ansichten der Psychoanalyse. Eine Bestandsaufnahme.* Übers. v. P. Schütze. Stuttgart (Klett-Cotta). S. 239–273.
Wälder, R. (1937): Die Bedeutung des Werkes Sigmund Freuds für die Sozial- und Rechtswissenschaften. In: *Almanach der Psychoanalyse 1937*, Wien (Internationaler Psychoanalytischer Verlag). S. 130–159.
Wälder, R. (1939): Kriterien der Deutung. *Internationale Zeitschrift für Psychoanalyse*, 24, S. 136–145.
Wälder, R. (1951): Die Struktur paranoider Ideen. Kritische Übersicht über verschiedene Theorien. In: Ders.: (1980): *Ansichten der Psychoanalyse*. Stuttgart (Klett-Cotta). S. 175–201.
Wälder, R. (1963): *Die Grundlagen der Psychoanalyse*. Stuttgart (Klett-Cotta).
Walter, B. (1947): *Thema und Variationen. Erinnerungen und Gedanken*. Stockholm (Bermann-Fischer).
Walter, B. (1947): *Theme and Variations*. New York (Knopf).
Weiss, E. (1933): A Recovery from the Fear of Blushing. *Psychoanalytic Quarterly*, II, S. 309–314.
Werner, H. (1948): *Comparative Psychology of Mental Development*. Chicago (Follet).
Wilmer, H. A. (1967): The envelope and the psychiatrist: a study of patients' envelopes. *American Journal of Psychiatry*, 123, S. 792–802.
Winnicott, D. W. (1957 [1949]): Birth Memories, Birth Trauma and Anxiety. In: Ders.: *Collected Papers*. New York (Basic Books). S. 174–193.
Wolff, P. H. (1966): The Causes, Controls, and Organization of Behavior in the Neonate. *Psychological Issues*, 5.
Wylie, H. L. (1965): »The fee« is obsolete. *Journal of Child Psychiatry*, 4, S. 341–345.
Yamamura, M. (1940): Über Menschenscheu. II. Mitteilung. Arbeiten aus der Psychiatrischen Klinik der Kaiserlichen Tohoku Universität. *Beiträge zur Psychoanalyse und Psychopathologie*, VII, S. 197–200.
Young-Bruehl, E. (1988): *Anna Freud. A Biography*. New York (Summit Books).
Zilboorg, G. (1944): Present trends in psychoanalytic theory and practice. *Bulletin of the Menninger Clinic*, 8, S. 3–17.

Nachweise

Das Chicago Institute of Psychoanalysis und die sechste Phase in der Entwicklung der psychoanalytischen Technik
Am 8. Oktober 1948 in der Redaktion des *Journal of General Psychology* eingegangen. Dort 1950 unter dem Titel »The Chicago Institute of Psychoanalysis and the sixth period of the development of psychoanalytic technique« zuerst veröffentlicht: *Journal of General Psychology*, 2, 1950, S. 103–157.
Aus dem Amerikanischen übersetzt von Bernadette Grubner.
© Eissler-Nachlassverwalter Emanuel E. Garcia. Mit freundlicher Genehmigung.

Bemerkungen zur Psychoanalyse der Schizophrenie
Vortrag auf dem »Midwinter Meeting« der *American Psychoanalytic Association* am 8. Dezember 1950. »Remarks on the psycho-analysis of schizophrenia.« 1951. *International Journal of Psychoanalysis*, 32, 1950, S. 149.
Aus dem Amerikanischen übersetzt von Dominic Angeloch.
© Eissler-Nachlassverwalter Emanuel E. Garcia. Mit freundlicher Genehmigung.

Ich-psychologische Implikationen bei der psychoanalytischen Behandlung von Verwahrlosten
Zuerst veröffentlicht unter dem Titel »Ego-psychological implications of the psychoanalytic treatment of delinquents.« *The Psychoanalytic Study of the Child*, 7, 1952, S. 97–121.
Aus dem Amerikanischen übersetzt von Bernadette Grubner.
© Eissler-Nachlassverwalter Emanuel E. Garcia. Mit freundlicher Genehmigung.

Die Auswirkung der Ichstruktur auf die psychoanalytische Technik
Erstveröffentlichung unter dem Titel »The effect of the structure of the ego on psychoanalytic technique.« *Journal of the American Psychoanalytic Association*, 1, 1953, S. 104–143.
Aus dem Amerikanischen übersetzt von Bernadette Grubner.
© Eissler-Nachlassverwalter Emanuel E. Garcia. Mit freundlicher Genehmigung.

Anmerkungen zur Emotionalität einer schizophrenen Patientin und ihrer Beziehung zu Problemen der Technik
Erstveröffentlichung unter dem Titel »Notes upon the emotionality of a schizophrenic patient, and its relation to technique.« *The Psychoanalytic Study of the Child*, 8, 1953, S. 199–251.
Aus dem Amerikanischen übersetzt von Dominic Angeloch.
© Eissler-Nachlassverwalter Emanuel E. Garcia. Mit freundlicher Genehmigung.

Nachweise

Anmerkungen zum psychoanalytischen Begriff der Heilung
Erstveröffentlichung unter dem Titel »Notes on the psychoanalytic concept of cure.« *The Psychoanalytic Study of the Child*, 18, 1963, S. 424–463.
Aus dem Amerikanischen übersetzt von Mario Engelhardt und Edda Hevers.
© Eissler-Nachlassverwalter Emanuel E. Garcia. Mit freundlicher Genehmigung.

Bemerkungen zur Technik der psychoanalytischen Behandlung Pubertierender nebst einigen Überlegungen zum Problem der Perversion
Die Arbeit »Notes on the problems of technique in the psychoanalytic treatment of adolescents. With some remarks on perversions«, erschienen in *The Psychoanalytic Study of the Child*, 13, 1958, S. 223–254, wurde vom Verfasser revidiert und ins Deutsche übersetzt.
Deutsche Ausgabe: Psyche – Z Psychoanal, 20 (10/11), 1966, S. 837–871
© Eissler-Nachlassverwalter Emanuel E. Garcia. Mit freundlicher Genehmigung.

Trauma, Traum, Angst und Schizophrenie – Eine Anmerkung
Erstveröffentlichung als »A note on trauma, dream, anxiety and schizophrenia.« *The Psychoanalytic Study of the Child*, 21, 1966, S. 17–50.
Aus dem Amerikanischen übersetzt von Mario Engelhardt und Edda Hevers.
© Eissler-Nachlassverwalter Emanuel E. Garcia. Mit freundlicher Genehmigung.

Zu einigen theoretischen und technischen Problemen hinsichtlich der Bezahlung von Honoraren für die psychoanalytische Behandlung
Erstveröffentlichung unter dem Titel »On some theoretical and technical problems regarding the payment of fees for psychoanalytic treatment.« *International Review of Psychoanalysis*, 1, 1974, S. 73–101.
Aus dem Amerikanischen übersetzt von Mario Engelhardt und Edda Hevers.
© Eissler-Nachlassverwalter Emanuel E. Garcia. Mit freundlicher Genehmigung.

Über mögliche Wirkungen des Altersprozesses auf die psychoanalytische Berufsausübung – Ein Essay
Zuerst erschienen in: Sebastian Goeppert (Hrsg.) (1975): *Die Beziehung zwischen Arzt und Patient*. München (List), S. 109–121.
© Eissler-Nachlassverwalter Emanuel E. Garcia. Mit freundlicher Genehmigung.

Der verleumdete Therapeut – Über ein ungelöstes Problem der psychoanalytischen Technik
Erstveröffentlichung im *Jahrbuch der Psychoanalyse*, 27, 1991, S. 9–28.
Aus dem Amerikanischen übersetzt von Michael Schröter.
© frommann-holzboog, Stuttgart-Bad Cannstatt. Mit freundlicher Genehmigung.

Die Ermordung von wie vielen seiner Kinder muss ein Mensch symptomfrei ertragen können, um eine normale Konstitution zu haben?
Erstveröffentlichung in *Psyche – Z Psychoanal*, 17 (5), 1963, S. 247–291.
© Eissler-Nachlassverwalter Emanuel E. Garcia. Mit freundlicher Genehmigung.

Brandes & Apsel

Anna Freud / August Aichhorn

»Die Psychoanalyse kann nur dort gedeihen, wo Freiheit des Gedankens herrscht«

Briefwechsel 1921–49

Herausgegeben und kommentiert von Thomas Aichhorn

556 S., geb. mit Fadenheftung und Lesebändchen, € 39,90
ISBN 978-3-86099-899-1

Das beherrschende Thema in diesen historischen Dokumenten ist das Engagement für die Psychoanalyse sowie ihre Anwendung in Pädagogik und Sozialarbeit. Eine Brief-Edition, die an Sorgfalt und Kenntnisreichtum keine Wünsche offen lässt und zwei Pionieren der Psychoanalyse Gestalt verleiht.

»Thomas Aichhorns große Mühe, noch die letzten Fäden wieder zusammenzuführen, merkt man dem Buch nicht an. Wie er den Briefwechsel im historischen Kontext zum Sprechen bringt, zeugt von Souveränität im Umgang mit dem Material und zugleich von der Bedeutung, die es für den Herausgeber besitzen mag.« *(Tjark Kunstreich)*

»Sowohl eine Art Doppelbiographie von Anna Freud und August Aichhorn als auch eine gelehrte Geschichte der psychoanalytischen Pädagogik, die ein großer Reichtum an Materialien wie unveröffentlichte Briefe, Dokumente und Photographien auszeichnet.« *(Patrick Bühler)*

Brandes & Apsel

»Eissler entfaltet seine eindrucksvolle These, dass die scheinbar psychopathologischen Zustände, die Goethe (wie andere große Künstler) lebenslänglich zu erleiden hatte, nicht psychiatrisch zu deuten sind, sondern als umwälzende Katastrophen der Reifung zu neuen Dimensionen der literarischen Produktivität.« *(Tilmann Moser, Deutsches Ärzteblatt PP)*

»Der Essay zu Eisslers Theorie des Schönen beschließt die zeitlosen Einblicke in ein psychoanalytisches – und eben dadurch in die Tiefe reichendes – Verstehen und Erklären von Kunst, Literatur und Kultur.« *(J. F. Danckwardt, Psyche)*

»Der klinisch erfahrene Analytiker Eissler war seit jeher ein Virtuose der psychoanalytischen Literaturinterpretation. Das Vokabular jener Sprache, die ›unbewusste Prozesse‹ zu fassen vermag, hat Eissler vielfach erweitert und geschärft. Davon kündet jeder Beitrag dieses Bandes.« *(Hartmut Buchholz, Luzifer-Amor)*

Kurt R. Eissler

»Diese liebende Verehrung ...«

Essays zu Literatur, Kunst und Gesellschaft

428 S., geb. mit Fadenheftung und Lesebändchen, € 49,90
ISBN 978-3-86099-946-2

Unseren Psychoanalysekatalog erhalten Sie kostenlos:
Brandes & Apsel Verlag • Scheidswaldstr. 22 • 60385 Frankfurt am Main
info@brandes-apsel.de • www.brandes-apsel.de
Fordern Sie unseren Newsletter kostenlos an:
newsletter@brandes-apsel.de